LE PIANTE OFFICINALI

Produzione e prima trasformazione

a cura di

Silvana Nicola, Grazia Maria Scarpa

edagricole

1ª edizione: gennaio 2022
1ª ristampa della 1ª edizione: maggio 2023

In copertina: foto degli autori e Dariusz Banaszuk/Shutterstock.
Interni: p. 72 pholidito/Adobe Stock; p. 92 JRP Studio/Shutterstock; p. 164 Andrii Anna photographers/Shutterstock; p. 210 Sergey Novikov/Shutterstock; p. 260 Svetlanko/Shutterstock; p. 280 Jason Patrick Ross/Shutterstock; p. 346 Pinu_Vanu/Shutterstock

new Business Media
gruppo **tecniche nuove**

via Eritrea 21 - 20157 Milano
Redazione: Piazza G. Galilei, 6 - 40123 Bologna
Vendite: tel. 051/6575833; fax: 051/6575999
e-mail: libri.edagricole@newbusinessmedia.it / www.edagricole.it

5619

Realizzazione grafica: Exegi S.n.c., via Pelagio Palagi 3/2, 40138 Bologna (BO)
Impianti e stampa: Casma Tipolito, via Bartolomeo Provaglia, 3b/c/d, 40138 Bologna (BO).
Finito di stampare nel maggio 2023

ISBN 978-88-506-5619-6

Presentazione

Il D.Lgs n. 75/2018, Testo Unico in materia di coltivazione, raccolta e prima trasformazione delle piante officinali, colma un'arretratezza legislativa durata per troppi anni e mira ad adeguare al contesto internazionale la normativa nazionale di un settore, ritenuto erroneamente di nicchia, che invece può avere, ed ha, buone possibilità di crescita, specie nelle aree marginali e montane del nostro Paese. La superficie interessata dalla coltivazione delle piante officinali è intorno ai 7.000-8.000 ha e riguarda, secondo l'Ismea, poco meno di 3.000 aziende. Tranne pochi casi di elevate dimensioni, si tratta in grande maggioranza di piccole aziende che praticano la coltivazione prevalentemente con metodo biologico. Le specie aromatiche di interesse sono più di 300 tra coltivate e spontanee. Un patrimonio di grande rilevanza di cui quelle di interesse per il nostro Paese sono 130-150. Negli ultimi anni è cresciuta l'attenzione verso questo settore, sia per una maggiore domanda dei consumatori, evidenziata anche dalla presenza di circa 5.000 erboristerie, sia per l'aumentata richiesta delle aziende farmaceutiche, cosmetiche e alimentari. L'Italia è fortemente deficitaria rispetto al fabbisogno interno ed è quindi costretta ad importare dall'estero. Il forte divario tra import ed export per essere colmato richiede, in prima istanza, un aumento della produzione nazionale. Sotto questo aspetto, il recente Decreto legislativo può certamente dare un utile contributo, così come lo può dare questo libro, che analizza in modo molto dettagliato tutti gli aspetti connessi alle colture officinali. Un testo che ha impegnato qualificati studiosi, ricercatori ed esperti del settore, con una scrittura che coniuga chiarezza espositiva e rigore scientifico. In totale 19 capitoli di cui cercheremo di evidenziare alcuni degli elementi salienti. Compito non facile in quanto ogni capitolo offre numerosi e approfonditi elementi di conoscenza di cui è complesso fare la sintesi.

Il capitolo *Riferimenti storici* raccoglie le principali tappe dell'impiego delle piante officinali. Sin dai tempi antichi (3.000 anni a.C.), l'uomo ha utilizzato queste piante come rimedio per le proprie malattie; utilizzo che fino all'avvento della iatrochimica nel XIX secolo rimane la principale fonte medicamentosa. Un percorso che ha attraversato diverse civiltà, e che gli Autori documentano riccamente, sottolineando come la comparsa degli orti botanici rappresenti una tappa fondamentale per lo studio di queste piante. Solo all'inizio dell'Ottocento la scoperta degli alcaloidi in alcune piante (papavero, chinino, melograno e altre) dà inizio alla scienza farmaceutica, che arriva ai nostri giorni. Viene inoltre evidenziato come anche l'impiego delle piante aromatiche per il loro profumo abbia origini antiche (a partire dagli Egizi), così come l'utilizzo per condire i cibi.

Il capitolo *Risorse genetiche*, dopo avere evidenziato che in alcune parti del mondo e per alcune specie la raccolta incontrollata comporta il rischio dell'erosione genetica, riporta la normativa che ne tutela la salvaguardia. Descrive poi i metodi di conservazione, *in-situ* ed *ex-situ*, specificando che il secondo non deve escludere il primo e che, al contrario, le due strategie dovrebbero essere complementari. Vengono anche richiamati i metodi *on farm*, che riguardano vecchie varietà che, pur superate sotto il profilo della produzione, hanno caratteristiche di particolare pregio (rusticità, resistenza a fitopatie, ecc.) che meritano di essere preservate. Il tema del miglioramento genetico e la costituzione di varietà è trattato descrivendo la propagazione agamica e la riproduzione sessuale, per poi considerare le tecniche innovative di colture in vitro e di trasformazione genetica, rimarcando che alle tecniche tradizionali di breeding si stanno affiancando le tecniche di ingegneria genetica.

Il capitolo *Sostanze bioattive delle piante officinali* è ampio e viene trattato, malgrado la complessità, non solo con proprietà ma anche con grande chiarezza. A partire dall'esemplificazione delle relazioni che legano il metabolismo primario (processi che permettono la biosintesi e la modificazione delle molecole indispensabili allo sviluppo) e il metabolismo secondario (percorsi biosintetici che hanno la loro origine da precursori provenienti dal metabolismo primario). I metaboliti primari (carboidrati, proteine e lipidi) vengono trattati soffermandosi in particolare su alcuni esempi di carboidrati e lipidi che possono essere considerati utili per finalità diverse da quelle nutrizionali. Di essi vengono riportate le principali caratteristiche e le proprietà benefiche. Sui metaboliti secondari viene anzitutto presentato lo schema generale della loro formazione in un organismo vegetale, per poi passare alla descrizione e rappresentazione dello schema di formazione di composti specifici (terpenoidi, composti fenolici, alcaloidi). Una rassegna molto ampia e ben descritta per i singoli casi presentati.

Nel capitolo *Propagazione e vivaismo* sono evidenziati i sistemi di propagazione (per seme, per divisione di ceppi, per talea) di una quarantina di piante officinali. Dopo il riferimento al Decreto Legislativo n. 20/2021, che regolamenta la produzione delle sementi nel nostro Paese, segue la trattazione della tutela delle specie protette con riferimento alla Convenzione sul commercio internazionale delle specie di fauna e flora minacciate di estinzione (CITES). Nella descrizione della certificazione delle sementi, viene ripreso e illustrato quanto normato in materia dal citato D.Lgs 20/2021, per poi presentare gli elementi che consentono di definire la qualità del seme e i trattamenti per favorire la germinazione: stratificazione, trattamenti di laboratorio, scarificazione, trattamenti chimici. Ampia trattazione è riservata anche alla propagazione agamica. Nella propagazione per talea si evidenzia l'importanza: delle piante madri; dei vari tipi di ambiente di radicazione; dei trattamenti rizogeni. Sono poi descritte le modalità di moltiplicazione per divisione dei ceppi e mediante fusti modificati. Il ricorso al vivaismo per le piante officinali è una tecnica relativamente recente, di cui vengono illustrati uno schema di vivaio, le varie operazioni da eseguire con indicazione delle macchine e delle attrezzature da utilizzare, e i possibili substrati a cui ricorrere, con descrizione delle caratteristiche di alcuni di essi.

Nel capitolo *Influenza del clima e del suolo*, chiarita la differenza tra clima e tempo atmosferico, gli Autori illustrano i principali elementi climatici, di cui vengono riportati gli effetti sulle piante in generale e su quelle officinali in particolare. Viene evidenziato come la quantità e la distribuzione spettrale della luce abbiano un effetto morfogenetico sulle piante, e come sia importante il fotoperiodo nell'inserimento di specie sensibili in relazione all'altitudine. La temperatura rappresenta un elemento fondamentale strettamente legato alla radiazione solare, così come sono importati i diversi tipi di idrometeore e il vento, per i quali si evidenziano diversi effetti esercitati sulle coltivazioni. Del suolo vengono riportate le caratteristiche fisiche e chimiche, con le relative classificazioni. Con riferimento specifico alle piante officinali sono illustrate le caratteristiche dei suoli che risultano idonee alla coltivazione di alcune delle specie diffuse nel nostro Paese. Non manca il richiamo alle proprietà biologiche del suolo con riferimento all'attività dei microrganismi tellurici.

Il capitolo *Irrigazione* evidenzia anzitutto come per la programmazione dell'intervento irriguo sia fondamentale conoscere le condizioni climatiche del sito, la capacità idrica del suolo e il fabbisogno idrico della coltura nelle diverse fasi dello sviluppo, al fine di arrivare a definire un piano di esercizio che consenta di ottimizzare il consumo di acqua, evitando ogni forma di spreco. Questo naturalmente vale anche per le piante officinali, di cui però si evidenzia la distinzione tra quelle che non richiedono supporto idrico, quelle con esigenze semi-irrigue e quelle che invece necessitano di irrigazione. Nell'esame delle diverse tecniche di irrigazione si sottolinea come la modalità di gestione a "stress idrico controllato" potrebbe acquisire per le officinali un valore tecnico superiore rispetto ad altre coltivazioni in considerazione degli effetti positivi esercitati su diverse induzioni metaboliche. Fondamentale è effettuare la corretta stima dei volumi idrici riferiti alle singole specie e avere la conoscenza della qualità dell'acqua, per la quale vengono in particolare richiamati i problemi creati con l'uso irriguo di acque saline.

Nel capitolo *Fertilizzazione* viene anzitutto evidenziato che gli effetti prodotti con la fertilizzazione riguardano non solo la variazione di produzione di sostanza secca e la proporzione dei diversi organi presenti nelle piante, ma anche le modifiche nel livello di accumulo del principio attivo. Quest'ultimo effetto è il più complesso ma anche quello maggiormente condizionante il valore commerciale delle piante officinali. Uno degli aspetti prioritari della fertilizzazione riguarda la somministrazione della dose ottimale, che deve tenere conto non solo del bilancio *Input/output* degli elementi nutritivi, ma anche della dotazione di elementi già presente nel suolo di coltivazione e della loro eventuale disponibilità per la pianta. Per ottenere un buon risultato non basta definire la dose ottimale, in quanto occorre anche considerare la modalità di somministrazione del fertilizzante. Una lunga e chiara tabella definisce le dosi di fertilizzante e le modalità di distribuzione per alcune importanti colture officinali annuali, biennali e perenni. Ci si sofferma poi molto diffusamente sulla fertilizzazione azotata, fosfatica, potassica e con altri elementi, trattando gli aspetti generali e anche riportando i risulti riferiti a sperimentazioni su determinate officinali. Una specifica scheda tratta la fertilizzazione organica.

Il capitolo *Coltivazione in pieno campo integrata e biologica* si apre con una tabella che riporta le aree di coltivazione delle principali officinali (una quarantina) coltivate in Italia, per poi analizzare gli effetti del clima e del terreno sulla produzione di metaboliti secondari e di biomassa. I fattori ambientali sono fondamentali per la sintesi e l'accumulo di metaboliti secondari da parte delle piante. Nelle officinali l'esposizione alla luce ultravioletta (UV) ha effetti importanti, tenendo però presente che le diverse specie hanno i propri valori ottimali di quantità e qualità della luce. Sono inoltre importanti: la temperatura, per la quale uno stress da alte temperature di solito aumenta la produzione di metaboliti secondari; l'acqua, in quanto si è visto che lo stress da siccità favorisce la produzione di metaboliti secondari, penalizzando però la produzione di biomassa; l'altitudine, in quanto vi è una correlazione positiva tra essa e il contenuto di flavonoidi. Va comunque tenuto presente che le differenze nei contenuti di metaboliti secondari sono di non facile interpretazione, perché molti fattori abiotici interferiscono con fattori interni complessi non ancora del tutto chiariti. Nella trattazione delle tecniche di coltivazione si parte dalla lavorazione del terreno, sottolineando come i sistemi colturali semplificati (minima lavorazione, semina su sodo) non siano adatti per le officinali per ragioni sia strutturali (dimensioni ridotte delle superfici) sia fisiologiche. Vengono poi prese in esame le altre operazioni: fertilizzazione, irrigazione, moltiplicazione e impianto di cui, in una tabella, sono riportate le densità di impianto utilizzate per le principali specie coltivate nel nostro Paese.

Il capitolo *Coltivazione delle specie arboree e arbustive* riporta in apertura una interessante tabella (Prodotti e multifunzionalità degli alberi secondari secondo la FAO) che elenca le principali utilizzazioni delle parti di albero (frutti, semi, germogli, foglie, frasche, gemme, fiori e linfa) di alcune specie arboree. Dettagliata è la descrizione dei cicli poliennali e annuali delle piante e della moltiplicazione per seme e agamica. Per quest'ultima, in particolare, si evidenziano le differenze tra produzione di piante autoradicate (talea) e produzione di piante bimembri, e cioè innesto su portainnnesto. Vengono passati in rassegna: impianto, potatura e forme di allevamento, cure colturali, nutrizione idrica, nutrizione minerale, raccolta e trattamento del prodotto. La descrizione delle singole operazioni mette in evidenza le diverse possibilità di esecuzione e i mezzi che possono essere impiegati.

Nel capitolo *Coltivazione fuori suolo e in coltura protetta*, dopo avere evidenziato che la coltivazione consente sia di produrre officinali quantitativamente e qualitativamente uniformi sia di salvaguardare le specie spontanee e il loro habitat, vengono prese in esame, in modo dettagliato, sia la coltivazione fuori suolo sia in coltura protetta. Per il fuori suolo viene descritta la coltivazione sia su mezzo liquido (statico, recircolante, idroponico galleggiante, aeroponico, su film di soluzione nutritiva) sia su substrato (inerte o organico). Attraverso una descrizione molto puntuale delle diverse soluzioni, con analisi della parte impiantistica e descrizione degli aspetti operativi e gestionali supportata da tabelle e immagini molto rappresentative, vengono evidenziati non solo i punti di forza e i pregi delle stesse ma anche i punti di debolezza e i rischi in cui si può incorrere. La vasta rassegna è avvalorata dai risultati di specifiche ricerche condotte a livello nazionale e internazionale su diverse specie officinali. Una rassegna ricca di indicazioni per i ricercatori e per i coltivatori. La coltivazione delle specie officinali in apprestamenti protettivi è piuttosto limitata a causa degli alti investimenti impiantistici richiesti, anche se non mancano esempi, in coltura protetta semplificata, che forniscono buoni risultati in alcune specie, per le quali si sono riscontrate concentrazioni di prodotti antiossidanti più elevate rispetto ai valori medi.

Il capitolo *Produzione* in vitro *di metaboliti secondari* affronta il tema con una trattazione molto dettagliata e approfondita. Viene anzitutto rimarcata l'importanza della produzione *in vitro* dei metaboliti secondari. L'estrazione di principi attivi, infatti, richiede quantità elevate di materiale vegetale e questo, per le specie spontanee raccolte in natura, pone problemi in termini di mantenimento della biodiversità. È inoltre necessario avere una qualità costante del materiale, difficile da ottenere con la coltivazione in campo a causa dei molti fattori che interagiscono. Precisato che la produzione del materiale per l'estrazione *in vitro* può essere ottenuta attraverso la coltura intensiva di piante complete, di embrioni somatici, di singoli organi (radici), oppure attraverso la produzione di un agglomerato di cellule indifferenziate chiamato "callo"(che può essere coltivato su diversi tipi di substrato), viene fatta un'ampia rassegna delle diverse tecniche di produzione in vitro. A seguire la presentazione delle possibili strategie per ottenere materiale vegetale anche trasformato geneticamente. La trattazione di tutti questi aspetti è fatta con scientificità e chiarezza e fornisce un quadro completo ed esaustivo di questa tematica anche alla luce delle più recenti acquisizioni scientifiche.

Il capitolo sulle malerbe ha come titolo *Gestione delle piante infestanti* in quanto, come spiega l'Autrice, è più corretto parlare di "gestione", cioè di contenimento al di sotto della soglia del danno, piuttosto che di "lotta", cioè di controllo totale. Nel processo di gestione si deve tenere conto degli effetti dell'infestazione sulla resa e sulla produzione, e anche degli effetti legati al tipo di utilizzazione (intera pianta o solo parte di essa) che varia per le diverse specie. Viene presa in esame la competizione in seno alle officinali, sia intra-specifica (monocoltura), sia inter-specifica (più individui della stessa specie), per poi analizzare la competizione tra officinali e infestanti, per concludere che l'interazione tra officinali e infestanti è, sotto molti aspetti, simile a quella che si ha nella intra e inter-specifica. All'esame delle principali infestanti (per alcune officinali sono state elencate 88 specie infestanti appartenenti a 26 famiglie botaniche), segue la rassegna dei metodi diretti di gestione, basati sul controllo chimico e, essendo la coltivazione fatta sempre più in "biologico", sul controllo meccanico o tramite: solarizzazione, pacciamatura, pirodiserbo e falsa semina. Sono descritti anche i metodi di gestione indiretti, oltre che i metodi di controllo biologico e alternativi (di dubbia efficacia).

Il capitolo *Meccanizzazione* presenta, con ricchezza di immagini, le più diffuse macchine e attrezzature impiegate per l'esecuzione delle diverse operazioni colturali. Ampiamente svolto è il tema della lavorazione del terreno, con le operazioni di ripuntatura, aratura, erpicatura, rullatura. Nella fertilizzazione viene trattata sia la concimazione chimica, per la quale si riporta come effettuare la regolazione dello spandiconcime, sia la concimazione organica. Seguono semina e trapianto e poi la distribuzione dei fitofarmaci con esemplificazione, anche per questa operazione, di come attuare la regolazione delle irroratrici. Nel controllo diretto delle malerbe si fa riferimento alla sarchiatura e al pirodiserbo, oltre che al ricorso alle attrezzature di tipo manuale. Per la raccolta viene fatta distinzione fra la raccolta della parte aerea fresca e quella di piante parzialmente essiccate in campo. Molto accurata è la descrizione della raccolta meccanica della camomilla in coltivazione industriale. La carrellata è completata dalle macchine per la raccolta delle parti ipogee e per la gestione dei residui colturali. Anche se la coltivazione riguarda, nella generalità dei casi, superfici ridotte e spesso site in aree collinari o montane, con una prevalente conduzione con metodo biologico, la trattazione non manca di presentare i principi e le tecnologie proprie dell'agricoltura di precisione.

La trattazione del tema *Gestione postraccolta: i processi primari* richiama anzitutto l'attenzione sul rispetto del "tempo balsamico" ottimale per avere la massima concentrazione di principi attivi, per poi raccomandare il rispetto delle linee guida GAP e GWP, emanate dall'Associazione Europea di coltivazione delle piante officinali (EUROPAM) che sono alla base della pubblicazione GACP dell'EMA (2006), ancora oggi in vigore. Si tratta di linee guida contenenti informazioni pratiche per l'implementazione di un sistema di qualità delle officinali. Il riferimento all'art. 1 del Decreto legislativo n. 20/2018 rappresenta un richiamo alla normativa vigente relativa ai processi postraccolta di prima trasformazione. Particolarmente approfondita è la trattazione dell'essiccazione e della distillazione. L'analisi del processo di essiccazione prende l'avvio con la distinzione tra l'acqua legata e l'acqua libera per poi riportare la formula per il calcolo della "attività dell'acqua" (aw), parametro che dà l'indicazione della quantità di acqua libera in un materiale fresco. Dopo avere chiarito che aw è correlato all'umidità relativa dell'aria (RH) e al valore del contenuto percentuale di umidità residua presente nel vegetale (MC), si conclude che, affinché un prodotto essiccato possa essere considerato di qualità, aw deve essere uguale a 0,6. Vengono poi descritte le diverse modalità di essiccazione e le diverse tipologie di essiccatoi. La distillazione consente di separare le sostanze volatili, sotto forma di oli essenziali, da quelle non volatili e questo può essere ottenuto con diverse modalità di esecuzione, chiaramente descritte, e con distillatori concepiti allo scopo.

Alla *Creazione e gestione della qualità* è dedicato un ampio capitolo scritto a più mani. Evidenziato come nell'ambito delle piante officinali esista un'ampia variabilità intraspecifica della quantità e qualità dei principi attivi, vengono presi in esame i diversi fattori che la influenzano. La trattazione dei fattori endogeni, genetici e non genetici, prende l'avvio coi primi, approfondendo in particolare l'esame dei composti bioattivi, di cui si evidenzia come i diversi geni che li codificano possono avere una regolazione genica differente a seconda degli organi della pianta. Per identificare le differenze intraspecifiche si fa ricorso alle tecniche di biologia molecolare (fingerprinting, fattori di trascrizione, marcatori molecolari, polimorfismi), di cui viene data un'ampia descrizione. Per i fattori fisiologici si sottolinea che l'accumulo dell'olio è legato sia allo stadio di sviluppo/fase, sia alla sua localizzazione nella pianta. Vi è cioè una stretta relazione tra la fase di ontogenesi e il contenuto di sostanze bioattive. Anche l'esame dell'influenza dei fattori esogeni è molto ampio. Per i fattori, sia pedoclimatici e sia agronomici, vengono riportati esempi degli effetti che essi hanno sulla qualità delle officinali, che è influenzata anche dai cambiamenti indotti dai fattori di stress di vario tipo. Non manca l'esame dell'effetto dei fattori antropici, a partire dal richiamo del "tempo balsamico", per giungere alla trattazione degli effetti legati alla gestione del prodotto fresco e anche a quella delle diverse operazioni nelle fasi di preparazione, trasformazione e conservazione del prodotto. Si evidenzia in particolare che, dopo la raccolta e durante le fasi che precedono i vari tipi di lavorazione, si possono verificare gravi alterazioni, di cui viene fatta descrizione, che portano a un degrado della qualità. La parte rivolta al controllo della qualità è svolta con proprietà ed in modo approfondito, descrivendo con chiarezza sia le diverse tecniche analitiche, sia gli effetti dei prodotti di degradazione e dei possibili contaminanti che minano la qualità del prodotto.

Il capitolo *Buone Pratiche Agricole e raccolta delle specie spontanee* prende l'avvio facendone la storia, il cui inizio risale al 1983 ed arriva al 2006. Le GACP, nel primo decennio del 2000, hanno spinto altri paesi (Cina, Giappone, Stati Uniti) e Organizzazioni internazionali (OMS) a emanare linee-guida simili a quelle europee. Obiettivo delle GACP è quello di garantire la riproducibilità della materia prima vegetale come condizione essenziale per la qualità dei prodotti da essa derivati. Buone pratiche quindi rivolte a tutti i componenti della filiera, dai produttori primari, ai commercianti per arrivare a chi processa la biomassa fresca. In mezzo a quest'arco di tempo di quindici anni vi è la linea-guida sviluppata dalla European Herb Growers Association (EUROPAM), che per la prima volta ha preso in considerazione anche la raccolta e la produzione di droghe vegetali da piante spontanee. Linea guida importante in quanto tutela sia la qualità della produzione sia la biodiversità.

Il capitolo *Insetti nocivi alle colture officinali e ai loro prodotti* si occupa molto diffusamente dei principali insetti nocivi e dell'analisi dei metodi di contenimento. L'esame degli insetti fitofagi di maggiore interesse per le officinali è sviluppato inserendoli nei rispettivi ordini di appartenenza: Ortotteri (Ensiferi e Celiferi), Rincoti (Eterotteri e Omotteri), Lepidotteri, Ditteri (Brachiceri e Nematoceri), Coleotteri. Alla descrizione degli elementi che caratterizzano i singoli ordini, viene fatta seguire una tabella nella quale gli insetti fitofagi sono distinti per famiglia e, per ciascuna specie, vengono indicate le officinali colpite e gli organi che ne vengono interessati. All'esposizione dei principi generali per la lotta e per il controllo, nella quale si descrive l'equilibrio dinamico e naturale tra specie fitofaghe e specie parassitoide (alla base della regolazione demografica delle stesse), segue la descrizione dei diversi mezzi di controllo. Oltre ai mezzi agronomici, particolare rilevanza viene data ai mezzi biologici, con specifica trattazione delle diverse modalità di azione. Tra gli agenti biologici di controllo una forte rilevanza è rivolta agli agenti entomopatogeni (Batteri, Virus Funghi e Nematodi). Emblematico, in quanto di grande successo, è il caso ascrivibile al *Bacillus thuringiensis*, ormai in commercio da quaranta anni.

Nella trattazione della *Difesa dalle malattie* vengono passate in rassegna le più importanti malattie a carico delle officinali causate sia da patogeni tellurici, sia da patogeni fogliari. Un forte richiamo è rivolto alle strategie di prevenzione e protezione. Fondamentale è l'impiego di materiale propagativo sano, ricorrendo alla concia del seme o a sistemi non chimici come i trattamenti meccanici (cernita e spazzolatura) e termici, oltre all'impiego di ultrasuoni, microonde, raggi UV, compresi i trattamenti ossidoriduttivi. Nella difesa delle malattie del terreno si considerano prioritariamente le condizioni e gli interventi che ne ostacolano lo sviluppo (sovescio di brassicacee, fumigazioni, ammendanti organici, substrati particolari, rotazione) per poi trattare i metodi di lotta, da quelli biologici con microrganismi antagonisti ai biofungicidi. Nella difesa delle malattie fogliari vengono prima descritte le condizioni di sviluppo per poi esaminare le principali malattie (mal bianchi, ruggine, peronospora), analizzandone lo sviluppo e i sistemi di lotta.

Il capitolo *La legislazione del settore* tratta espressamente del Decreto legislativo n. 75/2018, Testo Unico in materia di coltivazione, raccolta e prima trasformazione delle piante officinali; Testo predisposto in attuazione della delega di cui all'art. 5 della legge del 28 luglio 2016 n. 154. Prima di passare in rassegna i 10 articoli della Legge, l'Autore illustra l'origine e il significato del termine "officinale", sottolineando che ciò che caratterizza una pianta officinale sono le classi dei principi attivi chimicamente molto diversi (droga vegetale). Vengono poi evidenziate le ragioni per cui il T.U. rappresenta il superamento della Legge del 6 gennaio 1931 n. 99, ormai ampiamente obsoleta. Grazie al nuovo Decreto legislativo, l'intero comparto delle colture officinali viene inserito nel contesto internazionale europeo, dove operano gli attori dell'industria farmaceutica, che costituisce il principale motore della domanda di materia prima. Nell'approfondito esame dei singoli articoli, oltre ad illustrarne il contenuto, vengono esposte le ragioni che ne hanno dettato la stesura e i termini con cui, ed entro cui, le disposizioni debbono essere attuate. L'istituzione del tavolo tecnico, prevista dall'art. 5, è ampiamente commentata. In particolare viene evidenziato che la norma mira a valorizzare l'interlocuzione tra Istituzioni pubbliche e operatori del settore al fine di meglio comprendere le rispettive esigenze per poi ricercare le migliori soluzioni operative.

* * *

Questo volume, come scrivono le due curatrici, è rivolto a studenti dei Corsi Universitari di primo e secondo livello e dei Master nell'ambito delle Scienze agrarie, e agli operatori del settore. Questo in ragione del contenuto scientifico presente in ogni capitolo del libro e delle tante indicazioni di "buona pratica" contenute nel testo. Un contributo culturale, didattico e di conoscenza utile al mondo scientifico e a tutti gli attori della filiera delle colture officinali. Può però essere di sicuro interesse anche per il consumatore che può così apprendere non solo i diversi utilizzi, ma anche capire i meccanismi e le ragioni per cui le piante officinali sono portatrici di molti benefici. Infine, è una lettura che consente di conoscere meglio un settore che ha anche una valenza paesaggistica di non poco conto, che andrebbe meglio utilizzata.

Pietro Piccarolo
Università degli Studi di Torino

Introduzione

L'utilizzo delle piante officinali risale alla preistoria, periodo in cui l'uomo, cibandosi di bacche e radici spontanee, sperimentò casualmente i loro effetti curativi o, al contrario, i loro effetti tossici. Dal Settecento in poi, la sintesi di farmaci chimici portò gradualmente a limitare l'utilizzo curativo delle erbe, che continuarono, però, a essere usate per l'estrazione di principi attivi singoli o come precursori per sintesi chimiche di farmaci. Infatti, in tempi moderni l'uso delle piante officinali è entrato nei processi industriali e artigianali con la coltivazione, la raccolta, la trasformazione e la commercializzazione di molti prodotti, tra i quali i più rappresentativi sono sicuramente quelli del campo fitocosmetico, erboristico, fitoterapeutico e liquoristico. Un numero ragguardevole di queste sostanze presenta attività farmacologiche rilevanti; altre sono adoperate in processi di emisintesi, per esaltarne l'attività farmacologica, come ad esempio alcaloidi steroidei e sapogenine steroidiche per ottenere ormoni; altre ancora, come gomme mucillagini, tannini, resine, sono importanti per l'utilizzazione in diversi settori tecnologici.

Il consumo di piante officinali da parte dell'industria farmaceutica, alimentare, liquoristica, cosmetica è in continuo aumento in tutto il mondo. Nel nostro Paese, mentre il settore della trasformazione e quello della commercializzazione dei prodotti finiti hanno fatto registrare negli anni un notevole incremento, quello della coltivazione non cresce in maniera sincrona alla domanda e riesce a far fronte al fabbisogno nazionale soltanto per circa il 30%. Ciò dipende anche dal fatto che la produzione italiana di piante officinali deve confrontarsi, soprattutto per il prezzo, con quella di altri Paesi. Questo fatto avalla l'ipotesi che in Italia ci potrebbero essere buone possibilità di incrementare le coltivazioni di piante officinali e che numerosi produttori agricoli potrebbero vedere nelle coltivazioni di queste piante delle interessanti opportunità. Le condizioni di fattibilità per poter avviare tali coltivazioni sono: la conoscenza di quali piante coltivare, quali terreni siano i più idonei per ciascuna specie e quali attrezzature siano indispensabili, quanta manodopera si debba avere a disposizione, quali macchinari siano necessari, quali siano i costi di produzione ed eventuale prima trasformazione, quali siano le rese, la redditività e le reali potenzialità in termini di utilizzazione e commercializzazione.

Con l'espressione *pianta officinale* si fa riferimento a una tradizione culturale e storica del nostro Paese e, in particolare, all'*officina* o *opificina*, laboratorio farmaceutico solitamente posto all'interno di un convento, luogo in cui le piante venivano sottoposte alle varie lavorazioni: essiccazione, triturazione, macerazione, distillazione, estrazione dei principi attivi, creazione di farmaci o altri preparati. L'officina era affiancata al giardino dei semplici, dove si coltivavano piante alimentari e medicinali, che spesso erano indicate, oltre che per la loro utilità, anche per il loro valore simbolico[1].

---

[1] Il dizionario americano Merriam-Webster dà questa definizione della parola *officinal:* «Officinal is a word applied in medicine to plants and herbs that are used in medicinal preparations. In the 19th century, it was the standard word used by the United States Pharmacopeia to refer to the drugs, chemicals, and medicinal preparations that they recognized, but in 1893 it was replaced by 'official' in this context». Nel 1911 l'Enciclopedia Britannica scriveva: «Officinal, a term applied in medicine to drugs, plants and herbs, which are sold in chemists' and druggists' shops, and to medical preparations of such drugs, ect., as are made in accordance with the prescriptions authorized by the pharmacopoeia... The classical Latin officina meant a workshop, manufactory, laboratory, and in medieval monastic Latin was applied to a general store-room; it thus became applied to a shop where goods were sold rather than a place where things were made».

Le piante officinali possono essere utilizzate come alimenti, integratori alimentari, cosmetici, farmaci, mangimi e prodotti veterinari, prodotti per l'industria tintoria e conciaria, agrofarmaci e prodotti per la casa. Una pianta di per sé non rientra, infatti, in uno specifico schema in virtù della sua struttura, della sua composizione o proprietà; può essere usata come ingrediente o componente di un determinato prodotto se l'uso della stessa è compatibile con quella destinazione d'uso e rispecchia le regole applicabili al prodotto finito al quale è destinata.
Dal punto di vista agronomico, il termine officinale identifica un insieme di specie vegetali molto eterogeneo, che non è possibile far rientrare globalmente nelle classiche categorie: erbacee, leguminose, arboree, legnose, orticole, ecc. Ad esempio, la maggior parte delle aromatiche erbacee è inclusa nella categoria "ortive", l'alloro e altre specie arbustive ricadono nelle "arboree". Nell'accezione generale di piante officinali sono comprese specie appartenenti ad altri regni, quali alghe, funghi e licheni.
Volendo dare una breve descrizione, possiamo considerare "officinale" una specie quando essa viene utilizzata per le proprietà date dai suoi principi attivi. La parte di pianta più ricca in principi attivi, aventi un'attività biologica sull'organismo umano e/o animale, prende il nome di "droga vegetale, definite con precisione dal nome botanico scientifico secondo sistema binomiale e può rappresentare l'intera pianta (come nel caso della menta) o parte di essa (l'infiorescenza della camomilla, gli acheni del finocchio, il rizoma della liquirizia).
Anche i principi attivi sono molto differenti nelle diverse piante officinali: i principi attivi che la pianta produce la caratterizzano e ne definiscono le proprietà. I gruppi più frequenti sono glicosidi, gomme, mucillagini, principi amari, tannini, acidi organici, enzimi, vitamine, alcaloidi, resine, balsami, gommoresine e oli essenziali. I principi attivi possono variare, nella stessa specie, non solo sulla base della varietà botanica o della cultivar, ma anche in base al luogo in cui la pianta stessa è coltivata. Il terreno, con le sue caratteristiche sia fisiche sia chimiche, la latitudine e l'altitudine, il clima e il periodo di raccolta sono tra le tante variabili che possono influenzare non solo il contenuto in toto dei principi attivi, ma anche la loro composizione e gli equilibri tra le componenti principali.
In un settore così particolare, la conoscenza delle corrette pratiche agricole, e di come queste possono influenzare in modo notevole la qualità del prodotto finale, diventa fondamentale per la programmazione della coltivazione più idonea per il prodotto che si vuole ottenere. La pianta officinale come tale è, infatti, da considerarsi un "prodotto primario", ossia un prodotto derivante dalla produzione primaria che comprende anche i prodotti della terra. La pianta officinale, pertanto, è una materia prima che, ad eccezione delle piante aromatiche vendute fresche per il consumo, per poter essere utilizzata deve essere adeguatamente trasformata.
A causa dell'elevato numero di specie officinali richieste dal mercato ed in considerazione delle diverse situazioni pedoclimatiche ed aziendali, l'imprenditore agricolo deve valutare prioritariamente quali sono le specie più adatte alla realtà locale. Fondamentale, e non sempre facilmente valutabile, è la conoscenza della richiesta del mercato e la remuneratività. Appare evidente, inoltre, che l'evoluzione dello scenario internazionale, la globalizzazione dei mercati, il progresso tecnologico e, quindi, il subentrare di nuove variabili hanno influenzato le dinamiche per quanto riguarda il mercato interno ed internazionale delle piante officinali e, di conseguenza, molte specie utilizzate dalle industrie a valle non sono tradizionalmente prodotte in Italia, con la necessità di dover ricorrere all'importazione con conseguente riduzione dell'interesse dei decisori nazionali per il settore. Tuttavia, buona parte di queste piante sono coltivabili anche nel nostro Paese, con ottimi risultati.
Oltre alla coltivazione, potrebbe essere utile valutare la fattibilità di una prima trasformazione in azienda delle piante e la vendita in mercati di nicchia, che, in realtà particolari, possono rivelarsi abbastanza remunerativi nel rispetto delle normative vigenti. I prezzi ottenibili per le piante officinali coltivate sono solitamente correlati alla qualità del prodotto. Le produzioni nazionali di piante officinali possono essere competitive unicamente per la qualità, come ormai succede in molti altri settori, non solo in quelli legati all'agricoltura.
In questa situazione, volendo migliorare la pro-

duttività del settore, è fondamentale "fare sistema" e gettare le basi per un'organizzazione della filiera all'altezza di altri Paesi europei.

Dato che le produzioni nazionali di piante officinali possono essere competitive unicamente per la qualità ne consegue che lo spazio è tanto per una filiera innovativa di reddito per gli imprenditori, tenendo ben presente che bisogna creare una filiera chiusa dalla produzione alle aziende di trasformazione finale, localizzate vicino in modo che ricevano subito il prodotto destinato ai diversi comparti di trasformazione: farmaceutico, integratori alimentari, cosmetica, biocidi, colori naturali (piante tintorie) e molte altre.

Di conseguenza è necessario "fare sistema" e realizzare una ristrutturazione della filiera all'altezza di altri Paesi europei con l'acquisto "facilitato" di mezzi tecnici per la trasformazione (ad esempio essiccatoio, distillatore o altro) e attrezzature per la raccolta meccanizzata.

Un aiuto in tal senso nel 2018 l'ha dato la nuova legge di regolamentazione del settore delle piante officinali, in particolare per quanto riguarda la coltivazione, che era molto sentita tra gli operatori, che si trovavano a confrontarsi con una legge datata (Legge del 6 gennaio 1931 n. 99 - G.U. n. 41 del 19 febbraio 1931) non più rispondente alle nuove esigenze di una moderna agricoltura.

Un aspetto innovativo particolarmente interessante riguarda l'attivazione dei registri varietali, come previsto da tempo per altre specie vegetali, che stabilisce dei criteri di massima e tiene conto che la possibilità di descrivere e identificare i materiali di riproduzione e/o di propagazione rappresenta il primo passo per l'ottenimento di prodotti di qualità. In particolare, l'elencazione delle specie da includere nella normativa, congiuntamente all'istituzione dei registri varietali delle specie di piante officinali prescelte per l'esistenza e disponibilità di varietà selezionate e/o varietà locali, rappresenta il punto di partenza per la definizione di una filiera di qualità del settore.

È bene rammentare che l'iscrizione ad un registro varietale garantisce la tracciabilità dell'identità genetica del materiale sementiero, dato che prevede sia la possibilità di identificare le varietà in modo univoco (compilazione della loro scheda descrittiva) sia il riconoscimento giuridico della figura del costitutore come responsabile del mantenimento in purezza della varietà.

Quello che si può ribadire è il grande interesse degli agricoltori per il settore e il forte valore aggiunto che si potrà avere anche per i territori svantaggiati e di montagna, legato all'innovazione che nei prossimi anni attiverà una filiera circolare non solo delle risorse ma anche delle competenze.

Il settore è in grado di esprimere valenze ambientali, salutistiche e socioculturali e conferire all'agricoltura quel ruolo multifunzionale che rappresenta uno dei cardini della Politica Agricola Comune.

L'auspicio è che, a seguito dell'applicazione concreta della legge, si possa realizzare un vero progresso della filiera agricola delle piante officinali che superi, soprattutto nella fase della produzione primaria, la definizione di "settore di nicchia" nel quale, tradizionalmente, le produzioni erano e sono tuttora rappresentate con la presenza di specie spontanee, caratterizzate da un elevato numero di prodotti, ma scarsi volumi. Poiché siamo l'unico Paese UE ad aver attivato una base normativa nazionale innovativa, è fondamentale creare una filiera nazionale *consistente* e allo stesso tempo *di qualità* grazie alla quale le Istituzioni preposte, *in primis* il Ministero delle Politiche Agricole, Alimentari e Forestali e il Ministero della Salute, possano collaborare con gli altri Stati membri produttori e trasformatori di piante officinali al fine di promuovere e portare il settore all'attenzione della Commissione Europea.

Alberto Manzo, Silvana Nicola,
Grazia Maria Scarpa

Premessa botanica

Per poter identificare correttamente e in modo univoco un essere vivente, che sia uomo, pianta, animale, fungo o batterio, è necessario utilizzare la nomenclatura latina binomia, meglio nota come classificazione binomia. Ciò significa che per poter identificare ciascun essere vivente è necessario usare due nomi latini (e talvolta anche tre, se si hanno sottospecie o varietà), ad es. *Rosa canina* L., *Panthera leo* L., *Boletus edulis* Bull., *Homo sapiens* L., *Cetraria islandica* (L.) Ach.
Il semplice nome corrente in lingua italiana, inglese, francese, ecc. in realtà non aiuta nel riconoscimento, può permettere di capire più o meno di quale essere vivente si stia parlando, senza però definirlo con certezza. Il solo termine "rosa", così come il termine "gambero", non è di per sé utile per identificare con esattezza una ben precisa specie di rosa, o di gambero.
Lo studioso svedese Carl Linnaeus (1707-1778) ebbe per primo l'intuizione che ogni essere vivente potesse essere puntualmente identificato mediante due nomi latini, riconducibili al genere e alla specie, quasi si trattasse del "cognome e del nome". Egli inoltre decise di raggruppare le piante, così identificate, all'interno di "famiglie", basandosi sulle similitudini della morfologia fiorale, dando le basi per un primo schema del Regno Vegetale su basi scientifiche. Occorre ricordare che egli portò a termine analogo lavoro anche per il Regno Animale.
Dopo Linneo, molti altri botanici si sono susseguiti nello studio delle modalità di identificazione delle piante e si sono avuti anche accesi dibattiti sui criteri da applicare per poter riunire le piante all'interno delle famiglie. Il criterio ideato da Linneo è stato così lungimirante che ancora oggi moltissime piante e animali mantengono la sua classificazione e riportano, dopo i due nomi latini, l'identificativo L., che corrisponde all'iniziale del suo cognome.
Le modalità di scrittura dei nomi latini delle alghe (Cianobatteri compresi), dei funghi e delle piante seguono le regole dell'International *Code Nomenclature for algae, fungi and plants IAPT* (www.iapt-taxon.org/nomen/main.php). Con cadenza mediamente quinquennale, gli studiosi che ne fanno parte verificano lo stato dell'arte sulla nomenclatura latina delle piante ed eventualmente aggiornano alcuni parametri.
Secondo il codice internazionale di nomenclatura botanica i due nomi latini devono essere scritti in corsivo, il primo dei due nomi con la lettera maiuscola iniziale; il primo nome si riferisce al genere, mentre il secondo nome, epiteto specifico, solitamente un aggettivo qualificativo, abbinato al primo nome, corrisponde alla specie (Divisione II, cap. III, sez. 4, art. 23 del Codice Internazionale).
Accanto ai due nomi latini, scritti in corsivo, deve essere aggiunta l'abbreviazione del cognome dello studioso che per primo identificò e descrisse quella determinata specie o gruppo di specie, ad esempio il genere. L'abbreviazione del cognome non deve essere scritta in corsivo (Divisione II, cap. VI, sez. 1, art. 46 del Codice Internazionale).
Si riportano alcuni esempi: *Passiflora caerulea* L., *Foeniculum vulgare* Mill., *Tilia platyphyllos* Scop.
Analoghe regole internazionali sono costantemente redatte ed aggiornate per il Regno Animale.
Negli anni '90 del secolo scorso, nel pieno dell'avvento della biologia molecolare, un consesso internazionale di botanici, *Angiosperm Phylogeny Group* (APG) (www.mobot.org/MOBOT/research/APweb/) decise di rivedere la modalità di identificazione botanica delle piante con fiore, le Magnoliophyta, già Angiosperme, usando criteri innovativi basati su analogie e differenze del DNA contenuto nei cloroplasti, all'interno della cellula vegetale.

Una prima sintesi dei risultati ottenuti fu pubblicata nel 1998, cui seguì una successiva pubblicazione nel 2003, una terza nel 2009 ed una quarta più recentemente nel 2016. Per brevità, le quattro pubblicazioni vengono identificate come APG, APG II, APG III e APG IV:

- **APG. 1998**: an ordinal classification for the families of flowering plants. Annals of the Missouri Botanical Garden 85:531-553;
- **APG II. 2003**: an update of the Angiosperm Phylogeny Group classification for the orders and families of flowering plants: APG II. Botanical Journal of the Linnean Society 141:399-436;
- **APG III. 2009**: an update of the Angiosperm Phylogeny Group classification for the orders and families of flowering plants. APG III. Botanical Journal of the Linnean Society 161:105-121;
- **APG IV. 2016**: an update of the Angiosperm Phylogeny Group classification for the orders and families of flowering plants. APG IV. Botanical Journal of the Linnean Society 181:1-20.

I risultati sperimentali delle analisi genetiche hanno evidenziato alcune analogie fra piante che si erano ritenute diverse e distanti dal punto di vista sistematico, portando ad una loro riclassificazione anche in famiglie diverse da quelle in cui erano inserite precedentemente: si è costruita una nuova filogenesi.

Il lavoro, lungo e complicato, è culminato nel gennaio 2010 nella realizzazione della prima versione del sito Internet *The Plant List TPL*, versione 1.0, gratuito, accessibile a tutti e di semplice utilizzo (www.theplantlist.org). I gestori del sito lo definiscono una "working list" per sottolineare che i nomi latini delle piante sono e saranno costantemente aggiornati, in accordo con le più recenti acquisizioni scientifiche.

Utilizzando tale sito, è possibile sapere se il nome latino di una determinata pianta, che noi conosciamo da tempo e col quale siamo soliti identificarla, è ancora accettato oppure se è ritenuto un sinonimo tuttora valido oppure ancora se è invece un nome che non viene più riconosciuto dalla comunità scientifica internazionale. Nel corso della medesima ricerca si può anche sapere la famiglia di appartenenza della pianta di interesse.

Nel settembre 2013 è stato attivato un aggiornamento del sito, con la versione 1.1 che è rimasta operativa fino alla fine dell'anno 2020. Da tale data, il sito *The Plant List* è stato oggetto di un ulteriore aggiornamento che ha portato alla creazione di un nuovo sito: *World Flora Online* (WFO) (www.worldfloraonline.org). I due siti TPL e WFO sono collegati fra loro ed interdipendenti, facilmente accessibili e di libera fruizione. Trattandosi anche in questo caso di una "working list", è verosimile che negli anni futuri potranno verificarsi ulteriori aggiornamenti.

L'identificazione di un essere vivente mediante la nomenclatura latina binomia non è uno studio fine a sé stesso, ma è un indispensabile punto di partenza per poter avviare un lavoro applicativo delle scienze botaniche, ad esempio nel campo delle specie officinali, nella formulazione di alimenti, con tutte le diversificazioni previste dalla legislazione europea. Infatti, per proporre sul mercato prodotti che contengano al loro interno derivati di piante officinali, è necessario scegliere piante, alghe, licheni oppure funghi che siano inclusi negli elenchi dei vegetali ammessi dagli organi ministeriali italiani ed in alcuni casi europei, preposti al controllo. Ad esempio, per quanto riguarda la vendita di piante officinali sfuse o confezionate, oli essenziali, tinture madri, macerati glicerici oppure integratori alimentari occorre controllare l'elenco delle piante officinali ammesse per tale destinazione d'uso, elenco pubblico riportato nel sito del Ministero della Salute (Decreto dirigenziale Ministero della Salute 4 Agosto 2021, Allegato 1). Tale elenco riporta in ordine alfabetico il nome latino delle piante ammesse.

In caso di dubbi interpretativi sulla nomenclatura latina, il Ministero della Salute dà indicazioni normative agli operatori del settore riguardo i siti di riferimento da consultare allo scopo di controllare la corretta identificazione di una specie. The Plant List (ora confluito in WFO) è il sito di riferimento per le Angiosperme, Gimnosperme, Pteridofite e Briofite; per quanto riguarda invece la nomenclatura latina di alghe, funghi e licheni, i siti da consultare sono: www.algaebase.org, www.indexfungorum.org (sito tuttora disponibile, anche se confluito in the Royal Botanic Gardens Kew), www.lichens.ie (sito attualmente confluito

in www.gbif.org) (Decreto 10 agosto 2018, Disciplina dell'impiego negli integratori alimentari di sostanze e preparati vegetali, Allegato 2).
Si segnala altresì il decreto interministeriale (Ministero delle Politiche Agricole, Forestali e Alimentari, Ministero della Salute e Ministero dell'Ambiente) di prossima pubblicazione (anno 2021), contenente in allegato l'elenco delle piante officinali coltivate e coltivabili in Italia. L'elenco di tali piante è stato redatto riportando in ordine alfabetico i nomi latini delle piante officinali coltivate e coltivabili, in accordo con la nomenclatura riportata nei siti suddetti. Per quanto riguarda il possibile impiego di piante nella formulazione di un farmaco, il riferimento normativo è costituito dalla Farmacopea Europea; anche in questo caso le piante sono identificate mediante il nome latino (www.edqm.eu).
In ambito cosmetico, il riferimento normativo è costituito da uno specifico elenco europeo Cosmetic Ingredients Database CosIng (ec.europa.eu/growth/tools-databases/cosing/index.cfm), che include piante, funghi e alghe, che possono o potrebbero essere inclusi in un prodotto cosmetico. Anche in questo elenco europeo, tutte le entità sono riportate in ordine alfabetico del nome latino.

La corretta identificazione di una pianta, fungo o altro essere vivente è il risultato di un lungo lavoro che ne individua le caratteristiche in modo puntuale, attribuendo a quel determinato essere vivente una corretta nomenclatura binomia.
D'altro canto, soltanto una sicura identificazione, attraverso la nomenclatura binomia, permette di sapere se una determinata pianta officinale possa essere coltivata in Italia, oppure utilizzata per realizzare un farmaco, un prodotto alimentare, un cosmetico oppure un disinfettante biocida o altro.
La certezza di una corretta nomenclatura binomia è la *conditio sine qua non* alla base di qualsiasi applicazione industriale e professionale delle piante officinali.

Maria Laura Colombo, Barbara Sgorbini
Dipartimento di Scienza
e Tecnologia del Farmaco,
Università degli Studi di Torino

Hanno collaborato

Autori

Laura Bassolino, CREA-Centro di ricerca Cerealicoltura e Colture Industriali-Sede di Bologna

Gabriele Loris Beccaro, Dipartimento di Scienze Agrarie, Forestali e Alimentari, Università degli Studi di Torino

Piero Belletti, Dipartimento di Scienze Agrarie, Forestali e Alimentari, Università degli Studi di Torino

Domenico Bertetti, Centro di Competenza per l'innovazione in Campo Agro-ambientale, Università degli Studi di Torino

Ferdinando Branca, Dipartimento di Agricoltura, Alimentazione e Ambiente (Di3A), Università degli Studi di Catania

Roberta Bulgari, Dipartimento di Scienze Agrarie, Forestali e Alimentari, Università degli Studi di Torino

Alessandra Carrubba, Dipartimento di Scienze Agrarie, Alimentari e Forestali, Università degli Studi di Palermo

Giacomo Cocetta, Dipartimento di Scienze Agrarie e Ambientali – Produzione, Territorio, Agroenergia, Università degli Studi di Milano

Maria Laura Colombo, Dipartimento di Scienza e Tecnologia del Farmaco, Università degli Studi di Torino

Giuseppe De Mastro, Dipartimento di Scienze agro-ambientali e territoriali, Università degli Studi di Bari

Andrea Ertani, Dipartimento di Scienze Agrarie, Forestali e Alimentari, Università degli Studi di Torino

Davide Farruggia, Dipartimento di Scienze Agrarie, Alimentari e Forestali, Università degli Studi di Palermo

Marco Fedrizzi, Consiglio per la ricerca in agricoltura e l'analisi dell'economia agraria (CREA), Centro di ricerca Ingegneria e Trasformazioni Agroalimentari

Antonio Ferrante, Dipartimento di Scienze Agrarie e Ambientali – Produzione, Territorio, Agroenergia, Università degli Studi di Milano

Ignazio Floris, Dipartimento di Agraria, Università degli Studi di Sassari

Giovanna Gilardi, Centro di Competenza per l'innovazione in Campo Agro-ambientale, Università degli Studi di Torino

Nicolò Iacuzzi, Dipartimento di Scienze Agrarie, Alimentari e Forestali, Università degli Studi di Palermo

Renato Iguera, Indena S.p.A., Milano

Salvatore La Bella, Dipartimento di Scienze Agrarie, Alimentari e Forestali, Università degli Studi di Palermo

Federica Manunta, Dipartimento di Agraria, Università degli Studi di Sassari

Alberto Manzo, Ministero delle Politiche Agricole Alimentari e Forestali

Ilaria Marchioni, Direzione Generale della promozione della qualità agroalimentare e dell'ippica

Maurizio Mulas, Dipartimento di Agraria, Università degli Studi di Sassari

Alessandra Mura, Dipartimento di Agraria, Università degli Studi di Sassari

Silvana Nicola, Dipartimento di Scienze Agrarie, Forestali e Alimentari, Università degli Studi di Torino

Mauro Pagano, Consiglio per la ricerca in agricoltura e l'analisi dell'economia agraria (CREA), Centro di ricerca Ingegneria e Trasformazioni Agroalimentari

Pietro Piccarolo, già Ordinario di meccanica agraria all'Università di Torino; Vice-presidente dell'Accademia dei Georgofili; Past president dell'Accademia di agricoltura di Torino; Honorary vice-president of International Commission of Agricultural and Biosystems Engineering

Laura Pistelli, Dipartimento di Scienze Agrarie, Alimentari e Agro-ambientali – Università di Pisa

Luisa Pistelli, Dipartimento di Farmacia – Università di Pisa

Cataldo Pulvento, Dipartimento di Scienze agro-ambientali e territoriali, Università degli Studi di Bari

Daniela Romano, Dipartimento di Agricoltura, Alimentazione e Ambiente (Di3A), Università degli Studi di Catania

Patrizia Rubiolo, Dipartimento di Scienza e Tecnologia del Farmaco, Università degli Studi di Torino

Barbara Ruffoni, CREA-Centro di ricerca Orticoltura e Florovivaismo-Sede di Sanremo

Mauro Sarno, Dipartimento di Scienze Agrarie, Alimentari e Forestali, Università degli Studi di Palermo

Marco Savona, CREA-Centro di ricerca Orticoltura e Florovivaismo-Sede di Sanremo

Grazia Maria Scarpa, Dipartimento di Agraria, Università degli Studi di Sassari

Barbara Sgorbini, Dipartimento di Scienza e Tecnologia del Farmaco, Università degli Studi di Torino

Davide Spadaro, Dipartimento di Scienze Agrarie, Forestali ed Alimentari, Università degli Studi di Torino

Teresa Tuttolomondo, Dipartimento di Scienze Agrarie, Alimentari e Forestali, Università degli Studi di Palermo

Revisori

Oltre agli autori, hanno contribuito al libro in qualità di revisori:

Stefano Bona, Dipartimento di Agronomia Animali Alimenti Risorse Naturali e Ambiente, Università di Padova

Enrica De Falco, Dipartimento di Farmacia, Università di Salerno

Claudia Ruta, Dipartimento di Scienze agro-ambientali e territoriali, Università degli Studi di Bari

Francesco Tei, Dipartimento di Scienze Agrarie, Alimentari e Ambientali, Università degli Studi di Perugia

Francesco Vidotto, Dipartimento di Scienze Agrarie, Forestali e Alimentari, Università degli Studi di Torino

Indice

Le piante officinali svolgono da secoli un ruolo centrale sia come piante medicinali e aromatiche sia come piante industriali destinate alla trasformazione.

1 Riferimenti storici

Ferdinando Branca, Daniela Romano

1.1 Le origini

Da tempo immemorabile gli uomini hanno utilizzato le risorse naturali, siano esse vegetali che animali, per soddisfare le proprie esigenze. Nell'ambito dell'uso di tali risorse, le piante officinali hanno svolto un ruolo centrale, non solo come **medicine tradizionali** utilizzate in molte civiltà, ma anche come **prodotti commerciali**, in grado di soddisfare la domanda di mercati spesso distanti (il lontano Oriente). Le piante officinali sono abbastanza articolate nelle loro funzioni, perché dal tradizionale utilizzo della "pianta medicinale e aromatica" (*Medicinal and Aromatic Plants*-MAPs) l'attenzione è stata posta in seguito anche a piante utilizzate per usi industriali.

Per quanto riguarda le piante medicinali, l'uomo, sin dai tempi antichi in cerca di rimedi per le sue malattie, ha utilizzato le MAPs presenti in natura. All'inizio l'uso di tali piante è stato certamente istintivo, come accade negli animali. Una prova singolare dell'impiego di piante a fini medicamentosi è quello della mummia di Similaun, generalmente soprannominata Ötzi, ritrovata nel 1991 sulle Alpi Venoste, oggi conservata a Bolzano e risalente a 3.300 anni a.C. Nelle cinture di pelle che gli servivano da marsupio sono state trovare tracce di un fungo [*Piptoporus betulinus* (Bull.: Fr.) P. Karsten] dalle proprietà antibiotiche e antinfiammatorie. Durante l'indagine paleobotanica di campioni intestinali, inoltre, sono stati identificati numerosi pollini e resti vegetali, a cui sono state attribuite proprietà medicinali, come la felce [*Pteridium aquilinum* (L.) Kuhn], anche se non si può sapere se tali piante siano state usate intenzionalmente a fini curativi o ingerite involontariamente.

In origine, ovviamente, tutte le piante erano utilizzate sulla base dell'esperienza acquisita. Col tempo, invece, sono state scoperte le motivazioni razionali dell'impiego di specifiche piante medicinali per il trattamento di alcune malattie, per cui il loro utilizzo ha abbandonato gradualmente l'ambito empirico per fondarsi su esperienze di carattere sperimentale. Fino all'avvento della iatrochimica nel XVI secolo, le piante rimangono, però, la fonte principale dei trattamenti medicamentosi e della profilassi.

La più antica prova scritta dell'uso delle piante medicinali per la preparazione di farmaci è stata trovata su una tavoletta di argilla sumera di Nagpur e risale a circa 2.100 anni a.C. Nella tavoletta erano presenti 12 ricette per la preparazione di farmaci riferite a oltre 250 diverse piante, alcune delle quali contenevano alcaloidi, come il papavero (*Papaver* L. spp.), il giusquiamo nero (*Hyoscyamus niger* L.) e la mandragora (*Mandragora officinarum* L.).

In **Cina** il libro *Pen Ts'ao*, attribuito al leggendario imperatore Shen Nung intorno al 2.700 a.C., ma probabilmente scritto nel primo secolo, anche se contiene informazioni risalenti a secoli prima, cita 365 rimedi di tipo vegetale, per i quali si utilizzavano delle droghe (parti essiccate di piante medicinali), molte delle quali sono utilizzate anche al giorno d'oggi come, ad esempio, il rabarbaro cinese (*Rheum palmatum* L.), la canfora [*Cinnamomum camphora* (L.) J.Presl] e la cassia [*Cinnamomum cassia* (L.) J.Presl].

I libri sacri indiani, i *Veda*, menzionano trattamenti terapici con le piante, che sono ancora molto diffusi in quel Paese. Numerose piante officinali utilizzate ancora oggi provengono dall'India: noce moscata (*Myristica fragrans* Houtt.), pepe (*Piper nigrum* L.), chiodi di garofano [*Syzygium aromaticum* (L.) Merr. & L.M. Perry] ecc.

Il papiro di Ebers, scritto intorno al 1550 a.C., rappresenta una raccolta di 800 prescrizioni relative a 700 specie di piante e droghe utilizzate per la terapia; nel papiro sono citate piante come melograno (*Punica granatum* L.), ricino (*Ricinus communis* L.), aloe [*Aloe vera* (L.) Burm.f.], senna (*Senna alexandrina* Mill.), aglio (*Allium sativum* L.), cipolla (*Allium cepa* L.), fico (*Ficus carica* L.), salice (*Salix alba* L.), coriandolo (*Coriandrum sativum* L.), ginepro (*Juniperus* L. spp.), centaurea (*Centaurium erythraea* Rafn) ecc.

Nella **Bibbia**, e in particolare nel sacro libro ebraico *Talmud*, è riferito come durante i vari rituali che accompagnavano le cerimonie religiose fossero utilizzate piante aromatiche come il mirto (*Myrtus communis* L.) e l'incenso (*Boswellia serrata* Roxb.).

Nelle opere di **Omero** (*Iliade* e *Odissea*), scritte intorno all'800 a.C., sono menzionate 63 specie vegetali della farmacoterapia minoica, micenea ed assiro-egiziana. Alcune di queste piante sono denominate con il nome di personaggi mitologici di queste epopee; per esempio, l'enula campana (*Inula helenium* L.) è stata così denominata in onore di Elena, ritenuta causa della guerra di Troia. Le piante del genere *Artemisia* sono state così denominate perché si credeva che fossero in grado di ripristinare la forza e di proteggere la salute; il loro nome deriva, infatti, dalla parola greca *artemis*, che significa "salutare". Erodoto (500 a.C.) parla delle proprietà del ricino (*Ricinus communis* L.), Orfeo dell'elleboro profumato (*Helleborus odorus* Waldst. & Kit. ex Willd.) e dell'aglio, Pitagora della cipolla marina [*Drimia maritima* (L.) Stearn], della senape (*Sinapis* L. spp.) e del cavolo (*Brassica oleracea* L.) (detto per questo cavolo di Pitagora).

Nelle opere di **Ippocrate** (459-370 a.C.) vi sono riferimenti a circa 300 piante medicinali classificate in base alla loro azione fisiologica: assenzio (*Artemisia absinthium* L.) e centaurea comune erano usati contro la febbre; aglio contro i parassiti intestinali; oppio (*Papaver somniferum* L.), giusquiamo nero, belladonna (*Atropa belladonna* L.) e mandragola come narcotici; l'elleboro (*Helleborus odorus* Waldst. & Kit. ex Willd.) e il nardo selvatico (*Asarum europaeum* L.) come emetici; cipolla marina, sedano (*Apium graveolens* L.), prezzemolo [*Petroselinum crispum* (Mill.) Fuss], asparago (*Asparagus officinalis* L.) e aglio come diuretici; quercia (*Quercus* L. spp.) e melograno come astringenti. Si deve sempre ad Ippocrate, da molti ritenuto il padre della medicina, la dottrina degli umori che individuava quattro umori: sangue, flegma, bile gialla e bile nera. Il primo proviene dal cuore, il secondo dal cervello, il terzo dal fegato e il quarto dalla milza. Se la salute è identificata con il perfetto equilibrio degli umori, la malattia invece con il loro squilibrio e la presenza insufficiente o eccessiva di uno dei quattro principi. Scopo della terapia, quindi, era ristabilire l'equilibrio andato perso. A tal fine, secondo Ippocrate, il corpo ha in sé i mezzi per guarire per cui il medico, anche con l'ausilio delle piante, non deve fare altro che assecondarne la *vis medicatrix*, aiutando il corpo a espellere l'umore sovrabbondante e corrotto.

Teofrasto (371-287 a.C.), considerato il fondatore della scienza botanica, con i suoi libri *De Causis Plantarum* (Fig. 1.1) e *De Historia Plantarum*, ha fornito informazioni su oltre 500 piante medicinali conosciute all'epoca. Tra le altre, tale autore ha trattato della cannella (*Cinnamomum verum* J. Presl), dell'iris rizomatoso (*Iris* L. spp.), del veratro verde (*Veratrum viride* Aiton), della menta (*Mentha* L. spp.), del melograno, del cardamomo (*Elettaria cardamomum* (L.) Maton), dell'elleboro profumato (*Helleborus odorus* Waldst. & Kit. ex Willd.), dell'aconito (*Aconitum napellus* L.) ecc. Nella descrizione dell'azione tossica delle piante, Teofrasto ha sottolineato la capacità dell'uomo di abituarsi a dosi crescenti delle droghe o dei veleni. Nella sua opera *De re medica* il famoso medico scrittore Celso (25 a.C.-50 d.C.) citava circa 250 piante medicinali come aloe, giusquiamo, lino (*Linum usitatissimum* L.), papavero, pepe, cannella, genziana (*Gentiana lutea* L.), cardamomo, veratro verde ecc.

Nella storia antica, il più autorevole scrittore di droghe di origine vegetale è stato probabilmente **Dioscoride**, "il padre della farmacognosia" che, come medico militare e farmacologo dell'esercito di Nerone, studiò piante medicinali ovunque viaggiasse con l'esercito romano. Intorno al 77 d.C. scrisse il *De Materia Medica*, un'opera classica che, tradotta più volte, offre numerosi dati sulle piante medicinali che costituiscono la materia medica di base fino al tardo Medioevo e al Rinascimento.

Del totale dei 944 farmaci da lui descritti, 657 sono di origine vegetale, con informazioni sull'aspetto esteriore della pianta, delle località in cui si rinvenivano, della modalità di raccolta, della preparazione dei medicinali e del loro effetto terapeutico. Oltre alla descrizione della pianta, vengono forniti i nomi in altre lingue associati alle località in cui le piante si potevano riscontrare o erano coltivate. Sono trattate soprattutto le piante che hanno un effetto medicamentoso lieve, ma ci sono anche riferimenti a quelle che contengono alcaloidi o altre sostanze che, ingerite in quantità, possono avere effetto mortale [elleboro profumato, veratro verde, papavero, ranuncolo (*Ranunculus* L. spp.), stramonio comune (*Datura stramonium* L.), giusquiamo, belladonna (*Atropa bella-donna* L.)]. Le piante più apprezzate da Dioscoride sono il salice, la camomilla (*Matricaria camomilla* L.), l'aglio, la cipolla, l'altea comune (*Althaea officinalis* L.), l'edera (*Hedera helix* L.), l'ortica (*Urtica dioica* L.), la salvia (*Salvia officinalis* L.), la centaurea minore, detta anche cacciafebbre, il coriandolo, il prezzemolo, la cipolla marina e il veratro verde. La camomilla, conosciuta con il nome di *Chamaemelon*, era usata come un antiflogistico per curare ferite, punture, ustioni e ulcere, quindi per pulire e sciacquare occhi, orecchie, naso e bocca. A causa della sua lieve azione carminativa, il suo uso era ritenuto particolarmente appropriato per i bambini. Dioscoride riteneva che avesse anche un'azione abortiva, per cui scrisse: «Il fiore, la radice e l'intera pianta accelerano le mestruazioni, il rilascio dell'embrione e lo scarico di urina, a condizione che vengano utilizzati sotto forma di infusione e bagni». Questa falsa credenza fu in seguito ritenuta vera sia dai romani che dagli arabi; da qui il nome latino *Matricaria*, derivato da due parole: *mater* che indica "madre", e *matrix* che indica "utero". Dioscoride differenziò un certo numero di specie dal genere *Mentha*, alcune delle quali erano coltivate e utilizzate per alleviare mal di testa e mal di stomaco. I bulbi di cipolla marina e il prezzemolo erano utilizzati come diuretici, la corteccia di quercia veniva utilizzata a scopi ginecologici, mentre il salice bianco era usato come antipiretico. Come sostenuto da Dioscoride, il bulbo di scilla [*Drimia maritima* (L.) Stearn] poteva anche essere usato come espettorante, stimolante cardiaco e antiidrotico, cioè in grado di diminuire o eliminare la sudorazione eccessiva. Vale la pena sottolineare che Dioscoride conosceva la possibilità di falsificazione di droghe, sia quelle domestiche, come l'oppio, che poteva essere ottenuto dal cosiddetto papavero giallo o cornuto (*Glaucium flavum* Crantz), sia le più costose droghe orientali, trasportate dai mercanti arabi dall'Estremo Oriente, come iris, calamo, cardamomo, incenso ecc.

Plinio il Vecchio (23 d.C.-79), contemporaneo di

Figura 1.1 – Pagine tratte da un codice del *De Materia Medica* di Dioscoride del XIII secolo (Gift of Mr. and Mrs. Lester Wolfe, 1965, The MET Museum).

Dioscoride, che viaggiò in Germania e Spagna, nel suo libro *Historia naturalis* descrisse circa 1.000 piante medicinali. Le opere di Plinio e Dioscoride incorporavano tutte quelle che erano le conoscenze sulle piante medicinali presenti all'epoca.
Il più illustre medico romano (e contemporaneamente farmacista), **Galeno** (131 d.C.-200), compilò il primo elenco di farmaci con azione simile o identica (farmaci paralleli), che sono intercambiabili: *De succedanus*. Oggi, ovviamente, sappiamo che alcuni dei sostituti proposti non corrispondono in un contesto farmacologico e sono assolutamente improponibili. Galeno introdusse, a livello terapico, anche diversi nuovi farmaci vegetali che Dioscoride non aveva descritto, quali, ad esempio, *Uvae ursi-folium*, l'uva ursina [*Arctostaphylos uva-ursi* (L.) Spreng.], una pianta della famiglia delle Ericaceae, nota per le sue proprietà antinfiammatorie, antisettiche e diuretiche anche ai giorni nostri.
Nel VII secolo d.C. le popolazioni slave usavano *Rosmarinus officinalis* L., *Ocimum basilicum* L., *Iris ×germanica* L. e *Mentha spicata* L. in cosmetica, *Allium sativum* L. come rimedio medicamentoso, *Veratrum album* L., *Cucumis sativus* L., *Urtica dioica* L., *Achillea millefolium* L., *Artemisia maritima* L., *Lavandula angustifolia* Mill., *Sambucus nigra* L. contro numerosi insetti dannosi, come pidocchi, pulci, falene, zanzare e ragni e *Aconitum napellus* L. come veleno per la caccia.

Nel Medioevo, le abilità di guarigione, coltivazione di piante medicinali e preparazione di farmaci si trasferirono nei monasteri (Fig. 1.2). La terapia si basava soprattutto su alcune piante medicinali, che i monaci medici comunemente coltivavano all'interno dei monasteri, fra cui salvia, anice (*Pimpinella anisum* L.), menta, santoreggia (*Satureja* L. spp.), tanaceto (*Tanacetum vulgare* L.) ecc.
La rinomata **scuola di medicina di Salerno**, che una delle leggende vuole fondata da Carlo Magno (742 d.C.-814), nei suoi *Capitolaries* indicava quali piante medicinali dovessero essere coltivate nelle terre di proprietà statale. Erano citate circa 100 piante diverse, che sono state utilizzate a scopi officinali fino ai giorni nostri, come salvia, cipolla marina, iris, menta, centaurea minore, papavero, altea comune ecc. Sembra che il grande imperatore apprezzasse particolarmente la salvia (*Salvia officinalis* L.). Il nome della salvia deriva dal latino *salus, salvus*, "salvare", "curare". Un celebre detto latino era: *Numquid moreretur homo, dum Salvia crescit in horto!* che significa: «Come può un uomo morire se la salvia cresce nel suo giardino!» (Fig. 1.3).
Gli **arabi** introdussero numerose nuove piante nella farmacopea, principalmente dall'India, un Paese con cui intrattenevano intensi rapporti commerciali; la maggior parte di queste piante aveva un reale valore medicinale tanto che

Figura 1.2 - L'*hortus conclusus* è la forma tipica del giardino medievale, legato in particolare a monasteri e conventi (Pierre Jean Durieu/ Shutterstock).

Figura 1.3 - Infiorescenze di *Salvia fruticosa* Mill. in antesi.

fino a oggi sono rimaste in tutte le farmacopee del mondo. Gli arabi usavano aloe, belladonna, giusquiamo nero, caffè (*Coffea* L. spp.), zenzero (*Zingiber officinale* Roscoe), noce vomica o albero della stricnina (*Strychnos nux-vomica* L.), zafferano (*Crocus sativus* L.), curcuma (*Curcuma longa* L.), pepe, cannella, rabarbaro (*Rheum* L. spp.), cassia e così via. Alcuni farmaci, ad azione intensa, furono sostituiti da farmaci ad azione lieve: ad esempio le foglie di senna erano usate come lassativo lieve, rispetto ai purganti piuttosto forti, a base di *Helleborus odorus* Waldst. & Kit. ex Willd. ed *Euphorbia* L. spp. utilizzati fino ad allora. Durante tutto il Medioevo i medici europei presero in considerazione le opere arabe *De Re Medica* di Mesuè il Vecchio (850 d.C.), *Canon Medicinae* di Avicenna (980-1037) e *Liber Magnae Collectionis Simplicum Alimentorum Et Medicamentorum* di Ibn Baitar (1197-1248), in cui sono state descritte oltre 1.000 piante medicinali.

I viaggi di Marco Polo (1254-1324) in Asia tropicale, Cina e Persia, la scoperta dell'America (1492) e i viaggi di Vasco De Gama in India (1498) portarono molte piante medicinali in Europa, quali il tè [*Camellia sinensis* (L.) Kuntze] (Fig. 1.4). Una tappa importante nello studio delle piante officinali fu rappresentata dalla comparsa degli orti botanici, che nacquero proprio come *ostensio simplicium*, per la convinzione che le piante, per poter essere correttamente utilizzate, dovessero essere toccate, osservate, studiate per la preparazione di formulazioni farmacologiche sempre più evolute. Da qui in tutta Europa furono effettuati numerosi tentativi per la coltivazione di piante medicinali domestiche e di quelle importate dal vecchio e dal nuovo mondo. Con la scoperta dell'America, la farmacopea si è arricchita con un gran numero di nuove piante medicinali: la china calisaia (*Cinchona calisaya* Wedd.), l'i-

Figura 1.4 - Coltura di tè in Cina.

pecacuana [*Carapichea ipecacuanha* (Brot.) L.Andersson], il cacao (*Theobroma cacao* L.), la ratania del Perú [*Krameria lappacea* (Dombey) Burdet & B.B. Simpson], il tabacco indiano (*Lobelia inflata* L.), la bella di notte (*Mirabilis jalapa* L.), il podofillo (*Podophyllum peltatum* L.), la senega (*Polygala senega* L.), la vaniglia (*Vanilla planifolia* Andrews), il matè (*Ilex paraguariensis* A.St.-Hil.), il tabacco (*Nicotiana tabacum* L.), il peperoncino (*Capsicum* L. spp.) ecc.

Nel XVII secolo, il *Cortex Chinae*, la corteccia di chinino (*Cinchona pubescens* Vahl), nota con il nome di "polvere di contessa", poiché la contessa di Chinchon fu la prima ad usarla, fu introdotta nella medicina europea. La corteccia del chinino si è rapidamente diffusa in Inghilterra, Francia e Germania, nonostante i numerosi oppositori al suo uso tra illustri medici e i membri di accademie.

Paracelso (1493-1541) fu uno dei fautori delle droghe preparate chimicamente da piante grezze e sostanze minerali; tuttavia, era fermamente convinto che la raccolta di quelle sostanze dovesse essere influenzata astrologicamente. Sottolineava continuamente la sua convinzione nell'osservazione e contemporaneamente sosteneva la *Signatura doctrinae*, la dottrina delle segnature. Si tratta di una teoria non scientifica, che si basa sull'assunto che tutte le cose in natura portino un segno, che manifesta e rivela le loro qualità invisibili. Quindi secondo questa concezione, uno dei criteri privilegiati per la scelta dei rimedi naturali è quello dell'analogia. L'efficacia di un'erba o di una pianta, nella cura di una malattia, deriva da analogia e corrispondenza di forma e funzione tra organo malato, sintomo, forma del male e forma dell'erba stessa. Ad esempio, lo zenzero selvatico (*Asarum europaeum* L.) ha una foglia che ricorda il fegato e quindi deve essere benefico per le malattie del fegato; l'iperico (*Hypericum perforatum* L.) o erba di San Giovanni sarebbe utile per il trattamento di ferite e punture dato che le foglie delle piante appaiono come se fossero state punte (Fig. 1.5).

Mentre i popoli antichi usavano le piante medicinali dopo semplici manipolazioni – infusi, decotti e macerazioni – tra il XVI e il XVIII secolo, aumentò la domanda di farmaci composti. I farmaci composti comprendevano piante medicinali insieme a farmaci di origine animale e vegetale. Il farmaco teriaca (o triaca), un intruglio prodotto da numerose piante medicinali, organi di animali rari e minerali, era molto apprezzato e venduto a caro prezzo.

Nel XVIII secolo, nella sua opera *Species Plantarium* (1753), **Linneo** (1707-1788) fornì una breve descrizione e classificazione delle specie conosciute fino ad allora. L'adozione del sistema di nomenclatura binomiale aiutò molto nell'identificazione delle varie specie.

All'inizio del XIX secolo vi fu una svolta nella conoscenza e nell'uso delle piante medicinali. La scoperta e l'isolamento degli alcaloidi dal papavero (1806), dall'ipecacuana [*Carapichea ipecacuana* (Brot.) L. Andersson] (1817), dall'albero della stricnina (1817), dal chinino (1820), dal melograno (1878) e da altre piante e, in seguito, l'isolamento dei glicosidi, segnarono l'inizio della disciplina farmaceutica. Con il potenziamento e il miglioramento delle metodologie di estrazione sono state individuate anche altre sostanze attive nelle piante medicinali, come tannini, saponoidi, oli eterici, vitamine, ormoni ecc.

Tra la fine del XIX e l'inizio del XX secolo l'isolamento dei principi medicamentosi portò alla riduzione dell'uso delle piante medicinali nella loro interezza. Soprattutto nel XIX secolo, alcaloidi e glicosidi usati in forma pura hanno sempre più soppiantato le piante da cui erano stati isolati.

Figura 1.5 - Infiorescenze di iperico (*Hypericum perforatum* L.) alla fine dell'antesi.

Tuttavia, si è anche accertato che, sebbene l'azione degli alcaloidi puri era più rapida, quella dei farmaci alcaloidi era più completa e di lunga durata. All'inizio del XX secolo sono stati proposti metodi di stabilizzazione per piante medicinali fresche, in particolare per quelle con componenti medicinali labili.

Il Regolamento EU 2017/745 ha aggiornato e regolamentato l'immissione sul mercato europeo dei dispositivi medici per uso umano e dei relativi accessori. Ciò permetterà nei prossimi anni il rilancio delle colture officinali anche nel nostro Paese.

Ai giorni nostri, quasi tutte le farmacopee del mondo – *European Pharmacopoeia* 10th Edition – includono le droghe vegetali di reale valore medicinale. Ci sono Paesi (Regno Unito, Russia, Germania) che hanno farmacopee erboristiche separate. Tuttavia, in pratica, viene sempre utilizzato un numero molto più elevato di farmaci non ufficiali. La loro applicazione si basa sulle esperienze della medicina popolare (medicina tradizionale o popolare) o sulla nuova ricerca scientifica e sui risultati sperimentali (medicina convenzionale). Molte piante medicinali vengono applicate attraverso l'automedicazione o su raccomandazione di un medico o farmacista. Sono usati indipendentemente o in combinazione con droghe sintetiche (medicina complementare).

1.2 Evoluzione storica dell'uso di piante da profumo

Le cosiddette MAPs comprendono anche piante aromatiche che sono utilizzate per il loro profumo per appagare esigenze edonistiche e per condire i cibi, anche se potrebbero rivestire un significato medicamentoso.

L'impiego di profumi ha origini molto antiche. Il profumo è spesso fonte di esperienze sensoriali che evocano ricordi ed emozioni e per molte civiltà del passato ha rappresentato un ponte tra terra e cielo, un modo di avvicinarsi al divino. I primi dispensatori di profumi furono, infatti, i sacerdoti, come testimoniato dagli antichi scritti, fra cui anche le Sacre scritture.

Certamente uno dei popoli più rinomati per l'uso di essenze e profumi fu quello degli **Egizi**. Un Paese caratterizzato da un lato dal fiume Nilo, che straripando ogni anno al sorgere della stella Sirio rendeva verde e rigogliosa la vallata, e dall'altro dalla torrida distesa di sabbie del deserto. Da una parte l'opulenza e la vita, dall'altra la desolazione e la morte. Questa dualità ha influenzato profondamente il modo di vivere del popolo dei faraoni: all'esaltazione del lusso, della cura del corpo e della sensualità, facevano da contrappunto un sofisticato culto dei morti e un susseguirsi pressoché quotidiano di cerimonie in onore degli dei. Il tutto tra effluvi che si sprigionavano da resine fragranti, linfe balsamiche, unguenti (Fig. 1.6).

Si faceva uso di essenze profumate nell'igiene quotidiana e nella cura delle malattie, si aromatizzavano le carni e le salse, si bruciava l'incenso nelle strade affinché tutti ne potessero godere. Ma i veri maestri dell'arte profumiera erano i sacerdoti, tant'è che ogni tempio aveva un suo giardino da cui attingere la materia prima e un laboratorio in cui lavorarla.

L'uso dei profumi – dapprima riservato agli dei e ai sovrani e poi esteso a uomini e donne di ogni ceto – aveva soprattutto una valenza religiosa, ma era anche visto come una salutare abitudine.

Nel 539 a.C. Ciro il Grande, re persiano, conquista la città di Babilonia; ciò sancisce l'ascesa al potere dei persiani e la nascita di un impero vastissimo, potente e dalla cultura cosmopolita. Come gli Egizi, gli Assiri e i Babilonesi, anche i **Persiani** facevano largo uso di profumi nei rituali religiosi e non solo. I sovrani, ad esempio, si profumavano abbondantemente durante le campagne militari.

Anche i **Greci** facevano un largo uso di profumi e di essenze odorose. I templi erano ombreggiati da boschetti di allori (*Laurus nobilis* L.), cipressi (*Cupressus sempervirens* L.) e platani (*Platanus orientalis* L.) e corone di rose (*Rosa* L. ssp.) e mirto erano offerti agli dei. Nelle palestre abili massaggiatori spalmavano il corpo degli atleti con unguenti aromatici. Nelle case le donne facevano il bagno nell'acqua di lavanda (*Lavandula angustifolia* Mill.), si profumavano la pelle con frizioni all'iris o alla rosa, si cospargevano di oli fragranti, uno diverso per ogni parte del corpo: alla rosa per i polsi, alla menta per le braccia, alla maggiorana (*Origanum majorana* L.) per il capo. Anche nella Grecia classica, dunque, le essenze odorose erano amate, ricercate e scandivano la vita quotidiana.

Figura 1.6 - Scene di un funerale rituale in un giardino, dalla tomba di Minnakht, nei pressi di Tebe (XV secolo a.C.) (Rogers Fund, 1930, The Met Museum).

Presso i **Romani**, soprattutto nell'età imperiale, l'uso di essenze profumate divenne una vera mania. Per eccesso si distinse l'imperatore Nerone che, appassionato di rose, amava dormire su un giaciglio di petali freschi e si faceva spalmare l'unguento di rosa persino sulle piante dei piedi. Racconta Svetonio che nella *Domus Aurea* il soffitto era predisposto in modo che appositi pannelli di avorio traforato lasciassero piovere sui convitati petali di fiori ed essenze. Nella Roma imperiale, inoltre, si aspergevano i muri e i pavimenti delle case con le rose, lo zafferano e le violette (*Viola* L. ssp.).

Nel corso del **Medioevo** i profumi avevano un ruolo importante, anche se non erano più completamento della vita quotidiana. Anzi, l'intensificarsi degli scambi con l'Oriente e il perfezionarsi delle tecniche di distillazione avevano messo a disposizione nuovi aromi e nuove spezie. Ci si profumava per igiene e per prevenzione, più che per piacere. Si pensava che il profumo potesse essere un deterrente nei confronti della peste; chi poteva permetterselo portava appeso alla cintura o al polso un globo di metallo traforato (*pomander*), a volte impreziosito da gemme, da cui esalava la fragranza preferita. Nelle case si bruciavano rosmarino e bacche di ginepro, si lavavano i pavimenti con acqua, aceto e petali di rosa, ci si detergeva le mani usando vino aromatizzato con pepe, cannella, zenzero, chiodi di garofano e macis (*Myristica fragrans* Houtt.).

Alla scuola medica salernitana, ed in particolare a Trotula de Ruggiero, una donna medico e ginecologa, si deve il primo trattato di cosmetica della storia, il *De Ornatu Mulierum*. In quest'opera si insegnava alle donne medievali come preservare e migliorare la propria bellezza e come curare le malattie della pelle mediante una serie di precetti, consigli e rimedi naturali.

Il diffondersi del **Rinascimento**, col suo profondo rinnovamento culturale, artistico e politico, non potrà che interessare anche l'impiego dei profumi per la cura della persona. Questa ondata di profumi invade l'Europa a partire dalla metà del Cinquecento. Proprio all'interno delle regge e dei palazzi ducali vengono istituite apposite officine per gli esperimenti di chimica e fisica, ma anche per lo studio di nuovi profumi a base di fiori ed erbe. Non solo si perfezionano le tecniche di distillazione per ottenere le essenze e si introduce l'alcol come solvente fondamentale, ma si avviano procedimenti innovativi per ottenere i profumi, come la "digestione", infusione a bagnomaria nell'olio caldo di oliva o di mandorle, di fiori di tuberosa (*Polianthes tuberosa* L.), gelsomino (*Jasminum grandiflorum* L.), violetta, rosa e altri ancora.

L'Italia rinascimentale è all'avanguardia nell'arte profumiera. Firenze, dove i frati domenicani del convento di Santa Maria Novella lavorano alacremente nel loro laboratorio di distillazione di essenze, contende il primato a Venezia. In quel periodo la città lagunare è rinomata per i profumi a base di muschio e ambra, i saponi da toeletta, le tinture per capelli. E proprio a Venezia si pubblicano dei libri sull'arte della cosmesi, tra cui, nel 1582, *Gli ornamenti delle donne* di Giovanni Marinello.

Nello stesso periodo in Francia emergono le città profumiere di Grasse e Fointainebleau, mentre a

Parigi sarà l'arrivo di Caterina de' Medici, andata in sposa a re Enrico II, a portare una ventata di novità. Caterina si porta infatti al seguito, oltre a cuochi e sarti, i migliori «uffiziali da ornamento e da profumo» e il suo profumiere personale, Renato Bianco, che nella capitale francese aprirà una frequentatissima bottega.

Luigi XIV, il Re Sole, amava profumarsi, ma ancor di più fu il suo successore, Luigi XV (1710-1774), ad avere una passione per le fragranze forti e persistenti. Fu proprio sotto il suo regno che Parigi divenne la città del profumo per eccellenza. Una città tanto profumata quanto sporca. I miasmi che stagnavano nelle sue strade si mescolavano all'effluvio delle ginestre (*Spartium junceum* L.), delle rose e dei ligustri (*Ligustrum* L. ssp.) coltivati nei giardini e alla fragranza di cannella, muschio, neroli (*Citrus xaurantium* L.), tuberosa, gelsomini e giunchiglia (*Narcissus jonquilla* L.) che si lasciavano dietro le eleganti carrozze (Fig. 1.7). Non a caso qui nacque la celebre Acqua di Colonia, inventata dall'italiano Giovanni Paolo Feminis.

Tra la fine dell'Ottocento e i primi decenni del Novecento nasce la profumeria moderna e sono ancora Grasse e Parigi a essere all'avanguardia. A Grasse, in particolare, si coltivavano i fiori e si lavoravano le materie prime, a Parigi si provvedeva alla realizzazione dei prodotti finiti e alla loro commercializzazione. Le essenze più diffuse erano quelle estratte dai fiori di gelsomino e di rosa, dalla lavanda e dai rizomi di iris, cui si aggiungevano gli esotici vaniglia, noce moscata, legno di sandalo (*Santalum album* L.), tuberosa. Ma già alla metà del secolo si cominciano a sintetizzare in laboratorio molecole chimiche che riproducono le sostanze odorose naturali, provocando la scissione fra coltivazione di fiori e industria dei profumi, il che consente anche di abbassare i costi di produzione.

Figura 1.7 - Particolare del fiore di gelsomino (*Jasminum grandiflorum* L.), una delle piante tradizionali utilizzata per la produzione di profumi.

Bibliografia

Bertiz A.A. (2003) - *Picturing health: The garden and courtiers at play in the late fourteenth-century illuminated Tacuinum Sanitatis.* PhD diss., University of Southern California, UMI 3116666.

Bovey A. (2005) - *Tacuinum Sanitatis: An early Renaissance guide to health.* Paul Holberton, London, UK.

Daunay M.-C., Laterrot H., Janick J. (2008) - Iconograpy and history of Solanaceae: Antiquity to the 17th century. *Hort. Rev.* 34:1-111 (+ 31 plates).

Daunay M.-C., Janick J., Paris H.S. (2009) - Tacuinum Sanitatis: Horticulture and health in the late Middle Ages. *Chron. Horticult.* 49:222-229.

Desjardins Y. (2008) - Onion as a nutraceutical and functional food. *Chron. Horticult.* 48:8-14.

Goldman I.L. (2003) - Recognition of fruits and vegetables as healthful: Vitamins, minerals, fiber, and phytonutrients. *Hort. Technology*, 13:1-6.

Janick J., Daunay M.C., Paris H. (2010) - Horticulture and Health in the Middle Ages: Images from the Tacuinum Sanitatis. *Hort. Science*, 45, 11, 1592-1596.

Segre Rutz V. (2002) - *Historia plantarum, erbe, oro e medicina nei codici medievali, volume di commento.* Franco Cosimo Panini, Modena, pp. 123-170.

Simmonds N.W. (ed.) (1976) - *Evolution of crop plants.* Longman, New York, NY.

Wang J.-X., Gao T.G., Knapp S. (2008) - Ancient Chinese literature reveals pathways of eggplant domestication. *Ann. Bot.* (Lond.) 102:891-897.

Zink A., Samadelli M., Gostner P., Piombino-Mascali D. (2019) - Possible evidence for care and treatment in the Tyrolean Iceman. *International Journal of Paleopathology*, 25, 110-117.

Le piante officinali hanno assunto una certa importanza economica in particolare in alcuni Paesi ad economie emergenti; la maggior parte delle specie utilizzate oggi cresce allo stato spontaneo soprattutto in Asia.

2 Risorse genetiche

Piero Belletti, Grazia Maria Scarpa

A fianco dei più comuni usi alimentari, tessili e come materie prime per la realizzazione di manufatti, l'uomo utilizza da tempo immemore le piante anche per le loro caratteristiche officinali, laddove con questo termine si comprendono non soltanto proprietà medicinali, ma anche aromatiche, cosmetiche e così via. In anni più recenti, questo settore ha assunto una notevole importanza anche dal punto di vista economico, soprattutto in alcuni Paesi in via di Sviluppo.

Nella definizione di piante officinali sono comprese alcune specie vegetali, alghe, funghi macroscopici e licheni destinati ai medesimi usi. Oltre alle specie spontanee più note, come ad esempio il papavero, *Papaver somniferum* L. (Fig. 2.1) possiamo trovare le piante epatiche, come la *Marchantia polymorpha* L. (Fig. 2.2), specie non vascolari appartenenti alla famiglia delle Briofite. Oggi si ritiene vengano utilizzate non meno di 50.000 specie vegetali, di cui la maggior parte cresce allo stato spontaneo, soprattutto in Asia, e solo in pochi casi i prodotti derivano da specifiche coltivazioni.

Figura 2.1 - *Papaver somniferum* L.

Tuttavia, a seguito dell'accresciuta domanda e dello sviluppo dei commerci internazionali, spesso la raccolta determina fenomeni di erosione genetica e, a volte, anche di alterazione degli habitat e nei casi più gravi si rischia l'estinzione di popolazioni locali.

Quello della riduzione della variabilità genetica è tuttavia un problema globale e una seria minaccia all'integrità e alla sopravvivenza di molti ecosistemi, sia naturali che modificati dall'uomo.

2.1 L'erosione genetica nelle specie officinali

Secondo quanto riportato nell'edizione del 2020 dello *State of the World's Plants and Fungi*, i cambiamenti climatici potrebbero mettere a rischio circa due quinti delle piante conosciute, tra queste anche molte specie medicinali, impiegate non solo come rimedio naturale, ma anche per la produzione di diversi farmaci. Il report raccoglie l'analisi dei dati di 210 scienziati distribuiti in 42 nazioni mondiali, per classificare il rischio di

Figura 2.2 - *Marchantia polymorpha* L.: gametoforo e propaguli.

estinzione di oltre 140.000 piante, di cui 723 medicinali. Nel 2020, come sopra detto, almeno due quinti delle specie risulta a rischio d'estinzione, il doppio di quanto registrato nel 2016. Le specie medicinali oggi conosciute sono circa 5.441, quelle a rischio di estinzione rappresentano il 13%. Fra le specie maggiormente minacciate, possiamo indicare la *Brugmansia sanguinea* (Ruiz & Pav.) D. Don, usata per medicinali dedicati ai disturbi cardiocircolatori, che risulta estinta in natura e resiste solo come pianta coltivata. Destino analogo per la *Nepenthes khasiana* Hook.f., usata a scopo dermatologico, e per la *Warburgia salutaris* (G. Bertol.) Chiov., utilizzata per i disturbi respiratori.
La *Convenzione sul commercio internazionale di specie minacciate di fauna e flora selvatica* (CITES) comprende, tra i materiali soggetti a restrizioni negli scambi commerciali tra i Paesi aderenti, oltre 60 specie di preminente interesse officinale. A queste vanno aggiunte numerose altre specie, come le orchidee e le *Aloe* che, pur avendo interesse officinale, sono salvaguardate prioritariamente come piante ornamentali. L'UICN (*International Union for the Conservation of Nature*), la più autorevole istituzione internazionale che si occupa di conservazione della natura, considera, a livello europeo, 10 specie di interesse officinale a rischio più o meno marcato di estinzione: *Artemisia granatensis* Boiss., *Tetraclinis articulata* (Vahl) Mast., *Chimaphila umbellata* (L.) Nutt., *Iris spuria* L., *Sideritis reverchonii* Willk., *Dactylorhiza iberica* (M.Bieb. ex Willd.) Soó, *Himantoglossum comperianum* (Steven) P.Delforge, *Plantago maxima* Juss. ex Jacq., *Atropa baetica* Willk., *Crataegus nigra* Waldst. & Kit[1].
L'estrapolazione su scala mondiale di questi dati porta a una stima di oltre 4.000 specie di interesse officinale minacciate di estinzione. Pertanto, la coltivazione di queste specie potrebbe rappresentare una valida alternativa alla raccolta in natura, che consentirebbe anche di superare altre problematiche, come la potenziale variabilità del prodotto naturale e il rischio della presenza di specie tossiche o indesiderate nel raccolto. Non mancano, tuttavia, anche effetti indesiderati sull'ambiente, ad esempio il rischio di un minore interesse per la protezione della specie in natura e il rischio di diffusione di specie aliene invasive (Tab. 2.1).

2.2 Le normative per la salvaguardia delle risorse genetiche

Il più importante riferimento normativo internazionale sui temi della salvaguardia della biodiversità è indubbiamente la "Convenzione sulla diversità biologica" (*Convention on Biological Diversity*, CBD). Si tratta di un accordo internazionale approvato a Nairobi (Kenya) il 22 maggio 1992 e aperto alla ratifica da parte delle Nazioni in occasione del Summit mondiale dei Capi di Stato organizzato dalle Nazioni Unite nel giugno dello stesso anno a Rio de Janeiro, unitamente ad altre due importanti Convenzioni: quella sui cambiamenti climatici (*United Nations Framework Convention on Climate Change*, UNFCCC) e quella contro la desertificazione (*United Nations Convention to Combat Desertification*, UNCCD). Ad oggi, la CBD è stata firmata da circa 200 Paesi del Mondo. Lo scopo della Convenzione è quello di arginare la scomparsa della diversità biologica (biodiversità), ove con tale termine si intende «la variabilità

[1] Di altre 25 specie non si hanno dati a sufficienza per poter confermare una analoga situazione, tuttavia spesso sospettata (https://www.iucn.org/downloads/iucn_european_red_list_of_medicinal_plants_web_1.pdf).

Tabella 2.1 - Confronto tra raccolta spontanea e coltivazione di piante di interesse officinale: opportunità e problematiche.

Raccolta spontanea		**Coltivazione**	
Opportunità	**Problematiche**	**Opportunità**	**Problematiche**
Impatto sull'ambiente naturale e sugli ecosistemi			
• Stimolo per le popolazioni locali a conservare le proprie risorse naturali	• La raccolta eccessiva può portare alla scomparsa di ecotipi e, localmente, anche di specie; possibile alterazione degli habitat • Difficoltà di coordinare l'attività di raccolta, soprattutto laddove questa viene gestita da numerosi soggetti in modo autonomo • Scarse conoscenze biologiche sulle specie oggetto di interesse • Mancanza di pianificazione sulla gestione delle risorse	• Riduzione della pressione di raccolta, soprattutto su specie rare e/o a crescita lenta	• Riduzione dell'interesse per la conservazione dell'ambiente • Erosione della variabilità genetica delle specie oggetto di interesse, sminuendo il valore delle forme selvatiche • Possibili alterazioni ambientali per la realizzazione di campi coltivati • Le specie coltivate possono diventare invasive ed alterare gli ecosistemi. Nel caso di utilizzazione di ecotipi alloctoni si può avere inquinamento genetico delle popolazioni locali
Effetti sul mercato			
• Minori costi di esercizio e ridotta necessità di investimenti • Possibilità di utilizzare anche specie che necessitano in quantità esigua, tale da non giustificarne la coltivazione • Possibilità di utilizzare specie la cui coltivazione risulta difficoltosa dal punto di vista tecnico o economico • Nessuna utilizzazione di fitofarmaci • Impressione sui consumatori di poter utilizzare un prodotto più "naturale"	• Presenza di sostanze indesiderate e standard qualitativi variabili nelle annate • Disponibilità di prodotto variabile in funzione dell'andamento stagionale e di situazioni locali (ad esempio attacchi parassitari) • Rischi di contraffazione del prodotto • Rischi legati a condizioni di raccolta e conservazione non idonee • Possibilità di errata identificazione tassonomica della specie oggetto di raccolta	• Disponibilità costante nel tempo di prodotto e maggior stabilità del prezzo di vendita • Più facile identificazione botanica delle specie coltivate • Possibilità di selezionare i genotipi migliori e applicare tecniche di miglioramento genetico • Maggior facilità di mantenimento di elevati standard qualitativi e controllo sulla presenza di composti contaminanti e/o tossici • Più semplice controllo delle operazioni di raccolta e conservazione • Possibilità di pianificare la produzione nel lungo periodo • Possibilità di certificazione (ad esempio per produzioni biologiche o biodinamiche)	• Maggiori costi di produzione • Necessità di sostanziali investimenti all'inizio dell'attività • Alcuni prodotti di interesse officinale sono metaboliti secondari, che le piante producono solo in condizioni di stress, quali difficilmente si possono riscontrare nelle coltivazioni • Presenza di residui di agrofarmaci nel prodotto e nell'ambiente
Impatto sull'economia locale			
• Ritorni economici senza necessità di investimenti iniziali • Possibilità di garantire benefici economici nel lungo periodo (purché la raccolta sia sostenibile)	• Possibili problemi legati alla proprietà dei terreni ove crescono le specie oggetto di raccolta • Rischio di raccolte eccessive e conseguente futura scarsa disponibilità di prodotti	• Possibilità di integrare gli introiti delle aziende agricole con la produzione di erbe officinali • Possibilità di vendita diretta in azienda	• Benefici economici non sempre limitati all'ambito locale (soprattutto laddove sono necessari massicci investimenti) • Competizione tra produttori, con possibile esclusione dal mercato di quelli più piccoli

tra organismi viventi di qualsiasi tipo compresi, tra gli altri, quelli terrestri, marini e di altri ecosistemi acquatici e i complessi ecologici dei quali questi sono parte; questo include la diversità all'interno delle specie, tra le specie e degli ecosistemi». In altre parole, la biodiversità può essere considerata con la totalità delle informazioni genetiche presenti, a tutti i livelli, sul nostro pianeta.
Gli obiettivi della CBD possono raggrupparsi in tre ambiti:

- la conservazione della biodiversità biologica;
- l'uso sostenibile delle sue componenti;
- la giusta ed equa divisione dei benefici dell'utilizzo di queste risorse genetiche, attraverso un corretto accesso ad esse ed un appropriato trasferimento delle tecnologie necessarie per la loro utilizzazione.

Nel 1999, nell'ambito della CBD, venne approvata la "Strategia globale per la conservazione delle piante" (*Global Strategy for Plant Conservation*), con lo scopo preciso di salvaguardare dall'estinzione le specie vegetali più minacciate, tra cui anche molte di interesse officinale.
Dalla sua approvazione nel 1992, l'Assemblea dei Paesi firmatari la CBD (*Convention on Biological Diversity*) si riunisce con scadenza biennale. Di particolare importanza la riunione COP 10, tenutasi a Nagoya (Giappone) nel 2010, nel corso della quale fu approvato il "Piano Strategico per la Biodiversità 2011-2020", che è andato a sostituire quello relativo al precedente decennio e che nel 2014, avendo raggiunto il numero di 50 Paesi firmatari, era ufficialmente entrato in vigore. Il Protocollo di Nagoya, GU L. 150 del 20.5.2014, pag. 234, adottato nell'ambito della CBD, regola l'accesso alle risorse genetiche e la condivisione equa dei vantaggi derivanti dal loro utilizzo. Con il Protocollo di Nagoya si realizza il terzo obiettivo della CBD e si dà un importante contributo alla conservazione della biodiversità e all'utilizzo sostenibile di tutti gli elementi che la compongono. Contiene disposizioni che disciplinano sia l'accesso alle risorse genetiche sia l'equa ripartizione dei benefici derivanti dall'utilizzo di queste ultime. Un utente che vuole accedere a una risorsa genetica di un altro Paese (ad es. una pianta medicinale per studiarne il principio attivo oppure per produrre un farmaco) deve attenersi alla procedura d'accesso prevista nel Paese fornitore di quella risorsa. Inoltre, deve essere redatto un contratto che preveda l'equa condivisione tra utente e fornitore dei vantaggi derivanti dall'uso della risorsa in questione (ad es. profitti, tecnologie, conoscenze ecc.). Le risorse genetiche sono spesso associate a conoscenze tradizionali delle comunità indigene e locali. Pertanto, alcune disposizioni del Protocollo regolano l'accesso a tali conoscenze e l'equa condivisione dei vantaggi procurati dalla loro applicazione. Il Piano Strategico consta di 20 obiettivi principali, che si possono riassumere nello slogan che accompagna l'iniziativa: vivere in armonia con la natura (*living in harmony with nature*) (http://ec.europa.eu/environment/pubs/pdf/factsheets/biodiversity_2020/2020%20Biodiversity%20Factsheet_IT.pdf).
La CBD prevede che ogni Paese firmatario predisponga appositi strumenti di intervento, tra cui in particolare Strategie Nazionali e Piani d'Azione. In Italia, ad esempio, nel 2008 il Ministero per le Politiche Agricole, Alimentari e Forestali ha prodotto il "Piano nazionale sulla biodiversità di interesse agricolo", che comprende le linee guida per la conservazione delle risorse genetiche delle specie che hanno attinenza con il settore agroalimentare e forestale nel nostro Paese (http://www.isprambiente.gov.it/files/biodiversita/20080313_SR_Piano_nazionale_biodiversita_agricoltura.pdf). A corollario di tale piano, nel 2013 sono state pubblicate le "Linee guida per la conservazione e la caratterizzazione della biodiversità vegetale di interesse per l'agricoltura" (https://www.reterurale.it/downloads/LineeGuida_Vegetale_WEB.pdf).

2.3 La biodiversità

Come detto, la biodiversità rappresenta l'insieme di informazioni genetiche che sono presenti in un determinato contesto. Abbiamo così una biodiversità totale, o planetaria, che comprende l'insieme di tutte le forme di vita presenti sulla terra, da quelle microbiche fino a quelle vegetali ed animali. La biodiversità può poi essere considerata **a livello ecosistemico**, laddove può grossolanamente essere identificata con il numero di specie che vivono in un determinato habitat: in questo caso, il livello di biodiversità è strettamente correlato con la stabilità (o meglio, la resilienza) di tale

ecosistema: finché il numero di specie che vi si trovano si mantiene elevato, l'ecosistema funziona regolarmente, ma se qualche specie scompare, si innescano pericolosi effetti degenerativi, che possono poi estendersi in maniera incontrollata.
C'è poi la **diversità specifica**, che riguarda le differenze genetiche che esistono tra individui appartenenti alla stessa specie: questa è estremamente importante in quanto consente l'evoluzione. Se, infatti, le condizioni dell'ambiente in cui una specie vive si modificano (cosa che è sempre avvenuta e continua ad avvenire, a volte anche con ritmi enormemente accelerati rispetto al passato, vedi il cambiamento climatico), è indispensabile che qualche individuo possegga l'informazione genetica che gli consente di sopravvivere nelle nuove condizioni, garantendo così la sopravvivenza della specie.

2.4 La salvaguardia delle risorse genetiche

Le modalità di conservazione delle risorse genetiche possono, grossolanamente, essere suddivise in due grandi categorie, in base al luogo ove avviene concretamente l'azione di tutela: *in situ* ed *ex situ*. Naturalmente, il massimo grado di sicurezza si raggiunge laddove sia possibile integrare più sistemi, potendo così cogliere gli aspetti vantaggiosi di ciascuno di essi.

2.4.1 Metodi di conservazione *in situ*

In questo caso l'azione di salvaguardia della **variabilità genetica** avviene ove questa si è originata ed evoluta. Automatica conseguenza di tale attività è la conservazione dell'intero ecosistema nel quale le risorse genetiche di interesse sono contenute. Esempi di istituzioni ricadenti in questa categoria sono le riserve biogenetiche, per quanto non particolarmente diffuse nel mondo, e nel nostro Paese in particolare. Si tratta in pratica di aree protette, sottratte nella misura più ampia possibile agli effetti delle attività antropiche, nelle quali però lo scopo principale non è tanto la tutela di un paesaggio o di un ecosistema, quanto della variabilità genetica di determinate specie. La gestione di tali aree presenta non poche problematiche: intanto si tratta solitamente di zone molto ampie, dovendo preservare risorse genetiche anche rare e quindi presenti in un numero limitato di individui. L'attenuazione dell'attività dell'uomo è inoltre un obiettivo molto difficilmente perseguibile, anche perché tali aree sono di solito localizzate nella fascia intertropicale, ove i livelli di biodiversità sono maggiori, ma dove anche la pressione antropica è più invasiva. Un altro importante vantaggio di tali sistemi è la possibilità che la variabilità genetica sotto protezione continui a evolversi, seguendo le modificazioni ambientali e migliorando quindi le capacità di adattamento delle popolazioni.
Naturalmente l'attività di salvaguardia delle risorse genetiche con metodi di conservazione *in situ* prevede un'accurata pianificazione degli interventi, al fine di garantire la maggior efficacia possibile di misure che, solitamente, possono contare su investimenti ridotti. Uno degli aspetti da prendere in considerazione è la definizione della cosiddetta **Minima Popolazione Vitale** (*Minimum Viable Population*, MVT), e cioè la più piccola popolazione che garantisce comunque una probabilità di sopravvivenza del 99%. Naturalmente la MVT varia in modo considerevole in base alle caratteristiche biologiche della specie presa in esame (a loro volta legate soprattutto alle possibilità di incontro tra gameti di sesso opposto) e a quelle ecologiche del territorio. Collegato al concetto di MVT vi è quello di **Minima Area Dinamica** (*Minimum Dynamic Area*, MDA), che rappresenta la dimensione minima di un territorio affinché possa adeguatamente ospitare una MVT.
Vi sono numerosi altri aspetti che occorre tenere in considerazione per garantire l'efficacia delle misure di salvaguardia. Tra di essi meritano una citazione l'efficienza dei sistemi riproduttivi e il rischio di deriva genetica.

- Per quanto riguarda l'efficacia dei sistemi riproduttivi ricordiamo che le specie si dividono in autogame ed allogame, a seconda che il meccanismo riproduttivo prevalente sia l'autofecondazione oppure l'incrocio. Mentre gli animali sono, per la stragrande maggioranza, obbligati ad incrociarsi, vista la quasi totale presenza di dioicia (gli individui, cioè, producono gameti di un solo tipo sessuale:

maschile oppure femminile), nelle piante di solito entrambe le alternative sono possibili, anche se una di esse è nettamente prevalente. La dioicia, infatti, nelle piante, per ovvi motivi di impossibilità di movimento alla ricerca del partner, è molto rara (esempi di piante dioiche sono asparago, spinacio, kiwi, *Ginkgo biloba* L., salici, pioppi, gelsi, ginepro, tasso, agrifoglio, pungitopo, ortica, canapa, luppolo e poche altre). Mentre nelle specie autogame l'autofecondazione non ha ovviamente effetti negativi, in quelle allogame l'incrocio tra individui imparentati (o addirittura l'autofecondazione), fenomeno che prende il nome di *inbreeding*, porta a conseguenze negative, note con il termine cumulativo di *depressione da inbreeding*. Tale fenomeno si manifesta con riduzione della taglia, crescita stentata, maggior sensibilità alle malattie ed alle avversità climatiche, riduzione della fertilità. In caso di popolazioni di specie allogame numericamente molto piccole oppure con bassa densità di diffusione degli individui, l'*inbreeding* può aumentare in modo anche considerevole, riducendo così la capacità di sopravvivenza delle popolazioni medesime.

- La deriva genetica è invece la scomparsa di un allele, cioè di un'informazione genetica, per motivi casuali e non quindi legati ad una sua specifica funzione. L'estinzione di un allele è un fenomeno comune, che tuttavia discende dai suoi effetti negativi ed è quindi strettamente correlata con l'evoluzione. Nel caso della deriva genetica, invece, l'allele scompare a prescindere dalla sua utilità. È evidente come il fenomeno della deriva genetica riduca la biodiversità presente in una popolazione e sia tanto più probabile quanto più l'allele in questione è raro e quanto più è piccola la popolazione di riferimento.

2.4.2 Metodi di conservazione *ex situ*

La tutela delle risorse genetiche in questo caso avviene in località diverse (a volte anche molto lontane) dal luogo in cui la biodiversità è presente. La principale caratteristica di questi metodi è data dalla maggior sicurezza di mantenimento del materiale: infatti, massicce alterazioni ambientali nel luogo di origine della variabilità genetica (situazioni, queste, purtroppo estremamente comuni) potrebbero metterne a serio rischio la sopravvivenza in natura. Esempi di sistemi *ex situ* sono collezioni di individui, nell'ambito di strutture quali vivai, orti botanici o parchi biologici, anche se la forma più diffusa è senza dubbio, almeno per le specie vegetali, la raccolta e conservazione dei semi. In questo caso si parla comunemente di banche del germoplasma. Oltre alla già citata sicurezza, questi metodi consentono enormi risparmi di spazio: nel caso dei semi, ad esempio, è possibile conservare migliaia di individui in pochi decimetri cubi di spazio. Anche la gestione del materiale conservato è semplificata, purché si adottino alcuni accorgimenti di cui parleremo fra breve. Un problema può essere rappresentato dal blocco dell'evoluzione naturale, o comunque da una distorsione del fenomeno, dal momento che questa avviene in un ambito ambientale diverso da quello originario del materiale: si potrebbe quindi favorire la conservazione e la diffusione di caratteri genetici utili nell'ambiente di conservazione, ma neutri o addirittura negativi nelle condizioni dell'ambiente di origine. Tale situazione potrebbe portare, nel lungo periodo, a considerevoli modificazioni nel tipo di biodiversità salvaguardata, creando problemi di adattabilità nell'auspicabile caso di ricostituzione di popolazioni nel loro ambiente di origine utilizzando il materiale conservato. Altri vantaggi di queste tecniche sono la più facile disponibilità di materiale da utilizzare in reintroduzioni in natura e per ricerche scientifiche. Naturalmente, la realizzazione di strutture per la conservazione *ex situ* delle risorse genetiche non deve essere accompagnata da un allentamento delle misure per la tutela *in situ*: al contrario, le due strategie dovrebbero essere adottate in modo complementare, al fine di sfruttare gli aspetti positivi di ciascuna di esse.

2.4.2.1 Organi della pianta conservati nelle collezioni *ex situ*

Come detto, il seme rappresenta la forma più comune mediante la quale si procede alla conservazione delle risorse genetiche in strutture *ex situ*. Tuttavia, in alcuni casi ciò non è possibile: ad esempio perché la pianta è sterile e quindi non produce semi, oppure nel caso in cui questi presentino problemi di conservazione, come ad esempio avviene nei cosiddetti semi recalcitranti (Vedi box). Anche quando ci interessa conservare una ben precisa combinazione genetica non possiamo ricorrere al seme, che deriva da processi di ricombinazione e segregazione ed origina la comparsa di nuovi fenotipi, diversi da quelli che ci interessa salvaguardare: è ad esempio il caso di numerose varietà di specie frutticole.

Le prerogative che rendono i semi particolarmente adatti alla conservazione della biodiversità in essi presente si basa su numerosi aspetti. In primo luogo le dimensioni estremamente ridotte, che rendono possibile conservare un numero elevatissimo di individui in spazi molto limitati, facilitando anche la loro gestione: a titolo di esempio ricordiamo i semi di camomilla (*Matricaria chamomilla* L.), 1000 dei quali pesano in media 0,04 grammi. In altre parole, occorrono 25.000 semi per raggiungere il peso di un solo grammo!

Il seme è una struttura tra le cui finalità vi è quella di consentire all'individuo di superare periodi climaticamente sfavorevoli, ad esempio perché troppo freddi o siccitosi. Ne deriva che proprio il seme rappresenta la soluzione ideale per la conservazione delle informazioni genetiche presenti nell'individuo che da esso si originerà.

La **longevità del seme**, cioè la capacità di sopravvivere nel tempo, dipende da numerosi fattori, alcuni interni al seme medesimo, altri legati all'ambiente di conservazione. Tra i primi ricordiamo in primo luogo l'attitudine genetica, che, proprio come succede negli animali, varia da specie a specie. Molto importante è poi il tipo di sostanze di riserva contenute nel seme, cioè le risorse energetiche di cui il seme necessita per sopravvivere, fino al momento in cui germinerà e sarà quindi in grado di assorbire dall'ambiente ciò di cui necessita. Infatti, una delle principali cause di morte del seme è l'esaurimento, o la degradazione, delle riserve nutritive di cui è dotato. In linea di massima i semi ad elevato contenuto lipidico (quali ricino, girasole, soia, arachide) si conservano per periodi più brevi, poiché le sostanze grasse di cui sono ricchi si deteriorano in tempi relativamente brevi. Semi ad elevato contenuto proteico (le leguminose ad esempio) presentano una longevità maggiore, mentre quelli che contengono soprattutto carboidrati (amido, come nel caso delle *Poaceae*) risultano in grado di sopravvivere per tempi ancora più lunghi.

Fondamentale anche considerare le **condizioni ambientali** in cui il seme è maturato: stagioni secche e calde possono aver impedito l'assorbimento di adeguati livelli di sostanze di riserva, mentre, al contrario, il freddo e l'umido possono aver permesso l'accumulo soprattutto di acqua,

I semi recalcitranti

Contrariamente a quelli ortodossi, i semi recalcitranti non tollerano la disidratazione al di sotto di livelli di umidità elevati e non possono quindi essere conservati a bassa temperatura. La loro longevità risulta così fortemente limitata, sia per l'impossibilità di applicare idonee tecniche di conservazione, che per le difficoltà di arrestare in modo significativo il metabolismo dei semi stessi, cosa che porta all'esaurimento delle sostanze nutritive di cui essi sono dotati in tempi relativamente brevi. Il livello di umidità che non deve essere superato varia con le specie: nel caso della quercia da sughero, ad esempio, si colloca intorno al 40%, non troppo dissimile dal tenore idrico che i semi presentano solitamente al momento della raccolta (55%). Mediamente, tuttavia, si colloca su livelli più bassi, intorno al 20%. I motivi per cui i semi recalcitranti non tollerano la disidratazione sono riconducibili a due cause: danneggiamenti delle strutture intracellulari e formazione di prodotti del metabolismo tossici, quali in particolare radicali liberi. In realtà, ortodossia e recalcitranza non sono categorie nettamente distinte: esistono anche numerose specie con semi che presentano un comportamento in qualche modo intermedio.

Sono molte le specie che presentano semi recalcitranti: si calcola che circa il 7% di quelle totali appartenga a tale categoria, anche se si tratta per la maggior parte di specie tropicali, laddove le condizioni climatiche invernali (temperature non troppo basse e frequenti precipitazioni) non rappresentano una minaccia per la sopravvivenza dei semi medesimi. Tra le specie di interesse officinale, sono caratterizzate da semi recalcitranti *Piper hispidum, Theobroma cacao, Warburgia salutaris, Virola officinalis, Pentaclethra macroloba* e numerose altre.

nonché aver favorito la proliferazione di svariati parassiti. Anche il momento della raccolta influisce sulla predisposizione del seme alla conservabilità: nei semi raccolti troppo precocemente i processi di accumulo di sostanze nutritive potrebbero non essere stati completati, per cui il seme esaurirebbe in breve tempo le sue provviste. Al contrario, in semi raccolti troppo tardivamente si potrebbe avere un'esposizione a condizioni di elevata umidità, con la duplice conseguenza di stimolare l'inizio dei processi germinativi (cosa che prevede il consumo di parte delle riserve nutrizionali) e di favorire l'attività di agenti parassitari.
Per quanto riguarda invece l'**ambiente di conservazione**, i due fattori più importanti sono l'umidità del seme e la temperatura. Lo scopo è quello di creare condizioni nelle quali il metabolismo dei semi viene ridotto nella misura più ampia possibile. In tal modo il consumo di sostanze nutritive viene fortemente ridotto e la loro durata proporzionalmente aumentata nel tempo. In linea di massima, quanto più un seme è secco tanto più a lungo si conserva. Esiste una regola, peraltro molto approssimativa, che afferma che eliminando un punto percentuale di umidità dai semi nell'intervallo compreso tra il 15 e il 5% se ne raddoppia la conservabilità. I livelli di umidità cui è opportuno portare il seme (ovviamente adottando tecniche di disidratazione non troppo violente, ad esempio temperature di essiccazione non superiori a 30-35 °C) oscillano intorno a 4-8%. Tutto ciò vale per la maggior parte dei semi, i quali, se tollerano la disidratazione anche spinta, vengono definiti ortodossi. Esistono tuttavia alcuni semi che, al contrario, vengono uccisi da una riduzione del loro contenuto idrico troppo accentuata: essi vengono definiti recalcitranti e la loro conservabilità è molto problematica.
Per quanto riguarda la **temperatura**, più è bassa e meglio è; per periodi di conservazione relativamente brevi (1-2 anni) può essere sufficiente un comune frigorifero (3-4 °C). Se invece la conservabilità dei semi deve essere garantita per tempi più lunghi, come avviene nel caso delle banche del germoplasma, allora è meglio scendere al di sotto di tali valori, arrivando ad esempio a temperature di congelatore (-18/-20 °C). Tutto ciò, ovviamente, solo se il seme è ben secco. Anche in questo caso esiste una regola molto approssimativa, secondo la quale ogni riduzione di temperatura di 5 °C, nell'arco compreso tra 50 e 0 °C, raddoppia il periodo di conservazione dei semi.
Nella pratica, le banche del germoplasma conservano i semi all'interno di contenitori impermeabili e ermetici, in modo che i semi non possano assorbire umidità dall'ambiente circostante. Molto usati sono sacchetti multistrato (ad esempio PVC-alluminio) termosaldati sottovuoto.
Esistono altre alternative, anche se di utilizzo meno pratico, alla conservazione di semi o individui vivi. Una di esse è rappresentata dal polline. In questo caso le esigenze di spazio sono ancora più ridotte (in un centimetro cubo possono esservi anche più di 100.000 granuli pollinici), ma sorgono problemi di non facile soluzione legati alla minor conservazione del polline medesimo, soprattutto se confrontato con quella dei semi. È inoltre evidente come, per poter poi ottenere un individuo completo e vitale, un granulo di polline non sia sufficiente, ma sia indispensabile anche poter disporre di un ovulo compatibile. In taluni casi si procede alla conservazione di tessuti coltivati *in vitro*: in questo caso i problemi maggiori risiedono nella necessità di frequenti trasferimenti su substrato fresco e nel rischio di instabilità genetica legato alle condizioni di coltura, che potrebbero modificare le caratteristiche che invece si vogliono conservare. Infine, recentemente si sono sviluppate tecnologie per la conservazione di frammenti di DNA, sebbene anche in questo caso i problemi legati alla ricostituzione di individui vitali siano tutt'altro che di facile soluzione.
Nella realizzazione di strutture per la conservazione *ex situ* della variabilità genetica diventa di fondamentale importanza la definizione delle dimensioni del campione da porre in conservazione: ovviamente questo dovrà essere di dimensioni tali da garantire la salvaguardia anche degli alleli più rari. Nella pratica spesso si è però costretti dalla carenza di risorse a scendere a compromessi: in tal caso il numero di individui da collezionare va messo in relazione alle modalità di propagazione della specie: nel caso di specie a moltiplicazione vegetativa il numero di individui potrà essere inferiore, in quanto le popolazioni tenderanno ad essere costituite da un certo numero di cloni, selezionati dall'ambiente. Per specie a riproduzione sessuale di tipo autogamo il numero dovrà essere invece aumentato, a causa della maggior variabilità presente in tali

popolazioni: le linee pure vanno infatti incontro, sia pure sporadicamente, ad incroci tra di esse. Infine, per specie allogame il numero dovrà essere ulteriormente incrementato, a causa della prevalente diffusione dell'eterozigosi che si trova in tali individui. A tale proposito può essere utile ricordare come esista un'abbondante letteratura scientifica, che mette in relazione il numero di individui che entrano nella collezione con la probabilità di campionare gli alleli meno comuni in essi presenti. Ad esempio, campionando 50 individui abbiamo il 95% di probabilità di raccogliere un allele con frequenza pari a 0,05. Se invece l'allele è ancora più raro (frequenza 1% e vogliamo un margine di sicurezza superiore: 99%), allora dovremo campionare 916 individui.
Ricordiamo infine che le modalità di campionamento sono strettamente legate agli obiettivi dell'operazione: nel caso in cui si voglia raccogliere quanta più biodiversità è possibile, questo dovrà essere casuale. Diverso il caso in cui invece vi siano delle caratteristiche di particolare interesse, che occorrerà quindi privilegiare.

2.4.3 Metodi di conservazione *on farm*

Questo sistema riguarda quasi esclusivamente vecchie varietà di specie coltivate, ormai superate dal punto di vista produttivo, ma in possesso di alcune caratteristiche di interesse, quali ad esempio la rusticità, l'adattamento a particolari condizioni pedo-climatiche, resistenze a determinate fitopatie o aspetti organolettici di particolare pregio. La conservazione di tali caratteristiche può avvenire solo continuando a coltivare le varietà con metodi tradizionali, ad esempio con un ridotto ricorso a lavorazioni meccaniche e modesto uso di fitofarmaci.

2.5 I principali enti che si occupano di salvaguardia delle risorse genetiche

Sono numerosi gli Enti che si occupano, a diversi livelli, di conservazione delle risorse genetiche. L'elenco che segue non vuole certo essere esaustivo, ma semplicemente fornire un'idea sulla complessità ed eterogeneità della situazione.
La struttura più importante a livello mondiale è senza ombra di dubbio **Bioversity International** (https://www.bioversityinternational.org/), fondata nel 1974 sotto l'egida della FAO con il nome di *International Board for Plant Genetic Resources*, modificato nel 1991 in *International Plant Genetic Resources Institute* e nel 2006 in quello attuale. Vi aderiscono 56 paesi, più numerose istituzioni e fondazioni, sia pubbliche che private, tra cui l'ONU, l'Unione Europea, la Banca Mondiale. I suoi obiettivi sono il coordinamento di iniziative internazionali per la salvaguardia delle risorse genetiche, l'organizzazione di missioni per la raccolta di germoplasma, la realizzazione e il supporto alle iniziative di carattere locale, la formazione di personale specializzato nel settore. Non gestisce quindi direttamente strutture per la conservazione del germoplasma.
Il **Consultative Group on International Agricultural Research** (CGIAR) (https://www.cgiar.org/) è un partenariato globale di ricerca che mira a ridurre la povertà nelle zone rurali, incrementare la sicurezza alimentare, migliorare la salute e l'alimentazione umana e assicurare una gestione sostenibile delle risorse naturali. L'Italia è entrata a far parte del CGIAR nel 1974, ma il coinvolgimento italiano era iniziato ben prima. I colloqui iniziali che hanno portato alla costituzione del CGIAR sono stati infatti tenuti a Bellagio a partire dal mese di aprile del 1969, e l'Italia ha partecipato al primo incontro del CGIAR nel 1971. In Italia, inoltre, hanno sede Bioversity International, uno dei 15 centri coordinati dal CGIAR, e due co-sponsor del CGIAR, la FAO, United Nations Food and Agriculture Organization e l'IFAD, International Fund for Agricultural Development; presso la FAO è anche presente il CGIAR Science Council Secretariat. La cooperazione italiana è diretta al raggiungimento dei Millennium Development Goals (MDG), con enfasi particolare sulla riduzione della povertà e il rafforzamento della governance. Mediante il sostegno alla ricerca agricola, l'Italia contribuisce allo sviluppo sostenibile aiutando ad incrementare la sicurezza alimentare, a ridurre la povertà, a rafforzare le capacità e a migliorare la gestione delle risorse naturali, priorità in sintonia con quelle del CGIAR.
A livello europeo un ruolo prioritario spetta ai

Royal Botanic Gardens di Kew, vicino a Londra (https://www.kew.org/). Essi derivano dai giardini esotici realizzati nel XVIII secolo dalla nobiltà inglese ed ospitano la *Millenium Seed Bank*, ove vengono conservati (a livello di umidità del 4-6% e a temperatura di −20 °C) semi di quasi 40.000 specie di piante, tra cui tutte quelle spontanee della Gran Bretagna. L'obiettivo è quello di garantire la conservazione di semi del 25% delle specie conosciute entro il 2020, con particolare riferimento a quelle minacciate di estinzione.

Molto particolare è lo **Svalbard Global Seed Vault** (https://www.regjeringen.no/en/topics/food-fisheries-and-agriculture/svalbard-global-seed-vault/id462220/), inaugurato nel 2008 nell'arcipelago norvegese delle Svalbard, a 1.200 km dal polo nord. Lo scopo principale della struttura è quello di garantire la conservazione delle risorse genetiche, con particolare riferimento alle 21 specie di maggior interesse per l'alimentazione umana: nel corso del 2018 è stata raggiunta la cifra di un milione di campioni di semi conservati. Questi vengono mantenuti all'interno di sacchetti multistrato termosaldati sottovuoto, alla temperatura di −20 °C. La camera di conservazione è stata scavata nella roccia, ad una profondità di 120 m, ma è ancora ad una quota altimetrica tale da garantire condizioni sicurezza in caso di innalzamento del livello degli oceani (130 m). La presenza di permafrost garantisce inoltre una temperatura esterna di −3 °C, ulteriore sicurezza nel caso di guasti agli impianti refrigeranti.

L'**European Cooperative Programme for Plant Genetic Resources** (ECPGR) (https://www.ecpgr.cgiar.org/) è un programma di collaborazione tra Paesi europei volto a garantire la conservazione a lungo termine e facilitare l'aumento dell'utilizzo delle risorse genetiche vegetali in Europa Il programma europeo è stato avviato nel 1980 su intercessione dell'United Nations Development Programme (UNDP), del Food and Agriculture Organization of the United Nations (FAO) e del Genebank Committee of the European Association for Research on Plant Breeding (EUCARPIA). Scopo del programma è quello di facilitare, su base collaborativa, la conservazione lungo termine, la documentazione, lo scambio e l'utilizzo delle risorse genetiche vegetali. Aderiscono al programma ECPGR le più importanti collezioni vegetali europee. Il Network è organizzato in Working Group (WG) crop-specifici e/o tematici.

Ensconet (*European Native Seed Conservation Network*, http://ensconet.maich.gr/) è una struttura di coordinamento tra le varie iniziative europee che si occupano di conservazione dei semi di specie spontanee, la cui sede si trova a Londra, presso i Giardini Botanici di Kew. Al momento vi aderiscono 24 istituzioni, tra cui in particolare Orti Botanici e Banche del Germoplasma, di 17 Paesi Europei: tra questi il Centro Flora Autoctona della Lombardia (Università di Pavia), l'Orto Botanico dell'Università di Pisa e il Museo Tridentino di Scienze Naturali di Trento. Vi sono poi alcuni membri associati.

A livello nazionale occorre ricordare la **Banca del Germoplasma Mediterraneo**, gestita dall'Istituto di Bioscienze e Biorisorse del CNR a Bari (http://ibbr.cnr.it/ibbr/). Vi sono conservati circa 60.000 campioni di semi, appartenenti a oltre 800 specie, prevalentemente diffuse nel bacino mediterraneo e con particolare attenzione a quelle di interesse agrario.

Ricordiamo infine **Civiltà contadina** (https://www.civiltacontadina.it/), un'Associazione di volontariato che si occupa in particolare della conservazione di antiche varietà e ne promuove il libero scambio dei semi. L'Associazione costituisce il riferimento italiano dei **Seed Savers** (https://www.seedsavers.org/), una rete di appassionati sensibili al problema dell'erosione genetica fondata nel 1975 e che applica il principio del libero scambio di semi, nell'ottica del raggiungimento di un più alto livello di sicurezza nel settore agroalimentare.

2.6 Il miglioramento genetico e la costituzione varietale

Ricordiamo che la propagazione delle piante può avvenire in due modi.

- Con la **moltiplicazione vegetativa**, o agamica, si preleva una parte (ad esempio la parte apicale di un ramo) da un individuo preesistente e si opera in modo che vengano ricostituite le parti mancanti (l'apparato radicale, nell'esempio precedente), dando origine ad una pianta completa. Questa, naturalmente, presenterà le stesse caratteristiche genetiche dell'individuo da cui è stato prelevato il ramo, dal momento che non è avvenuto alcun processo sessuale in grado di ricombinare le informazioni genetiche coinvolte. Si viene così a costituire un clone: un insieme di individui geneticamente identici in quanto ottenuti propagando vegetativamente un unico progenitore.

- La **riproduzione sessuale**, invece, prevede il ricorso al seme, cioè la struttura che si origina a partire dalla fusione di due cellule specializzate (gameti, a contenuto cromosomico dimezzato), con conseguente formazione in primo luogo di uno zigote e poi di un embrione. Con la riproduzione sessuale, fatte salve alcune eccezioni, si ottiene una progenie geneticamente variabile, dal momento che i cromosomi materni e paterni vengono ridistribuiti tra i figli ed inoltre subiscono dei riarrangiamenti strutturali, come conseguenza dei crossing-over che avvengono durante la divisione meiotica il cui risultato è la formazione dei gameti.

I metodi di miglioramento genetico e costituzione varietale sono sostanzialmente diversi a seconda del sistema di propagazione adottato dalla specie su cui si opera.

2.6.1 Specie a propagazione vegetativa

Nel caso di specie che si propagano (necessariamente o perché ritenuto conveniente dall'uomo) per via agamica, le varietà sono generalmente costituite da uno o più cloni. Nel primo caso si massimizza la produzione potenziale, dal momento che la scelta ovviamente coinvolge il clone più produttivo: nel caso di un miscuglio di cloni si incrementa l'adattabilità del materiale, a seguito della presenza di un livello, anche se ridotto, di variabilità genetica. Dal momento che gli individui che vengono propagati vegetativamente sono, di solito, caratterizzati da un elevato livello di eterozigosi, la loro eventuale riproduzione per seme originerebbe una discendenza dotata di una elevata variabilità, a causa di fenomeni di ricombinazione e segregazione. Tale tecnica può pertanto essere utilizzata per individuare, nella progenie, genotipi di particolare interesse, da propagare poi nuovamente per via vegetativa.

Un altro metodo di miglioramento genetico applicabile a queste specie è la mutagenesi, cioè l'induzione artificiale di mutazioni genetiche, cioè modificazioni stabili a livello del materiale genetico. Naturalmente questo processo non è controllabile a priori e si potrà verificare solo a mutazione avvenuta se è comparso qualche carattere di interesse.

Un esempio di successo in questo campo è rappresentato da cloni di *Mentha haplocalyx* Briq., caratterizzati da un maggior contenuto in oli volatili.

2.6.2 Specie prevalentemente autogame

Le specie autogame, a causa del loro sistema riproduttivo basato prevalentemente sull'autofecondazione, presentano un elevato livello di omozigosi e le loro popolazioni sono di solito costituite da un insieme di linee pure. Con tale termine si intende la progenie che si ottiene autofecondando un soggetto totalmente omozigote: di conseguenza gli individui che costituiscono una linea pura sono geneticamente tutti uguali.

Il più semplice intervento di miglioramento genetico per le specie autogame è rappresentato dalla selezione. Questa può essere condotta secondo diverse modalità: la più semplice è la *selezione massale*, che prevede la scelta degli individui che meglio rispondono alle nostre esigenze (selezione positiva), oppure l'eliminazione di quelli palesemente scadenti (selezione negativa).

Più complesso è il metodo che prevede l'identificazione delle migliori linee pure, reperite direttamente nelle popolazioni locali e che si sono originate e diversificate a seguito di occasionali incroci che avvengono, con frequenza più o meno bassa, anche in queste specie. Così come già visto per le varietà clonali, anche nel caso delle specie autogame potremo avere varietà monogenotipiche (costituite da una sola linea pura e dotate di una maggior produttività potenziale) oppure poligenotipiche (miscuglio di linee pure, caratterizzate da una più elevata adattabilità).

Le varietà possono inoltre derivare da incroci

controllati, ad esempio tra linee pure che presentano alternativamente caratteri di pregio, che sarebbe molto positivo poter riunire in un unico genotipo. L'incrocio genera un certo livello di eterozigosi, che però, dopo alcune generazioni di autofecondazione, tenderà a ridursi fino ad annullarsi: a questo punto la popolazione sarà costituita da un certo numero di linee pure e si potrà procedere con gli interventi selettivi di cui abbiamo parlato in precedenza.

2.6.3 Specie prevalentemente allogame

Nelle specie allogame prevale l'eterozigosi e la struttura genetica delle popolazioni è il risultato di fenomeni di segregazione e ricombinazione: in linea teorica si viene ad instaurare un equilibrio tra le frequenze alleliche e quelle genotipiche (legge di Hardy-Weinberg). La tecnica più semplice di miglioramento genetico delle specie allogame consiste nella costituzione di popolazioni a libera impollinazione, preceduta da selezione degli individui da utilizzare. Anche in questo caso la selezione può essere più o meno accentuata e prevedere solo il mantenimento degli individui di maggior interesse oppure l'eliminazione di quelli più scadenti. Queste popolazioni presentano uno scarso livello di uniformità genetica e di stabilità nelle generazioni successive, anche se la base genetica relativamente ampia garantisce loro di solito una buona adattabilità alle condizioni ambientali di coltivazione.
Le cultivar sintetiche rappresentano un ulteriore progresso e sono costituite dalla progenie, ottenuta per libera impollinazione, di progenitori selezionati non solo su base fenotipica, ma anche in funzione della loro capacità di trasmettere alla progenie caratteristiche di pregio (attitudine alla combinazione).
Infine, occorre ricordare che molte specie, soprattutto allogame, si avvantaggiano dalla costituzione di ibridi F1, previa adeguata scelta dei genitori in base alla presenza alternata di caratteri di pregio e la già citata attitudine alla combinazione. In linea generale, gli ibridi si ottengono incrociando artificialmente individui appartenenti a linee pure diverse, o linee inbred nel caso di specie allogame: in questo caso l'omozigosi si raggiunge a seguito di alcune generazioni in cui le piante vengono forzate all'autofecondazione manifestando depressione da inbreeding. In questo modo è possibile massimizzare l'eterosi, che è il principale fattore responsabile dell'elevato vigore presentato dagli ibridi F1 rispetto alle linee inbred utilizzate. Da ricordare anche un altro aspetto di interesse degli ibridi, e cioè la loro elevata omogeneità, soprattutto nel caso di ibridi a due vie, cioè costituiti direttamente dall'incrocio tra due linee pure o inbred. Ovviamente, la natura stessa degli individui ibridi impedisce al coltivatore di reimpiegare i semi ottenuti (i quali andrebbero incontro al fenomeno della segregazione, con conseguente aumento dell'eterogeneità e perdita di molti dei caratteri di interesse), costringendolo ad acquistare ogni anno nuovo materiale sementiero. Oggi si trovano in commercio numerosi ibridi F1 di specie di interesse officinale, tra le quali *Artemisia officinalis* Gaterau (con più elevato contenuto di artemisinina) e di *Thymus vulgaris* L. (a maggior produzione di oli essenziali).

2.7 Tecniche innovative

Con la scoperta, avvenuta negli ultimi decenni del secolo scorso, di tecniche di analisi e manipolazione del materiale genetico (DNA in particolare), anche il miglioramento genetico ha visto rivoluzionare i propri metodi.

2.7.1 Le colture *in vitro*

Le colture *in vitro* sono una scoperta relativamente recente, risalendo all'incirca alla metà dell'800. Si tratta della coltivazione di individui o, più comunemente, solo di parti di essi, su substrato artificiale e in condizioni ambientali controllate e asettiche. Esse sono possibili grazie alla peculiarità, esclusiva delle cellule vegetali, di presentare differenziazione tardiva e crescita illimitata, caratteristiche che, nel loro complesso, definiscono la cosiddetta totipotenza. Conseguenza di essa è la possibilità, a partire da una piccola parte di un individuo preesistente, in casi limite da una sola cellula, di ricostituire una pianta completa. Le colture *in vitro* vengono utilizzate soprattutto come tecnica di propagazione vegetativa (Figg. 2.3, 2.4): in questo caso si parte solitamente da

Figura 2.3 - Coltura in vitro di *Mentha x piperita* L.

Figura 2.4 - Formazione di microcormi di *Crocus sativus* L.

pezzi di fusto contenenti una gemma, i quali, nel giro di poche settimane, producono un germoglio dotato di 5-6 gemme: ciascuna di esse viene isolata e rimessa in coltura per un numero variabile di cicli. Nell'arco di pochi mesi, è così possibile ottenere un numero molto alto di piante, che risulteranno tutte perfettamente identiche tra di esse e con l'individuo di partenza: esse, infatti, costituiscono un clone. Tale tecnica è ampiamente utilizzata in agricoltura, in quanto consente di ottenere, in tempi relativamente brevi, moltissimi individui a partire da un'unica pianta dalle ottime caratteristiche.

Le colture *in vitro* possono tuttavia essere utilizzate per numerosi altri scopi. Uno di questi riguarda il risanamento da infezioni virali. I virus, infatti, di solito non invadono le cellule meristematiche, presumibilmente a causa dell'elevata velocità di moltiplicazione di queste ultime. Prelevando una piccola porzione di apice meristematico e rigenerando *in vitro* una pianta intera è quindi possibile ottenere un individuo risanato, anche se resta la possibilità di nuove infezioni.

Mediante le colture *in vitro* è anche possibile ottenere individui perfettamente omozigoti, in alternativa al lungo e non sempre possibile, a causa della comparsa di fenomeni di depressione da *inbreeding*, processo che si basa su autofecondazioni. La procedura prevede la coltivazione *in vitro* di cellule aploidi, quali ad esempio i granuli pollinici, e fare in modo che, mediante stimoli di natura ambientale ed ormonale, inizino a moltiplicarsi determinando la formazione di un embrione aploide. Si otterrà così una pianta aploide, poiché non vi è stata alcuna fusione gametica. La piantina aploide è molto delicata e debole, tuttavia è possibile farle riacquisire il normale livello di ploidia. Si agisce con prodotti, (di cui il più usato è la colchicina, un alcaloide che si ricava dal *Colchicum autumnale* L.) che, durante la mitosi, inibiscono la sintesi delle fibrille del fuso mitotico, impedendo così la divisione cellulare, ma non la replicazione dei cromosomi. Si otterranno pertanto cellule diploidi, con coppie di cromosomi omologhi perfettamente uguali, in quanto formatisi l'uno per replicazione dell'altro. Di conseguenza tali cellule saranno omozigoti a tutti i geni. Dalle cellule sottoposte a tale processo è poi possibile ricavare delle piante intere, le quali, una volta adattate alla crescita in condizioni naturali di campo, potranno costituire il punto di partenza per la produzione di ibridi F1.

Altri settori nei quali le colture *in vitro* possono fornire utili contributi sono l'utilizzazione della variabilità soma-clonale, che si origina a seguito di processi di dedifferenziazione e successiva redifferenziazione cellulare indotte per via ormonale; l'embriocoltura, in grado ad esempio di superare l'incompatibilità embrione-endosperma che spesso è causa della morte di ibridi interspecifici; l'ibridazione citoplasmatica, cioè la fusione di due protoplasti appartenenti a specie diverse e sessualmente incompatibili; la produzione di semi artificiali.

2.7.2 La trasformazione genetica

La trasformazione genetica, o tecnologia del DNA ricombinante, è un metodo di miglioramento genetico messo a punto alla fine del secolo scorso. Le principali caratteristiche di questa tecnica sono il trasferimento "mirato" del o dei geni che controllano il carattere sul quale si intende intervenire ed il superamento delle barriere di incompatibilità sessuale: grazie all'universalità del codice genetico è infatti possibile trasferire materiale genetico tra specie appartenenti addirittura a regni diversi, garantendo comunque la sua funzionalità. La maggior parte delle operazioni di trasformazione genetica riguarda l'inserimento di un gene proveniente da un'altra specie: questo gene può indurre la sintesi di sostanze naturalmente non prodotte dalla specie oggetto di intervento. Tali sostanze possono essere, ad esempio, tossine letali per alcuni gruppi di insetti parassiti, enzimi che degradano la parete cellulare di funghi patogeni, enzimi che inibiscono l'attività di principi attivi a funzione erbicida, conferendo così alla pianta trasformata la capacità di tollerare il relativo trattamento. In altri casi è possibile ottenere la sintesi di prodotti già presenti nella pianta da migliorare, però in forme molecolari diverse, a volte funzionali (enzimi che rappresentano il bersaglio dell'erbicida glifosate e che dopo la trasformazione non vengono più danneggiati), altre no (enzimi che controllano il processo di fioritura e la cui modifica può indurre la sterilità della pianta). Ricordiamo ancora la sovraespressione di caratteri di interesse, quali ad esempio principi attivi, che si può ottenere introducendo ulteriori copie di un gene già presente nella specie su cui si interviene oppure sostituendo quest'ultimo con un gene più efficiente, ma presente in una specie diversa. La trasformazione genetica può anche silenziare un gene, impedendo così la produzione di sostanze il cui effetto è indesiderato (ad esempio allergeni, enzimi che accelerano la marcescenza dei frutti, sostanze tossiche).

Il trasferimento del materiale può essere effettuato in modo diretto (tecniche di biobalistica o elettroporazione) oppure mediato da un vettore, tra i quali il più comune è *Agrobacterium tumefaciens* Smith & Townsend.

Sono ormai numerosi gli esempi di *Piante Geneticamente Modificate* (PGM) nel settore officinale. Tra gli esempi più significativi possiamo citare la menta (*Mentha* spp), in cui è stata indotta la sovraespressione dei geni che controllano la sintesi di precursori di oli essenziali nei tricomi e l'induzione di resistenza a funghi parassiti (produzione di proteine inibitrici lo sviluppo di funghi, quali ad esempio l'osmotina da tabacco contro *Verticillium* spp.). In ginseng (*Panax ginseng* C.A.Mey.) è stato inserito il gene che codifica per l'enzima fosfinotricina-acetiltransferase e conferisce tolleranza all'erbicida glufosinate ammonio. Nel ginseng americano (*Panax quinquefolius* L.) sono stati inseriti geni provenienti da riso che codificano per chitinasi con azione antifungina.

Infine, ricordiamo la possibilità di costituire linee cellulari geneticamente modificate, da mantenere *in vitro* e da adibire alla produzione di metaboliti di particolare interesse, nota come *Medical Molecular Farming*. Tra i composti di origine naturale di origine vegetale, paclitaxel, vinblastina, vincristina e camptotecina, svolgono un ruolo estremamente importante nella profilassi e nella terapia di diverse forme tumorali. Queste sostanze, prodotte in vitro a partire da linee cellulari geneticamente modificate, mediante metodi biotecnologici.

2.8 Prospettive future

Il settore delle piante officinali presenta ottime potenzialità future: è infatti probabile che l'interesse per prodotti farmaceutici, cosmetici, ecc. di origine percepita come naturale sia destinata a crescere. La loro coltivazione, anche se può rendere meno evidente tale aspetto "naturalistico", è tuttavia in grado di limitare possibili impatti negativi sull'ambiente di una raccolta eccessiva e deregolamentata. Poiché, nella maggior parte dei casi, si tratta di specie spontanee o comunque sottoposte a modesti interventi di domesticazione, la grande variabilità genetica ancora presente in esse rende potenzialmente efficaci interventi anche limitati di miglioramento genetico. A fianco delle tecniche tradizionali di breeding, si stanno diffondendo strategie di tipo innovativo *(New*

Breeding Techniques, NBT): come le piante derivate da *genome editing* che derivano da una chirurgia precisa del DNA; in questo caso la modificazione genetica viene effettuata in un determinato punto del genoma tramite tecnologie diverse tra le quali la più recente e più promettente è denominata CrispR/CAS9, che consente vari tipi di modificazioni genetiche, quali per esempio mutazioni inattivanti un gene ("knock-out") o inserzioni di sequenze o di interi geni in una determinata posizione del genoma ("knock-in") o mutazioni di singoli nucleotidi. Quindi, rispetto alla tecnologia di transgenesi "classica", la tecnologia di *genome editing* consente di inserire il gene non in una posizione casuale, ma in un punto predeterminato del genoma. Ma soprattutto nel caso di mutazioni puntiformi ("knock-out") o di corte inserzioni o delezioni di pochi nucleotidi, il gene bersaglio resta nella sua posizione canonica, non viene trasferito e va incontro a mutazioni indistinguibili rispetto a quanto potrebbe avvenire in maniera casuale in natura.

La Commissione Europea ha pubblicato a fine aprile, su richiesta del Consiglio UE, uno studio sulle nuove tecniche genomiche (Nbt). Secondo l'analisi strumenti come il *genome editing* e la *cisgenesi* hanno il potenziale per contribuire a realizzare il sistema agroambientale più sostenibile postulato dagli obiettivi del Green Deal e della strategia Farm to Fork. Allo stesso tempo, lo studio rileva che l'attuale legislazione sugli Ogm (Dir. 18/2001 "Novel food") non è adatta a regolare queste tecnologie innovative.

Lo studio ha anche analizzato le preoccupazioni associate a questi strumenti e alle loro applicazioni attuali e future. Le preoccupazioni includevano il possibile impatto sulla sicurezza e sull'ambiente, ad esempio, sulla biodiversità, la coesistenza con l'agricoltura biologica e senza OGM, nonché l'etichettatura.

L'analisi ha però messo in luce come queste biotecnologie di precisione siano costituite da un insieme molto diversificato di tecniche, e che alcuni prodotti vegetali prodotti da Nbt siano sicuri quanto le piante allevate convenzionalmente per la salute umana e animale e per l'ambiente. Tutti questi punto portano lo studio a concludere che vi sono forti indicazioni che l'attuale legislazione sugli OGM del 2001 debba necessariamente essere adeguata al progresso scientifico e tecnologico.

Lo studio sarà discusso con i ministri dell'UE al Consiglio Agricoltura e pesca e la Commissione discuterà inoltre i suoi risultati con il Parlamento europeo e tutte le parti interessate.

Sarà effettuata, inoltre, una valutazione dell'impatto, inclusa una consultazione pubblica sul tema.

Bibliografia

ALLEN D., BILZ M., LEAMAN D.J., MILLER R.M., TIMOSHYNA A., WINDOW J. (2016) - *European Red List of Medicinal Plants.* DOI: 10.2779/907382.

ANTONELLI A., FRY C., SMITH R., SIMMONDS M., KERSEY P., PRITCHARD H., ABBO M., ACEDO C., ADAMS J., AINSWORTH A., ALLKIN B., ANNECKE W., BACHMAN S., BACON K., BÁRRIOS S., BARSTOW C., BATTISON A., BELL E., BENSUSAN K., ZHANG B. (2020) - *State of the World's Plants and Fungi 2020.* Royal Botanic Gardens, Kew. DOI 10.34885/172.

CARLEN C., VOUILLAMOZ J., BAROFFIO C., SIMONNET X., QUENNOZ M. (2009) - *Genetic resources, conservation and breeding. Society for Medicinal Plant and Natural Product Research,* Permanent Committee on Breeding and Cultivation of Medicinal Plants, Neunkirchen am Brand, Germany, pp. 52.

KOWALCZYK T., WIECZFINSKA J., SKAŁA E., ŚLIWIŃSKI T., SITAREK P. (2020) - Transgenesis as a Tool for the Efficient Production of Selected Secondary Metabolites from Plant in Vitro Cultures. *Plants*, 9, 132 https://doi.org/10.3390/plants9020132.

SCHIPPMANN U., LEAMAN D.J., CUNNINGHAM A.B. (2002) - "Impact of Cultivation and gathering of Medicinal Plants on Biodiversity: Global Trends and Issues". In: *FAO, Biodiversity and the Ecosystem Approach in Agriculture, Forestry and Fisheries.* Satellite event on the occasion of the Ninth Regular Session of the Commission of Genetic Resources for Food and Agriculture. Rome, 12-13 October 2002. Inter-Departmental Working Group on Biological Diversity for Food and Agriculture, Rome, 1-21.

VINES G. (2004) - *Herbal harvests with a future: towards sustainable sources for medicinal plants.* Plantlife International, Salisbury, UK, pp. 12.

Le piante sono formidabili laboratori chimici in grado di biosintetizzare un elevatissimo numero di molecole, caratterizzate ciascuna da specifiche funzioni correlate alla loro crescita, allo sviluppo e alla sopravvivenza.

3 Sostanze bioattive delle piante officinali

Patrizia Rubiolo, Barbara Sgorbini

3.1 Introduzione

Con il termine *biosintesi* si intende l'insieme dei processi che portano alla formazione di composti chimici relativamente complessi a partire da precursori semplici mediante reazioni chimiche catalizzate da enzimi specifici.
In particolare, è possibile distinguere:

- un **metabolismo primario**, che comprende tutti quei processi metabolici che permettono la biosintesi e la modificazione di molecole indispensabili allo sviluppo e alla crescita degli organismi vegetali (comune anche agli organismi animali), vale a dire carboidrati, lipidi, proteine e acidi nucleici; tali molecole appartengono al gruppo dei *metaboliti primari*;
- un **metabolismo secondario** (detto anche **specializzato**), che coinvolge percorsi biosintetici differenti che originano da precursori provenienti dal metabolismo primario; tali percorsi biosintetici portano alla formazione di molecole che non sono indispensabili al-

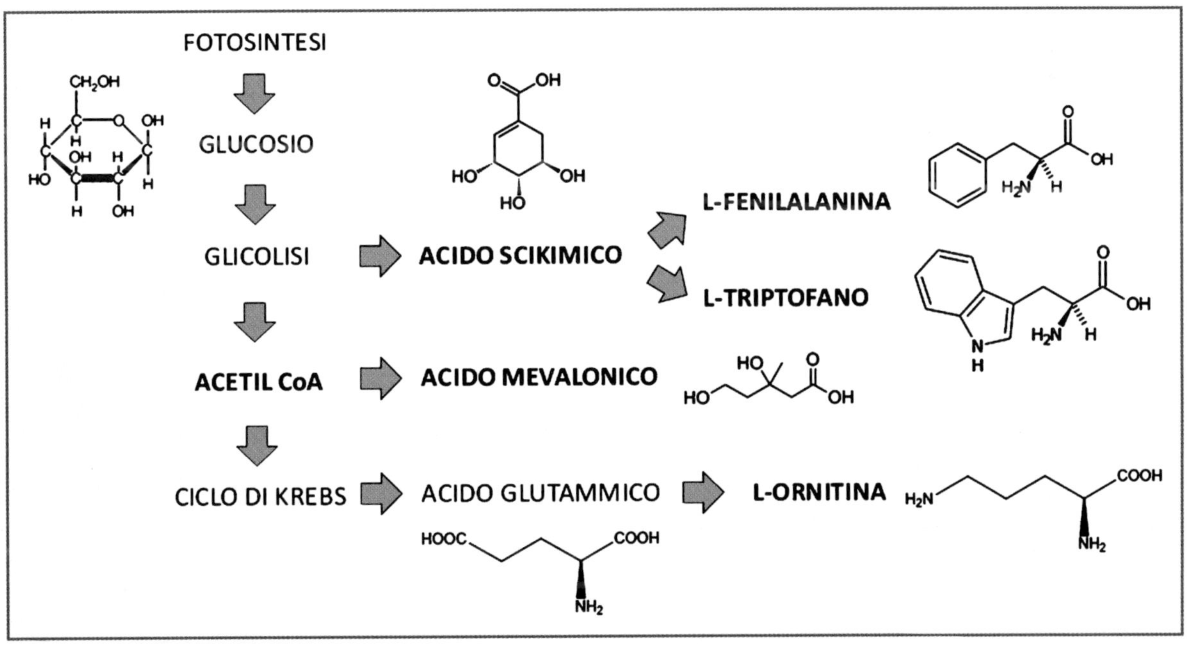

Figura 3.1 - Principali precursori del metabolismo secondario vegetale e relazioni esistenti con il metabolismo primario.

lo sviluppo e alla crescita degli organismi vegetali, ma sono fondamentali nei processi di adattamento all'ambiente, di riproduzione e di comunicazione fra le specie; tali composti appartengono al gruppo dei *metaboliti secondari*. La figura 3.1 mostra le relazioni esistenti tra il metabolismo primario e quello secondario.

A differenza del metabolismo primario, che ha le stesse caratteristiche in tutti gli organismi viventi (stesse vie metaboliche, stessi metaboliti primari biosintetizzati), il metabolismo secondario è presente solo in alcuni organismi (tra questi le piante) ed è strettamente condizionato dall'ambiente in cui gli organismi vegetali vivono. Molti metaboliti secondari, poi, sono specifici di una famiglia botanica (ad esempio i lattoni sesquiterpenici nelle Asteraceae o Compositae), di un genere o di una specie, caratteristica che rende questi composti estremamente utili alla tassonomia per la classificazione sistematica delle specie. Infine, tra i metaboliti secondari vi sono numerose molecole biologicamente attive che trovano impiego in ambito farmacologico, cosmetico, alimentare e salutistico.

3.2 Metaboliti primari

I metaboliti primari si suddividono in tre grosse categorie: carboidrati (zuccheri), proteine e lipidi. I prodotti del metabolismo primario derivano dal processo fotosintetico, dalla glicolisi, dal ciclo di Krebs e dal ciclo dell'acido citrico.
Gli organismi vegetali contengono elevate quantità di carboidrati, essendo questi composti coinvolti nella costituzione della parete cellulare (cellulosa) ed utilizzati dalle piante come materiale di riserva (amido). Alcuni vegetali sono ricchi di sostanze lipidiche, mentre, in generale, le piante non contengono grandi quantità di sostanze proteiche (unica eccezione è data dalle piante che appartengono alla famiglia delle Fabaceae o Leguminosae). Di seguito, pertanto, saranno trattati alcuni esempi di carboidrati e lipidi che possono essere considerati utili per finalità diverse rispetto all'eventuale ruolo nutrizionale che possono avere quando da noi utilizzati.

3.2.1 Esempi di carboidrati bioattivi

I carboidrati o zuccheri sono generalmente sostanze polari e solubili in acqua. Essi si classificano in:

- zuccheri semplici o *monosaccaridi* (**glucosio**, **fruttosio**, **mannosio**);
- zuccheri complessi, a loro volta distinti in:
  - *oligosaccaridi*, se costituiti da meno di 10 molecole di monosaccaridi: ne è un esempio il **saccarosio,** disaccaride particolarmente abbondante nella radice della barbabietola da zucchero (*Beta vulgaris* L.), nei fusti della canna da zucchero (*Saccharum officinarum* L.) e nella linfa dell'acero da zucchero (*Acer saccharum* Marshall);
  - *polisaccaridi*, se costituiti da più di 10 molecole di zucchero; a loro volta sono suddivisi in omogenei (costituiti da più molecole di un singolo monosaccaride) ed eterogenei (se costituiti da monosaccaridi differenti).

I polisaccaridi, in particolare, comprendono molecole con interessanti proprietà biologiche che possono trovare diversi utilizzi. Tra i polisaccaridi biosintetizzati da organismi vegetali si possono ricordare:

- **β-Glucani** (omopolimeri di β-glucosio) presenti nella parete cellulare di specie vegetali come i frutti dei cosiddetti cereali quali orzo ed avena ma anche biosintetizzati da alcuni funghi basidiomiceti; sono molecole che hanno un ruolo salutistico per la loro capacità di contribuire al mantenimento dei livelli normali di colesterolo nel sangue e di contribuire alla riduzione di glucosio nel sangue dopo l'assunzione di un pasto (EFSA - *European Food Safety Authority*). Alcuni β-glucani sono anche studiati per la potenziale azione immunostimolante e protettiva nei confronti delle malattie neurodegenerative;
- **cellulosa**, polimero di β-glucosio (catene lineari), negli organismi vegetali ha una funzione strutturale andando a costituire la parete cellulare; gli organismi animali non sono in grado di digerire la cellulosa che rientra nella costituzione della cosiddetta "fibra alimentare". La fibra svolge importanti funzioni benefiche sull'organismo: aumenta la velocità del transito intestinale, prolunga il senso di sazietà, riduce il picco glicemico postprandiale e la risposta insulinica, e ha un effetto prebiotico.

- **inuline** polimeri di fruttosio con la presenza di alcune molecole di glucosio nelle catene polimeriche, contenuti in particolare nella cicoria (*Cychorium intybus* L.) e nel tarassaco (*Taraxacum campylodes* G.E.Haglund), anch'essi fanno parte della fibra alimentare e sono caratterizzati da proprietà benefiche simili a quelle della cellulosa;
- **mucillagini**: sono eteropolisaccaridi suddivisi ulteriormente in neutre ed acide in funzione della tipologia di monosaccaridi che le costituiscono. Sono in grado di rigonfiare quando messe a contatto con un liquido e grazie a questa loro particolare proprietà accompagnata dal fatto che non vengono assorbite a livello intestinale, quando vengono assunte agiscono sul tratto intestinale ammorbidendo la massa fecale e stimolando il transito intestinale.

3.2.2 Esempi di sostanze lipidiche bioattive

I lipidi sono sostanze apolari non solubili in acqua e si classificano in:

- *lipidi semplici*, che comprendono gli oli, i burri e le cere;
- *lipidi complessi*, che annoverano i fosfolipidi e i glicolipidi.

Di seguito verranno descritti alcuni esempi di composti lipidici.

- Gli **oli vegetali** sono costituiti soprattutto da miscele di esteri del glicerolo e acidi grassi (**trigliceridi**) e si ottengono per spremitura o estrazione con solvente a partire dai semi e dai frutti di alcune specie (ad esempio mais, arachide, girasole, oliva, soia, palma). Sono liquidi a temperatura ambiente per la presenza di acidi grassi contenenti una o più insaturazioni (es. acido oleico, linoleico, linolenico). Sono utilizzati in diversi ambiti: in ambito farmaceutico come forma di veicolo per farmaci di natura lipofila e per la loro blanda azione lassativa (fa eccezione l'olio di ricino che ha una forte azione purgante), in campo alimentare come fonte di nutrimento (a parità di peso i lipidi forniscono più calorie dei carboidrati), in ambito cosmetico come emollienti in formulazioni topiche.
- I **burri**, a differenza degli oli vegetali, sono solidi a temperatura ambiente e presentano nella loro composizione una maggiore quantità di acidi grassi saturi (come palmitico e stearico). Alcuni esempi di burri utilizzati sono riportati di seguito:
  - *burro di karité* (che si ottiene dai semi di *Vitellaria paradoxa* C.F. Gaertn.) utilizzato nel-

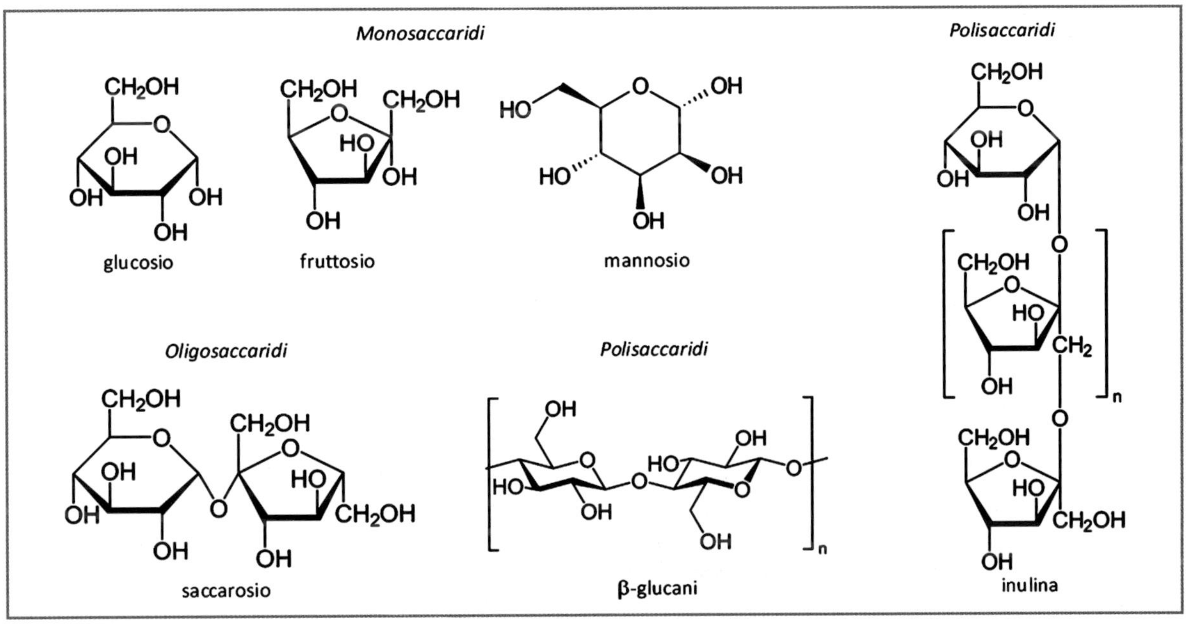

Figura 3.2 - Strutture di alcuni carboidrati bioattivi.

la cucina tradizionale africana e in campo cosmetico dopo averlo sottoposto a deodorizzazione e ad eliminazione delle impurità; al burro di karité sono ascritte proprietà emollienti, idratanti e nutrienti che ne giustificano l'utilizzo in campo cosmetico. Inoltre, grazie al contenuto di vitamina E, questo prodotto ha anche azione antiossidante;

- *burro di cacao* (che si ottiene dai semi di *Theobroma cacao* L.) utilizzato sia in campo alimentare nella preparazione del cioccolato sia in campo cosmetico nell'allestimento di creme o prodotti per le labbra grazie alle sue proprietà emollienti. Un tempo era utilizzato anche in campo farmaceutico per l'allestimento delle supposte, oggi per lo più soppiantato da materiali sintetici.

3.3 Metaboliti secondari

I composti che provengono dal metabolismo secondario sono biosintetizzati dalle piante come meccanismo di difesa nei confronti di predatori (erbivori) e di microrganismi patogeni, come meccanismo di richiamo nei confronti degli insetti pronubi (impollinatori) e come meccanismo di comunicazione con l'ambiente circostante (con altre specie sia vegetali sia animali).

I metaboliti secondari sono classificati in base al percorso biosintetico da cui derivano e si distinguono in:

- **terpenoidi**, che si formano dalla via del mevalonato (MVA) e dalla via del metil-eritritolo fosfato (MEP);
- **composti fenolici**, che a loro volta si distinguono in:
  - fenoli semplici, che si formano dalla via dell'acido scikimico;
  - fenilpropanoidi che si formano dalla via dell'acido cinnamico;
  - flavonoidi che si formano dalla unione della via dell'acido cinnamico e via del malonato;
  - composti chinonici, che si formano dalla via dei polichetidi;
- **composti alcaloidici**, che derivano biosinteticamente da alcuni amminoacidi.

La figura 3.3 riporta uno schema generale della formazione dei metaboliti secondari in un organismo vegetale.

Nei prossimi paragrafi sono descritte le singole classi di metaboliti secondari, con particolare riferimento al percorso biosintetico, alla suddivisione

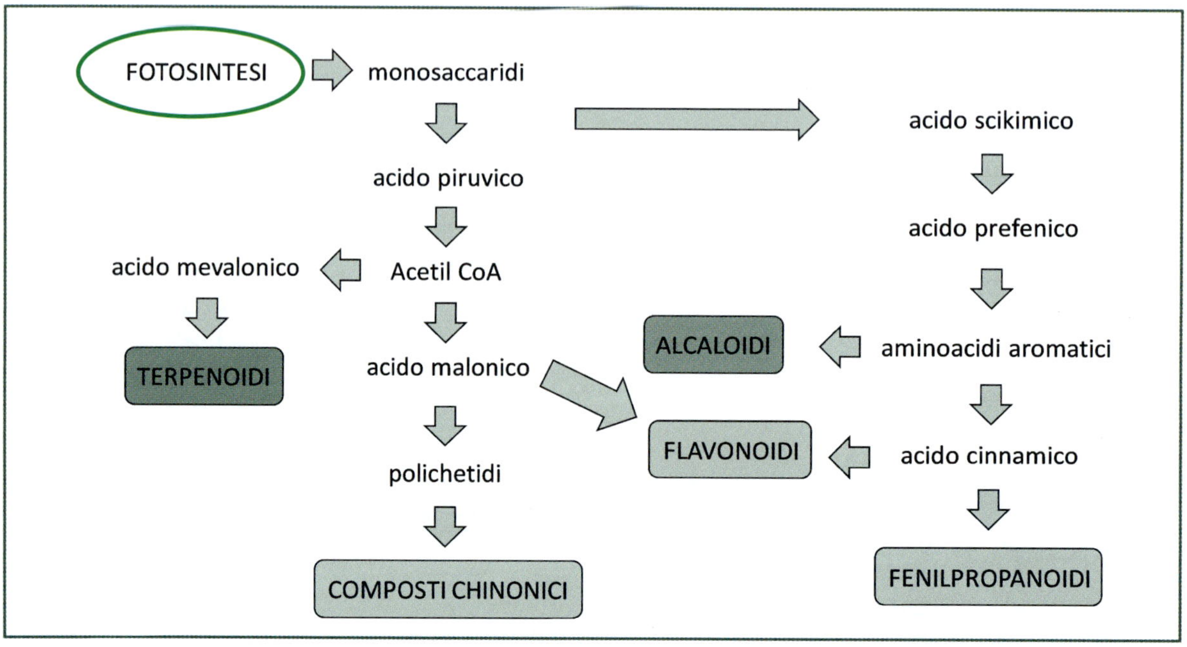

Figura 3.3 - Schema generale (semplificato) di formazione dei metaboliti secondari in un organismo vegetale.

nei diversi gruppi/sottogruppi e ad alcuni esempi di molecole di interesse per la loro attività biologica. Per ogni molecola esemplificativa sarà indicata la specie botanica in cui è maggiormente riscontrata e la parte della pianta utilizzata (droga).

3.3.1 Terpenoidi

I terpenoidi rappresentano un ampio gruppo di composti le cui strutture, sebbene molto diverse tra loro, sono accomunate dalla presenza di più unità isopreniche (costituite da 5 atomi di carbonio, C_5) condensate tra loro. In base al numero di unità isopreniche presenti, i terpenoidi si classificano in:

- *monoterpeni* (C_{10}), che sono costituiti da due unità isopreniche che condensano a dare il precursore geranil pirofosfato (GPP);
- *sesquiterpeni* (C_{15}), che sono costituiti da tre unità isopreniche e formano, per condensazione di una ulteriore unità isoprenica con GPP, il precursore farnesil pirofosfato (FPP);
- *triterpeni* (C_{30}), che sono costituiti da sei unità isopreniche e che si formano per condensazione di due molecole di FPP a dare il precursore squalene;
- *diterpeni* (C_{20}), che sono costituiti da quattro unità isopreniche e formano, per condensazione di una ulteriore unità isopreniche con FPP, il precursore geranil geranil pirofosfato (GGPP);
- *sesterterpeni* (C_{25}), che sono costituiti da cinque unità isopreniche e formano, per condensazione di una ulteriore unità isopreniche con GGPP, il precursore farnesil geranil pirofosfato (FGPP);
- *tetraterpeni* (C_{40}), che sono costituiti da otto unità isopreniche e che si formano per condensazione di due molecole di GGPP a dare il precursore *Z*-fitene.

La figura 3.4 mostra lo schema generale di formazione dei composti terpenoidici e i precursori dei vari gruppi di terpenoidi.
Le unità isopreniche che vanno incontro a reazioni di condensazione sono due: il dimetilallilpirofosfato (DMAPP) e l'isopentenilpirofosfato (IPP); esse sono biosintetizzate attraverso due vie biosintetiche distinte e localizzate in differenti compartimenti della cellula:

- **via del mevalonato** (MVA): questa via è presente non solo nelle piante, ma anche negli animali, nei funghi, nelle alghe e nei batteri; ha luogo nel citosol ed è responsabile della

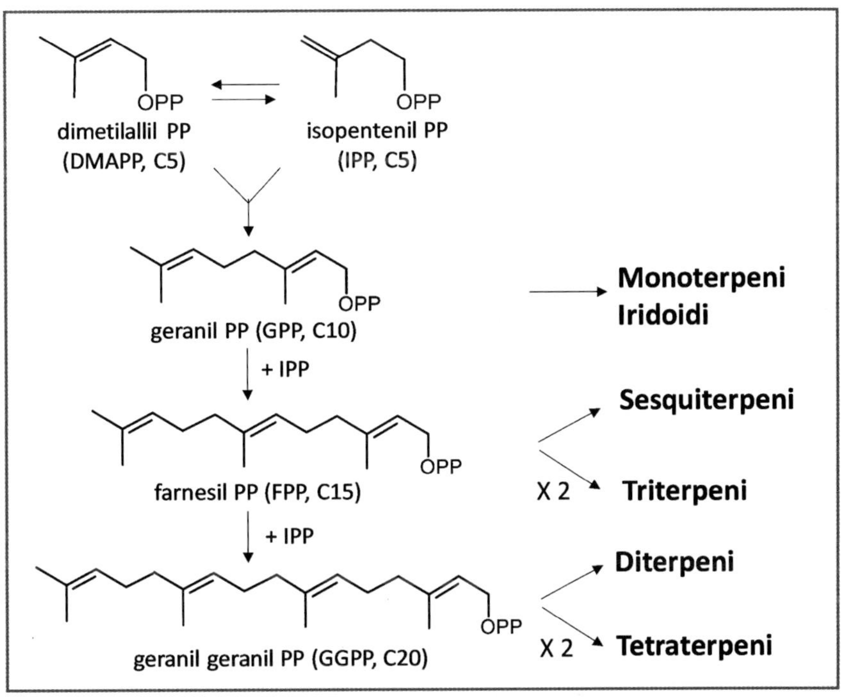

Figura 3.4 - Schema generale di formazione dei composti terpenici.

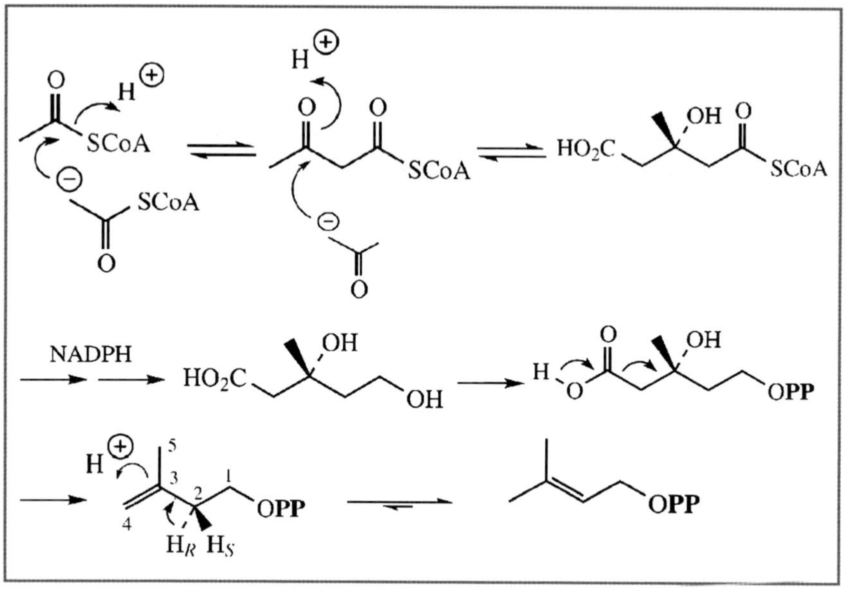

Figura 3.5 - Via del mevalonato (MVA).

formazione dei terpenoidi costituiti da 15 atomi di carbonio (C_{15}) e multipli (vale a dire sesquiterpeni, triterpeni); la figura 3.5 mostra le reazioni coinvolte nella via del MVA;

- **via del metileritritolo fosfato** (MEP): questa via è presente nelle piante, nelle alghe e nei batteri; è localizzata nei cloroplasti e porta alla formazione di composti terpenici con un numero pari di atomi di carbonio (monoterpeni C_{10}, diterpeni C_{20} e tetraterpeni C_{40}); la figura 3.6 mostra le reazioni coinvolte nella via del MEP.

3.3.1.1 Monoterpeni

I monoterpeni si formano dalla condensazione di due unità isopreniche ed il loro precursore è il geranil PP. I monoterpeni sono i costituenti principali degli oli essenziali, definiti come miscele complesse di sostanze volatili ottenuti per idrodistillazione, distillazione in corrente di vapore o distillazione a secco a partire da piante fresche o precedentemente essiccate. Per le piante appartenenti al genere *Citrus*, l'olio essenziale si ot-

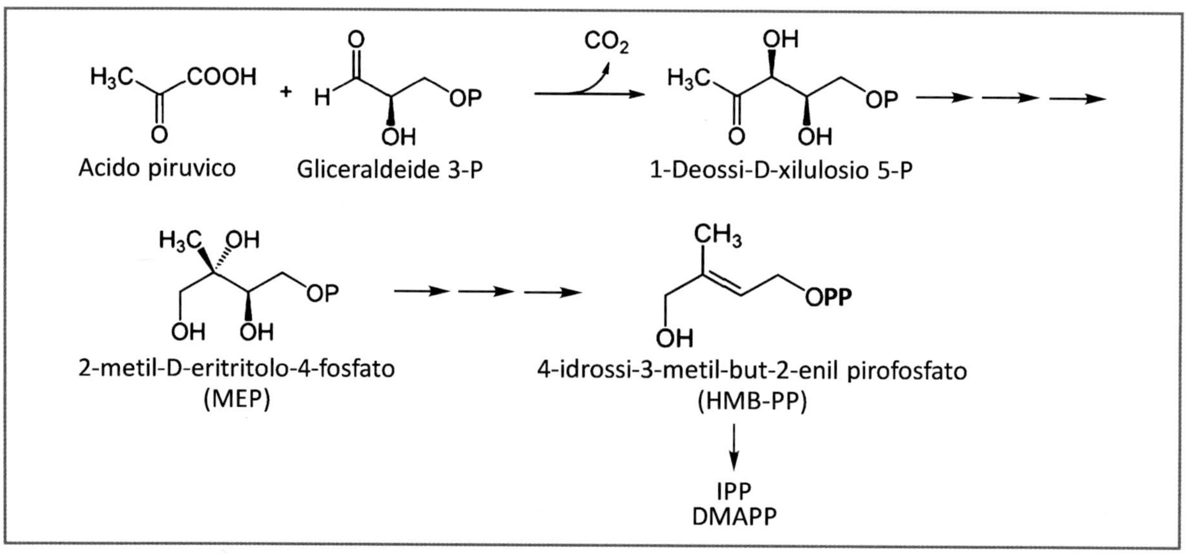

Figura 3.6 - Via del metileritritolo fosfato (MEP).

tiene per spremitura a freddo dell'epicarpo dei frutti. I composti monoterpenici, pertanto, sono caratterizzati da importanti note odorose sfruttate dalle piante per attrarre gli insetti impollinatori. I monoterpeni possono essere classificati come segue.

- **Monoterpeni aciclici** se non possiedono un sistema ciclico nella loro struttura; sono esempi di monoterpeni aciclici *linalolo* e *linalil acetato* che sono contenuti nella lavanda (*Lavandula angustifolia* Mill.), in particolare nei fiori, e sono caratterizzati da attività antimicrobica e antitarme.
- **Monoterpeni ciclici** se possiedono nella loro struttura un sistema ciclico; a seconda del tipo di ciclo contenuto si classificano in *monoterpeni cicloesanoidi* (o del *p*-mentano) e in *monoterpeni ciclopentanoidi* (o iridoidi).
  Sono esempi di monoterpeni ciclici cicloesanoidi o *p*-mentanici:
  - gli isomeri **α- e β-tujone**, due composti caratterizzati da attività neurotossica (l'isomero α è più tossico dell'isomero β), il cui contenuto nelle bevande liquorose/spiritose preparate con piante che contengono questi composti, è limitato per legge e non deve superare 35 mg/kg; tra i due isomeri, il β-tujone è caratteristico delle parti aeree di *Artemisia absinthium* L. mentre l'α-tujone si ritrova come isomero prevalente nelle foglie di *Salvia officinalis* L. e *Thuja occidentalis* L. (Fig. 3.7);
  - la **canfora**, presente nelle foglie e nella corteccia di *Cinnamomum camphora* (L.) J. Pres., è un composto ad azione analgesica locale sfruttata da un lato sotto forma di soluzione idroalcolica per frizioni e dall'altro come unguento balsamico in combinazione con altri due composti di natura terpenica, il **mentolo** (contenuto in *Mentha* x *piperita* L. e *Mentha arvensis* L.) e l'**1,8-cineolo** (composto principale di *Eucalyptus globulus* Labill.).

  Il sottogruppo dei monoterpeni ciclici ciclopentanoidi o iridoidi comprende numerose strutture caratterizzate da importanti attività biologiche che ne giustificano il loro impiego in differenti ambiti. Ad esempio, i **valepotriati**, contenuti nelle parti sotterranee della pianta della valeriana (*Valeriana officinalis* L.), sono parzialmente responsabili della blanda azione calmante utile a trattare lievi forme di ansia o insonnia. Capostipite di questa classe di composti è il **valtrato**, che è anche il principale iridoide delle radici di valeriana. Ha invece azione antidolorifica l'**arpagoside**, principio attivo di *Harpagophytum procumbens* (Burk.) DC. ex Meisn. (noto come artiglio del diavolo), dovuta ad una blanda azione infiammatoria che giustifica l'utilizzo di preparati ad uso locale in creme o per via orale in compresse. Sono, infine, responsabili del gusto amaro il **genziopicroside** che è un composto presente nelle radici di genziana (*Gentiana lutea* L.) e la **oleoeuropeina** nelle foglie e nei frutti dell'olivo (*Olea europea* L.).
- **Monoterpeni regolari** o **irregolari**: si definiscono *regolari* se si formano seguendo la Regola di Rucziska, vale a dire se la condensazione tra le due unità isopreniche avviene tra la posizione 4 della prima molecola (testa) e la posizione 1 della seconda molecola (co-

Monoterpeni aciclici	***Monoterpeni ciclici***	
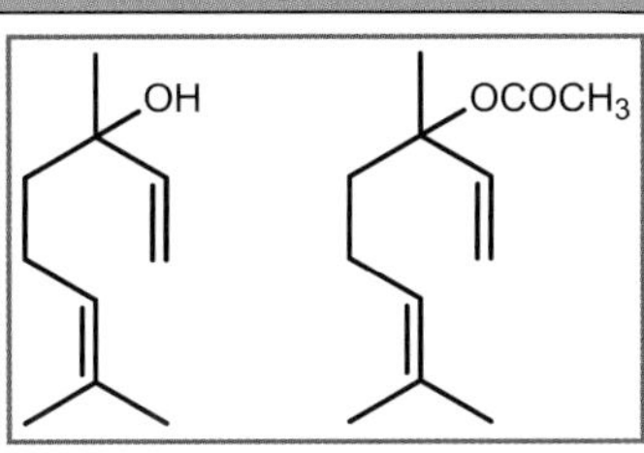	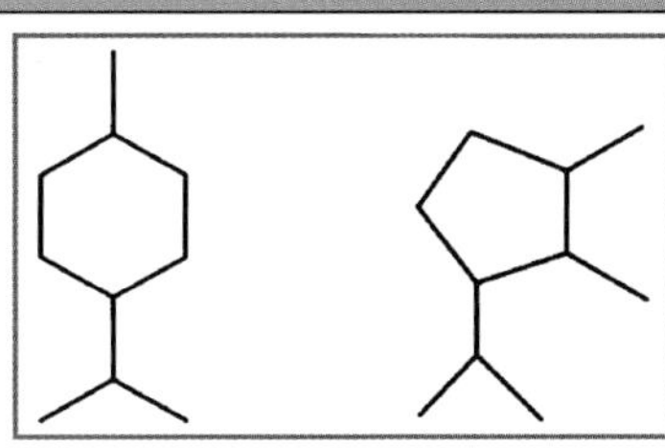	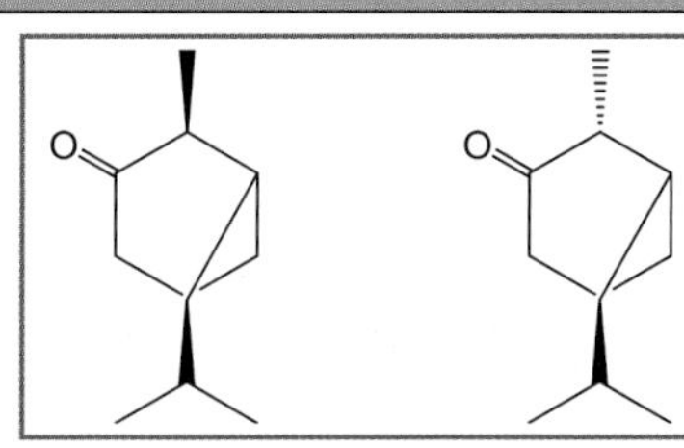
Linalolo e linalil acetato	*Scheletro del p-mentano/ cicloesanoidi e scheletro dell'iridano/iridoidi*	*Alfa-tujone e Beta-tujone*

Figura 3.7 – I monoterpeni aciclici e ciclici.

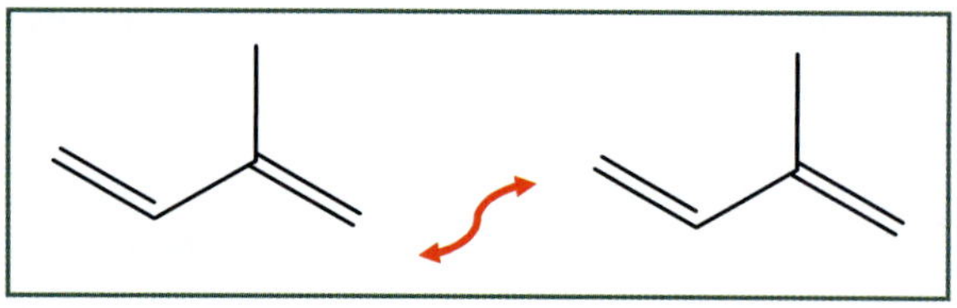

Figura 3.8 - Schema generale di condensazione di due molecole di isoprene che segue la regola di Rucziska (1-4 o testa-coda).

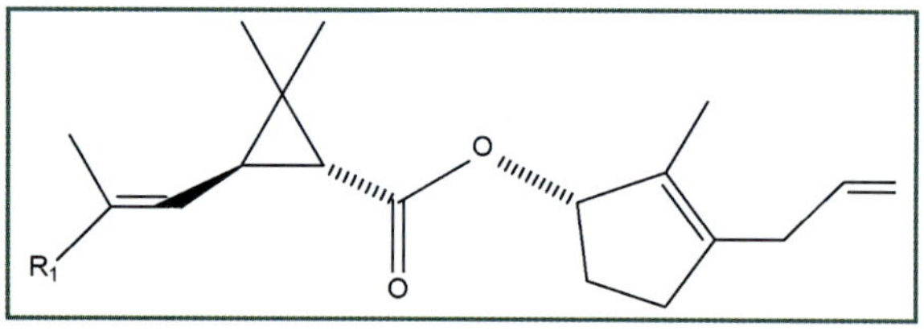

Figura 3.9 – Struttura chimica delle piretrine, gruppo dei monoterpeni irregolari.

da); si definiscono *irregolari* se non seguono questa regola e la condensazione avviene tra posizioni diverse (esempio, 1-1, 1-2, ecc.). La figura 3.8 riporta lo schema generale di una condensazione testa-coda (1-4).

I monoterpeni irregolari sono specifici (quasi esclusivamente) della famiglia delle *Asteraceae* (*Compositae*) e comprendono, tra gli altri, una serie di composti noti con il nome di **piretrine** (Fig. 3.9); queste sono molecole formate da acido piretrico o acido crisantemico esterificati con acido jasmonico. Si ritrovano in particolare nelle infiorescenze di piretro (*Tanacetum cinerariifolium* (Trevir.) Sch. Bip.) e trovano impiego per le loro proprietà insetticide.

3.3.1.2 Sesquiterpeni

Il gruppo dei sesquiterpeni comprende strutture con 15 atomi di carbonio che derivano dal farnesil pirofosfato formatosi per addizione di una unità di IPP al geranil pirofosfato. Si tratta di un gruppo ampio di composti caratterizzati da una minore volatilità rispetto ai monoterpeni e possono presentare nelle loro strutture uno, due o tre cicli e che possono originare scheletri carboniosi molto differenti tra loro. I sesquiterpeni sono caratterizzati da importanti attività biologiche, alcune sfruttate in ambito alimentare, altre in ambito cosmetico, altre ancora in ambito farmacologico.

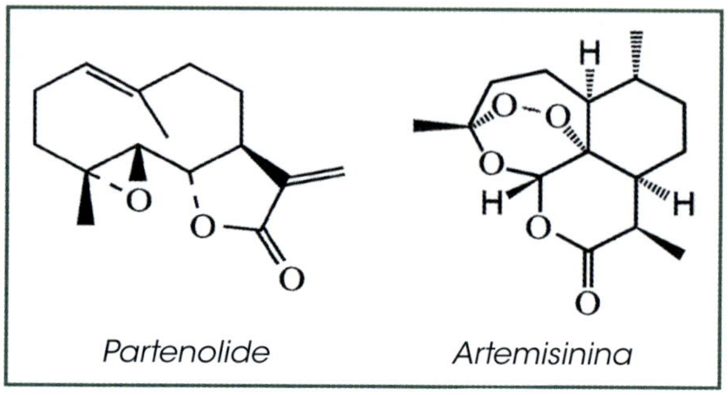

Figura 3.10 – Struttura chimica del partenolide e della artemisinina.

Hanno importanza in ambito alimentare, per le loro proprietà aromatiche, i sesquiterpeni tipici dello zenzero (*Zingiber officinale* Roscoe), quali lo **zingiberene** e il β-sesquifellandrene. Ad alcuni composti sesquiterpenici presenti nelle infiorescenze della camomilla comune (*Matricaria chamomilla* L.), sono ascritti in parte gli effetti antiinfiammatori di questa pianta; essi sono l'α-**bisabololo** e la **matricina** (che durante l'idrodistillazione della pianta subisce un processo di degradazione con formazione del **camazulene**, composto che mantiene l'attività antiinfiammatoria.

Ha, invece, un'azione antiemicrania il **partenolide**, che appartiene al sottogruppo dei lattoni sesquiterpenici ed è il principio attivo di *Tanacetum parthenium* (L.) Sch. Bip.; gli estratti di tale pianta trovano impiego anche in differenti integratori alimentari. Un'altra molecola appartenente al sottogruppo dei lattoni sesquiterpenici è l'**artemisinina**, principio attivo di *Artemisia annua* L., utilizzato come farmaco antimalarico (Fig. 3.10).

3.3.1.3 Diterpeni

I composti diterpenici (Fig. 3.11) hanno come precursore il geranil geranil pirofosfato (GGPP); come detto in precedenza esso si forma per addizione di una ulteriore unità isoprenica al farnesil pirofosfato. A questo sottogruppo appartengono sia composti aciclici, come il fitolo, che costituisce la catena laterale di natura idrofobica nelle molecole di clorofilla, indispensabile per l'ancoraggio alla membrana dei cloroplasti, sia (e soprattutto) composti ciclici.

Numerosi sono i composti biologicamente attivi presenti in questo sottogruppo e sfruttati dall'uomo a scopo salutistico. Basti pensare al **carno-**

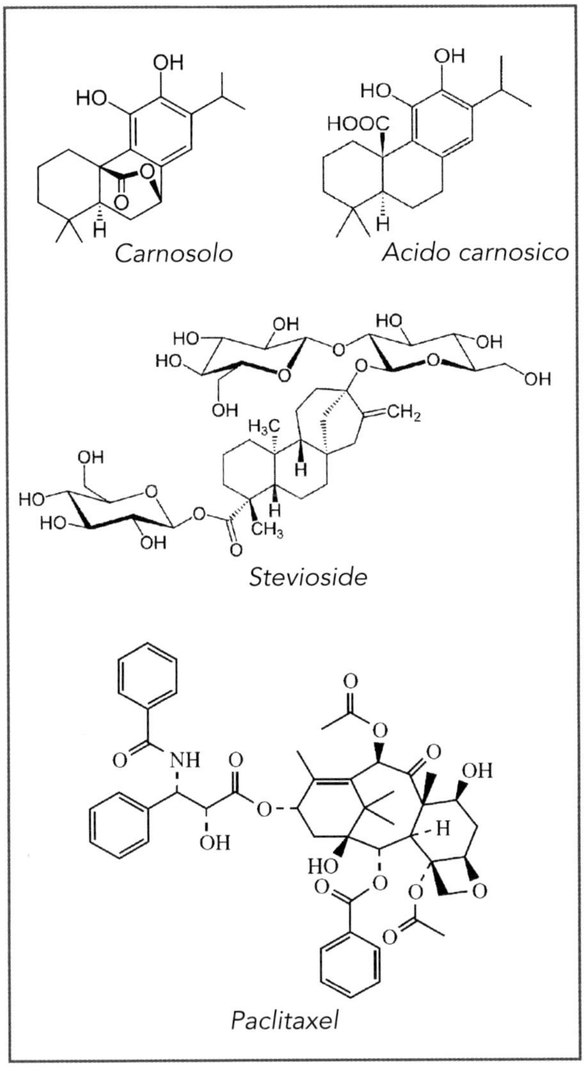

Figura 3.11 - I composti diterpenici.

solo e all'**acido carnosico**, due molecole caratterizzate da importanti proprietà antiossidanti, presenti sia nelle parti aeree del rosmarino (*Rosmarinus officinalis* L.) che della salvia (*Salvia officinalis*): proprio per queste proprietà possono trovare impiego come additivi alimentari e nella formulazione di mangimi per animali. Altro esempio degno di nota è lo **stevioside**, principio attivo presente nelle foglie di stevia (*Stevia rebaudiana* Bertoni), pianta che trova ampio utilizzo grazie alle proprietà edulcoranti di gran lunga superiori al comune zucchero da cucina (saccarosio).
In ambito farmaceutico, non va dimenticato il **paclitaxel**, importante farmaco antitumorale oggi utilizzato in terapia: tale principio attivo inizialmente veniva estratto dalla corteccia di *Taxus brevifolia* Nutt., oggi si ottiene per semisintesi da un precursore contenuto nelle foglie di *T. baccata* L.

3.3.1.4 Triterpeni

I triterpeni presentano un meccanismo di formazione diverso da quello visto finora per gli altri sottogruppi di terpeni. Infatti, non si formano per aggiunta di una ulteriore unità isoprenica allo scheletro carbonioso a 25 atomi di carbonio, bensì dalla condensazione di due unità a 15 atomi di carbonio (FPP), che origina una molecola di squalene, precursore dei composti triterpenici. Tra i composti triterpenici vale la pena ricordare i **glicosidi cardioattivi**, molecole molto importanti per la loro azione inotropa positiva, vale a dire che aumentano la forza di contrazione del cuore. Tali composti sono legati a molecole di zuccheri (da qui il nome di glicosidi) che ne facilitano il trasporto nella pianta. Si suddividono in due sottogruppi:

- **cardenolidi**, presenti in particolare nella digitale (*Digitalis purpurea* L. e *Digitalis lanata* Ehrh.); ne è un esempio la **digitossina**, utilizzata attualmente come farmaco nelle aritmie cardiache e nell'insufficienza cardiaca (Fig. 3.12A);

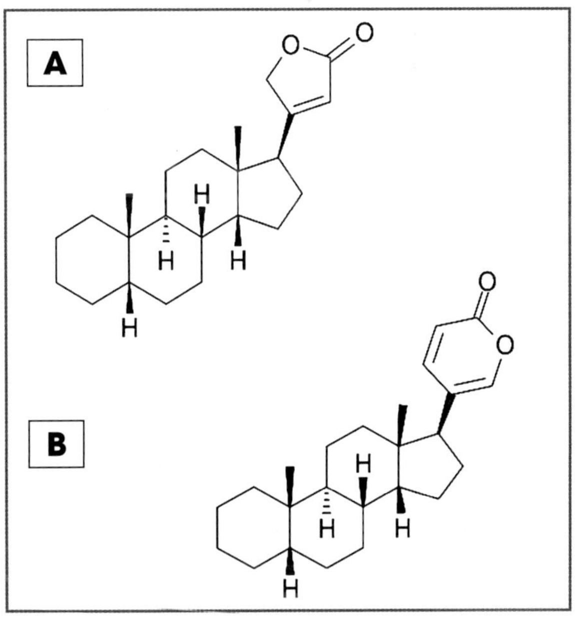

Figura 3.12 - A) scheletro di base dei cardenolidi; B) scheletro di base dei bufadienolidi.

- **bufadienolidi**, di cui è un esempio l'**ellebrigenina**, principio attivo dell'elleboro (*Helleborus niger* L.) (Fig. 3.12B).

La loro presenza variabile nelle diverse specie vegetali, insieme alla loro azione a livello del cuore, determina la potenziale tossicità delle piante che li biosintetizzano e la necessità di isolarli dalle stesse per utilizzarli esclusivamente come sostanze medicinali sotto stretto controllo medico.

3.3.1.5 Tetraterpeni

I tetraterpeni svolgono nella pianta due importanti funzioni nel processo fotosintetico: da un lato fungono da pigmenti che coadiuvano la clorofilla nella cattura della luce necessaria per lo svolgimento della fase luminosa della fotosintesi, dall'altro impediscono la foto-ossidazione della clorofilla, quindi hanno un effetto protettivo. Anche i tetraterpeni, che comprendono i carotenoidi e xantofille, si formano con lo stesso meccanismo dei triterpeni, vale a dire dalla condensazione di due unità a 20 atomi di carbonio (GGPP) che porta alla formazione del composto fitene.
Esempi di composti tetraterpenici sono:

- **β-carotene**, responsabile della colorazione arancione della carota (radice di *Daucus carota* L.), che trova utilizzo come colorante sia in ambito alimentare sia in ambito farmaceutico (Fig. 3.13 A);
- **licopene**, responsabile della colorazione rossa del pomodoro (frutto di *Solanum lycopersicum* L.) (Fig. 3.13 B).

3.3.2 Composti fenolici

I composti fenolici sono un ampio gruppo di metaboliti secondari biosintetizzati dalla pianta con due funzioni principali: da un lato una funzione vessillare (di richiamo degli insetti pronubi) e di dispersione dei semi grazie alle colorazioni che essi impartiscono ai fiori e ai frutti, dall'altro una funzione strutturale (basti pensare alla lignina che va a costituire in parte la parete cellulare).
A queste funzioni importanti si aggiunge anche una funzione difensiva, grazie all'azione di alcuni principi attivi con proprietà organolettiche (amari e astringenti).
La figura 3.14 mostra lo schema generale di formazione dei composti fenolici e i precursori dei vari gruppi di fenoli.

3.3.2.1 Fenoli semplici

I fenoli semplici si formano dalla via dell'acido scikimico. La biosintesi inizia con la condensazione di una molecola di fosfoenolpiruvato (PEP) e una molecola di eritroso-4-fosfato (E4P). La figura 3.15 mostra lo schema biosintetico della via dell'acido scikimico.

3.3.2.2 Fenilpropanoidi

I fenilpropanoidi si formano dalla via dell'acido cinnamico (che a sua volta deriva dall'acido scikimico). La figura 3.16 riporta la biosintesi dell'acido cinnamico a partire dall'acido scikimico.
Si suddividono nei 5 sottogruppi sotto descritti.

1. *Acidi cinnamici*, tra i quali ricordiamo l'**acido**

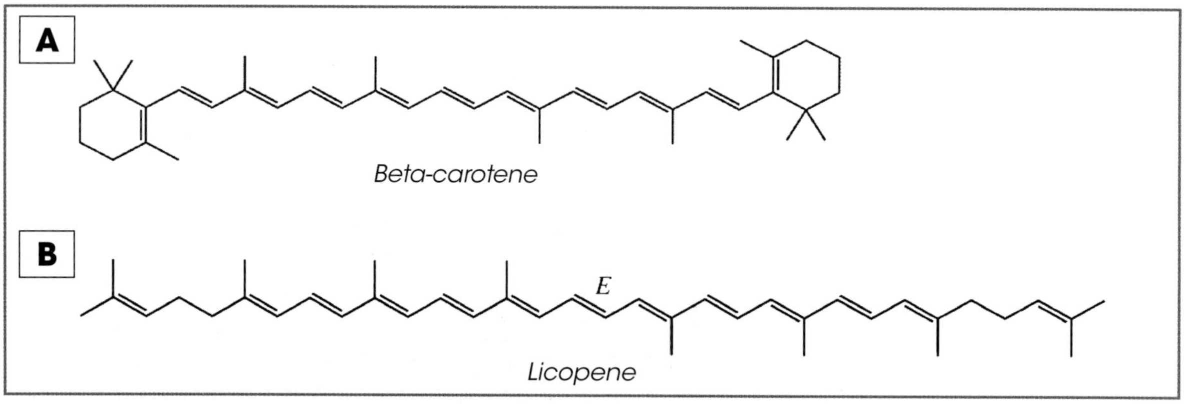

Figura 3.13 – A) Beta-carotene e B) licopene, composti tetraterpenici.

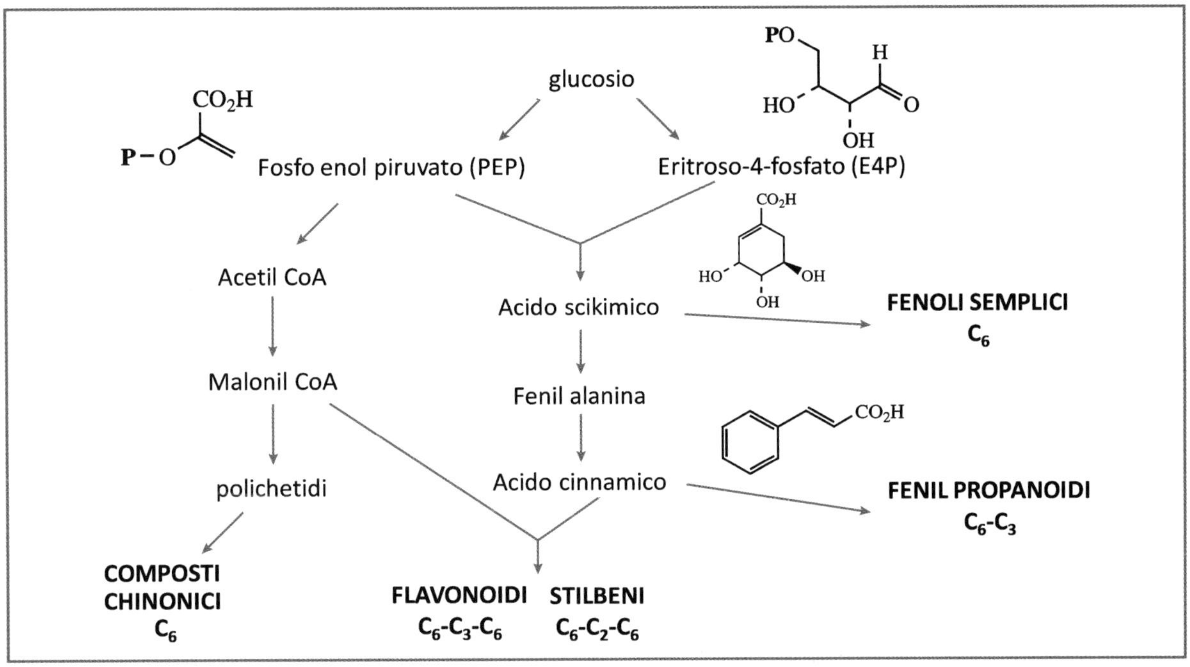

Figura 3.14 - Schema generale di formazione dei composti fenolici.

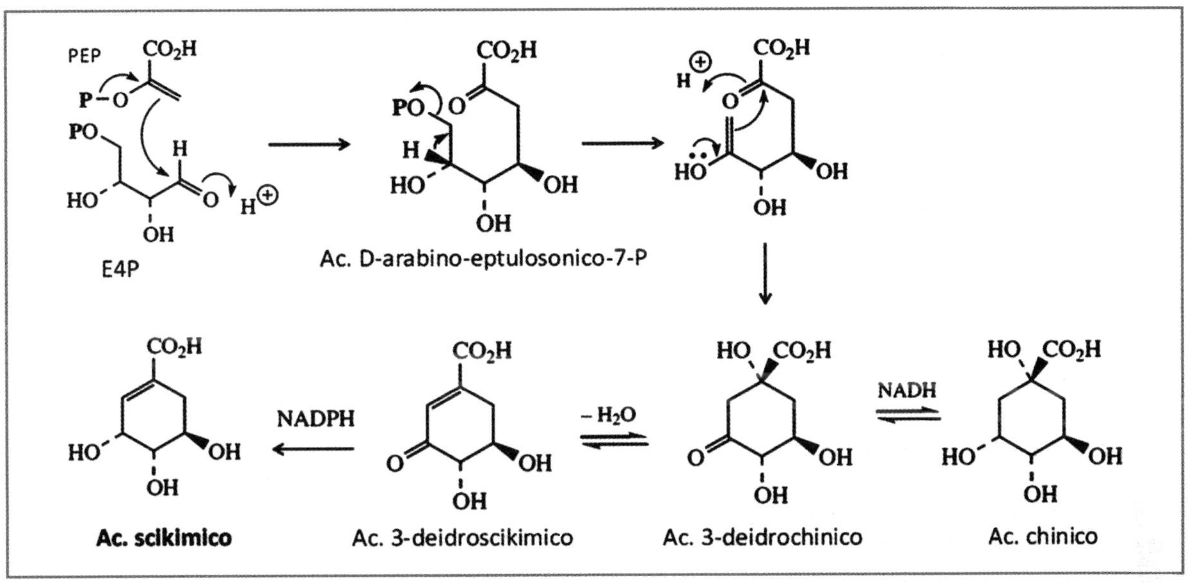

Figura 3.15 - Schema biosintetico della via dell'acido scikimico.

caffeico e gli **acidi clorogenici**, responsabili dell'astringenza del caffè (*Coffea arabica* L.) (Fig. 3.17).

2. *Fenilpropeni*, tra i quali si annoverano diversi composti responsabili dell'aroma di alcune piante aromatiche utilizzate in campo alimentare, come ad esempio la **miristicina** nella noce moscata (*Myristica fragrans* Houtt.), l'**eugenolo** nei chiodi di garofano (*Syzygium aromaticum* (L.) Merr. & L.M.Perry), l'**anetolo** nell'anice (*Pimpinella anisum* L.) e nel finocchio (*Foeniculum vulgare* Mill.) (Fig. 3.18).
3. *Cumarine*, un ampio sottogruppo di molecole, il cui capostipite è la **cumarina** vera e propria

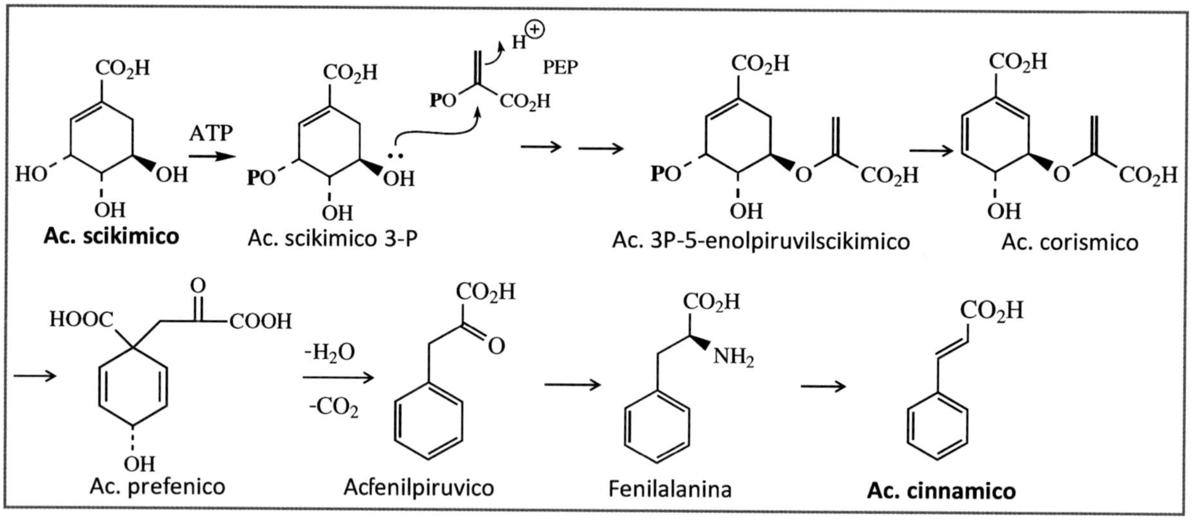

Figura 3.16 - Schema biosintetico della via dell'acido cinnamico.

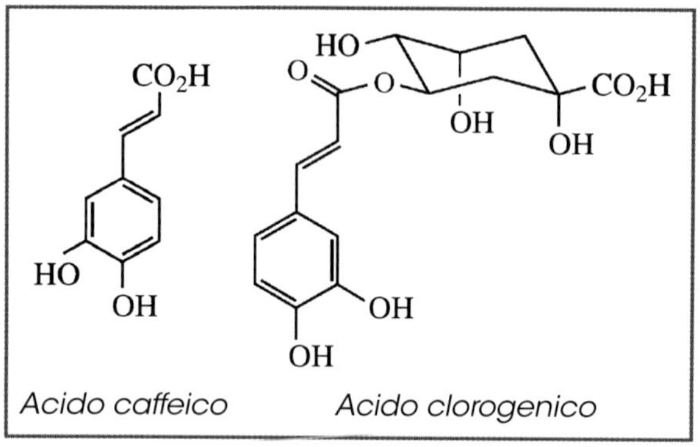

Figura 3.17 – Acidi cinnamici.

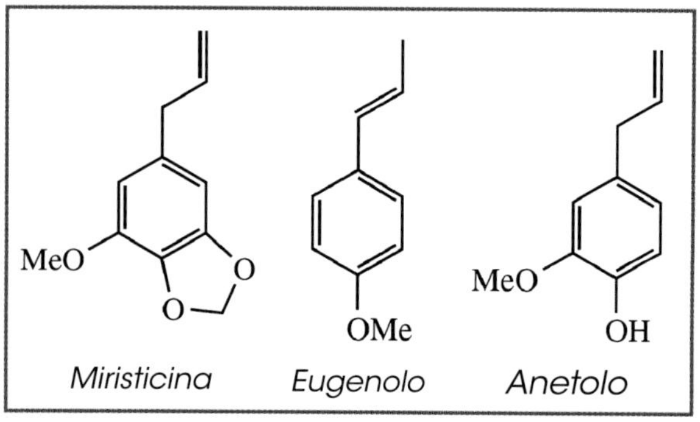

Figura 3.18 – I fenilpropeni.

(Fig. 3.19), caratteristica del meliloto (*Melilotus officinalis* (L.) Pall.), responsabile insieme ad altri composti dell'odore del fieno appena tagliato. Analoghi strutturali si formano in seguito

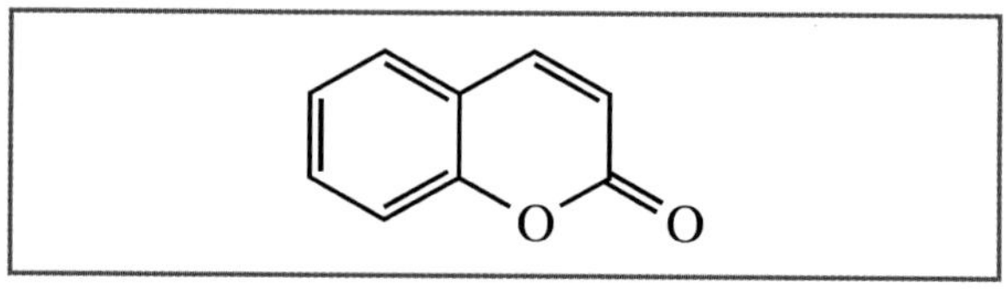

Figura 3.19 – Struttura chimica della cumarina.

all'introduzione di gruppi ossidrilici sulla molecola di cumarina, dando origine, tra gli altri, a **umbelliferone**, **esculetina** e **scopoletina**.

4. *Furanocumarine*, che a loro volta si suddividono in furanocumarine lineari e furanocumarine angolari (Fig. 3.20). Tra le furanocumarine lineari si può ricordare lo **psoralene** e il **bergaptene**, presenti nel bergamotto (*Citrus bergamia* Risso), due sostanze in grado di promuovere la pigmentazione della pelle e per questo un tempo utilizzate in malattie caratterizzate da una riduzione della melanina grazie alla capacità di assorbire radiazioni UV. Tra le furanocumarine angolari, invece, è interessante l'**angelicina**, principio attivo di angelica (*Angelica archangelica* L.), un composto caratterizzato da proprietà fotosensibilizzanti.
5. *Lignani*, che sono dimeri di molecole fenilpropanoidiche correlate agli acidi cinnamici. I lignani possono dare luogo ad ulteriori reazioni per formare la lignina. Esempio tipico di lignani è il **pinoresinolo**.

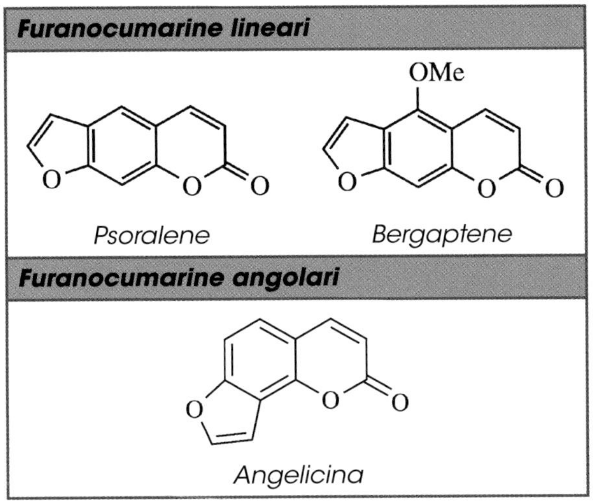

Figura 3.20 - Struttura chimica delle furanocumarine.

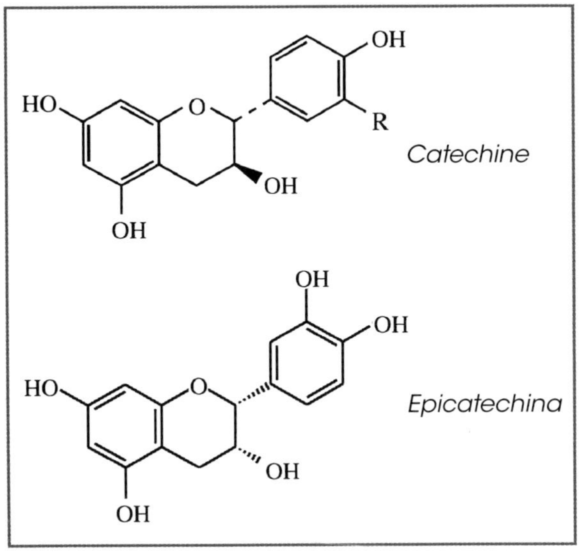

Figura 3.22 - Struttura chimica delle catechine.

3.3.2.3 Flavonoidi

I composti flavonoidici derivano biosinteticamente dalla reazione di una molecola di cinnamoil Coenzima A e tre molecole di malonil Coenzima A. Sono un gruppo ampio di composti fenolici suddivisi in numerosi sottogruppi (calconi flavanoni flavoni, , flavonoli, antocianidine, catechine), accomunati dal fatto che sono sostanze che possono apportare effetti benefici per la salute in virtù delle loro proprietà antiossidanti e della loro capacità di prevenire il danneggiamento delle componenti cellulari dovute all'avanzare dell'età. Sono le sostanze responsabili della colorazione di fiori e frutti, in particolare i calconi e i flavonoli danno il giallo, le antocianidine sono responsabili del rosso, del blu e del violetto. Di seguito sono riportati alcuni esempi.

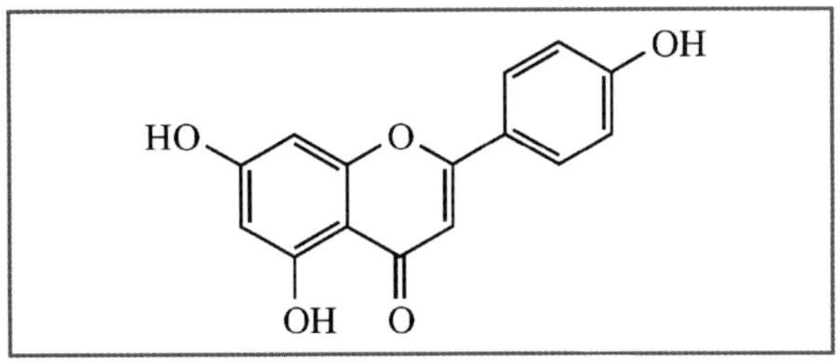

Figura 3.23 - Struttura chimica dell'apigenina.

- **Antocianidine** (Fig. 3.21): trovano impiego da un lato come coloranti naturali nell'industria alimentare, dall'altro come rimedi per il trattamento della fragilità dei piccoli capillari venosi agli arti inferiori e per il miglioramento della visione crepuscolare. Particolarmente ricchi in antocianidine sono i frutti di mirtillo (*Vaccinium myrtillus* L.), ribes (*Ribes nigrum* L.), vite (*Vitis vinifera* L.), sambuco (*Sambucus nigra* L.).
- **Catechine** (Fig. 3.22): sono composti con una elevata attività antiossidante e ne è particolarmente ricco il tè verde (*Camellia sinensis* (L.) Kuntze).
- **Flavoni**: esempio di composto appartenente a questo sottogruppo è l'**apigenina** (Fig. 3.23), presente nelle foglie di sedano (*Apium graveolens* L.) e prezzemolo (*Petroselinum crispum* (Mill.) Fuss) e nelle infiorescenze di camomilla (*Matricaria chamomilla* L.) dove è responsabile della sua attività spasmolitica.

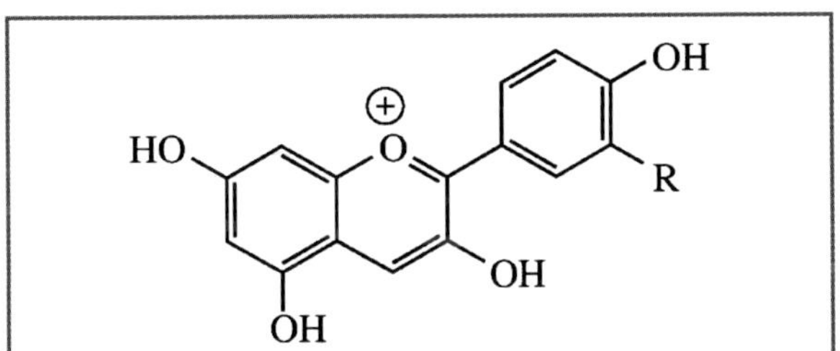

Figura 3.21 - Struttura chimica delle antocianine.

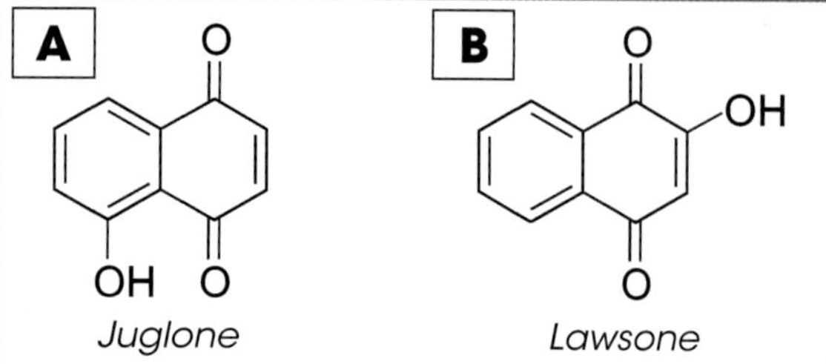

Figura 3.24 - Esempi di struttura chimica del sottogruppo dei naftochinoni: A) juglone; B) lawsone.

3.3.2.4 Composti chinonici

I composti chinonici sono biosintetizzati attraverso la via dei polichetidi. Anch'essi sono suddivisi in differenti sottogruppi, come descritto di seguito.

- **Chinoni semplici**, tra i quali si può ricordare la **primina** (*Primula sinensis* Sabine ex Lindl.) che può dare orticaria da contatto in soggetti predisposti.
- **Naftochinoni**, dei quali vale la pena citare lo **juglone** (Fig. 3.24A) biosintetizzato nelle radici della pianta del noce (*Juglans regia* L.) che ha attività allelopatica (vale a dire che influenza il metabolismo di altre specie e in particolare ha attività antigerminativa) e il **lawsone** (Fig. 3.24B) nelle foglie della pianta dell'hennè (*Lawsonia inermis* L.) caratterizzato da proprietà coloranti sfruttate in ambito cosmetico e da attività antibatteriche, antifungine e antidiarroiche sfruttate nella medicina tradizionale dei paesi mediorientali.
- **Antrachinoni**, sono molecole contenute in piante utilizzate per la loro azione lassativa; in particolare, sono maggiormente presenti in forma glicosidica e in seguito ad essiccazione della pianta si trasformano in derivati diantronici; tra gli altri, si possono citare il **crisofanolo** contenuto nel rizoma di rabarbaro (*Rheum palmatum* L. o *R. officinale* Baill.), l'**aloe emodina** e la **reina** contenuti nelle foglie di senna (*Senna alexandrina* Mill.), l'**emodina** e il **fiscione** presenti nella cascara (*Frangula purshiana* Cooper). I derivati antrachinonici e diantronici legati a porzioni zuccherine (glucosidi) subiscono poi le degradazioni necessarie a liberare a livello intestinale le forme antroniche attive.
- **Naftodiantroni**, dei quali l'**ipericina** (Fig. 3.26) è un composto presente nelle sommità fiorite dell'iperico (*Hypericum perforatum* L.), pianta utilizzata per le sue proprietà antidepressive legate in parte all'ipericina e in parte all'iperforina.

3.3.3 Alcaloidi

Gli alcaloidi sono composti quaternari costituiti oltre che da carbonio, idrogeno, ossigeno, anche da azoto sotto forma di gruppi amminici primari, secondari o terziari. Derivano biosinteticamente da amminoacidi e sono composti basici, carat-

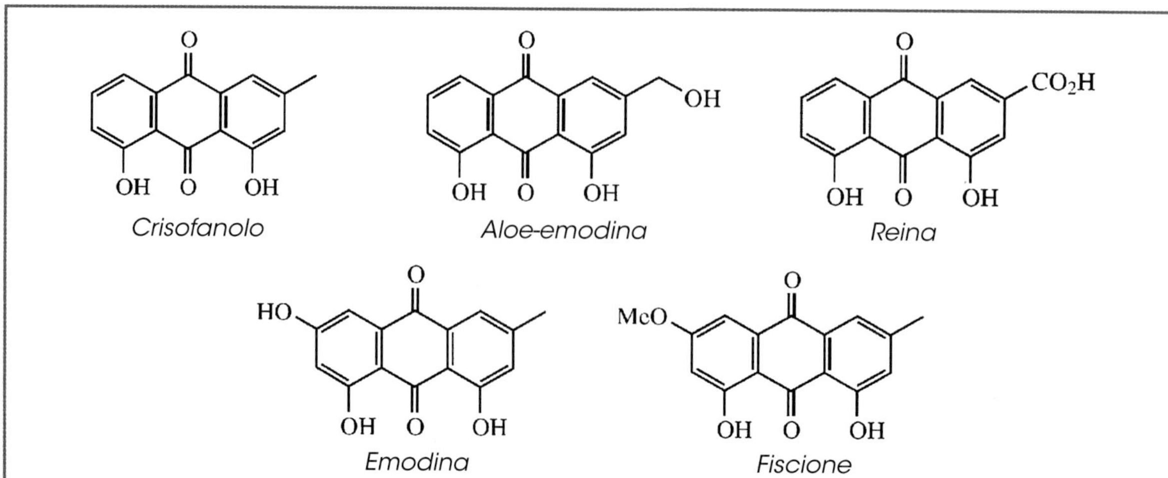

Figura 3.25 - Antrachinoni.

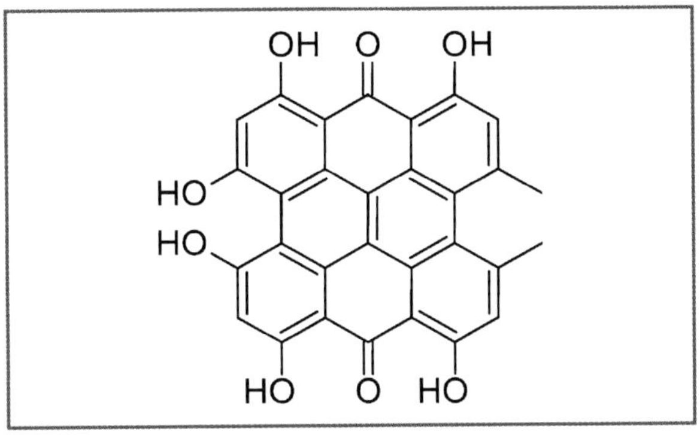

Figura 3.26 – Struttura dell'ipericina.

terizzati da importanti attività biologiche sfruttate in ambito farmaceutico e salutistico, ma molti di essi sono caratterizzati anche da una certa tossicità.

Gli alcaloidi si possono suddividere in tre gruppi distinti descritti di seguito:

1. **Alcaloidi tipici**: possono essere classificati mediante l'utilizzo di due criteri che vengono utilizzati in successione:
   - *criterio biosintetico* (primario), basato sull'amminoacido da cui l'alcaloide è biosintetizzato; gli amminoacidi interessati sono un numero relativamente limitato, tra questi ad esempio ornitina, fenilalanina, triptofano, lisina e glicina;
   - *criterio strutturale* (secondario) basato sul tipo di struttura eterociclica presente nell'alcaloide che deriva dal percorso biosintetico;

   Ad esempio gli alcaloidi che derivano dalla fenilalanina presentano nella loro struttura un nucleo isochinolinico; quelli che derivano dal triptofano un nucleo indolico o un nucleo chinolinico; infine, gli alcaloidi che derivano dall'ornitina possono presentare un nucleo pirrolidinico o tropanico.
2. **Protoalcaloidi** (Fig. 3.27): molecole che derivano biosinteticamente da un amminoacido, ma che non presentano nella struttura un eterociclo; in questo caso l'atomo di azoto fa parte di un gruppo amminico libero, ne sono esempi l'**efedrina** (principio attivo di *Ephedra sinica* Stapf), la **mescalina** (principio attivo con proprietà allucinogene di *Lophophora williamsii* (Lem. ex Salm-Dyck) J.M. Coult.), l'**ordenina** (*Hordeum vulgare* L.).

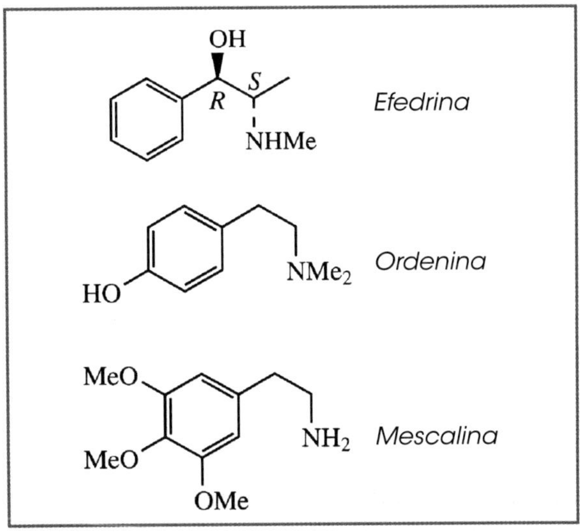

Figura 3.27 – Struttura chimica di alcuni protoalcaloidi.

3. **Pseudoalcalodi**: composti che, pur presentando nella loro struttura un sistema eterociclico, non derivano biosinteticamente da un amminoacido ma da vie e percorsi differenti. In questi composti l'atomo di azoto è inserito in seguito grazie a reazione di amminazione o transamminazione. Ne sono esempi: la **coniina**, principio attivo tossico della cicuta (*Conium maculatum* L.), che è biosintetizzata a partire dall'acido ottanoico; la **genzianina**, principio amaro della genziana (*Gentiana lutea* L.) che deriva biosinteticamente dalla via dei composti terpenici; l'**aconitina** (Fig. 3.28), principio attivo tossico dell'aconito (*Aconitum spp.*), che è biosintetizzata anch'essa dalla via dei composti terpenici.

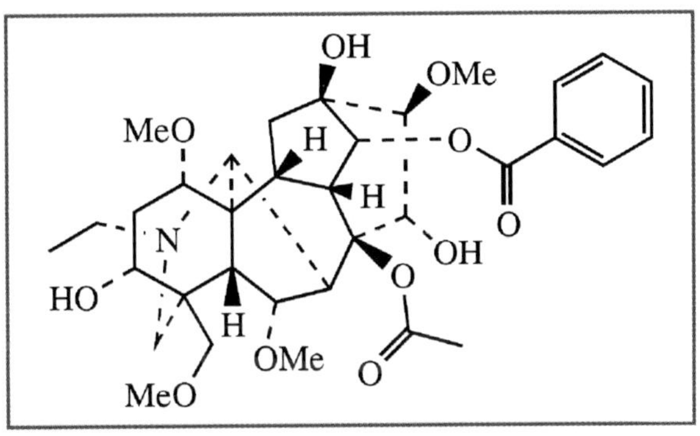

Figura 3.28 – La struttura chimica dell'aconitina, del gruppo degli pseudoalcaloidi.

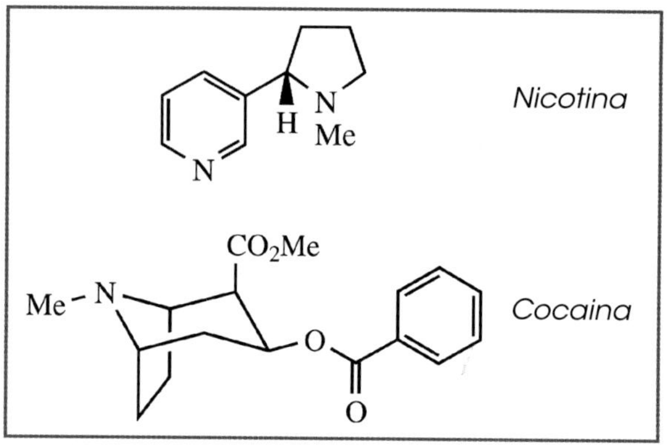

Figura 3.29 - Alcaloidi dell'ornitina.

La classe degli alcaloidi tipici, come si evince dai due criteri sopra enunciati, è molto ampia, per cui di seguito sono riportati alcuni esempi, scelti tra le molecole che possono avere un interesse per l'uomo nei diversi ambiti.
Tra gli *alcaloidi dell'ornitina* (Fig. 3.29) si possono citare i seguenti composti.

- **Nicotina**, principio attivo presente nelle foglie della pianta del tabacco (*Nicotiana tabacum* L.), è un composto che contiene un nucleo pirrolidinico ed ha una spiccata attività a livello del sistema nervoso centrale. Storicamente è stato il primo insetticida ad essere utilizzato nei primi anni del '900, oggi questo uso è praticamente abbandonato e rimane solo l'utilizzo ricreazionale delle foglie della pianta.
- **Cocaina**, principio attivo contenuto nelle foglie di coca (*Erythroxylum coca* Lam.), è un alcaloide che presenta nella sua struttura un nucleo tropanico. È una molecola con proprietà anestetiche oggi non più sfruttate; rimane l'utilizzo illecito per le proprietà stimolanti ed euforizzanti.

L'amminoacido *fenilalanina* e i suoi derivati idrossilati (tirosina e L-DOPA) portano alla formazione di interessanti composti alcaloidici (Fig. 3.30).

- **Morfina**, principio attivo presente nell'oppio, liquido lattiginoso (latice) che si ottiene dall'incisione dei frutti (capsule) immaturi del papavero da oppio (*Papaver somniferum* L.). La morfina è utilizzata come farmaco per le sue potenti proprietà analgesiche (sfruttate nel trattamento del dolore severo) e narcotiche. Nell'oppio sono presenti oltre alla morfina, altri alcaloidi. Tra questi vale la pena ricordare la **codeina** caratterizzata da una azione antitussiva.
- **Colchicina**, principio attivo del colchico (*Colchicum autumnale* L.), in grado di bloccare la divisione cellulare. Per questa sua azione è stata studiata per un eventuale utilizzo come farmaco antitumorale, ma l'idea è stata abbandonata a causa della sua elevata tossicità. Oggi trova impiego come farmaco per il trattamento degli attacchi acuti di gotta.
- **Curari**, miscele di composti la cui composizione dipende strettamente dalla zona geografica delle piante da cui derivano. In particolare, in Brasile e in Perú si ritrovano i tubocurari che sono costituiti da estratti di piante appartenenti al genere *Chondrodendron* e contengo-

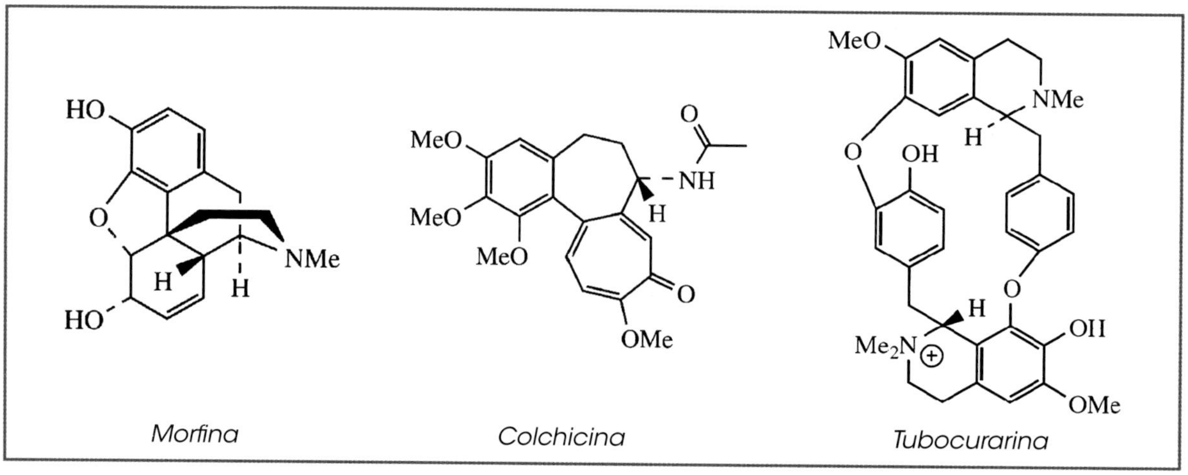

Figura 3.30 - Composti alcaloidici derivati da fenilalanina e suoi derivati idrossilati.

Derivati dell'acido lisergico

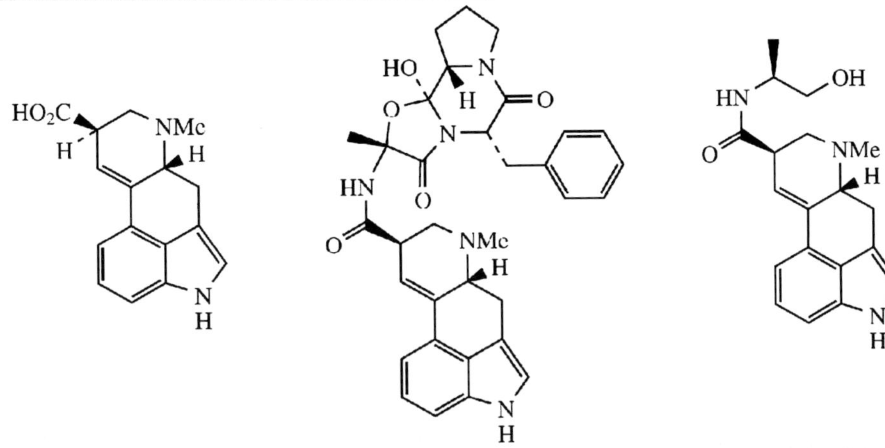

Acido lisergico *Ergotamina* *Ergometrina*

Alcaloidi della china

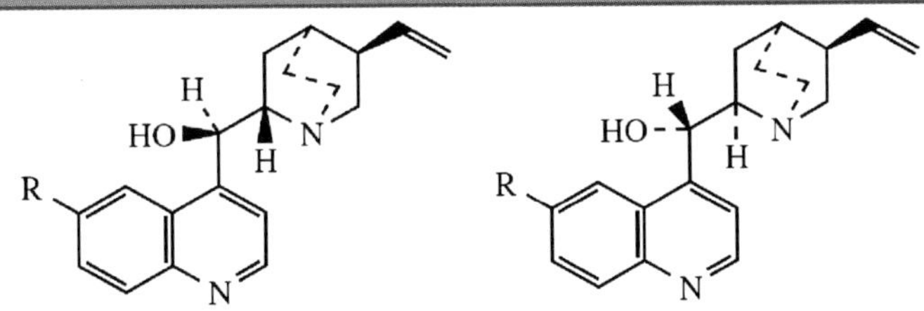

Cinconidina (R = H)
Chinina (R = OCH_3)

Cinconina (R = H)
Chinidina (R = OCH_3)

Figura 3.31 - Alcaloidi del triptofano.

no la **tubocurarina**. Sono sostanze che hanno effetto sulla muscolatura, sulla quale inducono un importante rilassamento.

Tra gli *alcaloidi del triptofano* (Fig. 3.31), numerose sono le strutture che hanno importanti attività biologiche che possono essere sfruttate.

- **Derivati dell'acido lisergico** (Fig. 3.31A), un alcaloide biosintetizzato a partire dal triptofano con il contributo di una unità isoprenica derivante dalla via del mevalonato. Si ricordano, in particolare, l'**ergotamina** che ha attività antiemicrania e l'**ergometrina**, utilizzata nel contrastare le emorragie *post partum*. Questi alcaloidi, noti come alcaloidi dell'ergot, sono contenuti all'interno di sclerozi, strutture prodotte sulla segale in seguito all'infezione da parte di un fungo ascomicete (*Claviceps purpurea* (Fr.) Tul.).
- **Alcaloidi della china** (Fig. 3.31B), che comprendono un gruppo di principi attivi contenuti nella corteccia di china (diverse specie del genere *Cinchona*). I composti principali sono **chinina**, **chinidina**, **cinconina** e **cinconidina;** la chinina è stata un importante agente antimalarico oggi non più utilizzato in quanto il parassita responsabile della patologia è diventato resistente al trattamento. La corteccia china è anche utilizzata per la preparazione di bevande liquorose (ad esempio amari o il barolo chinato, prodotto tipico del Piemonte).

Bibliografia

Bruneton J. (2021) - *Pharmacognosie: Phytochimie, plantes médicinales*, Tec&Doc, 2016.

Dewick P.M. (2021) - *Chimica, biosintesi e bioattività delle sostanze naturali*, Piccin.

Per ottenere buoni risultati con la propagazione è necessaria una approfondita conoscenza dei diversi tipi di piante e delle singole specie, anche sulla base della selezione effettuata negli anni.

4 Propagazione e vivaismo

Grazia Maria Scarpa, Federica Manunta

Propagazione delle piante vuol dire moltiplicazione e riproduzione delle stesse: la prima si effettua per via agamica, la seconda per via gamica. È necessario sottolineare la differenza tra propagazione delle piante in natura e in coltivazione, dato che il progresso dell'agricoltura ha portato a un'azione sinergica tra due attività apparentemente separate: la selezione di specifici tipi di piante e la riproduzione di questi genotipi diretta al mantenimento delle caratteristiche colturali pregevoli.

Una volta scelta la specie, il genotipo o la cultivar da mettere in campo, la destinazione del prodotto, il primo passo fondamentale nella coltivazione è l'impianto della coltura, ossia la messa a dimora di idoneo materiale di propagazione. La qualità del materiale e le tecniche di impianto utilizzate possono avere ripercussioni su tutte le fasi della coltivazione, tra queste: uniformità di accrescimento e sviluppo; esigenze della coltura in termini di suolo, acqua irrigua e fertilizzanti; sanità della coltura. Altre scelte come meccanizzazione, metodo irriguo e sistema produttivo adottato sono più strettamente legate all'organizzazione aziendale. Ciascuna specie, sia in natura sia in coltivazione, ha un'attitudine preferenziale o esclusiva alla propagazione gamica o agamica. Per ciascuna specie che viene messa in coltivazione vengono studiati e messi a punto gli idonei protocolli di propagazione, adatti a conservarne le caratteristiche qualitative, oltre a garantire uno sviluppo uniforme.

4.1 Introduzione

Quando si parla di propagazione delle piante, si comprendono nel termine sia la moltiplicazione, ossia la propagazione agamica o propagazione vegetativa, che la riproduzione, vale a dire la propagazione gamica o sessuata. La moltiplicazione si ottiene per mezzo di una porzione vegetativa della pianta. Rizomi, tuberi, bulbi, stoloni e ovoli, sono esempi di organi naturalmente predisposti per la moltiplicazione, mentre talee,

Figura 4.1 - Impollinazione attuata da insetti in natura. A) Ape domestica (*Apis mellifera* L.); B) Bombo (*Bombus* spp.); C) Ape legnaiola (*Xylocopa violacea* L.); D) *Apis* spp.

propaggini e margotta sono risultato del lavoro umano. Casi particolari di propagazione agamica possono essere l'apomissia e la moltiplicazione in vitro. La riproduzione avviene attraverso la fusione di un gamete femminile (ovulo) con un gamete maschile (polline) (Fig. 4.1). L'embrione ottenuto da questo processo ha tutte le informazioni genetiche per lo sviluppo dell'intera pianta. Tra le piante officinali, i sistemi di moltiplicazione più utilizzati sono (Tab. 4.1):

Tabella 4.1 - Propagazione utilizzata per l'impianto di alcune specie officinali.

Specie	Nome scientifico	Tipo di propagazione utilizzata
	Perenni	
Alloro	*Laurus nobilis* L.	Seme ▪ Polloni radicati ▪ Talea
Aloe	*Aloe vera* L. (*Aloe barbadensis* Miller)	Seme ▪ Polloni basali
Aloe ferox	*Aloe ferox* Mill.	Seme ▪ Polloni basali
Arnica montana	*Arnica montana* L.	Seme ▪ Talea di rizoma
Camomilla romana	*Chamaemelum nobile* (L.) All.	Divisione di cespi
Echinacea	*Echinacea* spp.	Seme ▪ Divisione di cespi
Elicriso	*Helichrysum italicum* (Roth) G. Don.	Seme ▪ Talea ▪ Divisione di cespi
Iperico	*Hypericum perforatum* L.	Seme ▪ Talea ▪ Divisione di cespi
Issopo	*Hyssopus officinalis* L.	Seme ▪ Talea ▪ Divisione di cespi
Lavanda	*Lavandula angustifolia* Miller	Seme ▪ Talea erbacea o semilegnosa
Lavandino	*Lavandula hybrida* Rev. (*L. officinalis x L. spica*)	Talea erbacea o semilegnosa
Liquirizia	*Glycyrrhizza glabra* L.	Seme ▪ Talea di rizoma ▪ Divisione di cespi
Luppolo	*Humulus lupulus* L.	Seme ▪ Talea (piante femminili)
Maggiorana	*Origanum majorana* L.	Seme ▪ Talea basale o apicale ▪ Divisione di cespi ▪ Propaggine
Melissa	*Melissa officinalis* L.	Seme ▪ Divisione di cespi ▪ Stoloni radicati ▪ Talea
Menta	*Mentha* spp.	Seme ▪ Divisione di cespi ▪ Talea
Menta piperita	*Mentha x piperita* L. (*M. viridis* L. (= *M. spicata* L.) x *M. acquatica* L.)	Divisione di cespi ▪ Talea
Mirto	*Myrtus communis* L.	Seme ▪ Talea
Origano	*Origanum* spp. L.	Seme ▪ Talea basale o apicale ▪ Divisione di cespi ▪ Propaggine
Rosa canina	*Rosa canina* L.	Seme ▪ Talea
Rosa damascena	*Rosa damascena* Mill. (*R. gallica x R. moschata x R. fedtschenkoana*)	Talea
Rosmarino	*Rosmarinus officinalis* L. (*syn. Salvia rosmarinus* Spenn).	Seme ▪ Talea
Salvia officinale	*Salvia officinalis* L.	Seme ▪ Talea erbacea
Stevia	*Stevia rebaudiana* Bertoni	Seme ▪ Talea ▪ Divisione di cespi
Tarassaco	*Taraxacum officinale* (L.) Weber F.H. Wigg.	Seme
Timo	*Tymus* spp. L.	Seme ▪ Talea ▪ Divisione di cespi
Valeriana	*Valeriana officinalis* L.	Seme ▪ Talea di rizoma ▪ Divisione di cespi
Vaniglia	*Vanilla planifolia* Jacks. ex Andrews	Talea di fusto
Zafferano	*Crocus sativus* L.	Bulbo-tubero (cormo)

▶

Specie	Nome scientifico	Tipo di propagazione utilizzata
	Annuali	
Anice verde	*Pimpinella anisum* L.	Seme
Bardana	*Arctium lappa* L.	Seme
Basilico	*Ocimum basilicum* L.	Seme
Borragine	*Borago officinalis* L.	Seme ▪ Divisione di cespi
Calendula	*Calendula officinalis* L.	Seme
Camomilla comune	*Matricaria chamomilla* L.	Seme
Cardo mariano	*Silybum marianum* L.	Seme
Coriandolo	*Coriandrum sativum* L.	Seme
Coriandolo	*Coriandrum sativum* L.	Seme
Enotera (biennale)	*Oenothera biennis* Scopoli	Seme
Escolzia	*Eschscholtzia californica* Chamisson	Seme
Finocchio (a volte biennale)	*Foeniculum vulgare* Mill.	Seme ▪ Divisione di cespi
Finocchio selvatico	*Foeniculum vulgare* Mill	Seme ▪ Divisione di cespi
Malva (biennale)	*Malva sylvestris* L.	Seme
Santoreggia	*Satureja montana* L	Seme ▪ Propaggine ▪ Talea ▪ Divisione di cespi
Senape	*Sinapis* spp. L.	Seme

- propagazione per seme: cultivar selezionate, solitamente piante annuali;
- propagazione per divisione di cespi: piante poliennali, rizomatose o stolonifere;
- propagazione per talea: piante poliennali, arbustive e arboree, alcune annuali.

4.2 Il materiale di propagazione

Nonostante negli anni il lavoro di selezione e miglioramento genetico abbia contribuito a ottenere cultivar selezionate e registrate per alcune delle più importanti specie officinali, per altre il materiale di partenza è ottenuto da specie spontanee o da piante già in coltivazione sulle quali, spesso, è mancato un razionale lavoro di valutazione della qualità. Per diverse specie officinali, inoltre, come lo zafferano, e altre specie legate alla tradizione dei luoghi, è ancora attivo lo scambio di materiale tra coltivatori; altri utilizzano sementi o talee autoprodotte, ottenute da piante coltivate nella propria azienda.

Può diventare difficoltoso per il vivaista reperire materiale di propagazione certificato con le caratteristiche di una semente di qualità. Anche per questo motivo, il vivaio che lavora con le specie officinali ha, nella maggior parte dei casi, un'area di coltivazione delle piante madre da cui prelevare il materiale per la propagazione, alcune ottenute da cultivar selezionate, altre su cui è stata fatta per lo meno una selezione massale. Tra le specie per cui oggi è possibile acquistare materiale di propagazione da cultivar selezionate possiamo indicare ad esempio l'iperico, la lavanda, gli ibridi di questa, la camomilla, diverse specie di menta, la stevia, l'arnica.

In Italia la produzione delle sementi è regolamentata dal decreto legislativo 2 febbraio 2021, n. 20, Norme per la produzione a scopo di commercializzazione e la commercializzazione di prodotti sementieri, in attuazione dell'articolo 11 della Legge 4 ottobre 2019, n. 117, per l'adeguamento della normativa nazionale alle disposizioni del

Regolamento (UE) 2016/2031 e del Regolamento (UE) 2017/625.
Il decreto disciplina la produzione a scopo di commercializzazione e la commercializzazione di prodotti sementieri riordinando le relative disposizioni normative in un testo unico. Definisce come "produzione a scopo di commercializzazione" dei prodotti sementieri quella effettuata da imprese che lavorano le sementi e gli altri materiali di moltiplicazione selezionandoli, depurandoli dalle scorie e confezionandoli per il commercio, qualunque ne sia l'entità, e la cui attività sia indirizzata, anche saltuariamente, ai fini industriali o commerciali. In questa categoria ricadono anche la produzione effettuata da cooperative, consorzi, associazioni, aziende agrarie e altri enti, anche se al solo fine della distribuzione ai propri associati, compartecipanti e dipendenti e ogni lavorazione e selezione di prodotti sementieri effettuata per conto di terzi. Non rientra nella "commercializzazione" il reimpiego delle sementi da parte dell'agricoltore o lo scambio di parte del raccolto.
Nel decreto legislativo 2 febbraio 2021, n. 20 non viene utilizzata la denominazione "specie officinali" né queste vengono inserite in una categoria apposita, sono però indicate diverse specie officinali, in genere inserite tra le specie ortive.

4.2.1 Miglioramento genetico per la costituzione di nuove varietà

Il miglioramento genetico, *breeding* in inglese, è quell'insieme di tecniche che permettono la costituzione di nuove varietà identificabili, uniformi e stabili in grado di soddisfare le esigenze e le richieste degli agricoltori, dell'industria di trasformazione e dei consumatori finali. Il processo di costituzione varietale si sviluppa attraverso l'individuazione, all'interno della variabilità genetica esistente, di caratteri utili e la loro successiva introgressione tramite incrocio e la loro conseguente selezione e fissazione nelle linee in osservazione.
I programmi di miglioramento genetico hanno come finalità la costituzione di varietà stabili in grado di rispondere ai seguenti obiettivi:

- adattabilità ai diversi ambienti pedo-climatici di coltivazione;
- aumento della produttività in termini sia quantitativi sia qualitativi;
- resistenza ad avversità biotiche ed abiotiche;
- miglioramento delle caratteristiche qualitative.

Molte specie officinali non presentano al momento cultivar registrate, il materiale di propagazione è spesso ottenuto dalle piante spontanee o da coltivazioni preesistenti. Se la specie presenta cultivar registrate, queste non possono essere vendute liberamente. La selezione dovrà essere indirizzata, oltre che all'aumento delle produzioni in termini di quantità e qualità, anche nella scelta di linee con principi attivi definiti, stabili in diverse condizioni di coltivazione, in grado di adattarsi ai cambiamenti climatici.

4.2.2 Il CITES e le specie protette

L'aumento degli scambi a livello mondiale e la globalizzazione hanno contribuito ad aumentare la domanda di piante officinali esotiche prima sconosciute. Queste possono oggi essere coltivate in serre o ambienti climatizzati, che garantiscono la crescita delle piante in Paesi molto diversi da quelli di origine anche dal punto di vista del clima. Molte specie vegetali, per diversi motivi, hanno subito forti pressioni commerciali, fatto che ha provocato un forte depauperamento delle popolazioni naturali, questo ha reso necessaria la loro inclusione negli elenchi della CITES.
La sigla CITES è l'acronimo di *Convention on International Trade in Endangered Species of Wild Fauna and Flora*, ossia: Convenzione sul commercio internazionale di specie di fauna e flora minacciate d'estinzione. Di solito è chiamata, per brevità, Convenzione di Washington. Appartiene alle attività del Programma delle Nazioni Unite per l'Ambiente (UNEP) ed è parte integrante del sistema legislativo di 175 stati nel mondo. Elenca le specie animali e vegetali a rischio di estinzione e la lista viene aggiornata con scadenza periodica ad opera di una commissione internazionale. Tra le specie tutelate dalla convenzione di Washington sono presenti, ad esempio, diverse piante appartenenti alle famiglie delle *Agavacee*, *Cactaceae* e *Orchidaceae*, diverse specie di Tasso, quasi tutte le specie appartenenti al genere *Aloe*.
Il commercio internazionale delle specie incluse

nella convenzione è regolato da un sistema di permessi che consente agli esportatori di limitare e rendere sostenibile il prelievo di specie spontanee. Le diverse specie di flora e fauna protette sono incluse in liste di protezione, divise in tre appendici, in relazione al pericolo di estinzione:

- *Appendice I*: contiene l'elenco delle specie soggette a grave minaccia di estinzione il cui commercio è rigorosamente vietato, salvo quando effettuato per scopi di ricerca scientifica.
- *Appendice II*: contiene l'elenco delle specie il cui commercio è regolamentato ed attentamente monitorato, al fine di prevenire uno sfruttamento incompatibile con la loro sopravvivenza. Gli esemplari inclusi in questa appendice possono essere commercializzati solo se provvisti di un idoneo documento di accompagnamento.
- *Appendice III*: contiene l'elenco delle specie segnalate dai singoli stati membri della convenzione al fine di regolamentarne il commercio e le esportazioni dai rispettivi territori.

Lo scambio ed il commercio di materiale incluso nell'elenco CITES sono soggetti al rilascio di permessi; la normativa prevede infatti che qualunque movimentazione di piante debba essere accompagnata dal relativo certificato. È possibile il commercio di piante propagate artificialmente poiché, attraverso la commercializzazione di esemplari prodotti in vivaio, si può allevare la pressione sulle popolazioni naturali. Per riproduzione artificiale si intende: «piante o derivati di piante cresciute o sviluppatesi da semi talee divisioni tessuti radicali o altri tessuti vegetali spore o altri propaguli in condizioni controllate» (Reg. CE 865/06).

Le piante cresciute in serra hanno normalmente un aspetto differente da quello delle piante spontanee perché l'ambiente e le pratiche della coltivazione consentono di avere esemplari più vigorosi, privi di attacchi parassitari, privi di danni causati dagli agenti atmosferici o imperfezioni causate dall'azione degli insetti. Anche le radici sono più sane e regolari, essendosi adattate alla coltivazione in contenitore.

L'Unione Europea ha recepito la normativa CITES attraverso regolamenti che, per talune specie, sono anche più restrittivi. Si tratta del Regolamento (CE) 338/97 del Consiglio del 09/12/96 successivamente modificato e integrato dal Regolamento (CE) n. 750/13 della Commissione del 29/07/13. In Europa, le specie a rischio sono suddivise in quattro allegati:

- *Allegato A*: include l'elenco delle specie che figurano nell'Appendice I CITES e per le quali nessuno stato europeo ha avanzato riserve, ovvero tutte le specie in via d'estinzione che sono attualmente oggetto di commercio internazionale. Include inoltre alcune specie che figurano nell'Appendice II CITES per le quali l'UE gli stati membri hanno ritenuto di dover rafforzare le misure di protezione.
- *Allegato B*: include l'elenco delle specie che figurano nell'Appendice II CITES, escluse quelle elencate nell'Allegato A; include inoltre le specie che figurano nell'Appendice I della CITES e per le quali almeno un Paese membro ha avanzato una riserva. infine, include tutte le specie non comprese nelle Appendici I e II CITES per le quali almeno un Paese membro ha richiesto il monitoraggio del volume di scambi internazionali, in quanto questi potrebbero non essere compatibili con la salvaguardia della popolazione. In tutti i casi, si tratta di specie la cui introduzione nell'ambiente naturale europeo non costituisce un pericolo ecologico.
- *Allegato C*: include l'elenco delle specie che figurano nell'Appendice III CITES diverse da quelle elencate negli allegati A o B e per le nessuno stato membro ha formulato riserve; include inoltre le specie elencate nell'Appendice II CITES per le quali almeno uno stato membro ha avanzato riserve.
- *Allegato D*: include le specie che non figurano negli Allegati da A-B-C per le quali il volume delle importazioni nella comunità europea richiede una qualche forma di controllo; include inoltre le specie elencate nell'Appendice III CITES per le quali almeno uno stato membro ha avanzato una riserva.

Le modifiche alle appendici della Convenzione sono entrate in vigore a livello internazionale il 2 gennaio 2017 e sono state recepite nell'Unione Europea attraverso un aggiornamento degli allegati del Regolamento (CE) n 338/97, entrato in vigore il 4 febbraio 2017. Da questa data, le importazioni e le esportazioni devono essere autorizzate dal Ministero dello Sviluppo economico previa consultazione della Commissione Scientifica CITES.

Per lo sfruttamento commerciale all'interno dell'Unione Europea non è richiesto un certificato CITES ma una certificazione di origine degli esemplari.

I vivaisti e i propagatori autorizzati possono contribuire a scoraggiare e limitare il commercio di piante illegali svolgendo un ruolo efficace per la conservazione in situ delle specie spontanee anche attraverso un corretto uso della certificazione per le piante più a rischio, mettendo in commercio solo materiale derivato da piante madre certificate.

4.3 Certificazione delle sementi

Nel linguaggio comune si usa chiamare semente il materiale di propagazione, indipendentemente dalla corretta definizione botanica; oltre ai semi veri e propri, vengono chiamati semi gli acheni, le cariossidi, le samare sino ai tuberi impiegati per la propagazione.

In Italia la produzione e la commercializzazione delle sementi sono normate dal decreto legislativo del 2 febbraio 2021, n. 20: Norme per la produzione a scopo di commercializzazione e la commercializzazione di prodotti sementieri in attuazione dell'articolo 11 della Legge 4 ottobre 2019, n. 117, per l'adeguamento della normativa nazionale alle disposizioni del Regolamento (UE) 2016/2031 e del Regolamento (UE) 2017/625, pubblicato nel Supplemento ordinario alla "Gazzetta Ufficiale" n. 49 del 27 febbraio 2021 - Serie generale.

Il decreto disciplina «la produzione a scopo di commercializzazione e la commercializzazione di prodotti sementieri» riordinando le relative disposizioni normative in un testo unico.

Nell'articolo 1, comma 3, viene specificata la definizione di «produzione a scopo di commercializzazione», ossia «quella effettuata da imprese che lavorano le sementi e gli altri materiali di moltiplicazione selezionandoli, depurandoli dalle scorie e confezionandoli per il commercio», inoltre «quella effettuata da cooperative, consorzi, associazioni, aziende agrarie e altri enti, anche se al solo fine della distribuzione ai propri associati, compartecipanti e dipendenti" e ogni "produzione a scopo di commercializzazione effettuata per conto di terzi».

Viene inoltre specificato che «Gli agricoltori possono attuare il reimpiego delle sementi o lo scambio di parte del raccolto». Questo è particolarmente importante per molte specie officinali, il cui materiale di propagazione viene autoprodotto o scambiato tra gli agricoltori.

Nel decreto vengono identificati diversi gruppi di prodotti sementieri, nel quale vengono descritte e elencate diverse specie, ma tra questi non vengono distinte le specie officinali. Diverse specie, però, sono incluse nel decreto, inserite nei gruppi definiti. Ad esempio, nel gruppo II - Colture erbacee ortive - sono inserite diverse specie di *Alium*, inoltre troviamo altre specie officinali, come, ad esempio, *Angelica archangelica* L., *Borago officinalis* L., *Capsicum annuum* L., *Matricaria camomilla* L. e *Thymus vulgaris* L. Nel gruppo III - Piante agrarie arboree e arbustive - è presente il *Citrus* x *aurantium* L. insieme a *Corylus avellana* L. e *Prunus dulcis* (Mill.) D.A.Webb [*Prunus amygdalus* Batsch.].

È importante sottolineare il fatto che per le sementi e i materiali di moltiplicazione di specie ortive, tra cui vengono spesso comprese le specie officinali, diverse da quelle elencate nell'allegato II, sezione C, non è previsto, al momento, l'obbligo del registro varietale.

Il decreto indica per ciascuna categoria di specie i requisiti minimi di certificazione, le categorie di semente, base certificata di I e II categoria come, ad esempio, i cartellini obbligatori per la commercializzazione e i criteri di analisi per la certificazione e i controlli.

L'art. 44 del decreto fornisce indicazioni per le specie non presenti in nessun elenco, autorizzando "nell'interesse di un rapido approvvigionamento di materiale sementiero" a certificare la sola facoltà germinativa: "la certificazione è consentita a condizione che sia presentato al Ministero o all'organismo delegato un rapporto di analisi provvisoria dei prodotti sementieri di cui si chiede la certificazione" con le indicazioni sia del produttore che del primo destinatario".

Nell'art. 45., Divieto di commercializzare sementi per rischi fitosanitari, alla salute umana e all'am-

biente e nell'art. 46., Divieto di coltivare varietà per rischi fitosanitari, alla salute umana e all'ambiente o perché non adatta alla coltivazione nel territorio nazionale, si pongono limiti all'introduzione di specie potenzialmente pericolose per l'uomo e per l'ambiente. Questi divieti si integrano e completano sia con le indicazioni del CITES sulle specie protette che con l'elenco di specie non coltivabili perché potenzialmente pericolose del decreto legislativo n. 75 del 21 maggio 2018 "Testo Unico in materia di coltivazione, raccolta e prima trasformazione delle piante officinali".
Particolarmente interessante per il mercato delle sementi di specie officinali, è l'art. 73., "Commercializzazione di sementi di varietà da conservazione". Molte aziende hanno in coltivazione quelle che oggi vengono chiamate varietà antiche, anche se il termine viene utilizzato in modo improprio. Queste varietà sono, comunque, interessanti sia per il mercato locale, legato agli usi tradizionali, che come fonte di biodiversità, potenziale bacino di selezione per cultivar da proporre in registrazione.
La produzione di piante e di materiale di propagazione di categoria CAC (*Conformitas Agraria Communitatis*) riguarda i materiali di propagazione delle piante da frutto, piante ornamentali e piante ortive, ad eccezione delle sementi. È normata dal recepimento di alcune direttive europee (93/48, 93/64, 93/79, 2008/90) che hanno introdotto la certificazione dei materiali di categoria CAC definendone lo standard minimo di qualità, obbligatorio per le produzioni vivaistiche commercializzabili all'interno della Comunità Europea. La normativa italiana di riferimento per le colture arboree è data dal decreto ministeriale 14 aprile 1997 e dal decreto legislativo 25 giugno 2010, n. 124, per le colture ortive decreto ministeriale 14 aprile 1997 e decreto legislativo 7 luglio 2011, n. 124. Negli elenchi delle specie di entrambe le categorie sono presenti specie officinali.
Le produzioni vivaistiche devono essere prodotte e commercializzate da vivaisti accreditati dal Servizio Fitosanitario Regionale, sulla base di specifici requisiti posseduti dalla persona e dall'azienda. Il materiale vegetale deve essere in possesso di requisiti fitosanitari minimi e cioè privo di organismi nocivi e deve possedere inoltre caratteristiche biometriche adeguate, inoltre, deve essere garantito sotto il profilo della identità varietale. Il vivaista, una volta individuata la pianta madre da cui prelevare il materiale di moltiplicazione (marze, talee o semi), di cui ha certezza della rispondenza varietale, ne fa accertare preventivamente lo stato sanitario presso un laboratorio accreditato e quindi procede con il prelievo del materiale vegetale. Diventa, quindi, responsabile in prima persona dei requisiti minimi di qualità delle proprie produzioni e del "documento di commercializzazione" necessario per la commercializzazione; Il documento consiste in un'autocertificazione rilasciata dal fornitore che attesta le caratteristiche sanitarie, genetiche e qualitative del materiale di propagazione e da cui risulta che il materiale è stato ottenuto nel rispetto di quanto previsto dalla normativa.

4.4 Propagazione per seme

Il seme è un'entità biologica e come tale interagisce con l'ambiente in tutte le sue componenti (Fig. 4.2). Per "qualità del seme", intendiamo l'insieme di tutte quelle caratteristiche biologiche, fisiologiche e agronomiche che i semi devono possedere al fine di esprimere al meglio la loro potenzialità. Un seme di buona qualità è caratterizzato da un'alta purezza specifica o varietale, da un'alta vitalità, dall'assenza di malattie e di semi di altre specie o altri corpi estranei. La specie, il genotipo, l'ambiente, il periodo di raccolta, la conservazione, la dormienza e l'età della semente influenzano i principali parametri di qualità: vitalità, facoltà germinativa, energia germinativa.
Le caratteristiche qualitative da considerare dall'uso a cui il seme è destinato: conservazione delle risorse genetiche, produzione di piantine in vivaio, semina diretta in campo, alimentazione. Per esempio, l'importanza del fattore velocità di emergenza dipende dall'uso finale del seme stesso: una germinazione veloce e simultanea costituisce un vantaggio in vivaio e nella coltivazione di pieno campo, mentre in ambienti naturali la scalarità delle emergenze rappresenta una strategia adattativa utile alla sopravvivenza della specie. Se il seme è destinato a programmi di conservazione ex situ delle risorse genetiche, la sua qualità dovrà essere molto elevata in

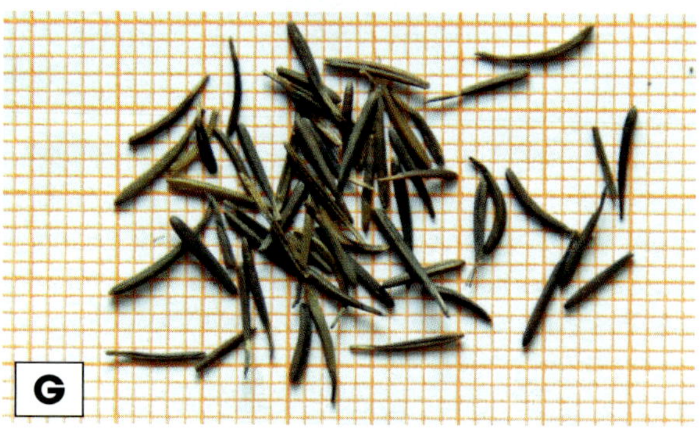

Figura 4.2 - Esempi di forma e dimensioni di semi di alcune specie officinali: A) frutti di finocchio da seme, impropriamente chiamati "semi" (*Foeniculum vulgare* Mill.); B) valeriana (*Valeriana officinalis* L.); C) papavero (*Papaver somniferum* L.); D) salvia (*Salvia officinalis* L.); E) ginepro (*Juniperus communis* L.); F) timo (*Thymys vulgaris* L.); G) cerfoglio (*Anthriscus cerefolium* (L.) Hoffm.).

considerazione degli alti costi di stoccaggio. Se, invece, è destinato all'alimentazione, gli elementi qualitativi di interesse saranno il contenuto di proteine, di grassi e, in generale, di tutti i componenti nutritivi.

4.4.1 Qualità del seme

I principali fattori che influiscono sulla qualità del seme possono essere sintetizzati in:

- corredo genetico,

- età e stato di salute della pianta madre,
- condizioni climatiche,
- condizioni fisiologiche della pianta madre durante la formazione del seme,
- grado di maturità del seme al momento della raccolta,
- tecnica di raccolta,
- lavorazione del seme,
- metodi di conservazione,
- incompleta interruzione della dormienza,
- eventuali pretrattamenti.

Le sementi per poter essere commercializzate devono rispondere a determinati requisiti qualitativi, secondo le normative comunitaria e nazionale vigenti. Tra questi possiamo indicare la purezza meccanica e genetica.
La **purezza meccanica**, o fisica o commerciale o tecnologica, è la percentuale in peso di semi appartenenti alla specie dichiarata rispetto al peso totale del campione di semente, tolte le impurità di tipo fisico (terra, sassi, altro materiale inerte), i semi rotti o danneggiati, immaturi o striminziti, e i semi di altre specie (semi estranei, infestanti).
La **purezza genetica** è la percentuale di sementi appartenenti alla specie o alla varietà dichiarata. La **purezza varietale** indica quanta parte della massa della semente è costituita da semi della varietà indicata, mentre l'**identità varietale** misura quante sono le piante ottenute dotate in maniera uniforme ed in massima misura delle caratteristiche di pregio tipiche della varietà.
Per una semente destinata alla riproduzione ai fini della coltivazione il parametro principale di valutazione è la **germinabilità**, o facoltà di germinazione, in una valutazione più completa entrano in analisi anche la vitalità, la percentuale di semi duri, ossia la dormienza, e l'energia germinativa. Questi parametri possono essere valutati attraverso analisi di laboratorio (Fig. 4.3). Il campionamento si esegue prelevando campioni da diversi punti di una partita di semi, i campioni sono mescolati e dall'insieme si prelevano campioni secondari che verranno analizzati.
Il concetto di **vitalità** del seme deve essere distinto da quello di facoltà germinativa: i semi vitali dormienti non necessariamente germinano entro i tempi utili per gli scopi previsti. Questo parametro può essere misurato in vari modi. Tra le tecniche più usate:

- *embrione reciso*: consente di valutare la vitalità anche dei semi dormienti. I semi vengono lasciati in acqua (15-20 °C) per 1-4 giorni, dopodiché si procede alla excisione dell'embrione, che viene posto a sviluppare a 18-22 °C. Dopo circa una settimana è possibile distinguere gli embrioni vitali da quelli non vitali;
- *metodo del tetrazolio*: i semi vitali sono privati dei tegumenti esterni e lasciati immersi in acqua al buio per poche ore; vengono quindi trasferiti in una soluzione di cloruro di trifeniltrazolio. Se la soluzione si colora di rosso il seme è vitale. Questo metodo è il più indicato per i semi in dormienza;
- *saggio di conducibilità*: valuta l'integrità delle

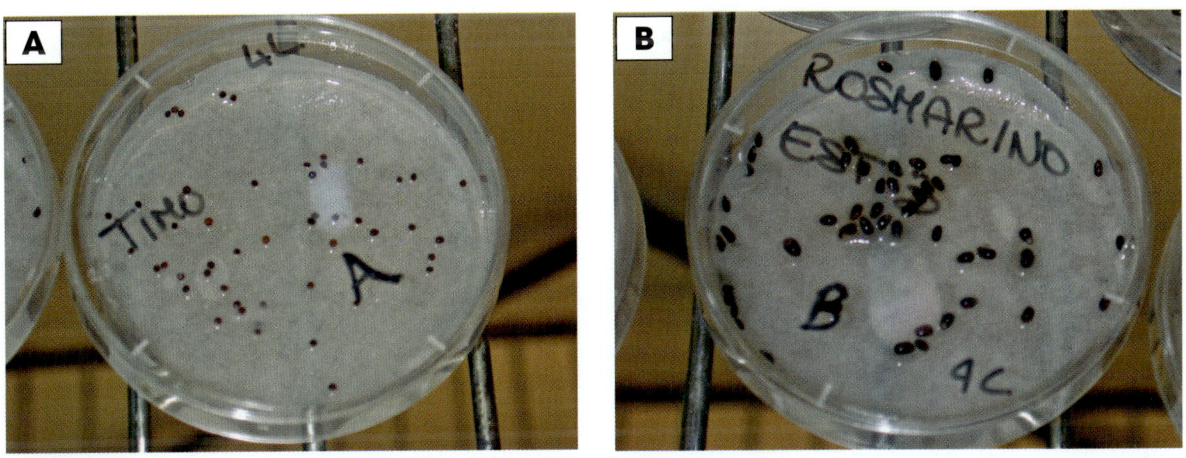

Figura 4.3 - Prova di germinabilità e TMG: A) Timo (*Thymys vulgaris* L.); B) Rosmarino (*Rosmarinus officinalis* L.).

membrane cellulari e quindi, indirettamente, la qualità del seme. Il seme con membrane danneggiate, sottoposto ad imbibizione, subisce una perdita di contenuti cellulari (ioni, carboidrati, ecc.). Questa perdita indebolisce la struttura e favorisce l'ingresso di patogeni;

- *diacetato di fluoresceina*: penetra velocemente all'interno delle cellule vitali con membrane integre: l'enzima esterasi lo trasforma in un prodotto fluorescente che si diffonde nelle cellule. Attraverso l'uso di microscopi dotati di appositi fonti di luce e filtri è possibile la quantificazione degli embrioni vitali; embrioni danneggiati o poco vitali non mostrano fluorescenza.

La **dormienza** è una caratteristica dei semi che impedisce la germinazione nei momenti sfavorevoli per la sopravvivenza delle piante. I semi poco dormienti, in natura, germineranno quasi subito garantendo una lenta ma costante crescita della popolazione; i semi con maggiore dormienza, detti anche semi duri, germineranno dopo che è passata la stagione sfavorevole, a volte anche dopo molti anni, aumentando la probabilità di sopravvivenza delle piante.

La **facoltà germinativa** si esprime come percentuale di germinazione ed è il parametro più usato per valutare un lotto di semi, ma non è sufficiente da solo ad esprimere la qualità. La perdita della facoltà germinativa è preceduta da una lunga serie di processi degenerativi che avvengono all'interno del seme e che incidono negativamente sulla sua performance, intesa come attitudine a produrre una pianta di qualità.

L'*International Seed Testing Association* (ISTA, 2014) definisce la germinazione come "la nascita e lo sviluppo della piantina ad una fase in cui l'aspetto delle sue strutture essenziali indica se è in grado di sviluppare ulteriormente in una pianta soddisfacente in condizioni favorevoli".

Il test di germinabilità è considerato uno dei più importanti parametri nella valutazione qualitativa dei semi. Viene effettuato attraverso metodologie di laboratorio in cui i fattori esterni sono controllati per dare una germinazione rapida, completa e uniforme. Le tecniche utilizzate in laboratorio sono state con il tempo standardizzate per consentire la riproduzione, l'affidabilità e l'uniformità dei risultati del test. Non per tutte le specie officinali si hanno metodologie appositamente studiate, in questi casi si ricorre a standard di specie affini o si confrontano i risultati di diversi test.

L'**energia germinativa** racchiude due valori: la velocità di germinazione e la forza di germinazione, ossia vigore, robustezza e integrità dei germogli. Mentre il primo è misurabile oggettivamente, il secondo è legato a una valutazione soggettiva, non è, al momento, definito in modo preciso. La determinazione del **tempo medio di germinazione** (T.M.G.) prende in considerazione la velocità di germinazione, fornendo un indice chiaro dell'energia germinativa. Più elevata è velocità di germinazione dei semi, più alta è l'energia germinativa; più basso è il tempo medio di germinazione, più alto è il valore della semente. L'E.G. tende a diminuire con il passare del tempo, per cui è anche un indice di giovinezza del seme e del suo stato di conservazione. Un seme con buona energia germinativa possiede anche una buona forza di levata, quindi potrà avere una nascita omogenea. Il tempo medio di germinazione è dato dal rapporto tra la sommatoria del numero dei semi germinati nel tempo t, diviso il numero totale di semi:

$$TMG = \frac{\Sigma(t^1 \times n^1)+(t^2 \times n^2)+(t^3 \times n^3)+(t^4 \times n^4)\ldots}{N}$$

n = numero di semi germinati, con germogli normali, nei singoli giorni

t = numero di giorni intercorsi per ogni conteggio dall'inizio della prova

N = numero di semi germinati, con germogli normali, del campione analizzato.

Per quanto riguarda l'influenza della temperatura sulla germinazione, vi sono semi, come *Pancratium maritimun*, *Helichrysum italicum*, *Rosmarinus officinalis*, per cui il buio favorisce la germinazione mentre altri sono favoriti dalla luce: *Arbutus unedo*, *Myrtus communis*.

Brevi esposizioni alla luce possono indurre alla rapida germinazione i semi di molte specie spontanee infestanti, come avviene dopo la lavorazione di terreni da tempo incolti.

4.4.2 Trattamenti per favorire la germinazione

I semi possono essere definiti organismi in condizioni di vita sospesa o rallentata. Anche se il seme è vitale e l'embrione non danneggiato, la germinazione potrebbe non avvenire essenzialmente per due motivi:

- quiescenza: risposta del seme a condizioni esterne non favorevoli;
- dormienza: motivi inibitori interni che bloccano la germinazione, anche in condizioni ambientali favorevoli;
- dormienza secondaria provocata da fattori esterni per cui il seme rientra in dormienza.

4.4.2.1 Stratificazione

Questo metodo viene usato per far maturare l'embrione sottoponendo il seme a basse temperature. I semi vengono disposti a strato inframezzati da substrati umidi ad esempio terra o sabbia. La temperatura normale di stratificazione varia tra zero e 10 °C a temperature maggiori semi spesso germinano mentre a temperature inferiori sia un ritardo della germinazione. La durata del trattamento dipende dalla specie e dalla partita dei semi. Per la maggior parte delle piante il periodo di freddo richiesto va da uno a quattro mesi. Il trattamento si può effettuare in celle di refrigerazione o secondo il metodo antico all'aperto.

4.4.2.2 Trattamenti in laboratorio

Prerefrigerazione	5-7 °C	5-7 giorni
Pre-essiccazione	37-40 °C	5-7 giorni
Escursione termica		
giorno notte	15-30 °C	
termoperiodo	16-8 ore	
Esposizione alla luce		
Trattamento con nitrato di potassio.		

Con il termine **scarificazione** intendiamo quel processo di alterazione meccanica o chimica degli involucri seminali che li rende permeabili all'acqua e all'ossigeno. Può essere attuata sottoponendo i semi a bagno in acqua calda o in soluzioni aggressive di acidi o basi forti come acido solforico, H_2SO_4, o idrossido di sodio, NaOH. La scarificazione meccanica, mediante idonea apparecchiatura, è la metodologia più semplice ed efficace per numerose specie. Il principio è quello di rompere fisicamente il tegumento dei semi attraverso un'abrasione, in alcuni casi i semi vengono miscelati con sabbia in modo da facilitare l'operazione. Il trattamento non deve danneggiare eccessivamente i semi i tegumenti devono essere intaccati ma il seme non deve essere incrinato o rotto esponendo le parti interne.

In particolari casi, come per alcune specie forestali, è necessario un trattamento mediante alte temperature simulando il trattamento di un incendio che scioglie la resina che sigilla i semi.

Con il termine **vernalizzazione** intendiamo il trattamento dei semi con basse temperature per favorirne la germinazione. Questo trattamento può essere effettuato anche dopo la semina nei contenitori alveolati ponendo questi all'interno di celle con temperatura regolata tra 0 e 10 °C, per un periodo variabile tra una e due settimane.

I semi che maturano presto e perdono germinabilità rapidamente devono essere posti a germinare subito dopo la raccolta nella stessa stagione in cui maturano. Altri semi con involucri duri, come ad esempio, quelli del ginepro possono germinare se il frutto viene raccolto appena maturato e i semi vengono piantati immediatamente senza attenderne l'essiccamento. Una volta che il seme indurisce i tegumenti, la germinazione viene ritardata anche per due anni.

4.4.2.3 Trattamenti chimici

Alcuni ormoni vegetali favoriscono in modo positivo la germinabilità. Tra questi possiamo trovare ad esempio le gibberelline, GA3, che possono interrompere la dormienza fisiologica in molte specie di semi e stimolare la germinazione in semi con embrioni dormienti; le citochinine superano l'azione degli inibitori della germinazione tra queste troviamo chinetina, BAP, 6 benzil amino purina, e PBA, (6-benzilamino)-9-(2 tetraidropiranil)-9H-(purina) più attive della chinetina per le piante superiori.

L' etilene, ormone formato naturalmente nelle piante che ha la proprietà di regolatore della crescita, può stimolare la germinazione di alcune specie

A questi possiamo aggiungere la Tiurea, che può stimolare la germinazione di alcuni semi dormienti in particolare quelli che hanno necessità di luce o di elevate temperature (Tab. 4.2).

Tabella 4.2 - Facoltà germinativa e peso di mille semi di alcune specie officinali.

Specie	Facoltà germinativa %	Peso di 1000 semi mg	Eventuali trattamenti
Angelica	55-60	2800-3000	
Anice	75	1000 4000	
Arnica	85	150	
Assenzio	20	0,11	Luce
Belladonna	15		Luce
Biancospino	Estremamente bassa	50-100	Stratificazione
Camomilla comune	70	80-100	
Echinacea		4000-4400	
Elicriso		0,1-1	Vernalizzazione
Finocchio		4000-5000	
Ginepro coccolone	Estremamente variabile	90	
Iperico	80	0,08-0,1	Luce
Issopo	60	1000	Luce
Lavanda	50	800-1200	
Liquirizia	20 -> 80 dopo vernalizzazione	12500	Vernalizzazione
Maggiorana	75	150-200	
Malva	6-7	2-2,2	
Melissa	15	500-600	
Mirto	50-80	4-7	
Origano	40-70	150-200	Luce
Passiflora			
Rosa canina	40-50	10-20	Stratificazione
Rosmarino	30-50	1-1,5	
Salvia officinale	70	0,5-1	Vernalizzazione Stratificazione
Santoreggia		450-500	
Tarassaco	15	0,7-0,8	Luce
Timo capitatus	60-80	0,2	Luce
Timo comune	80-90	0,2	Luce
Valeriana	75	600-700	

4.5 Propagazione agamica

La propagazione agamica è resa possibile da due fondamentali caratteristiche delle cellule vegetali: **totipotenza**, grazie alla quale, ogni cellula contiene le informazioni genetiche necessarie per ricostruire tutte le parti della pianta e le relative funzioni, e **dediferenziazione**, ossia la capacità delle cellule mature di ritornare nelle condizioni meristematiche e sviluppare un nuovo punto di accrescimento. Queste caratteristiche sono più pronunciate in alcune cellule. La pianta da cui si effettua il prelievo viene, generalmente, indicata col nome di "**pianta madre**".

La moltiplicazione della pianta madre dà luogo a un **clone**: una popolazione di cellule o di individui geneticamente identici, ottenuti da un unico individuo esclusivamente per via agamica, riproduzione asessuale o partenogenetica.

La moltiplicazione, rispetto alla riproduzione per seme, presenta alcuni vantaggi, tra i più importanti abbiamo la possibilità di propagare piante

Scheda 4.1 - Le chimere

In botanica, le chimere sono singoli organismi composti da due, raramente più, tipi di tessuto differenti dal punto di vista genetico. In genere, nelle piante la differenza è dovuta a mutazioni che avvengono nei tessuti meristematici durante lo sviluppo. A seconda del momento in cui avviene la mutazione e del tessuto interessato, la presenza dei due tessuti geneticamente differenti può interessare l'intera pianta o parte di questa. Di conseguenza, possono originarsi diversi tipi di chimera, in base alla posizione sulla pianta degli organi che da questi tessuti si originano e da quale porzione della sezione del tessuto è interessata. Organi fra loro anche vicini possono talora avere caratteristiche diverse, come, nei casi più evidenti, colorazione di fiori o caratteristiche dei frutti differenti o, nel caso di specie officinali, anche principi attivi differenti.
Nei casi in cui l'epidermide presenta caratteristiche differenti dai tessuti interni si parla di chimere periclinali. Nelle chimere settoriali, la parte destra di un ramo o di una foglia è differente dalla parte sinistra, oppure vi sono settori alterni fra loro che presentano i differenti caratteri. Nella riproduzione sessuale, i semi danno sempre piante che appartengono a una sola tipologia. I gameti, infatti, derivano da un'unica cellula e nella singola cellula il corredo cromosomico resta inalterato e indipendente.

apirene, la conservazione delle caratteristiche della pianta madre, ossia l'identità genetica, morfologica e funzionale, la riduzione della fase giovanile, per le piante arbustive e arboree, la possibilità di propagare mutazioni gemmarie e chimere, stabilizzandole.

4.5.1 Propagazione per talea

Le talee sono ottenute da porzioni vegetative della pianta, quali fusti normali o modificati, (rizomi, tuberi, cormi, bulbi), foglie o radici. Una volta prelevate, vengono poste in condizioni favorevoli alla formazione di radici e germogli. Le piante ottenute sono identiche alla pianta di origine, tranne nel caso in cui il prelievo venga fatto da chimere. Secondo uno schema semplificato, possiamo classificare le talee in diverse tipologie a seconda della parte di pianta da cui avviene il prelievo:

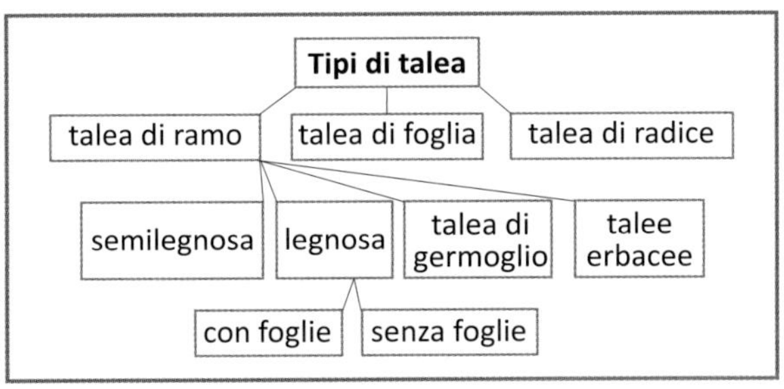

Schema 4.1 - Diagramma riassuntivo della propagazione per talea.

talee cauline, legnose, semilegnose, di germoglio ed erbacee; talee fogliari, costituite dalla lamina fogliare senza picciolo; talee di foglia con gemma, formate dalla lamina fogliare, un picciolo ed una porzione di ramo provvista di una gemma ascellare; talee radicali (Schema 4.1).
La scelta del tipo del materiale dipende oltre che dalla tipologia di coltura da propagare, anche dalla capacità di attecchimento, che può variare nelle diverse specie, e dal potenziale di moltiplicazione: numero di talee per pianta madre e per unità di tempo e superficie (Fig. 4.4). La capacità di rigenerazione della pianta dipende da valori intriseci, pianta madre, epoca di prelievo ecc., e da valori estrinseci, temperatura, umidità, luce, substrato, regolatori di crescita.
Il processo alla base del taleaggio è la rizogenesi, ovvero la formazione di radici da parte di porzioni della pianta separate da questa. Possiamo distinguere due tipi: radici preformate e radici da ferita. Le prime sono già formate sui rami attaccati alla pianta madre ma non emergono fino a quando il ramo non viene tagliato. Le seconde si sviluppano solo in seguito all'effetto taglio. Quando si effettua il taglio le cellule viventi della superficie vengono danneggiate ed il tessuto xilematico aperto ed esposto. La porzione di pianta che viene sottoposta al taglio provoca una reazione di difesa della stessa mediante un iniziale processo di cicatrizzazione. In questo processo si hanno tre fasi: morte delle cellule danneggiate

Figura 4.4 - Talee radicate di: A) Rosmarino (*Rosmarinus officinalis L.*) e B) Arancio amaro (*Citrus x aurantium* L.).

con formazione di una placca necrotica che ricopre la ferita con la formazione di materiale suberoso e occlusione dello xilema con gomma; formazione, sotto lo strato protettivo, di uno strato di cellule parenchimatiche, callo; formazione e successivo sviluppo di iniziali radicali in vicinanza del cambio vascolare.

4.5.1.1 Fattori specifici e fisiologici

Il potere rizogeno, come la velocità di radicazione delle talee, varia da specie a specie e può mutare anche in relazione all'epoca di prelievo del materiale e dell'età delle piante madri. Talee prelevate da piante giovani hanno, normalmente, probabilità maggiori di radicare, questa attitudine tende a calare negli anni.

4.5.1.2 Pianta madre

Un materiale di propagazione di qualità è un presupposto importante per il successo della radicazione. Le piante da cui effettuare il prelievo devono essere geneticamente rispondenti al nome ed al tipo, sia dal punto di vista botanico che agronomico. Inoltre, migliori risultati si hanno da piante esenti da malattie e da attacchi parassitari e in buone condizioni fisiologiche. In vivaio le piante madre selezionate, allevate per la produzione di materiale propagativo, sono sottoposte a controlli sanitari accurati e pratiche colturali che favoriscono la radicazione; questo consente di avere un materiale di qualità sia dal punto di vista agronomico che da punto di vista biologico e rende anche più semplice individuare l'epoca e lo stadio fisiologico più appropriati alla radicazione e rendere più uniforme la risposta rizogena delle talee. Il prelievo delle talee da piante madre selezionate, inoltre, costituisce un punto cardine delle normative riguardanti la certificazione genetico-sanitaria.

4.5.1.3 Età, vigoria, stato nutrizionale della pianta madre

È importante che la pianta madre abbia una buona attività vegetativa per consentire una predisposizione ottimale alla rizogenesi delle talee, per questo motivo è fondamentale l'età della pianta e la sua gestione colturale, mediante concimazioni e irrigazioni equilibrate, per garantire un materiale dotato di una buona riserva di carboidrati, coinvolti nell'induzione rizogena e fondamentali per l'accrescimento delle radici avventizie.

L'epoca del taleaggio e la posizione della talea sulla pianta madre influiscono sulla capacità rizogena della talea stessa, in rapporto alle condizioni fisiologiche ed alle sostanze di riserva disponibili nelle talee al momento della radicazione. L'epoca migliore di prelievo è:

- il periodo di riposo per le talee legnose senza foglie e per le talee di radice;
- dopo l'inizio della ripresa vegetativa nelle specie a foglia caduca che vengono propagate come talee semilegnose con il metodo della nebulizzazione;

- al termine di ogni flusso di crescita nelle specie sempreverdi recidendo la talea nella zona di parziale indurimento del legno;
- qualsiasi periodo dell'anno per le talee erbacee o di foglia.

4.5.1.4 Ambiente di radicazione

Umidità, luce e substrato sono fattori fondamentali per la radicazione delle talee. Un aspetto importante da tenere in considerazione è la presenza di superfici traspiranti, poiché se la traspirazione non fosse controllata si andrebbe incontro a un disseccamento della talea. Data l'assenza di radici, infatti, non vi è un efficiente assorbimento dell'acqua; c'è quindi, il rischio che la perdita d'acqua sia maggiore rispetto a quella che la talea riesce ad assorbire con una conseguente perdita di turgore.
Le attrezzature necessarie per garantire all'interno di un vivaio un'adeguata umidità e un'idonea temperatura per lo sviluppo delle radici differiscono per costi e complessità.
Per quanto riguarda la fornitura di umidità si possono identificare due sistemi prevalenti:

- *sistema a nebulizzazione* (*mist*): è un impianto che eroga l'acqua in minutissime goccioline mediante spruzzature intermittenti sopra le talee, permettendo una costante bagnatura. Il sottile film d'acqua nebulizzata impedisce totalmente o parzialmente l'evapotraspirazione, consente di mantenere una temperatura costante durante l'arco della giornata e la sua formazione ostacola lo sviluppo di alcuni patogeni ma, per contro, potrebbe favorirne altri. Nel caso delle talee erbacee, semi-legnose e legnose provviste di foglie, la tecnica della nebulizzazione è fondamentale per impedire la traspirazione delle foglie e la loro disidratazione;
- *fog system*: garantisce tassi di umidità elevati e costanti senza l'impiego di grandi quantità d'acqua, come invece accade nella nebulizzazione. L'applicazione prevede che, sulla parte aerea delle talee vengono erogate delle piccolissime gocce d'acqua fino a generare una nebbia artificiale (*fog*). La qualità dell'acqua è un fattore importante, poiché se troppo ricca di sali potrebbe ostruire gli ugelli compromettendo il sistema di erogazione;

Per quanto riguarda la temperatura basale possiamo indicare due alternative.

- *cassone riscaldato*: è un sistema economico, in grado di soddisfare vivai di più piccole dimensioni. Le talee vengono poste in cassoni con dimensioni variabili, chiusi lateralmente con materiali plastici e provvisti di uno sportello nella parte superiore, alla base è installato un sistema di riscaldamento che consente l'evaporazione dell'acqua e il ristagno del vapore nella camera d'aria che va a crearsi al di sopra delle talee. Il volume ridotto dei cassoni consente di mantenere livelli di umidità elevati;
- *sistema di riscaldamento basale*: il fine del riscaldamento basale è quello di garantire un'ambiente idoneo alla rizogenesi delle piante, il principio di questo sistema è che il riscaldamento della parte inferiore della talea favorisca la formazione delle radici, mentre le gemme della parte superiore restano dormienti trovandosi a temperature inferiori può essere effettuato attraverso tubi con acqua calda situati sotto il substrato oppure strisce termiche elettriche che si possono srotolare sotto il substrato.

4.5.1.5 Trattamenti rizogeni

Nella radicazione delle talee, un ruolo fondamentale è svolto dagli ormoni ed in particolare dalle auxine, il cui effetto rizogeno è stato scoperto negli anni '30 del secolo scorso. Quelle che trovano maggior impiego in ambito vivaistico sono: l'acido indolacetico (IAA), l'acido indolbutirrico (IBA) e l'acido naftalenacetico (NAA). L'IAA trova minore applicazione poiché è soggetto a deterioramento. IBA e NAA sono i più diffusi. Nella forma acida sono poco solubili in acqua ed è necessario dissolverli in acido o idrato di ammonio per favorire un efficace assorbimento prima di utilizzarli in soluzioni acquose; in alternativa vengono utilizzati dispersi in talco. I due composti, inoltre, possono essere combinati tra loro. In caso di eccesso, le auxine hanno effetto tossico, con conseguente riduzione della rizogenesi.
L'applicazione viene effettuata con l'immersione della parte basale della talea nel mezzo contenente i fitormoni, in modo tale da avere diffusione nella zona interessata per l'accrescimento delle

radici. La base delle talee può essere immersa in talco arricchito con gli ormoni, oppure immersa in soluzioni diluite, 10-200 $mg \cdot l^{-1}$, per 15-25 ore, oppure, in soluzioni concentrate, 550 $mg \cdot l^{-1}$, per qualche secondo.

Le soluzioni idroalcoliche sono miscele di alcol etilico, auxina e acqua deionizzata. La concentrazione dell'alcol varia in funzione del quantitativo di auxina che si impiega e della tipologia di talea utilizzata (legnosa, semilegnosa o erbacea). La soluzione idroalcolica ha un rischio di tossicità elevata ma presenta una alta efficacia rizogena dovuta alla natura dell'alcol etilico, che è in grado di penetrare nei tessuti con facilita trasportando con sé gli ormoni disciolti. Il trattamento liquido può essere effettuato anche sulla parte basale della talea evitando in questo modo possibili inconvenienti come la diffusione di patogeni.

Il trattamento con polveri prevede la dispersione dell'auxina in talco, previa soluzione in acetone. L'impiego delle preparazioni polverulente a base di talco è di facile impiego, per contro si ha una bassa adesione alle talee che radicano in maniera meno uniforme rispetto alle talee trattate con soluzione idroalcolica.

Altri trattamenti sono la decorticazione basale come stimolo alla divisione cellulare, per le specie legnose, e l'uso di fungicidi nel preparato polverulento oppure nel liquido ad alta concentrazione.

Indurimento delle talee radicate. La fase che segue la radicazione è un passaggio di adattamento dal vivaio alla coltivazione in pieno campo o in serra. Per evitare che le piante subiscano stress idrici e termici è essenziale ridurre gradualmente la temperatura e l'umidità dell'ambiente e le irrigazioni. L'indurimento può essere fatto nella stessa serra di radicazione, modificando i parametri ambientali, o in una serra appositamente predisposta.

4.5.2 Moltiplicazione per divisione di cespi

È una tecnica di moltiplicazione adatta alle piante rizomatose che formano, in prossimità della pianta madre, nuovi getti da cui si sviluppano nuove piantine. Le nuove piante sono generalmente identiche alla pianta madre. Viene utilizzata su piante erbacee aromatiche, piante grasse e piante ornamentali. Solitamente il prelievo delle piantine viene effettuato quando la pianta madre sta entrando in fase di riposo vegetativo, per la maggior parte delle piante officinali questo avviene in autunno.

La tecnica è relativamente semplice: si estrae la pianta dal terreno, si individuano le nuove piantine radicate, cespi, che vengono prelevate e pulite da residui di vegetazione. I cespi isolati vanno poi trapiantati in vaso o in piena terra. Dopo il trapianto è opportuno ricorrere a una irrigazione. Tra le specie officinali che è possibile moltiplicare con questa tecnica, possiamo indicare come esempi specie biennali e perenni come salvia, timo, origano, melissa, erba cipollina, maggiorana e aloe. Anche alcuni genotipi di rosmarino possono essere moltiplicati attraverso la divisione dei cespi, avendo cura di utilizzare piante ancora non eccessivamente lignificate. La divisone dei cespi delle piante aromatiche va eseguita quando le piante sono ancora in riposo vegetativo poco prima del risveglio primaverile.

I tempi di attecchimento dei cespi variano da un

Figura 4.5 - Piante di rosmarino in fitocella pronte per il trapianto in campo.

minimo di 15 giorni a un massimo di 3 mesi a seconda della specie, delle condizioni pedoclimatiche, dallo stato di salute e dalla vigoria della pianta madre. Le piante di rosmarino si possono trapiantare in piena terra dopo un anno in fitocella (Fig. 4.5).

4.5.3 Moltiplicazione mediante fusti modificati

Avviene mediante organi ipogei, fusti modificati con funzione di organi di riserva, dotati di gemme che possono sviluppare nuove piante autonomamente una volta separate dalla pianta madre. La moltiplicazione può avvenire per separazione, organi che si dividono naturalmente, come bulbi e bulbo - tuberi, o per divisione, quando la pianta viene separata artificialmente dalla pianta madre, come avviene in caso di formazione di stoloni, rizomi e tuberi.

Il ciclo biologico delle geofite comprende due stadi; lo stadio vegetativo che inizia con la formazione dell'organo di riproduzione, la fine di questo stadio è evidenziato dal disseccamento fogliare che corrisponde all'entrata nella fase riproduttiva. Questa può essere anticipata da una fase di dormienza che viene interrotta da condizioni ambientali favorevoli. Lo stadio riproduttivo va dall'induzione a fiore sino alla formazione dei semi per le specie che li formano.

Esistono diversi organi ipogei.

- **Rizoma**. Fusto perenne, per lo più sotterraneo e ricco di sostanze di riserva, simile a una radice, con foglie ridotte a squame; presenta gemme e catafilli e non forma la cuffia radi-

Figura 4.6 - Esempi di rizomi di specie officinali: A) Zenzero (*Zingiber officinale* Roscoe) radice rizomatosa; B) Iris (*Iris* spp. L.); C) Menta (*Mentha* spp. L.); D) Curcuma (*Curcuma longa* L.).

cale; Tra le specie officinali formanti rizomi troviamo liquirizia, menta, Iris, rabarbaro, zenzero (Fig. 4.6).

- **Stolone**. Ramo lungo e sottile che nasce alla base del fusto e si sviluppa sul terreno; in corrispondenza dei nodi forma piccole radici che si ancorano al substrato e nuove piante; tra le specie in cui si trovano stoloni possiamo indicare menta, timo, viola, fragola e patata. Le piante rizomatose e le stolonifere possono essere moltiplicate sia per divisione di cespi che per porzioni di rizoma o stolone, durante il periodo di riposo. In questo caso è indispensabile che ogni porzione abbia almeno una gemma.
- **Bulbo**. Germoglio sotterraneo tipico di alcune piante erbacee, costituito da un fusto breve, carnoso, che presenta internodi estremamente raccorciati, avvolto in scaglie più o meno carnose, dette anche squame o catafilli. Nel centro del bulbo può essere presente sia un apice vegetativo che un germoglio fiorale in via di sviluppo. Dalla base del disco spuntano numerose radici avventizie, mentre gli scapi fiorali si formano in diretta prosecuzione con l'apice del disco. Il bulbo può essere tunicato, quando le foglie, sotterranee, sono ampie, a forma di tunica e inguainate l'una nell'altra, come quello della cipolla, dell'aglio, del giacinto, oppure squamoso, quando sono meno larghe e disposte a embrice, come quello del giglio. All'ascella delle scaglie si formano i nuovi apici vegetativi, che danno origine ai nuovi piccoli bulbi, bulbetti, che si sviluppano in bulbi laterali autonomi dalla pianta madre. Il bulbo ha un caratteristico ciclo di sviluppo in due fasi: stadio vegetativo e stadio riproduttivo. Nello stadio vegetativo i bulbetti accumulano sostanze di riserva e aumentano di volume sino a raggiungere il massimo sviluppo; lo stadio riproduttivo vede l'induzione alla fioritura, la differenziazione degli organi fiorali, l'allungamento dello stelo fiorale, la fioritura e, in alcune specie, la produzione dei semi.
- **Tubero**. Organo vegetale ingrossato per abbondante sviluppo di parenchimi di riserva. A seconda della zona da cui hanno origine, possiamo distinguere tuberi caulinari, fogliari o radicali; si possono formare anche tuberi misti, quando la regione che tuberifica è quella del colletto. La patata e il topinambur formano tuberi caulinari, mentre l'aconito, l'asfodelo e la dalia formano tuberi radicali. Il tubero è caratterizzato da fenomeni di dormienza dovuti a controllo ormonale del metabolismo. La moltiplicazione per tubero può essere fatta sia piantando tuberi interi sia tagliandoli in porzioni facendo sì che ogni sezione contenga almeno un occhio. Le porzioni possono prendere il nome di "seme" Le superfici esposte suberizzano proteggendo il "seme" dall'essiccamento e dal marciume.
- **Bulbo-tubero**. Detto anche cormo o bulbo solido consiste nella base ingrossata di un'asse caulinare racchiusa da foglie squamiformi secche. Presenta una struttura caulinare compatta con nodi ed internodi distinti ed evidenti. Il corpo è un tessuto di riserva formato da cellule parenchimatiche. Le foglie basali persistono sul cormo maturo, prendono il nome di tunica, e forniscono protezione contro i danni meccanici e il disseccamento. Si può trovare in specie come lo zafferano o il muscario (Fig. 4.7). In corrispondenza di ogni nodo si formano gemme ascellari. Le gemme che si trovano nella parte superiore del cormo, in numero tanto più elevato quanto più sviluppato è il bulbo-tubero, possono sviluppare germogli fiorali. Altre gemme possono sviluppare steli vegetativi e nuovi cormi ma, generalmente, quelle più vicine alla base sono inibite e si attivano in caso di danni alla gemma principale. La moltiplicazione consi-

Figura 4.7 - Bulbo tuberi (cormi) di zafferano (*Crocus sativus* L.).

Scheda 4.2 - La moltiplicazione dello zafferano (*Crocus sativus* L.)

La pianta dello zafferano appartiene al genere delle Iridacee, è una pianta erbacea perenne, che può raggiungere un'altezza di 30-40 cm, e si sviluppa a partire da un bulbo, bulbo-tubero o cormo, organo sotterraneo con il compito di accumulare sostanze di riserva. La parte commerciale è costituita dagli stigmi fiorali, di colore rosso vivo, utilizzati sia come condimento che come colorante per tessuti.

Lo zafferano è una specie triploide, per questo motivo non produce semi e la propagazione è esclusivamente vegetativa. Il ciclo dello zafferano inizia a settembre-ottobre (A), a seconda della zona di coltivazione, con il trapianto, nella coltura annuale, o il risveglio, nella coltivazione poliennale, del cormo in campo. Tra ottobre e novembre (B) si ha la fioritura e l'emergenza delle prime foglie che si sviluppano grazie alle riserve del cormo madre. Tra l'inverno e la primavera (C) si ha lo sviluppo fogliare, lo sviluppo contemporaneo dei microcormi che incamerano sostanze di riserva grazie alla fotosintesi. A fine primavera le foglie si essiccano e, nel terreno, si trovano i cormi della nuova generazione, sviluppati al di sopra del cormo madre, ridotto a un disco membranaceo.

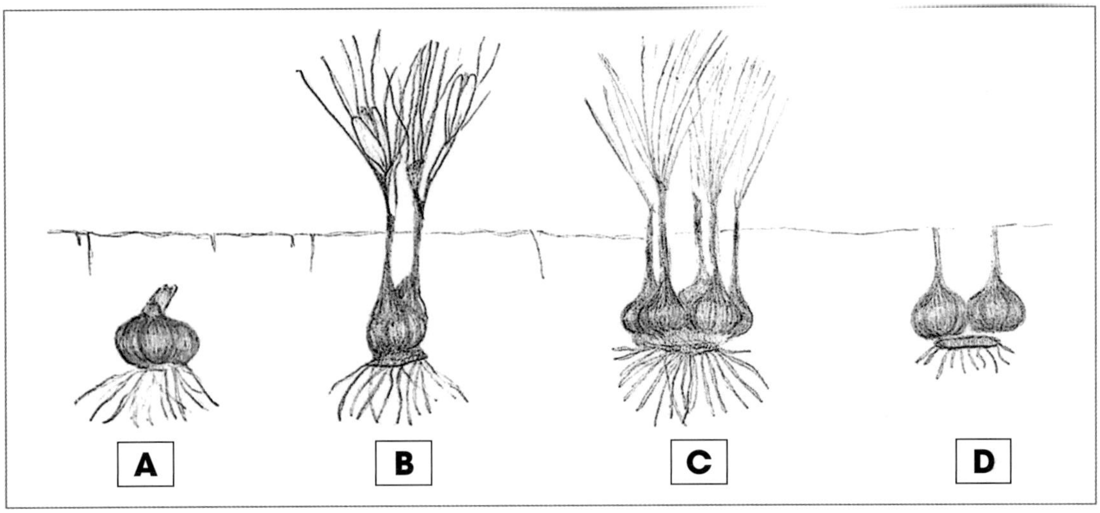

Figura S4.2.1 - Ciclio vitale dello zafferano

ste nella formazione naturale di nuovi cormi a partire dalle gemme che si sviluppano. I cormi grandi possono essere sezionati facendo in modo che in ogni sezione sia presente una gemma, che darà origine ad un nuovo individuo. In questo caso è fondamentale un trattamento fungicida.

4.6 Il vivaio

Solo in tempi relativamente recenti alcune aziende si sono specializzate nel vivaismo delle piante officinali, contribuendo allo sviluppo di un settore interessato da specie anche molto differenti tra loro. Storicamente, le specie aromatiche da cucina sono state propagate principalmente presso i vivai specializzati in colture ortive e a queste assimilate, le specie arbustive prevalentemente nei vivai specializzati nella gestione di talee legnose o semilegnose. La maggior parte dei vivai che si occupano prevalentemente di officinali ha una gestione mista, prevedendo sia la moltiplicazione per seme che quella agamica, da talea o da fusti modificati, quali rizomi, bulbi ecc. Parte di queste aziende è dotata di semplici strutture per la moltiplicazione, letti caldi, strutture provvisorie di protezione, altre sono do-

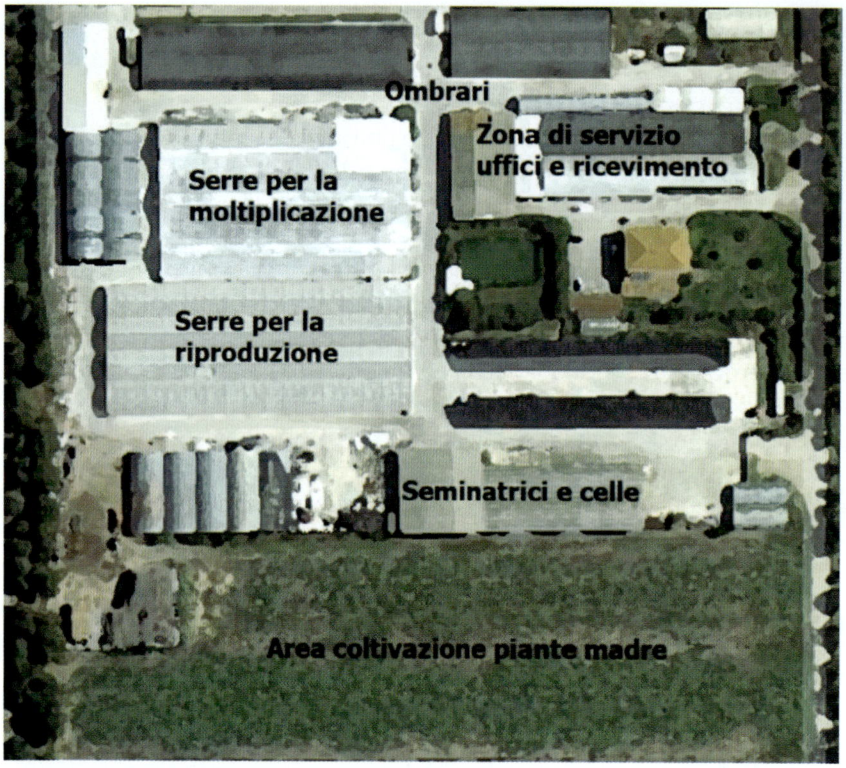

Figura 4.8 - Schema di vivaio specializzato in piante officinali.

tate delle più moderne tecnologie, serre con cubature dai 3000 ai 5000 m^3, climatizzate, in cui il controllo dei parametri ambientali è monitorato da computer che, mediante l'utilizzo di sensori, interagiscono con l'ambiente e lo adattano secondo le esigenze delle specie coltivate e della loro fase di sviluppo. Molte delle operazioni svolte, dalla semina al trapianto, come l'irrigazione e la movimentazione delle piante, sono automatizzate (Fig. 4.8).

Il vivaio specializzato per la moltiplicazione di specie officinali è, usualmente, dotato di un'area per la coltivazione delle piante madre. Quest'area può essere realizzata in pieno campo o sotto strutture di protezione, come ombrai o tunnel fissi o provvisori. Tra le specie in collezione possono essere presenti sia quelle più comuni, come rosmarino, alloro, elicriso, sia ecotipi locali, specie o genotipi.

Per le specie propagate da seme può essere similmente presente un'area di coltivazione delle piante madre, soprattutto per genotipi locali o particolari mentre, per alcune delle specie più coltivate, è reperibile seme certificato di cultivar selezionate.

4.6.1 Gli strumenti del vivaio specializzato

Seminatrice automatica. La semina (Fig. 4.9) avviene attraverso rulli pneumatici che prelevano i semi da un apposito contenitore e li rilasciano nei corrispondenti alveoli dei plateaux. I rulli sono intercambiabili e vengono scelti sulla base della dimensione del seme e del numero di alveoli del contenitore. Può essere dotata, a monte del rullo di semina, di tramoggia per la miscelazione dei substrati e il deposito degli stessi negli alveoli dei contenitori. Dopo la semina, un apposito dispositivo può assicurare la copertura del seme con nuovo substrato, seguito da un irrigatore che porta il substrato all'umidità ideale.

Celle climatiche. Necessarie per garantire i trattamenti necessari per favorire la germinazione del seme, sono regolabili sia temperatura che termo e fotoperiodo.

Serre. Possono essere utilizzate sia per la germinazione dei semi che per la radicazione delle talee (Fig. 4.10). Sono dotate di strumentazione

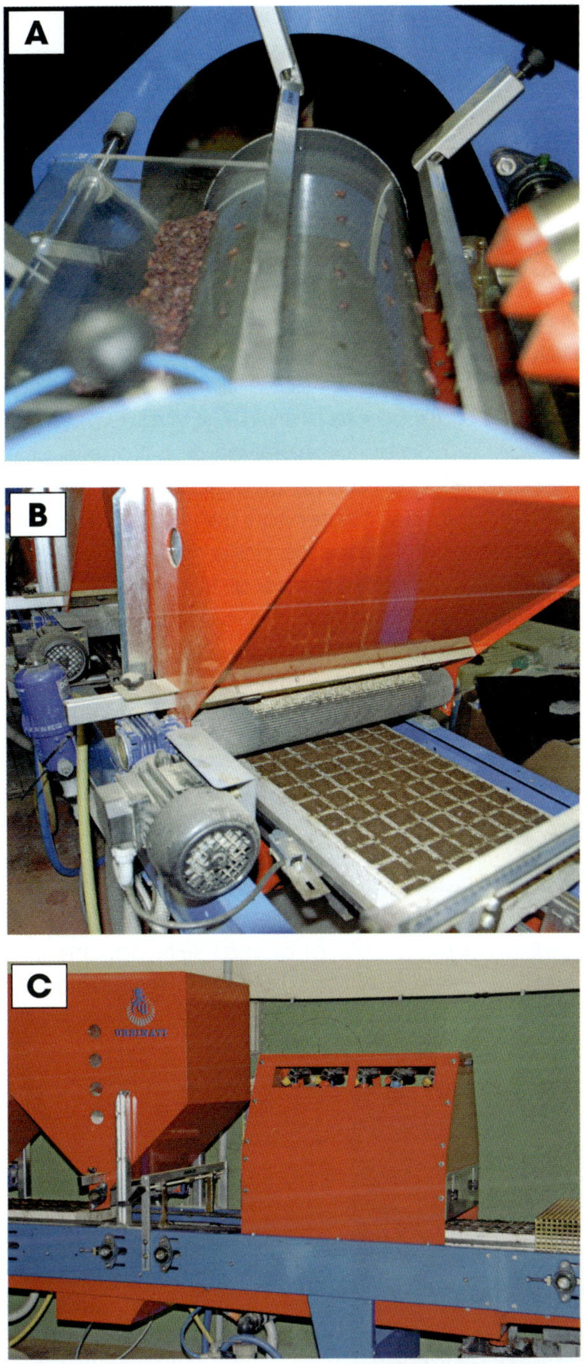

Figura 4.9 - Seminatrice automatica per vivaio: A) Particolare del rullo; B) Tramoggia per la miscela e distribuzione del substrato; C) Punto di irrigazione.

Figura 4.10 - Plateaux in vivaio, struttura per l'isolamento dal terreno.

Figura 4.11 - Barra per l'irrigazione, la fertirrigazione e i trattamenti.

per la gestione dell'ambiente, con cui vengono controllati temperatura, umidità, arieggiamento, sistemi di protezione e prevenzione di attacchi parassitari, come reti anti insetto, sistemi automatizzati per l'irrigazione, la fertirrigazione e gli eventuali trattamenti climatizzanti o antiparassitari (Fig. 4.11).

All'interno della serra possono essere realizzate ulteriori strutture di protezione necessarie alla radicazione delle talee o alla germinazione di semi di specie con esigenze particolari (Fig. 4.12).

Nelle aziende vivaistiche viene posta una particolare cura per quanto riguarda lo stato sanitario delle piante, fondamentale per ottenere le certificazioni dagli operatori fitosanitari.

Le strutture di ombreggiamento (Fig. 4.13) presenti nell'azienda sono indispensabili anche per la fase di sviluppo e adattamento di alcune specie arboree e arbustive, che possono permanere in vivaio anche per più anni prima del trapianto a dimora. Oltre che dal sole, le piante

Figura 4.12 - Struttura per la copertura di piante con esigenze particolari: A) Struttura aperta, basilico in vaso pronto per la vendita; B) Copertura con materiale plastico.

possono essere protette anche dalla eccessiva ventilazione mediante l'uso di barriere morte costituite da teli molto resistenti, in tessuto di polietilene, o di barriere vive formate da piante sempreverdi, controllate nello sviluppo con ripetute potature.

4.6.2 Bancali e contenitori

A seconda della specie e della destinazione del prodotto, le piantine possono essere propagate a radice nuda o con pane di terra. Nella maggior parte dei casi le piantine in vivaio vengono allevate in contenitori alveolati o in fitocelle che ne assicurano un'ottima crescita su un substrato ideale. L'uso dei contenitori consente, inoltre, di meccanizzare il processo dalla miscelazione del substrato alla semina sino al trapianto in campo o in ulteriori contenitori di crescita. La corretta scelta del tipo di contenitore, del substrato, dei parametri ambientali, può decretare il successo o meno della produzione di piante all'interno di un vivaio specializzato.

Il bancale più semplice e di minore costo prende il nome di **banquette**. All'interno della serra il terreno viene delimitato da lastre alte 20-30 cm, in modo da creare letti di coltivazione larghi 1-1,20 m, alternati da aree di passaggio di 35-40 cm. Il problema principale di questa sistemazione è il rischio di attacchi parassitari, dovuti al fatto che il

Figura 4.13 - Piante di mirto (*Myrtus communis* L.) in ombraio.

substrato non è separato dal terreno. Per evitare questo rischio si può isolare il substrato mediante l'uso di un film impermeabile, completato da un sistema di drenaggio. Nelle vecchie serre possono ancora trovarsi **cassoni e bancali** realizzati con materiali prefabbricati in cemento armato e laterizi, di dimensioni simili a quelle delle banquette. L'altezza può variare da 15-20 cm per i cassoni, a 1-1,20 metri nel caso dei bancali. I bancali possono essere utilizzati per la radicazione delle talee o come appoggio delle coltivazioni in vaso. Banquette, cassoni e bancali possono essere provvisti di riscaldamento basale, questo favorisce la radicazione delle talee. I bancali più recenti sono realizzati in alluminio, o materiale plastico, possono essere fissi o, più spesso mobili, dotati anch'essi di riscaldamento basale. Inoltre, possono essere predisposti per l'uso del flusso e riflusso per l'allevamento di piante con maggiore durata di permanenza in vivaio, come alcune aromatiche che vengono vendute direttamente in vaso.

Presso alcune aziende, la propagazione delle piante da coltivare viene effettuata direttamente senza ricorrere a un vivaio. In questi casi si può ricorrere alla semina, e alla radicazione delle talee, in un **semenzaio** artigianale. La struttura può essere posta sul terreno, da cui il substrato interno viene isolato mediante l'uso di ghiaino o teli impermeabili, o su supporti. Un semenzaio può essere realizzato con una struttura in legno e coperta con materiale plastico che può essere anche di tipo biologico. È richiesta un'altezza minima di 10 cm per evitare che il substrato subisca variazioni di temperatura e umidità troppo elevate (Fig. 4.14).

Nella tecnica vivaistica odierna la semina e l'impianto delle talee vengono effettuati su appositi **contenitori** atti a contenere il substrato e supportare le piantine sino al momento del trapianto. I contenitori più utilizzati sono le seminiere, plateaux alveolari, o vassoi alveolari. Si tratta di un blocco di polistirolo ad alta densità, in cui sono preformati alveoli di forma e dimensioni differenti a seconda dell'utilizzo. I più comuni hanno fori di forma tronco conica, o tronco piramidale. I plateaux hanno tutti dimensioni simili, circa 52,5 x 33,5 x 6 cm, per cui il numero dei fori varia in base alla dimensione dei fori stessi e può variare da un minimo di 20 a oltre 300. Particolari sono i plateaux destinati alla semina di piantine per le colture destinate al *floating system*, che possono presentare fori di forma allungata con larghezza di pochi millimetri, realizzati in modo da non far cadere i semi nella soluzione nutritiva. Le seminiere possono essere realizzate anche con fogli di materiale plastico molto sottile su cui vengono preformati gli alveoli. Possono avere forma e di-

Figura 4.14 - Cassoni per la semina - radicazione all'aperto.

mensioni simili ai contenitori in polistirolo, o avere un numero limitato di fori e dimensioni ridotte, in questo caso sono destinate principalmente al commercio di piantine per non professionisti.
Le piante aromatiche destinate alla vendita diretta nei garden, mercatini o nella grande distribuzione, vengono solitamente seminate direttamente nel vaso di vendita. I vasi utilizzati sono in materiale plastico, diametro 8-10 cm. Su richiesta del cliente, vengono realizzati anche vasi con marchio aziendale.
Possono essere usati anche contenitori formati da materiali biodegradabili, torba pressata, fibra di cocco, carta, destinati principalmente a coltivatori con esigenze particolari o ai non professionisti.
Per le specie arboree e arbustive, la moltiplicazione può essere fatta facendo radicare le talee in **fitocelle**, sorta di sacchetti solitamente di forma cilindrica, di dimensioni variabili in base alle esigenze della specie da moltiplicare, solitamente con pareti impenetrabili dalle radici, da rimuoversi prima della piantagione. In questo tipo di contenitore le talee radicate possono svilupparsi per un tempo abbastanza lungo, oltre un anno ad esempio per il rosmarino, sino a quando non raggiungono le proporzioni adeguate al trapianto. In alternativa sono proposti contenitori in tessuto-non-tessuto.
Le fitocelle in materiale plastico consentono di ottenere piante con un ottimo sviluppo, ma sono le maggiori responsabili delle deformazioni radicali. I secondi impediscono alle radici di deformarsi, ma possiedono una scarsa capacità di ritenzione idrica e non consentono un buon sviluppo delle piante, soprattutto nei vivai posti in zone calde, siccitose o ventilate.
Alla tradizionale fitocella in polietilene si vanno man mano sostituendo vari tipi di contenitori a pareti rigide, singoli o riuniti in vassoi multicontenitori.

4.6.3 Substrati

Un elemento fondamentale della produzione di piantine da vivaio è il substrato, che deve assicurare lo sviluppo delle piantine dal momento della radicazione al trapianto a dimora. Un substrato di coltivazione è un materiale diverso dal terreno, costituito da uno o più componenti, organici o inorganici, a volte in miscela, eventualmente addizionato di correttivi, concimi ed altri additivi, destinato tal quale a sostenere lo sviluppo della pianta in una o più fasi del suo ciclo di sviluppo. I substrati possono essere divisi in due macro gruppi: a matrice organica e a matrice inorganica. Possono essere usati da soli o mischiati a seconda della destinazione d'uso e delle caratteristiche della pianta. I materiali organici derivano generalmente da materiali vegetali e sono composti da molecole a base carbonio mentre i materiali inorganici derivano da materiale inerte o sono costituiti da composti artificiali. I primi hanno strutture molecolari tali per cui tendono ad avere una maggior capacità di trattenere l'acqua, ma di contro si deteriorano più facilmente e possono far sviluppare patogeni.
Un buon substrato deve essere sano, libero da semi di infestanti e patogeni, avere una buona porosità per l'aria (macroporosità) e una buona capacità di trattenere l'acqua (microporosità). Il pH deve rispondere alle esigenze di un vasto numero di specie (Tab. 4.3).
Tra i substrati più utilizzati in vivaio troviamo le torbe, oggi sempre più spesso sostituite da substrati organici rinnovabili, come le fibre di cocco e gli scarti dell'industria del legno. La **torba** è si forma in ecosistemi saturi d'acqua, ferma o poco mobile che impedisce la sufficiente presenza di ossigeno, elemento necessario ai microorganismi per decomporre il materiale vegetale, a seguito di questo nelle torbiere si accumulano residui organici che si decompongono molto lentamente e solo parzialmente. I parametri importanti che vengono presi in considerazione nella scelta del tipo di torba da utilizzare sono la permeabilità (in genere maggiore in superficie), la densità, il contenuto organico e il pH. Non essendo un substrato rinnovabile, l'uso della torba è in diminuzione sia a causa dell'esaurimento delle migliori torbiere, sia per la spinta dei movimenti ecologisti.

I **derivati del legno** comprendono gli scarti delle segherie e della lavorazione del sughero; presentano un basso costo, una buona reperibilità e caratteristiche variabili in base al legno da cui sono stati ottenuti.

Il **Bark** è formato dalla corteccia di abete rosso (*Picea abies*) e di *Pseudotsuga douglasii*, origi-

Tabella 4.3 - Caratteristiche chimiche di alcuni substrati, utilizzati per la formulazione di miscugli per piante in vaso, determinate con il metodo degli estratti acquosi (Tesi, 2010, modificato).

	Sostanza organica % (met. bicromato)	pH	Salinità mmho/cm/25 °C	$N-NO_3$ meq/l	$N-NH_4$ meq/l	P_2O_5 mg P_2O_5/l	K meq/l
Terriccio di bosco	36,8	7,3	0,4	2,5	1,1	9,1	0,7
Scorza di pino	66,2	6,3	0,1	0,9	0,2	1,4	0,3
Foglia di faggio	39,3	5,8	0,4	3,3	1,1	9,7	0,3
Torba bionda	82,9	3,1	0,8	0,96	0,9	1,1	0,04
Torba bruna	35,7	7,3	0,7	1,15	1,3	0,3	0,03
Terreno sabbioso	1,3	6,4	0,1	0,2	0,8	2,5	0,06
Valori da raggiungere nelle specie ad esigenze medio-alte							
	>15	5,5-6,5	1,3-1,8	3,7-5,4	-	34-50	1,5-1,2
Valori per specie con bassa esigenza							
	>15	5-6	0,4-0,7	1,8-3,6	-	8-14	0,8-1,4

naria del Nord America o di pino (*Pinus radiata*) dalla Nuova Zelanda. Le cortecce vengono frantumate, lavate e sterilizzate con trattamenti antiparassitari e fungicidi, inoltre vengono trattate con appositi solventi per rimuovere le tracce di resine. Il bark viene commercializzato in diverse pezzature, quello formato da frammenti più piccoli, da 4 fino a 8 mm è idoneo per semenzai e giovani piante. Ha una vita tecnica di circa due anni, massimo tre per materiali di ottima qualità, poi la struttura molecolare si deteriora ed inizia a collassare.

La **fibra di cocco** è uno dei prodotti provenienti dall'industria di trasformazione della noce di cocco. Le fibre corte, il midollo e le particelle fini del mesocarpo costituiscono il materiale da compostare per un periodo che va dai 6 ai 18 mesi, utilizzabile per la formazione del substrato. Le caratteristiche chimico fisiche del prodotto finale derivano dal periodo di compostaggio e dall'area di provenienza del materiale vegetale. La fibra di cocco possiede un'elevata porosità e una buona capacità di ritenzione idrica, di contro ha un pH tendente al neutro.

I substrati inorganici possono essere naturali, come la sabbia, o derivanti da lavorazioni particolari come trattamenti a elevate temperature, come la perlite.

La **sabbia** è costituita da frammenti di roccia di piccole dimensioni (0,05-2 mm) caratteristiche chimiche diverse a seconda della roccia da cui si è originata. In generale. deve essere esente da limo e ghiaia, cristallina e di colore grigio chiaro. In genere si preferisce utilizzare una sabbia fine perché si miscela meglio con altri substrati nei miscugli. Una delle principali caratteristiche apportate in miscela dalla sabbia è un aumento del drenaggio dell'acqua. Può essere usata da sola nelle semine o per la radicazione, ed in miscuglio con la torba o altro materiale organico come substrato di radicazione per le talee.

La **perlite** è una roccia di origine vulcanica di aspetto vetroso che, previo riscaldamento a 1000 °C, subisce un aumento di volume delle particelle di circa 20 volte. Ne risulta un materiale leggero e poroso che può migliorare non solo l'arieggiamento ma anche l'assorbimento dell'acqua. Ha una colorazione tendente al bianco e una durata molto elevata. Ha un pH neutro e un potere di scambio cationico quasi nullo. Viene utilizzata in particolar modo per la radicazione delle talee ed è largamente utilizzata da vivaisti e floricoltori. Raramente la perlite viene utilizzata da sola come substrato destinato alla semina poiché ha una scarsa consistenza e una bassa coesione.

Simile alla perlite come caratteristiche d'uso, ma di diversa origine è la **vermiculite**, un silicato idrato di magnesio alluminio e ferro. Il materiale di partenza è formato da numerose lamelle sottili che trattengono piccolissime goccioline d'acqua. Per preparare il substrato il materiale di partenza viene riscaldato in forni che raggiungono temperature di circa 1000 °C. A seguito di ciò le particelle si dilatano assumendo un aspetto poroso simile a quello della spugna. Il prodotto finale si suddivide in 4 classi a seconda della dimensione: 1 (5-8mm), 2 (2-3 mm), 3 (1-2mm), 4 (0,75-1mm). Viene utilizzata in idrocoltura, nelle semine, per la radicazione delle talee in miscuglio con torba

Lana di roccia: deriva dalla lavorazione di un miscuglio di rocce, viene lavorata a temperature elevate (1500-2000 °C), estruse in fili di 0,05 mm di diametro, successivamente viene compressa e ad essa vengono aggiunte delle resine fenoliche assumendo una struttura finale molto leggera e con un'elevata porosità si aggira intorno al 96%. Può essere impiegata per la semina e per la radicazione delle talee. Presenta problemi di smaltimento a fine ciclo.

Argilla espansa: si ottiene riscaldando a 1000-1200 °C granuli di argilla umida, l'acqua che evapora crea una elevata porosità, la quale conferisce leggerezza al materiale. Chimicamente inerte praticamente priva di capacità di scambio cationico. A seconda della granulometria avrà differenti destinazioni: 1-3 mm per le radicazioni, 3-8mm per vasi di piccole dimensioni e 8-12 mm per i vasi di grandi dimensioni.

Le **zeoliti** sono un gruppo di minerali di origine vulcanica chimicamente definibili come allumino-silicati idrati di elementi alcalini e alcalino-terrosi, Sono caratterizzate da un'elevata capacità di scambio cationico. Si impiegano generalmente i tipi granulari. Le zeoliti naturali posseggono discreta resistenza meccanica, bassa densità (PV 1.0-1.5), elevata ritenzione idrica (fino al 30% in peso) e, dopo appropriata lavorazione, sono disponibili in diversi tipi di granulometria. Non si presentano problemi per lo smaltimento del prodotto alla fine dell'attività operativa.

Polistirolo espanso: può sostituire la perlite o la vermiculite nella coltivazione delle piante, possie-

Scheda 4.3 - La lavanda e i suoi ibridi

Lavandula angustifolia Miller (sin.: *L. vera* D.C.; *L. officinalis* Chaix) (lavanda vera o lavanda officinale): funzione impollinatrice
Lavandula x *hybrida* Reverchon (lavandino): ibrido interspecifico.

Il nome generico lavanda comprende sia la lavanda vera che i suoi ibridi. Si tratta di piccoli arbusti perenni di piccole dimensioni, con foglie verde chiaro di consistenza coriacea. Le infiorescenze, portate da lunghi steli, sono delle spighe. Ciascuna spiga contiene un numero variabile di fiori molto profumati e con aroma variabile a seconda della specie e della cultivar.
La propagazione della lavanda vera avviene sia per via gamica (seme) che per via agamica (talea) mentre il lavandino si propaga esclusivamente via agamica.
I semenzai di lavanda vengono preparati in febbraio-marzo, dopo vernalizzazione, 2 °C per una settimana o trattati con acido gibberellico. Per un ettaro di superficie occorre prevedere circa 50 grammi di seme, corrispondenti a 45.000 semi. Quando le piantine neoformate sviluppano le prime foglie vengono trasferite in contenitori singoli o alveolati. Il trapianto finale si effettua circa dopo 70 giorni dopo l'emergenza.
La propagazione agamica avviene mediante talee prelevate in autunno o inizio primavera da piante madri di almeno 2-3 anni di vita. Le talee devono avere una lunghezza di circa 10-15 cm e un diametro di 4-5 mm. Per favorire la radicazione si possono utilizzare ormoni. Per un ettaro servono circa 20.000 talee, tenuto conto di un rischio del 50% di talee non radicate in caso di non corretta irrigazione. Le piantine non vengono messe a dimora direttamente, ma tenute un anno in vivaio, in file distanti cm 40 e a 15 cm sulla fila e trapiantate l'anno successivo.

de un diametro di 4 mm e presenta una struttura a celle chiuse, ha una ridotta capacità di ritenzione idrica, viene impiegato principalmente con la torba per conferire migliori caratteristiche fisiche al substrato.

Bibliografia

HARTMANN H.T., KESTER D.E., DAVIES F.T. JR., GENEVE R.L. (2011) - *Hartmann and Kester's Plant propagation: Principles and practices.* 8th ed. Prentice-Hall, Inc., Englewood Cliffs, New Jersey.

HONG T.D., LININGTON S., ELLIS R.H. (1998) - *Compendium of information on seed storage behaviour*, I: A-H. Royal Botanic Gardens, Kew.

INTERNATIONAL RULES FOR SEED TESTING (2014) - Adopted at the Ordinary General Meeting 2013, Antalya, Turkey. Effective from 1st January 2014.

JANN R.C., AMEN R.D. (1977) - "WHAT IS GERMINATION?". IN: KHAN A.A. (ED.) - *The physiology and biochemistry of seed dormancy and germination.* Amsterdam: NorthHolland Publishing. pp. 7-28.

LUNA T., LANDIS T.D., DUMROESE, R.K. (2009) - "CONTAINERS". IN: DUMROESE R.K., LUNA T., LANDIS T.D. (EDS.) - *Nursery manual for native plants: A guide for tribal nurseries.* Volume 1: Nursery management. Agriculture Handbook 730. Washington, U.S. Department of Agriculture, Forest Service, pp. 95-111.

PIOTTO B., GIACANELLI V., ERCOLE S. (2010) - *La conservazione ex situ della biodiversità delle specie vegetali spontanee e coltivate in Italia. Stato dell'arte, criticità e azioni da compiere.* Manuali e linee guida ISPRA 54/2010.

TESI R. (2010) - *Colture protette. Ortoflorovivaismo in ambiente mediterraneo.* Edagricole-New Business Media.

L'agroecosistema in cui vivono le piante agrarie è caratterizzato da un determinato clima che lo rende più o meno ospitale per le differenti colture.

5 Influenza del clima e del suolo

Giuseppe De Mastro, Davide Farruggia, Nicolò Iacuzzi, Salvatore La Bella, Teresa Tuttolomondo

5.1 Elementi e fattori del clima

Il **clima** viene definito come l'insieme di tutti i fenomeni meteorologici che caratterizzano, nel lungo termine (almeno 30 anni), una data regione geografica. È determinato da molti fattori ed è la risultante di diversi elementi. In particolare, il clima risente degli effetti dovuti a fattori geografici (altitudine, rilievi collinari o montuosi, inclinazione del suolo rispetto ai raggi solari, grossi corpi d'acqua, boschi o foreste, centri abitati o industriali, ecc.) o fattori zonali (latitudine, effetto serra, albedo, circolazione atmosferica, ecc.) che possono imprimere caratteristiche ambientali capaci di consentire specifiche forme di vita vegetale e animale.

Il **tempo atmosferico**, diverso dal clima, è la combinazione momentanea degli elementi meteorologici in un preciso istante e in un determinato luogo della superficie terrestre. I principali elementi climatici sono rappresentati dalla radiazione solare, dalla temperatura, dall'umidità atmosferica, dalle idrometeore e dal vento. Per l'importanza che rivestono tali elementi sull'esito produttivo delle colture, di seguito si riportano sinteticamente i loro effetti sulle piante.

La **radiazione solare** è una fonte indispensabile di energia per la vita sulla terra e nell'agroecosistema risulta l'elemento più importante che permette la fotosintesi e il raggiungimento di una temperatura ambientale idonea alla vita, nonché determina i venti, l'evaporazione e la traspirazione delle piante. La quantità giornaliera di radiazione che raggiunge l'atmosfera è funzione sia delle ore di luce che della densità del flusso radiante. L'intensità della luce incidente in una determinata stagione dipende principalmente dalla latitudine, dall'altitudine, dall'esposizione e dalla composizione dell'atmosfera. Questo rappresenta il motivo principale delle differenze termiche che si hanno tra un luogo ed un altro del pianeta (es. equatore e poli). All'Equatore rispetto ai poli i raggi solari apportano maggiore energia in quanto arrivano sulla superficie in modo perpendicolare. La quantità e la distribuzione spettrale della radiazione solare ha un effetto morfogenetico sulle piante, che si manifesta con cambiamenti quantitativi sulla crescita (divisione ed espansione cellulare) e nella differenziazione di cellule ed organi (sviluppo). La luce pur essendo una piccola parte dello spettro elettromagnetico esplica un'azione diretta sulla vegetazione (fotosintesi, fotoperiodismo, fototropismo, ecc.) e concorre al rifornimento energetico ambientale. Un particolare aspetto connesso con la luce è rappresentato dal fotoperiodo ovvero il rapporto tra ore di luce e di buio, variabile con la stagione e con la latitudine. Il fotoperiodismo è la risposta delle piante alla durata del giorno grazie al quale le piante possono svolgere diversi fenomeni biologici, tra cui la fioritura (la più importante), la dormienza delle gemme invernale, la caduta delle foglie, la formazione di bulbi e tuberi, ecc. In relazione al fotoperiodo le specie o, al loro interno, le sottospecie, si distinguono in brevidiurne, longidiurne e neutrodiurne. Ad eccezione delle neutrodiurne, che fioriscono indipendentemente dalla durata del giorno, le brevidiurne e le longidiurne richiedono rispettivamente un fotoperiodo inferiore o superiore ad una soglia critica (12-14 ore). L'inserimento di specie sensibili al fotoperiodo in una determinata zona richiede estrema cautela, pena la mancata fruttificazione. Il controllo della lunghezza del giorno, mediante oscuramento e illuminazione artificiale, è diventata una pratica ordinaria in certe colture, soprattutto in serra, al fine di indurre la fioritura fuori stagione. Viceversa, coltivando le piante in controtendenza al fotoperiodo si inibisce la fioritura a favore della produzione di organi vegetativi. Il fotoperiodo, influenzando la crescita e lo sviluppo delle piante, regola la biosintesi dei metaboliti secondari. Nella tabella 5.1 vengono riportate alcune specie officinali maggiormente diffuse in Italia in relazione al loro fotoperiodo.

Tabella 5.1 - Fotoperiodo di alcune specie officinali diffuse in Italia.

Specie	Fotoperiodo
Assenzio	Longidiurna
Basilico	Longidiurna
Calendula	Longidiurna
Camomilla	Longidiurna
Cappero	Longidiurna
Cardo mariano	Longidiurna
Finocchio	Longidiurna
Iperico	Longidiurna
Lavanda	Neutrodiurna
Liquirizia	Longidiurna
Melissa	Longidiurna
Menta	Longidiurna
Mirto	Longidiurna
Origano	Longidiurna
Papavero	Longidiurna
Peperoncino	Neutrodiurna
Piretro	Longidiurna
Rosmarino	Longidiurna
Salvia officinale	Longidiurna
Stevia	Brevidiurna
Timo	Longidiurna
Zafferano	Brevidiurna

La frequenza delle radiazioni solari permette di classificare i raggi solari in base alla loro lunghezza d'onda:

- raggi infrarossi (λ > 0,76 μ), con azione prevalentemente termica, circa il 50-60% dell'energia solare che arriva sulla terra. Questa energia serve a riscaldare l'ambiente e favorisce l'evapotraspirazione;
- raggi visibili o energia luminosa (λ 0,76-0,40 μ), dal rosso al violetto, esplicano l'azione diretta sulla fotosintesi clorofilliana e contribuiscono all'apporto energetico;
- raggi ultravioletti (λ <0,40 μ), invisibili, con apporto energetico trascurabile, ma mostrano capacità di controllo di microrganismi.

La qualità e la quantità della radiazione solare che giunge sulla superficie terrestre variano notevolmente in relazione al potere assorbente dell'atmosfera, alla copertura nuvolosa, all'esposizione, alla copertura vegetale, alla latitudine e all'altitudine (Tab. 5.2).
È noto che la qualità della luce influisce sui metaboliti secondari, molecole biologicamente attive e sui pigmenti vegetali.
L'efficienza fotosintetica è un parametro importante ai fini del potenziale produttivo delle specie vegetali, in quanto esprime il rapporto tra il contenuto energetico della sostanza organica prodotta e la quantità di energia incidente.
In generale diverse possono essere le cause di stress che inducono una minore efficienza fotosintetica e conseguente assimilazione di CO_2. Uno studio condotto sull'iperico mostra come alte (35 °C) o basse (15 °C) temperature comportano una drastica riduzione del tasso fotosintetico netto (*Net Photosynthetic Rates*) ed in particolare a 35 °C si assiste ad un aumento della perossidasi totale delle foglie e ad un incremento delle concentrazioni di ipericina, pseudoipericina e iperforina nei tessuti dei germogli.
La carenza di luminosità è causa di "eziolamento", che può provocare ingiallimento e caduta delle foglie, allungamento del fusto (filatura) e conseguente allettamento, ridotta produttività.
In relazione al loro comportamento, le piante si distinguono in "eliofile", molto esigente in luce e "sciafile", bisognose di ombreggiamento, come le specie del sottobosco.

Tabella 5.2 - Distribuzione di alcune specie officinali in relazione all'altitudine.

Specie	Altimetria
Assenzio	Da 0 a oltre 1000
Basilico	Da 0 a 1050
Calendula	Da 0 a 600
Camomilla	Da 0 a 1500
Cappero	Da 0 a oltre 1000
Cardo mariano	Da 0 a 1100
Finocchio	Da 0 a oltre 1000
Iperico	Da 100 a 1600
Lavanda	Da 300 a 1800
Liquirizia	Da 0 a 1000
Melissa	Da 0 a 1000
Menta	Da 0 a 1000
Mirto	Da 0 a 800
Origano	Da 400 a 1800
Papavero	Da 0 a 1500
Peperoncino	Da 0 a 2000
Piretro	Da 0 a 3000
Rosmarino	Da 0 a 1500
Salvia	Da 0 a 900
Stevia	Da 0 a 1500
Timo	Da 0 a 1500
Zafferano	Da 0 a 1200

Mettere in ombra può indurre cambiamenti biochimici nelle piante, in particolare nelle foglie. Una forte ombreggiatura di circa il 70%, ad esempio, può elevare la concentrazione di camptotecina nelle foglie di *Camptotheca acuminata* Decne, mentre riduce sostanzialmente quella nelle radici laterali.

La **temperatura** rappresenta un altro elemento climatico fondamentale strettamente legato alla radiazione solare; da essa dipende in larga misura la localizzazione delle diverse specie vegetali. Questo elemento climatico varia con la latitudine e l'altitudine, determinando variazioni giornaliere, stagionali e annuali. Nell'arco delle 24 ore si possono identificare una temperatura minima, massima e media. Alcune colture non si sviluppano bene a temperature costanti, ma richiedono valori ritmicamente fluttuanti, seguendo l'alternanza del giorno e della notte (termoperiodismo), favorendo la traslocazione dei fotosintetati agli organi di riserva.

La temperatura è di fondamentale importanza per l'accrescimento, lo sviluppo, la riproduzione delle piante e può influenzare il tempo balsamico.

La composizione dei composti fenolici (delfinidina-3-O-glucoside, delfinidina-3-O-rutinoside e miricetina-3-O-glucoside) in tre cultivar di *Ribes nigrum* ha dimostrato le correlazioni positive con temperatura, fornendo le linee guida importanti per la coltivazione delle bacche per lo sfruttamento commerciale.

Nelle piante ogni processo biologico, dalla germinazione del seme alla maturazione del prodotto, avviene entro limiti termici ben definiti. Per valutare se una specie può essere coltivata in modo profittevole in una determinata zona occorre conoscere le temperature cardinali (minima e massima) al di sotto o al di sopra delle quali le funzioni vitali si arrestano, per riprendersi nuovamente con temperature più idonee. Si devono, inoltre, conoscere le temperature critiche (minima e massima) che con il loro superamento provocano danni irreparabili. La temperatura ottimale è invece quella a cui le varie funzioni vitali della pianta si svolgono alla massima velocità (Tab. 5.3).

Alcune piante per l'induzione alla fioritura necessitano di un periodo di basse temperature (vernalizzazione). Si tratta di un meccanismo che nelle specie biennali permette l'accumulo "nel primo anno" di sostanze di riserva da utilizzare "nel secondo anno" che favoriscono la riproduzione.

Nelle aree interessate da attività agricola le alte e le basse temperature provocano danni sulle piante di vario tipo e gravità. Nelle zone caratterizzate da alte temperature conviene coltivare specie adatte all'ambiente, oltre che individuare l'epoca di semina o trapianto adeguata. Invece, la protezione dalle basse temperature dalle gelate risulta una tecnica ampiamente diffusa soprattutto per le colture di pregio. Al fine di impedire le gelate da inversione termica, aldilà della scelta delle specie/varietà resistenti e del posizionamento del ciclo colturale, vengono utilizzati i ventilatori, che rimescolano l'aria più

Tabella 5.3 - *Range* ottimale di temperatura di alcune specie officinali diffuse in Italia.

Specie	Temperature
Assenzio	20-30 °C
Basilico	19-27 °C
Calendula	12-28 °C
Camomilla	7-26 °C
Cappero	15-35 °C
Cardo mariano	20-30 °C
Finocchio	10-25 °C
Iperico	10-25 °C
Lavanda	10-25 °C
Liquirizia	17-30 °C
Melissa	15-35 °C
Menta	10-25 °C
Mirto	10-25 °C
Origano	18-22 °C
Papavero	10-22 °C
Peperoncino	22-30 °C
Piretro	10-25 °C
Rosmarino	15-30 °C
Salvia	15-30 °C
Stevia	15-30 °C
Timo	15-30 °C
Zafferano	10-30 °C

vicina al suolo, o l'irrigazione antibrina. Possono inoltre essere utilizzati apprestamenti protettivi, eventualmente riscaldati, o tunnel plastici al fine di ottenere produzioni precoci o fuori stagione.

Agronomicamente importante risulta la conoscenza della temperatura del suolo che influenza diversi aspetti della vita delle piante (accrescimento e funzionalità dell'apparato radicale), degli organismi tellurici (tipi e numero), nonché la possibilità di poter effettuare diverse pratiche agricole. La temperatura lungo il profilo del suolo dipende dal contenuto d'acqua, dal contenuto di sostanza organica, dalla composizione minerale, dalla tessitura e dalla struttura.

L'umidità atmosferica è l'elemento più importante dell'atmosfera in quanto interviene in tutti i processi che portano alla formazione delle idrometeore e che danno luogo al ciclo idrologico. La quantità di vapore acqueo che l'aria è in grado di contenere dipende dalla temperatura. All'aumentare della temperatura e in presenza di acqua viene favorito il processo di evaporazione. Se la temperatura diminuisce l'aria cede parte del vapore d'acqua contenuto, raggiungendo il punto di rugiada (temperatura alla quale si depositano le prime goccioline sulle pareti fredde e si formano tenui veli di nebbia). Svariate problematiche possono essere legate ad un'elevata umidità relativa dell'aria come cattiva impollinazione, ritardo della maturazione dei semi, diffusione di patogeni e condizioni sfavorevoli per la raccolta delle specie officinali.

Le **idrometeore**, unitamente alla temperatura, rappresentano gli elementi climatici più importanti per la vita dei vegetali e sono alla base delle principali classificazioni climatiche. Le idrometeore possono essere di diverso tipo, tra cui pioggia, neve, grandine, brina e rugiada. Per le piante, la pioggia e la neve rappresentano le principali idrometeore per il loro rifornimento idrico. Per la pioggia, prodotta dalla condensazione del vapore acqueo atmosferico quando l'aria si raffredda, è interessante conoscere la quantità (mm), la frequenza (n. giorni piovosi all'anno), la distribuzione stagionale, l'intensità (mm/h) e la durata dell'evento (h). Da questi parametri dipende, soprattutto, la scelta delle piante da coltivare e la scelta delle tecniche agronomiche da adottare per contrastare l'erosione del suolo. In base all'adattabilità alla disponibilità idrica, le differenti le piante si distinguono in:

- *xerofite*: vivono in ambiente molto siccitoso, per cui le piante assumono caratteri specifici per la resistenza alla carenza idrica: nanismo, cuticola spessa, abbondanza di rivestimenti tricomatosi e cerosi, ecc.;
- *idrofite*: vivono in condizioni di umidità elevata e presentano adattamenti necessari ad incrementare la traspirazione: foglie molto ampie, sottili, con esile cuticola, glabre, ecc.;
- *mesofite*: mediamente esigenti;
- *tropofite*: vivono in ambienti dove si alternano periodi di elevata umidità a quelli con forte siccità.

La mancanza di acqua può determinare dapprima un appassimento temporaneo, quindi, reversi-

bile, a cui segue l'avvizzimento irreversibile in caso di prolungata siccità. La pioggia è la principale meteora, fonte di acqua per le piante. Si esprime in mm e si misura in pluviometri e pluviografi: 1 mm corrisponde a 10 m^3 d'acqua per ettaro.
Una classificazione climatica in base alle precipitazioni annue è la seguente:

- climi aridi < di 250 mm;
- semiaridi da 250 a 500 mm;
- sub-umidi da 500 a 750 mm;
- umidi > 750 mm.

Importanti sono la distribuzione nel corso dei mesi dell'anno, l'entità dell'evento piovoso e l'intensità della pioggia (mm/ora). I periodi di siccità possono verificarsi in estate o in autunno.
La tecnica agronomica è molto interessata alla regimazione delle acque in eccesso e al rifornimento ottimale dell'acqua alle colture mediante l'irrigazione. Laddove l'acqua scarseggia si adottano tecniche di aridocoltura.
La rugiada, pur essendo un'idrometeora trascurabile per le piante, nelle aree caldo-aride può rappresentare, molto spesso, l'unico apporto naturale d'acqua. Il fenomeno è tanto più facile a verificarsi e l'acqua di condensa tanto più abbondante, quanto più elevata è l'umidità relativa e quanto più forte è l'escursione della temperatura. Non mancano comunque effetti negativi della rugiada sulle colture poiché può favorire lo sviluppo di alcune infezioni fungine.
La grandine e la brina rappresentano per le piante delle idrometeore dannose, peraltro la quantità di acqua apportata al terreno è nettamente inferiore ai danni arrecati. La difesa dalla grandine, soprattutto in colture di alto reddito si effettua con reti antigrandine o attraverso mezzi indiretti.
Il **vento**, favorendo diversi processi fisico-biologici (fecondazione incrociata, maturazione dei frutti, ricambio dell'aria, ecc.), è in generale utile per le piante, ma se di forte intensità risulta nocivo (stroncamento delle colture arboree, allettamento delle colture erbacee, inaridimento del terreno, ecc.) e influenza fortemente lo sviluppo, la crescita e la resa. La risposta delle piante al vento è complicata da interpretare perché il vento comporta non solo effetti meccanici, ma anche cambiamenti degli scambi gassosi e termici a livello fogliare.

A livello fisiologico, può:

- determinare un aumento della traspirazione, soprattutto la traspirazione cuticolare rispetto alla traspirazione stomatica;
- accelerare l'essiccazione delle piante sostituendo l'aria umida con aria secca negli spazi intercellulari;
- aumentare la turbolenza nell'atmosfera e la disponibilità di CO_2 e quindi determinare un aumento di fotosintesi; oltre una certa velocità del vento il tasso di fotosintesi diventa costante.

A livello meccanico, invece, il vento può:

- danneggiare i germogli;
- determinare l'allettamento delle piante con una conseguente riduzione delle produzioni;
- provocare lo spargimento di fiori e frutti;
- determinare lo sradicamento delle colture con apparato radicale superficiale;
- provocare danni da freddo;
- provocare l'erosione del suolo.

I due parametri che consentono di comprendere immediatamente la sua forza e la sua azione sono la velocità (km h^{-1}) e la direzione di provenienza. La difesa agronomica del vento è realizzata mediante barriere frangivento, vive o morte, che hanno lo scopo di ridurne la velocità e deviarne il percorso.

5.2 Il suolo

Il **suolo** è uno strato sottile che ricopre la superficie della terra ed è un componente ambientale fondamentale per l'uomo, per gli animali e per i vegetali. Esso è il risultato della naturale disgregazione delle rocce per azione degli agenti chimici, fisici e biologici (pedogenesi). I processi di formazione del suolo risultano diversi, complessi e lunghi. Il suolo comprende tre fasi interagenti: solida (frazione terrosa e organica), liquida (soluzione circolante) e aeriforme (atmosfera del terreno).
Il terreno agrario, che deriva dal substrato pedogenetico, non solo è formato dall'insieme di detriti minerali e organici ma è un corpo naturale più o meno modificato dall'uomo che possiede una propria organizzazione e una propria ten-

denza evolutiva che gli permettono di ospitare la vita. Presenta un'ampia varietà di caratteristiche e idoneità alla coltivazione di specie con esigenze alquanto eterogenee. Risulta costituito da due strati: strato attivo e strato inerte. Lo **strato attivo** è direttamente interessato allo sviluppo delle radici delle piante, soffice e ben areato, ricco di humus ed organismi viventi come batteri, funghi, protozoi e animali invertebrati.

Lo **strato inerte** è più compatto, povero d'ossigeno e più ricco di componenti minerali provenienti dallo strato superficiale e trasportati dall'acqua piovana.

In relazione all'ospitalità delle specie vegetali, al terreno si possono attribuire diverse funzioni tra cui:

- funzione di abitabilità, che dipende dallo spessore, dalla porosità, dal rapporto aria/acqua, dalla permeabilità, dalla temperatura, dal pH, dalla presenza di microrganismi e di sostanze tossiche;
- funzione di nutrizione, che dipende da tutti quei fattori che concorrono direttamente o indirettamente alla messa a disposizione degli elementi nutritivi come la presenza di determinati composti, acqua, colloidi, microrganismi, ecc.

La conoscenza delle caratteristiche chimiche e fisiche del terreno agrario, oltre ad individuarne le potenzialità produttive, è fondamentale per valutare sia le colture che può ospitare sia le tecniche agronomiche idonee da impiegare.

5.2.1 Caratteristiche fisiche del suolo

La **tessitura** o grana o composizione granulometrica indica la costituzione della parte solida del terreno, espressa in funzione delle percentuali relative in peso delle particelle elementari che lo compongono, classificate per categorie convenzionali di grossezza:

- scheletro Ø > 2 mm (pietre Ø > 20 mm; ghiaia Ø 10-20 mm; ghiaino Ø 2-10 mm);
- terra fine Ø < 2 mm (sabbia grossa Ø 2-0,2 mm; sabbia fine Ø 0,2-0,02 mm; limo Ø 0,02-0,002 mm; argilla Ø < 0,002 mm).

Il **tipo di terreno**, in base all'analisi meccanica, è definito:

- sabbioso (50-60% di sabbia);
- limoso (25-30% di limo);
- argilloso (25-30% di argilla);
- calcareo (> 20% di calcare);
- umifero (5-10% di sostanza organica);
- pietroso (> 40% di scheletro).

In relazione alle diverse percentuali il terreno può essere definito argilloso-sabbioso, limoso-argilloso, limoso-sabbioso, ecc. Si definisce "terreno di medio impasto" quando le tre componenti, sabbia, limo ed argilla, sono in proporzioni equivalenti tra loro e, quindi, ideali per le caratteristiche fisiche.

In base al contenuto di calcare può essere argilloso-calcareo o calcareo-argilloso, se la presenza del calcare è inferiore o superiore al 20%. Si dice umifero o organico quando supera il 20% di sostanza organica.

I terreni "sabbiosi o leggeri" sono caratterizzati da elevata macroporosità, drenaggio, sofficità, debole capacità di trattenuta idrica, poveri di elementi nutritivi. I terreni argillosi o pesanti o compatti o forti sono caratterizzati da elevata fertilità, ma difficili per le condizioni di abitabilità degli apparati radicali, per cui richiedono opportune lavorazioni del terreno.

I terreni limosi generalmente poco strutturati e poveri di elementi nutritivi risultano polverulenti in condizioni di scarsa umidità e fangosi quando molto umidi, sono soggetti a ristagno idrico, in quanto poco permeabili, e a formare crosta superficiale.

La **giacitura** indica la pendenza di un terreno, che può essere pianeggiante o collinare. L'esposizione indica la situazione dei terreni rispetto ai punti cardinali. Può essere, per esempio, un fattore positivo l'esposizione a mezzogiorno e la difesa dai venti caldi o freddi, per favorire la crescita delle piante.

La **profondità** è importante ai fini dello sviluppo dell'apparato ipogeo, onde avere una maggiore disponibilità di acqua e di elementi nutritivi.

Si distinguono in terreni superficiali quando lo strato coltivabile è intorno a 20-25 cm, profondi quando supera i 50 cm.

Importante è lo studio del "profilo colturale" per una migliore definizione degli interventi di agrotecnica.

La **struttura** è la disposizione spaziale reciproca delle particelle elementari del terreno, di dimensioni variabili riuniti in grumi, che possono assumere un assestamento cubico o piramidale. La formazione di aggregati strutturali (struttura glomerulare) è importante ai fini della creazione di un ambiente dove esiste un equilibrato rapporto tra macro e micropori, che costituiscono la porosità del terreno, utile per la circolazione dell'acqua, dei soluti e dell'aria. I terreni argillosi più compatti devono essere ben strutturati, per permettere l'espansione delle radici, i terreni sabbiosi, invece, con singole particelle grossolane, non hanno bisogno di formare grumi. Diversi sono, quindi, i tipi di struttura: particelle singole incoerenti, come nei terreni sabbiosi, compatta come nei terreni ricchi di argilla, grumosa, formata da particelle elementari, cementate dall'humus.

La dimensione degli aggregati è molto importante per favorire una buona struttura. In base alle dimensioni, gli aggregati vengono così classificati:

- zollosi (Ø > 4 mm);
- macrostrutturali (Ø 4-3 mm);
- strutturali (Ø 3-1 mm); microstrutturali (Ø 1-0,25 mm);
- astrutturali (Ø < 0,25 mm).

Si definisce "stabilità di struttura" l'attitudine degli aggregati a resistere alle sollecitazioni che tendono a disfarli, quali la pioggia, il gelo e disgelo, la vegetazione, la fauna terricola, le lavorazioni, le variazioni del contenuto di acqua, i sali solubili, la sostanza organica, gli ammendanti.

Altre caratteristiche fisiche del terreno sono la sofficità, la tenacità, la plasticità, e la **porosità**, cioè la frazione percentuale dell'unità di volume di terreno non occupato da materiale solido, quindi occupato dall'aria e dall'acqua. Si distinguono microporosità e macroporosità. I valori oscillano tra il 30-40% nei terreni sabbiosi e 55-60% in quelli argillosi. La risposta delle piante officinali a diverse caratteristiche fisiche del suolo è stata approfondita in alcuni studi. Ad esempio, Devkota e Jha (2009) hanno mostrato come la *Centella asiatica* L. può massimizzare crescita e resa in habitat con terreno sabbioso piuttosto che argilloso.

5.2.2 Caratteristiche chimiche e chimico-fisiche del suolo

Le componenti del suolo (sostanze minerali, sostanze organiche, organismi viventi, acqua, aria) e le reciproche interazioni sono molto importanti nella definizione del concetto di fertilità e nello svolgimento della funzione di nutrizione delle piante.

La composizione chimica è molto variabile e dipende sia dall'origine del substrato pedogenetico sia dal clima e dagli interventi agronomici. Di particolare importanza nel terreno è la presenza di elementi indispensabili all'accrescimento. Si distinguono in:

- *macroelementi*: azoto, fosforo e potassio che vengono normalmente apportati al terreno con i fertilizzanti, per l'elevato fabbisogno delle colture agrarie;
- *macroelementi secondari*: calcio, magnesio, zolfo e ferro, generalmente presenti nel terreno in quantità sufficienti a soddisfare i fabbisogni delle colture agrarie;
- *microelementi*: boro, manganese, rame, zinco, molibdeno, necessari anche se in quantità molto ridotte, ma la cui mancanza può essere causa di malattie da carenze.

Nel terreno agrario è sempre presente una certa quantità di sostanza organica di origine diversa ed in continua evoluzione, che vanno a costituire l'humus, composto ad alto peso molecolare con rapporto C/N intorno a 10, ma anche variabile. Diversi sono i fattori che influenzano la formazione dell'humus, in particolar modo il clima, la vegetazione, il tipo di terreno, gli interventi agrotecnici. L'humus svolge nel terreno diverse azioni, tra le quali il miglioramento delle proprietà fisiche, favorendo la formazione e la stabilità degli aggregati.

Classificazione dei terreni in base al contenuto di sostanza organica.

< 1%	molto poveri
1-2%	poveri
2-3%	mediamente dotati
> 3%	ricchi
> 10%	umiferi
> 20%	organici

Classificazione dei terreni in base al rapporto C/N.

< 9	Eccesso di mineralizzazione	Sostanza organica in calo
9-11	Ben umificato	Sostanza organica stabile
> 11	Eccesso di umificazione	Tendenza alla torbificazione

Per soluzione circolante, si definisce la fase liquida del terreno, formata dall'acqua e dalle sostanze in essa disciolte, di cui si valuta la composizione e la concentrazione. La soluzione circolante è legata alla nutrizione della pianta, che attraverso l'apparato radicale assorbe gli elementi insieme all'acqua.

Lo scambio ionico è lo scambio tra fase solida e liquida di cationi (Na, K, NH_4, Ca, Mg, ecc.) ed anioni (PO_4, H_2PO_4, Cl, SO_4, ecc.). La capacità di scambio ionico (CSC, meq/100 g) può essere scarsa (< 10), media (10-20), buona (> 20).

La reazione del terreno, il "pH", condiziona notevolmente la presenza delle specie, la cui adattabilità può variare da condizioni di acidità, per esempio felci, azalea, lupino, a quella di alcalinità, erba medica, fava. Le condizioni migliori di pH sono intorno a 7.

Classificazione dei terreni in base al pH.

< 5,5	Fortemente acidi
5,5-6,0	Acidi
6,0-6,7	Sub-acidi
6,8-7,2	Neutri
7,3-7,9	Sub-alcalini
8,0-8,6	Alcalini
(> 8,6	molto alcalini

Il potenziale di ossiriduzione, "rH", indica lo stato di aerazione del terreno. I valori oscillano da 0 a 42; le condizioni ottimali sono intorno a 30, al di sotto di 27,7 prevalgono i processi di riduzione (anaerobiosi) e al di sopra i processi di ossidazione (aerobiosi).

Situazioni anomale si hanno nei terreni acidi, calcarei, alcalino-salini, alcalino-sodici, nei quali è necessario intervenire con correttivi per la messa in coltura. La salinità dei terreni è dovuta alla presenza di sali solubili, come carbonato di sodio, di magnesio, cloruro di sodio, ecc. di origine autoctona o alloctona, specialmente quando si usano acque salmastre per l'irrigazione. Per la valutazione della concentrazione salina, si determina la "conducibilità elettrica" dell'estratto saturo (Ece), indice correlato con la pressione osmotica; si esprime in mmhos/cm o dS/m. Importante è anche la presenza di sodio per il quale è stato definito l'indice ESP (*Exchangeable Sodium Percentage*). Entrambi gli indici permettono la classificazione dei terreni salsi.

L'analisi chimica del terreno permette di definire le sue caratteristiche e di valutare lo stato di fertilità, ai fini degli interventi sull'apporto di fertilizzanti e correttivi. A titolo orientativo, si riportano i parametri di riferimento per la valutazione dei tre elementi principali: N-P-K.

Contenuto in azoto (N) (‰).

Poveri	< 1	Ricchi	2,2-5
Mediamente dotati	1-1,5	Eccessivamente dotati	> 5
Ben dotati	1,5-2,2		

Contenuto in fosforo totale e assimilabile con i metodi Olsen (1) e Bray & Kuntz (2).

	P_2O_5 totale (‰)	**P_2O_5 assimilabile (1) (ppm)**	**P_2O_5 assimilabile (2) (ppm)**
Poveri	< 1	< 10	< 20
Mediamente dotati	1-1,5	10-20	20-40
Ben dotati	1,6-2,2	21-40	> 40
Ricchi	> 2,2	> 40	

Contenuto in potassio assimilabile [K_2O in ppm] (Metodo Dirks-Scheffer).

	Estrazione		
Terreni	**Acetato ammonico**	**Acido carbonico**	
Poveri	< 100	Molto poveri	< 5
Scarsamente dotati	100-200	Poveri	5-10
Mediamente dotati	200-300	Mediamente dotati	10-15
Ricchi	> 300	Sufficientemente dotati	15-20
		Ricchi	> 20

I **terreni calcarei** sono terreni che hanno più del 15% di $CaCO_3$ (carbonato di calcio). Il calcare totale, espresso come carbonato di calcio in percentuale, definisce la quantità di tutti i carbonati presenti nel terreno (calcio, magnesio, potassio, e sodio); se presenti in eccesso, inibiscono l'assorbimento del ferro e del fosforo rendendoli insolubili e innalzano il pH del suolo, mentre in giusta quantità forniscono calcio e magnesio, neutralizzano l'acidità e contribuiscono al mantenimento della struttura del terreno.

Calcare totale ($CaCO_3$ %)	**Giudizio**
0-9	Basso
9-18	Medio
18-25	Elevato
>25	Eccessivo

Il calcare attivo ha lo scopo di determinare la frazione di carbonati potenzialmente presenti nelle soluzioni circolanti del suolo con liberazione di Ca++. Un eccesso di calcare attivo può inibire l'assorbimento del ferro provocando clorosi ferrica.

Calcare attivo ($CaCO_3$ %)	**Giudizio**
0-2	Basso
2-5	Medio
5-10	Elevato
>10	Eccessivo

Per i terreni salsi si riporta la classificazione del *Salinity Laboratory* di Riverside:

Terreni	**Ece 10^{-3} (mmhos/cm)**	**ESP**	**pH**
Salini	< 4	< 15	< 8,5
Salini-alcalini	> 4	> 15	< 8,5
Alcalini non salini	< 4	> 15	> 8,5

La fase liquida del terreno, rappresentata dalla soluzione circolante, occupa gli spazi vuoti (micro e macroporosità) ed è soggetta ad un complesso di forze che la trattengono in loco o tendono ad asportarla, per cui si parla di tensione dell'acqua nel terreno. Le forze che diminuiscono l'energia libera dell'acqua nel terreno sono diverse: potenziale matriciale o capillare (ψm), gravitazionale (ψg), osmotico ($\psi \pi$), per cui il potenziale idrico totale è

$$\psi = \psi m + \psi g + \psi \pi$$

Allo stato di saturazione l'acqua occupa tutta la porosità del suolo ed ha una energia libera che, per convenzione, è uguale a 0; in questa situazione si definisce "capacità idrica massima". Lasciandola percolare si ha "l'acqua gravitazionale". Quella che resta, trattenuta dalla forza di capillarità, costituisce la "capacità idrica di campo". Per successiva perdita di acqua per evaporazione dalla superficie del terreno e per traspirazione delle piante, si arriva a valori di potenziale molto bassi (ψ = 15 bar, pF 4,2), stadio in cui le piante non sono più capaci di assorbire acqua dal terreno; in questo momento il contenuto di acqua è detto "punto di appassimento o avvizzimento". La differenza, quindi, tra la capacità di campo ed il punto di avvizzimento si definisce "acqua utilizzabile". I valori sono molto differenti tra i tipi di terreno, in quanto la capacità di campo è bassa nei terreni sabbiosi ed alta in quelli argillosi.
Lo studio dei rapporti acqua-pianta-terreno è importante per la definizione dei criteri per l'intervento irriguo delle colture agrarie.
Nella tabella 5.4 vengono riportate le principali caratteristiche del suolo idonee per alcune specie officinali diffuse in Italia.

5.2.3 Proprietà biologiche del terreno

Il terreno agrario non è solo un substrato nel quale si svolge il ciclo ontogenetico di una pianta, ma è anche sede di una complessa attività biotica da parte di microrganismi e di fauna tellurica. I processi più importanti sono l'umificazione della sostanza organica e la mineralizzazione per ottenere composti molto semplici come acqua, anidride carbonica, ammoniaca e sali minerali. Per azione di microrganismi l'azoto ammoniacale viene trasformato in azoto nitroso prima e nitrico poi, forma preferita dalle piante. L'azione dei microrganismi è rivolta anche alla fissazione dell'azoto atmosferico, dovuta a batteri del genere *Rhizobium*, che vivono in simbiosi con le leguminose, per cui nella rotazione agraria l'av-

Tabella 5.4 - Caratteristiche fisiche e chimiche dei suoli idonei per la coltivazione di alcune specie officinali diffuse in Italia.

Specie	Tessitura idonea	Resistenza alla salinità	pH	Contenuto di S.O.	Resistenza al calcare attivo	Sensibilità ai ristagni
Assenzio	Ampia adattabilità, preferisce suoli franco-sabbiosi	Elevata	6,5-8,0	Basso, ma si avvantaggia di un buon contenuto	Sì	Sì
Basilico	Ampia adattabilità, adatto anche a coltivazione in serra	Moderata	5,0-8,2	Elevato	Sì	Sì
Calendula	Ampia adattabilità, preferisce suoli leggeri	Bassa	5,5-7,0	Elevato	Sì	Sì
Camomilla	Ampia adattabilità	Elevata	7,3-9,2	Moderato	Sì	Sì
Cappero	Ampia adattabilità, preferisce suoli sabbiosi o sabbioso-argillosi	Molto elevata	6,1-8,5	Basso, ma si avvantaggia di un buon contenuto	Sì	Sì
Cardo mariano	Ampia adattabilità	Elevata	5,5-7,6	Moderato	Sì	Sì
Finocchio	Medio impasto	Moderata	5,0-8,0	Elevato	Sì	Sì
Iperico	Ampia adattabilità	Moderata	5,5-7,8	Basso	Sì	Sì
Lavanda	Ampia adattabilità	Bassa	6,5-7,5	Elevato	Sì	Sì
Liquirizia	Ampia adattabilità	Elevata	6,0-9,0	Elevato	Sì	Sì
Melissa	Ampia adattabilità, preferisce suoli di medio impasto o argillosi	Moderata	5,5-8,2	Elevato	Sì	Sì
Menta	Ampia adattabilità, preferisce suoli leggeri	Bassa	5,8-7,2	Moderato	Sì	Sì
Mirto	Ampia adattabilità	Moderata	5,8-7,2	Basso, ma si avvantaggia di un buon contenuto	No	Sì
Origano	Ampia adattabilità	Moderata	6,0-9,0	Elevato	Sì	Sì
Papavero	Leggeri	Moderata	6,5-7,5	Elevato	Sì	Sì
Peperoncino	Medio impasto	Bassa	5,5-6,8	Elevato	No	Sì
Piretro	Medio impasto, anche ricchi di scheletro	Moderata	5,6-7,5	Elevato	Sì	Sì
Rosmarino	Ampia adattabilità	Moderata	6,0-9,0	Moderato	Sì	Sì
Salvia	Ampia adattabilità	Moderata	6-8,2	Moderato	Sì	Sì
Stevia	Ampia adattabilità	Bassa-Moderata	5,0-6,8	Elevato	No	Moderata
Timo	Ampia adattabilità	Moderata	6,5-8,0	Moderato	Sì	Sì
Zafferano	Leggeri	Bassa	7-8,2	Moderato	Sì	Sì

vicendamento con queste specie favorisce una maggiore disponibilità di azoto per la coltura che segue.

Bibliografia

BERNÁTH J., TÉTÉNYI P. (1979) - The Effect of environmental factors on growth. Development and alkaloid production of Poppy (Papaver somniferum L.): I. Responses to day-length and light intensity. *Biochem. Physiol. Pflanzen*, 174:468-478. doi: 10.1016/S0015-3796(17)31342-2.

DEVKOTA A., JHA P.K. (2009) - Variation in growth of *Centella asiatica* along different soil composition. *Botany Research International*, 2(1), 55-60.

EL-DARIER S.M., YOUSSEF R.S. (2000) - Effect of soil type, salinity, and allelochemicals on germination and seedling growth of a medicinal plant *Lepidium sativum* L. *Annals of Applied Biology*, 136(3), 273-279.

JAAKOLA L., HOHTOLA A. (2010) - Effect of latitude on flavonoid biosynthesis in plants. *Plant Cell Environ*, 33:1239-1247. doi: 10.1111/j.1365-3040.2010.02154.x.

KOČEVAR GLAVAČ N., DJOGO S., RAŽIĆ S., KREFT S., VEBER M. (2017) - Accumulation of heavy metals from soil in medicinal plants. *Arhiv za higijenu rada i toksikologiju*, 68(3), 236-244.

TAYLOR A.O. (1965) - Some effects of photoperiod on the biosynthesis of phenylpropane derivatives in Xanthium. *Plant Physiol.*, 40:273. doi: 10.1104/pp.40.2.273.

YANG B., ZHENG J., LAAKSONEN O., TAHVONEN R., KALLIO H. (2013) - Effects of latitude and weather conditions on phenolic compounds in currant (*Ribes* spp.) cultivars. *J. Agric. Food Chem.*, 61:3517-3532. doi: 10.1021/jf4000456.

ZHANG W, SEKI M, FURUSAKI S. (1997) - Effect of temperature and its shift on growth and anthocyanin production in suspension cultures of strawberry cells. *Plant Sci.*,127:207-14. doi: 10.1016/S0168-9452(97)00124-6.

ZHENG J., YANG B., RUUSUNEN V., LAAKSONEN O., TAHVONEN R., HELLSTEN J., KALLIO H. (2012) - Compositional differences of phenolic compounds between black currant (*Ribes nigrum* L.) cultivars and their response to latitude and weather conditions. *J. Agric. Food Chem.*, 60, 6581-659.

ZHONG J.J., YOSHIDA T. (1993) - Effects of temperature on cell growth and anthocyanin production in suspension cultures of *Perilla frutescen*. *J. Ferment. Bioeng.*, 76:530-1. doi: 10.1016/0922-338X(93)90255-7.

L'acqua rappresenta uno dei fattori più condizionanti la crescita delle piante, costituendo il sistema di trasporto delle sostanze solubili e intervenendo nei processi biochimici.

6 Irrigazione

Giuseppe De Mastro, Cataldo Pulvento,
Alessandra Carrubba

6.1 Introduzione

L'acqua rappresenta uno dei fattori più condizionanti la crescita e la produzione delle piante, soprattutto in ambienti a clima caldo-arido come il bacino del Mediterraneo, dove per altro si registra negli ultimi anni una sostanziale riduzione delle precipitazioni annue. Una stima a livello mondiale riporta un calo di produzione agricola di oltre il 25% a causa del deficit idrico.

Le piante rispondono a condizioni di stress idrico attivando una serie di meccanismi di regolazione mediati dalla produzione di acido abscissico, dal trasporto ionico e dalle attività dei fattori di trascrizione coinvolti nella regolazione delle risposte stomatiche. Queste condizioni impongono il ricorso alla pratica irrigua per sopperire ai fabbisogni idrici delle colture agrarie, allorché le condizioni climatiche siano caratterizzate da scarsa piovosità e per garantirne le massime rese.

Appare evidente che il ricorso all'irrigazione è una pratica attuabile solo in condizioni di disponibilità di acqua ad uso irriguo sufficiente ed affidabile. Nella tecnica irrigua sono da tenere presenti la qualità dell'acqua, la quantità da somministrare nel corso della stagione irrigua e le modalità di distribuzione.

Fondamentale è poter definire, sulla base delle condizioni climatiche del sito di coltivazione, della capacità idrica del suolo e del fabbisogno idrico della pianta durante le diverse fasi di sviluppo, un piano di gestione irrigua per ottimizzare il consumo di acqua e ridurre gli sprechi.

Le piante officinali spesso vengono considerate specie per la coltivazione in asciutto e resistenti allo stress idrico; in realtà questo non è del tutto vero, perché all'interno delle officinali possiamo distinguere, oltre a colture che non richiedono il supporto irriguo, quali finocchio (*Foeniculum vulgare* Mill.), camomilla (*Matricaria recutita* L.), coriandolo (*Coriandrum sativum* L.), ecc., in genere rappresentate da colture a ciclo autunno-invernale o annuale, anche colture semi-irrigue, come salvia (*Salvia officinalis* L.), sambuco (*Sambucus nigra* L.), lavanda (*Lavandula angustifolia* Mill.), dragoncello (*Artemisia dracunculus* L.), ecc., o irrigue, come basilico (*Ocimum basilicum* L.), calendula (*Calendula officinalis* L.), origano (*Origanum majorana* L.) (Fig. 6.1), malva (*Malva sylvestris* L.), tarassaco (*Taraxacum officinale* W.), valeriana (*Valeriana officinalis* L.), ecc. Le colture semi-irrigue sono quelle per le quali un'irrigazione parziale (circa 2-3 interventi estivi) riesce a stabilizzare le produzioni e garantire una durata maggiore dell'impianto.

Per questi motivi la gestione irrigua anche per le piante officinali rappresenta una delle buone pratiche colturali che può determinare un incremento sostenibile dei tratti quali-quantitativi delle produzioni.

6.2 Tecniche irrigue

La scelta della tecnica irrigua passa attraverso considerazioni di carattere sia tecnico che economico. Il primo aspetto da considerare riguarda la riduzione dei volumi irrigui, spesso elevati a causa di perdite superficiali per *run-off*, e percolazione profonda sotto la superficie radicale. Queste problematiche sono maggiormente presenti e difficili da controllare nei sistemi di irrigazione a solco, dove un grande volume d'acqua

Figura 6.1 - Impianto di origano a destinazione industriale dotato di impianto di irrigazione a microaspersione ad effetto climatizzante.

viene applicato in una singola adacquata. In genere i metodi per aspersione (Fig. 6.2), benché prevedano un investimento inferiore, non sono consigliati per l'irrigazione delle piante da foglia, in quanto l'azione battente dell'acqua porta alla dispersione delle particelle di terreno sulla parte vegetativa, che potrebbe così essere attaccata da funghi patogeni o essere danneggiata in caso di irrigazione con acque saline. Inoltre, i metodi per aspersione comportano un maggior consumo di acqua e carburante rispetto ai più sostenibili sistemi di irrigazione localizzata (Fig. 6.3).

In *Borago officinalis* L. l'irrigazione a goccia determina un aumento della resa del 29%, rispetto all'irrigazione superficiale. Inoltre l'irrigazione a goccia aumenta i costi variabili del 165,2% rispetto all'irrigazione di superficie, ma comporta un aumento del reddito lordo del 23,2%. I sistemi ad irrigazione localizzata più utilizzati sono quelli superficiali con ali gocciolanti posti sopra la superficie del terreno e sotto-superficiali, nei quali le ali sono interrate a diverse profondità. In piante di *C. officinalis* L. il sistema di irrigazione a goccia sotterranea è più efficiente dell'irrigazione a goccia di superficie nel migliorare la crescita, qualità e composizione chimica delle piante e fertilità del suolo dopo la raccolta. Tra i principali vantaggi dell'irrigazione sotto superficiale, inoltre, c'è un elevato risparmio idrico grazie alla riduzione della componente evaporativa dell'acqua dal terreno e delle perdite di acqua per deriva a causa del vento, la maggior localizzazione dell'acqua vicino alla radice, la maggior durata grazie all'elusione dei raggi ultravioletti e delle escursioni termiche. Anche nel rosmarino (*Rosmarinus officinalis* L.), nel cumino (*Cuminum cyminum* L.) coltivati mediante l'irrigazione a goccia sotto superficiale, si rileva un notevole risparmio idrico rispetto ad un sistema a goccia superficiale, mantenendo costanti i parametri produttivi e qualitativi.

Una sempre più pronunciata irregolarità delle piogge e la necessità di un uso oculato ed efficiente dell'acqua hanno portato più recentemente alla definizione di una tecnica irrigua basata su approfondite conoscenze fisiologiche della risposta della pianta alla disponibilità d'ac-

Figura 6.2 - Impianto di guayule dotato di impianto di irrigazione a microapersione ad effetto climatizzante.

Figura 6.3 - Impianto di guayule dotato di impianto di irrigazione a microportata localizzato.

qua, al deficit idrico nelle diverse fasi fenologiche, consentendo un risparmio nell'uso dell'acqua senza sensibili contrazioni delle produzioni, anzi, in molti casi migliorandole. Tecnica ormai in uso in diversi comprensori agricoli irrigui e per molte colture (arboree ed erbacee) che prevede l'adozione di uno stress idrico controllato in alcune fasi del ciclo colturale e una piena o parziale restituzione dei consumi nelle altre ritenute più sensibili. L'irrigazione a stress idrico controllato ha ormai trovato una sua affermazione in considerazione di un riscontro produttivo ed economico positivo, pur determinando un forte risparmio della risorsa idrica.

Questa modalità di gestione della tecnica irrigua, a stress idrico controllato, potrebbe acquisire nel caso delle piante officinali un valore tecnico ancora più marcato, considerato che l'approvvigionamento idrico limitato può avere effetti positivi su diverse induzioni metaboliche, inclusa la biosintesi di metaboliti secondari, come antiossidanti, attività enzimatiche e l'accumulo di soluti. Sebbene lo stress idrico e, di conseguenza, l'uso intenzionale di un'irrigazione a stress idrico controllato possano rappresentare una tecnica che favorisce la produzione di oli essenziali e alcaloidi in piante, solo pochi studi hanno indagato gli effetti della tecnica sulla crescita, lo sviluppo e il metabolismo delle piante medicinali.

La gravità e la durata dello stress idrico condizionano fortemente la risposta della resa e della composizione dell'olio essenziale; in numerose piante aromatiche è stato dimostrato che la produzione di metaboliti e la produzione di olio essenziale diminuiscono in condizioni di stress idrico. Diversi studi indicano che anche la frequenza dell'irrigazione influisce sulla composizione dell'olio essenziale di varie piante aromatiche medicinali.

Alcune esperienze condotte su *Ocimum americanum* L. hanno messo in evidenza che il contenuto di olio essenziale è aumentato con l'aumento dello stress idrico.

Inoltre condizioni di stress idrico, in generale, sono causa di stress ossidativo che induce, a livello dei cloroplasti, un'azione di protezione contro il danno ossidativo con la sintesi di antiossidanti sia enzimatici che non enzimatici. Piante sottoposte a stress idrico producono pertanto una maggiore quantità di antiossidanti (tocoferoli, carotenoidi, monoterpeni e diterpeni), così come riscontrato nelle foglie di rosmarino e di menta piperita (*Mentha x piperita* L.).

Studi sugli effetti dello stress idrico su salvia hanno condotto a risultati talvolta contradittori. In condizioni di irrigazione ridotta, la salvia non ha fatto registrare effetti sulla percentuale in olio essenziale, seppure la produzione per ettaro sia diminuita a seguito di una minore produzione in biomassa dovuta al deficit idrico. Altri autori hanno riportato un effetto positivo dello stress idrico sulla resa in olio essenziale di salvia ed un aumento della concentrazione di monoterpeni.

Risultati contrastanti che portano a considerare la presenza di effetti interattivi tra lo stato dell'acqua delle piante e altre condizioni ambientali/agronomiche note per influenzare la biosintesi dell'olio essenziale, come la nutrizione di N e P. Gli effetti interattivi tra irrigazione e fertilizzazione sulla funzione delle piante sono ben documentati e confermano la loro influenza sulla produzione e composizione di oli essenziali nelle piante aromatiche.

6.3 Volumi irrigui

Considerati gli effetti dell'irrigazione sulle componenti quali-quantitative delle produzioni, risulta di fondamentale importanza determinare in maniera corretta i volumi di adacquamento evitando eccessi o stress idrici. Per una corretta stima dei volumi irrigui necessari ad una determinata specie in un determinato ambiente, bisogna tener conto, oltre che dei cambiamenti nel contenuto idrico del suolo e delle eventuali precipitazioni, dell'evapotraspirazione potenziale (ETc) della coltura a cui ci riferiamo.

L'ETc di una coltura è dato dal prodotto dell'evapotraspirazione della coltura di riferimento (ETo), calcolato grazie a parametri meteorologici tramite l'equazione di Penmann-Monteith, secondo il metodo FAO-56, per lo specifico coefficiente colturale (Kc). Il Kc dipende dalla fase di sviluppo della coltura e dalle condizioni climatiche dell'ambiente di coltivazione. In letteratura, i valori di Kc sono riportati per molte colture, ma sono scarsi per quanto riguarda le piante officinali. Per il coriandolo è stato riportato un valore medio di

Kc di 0,86, con valori di 0,80, 1,00 e 0,80 rispettivamente nelle fasi iniziale, intermedia e finale del ciclo vegetativo.
I Kc determinati in lisimetro in Iran variano da 0,16, a 0,86 per la camomilla e da 0,14, a 0,7per il cumino.
Il basilico, che è una pianta officinale esigente in termini irrigui, ha un Kc che varia tra 1,5 (fine ciclo) e 2,8. Il Kc può anche essere suddiviso in due distinti coefficienti, uno per la traspirazione delle colture, cioè il coefficiente basale delle colture (*Kcb*), e uno per l'evaporazione del suolo (*Ke*); in questo caso parliamo di coefficiente colturale doppio. I coefficienti colturali singoli e doppi per fase iniziale, sviluppo, fase intermedia della melissa, sono 0,68, 0,93 1,19, e 0,42, 0,92, 1,16, rispettivamente.
Valori medi di Kc di 0,75 per la salvia sono stati calcolati in condizioni di campo nella regione della Nubaria in Egitto.

6.4 Qualità delle acque

La qualità delle acque è uno degli aspetti fondamentali da considerare per l'irrigazione, in quanto può influire sui parametri quali-quantitativi delle produzioni; la qualità delle acque viene in genere determinata in base alla temperatura, alle sostanze sospese e disciolte e al pH.
Oggigiorno l'acqua di buona qualità risulta un bene sempre più prezioso, per cui spesso ci si trova nelle condizioni di valutare, a scopi irrigui, l'impiego di acque di scarsa qualità come acque reflue ed acque con livelli crescenti di salinità.
A livello globale il 90% delle acque reflue viene utilizzato senza trattamenti preventivi; l'utilizzo di acque non trattate, in particolare per le piante officinali, può rappresentare un rischio per la salute umana, in quanto i contaminanti delle acque reflue possono essere trasferiti tal quali ai tessuti vegetali. Le acque reflue, se preventivamente trattate possono essere utilizzate in sicurezza e sono caratterizzate da un valore nutritivo superiore, valore che può incrementare la crescita delle piante, riducendo l'utilizzo di fertilizzanti. In aree come quella mediterranea, caratterizzate da prolungata carenza idrica, l'uso di acque reflue trattate per l'irrigazione e fertilizzazione combinate rappresenta una pratica colturale sostenibile anche per le piante aromatiche. Sino ad oggi poca attenzione è stata dedicata all'uso delle acque reflue trattate per la coltivazione di specie aromatiche, probabilmente per ragioni culturali legate alla cattiva percezione del riutilizzo di queste in agricoltura.
La resa e la qualità di origano e rosmarino per la produzione di oli essenziali non sono influenzate dall'utilizzo di acque reflue trattate, che, rispetto all'acqua potabile, determinano un incremento in produzione di biomassa ed oli essenziali. Si è visto anche che acque reflue con trattamenti secondari possono migliorare produzione di biomassa e oli essenziali nel basilico. La citronella (*Cymbopogon* spp.) irrigata con acque reflue non ha mostrato sintomi morfologici e fisiologici significativi; Cd, Pb e Ni sono stati i metalli pesanti più assorbiti dalla pianta e accumulati nella radice. La quantità di olio volatile di menta piperita aumenta quando viene irrigata con acque reflue trattate e non presenta concentrazioni rilevabili di elementi potenzialmente tossici negli oli essenziali.
Origano e basilico, cresciuti in un suolo calcareo ed irrigati con acque reflue trattate, incrementano la biomassa, il contenuto di macro e micro-elementi, e la produzione in olio rispetto a piante irrigate con acqua convenzionale.
In Egitto, si è visto che l'irrigazione con acque reflue trattate ha portato ad un aumento della concentrazione di olio essenziale in geranio (*Pelargonium graveolens* L'Hér) e finocchio ma ad una riduzione nelle piante di menta piperita e maggiorana (*Origanum majorana* L.).
Altra situazione comune negli ambienti costieri del Mediterraneo è quello della disponibilità ad uso irriguo di acque saline il cui utilizzo, oltre a indurre fenomeni di salinizzazione secondaria dei suoli, determina:

1. una riduzione del potenziale osmotico della soluzione del suolo con riduzione dell'acqua disponibile per le piante e conseguente stress idrico;
2. un deterioramento della struttura fisica del suolo tale da diminuire la permeabilità all'acqua e l'aerazione del suolo;
3. un aumento della concentrazione di alcuni ioni che hanno un effetto inibitorio sul metaboli-

smo delle piante (tossicità ionica specifica) e squilibri o carenze di nutrienti minerali;
4. una combinazione di questi effetti.

Diversi studi hanno riportato una riduzione della crescita delle piante in seguito a stress salino su finocchio, ortensia (*Hydrangea macrophylla* (Thunb.) Ser.), menta piperita, mentuccia (*Clinopodium nepeta* L.) e menta mela (*Mentha suaveolens* Ehrh.,), camomilla, timo marocchino (*Thymus maroccanus* Ball), geranio, timo volgare (*Thymus vulgaris* L.), finocchio, menta poleggio (*Mentha pulegium* L.). Sul cardo mariano (*Silybum marianum* (L.) Gaertn.), i parametri quali altezza della pianta, numero di foglie per pianta, numero di capolini per pianta, il diametro del capolino del germoglio principale, sono stati ridotti da valori di conducibiltà elettrica pari a 9 dS m^{-1}. Diminuzioni simili nella crescita dei parametri sotto stress salino sono stati trovati in *Withania somnifera* L. e *Catharanthus roseus* G. Don, achillea fragratissima (*Achillea fragrantissima* (Forssk.) Sch.Bip.), salvia, timo, cumino nero (*Nigella sativa* L.), camomilla e basilico.
Sul cardo mariano, i parametri quali altezza della pianta, numero di foglie per pianta, numero di capolini per pianta e il diametro del capolino del germoglio principale sono stati ridotti da valori di conducibiltà elettrica pari a 9 dS/m.
Per quanto riguarda l'effetto della salinità sul contenuto in oli essenziali, invece, sono stati effettuati studi che mostrano risultati discordanti. Da un lato in molte specie, come menta piperita, mentuccia e menta mela, timo marocchino, basilico, finocchio, lo stress salino determina un decremento della resa in olio, mentre in specie come camomilla, santoreggia (*Satureja montana* L.), salvia, coriandolo, un basso livello di salinità ha portato ad un incremento del contenuto in oli essenziali. La stimolazione della produzione di olio essenziale con un moderato grado di salinità potrebbe essere dovuto a una maggiore densità delle ghiandole dell'olio e ad un aumento del numero assoluto di ghiandole prodotte prima dell'emergenza fogliare. Lo stress salino può anche influenzare indirettamente l'accumulo di olio essenziale attraverso i suoi effetti sull'assimilazione netta o la ripartizione degli assimilati tra i processi di crescita e differenziazione. L'aumento del contenuto di olio in alcune delle piante stressate dal sale potrebbero essere attribuite al declino dei metaboliti primari a causa degli effetti della salinità, facendo sì che i prodotti intermedi siano disponibili per la sintesi dei metaboliti secondari.

Bibliografia

Abd El-Azim W.M., Ahmed S.Th. (2009) - Effect of salinity and cutting date on growth and chemical constituents of *Achillea fragratissima* Forssk, under Ras Sudr conditions. *Res. J. Agr. Biol. Sci.*, 5(6):1121-9.

Abd El-Wahab M.A. (2006) - The efficiency of using saline and fresh water irrigation as alternating methods of irrigation on the productivity of *Foeniculum vulgare* Mill subsp. vulgare var. vulgare under North Sinai conditions. *Res. J. Agr. Biol. Sci.*, 2(6):571-7.

Aziz E.E., Al-Amier H., Craker L.E. (2008) - Influence of salt stress on growth and essential oil production in peppermint, pennyroyal, and apple mint. *J. Herbs Spices Med. Plants*, 14(1 & 2):77-87.

Baghalian K., Haghiry A., Naghavi M.R., Mohammadi A. (2008) - Effect of saline irrigation water on agronomical and phytochemical characters of chamomile (*Matricaria recutita* L.). *Scientia Hort.*, 116:437-41.

Belaqziz R., Romane A., Abbad A. (2009) - Salt stress effects on germination, growth and essential oil content of an endemic thyme species in Morocco (*Thymus maroccanus* Ball.). *J. Applied Sci. Res.*, 5(7):858-63.

Ben Taarit M.K., Msaada K., Hosni K., Hammami M., Kchouk E., Marzouk B. (2009) - Plant growth, essential oil yield and composition of sage (*Salvia officinalis* L.) fruits cultivated under salt stress conditions. *Ind. Crops Prod.*, 30(3):333-7.

Ghavami A., Ramin A. (2008) - Grain yield and active substances of milk thistle as affected by soil salinity. *Comm. Soil Sci. Plant. Anal.*, 39(17 & 18):2608-18.

Hussain K., Majeed A., Nawaz Kh., Khizar H.B., Nisar M.F. (2009) - Effect of different levels of salinity on growth and ion contents of black seeds (*Nigella sativa* L.). *Curr. Res. J. Biol. Sci.*, 1(3):135-8.

JALEEL C.A., SANKAR B., SRIDHARAN R., PANNEERSELVAM R. (2008) - Soil salinity alters growth, chlorophyll content, and secondary metabolite accumulation in *Catharanthus roseus*. *Turk. J. Biol.*, 32:79-83.

LEITHY S., GABALLAH M.S., GOMAA A.M. (2009) - Associative impact of bio-and organic fertilizers on geranium plants grown under saline conditions. *Int. J. Acad. Res.*, 1(1):17-23.

MARTINS I.P., DE FARIA R.T., PALARETTI L.F., DOS SANTOS M.G., FISCHER FILHO J.A. (2019) - Evapotranspiration and crop coefficient of basil determined by weighing lysimeters. *Horticultura Brasileira*, 37(4), 373-378.

NAJAFIAN S., KHOSHKHUI M., TAVALLALI V., SAHARKHIZ M.J. (2009) - Effect of salicylic acid and salinity in thyme (*Thymus vulgaris* L.): investigation on changes in gas exchange, water relations, and membrane stabilization and biomass accumulation. *Aust. J. Basic. Appl. Sci.*, 3(3):2620-6.

RAZMJOO K., HEYDARIZADEH P., SABZALIAN M.R. (2008) - Effect of salinity and drought stresses on growth parameters and essential oil content of *Matricaria chamomilla*. *Int. J. Agric. Biol.*, 10(4):451-4.

SAEEDINIA M., HOSSEINIAN S.H., BEIRANVAND F., MUMIVAND H. (2019) - Study of the Essential Oil, Morphological Parameters, and Growth–stage-Specific Crop Coefficients of Summer Savory (*Satureja hortensis* L.). *Journal of Medicinal plants and By-product*, 8(1), 1-6.

SAID-AL AHL H.A.H., MAHMOUD A.A. (2010) - Effect of zinc and/or iron foliar application on growth and essential oil of sweet basil (*Ocimum basilicum* L.) under salt stress. *Ozean J. Appl. Sci.* 2010, 3(1):97-111.

Lo studio della risposta delle colture officinali alla dotazione in elementi nutritivi nel suolo è uno degli aspetti più complessi della ricerca agronomica su queste specie.

7 Fertilizzazione

Alessandra Carrubba, Giuseppe De Mastro, Mauro Sarno

7.1 Introduzione

Nella comune prassi agricola, la fertilizzazione costituisce senza dubbio uno tra i più importanti strumenti utilizzati per ottenere produzioni elevate e costanti. Anche nella coltivazione delle officinali, l'opportunità di ricorrere all'uso dei fertilizzanti, oltre ad essere ben nota presso i coltivatori, è stata riconosciuta dall'Organizzazione Mondiale della Sanità che, nelle linee guida emanate nel 2003 per la Buona Pratica Agricola e la Raccolta (*Good Agricultural and Collection Practices*, GACP) delle piante medicinali, ne definiva l'uso come "spesso indispensabile per ottenere produzioni elevate", sottolineando nel contempo la necessità di adottare tipologie adeguate e dosi mirate di fertilizzanti.

L'effetto della fertilizzazione sulle colture officinali è stato oggetto di una ricca attività sperimentale condotta in tutto il mondo, che ne ha preso in considerazione i più diversi aspetti in relazione ad un ampio numero di specie; tuttavia, l'estrema diversificazione degli ambienti e delle condizioni agronomiche coinvolti, la disomogeneità degli approcci utilizzati e degli obiettivi produttivi attesi rendono i risultati sperimentali difficilmente generalizzabili. È opportuno sottolineare inoltre che molte specie officinali coltivate (eccezion fatta per quelle di cui sono già note e disponibili delle vere varietà, come l'iperico, la lavanda, la salvia, l'origano e poche altre) non sono state ancora sottoposte ad uno specifico lavoro di miglioramento genetico, e molto spesso il materiale posto in coltivazione deriva dalla moltiplicazione di individui prelevati da stazioni spontanee. In queste condizioni, la risposta delle piante alla fertilizzazione è spesso imprevedibile e, talvolta, non del tutto rispondente alle attese del coltivatore.

In linea generale, gli effetti legati agli interventi fertilizzanti nelle officinali possono estrinsecarsi in tre distinte direzioni:

1. variazioni nella produzione di sostanza secca;
2. variazioni nella proporzione in cui i diversi organi sono presenti nelle piante;
3. modifiche nel livello di accumulo del principio attivo (o, come nel caso degli oli essenziali, di miscele di principi attivi diversi).

Il primo aspetto è, probabilmente, quello più semplice da determinare: numerosi studi hanno preso in considerazione un gran numero di specie officinali diverse, giungendo per lo più alla conclusione che in linea generale, ed entro certi limiti, un incremento nel livello di elementi nutritivi nel suolo induce effetti positivi sulla quantità di biomassa prodotta.

Il secondo aspetto assume una certa rilevanza nei casi in cui l'interesse dei coltivatori sia rivolto verso un particolare componente della pianta (semi, radici o fiori); in questo caso, l'effetto dei diversi elementi nutritivi (da soli o in combinazione) andrà analizzato in funzione della sua azione sull'accrescimento e lo sviluppo della coltura, e pertanto della ripartizione della biomassa vegetale tra le sue diverse frazioni.

Il terzo punto è probabilmente il più complesso, ma allo stesso tempo è quello che può maggiormente condizionare il valore commerciale delle produzioni officinali, poiché sono proprio i caratteri qualitativi (legati alla presenza e alla quantità dei principi attivi) che in questo gruppo di colture assumono importanza prioritaria. La maggior parte dei principi attivi delle piante officinali viene sintetizzata dalle piante attraverso specifici percorsi del metabolismo secondario. Malgrado oggi questi processi biosintetici siano conosciuti con un buon grado di dettaglio, la ricerca riguardante gli effetti della nutrizione minerale sulla loro evoluzione è ancora piuttosto carente. Alcuni studi, ad esempio, hanno esaminato la relazione intercorrente fra l'attività antiossidante di polveri preparate da alcune piante officinali coltivate in idroponica e la dotazione di elementi nutritivi del mezzo di coltura, confrontando il materiale ottenuto dalle piante coltivate con quello ricavato da popolazioni spontanee delle stesse specie. Il risultato è stato che piante di *Teucrium polium* L. coltivate hanno mostrato, rispetto al tipo selvatico, un significativo incremento (dose-dipendente) nell'attività antiossidante con l'incremento della concentrazione della soluzione nutritiva; al contrario, piante di *Eryngium creticum* Lam. hanno risposto agli stessi trattamenti in maniera diametralmente opposta, mostrando la massima attività antiossidante nei genotipi spontanei, e una graduale diminuzione di tale attività al crescere della concentrazione della soluzione nutritiva. Ciò che emerge, in generale, è che l'effetto degli elementi nutritivi sui parametri qualitativi delle colture officinali ha dimostrato un'ampia variabilità in funzione di diversi fattori genetici e ambientali.

Un ultimo aspetto qualitativo di una certa rilevanza, collegato al rapporto tra elementi minerali e piante officinali, riguarda l'attitudine dimostrata da alcune specie ad assorbire alcuni elementi dal suolo in maniera selettiva, e la conseguente presenza di tali elementi nel prodotto commerciale, significativa soprattutto quando le coltivazioni vengono effettuate su suoli inquinati, o comunque caratterizzati da quantitativi particolarmente elevati di elementi tossici o nocivi.

Per tutte le colture agrarie la pratica della fertilizzazione implica diverse scelte riguardanti forme, dosi ed epoche di distribuzione dei fertilizzanti, la cui individuazione presuppone una pianificazione accurata, che tenga conto di tutti i fattori ambientali ed agronomici coinvolti, sulla base della tipologia di resa desiderata. Tra i fattori da tenere in considerazione ricordiamo:

- i fabbisogni nutritivi della coltura, in funzione del genotipo e della produzione che ci si prefigge di ottenere;
- il posto occupato dalla coltura nella rotazione e l'eventuale presenza di consociazioni;
- le concimazioni organiche che si intendono praticare, il loro apporto in elementi nutritivi ed il loro contributo alle modifiche delle condizioni di struttura ed abitabilità del terreno;
- le pratiche colturali adottate, in particolare l'irrigazione e il tipo e profondità delle lavorazioni del terreno;
- i fattori climatici ed agronomici, che influenzano lo sviluppo delle colture e l'assorbimento degli elementi nutritivi;
- le condizioni del terreno, intese sia come disponibilità di elementi nutritivi che come possibilità di perdite o insolubilizzazione;
- eventuali vincoli determinati dalla tipologia di gestione dell'azienda.

Uno degli aspetti prioritari riguarda la **dose ottimale** di elementi nutritivi da somministrare nel corso del ciclo delle colture: se da un lato una dotazione insufficiente determina fenomeni di carenza, dall'altro un eccesso può – oltre a costituire un evidente spreco di risorse – danneggiare la coltura, in modo più o meno severo secondo l'elemento considerato e la suscettibilità della pianta. Alcuni elementi possono inoltre esercitare un effetto negativo sulle caratteristiche qualitative del prodotto, sia in termini di quantità che di qualità dei principi attivi contenuti.

Attraverso la redazione di un bilancio, che tenga conto su base annua degli *input* (apporti e disponibilità di quel dato elemento nel terreno) e degli *output* (possibili perdite per lisciviazione, volatilizzazione ecc.), la dose complessiva di fertilizzante da distribuire verrà individuata sulla base delle asportazioni determinate dalle produzioni attese. In questo senso, la valutazione della dotazione di elementi nutritivi già presenti nel suolo di coltivazione, nonché la quota di tali elementi che sono effettivamente disponibili per le piante nel corso del loro ciclo colturale, costituiscono aspetti di cruciale importanza. La disponibilità degli elementi nutritivi nel suolo dipende da numerosi fattori fisici e chimici, tra cui la matrice minerale di partenza, la tessitura, la struttura, la reazione e la presenza di sostanza organica. Uno tra i più importanti è la reazione (pH) del suolo, da cui in larga misura dipende la disponibilità degli elementi nutritivi per le piante.

In genere, questa è più elevata entro intervalli di pH variabili tra 6,5 e 7,5 (cioè prossimi alla neutralità). Ad esempio, il fosforo è reso indisponibile in suoli molto acidi a causa della sua precipitazione in forma di fosfati di ferro o di alluminio (insolubili), mentre in ambiente alcalino va incontro ad immobilizzazione per precipitazione in forma di fosfato di calcio (anch'esso insolubile). A livelli di pH intermedi, inoltre, anche l'attività biologica è più elevata, così che anche la sostanza organica viene mineralizzata più facilmente con conseguente rilascio di elementi nutritivi (N, P e S) in forma disponibile per le piante. Sono state attribuite ad alterazioni del pH (ed alla conseguente diminuzione della disponibilità di alcuni elementi minerali), ad esempio, le manifestazioni clorotiche con conseguente ritardo dell'accrescimento riscontrate su *Arnica montana* L. in ambiente alcalino. Al contrario, in suoli fortemente acidi, la disponibilità di numerosi elementi aumenta, fino a determinare un dannoso accumulo di metalli pesanti (Cd, Ni, ecc.), particolarmente nocivo in alcune specie più sensibili a tale fenomeno (*Hypericum perforatum* L., *Achillea millefolium* L. e altre).

Tra i fattori che, attraverso complessi meccanismi di interazione, regolano la risposta delle colture all'apporto dei fertilizzanti, anche il livello di umidità del terreno gioca un ruolo fondamentale: se, da un lato, l'assorbimento a livello radicale degli elementi nutritivi può avvenire solo in presenza di acqua, dall'altro un eccesso idrico nel terreno può determinare, per alcuni elementi molto solubili (come ad esempio l'azoto in forma nitrica), fenomeni di perdita per dilavamento. Vale la pena di ricordare le numerose implicazioni ambientali legate a questo fenomeno, e quindi al destino degli elementi più solubili nel suolo e nelle acque superficiali, che giustificano l'attenzione dedicata recentemente alla corretta gestione della fertilizzazione azotata.

Oltre alla presenza e alla disponibilità degli elementi nutritivi, una informazione chiave per l'individuazione della dose di fertilizzante da distribuire è costituita dall'entità delle asportazioni da parte delle piante. In linea generale, il totale delle asportazioni dal terreno di un dato elemento fertilizzante viene stimato sulla base della quantità di biomassa prodotta (frazione utile + residui) moltiplicata per il fabbisogno unitario in quell'elemento (cioè la quantità di quell'elemento contenuta nell'unità di peso della biomassa prodotta). Per numerose colture agrarie è possibile fare riferimento a tabelle in cui, per ogni specie e tipologia di "produzione utile" vengono riportati, con un buon grado di approssimazione, i valori delle asportazioni unitarie dei principali elementi nutritivi. Gli analoghi studi svolti nel settore delle colture officinali sono tuttavia ancora piuttosto limitati, e in questo gruppo di specie sono disponibili pochi riferimenti alle dinamiche di assorbimento degli elementi nutritivi. Le cause di ciò sono numerose, ma fra esse spicca la difficoltà nell'identificare univocamente ciò che si intende per "prodotto utile" e, per conseguenza, la mancanza di dati relativi al contenuto in elementi nutritivi della biomassa residuale, che pure entrano a far parte del bilancio degli elementi nutritivi.

L'individuazione della dose ottimale, inoltre, non è da sola sufficiente per la stesura di un piano di concimazione; altre valutazioni sono necessarie riguardo alla **modalità di somministrazione**. Poiché le esigenze della coltura non sono costanti nel corso del tempo, un aspetto tecnico cruciale è quello della sincronizzazione dei tempi di rilascio di un dato fertilizzante con i ritmi di assorbimento della coltura; il problema è complesso, poiché coinvolge diverse valutazioni sulla solubilità dei diversi elementi, sulla fisiologia delle colture e sull'interazione tra genotipo e condizioni ambientali, ma giustifica il ricorso al frazionamento delle dosi, comunemente attuato nella pratica, particolarmente per i concimi azotati.

Nella tabella 7.1 vengono riportati alcuni dati ricavati dalla letteratura mondiale riguardanti le dosi e le modalità di somministrazione di elementi fertilizzanti per alcune colture officinali. Vengono presi in considerazione i cosiddetti "tre elementi della fertilità", cioè l'azoto (N), il fosforo (P) e il potassio (K), normalmente adoperati nella pratica di campo, e le indicazioni riportate sono definite con l'obiettivo di ottimizzare le rese in biomassa, indipendentemente dagli aspetti qualitativi. Fatta salva l'ovvia necessità di riportare le informazioni incluse in tabella alle specifiche realtà ambientali ed aziendali di interesse, è possibile comunque ricavarne alcune indicazioni orientative. Una importante differenziazione emerge tra specie annuali e poliennali: molte

Tabella 7.1 - Dosi di fertilizzante e modalità di distribuzione in alcune colture officinali, in rapporto alle produzioni attese (dati ricavati da fonti bibliografiche diverse).

Specie	**Produzioni attese (t ha^{-1} p.f.)**	**N (kg ha^{-1})**	**P_2O_5 (kg ha^{-1})**	**K_2O (kg ha^{-1})**
		Annuali		
Achillea millefolium L.	Biomassa aerea (sommità fiorite): 5-12 t ha^{-1}	100	80-100	100-120
Anethum graveolens L.	Biomassa (germogli) 10-20 t ha^{-1}; semi: 0,6-1 t ha^{-1}	Per biomassa: 80-90 (50% alla semina, 50% 20-40 dd dopo l'emergenza); per seme: 60-70 (50% alla semina, 50% alla ripresa vegetativa)	50-70	50-70
Artemisia spp.				
■ *A. annua* L.	Biomassa aerea: 20-35 t ha^{-1}	50	50	50
■ *A. absinthium* L.	Biomassa aerea (sommità fiorite): 15-20 t ha^{-1}	150, in 2-3 frazioni	100	150
■ *A. pontica* L.	Biomassa aerea (sommità fiorite): 10-20 t ha^{-1}	120-160 (50% alla semina, 50% dopo l'emergenza)	100-120	100-120
Calendula officinalis L.	Capolini: 6-9 t ha^{-1}	40-50	Da 70-80 a 100	Da 70-80 a 50-100
Coriandrum sativum L.	Semi: 1,2-2 t ha^{-1}	Da 40-50 a 80-90	Da 40 a 80-100	40
Crocus sativus L.	Fiori: 0,5-0,8 t ha^{-1}; foglie: 10-15 t ha^{-1}	Solo in caso di carenza	60-70	60-70
Cuminum cyminum L.	Semi: 0,5-0,7 t ha^{-1}	30-40	30-40	30-40
Foeniculum vulgare Mill.	Semi: 1-1,5 t ha^{-1}; biomassa aerea (germogli): 20-30 t ha^{-1}	Per biomassa: 100-120 (50% all'emergenza, 50% alla ripresa vegetativa); per seme: 60-80 (1/3 alla semina, 2/3 alla ripresa vegetativa)	Da 30 a 100-150	Da 30 a 80-100
Matricaria chamomilla L.	Capolini: 7-8 t ha^{-1}	Da 30-50 a 80 (in primavera)	30-50	20
Ocimum basilicum L.	Biomassa aerea (foglie): 4-6 t ha^{-1}	40	40	40
Papaver somniferum L.	Latice: 50-60 kg ha^{-1}	60-120	70-100	70-100
Plantago ovata Forssk	Semi: 0,3-1 t ha^{-1}	25	25	25
Pimpinella anisum L.	Semi: 1 t ha^{-1}	50-60	60-70	60-70
Silybum marianum Gaertn.	Semi: 1,5 t ha^{-1}	50 (alla semina)	Da 30,5 a 140	Da 50 a 150
		Biennali o perenni		
Althaea officinalis L.				
1° anno	Biomassa aerea (sommità fiorite): 10-20 t ha^{-1}	100 (in 2 frazioni)	70	120
2° anno e success.	Biomassa aerea (sommità fiorite): 10-20 t ha^{-1}; radici: 4-8 t ha^{-1}	100 (in 2 frazioni)	0	0

►

Specie	Produzioni attese ($t\ ha^{-1}$ p.f.)	N ($kg\ ha^{-1}$)	P_2O_5 ($kg\ ha^{-1}$)	K_2O ($kg\ ha^{-1}$)
Angelica archangelica L.				
1° anno		50-70	100-120	100-120
2° anno e success.	Biomassa aerea (fusti e foglie): 15-20 $t\ ha^{-1}$; radici (3°-4° anno): 10-15 $t\ ha^{-1}$; semi: 1 $t\ ha^{-1}$	50-70 (in primavera)	0	0
Artemisia dracunculus L.				
1° anno	Biomassa aerea: 3-4 $t\ ha^{-1}$	40-50	60-70	120-150
2° anno e success.	Biomassa aerea: 10-13 $t\ ha^{-1}$	40-50	0	0
Atropa bella-donna L.				
1° anno	Biomassa aerea: 5 $t\ ha^{-1}$	100 (al trapianto)	100-120	0 (solo in caso di carenza)
2° anno e success.	Biomassa aerea: 12 $t\ ha^{-1}$; rizomi 3-4 $t\ ha^{-1}$	100 (prima della ripresa vegetativa)	0	0
Carum carvi L.	Semi 1,2-2 $t\ ha^{-1}$	100-120 (50% alla semina, 50% prima della ripresa vegetativa)	60-80	60-80
Chamaemelum nobile (L.) All.				
1° anno	Capolini: 2-3 $t\ ha^{-1}$	50-60 (prima della ripresa vegetativa)	80-120	80-120
2° e 3° anno	Capolini: 3,5-5 $t\ ha^{-1}$	50-60 (prima della ripresa vegetativa)		
Colchicum autumnale L.				
1° anno	Semi: 0,3-0,5 $t\ ha^{-1}$	0	80-100	80-100
2° anno e success.	Semi: 0,3-0,5 $t\ ha^{-1}$	40-50 (primavera)	0	0
Cymbopogon spp.	Biomassa aerea: 20-35 $t\ ha^{-1}$	90 (1/3 alla semina, 2/3 dopo la raccolta di ogni anno)	30	30
Digitalis lanata Ehr.				
1° anno		50 (alla semina)	200	80-90
2° anno	Foglie: 8-10 $t\ ha^{-1}$	100 (alla ripresa vegetativa)	0	0
Echinacea spp.				
■ *Echinacea angustifolia* DC				
1° anno		150 (1/3 alla semina, 2/3 prima della fioritura)	70	150
2° e 3° anno	Biomassa aerea: 5 $t\ ha^{-1}$; radici (3° anno): 2 $t\ ha^{-1}$	150 (1/3 prima della ripresa vegetativa, 2/3 prima della fioritura)		
■ *E. pallida* (Nutt) Nutt				
1° anno		150 (1/3 alla semina, 2/3 prima della fioritura)	70	150
2° e 3° anno	Biomassa aerea: 30 $t\ ha^{-1}$; radici (3° anno):15 $t\ ha^{-1}$	150 (1/3 prima della ripresa vegetativa, 2/3 prima della fioritura)		

Specie	Produzioni attese (t ha^{-1} p.f.)	N (kg ha^{-1})	P_2O_5 (kg ha^{-1})	K_2O (kg ha^{-1})
■ *E. purpurea* Moench				
1° anno		150 (1/3 alla semina, 2/3 prima della fioritura)	70	150
2° e 3° anno	Biomassa aerea: 30 t ha^{-1}; radici (3° anno): 15 t ha^{-1}	150 (1/3 prima della ripresa vegetativa, 2/3 prima della fioritura)		
Gentiana lutea L.				
1° anno		Da 0 a 40 al trapianto	100	100
2° anno e success.	Radici (5°-6° anno): 25-35 t ha^{-1}	Da 50-70 a 40-100 (in primavera)	0	0
Helichrysum italicum (Roth) Don				
1° anno		60-100 (50% alla semina, 50% 40-50 dd dopo l'emergenza)	80-100	80-100
2° anno e success.	Biomassa aerea (sommità fiorite): 8-12 t ha^{-1}	60-100 (50% alla ripresa vegetativa; 50% dopo il taglio)	0	0
Hypericum perforatum L.				
1° anno	Biomassa aerea (sommità fiorite): 1-5 t ha^{-1}	Da 0 a 100-150 in 3 frazioni	70-100	180-200
2° e 3° anno	Biomassa aerea (sommità fiorite): 15-20 t ha^{-1}	50-70		
Hyssopus officinalis L.				
1° anno	Biomassa aerea: 3-4 t ha^{-1}	Da 30-40 a 50-70 (primavera)	Da 60-80 a 70-90	Da 70-90 a 100-120
2° anno e success.	Biomassa aerea: 8-10 t ha^{-1}	Da 30-40 a 50-70 (primavera)	0	0
Lavandula spp.				
1° anno		50	50	50
2° anno e success.	Infiorescenze: 5-7 t ha^{-1} (lavanda); 12-15 t ha^{-1} (lavandini)	60-70 (primavera)	60-70	60-70
Origanum majorana L.				
1° anno	Biomassa aerea: 5 t ha^{-1}	60-70	60-70	60-70
2° anno e success.	Biomassa aerea: 8-10 t ha^{-1}	40-50	0	0
Malva sylvestris L.				
1° anno	Foglie: 8-10 t ha^{-1}	70-80	70-80	70-80
2° anno	Fiori: 0,5-0,8 t ha^{-1}; foglie: 10-15 t ha^{-1}	50-60	0	0
Melissa officinalis L.				
1° anno		Da 0 a 70, in 2 frazioni	Da 70 a 100-120	100-120
2° anno e success.	Biomassa aerea: 20-25 t ha^{-1}	Da 70 a 100-130 fino a 250, in 2-3 frazioni	0	0

Specie	Produzioni attese ($t\ ha^{-1}$ p.f.)	N ($kg\ ha^{-1}$)	P_2O_5 ($kg\ ha^{-1}$)	K_2O ($kg\ ha^{-1}$)
Mentha spp.				
■ *Mentha arvensis* L.		150-160	40-50	30-40
■ *M. x piperita* L.	Biomassa aerea: 25-30 $t\ ha^{-1}$	100-120 to 150-200	Da 50-80 a 100-120	Da 50 a 150-200
Origanum heracleoticum L.				
1° anno	Biomassa aerea: 2-3 $t\ ha^{-1}$	40-60	100-120	100-120
2° anno e success.	Biomassa aerea: 8-10 $t\ ha^{-1}$	40-60 (primavera)	0	0
Panax quinquefolius L.	Biomassa aerea: 8-120 $t\ ha^{-1}$	40 (primavera, ogni anno)	20	20
Rosmarinus officinalis L.				
1° anno	Biomassa aerea: 2-3 $t\ ha^{-1}$	Da 60-80 a 100, in 3-4 frazioni	Da 40 a 60-80	Da 40 a 80-100
2° anno e success.	Biomassa aerea: 2-3 $t\ ha^{-1}$	Da 60-80 a 100, in 3-4 frazioni	0	0
Salvia spp.				
■ *Salvia officinalis* L.				
1° anno	Biomassa aerea: 2-3 $t\ ha^{-1}$	Da 70-80 a 40-100	Da 30-80 a 100-150	Da 30-100 a 100-150
2° anno e success.	Biomassa aerea: 10-12 $t\ ha^{-1}$ (1° taglio); 8-9 $t\ ha^{-1}$ (2° taglio)	Da 70-80 a 40-80 (50% prima della ripresa vegetativa, 50% dopo il 1° taglio)	30-50 (se necessario)	30-70 (se necessario)
■ *Salvia sclarea* L.				
1° anno	Biomassa aerea: 2-3 $t\ ha^{-1}$	Da 50-80 a 100 alla semina/trapianto	Da 30 a 100	Da 30 a 100
2° anno e success.	Infiorescenze: 10 $t\ ha^{-1}$	Da 50-80 a 120 in primavera	0	0
Satureja montana L.				
1° anno	Biomassa aerea: 2-3 $t\ ha^{-1}$	50-80	50-80	50-80
2° anno e success.	Biomassa aerea: 10-13 $t\ ha^{-1}$	50-80 (prima della ripresa vegetativa)	0	0
Valeriana officinalis L.				
1° anno	Biomassa aerea: 2-3 $t\ ha^{-1}$	Da 50 a 60	Da 60 a 70-90	Da 100 a 200-220
2° anno	Rizomi e radici: 10-15 $t\ ha^{-1}$	50-80	0	0
Thymus vulgaris L.				
1° anno	Biomassa aerea: 2-3 $t\ ha^{-1}$	Da 40-50 a 100	Da 40-50 a 50-60	Da 40-50 a 100-120
2° anno e success.	Biomassa aerea: 5-6 $t\ ha^{-1}$	40-50 (in primavera)	0	0

p.f.: peso fresco (umidità alla raccolta).

officinali perenni, come salvia, genziana o lavanda, nel primo anno di coltivazione manifestano esigenze in elementi nutritivi abbastanza limitate a causa delle loro ridotte dimensioni iniziali; malgrado gli interventi fertilizzanti siano ritenuti indispensabili fin dal primo anno (allo scopo di assicurare un uniforme affrancamento del campo), le prime produzioni sono in genere piuttosto ridotte e difformi, e pertanto non vengono commercializzate e in qualche caso neanche raccolte. Per le specie annuali invece, la somministrazione di elementi nutritivi avverrà sulla base della quantità e del tipo di produzione attesa (seme o biomassa aerea), considerando anche il precedente colturale e, in generale, le disponibilità dei diversi elementi (accertate mediante analisi del terreno).

7.2 Fertilizzazione azotata

Fra tutti gli elementi fertilizzanti, l'azoto è senza dubbio quello che esercita sulle colture l'effetto più vistoso, fatto che spiega la tendenza da parte degli agricoltori a distribuirne quantità elevate e talvolta eccessive. L'azoto infatti entra a far parte di numerosi composti di primaria importanza per le piante, come la clorofilla, le proteine e gli acidi nucleici, oltre che di diversi metaboliti secondari (come alcaloidi e glicosidi cianogenetici, prodotti e accumulati in numerose piante medicinali), e la sua presenza è essenziale per lo sviluppo e l'accrescimento dei tessuti vegetali. Da un lato l'importanza di questo elemento per le colture, e dall'altro il grande numero di processi fisici e microbiologici che ne regolano l'evoluzione nel sistema suolo-pianta-atmosfera, tuttavia, impongono che la somministrazione di azoto sia effettuata mediante un accurato approccio in termini di bilancio, che tenga conto sia delle esigenze della coltura che delle complesse dinamiche a cui questo elemento è soggetto nel suolo.
Nella maggioranza dei casi, le piante assorbono l'azoto prevalentemente in forma nitrica (NO_3^-) e, in misura inferiore, ammoniacale (NH_4^+); mentre la seconda forma può venire trattenuta dal complesso colloidale del terreno, la prima è caratterizzata da un notevole grado di mobilità entro la soluzione circolante. Per questo motivo, l'azoto nitrico presente nel terreno e non immediatamente utilizzato dalle colture, soprattutto nei periodi a piovosità più intensa, è facilmente soggetto a perdite per lisciviazione, con conseguenti ricadute economiche, ambientali e sanitarie. Non sono infrequenti, infine, casi in cui un eccesso di fertilizzante azotato esercita sulla produzione un effetto negativo: fenomeni di allettamento (specialmente in colture particolarmente soggette a tale fenomeno, come l'anice o il coriandolo), maggiore suscettibilità all'attacco di insetti, eccessivo sviluppo delle foglie e delle parti verdi (anziché di altri organi di maggiore interesse), allungamento del ciclo e ritardo della fioritura, sono solo alcuni dei problemi più comunemente riscontrati. Altri inconvenienti più specifici possono essere rappresentati ad esempio dall'abbassamento del punto di inserzione dei fiori (lavanda e lavandino) o dalla riduzione della pezzatura dei fiori (camomilla romana), con conseguente contrazione del valore commerciale del prodotto.
La **dose ottimale** di azoto da somministrare, pertanto, viene stimata sulla base del fabbisogno della coltura, a sua volta dipendente dal tipo e dalla quantità di produzione che ci si attende di ottenere. Così, ad esempio, la dose ottimale di azoto per la produzione di prodotto erboristico è frequentemente più elevata di quella richiesta per la frazione riproduttiva della pianta: nel caso dell'aneto (*Anethum graveolens* L.), si suggerisce la distribuzione di 80-90 kg ha^{-1} quando le piante vengono destinate alla produzione di foglie, mentre per ottenere una buona resa in seme sono sufficienti quantitativi di N più ridotti (60-70 kg ha^{-1}). Poiché, inoltre, l'azoto tende a favorire lo sviluppo della parte aerea a scapito della formazione delle radici, quando sono queste ultime a costituire la frazione commercialmente rilevante (come nella valeriana, nella genziana o nell'echinacea), le dosi di azoto saranno di norma più ridotte.
Ovviamente, nella determinazione della resa entrano in gioco molte variabili legate al genotipo coltivato, alle condizioni pedoclimatiche e alla tecnica agronomica, di cui occorrerà tener conto caso per caso.
La disponibilità idrica del terreno, la presenza di altri elementi e la forma (organica o minerale) del fertilizzante azotato distribuito costituiscono solo alcuni dei fattori che determinano il livello

di utilizzazione dell'azoto da parte delle piante. Si definisce Efficienza di Uso dell'Azoto (in inglese Nitrogen Use Efficiency, NUE) la quantità in kg di biomassa (o granella) prodotta per ogni kg di azoto disponibile nel terreno. Prove svolte su coriandolo (*Coriandrum sativum* L.) hanno dimostrato che la NUE aumenta progressivamente con l'incremento dell'acqua di irrigazione: condizioni di suolo asciutto, infatti, limitano l'accrescimento delle radici riducendo, tra l'altro, anche l'assorbimento dell'azoto. Analogamente, un moderato apporto N-P – presumibilmente per effetto dell'azione favorevole sullo sviluppo radicale e del conseguente miglioramento della capacità delle radici di estrarre l'acqua dal terreno – ha mostrato di mitigare l'effetto negativo dell'aridità sulla resa in biomassa in *Bupleurum chinense* DC, un'Apiacea di origine asiatica le cui radici vengono utilizzate dalla medicina tradizionale cinese.

Gli effetti sulla resa della fertilizzazione azotata sono stati studiati nel dettaglio in numerose officinali; in linea generale, l'effetto più evidente di tale pratica è quello di promuovere l'accrescimento della pianta. Esempi di specie in cui somministrazioni di azoto crescenti hanno determinato incrementi anche vistosi nella resa in prodotto erboristico riguardano coriandolo, menta scozzese (*Mentha gracilis* Sole), menta piperita (*Mentha x piperita* L.), citronella di Giava (*Cymbopogon winterianus* Jowitt), *Salvia fruticosa*, *Hypericum perforatum* L., *Pelargonium* sp., *Lavandula* sp., *Ocimum basilicum* L., e numerose altre. Questo effetto è molto marcato alle dosi più basse e diventa sempre meno evidente all'aumento delle dosi somministrate, fino ad un valore soglia che può essere considerato come la dose di azoto ottimale per una data coltura e in specifiche condizioni colturali. La relazione tra resa e la quantità di azoto somministrato assume spesso una forma non lineare; nell'esempio riportato per il ginseng americano (*Panax quinquefolius* L.) (Fig. 7.1), si può osservare come, al crescere della dose di azoto somministrata, il peso secco del prodotto commerciale (costituito dalle radici) aumenti fino ad un valore massimo in corrispondenza della dose di 40 kg di N per ettaro, per poi diminuire una volta oltrepassato tale limite.

È interessante notare inoltre come la risposta alla fertilizzazione azotata, minima se non nulla nei primi anni di vita delle piante, sia più evidente nelle radici al quarto anno di età. Questo particolare andamento della risposta produttiva in funzione della dose di fertilizzante azotato, crescente alle dosi inferiori e decrescente oltre il valore massimo ideale, si ripete in maniera più o meno evidente in moltissime officinali, probabilmente perché, in molti casi, dosi elevate di N determinano un incremento della produzione di biomassa, a scapito della produzione di semi o radici. Ad esempio nel coriandolo (Fig. 7.2), una tipica officinale da seme, prove svolte in Argentina hanno evidenziato un incremento della resa in frutti ("semi") fino alla dose di 75 kg ha^{-1} di N, seguito da un decremento oltre tale valore.

Il fatto che i diversi organi della pianta possono

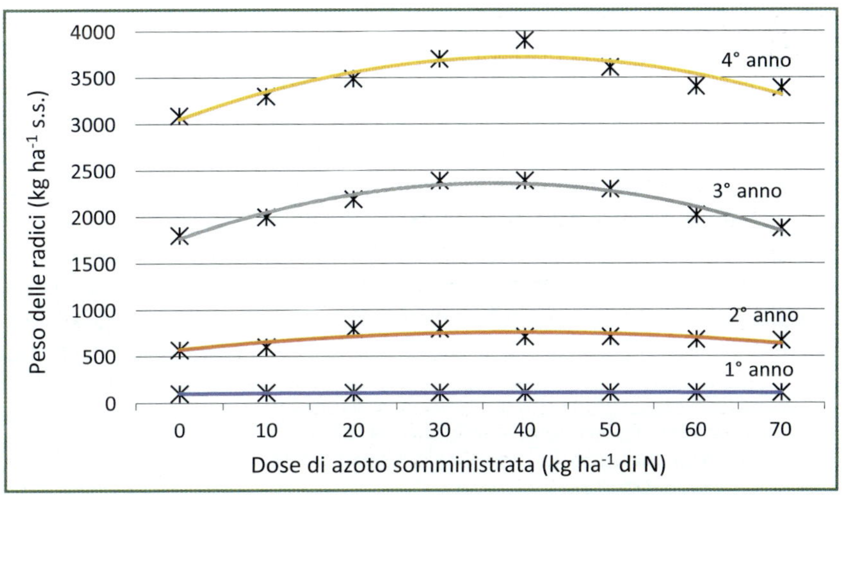

Figura 7.1 - Produzione di radici di ginseng (kg ha^{-1} di s.s.) in una coltivazione quadriennale sottoposta a dosi crescenti di fertilizzante azotato (da Beyaert 2005, modificato).

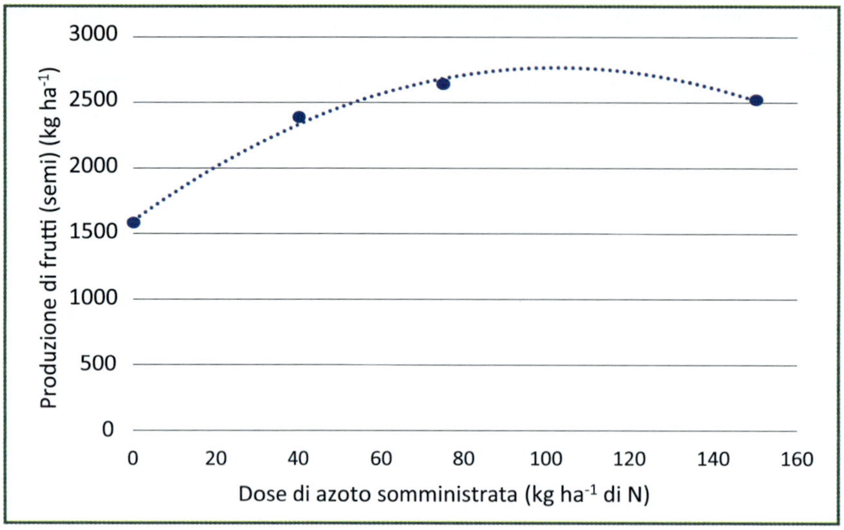

Figura 7.2 - Produzione di frutto (seme) di coriandolo (kg ha^{-1} di s.s.) con dosi crescenti di fertilizzante azotato (da Lenardis *et al.*, 2000, modificato).

presentare una risposta differenziata alla fertilizzazione azotata spiega perché in alcuni casi le variazioni dell'Harvest Index[1] siano più evidenti delle variazioni assolute delle diverse componenti; ad esempio nella borragine (*Borago officinalis* L.) l'HI tende a diminuire con dosi di azoto crescenti, mentre la biomassa totale aumenta e la resa in seme sembra praticamente inalterata (Fig. 7.3).

Oltre all'individuazione della dose di azoto da somministrare, un altro aspetto di importanza cruciale è costituito dal suo eventuale **frazionamento** nel corso del ciclo colturale. Il tasso di utilizzazione dell'azoto da parte di una coltura, infatti, non è costante nel corso del tempo ma differenziato nel corso dello sviluppo. Nella maggior parte delle colture, la quota principale dell'azoto assorbito viene prelevato durante la fase vegetativa del ciclo, con ritmi crescenti a partire dalla fase di emergenza (in cui il fabbisogno è minimo a causa delle ridotte dimensioni delle piantine) fino alla fioritura. Dopo la fioritura l'asportazione di azoto dal terreno è di norma sensibilmente inferiore, e in questa fase la funzione principale dell'elemento è legata alla produzione delle proteine nei frutti/semi (ruolo che peraltro viene svolto anche dall'azoto precedentemente accumulato nelle strutture vegetative della pianta, e mobilizzato da queste ai frutti in formazione). Il contributo di questi tre processi - assorbimento dal terreno prima della fioritura, assorbimento dopo la fioritura e traslocazione da un organo all'altro nella pianta - varia da specie a specie e può essere influenzato da variabili agronomiche come la disponibilità di N nel terreno nei diversi periodi dello sviluppo della pianta; tale disponibilità è, a sua volta, influenzata dall'epoca di distribuzione del fertilizzante azotato, e da condizioni ambientali come ad esempio la presenza di stress biotici o abiotici.

Per questo motivo, con l'obiettivo di sincronizzare la domanda da parte della pianta con la disponibilità nel terreno, la dose di azoto annua viene frazionata in due o più interventi; la quantità da somministrare all'impianto è in genere piuttosto ridotta, mentre le dosi successive vengono distribuite alle piante nel corso del loro accrescimento, sulla base delle loro necessità.

Il problema dei tempi di rilascio dell'azoto assume particolare rilevanza nel caso dell'azoto proveniente da fonti organiche. A parità di N somministrato, infatti, l'applicazione di N in forma organica produce sulle colture effetti molto meno evidenti rispetto alla fertilizzazione minerale, poiché le unità fertilizzanti applicate in questa forma necessitano di subire il processo di mineralizzazione per liberare nel suolo azoto minerale direttamente utilizzabile dalle piante. L'attività dei microrganismi responsabili della nitrificazione della sostanza organica dipende da numerosi fattori,

[1] Si definisce Harvest Index (HI) di una coltura il rapporto percentuale tra il peso del suo prodotto commerciale (nelle colture da seme, la granella) e il peso totale della biomassa prodotta.

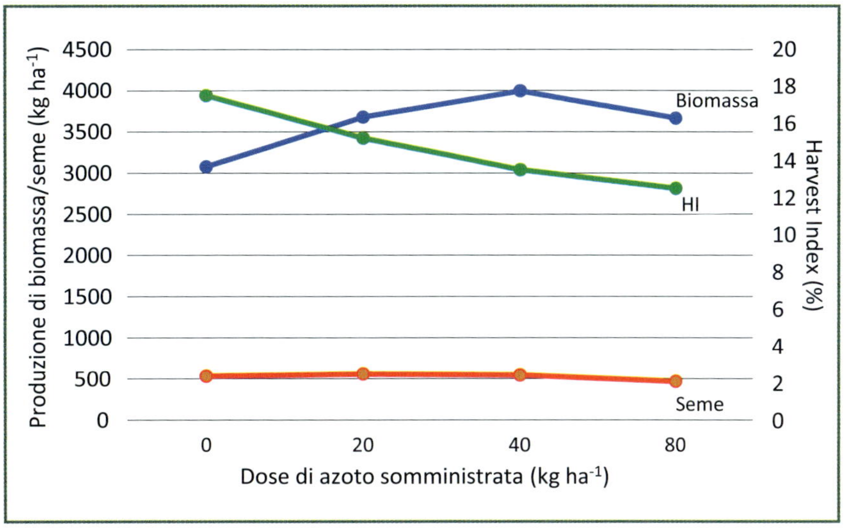

Figura 7.3 - Variazioni della resa in biomassa (linea blu), della resa in seme (linea rossa) e dell'Harvest Index (linea verde) in piante di borragine con dosi crescenti di fertilizzante azotato (da El Hafid *et al.*, 2002, modificato).

tra cui le condizioni di umidità e temperatura del suolo e le caratteristiche della sostanza organica somministrata, prima fra tutte il rapporto C/N. Di norma, si considera che una biomassa avente un rapporto C/N > 24 contenga un quantitativo di N inferiore alle esigenze dei microrganismi, che dunque tenderanno a prelevare per il loro metabolismo l'azoto minerale presente nel terreno (immobilizzazione); al contrario, la distribuzione di sostanza organica avente un rapporto di C/N<24 (quindi caratterizzata da elevate quantità di N rispetto al C) fa sì che l'attività microbica si orienti verso la mineralizzazione della sostanza organica presente.

Incrementi di resa attribuiti all'effetto dell'uso di fertilizzanti organici sono stati rilevati sulla biomassa e la resa in olio di *Pelargonium* spp., e sulla produzione di seme del coriandolo. Alcuni dei risultati positivi riscontrati potrebbero comunque essere associati al contenuto idrico del suolo, un aspetto che è stato preso in considerazione in alcuni esperimenti su Goji (*Lycium barbarum* L.), in cui la fertilizzazione in biologico ha condotto ad una produzione più elevata di biomassa secca rispetto alle tecniche convenzionali, purché l'umidità del suolo fosse comunque mantenuta su livelli ottimali.

In coriandolo coltivato in aree meridionali, invece, l'uso di fertilizzanti organici ha dato luogo a rese in granella più basse rispetto ai convenzionali (concimi nitrici o urea), probabilmente a causa del basso tasso di nitrificazione in queste condizioni climatiche. In queste condizioni, la fertilizzazione azotata ha esercitato sulla resa gli effetti più vistosi quando somministrata in forma rapidamente assimilabile, e di conseguenza utilizzata dalle piante fin dai primi momenti dopo la distribuzione. Molto spesso il lento rilascio di N dai fertilizzanti organici viene considerato vantaggioso dal punto di vista della salvaguardia ambientale; è vero d'altra parte che in un gran numero di condizioni sperimentali i fertilizzanti organici non sono apparsi in grado di rilasciare azoto in quantità sufficiente per ottenere una produzione remunerativa, motivo per cui alcuni autori suggeriscono, prima dell'uso dei fertilizzanti organici commerciali, di verificarne l'abilità alla mineralizzazione dell'N.

Gli effetti della fertilizzazione azotata sulla quantità e la composizione dei metaboliti attivi, infine, costituiscono un argomento di rilevante importanza. Per quanto riguarda l'aspetto strettamente quantitativo, indicato dalla quantità di metaboliti secondari prodotta, ci si potrebbe ragionevolmente attendere che una pianta sana e meglio sviluppata sintetizzi quantità di metaboliti secondari più elevate. In effetti, in numerose specie da olio essenziale (salvia, basilico, *Mentha gracilis* Sole, *Pelargonium* sp.), un incremento della fertilizzazione azotata ha apparentemente condotto ad un incremento nella produzione di olio essenziale. Tuttavia, osservazioni più approfondite hanno mostrato come, in più di un caso, questi risultati fossero da attribuire più ad un incremento nella resa in biomassa che ad un effettivo aumento della biosintesi di olio essenziale. In altre specie e condizioni sperimentali, di contro, sono stati ottenuti risultati molto diversi: la fertilizzazione azotata ha dimostrato di interferire con la produzione di olio essenziale in *Lavandula spica* ed in anice, mentre non ha esercitato alcun effetto in *Salvia fruticosa, Salvia officinalis* e coriandolo; in quest'ultima specie, alcuni studi hanno anzi stabilito che, special-

Scheda 7.1 - La fertilizzazione organica

L'accresciuto interesse nei confronti della salubrità e della qualità delle produzioni officinali è ormai evidente in tutto il mondo, e indipendentemente dalla loro destinazione d'uso finale, questo gruppo di specie deve soddisfare un numero crescente di vincoli qualitativi. In questo senso, la certificazione biologica è un requisito abbastanza comune e, sebbene sotto alcuni punti di vista le differenze tra organico e convenzionale siano ancora argomento di dibattito, un numero crescente di coltivatori di piante officinali si sta orientando verso questo tipo di gestione aziendale. In Italia, più del 60% delle aziende impegnate nella coltivazione delle piante officinali utilizza il metodo biologico o biodinamico. La gestione biologica comunque richiede un approccio particolare al problema della fertilizzazione, poiché in biologico le condizioni di fertilità del suolo sono mantenute o incrementate per mezzo di particolari tecniche agricole, come le rotazioni poliennali comprendenti leguminose e colture da sovescio, o mediante la distribuzione di un numero abbastanza limitato di prodotti consentiti. I regolamenti sul biologico non consentono l'uso di fertilizzanti di origine sintetica, e laddove input esterni siano ritenuti necessari, questi devono essere limitati a materiali derivanti da altre produzioni biologiche (letame o materiale organico, ambedue preferibilmente compostati), sostanze naturali e di derivazione naturale, e fertilizzanti minerali a bassa solubilità (Reg. UE n. 834/2007). La limitazione per la fertilizzazione a sostanze naturali o di derivazione naturale pone comunque alcune questioni riguardanti la nutrizione delle colture, soprattutto perché ci si attende una modificazione nella velocità di rilascio (e quindi nella disponibilità per le piante) degli elementi in forma organica. Alcuni autori hanno tuttavia dimostrato che in effetti solo l'azoto viene rilasciato lentamente dai fertilizzanti organici, mentre in P e K il processo di rilascio avviene piuttosto rapidamente. Queste condizioni generali possono spiegare il ben noto fenomeno per cui, in agricoltura biologica, uno dei fattori che maggiormente influiscono sulla resa delle colture è la disponibilità di azoto nel suolo, giustificando così il fatto che la problematica relativa alle fertilizzazioni in biologico è, di fatto, un'estensione della problematica riguardante la fertilizzazione azotata e che, per conseguenza, la maggior parte delle indicazioni tecniche relative alla nutrizione delle piante in biologico sono per lo più riguardanti l'azoto. In ogni caso, la fertilizzazione organica conduce a un numero di effetti benefici sull'agroecosistema che superano il semplice effetto nutrizionale; alcuni tra questi, soprattutto quando si utilizza letame maturo o sostanza organica compostata, possono senz'altro essere individuati nella positiva azione su alcuni parametri del suolo, soprattutto la capacità di ritenzione idrica, la capacità di scambio cationico e l'attività microbica. Sulla scorta di queste considerazioni, alcuni autori suggeriscono la pratica della fertilizzazione per mezzo di fertilizzanti sia organici che chimici, con l'obiettivo di evitare gli svantaggi ed incrementare i vantaggi di ambedue le modalità. Nel caso dell'azoto, questi trattamenti "misti" potrebbero risolvere il problema del sopra citato differente rilascio dell'azoto nelle due forme, consentendo così alla fertilizzazione di soddisfare le necessità delle colture nel corso del loro ciclo biologico. Varie combinazioni di fertilizzanti appartenenti alle diverse tipologie (talvolta addizionate di elementi minerali, lieviti, amminoacidi, RBPC (Rizobatteri Promotori della Crescita, in inglese *PGPR, Plant Growth Promoting Rhizobacteria*) sono state sperimentate su coriandolo, aneto, finocchio da seme, *Tagetes erecta* L., *Hyocyamus muticus* L. e numerose altre specie officinali, ma la variabilità dei risultati ottenuti non consente di effettuare considerazioni conclusive, per cui, in ogni caso, sembra opportuno richiamare l'opportunità di effettuare accurate valutazioni preliminari delle piante, del suolo e delle condizioni ambientali.

mente in alcuni genotipi, una dotazione elevata di N orienta il metabolismo verso la produzione di biomassa piuttosto che verso la produzione di oli essenziali.

La dotazione complessiva di N del terreno si è rivelata determinante nella composizione dell'aroma di alcuni genotipi tradizionali di riso aromatico cinese, così come ha dimostrato di incrementare il contenuto in mentolo e mentone nell'olio essenziale di menta, e di diminuire il carvone ed incrementare il limonene nella menta scozzese. Al contrario, non è stato riscontrato alcun effetto sulla composizione dell'olio essenziale nel basilico e nella salvia. Nella liquirizia, la fertilizzazione azotata ha condotto alla produzione di radici e rizomi scarsamente dotati in glicirrizina, mentre nessuna risposta è stata dimostrata sul contenuto in ginsenosidi nelle radici di ginseng. Anche in composti secondari diversi dagli oli essenziali, come gli alcaloidi nelle *Papaveraceae* o nelle *Solanaceae*, la dotazione in elementi nutritivi del suolo è uno fra i fattori ambientali coinvolti nei processi di biosintesi ed accumulo, ed in alcune specie (lupino, orzo, datura, atropa, papavero, pervinca e belladonna) è stata accertata una correlazione diretta e positiva del contenuto in alcaloidi con il contenuto in azoto dei tessuti vegetali. In particolare, nella belladonna questa correlazione è stata più significativa in condizioni di stress idrico; a questo proposito, diversi autori suggeriscono che in condizioni di stress idrico le piante produttrici di alcaloidi possono indirizzare il loro metabolismo verso la sintesi di questi, che quindi potrebbero rappresentare la modalità preferenziale di stoccaggio dell'azoto nelle piante in condizioni di stress.

7.3 Fertilizzazione P-K

Anche nel caso della fertilizzazione con fosforo (P) o potassio (K) (rivedi Tab. 7.1) valgono le avvertenze già citate nel caso della fertilizzazione azotata, ed è opportuno sottolineare che la necessità di intervenire con la somministrazione di questi elementi deve essere attentamente valutata sulla base degli obiettivi dei produttori. In primo luogo, estremamente importante è la determinazione della disponibilità di questi elementi nel suolo. L'esecuzione di analisi del terreno consentirà di distinguere fra suoli poveri o mediamente dotati, in cui la distribuzione di P e K verrà effettuata ripristinando la quantità di tali elementi nutritivi asportata dalla coltura (dipendente dalle rese), e suoli ricchi in cui la somministrazione sarà evitata, almeno fino a quando un'ulteriore analisi non evidenzi che il contenuto in quel particolare elemento nutritivo si è abbassato fino all'intervallo di dotazione media.

Al contrario di quanto visto per l'azoto, P e K, dotati di una scarsa mobilità entro il profilo del terreno, vengono in genere somministrati in coincidenza con le lavorazioni preparatorie, consentendo così alle colture di prelevarli dal suolo nel corso dell'approfondimento delle radici. Molto spesso, con l'obiettivo di stimolare lo sviluppo dell'apparato radicale, si suggerisce al momento della semina o del trapianto la distribuzione localizzata in prossimità del seme (o della piantina trapiantata) di fosfato mono-ammonico (concimazione *starter*).

Il fosforo ha dimostrato un effetto positivo sullo sviluppo degli organi riproduttivi e sulla stimolazione del processo di fioritura, oltre alla capacità di anticipare la maturazione nelle colture da granella, inducendo importanti meccanismi di "fuga dall'aridità". Nella salvia, moderate disponibilità di P permettono di ottenere piante più alte e con un maggior numero di ramificazioni, portando in definitiva ad un significativo incremento della biomassa prodotta. In questa specie, il periodo di massimo fabbisogno in P coincide con la fase di formazione del seme, e quindi è successivo rispetto a quello individuato per l'azoto. Dal punto di vista qualitativo, una buona disponibilità di P nel suolo si è dimostrata essenziale per la produzione di glicosidi nella digitale (*Digitalis purpurea* L., *D. lutea* L., *D. lanata* Ehr.).

Anche per il P, disponibilità eccessive sono di ostacolo per numerosi aspetti della produzione delle officinali. Nella salvia, eccessi di P determinano l'arresto della crescita e dello sviluppo delle piante, mentre nel papavero da oppio (*Papaver somniferum* L.) sono ritenuti responsabili di una maggiore suscettibilità alle infezioni fungine nelle capsule. L'incidenza di tali effetti negativi è comunque fortemente dipendente dal diverso grado di sensibilità delle specie considerate, e in qualche caso (ad esempio nel vetiver (*Vetiveria zizanoides* (L.) Nash), la soglia di tossicità è solo di poco superiore alla dose considerata ottimale.

Dal punto di vista qualitativo, le risposte osservate sono state assai differenziate, e la somministrazione di P ha determinato un incremento della resa in olio essenziale nella melissa (*Melissa officinalis* L.) e nella menta giapponese, inducendo al contrario una diminuzione dell'olio essenziale di lavanda e nessun effetto significativo nella salvia. Il Potassio ha mostrato effetti positivi sullo sviluppo e l'allungamento delle radici, utile soprattutto in alcune officinali come la valeriana o l'*Echinacea angustifolia*. Nella pratica di campo, le somministrazioni di potassio hanno mostrato un effetto positivo sulla differenziazione degli steli nel timo e sulla massa radicale e il contenuto in acidi fenolici in *Salvia miltiorrhiza* Bunge. Analogamente a quanto riscontrato per gli altri elementi nutritivi, anche per il K sono possibili condizioni di eccesso: nella lavanda, un eccesso di K promuove la formazione di canfora, un componente indesiderato dell'olio essenziale; nella citronella di Giava mostra un effetto depressivo sulle rese in olio essenziale; nella belladonna, la sua disponibilità è inversamente correlata con il contenuto in alcaloidi. È stato ampiamente dimostrato, comunque, che nella determinazione delle rese, un rapporto bilanciato tra gli elementi nutritivi è più importante del loro contenuto assoluto. Nelle specie produttrici di camazulene (come ad esempio la camomilla), un basso rapporto N:K (sbilanciato verso il K) induce la produzione di fiori di dimensioni maggiori, ma la qualità dell'olio si riduce a causa dell'incremento in bisabololo ossido; per contro, quantità proporzionalmente elevate di N e basse di K (e quindi un elevato rapporto N:K) conducono a un contenuto elevato in bisabololo. D'altronde, fenomeni di reciproca interferenza tra gli elementi nutritivi sono piuttosto comuni, e si riscontra frequentemente il fatto che un elemento manifesta gli effetti più evidenti quando anche gli altri sono presenti in quantità ottimali: le somministrazioni di P con funzione "starter" determinano un aumento dell'efficienza della concimazione azotata nelle prime fasi della crescita; nella melissa (*Melissa officinalis* L.), la fertilizzazione fosfatica produce effetti più marcati quando il P viene somministrato insieme all'azoto, e nel coriandolo (*Coriandrum sativum* L.) le rese in seme più elevate si registrano quando i tre elementi nutritivi principali (N, P e K) vengono somministrati insieme (Fig. 7.4).

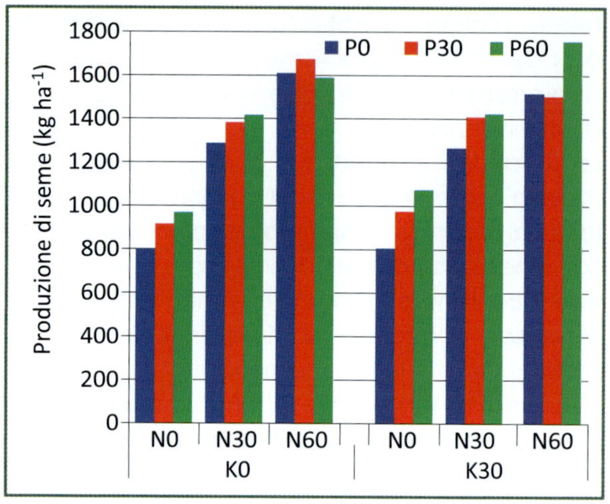

Figura 7.4 - Effetti sulla produzione di seme di coriandolo della somministrazione di quantità crescenti di N, P e K (da Ughreja e Chundawat, 1992, modificato).

7.4 Altri elementi

Malgrado l'interesse principale sia rivolto comunemente solo ad azoto, fosforo e potassio, gli elementi che esercitano un effetto sulle funzioni vitali e produttive delle officinali sono un numero di gran lunga superiore; alcuni tra questi (come B, Mg, Fe, Ca e altri) sono riconosciuti come "essenziali", altri (come Cl e Na) sono noti come tossici, ma la maggior parte viene per lo più ignorata, semplicemente perché nella maggior parte dei casi la loro carenza non produce sintomi evidenti. Dalla scarsa letteratura disponibile su questo argomento per le colture officinali, può comunque essere ricavata qualche utile informazione: una buona dotazione in calcio (Ca) è ritenuta utile per la produzione di seme dell'anice, e distribuzioni di calcio e magnesio hanno determinato significativi incrementi della resa in prodotto erboristico in *Origanum heracleoticum* L. Il ferro (Fe) assume importanza cruciale nei suoli calcarei, in cui applicazioni di questo elemento sono spesso necessarie in colture suscettibili alla clorosi, come la genziana o la citronella di Giava; un altro aspetto degno di nota è l'incremento della densità di ghiandole nei semenzali di *Salvia fruticosa*, fenomeno particolarmente interessante dato che può condurre ad un significativo incremento (fino al 20% circa) nella resa in olio essenziale. Nella palmarosa, applicazioni di Fe sotto

forma di solfato ferrico prima dell'inizio della fioritura hanno dato luogo a significativi incrementi nella resa in prodotto erboristico.
Il Manganese (Mn) ha dimostrato un'elevata capacità di incrementare la produzione di olio nella citronella di Giava; nella belladonna una somministrazione precoce di Co incrementa il contenuto in alcaloidi, e diversi elementi (B, Mo, Zn, Mn e Co) stimolano la produzione di fiori e il contenuto in carotenoidi nella calendula.
Infine, vale la pena di ricordare che alcuni elementi minerali assorbiti dal suolo possono venire accumulati nei tessuti vegetali e residuare nel prodotto commerciale. Nelle officinali, la presenza di questi elementi minerali può costituire uno svantaggio, quando si tratta di elementi tossici o comunque dannosi, ma talvolta viene considerata una caratteristica positiva qualora ne venga valorizzato il ruolo come integratori dietetici. In ogni caso, quando le officinali sono utilizzate per il consumo umano come nel caso delle spezie o degli infusi d'erbe, la presenza di elementi minerali non può venire trascurata, e la determinazione del loro contenuto nelle piante officinali o nei prodotti da esse derivati è stata oggetto di numerose indagini sperimentali.
Il contenuto in metalli pesanti nelle officinali dipende da diversi fattori, tra cui in primo luogo le caratteristiche chimico-fisiche ed il livello di contaminazione dei suoli adoperati per la coltivazione delle piante. Nel corso degli anni, molti suoli sono stati soggetti ad accumulo di quantitativi a volte elevati di alcuni minerali di origine antropogenica, sia come effetto del crescente ricorso alla fertilizzazione, sia (soprattutto nel caso di alcuni metalli pesanti come Pb, Cd, Cr, Ni, Hg), sotto l'influenza della presenza di grossi centri industriali, autostrade, giacimenti e fonderie, centrali elettriche e discariche. Il fenomeno è particolarmente rilevante in alcune specie, che hanno dimostrato di essere in grado di concentrare grandi quantità di elementi tossici, comportandosi da "iperaccumulatori" di metalli pesanti; tra queste ad esempio la *Salvia sclarea*, che preleva dal suolo in maniera selettiva ed è in grado di concentrare Pb, Cu, Zn e Cd in tutte le parti della pianta, soprattutto le foglie. Il rischio sanitario che ne consegue è evidente, e l'Organizzazione Mondiale della Sanità ha più volte sottolineato l'importanza di assicurare alle officinali adeguati standard qualitativi evitando la loro contaminazione con elementi tossici e dannosi, soprattutto arsenico e metalli pesanti. Elevate concentrazioni in particolari elementi chimici nelle officinali possono comunque essere dovute anche ad altri fattori. Alcune ricerche hanno riportato che in alcuni Paesi asiatici le preparazioni erboristiche vengono talvolta intenzionalmente "arricchite" con metalli pesanti, a cui le medicine tradizionali indiana (Ayurvedica) e Cinese attribuiscono proprietà terapeutiche.

Bibliografia

Beyaert R.P. (2005) - Influence of Nitrogen fertilization on the growth and yield of North American ginseng. *Journal of Herbs, Spices & Medicinal Plants*, Vol. 11(4): 65-80. https://doi.org/10.1300/J044v11n04_08.

Carrubba A. (2009) - Nitrogen fertilisation in coriander (*Coriandrum sativum* L.): a review and meta-analysis. *Journal of the Science of Food and Agriculture*, 89: 921-926. https://doi.org/10.1002/jsfa.3535.

Carrubba A. (2014) - Organic and chemical N fertilization on coriander (*Coriandrum sativum* L.) in a Mediterranean environment. *Industrial Crops and Products*, 57: 174-187. http://dx.doi.org/10.1016/j.indcrop.2014.03.030

El Hafid R., Blade S.F., Hoyano Y. (2002) - Seeding date and nitrogen fertilization effects on the performance of borage (*Borago officinalis* L.). *Industrial Crops and Products*, 16: 193-199.

Lenardis A., Gil A., de la Fuente E. (2000) - Respuesta a la fertilización nitrogenada en la producción de materia seca de dos cultivares de *Coriandrum sativum* L. *Anales de SAIPA – Sociedad Argentina para la Investigación de Productos Aromáticos*. IX congreso nacional de recursos naturales aromáticos y medicinales. Vol. XVI: 45-49.

Nchu F., Matanzima Y., Laubscher C.P. (2018) - "Prospects of N fertilization in medicinal plants cultivation." In: *Nitrogen in Agriculture. Updates*, cap. 11: 209-222, InTech open. http://dx.doi.org/10.5772/intechopen.68165.

Ughreja P.P., Chundawat B.S. (1992) - Nutritional studies in coriander (*Coriandrum sativum* L.) I. Total Nutrient Uptake. *GAU Research Journal*, 17(2): 82-86.

Coltivare significa operare in un sistema aziendale integrato nel territorio, improntando l'attività agricola e gli interventi tecnici nel rispetto della vocazionalità pedoclimatica della zona e dell'ambiente.

8 Coltivazione in pieno campo integrata e biologica

Teresa Tuttolomondo, Nicolò Iacuzzi, Salvatore La Bella

Per coltivare è indispensabile conoscere gli elementi che caratterizzano l'agroecosistema e i meccanismi che ne regolano gli equilibri al fine di renderlo produttivo e, nel contempo, capace di salvaguardare l'ambiente e la salute dell'uomo e degli animali.

In quest'ottica, di seguito si riportano gli aspetti dei fattori fondamentali coinvolti nel processo produttivo agricolo e, in particolare, in quello della coltivazione delle piante officinali in pieno campo.

8.1 Ciclo ed esigenze delle piante coltivate

Tutte le piante coltivate hanno un proprio ciclo biologico con habitus ed esigenze ambientali alquanto variabili in relazione alle caratteristiche tipiche della specie di appartenenza, alle parti utilizzate e alla destinazione del prodotto finale.

Nel grande gruppo delle piante officinali, rientrano specie annuali e poliennali con distribuzione cosmopolita, sono diffuse in quasi tutte le parti del globo e nei climi più svariati.

Per la consistenza della porzione epigea, le poliennali si dividono in erbacee, suffruticose, fruticose e arboree. Tuttavia, quelle più rappresentative rientrano tra le annuali e le poliennali suffruticose e fruticose, appartenenti alle famiglie botaniche più diverse tra cui *Asteraceae*, *Lamiaceae*, *Liliaceae*, *Brassicaceae* ecc.

Il ciclo colturale può coincidere con il ciclo biologico della pianta o può essere più o meno breve in base all'organo destinato alla raccolta. Se l'interesse è nella produzione di organi riproduttivi quali fiore, frutto o seme, il ciclo colturale coinciderà con il ciclo biologico della pianta, altrimenti se l'interesse è rivolto a organi vegetativi quali foglie, fusti o radici, il ciclo colturale sarà più breve.

Il ciclo biologico, che comprende principalmente lo stadio vegetativo e lo stadio riproduttivo, è distinguibile in diverse fasi e sottofasi a seconda della specie (Figg. 8.1-8.2).

8.2 L'ambiente di coltivazione

È di fondamentale importanza la conoscenza dei principali elementi e dei fattori dell'ambiente di coltivazione poiché possono influenzare la vita delle piante. Queste ultime si sviluppano in due ambienti ben diversi e ugualmente importanti, che contribuiscono ad assicurare un armonioso accrescimento e sviluppo. Tali ambienti sono il terreno, dove si sviluppa l'apparato radicale, e l'atmosfera in cui la pianta espone l'apparato aereo. L'esito produttivo delle colture è il risultato dell'interazione tra la pianta e gli altri due elementi del sistema (terreno e atmosfera) con risultati quanti-qualitativi molto diversi al variare delle caratteristiche pedoclimatiche, anche se contenute. Anche l'azione dell'uomo, attraverso le pratiche colturali, può produrre effetti sul siste-

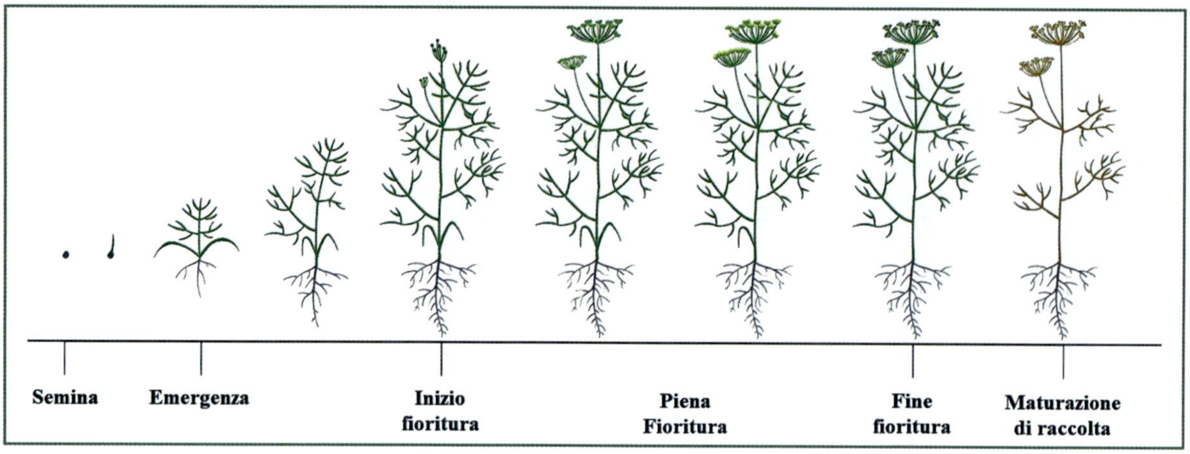

Figura 8.1 - Ciclo biologico del finocchio selvatico.

ma agricolo, in particolare sul terreno e sull'ecosistema complessivo.

In Italia, quasi tutte le regioni sono interessate dalla coltivazione delle specie officinali, in ambienti alquanto differenti. Le officinali coltivate risultano essere poco più di 100, divise tra aromatiche, medicinali, da profumo, da liquore e da cosmesi, ma il 90% della superficie totale italiana coltivata con erbe officinali è occupata da poco meno di 40 specie.

8.2.1 Influenza dei fattori ambientali sulla produzione di metaboliti secondari

Le piante sono fabbriche chimiche viventi per la biosintesi di una vasta gamma di metaboliti primari (proteine, lipidi, polisaccaridi, ecc.) e secondari (terpeni, flavonoidi, alcaloidi, ecc.).

Le specie officinali grazie al metabolismo secondario producono metaboliti con attività biologiche per impieghi medicinali, farmaceutici, cosmetici, alimentari e agrochimici. Il metabolismo secondario rappresenta uno strumento fondamentale attraverso il quale le piante fanno fronte alle avversità che caratterizzano l'ambiente in cui esse vivono.

Nelle specie di interesse agrario le finalità sono rivolte all'aumento della produttività dei metaboliti primari, mentre in quelle officinali sono rivolte all'aumento e composizione dei metaboliti secondari. Nell'applicazione delle tecniche agronomiche alle specie officinali, pertanto, particolare attenzione è rivolta alla valutazione degli interventi tecnici finalizzati ad incrementare la produzione dei principi attivi. Spesso i prodotti del metabolismo secondario sono sostanze presenti solo in alcuni tipi di cellule specializzate e differenziate, utili alla pianta nel suo insieme e non necessarie per le cellule stesse. Il metabolismo secondario varia da specie a specie vegetale ed è influenzato da fattori ecologici (relativi

Figura 8.2 - Ciclo biologico del mirto.

all'ambiente) e genetici (relativi al vegetale) e può dar luogo alla sintesi di svariati e differenti metaboliti secondari.
La crescita e lo sviluppo delle piante sono solitamente favoriti o inibiti da diverse condizioni ambientali che inducono adattamenti morfologici, anatomici e delle funzioni fisiologiche della pianta e possono anche influenzare l'accumulo di metaboliti secondari. I diversi metaboliti secondari, sintetizzati attraverso uno specifico percorso biosintetico caratteristico per ciascuna classe di metabolita, vengono accumulati in diversi tessuti e organi della pianta.
Le radici e gli steli delle piante sono organi responsabili dell'accumulo di componenti attivi dall'importante valore officinale. Tale accumulo è influenzato principalmente dal periodo di crescita, dalla stagione di crescita e dall'età della pianta. Alcune specie officinali accumulano abbondanti metaboliti secondari principalmente durante la fase di fioritura (origano), altre durante la fruttificazione (finocchio selvatico). Ad esempio, la radice e il rizoma di *Echinacea purpurea* di due anni hanno rese più elevate di acido cicorico nella fase di fruttificazione. In altre ancora, come nella *Scutellaria,* i principali flavonoidi si accumulano nelle radici, prima della fase di piena fioritura. Non mancano specie officinali con un contenuto di metaboliti secondari più elevato nel periodo di crescita vegetativa rispetto a quella riproduttiva. Ad esempio, l'acido oleanolico è l'ecdisterone nella radice di *Achyranthes bidentata* (*Amaranthaceae*) sono entrambi più elevati nel periodo di crescita vegetativa rispetto alla crescita riproduttiva. In generale, nelle specie officinali perenni, il contenuto e la resa dei metaboliti secondari aumenta con l'età fino a stabilizzarsi al raggiungimento di una certa soglia.
Le foglie, oltre alla fotosintesi, possono rappresentare siti di sintesi o di stoccaggio per i metaboliti secondari, il cui contenuto è influenzato dall'età e dallo stadio di crescita della foglia nonché dalla stagione di raccolta delle foglie. In particolare, è all'interno delle strutture secretorie (vescicole secretorie, ghiandole secretorie, cellule oleose e tricomi), localizzate per lo più sulla superficie o all'interno delle foglie, che avviene la sintesi e l'accumulo dei metaboliti. A carico delle diverse strutture secretorie, del loro stadio di sviluppo e della loro densità di distribuzione si riscontrano evidenti differenze nelle rese e nella qualità dei prodotti officinali.
La maggior parte dei fiori ha un odore aromatico, dovuto principalmente ai terpenoidi e ai composti aromatici, le cui dinamiche di sintesi e accumulo sono regolate principalmente dai diversi stadi di sviluppo del fiore, dal ritmo circadiano[1], dai fattori biologici e abiotici. Variazioni nel contenuto e nella resa degli oli volatili possono essere correlate inoltre alle caratteristiche di espressione spazio-temporale dei geni regolatori della biosintesi della composizione chimica volatile e alle loro proteine codificate.
Ugualmente i frutti e i semi sono importanti siti di sintesi e accumulo di metaboliti secondari per molte specie officinali, le cui fasi di sviluppo hanno anche un'influenza significativa sul contenuto e sulla composizione delle biomolecole.
Nelle piante, i fattori ambientali sono considerati cruciali per la biosintesi e le fluttuazioni dei metaboliti secondari. Durante la crescita e lo sviluppo, le piante difatti interagiscono con l'ambiente circostante, dato che vengono a contatto con diversi componenti abiotici come acqua, luce, temperatura, suolo ed elementi minerali.
La radiazione solare, con fotoni di diverse lunghezze d'onda e intensità, è una componente abiotica essenziale per la fotosintesi, per la crescita e per la sintesi/accumulo dei metaboliti secondari. Una radiazione eccessiva può inattivare o compromettere i centri di reazione fotosintetici dei cloroplasti e causare foto-inibizione, riducendo la crescita delle piante, così come la carenza di luce solare può ridurre la fotosintesi e inibire la crescita e la resa delle piante.
Le piante, pertanto, richiedono un'adeguata intensità di luce per la fotosintesi. In alcuni casi, la maggiore radiazione è utile per la crescita delle piante e per la produzione di metaboliti secondari. Ad esempio, in ricerche condotte su alcune Asteraceae, la quantità di scutellarina (flavone glicoside) è risultata maggiore nelle foglie sviluppate al sole rispetto alle foglie sviluppate all'ombra. Allo stesso modo, anche la resa di olio essen-

[1] Ritmo circadiano: ciclo che si compie all'incirca ogni 24 ore, con cui si ripetono regolarmente alcuni processi fisiologici. Nelle piante, sono esempi di r.c. i movimenti di apertura e chiusura degli stomi, così come l'apertura e chiusura di certi fiori.

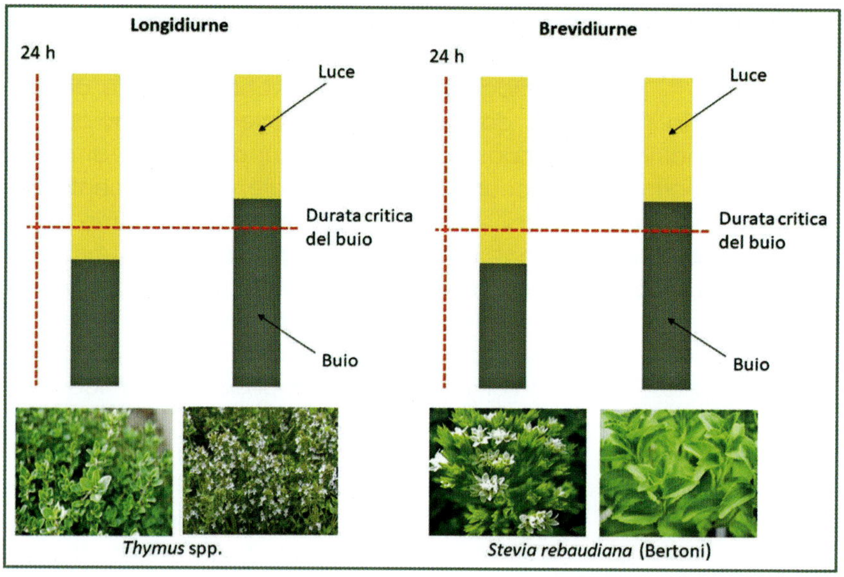

Figura 8.3 - Esempio di fotoperiodismo in due piante officinali.

ziale in diverse specie è aumentata in risposta a intensità luminose elevate. In alcuni casi però si può verificare la situazione opposta. In altre *Asteraceae*, difatti, le concentrazioni di canfene, sabinene, β-pinene, borneolo, acetato di bornile e gelsomone Z sono risultate più alte per le piante coltivate in ombra parziale rispetto alle piante coltivate in pieno sole. Ciò evidenzia che l'intensità della luce e il fotoperiodo[2] (Fig. 8.3) hanno effetti diversi sull'accumulo dei metaboliti secondari. Esperienze su menta hanno evidenziato una maggiore produzione di olio essenziale in piante sottoposte a regime di giorno corto mentre lo stesso andamento è stato rilevato in piante di origano prolungando il numero di ore di luce (6 ore) a partire dall'inizio dello stadio vegetativo fino alla fioritura. Le diverse specie officinali hanno, pertanto, i propri set di luce (quantità, durata e qualità) ottimali che gli permettono il massimo delle rese.

Nelle piante officinali è noto l'effetto dell'esposizione alla luce ultravioletta (UV) sui metaboliti secondari. In diversi lavori è stato riportato che la radiazione solare UV induce la produzione di ROS (*Reactive Oxygen Species*) che promuovono la biosintesi di alcaloidi assorbenti i raggi UV, come antociani, carotenoidi, flavonoidi, lignina, fitosteroli, saponine e tannini. Nonostante ciò, i metaboliti secondari non sono stati ancora completamente studiati rispetto alle loro funzioni di protezione dagli stress ambientali. Nella maggior parte dei casi, l'effetto dell'esposizione alla radiazione UV sulla biosintesi dei metaboliti secondari è positivo. Ad esempio, in *Asparagus officinalis* L., la concentrazione di flavonolo e quercetina-4'-O-monoglucoside è aumentata con l'esposizione ai raggi UV-B[3] comportando un incremento dell'attività degli enzimi correlati ai polifenoli. Tuttavia, alte dosi di radiazioni UV possono nelle piante influenzare negativamente la crescita, lo sviluppo, la fotosintesi e altri importanti processi.

Anche l'altitudine influenza la produzione dei metaboliti secondari nelle piante, sebbene ci siano pochi studi a riguardo. La correlazione positiva che generalmente esiste tra il contenuto totale di

---

[2] Fotoperiodo: risposta fisiologica delle piante alla durata del giorno: epoca di fioritura; dormienza invernale gemme; caduta foglie; formazione organi di riserva.
Le piante si distinguono in brevidiurne, che fioriscono con fotoperiodo inferiore ad una soglia critica, e longidiurne che fioriscono con fotoperiodo superiore ad una soglia critica. Per entrambe le tipologie la soglia critica è di 12-14 ore. Le neutrodiurne non risentono della durata delle ore di luce.

[3] Lo spettro solare che raggiunge la superficie della Terra rappresenta una piccola frazione dell'energia emessa dal Sole:
- Radiazione ultravioletta (UV < 400 nm);
- Radiazione fotosinteticamente attiva (PAR ~ 400-700 nm);
- Radiazione rossa lontana (FR ~ 700-780 nm).

flavonoidi e l'altitudine, è di particolare interesse, poiché questi sono costituenti attivi di un gran numero di piante officinali. Da capolini fioriti di *Arnica montana* L., coltivati ad altitudini comprese tra 590 e 2230 metri sul livello del mare, è stato rilevato un contenuto di flavonoidi più elevato all'aumentare dell'altitudine. Tale correlazione può essere spiegata in quanto i flavonoidi sono riconosciuti come fonte di protezione dalla radiazione UV e dai suoi effetti sulle strutture cellulari.
La crescita e lo sviluppo delle piante sono direttamente collegate alla temperatura così come la biosintesi dei metaboliti secondari. Lo stress da alte temperature di solito aumenta la produzione di metaboliti secondari come in *Panax quinquefolius* L., anche se alcuni studi hanno riportato effetti opposti, ad es. nel *Capsicum annuum* L. La crescita delle piante e la biosintesi dei metaboliti secondari possono essere notevolmente ostacolati anche dallo stress causato dalle basse temperature. Le piante coltivate a basse temperature mostrano alterazioni significative in vari processi fisico-chimici e molecolari (disidratazione cellulare, assorbimento di acqua e reazioni metaboliche) che consentono alle piante di sopravvivere a tale stress. Sia per le alte che per le basse temperature un ruolo importante è svolto dal corredo genetico delle specie.
Per le colture officinali un altro importante fattore di produzione per quanto riguarda sia lo sviluppo della biomassa che la sintesi e il successivo accumulo dei metaboliti secondari è rappresentato dall'acqua disponibile. Ogni pianta in base alle caratteristiche ambientali del sito in cui si trova e in base alle proprie caratteristiche genetiche necessita di un certo fabbisogno idrico. Quando il fattore acqua diventa limitante, si alterano i vari processi fisiologici compresa la biosintesi dei metaboliti secondari. In letteratura per le specie officinali vengono riportati diversi effetti dovuti allo stress idrico sui metaboliti secondari. In generale si osserva un elevato contenuto di flavonoidi e fenoli in condizioni di elevata siccità. In concomitanza allo stress idrico che agisce sulle piante, si verificano anche cambiamenti nell'espressione genica. In condizioni di disponibilità idrica da bassa a moderata, l'espressione di molti geni, che contribuiscono alla sintesi di composti fenolici alquanto elevata, richiedono elevati input energetici, mentre in condizioni di stress, da moderato a grave, questi processi ad alta intensità energetica sono più limitati. Lo stress da siccità è stato applicato in diversi studi per favorire la produzione di alcuni metaboliti secondari come rutina, quercetina e acido betulinico nell'iperico e nell'artemisia. Non è ancora chiaro, tuttavia, quali proteine e quali geni siano coinvolti nella biosintesi dei metaboliti secondari e come lo stress da siccità influisca negativamente sulla produzione della biomassa e positivamente sulla sintesi delle biomolecole.
Il terreno funge da mezzo essenziale per sostenere la crescita, lo sviluppo e, anche, la biosintesi dei metaboliti secondari nelle piante officinali. Quest'ultimo aspetto assume un'importanza fondamentale per la coltivazione delle diverse specie officinali, in quanto queste dovrebbero essere opportunamente selezionate in funzione del terreno che si ha a disposizione al fine di favorire la suddetta biosintesi. Ad esempio, un terreno argilloso risulta relativamente ideale per la coltivazione di piante officinali in cui il metabolita è accumulato nelle radici/fusti, mentre un terreno di medio impasto, dotato di un buon tenore di sostanza organica, risulta favorevole alla coltivazione di tutte quelle piante officinali i cui metaboliti sono accumulati nelle foglie.
I terreni con livelli elevati di sali inducono nelle piante squilibri nutrizionali, stress iperosmotico e un calo della fotosintesi, della crescita e dell'assorbimento di nutrienti. I metaboliti secondari delle piante possono subire variazioni della loro concentrazione in risposta allo stress osmotico. Le piante che crescono sotto stress da salinità aumentano la concentrazione di alcaloidi e tannini, fenoli saponine, flavonoidi e prolina (salvia, menta, camomilla, maggiorana, ecc.). È stata segnalata anche una diminuzione della resa degli oli essenziali nelle piante cresciute in terreni salini. La tolleranza allo stress salino nelle piante è indotta da cambiamenti a più livelli nelle risposte molecolari accompagnate da alterazioni nel trascrittoma, metaboloma e proteoma della pianta[4]. Stress causati dalla salinità portano a instabi-

[4] Trascrittoma: l'insieme di tutti gli mRNA che sono trascritti dai geni per dal luogo ad una proteina in un determinato momento, quindi, rappresenta la mappa anatomica dei geni nell'organismo.
Metaboloma: rappresenta l'insieme di tutti i metaboliti

lità nell'accumulo o nella produzione di differenti metaboliti secondari. Il livello di questi metaboliti cambia a seconda della necessità delle piante di sintetizzare molecole di difesa per sopravvivere in condizioni sfavorevoli.
In sintesi, nella maggior parte dei casi, diversi stress ambientali causano congiuntamente cambiamenti drastici nella crescita, nella fisiologia e nel metabolismo delle piante. Le differenze nel contenuto dei metaboliti secondari della pianta sono spesso difficili da interpretare poiché molte condizioni abiotiche di solito interferiscono con fattori interni complessi.

8.3 Interazione tra fattori ambientali, colturali e genetici

Le specie officinali presentano una elevata capacità di sintetizzare metaboliti secondari a causa di stress biotici e abiotici. La sintesi dei metaboliti secondari dipende da numerosi enzimi coinvolti nelle diverse vie metaboliche. Le piante officinali presentano un'intrinseca variabilità biologica dato che la composizione chimica di una pianta sia la stessa per le altre piante della medesima specie. Questa mancanza di riproducibilità può dipendere dalla variabilità genetica all'interno della specie, dalla variabilità ambientale e dalla variabilità delle condizioni colturali o anche dall'interazione di questi fattori. L'interazione più usuale nelle comunità vegetali è rappresentata dall'interazione pianta/ambiente anche se concorrono altri fattori esterni che possono influenzare la crescita, lo sviluppo e le vie metaboliche. Tra questi le tecniche di coltivazione possono portare a cambiamenti qualitativi dei metaboliti secondari. In condizioni naturali, le piante raramente sono sottoposte a singoli fattori biotici o abiotici, ma è molto più probabile che siano esposte a più fattori contemporaneamente. Alcuni autori, hanno evidenziato che quando due o più fattori interagiscono contemporaneamente, i loro effetti a volte sono additivi, mentre in altri casi l'influenza di un fattore prevale sull'altro.

8.4 Tecniche di coltivazione

Con la coltivazione delle specie officinali si cerca di limitare alcuni inconvenienti legati alla raccolta delle specie allo stato spontaneo come l'errata identificazione delle specie, la variabilità genetica e fenotipica, la variabilità e l'instabilità dei metaboliti secondari e l'eliminazione dei composti tossici e contaminanti. Inoltre, è possibile diminuire la perdita della diversità genetica, l'estinzione dei biotipi locali e il degrado degli habitat. La coltivazione può pertanto risultare vantaggiosa non solo per ottimizzare le rese ma anche per ottenere un prodotto con elevati e costanti standard qualitativi.
Nelle specie d'interesse agrario le finalità sono rivolte all'aumento dei metaboliti primari mentre in quelle officinali sono rivolte principalmente all'aumento e composizione dei metaboliti secondari. In quest'ottica, maggiore attenzione deve essere rivolta alla valutazione di tecniche agronomiche specifiche al fine di incrementare i principi attivi.
Tutto ciò va valutato prendendo in considerazione non solo l'ambiente di coltivazione e le specie da coltivare, ma anche altri fattori di ordine economico.

8.4.1 Lavorazioni del terreno

Nella tecnica agronomica, le lavorazioni del terreno occupano grande importanza in quanto condizionano fortemente le caratteristiche del suolo. Esse sono rappresentate da un complesso di operazioni meccaniche, eseguite con diversi tipi di strumenti meccanici (rovesciatori, rimescolatori, discissori, sarchiatori, assolcatori, ecc.), capaci di rompere l'apparente continuità della massa di suolo in elementi di più piccole dimensioni, andando a modificare la struttura del suolo. La scelta degli strumenti va effettuata in funzione dell'ambiente, delle modalità d'uso e dell'epoca in cui vengono eseguite le lavorazioni.
Molteplici sono gli scopi delle lavorazioni del suo-

---
di un organismo biologico che sono i prodotti finali della sua espressione genica.
Proteoma: l'insieme delle proteine prodotte da una cellula, da un tessuto o un organismo.

lo: creazione di un ambiente favorevole all'insediamento della coltura, creazione di uno strato strutturale idoneo alla penetrazione delle radici e all'immagazzinamento idrico, aumento della permeabilità dello strato attivo, distruzione o contenimento della vegetazione infestante e di alcuni parassiti, interruzione della capillarità superficiale, interramento dei fertilizzanti, degli ammendanti e dei residui colturali o può influire su altre operazioni colturali (rincalzatura, rullatura).
Partendo dalla messa a coltura di nuovi terreni, si possono prevedere interventi straordinari quali spietramento, sistemazione superficiale e dissodamento con profondità variabile a seconda delle esigenze delle colture da impiantare e della stratigrafia del terreno. Per la messa a coltura in terreni già coltivati, si prevedono lavorazioni preparatorie principali, al fine di aumentare lo strato di suolo esplorato dalle radici, le riserve idriche e la disponibilità dei nutrienti. A queste seguono i lavori complementari che hanno lo scopo di rompere la zollosità e di rendere il suolo ospitale alle colture.
Dopo la messa a coltura le piante possono ricevere un numero variabile di lavorazioni di coltivazione in funzione dell'organizzazione aziendale. Attualmente si tende a ridurre sia il numero che la profondità delle lavorazioni. Nei sistemi colturali semplificati si è passati da lavorazioni profonde a lavorazioni superficiali, giungendo alla lavorazione minima (sola preparazione del letto di semina) o alla non lavorazione (*zero tillage*) con semina su sodo mediante impiego di seminatrici di precisione e ricorso a diserbanti.
La semplificazione spinta non appare, tuttavia, attuabile per le specie officinali in relazione agli aspetti critici che esse mostrano nelle fasi iniziali d'impianto dovute, molto spesso, alle piccole dimensioni o alla bassa vigoria dei semi, o alla carenza di molecole ad attività erbicida, richiedendo pertanto l'ausilio di lavorazioni principali per la preparazione di un buon letto di semina. Si può ridurre però la profondità delle lavorazioni principali, passando dai 40-50 cm ai 20-30 cm con risvolti positivi sia dal punto di vista ambientale che economico. Negli impianti di colture officinali annuali sono solite lavorazioni di sarchiatura per il controllo delle infestanti e per rompere la capillarità; per quelle officinali con ciclo pluriennale o perenne, oggi la tendenza è quella di impiegare materiale pacciamante lungo la fila ed effettuare lavorazioni solo tra le file, in numero variabile in base al regime colturale adottato, all'andamento climatico e al grado di infestazione della coltura.

8.4.2 Fertilizzazione e irrigazione

La **fertilizzazione** è l'apporto di elementi nutritivi che contribuisco al miglioramento della fertilità del terreno agrario, mediante prodotti minerali, organici e organo-minerali che si suddividono in concimi, ammendanti e correttivi. Gli elementi necessari alle piante per vivere sono raggruppabili nella categoria dei macroelementi (N; P; K), dei macroelementi secondari (Ca; Mg; S) e dei microelementi o oligoelementi (B; Co; Cu; Fe; Mn; Mo; Zn). Per un'elevata produzione di biomassa, i macroelementi sono assorbiti in quantità rilevanti e normalmente si trovano nel suolo in quantità non sufficienti alle necessità delle colture. I macroelementi secondari sono assorbiti in quantità medie e medio-basse e, normalmente, si trovano nel suolo in quantità sufficienti per una buona produzione di biomassa. I microelementi sono assorbiti in quantità basse e, tranne in particolari casi, si trovano nel suolo in quantità sufficienti per un'elevata produzione di biomassa. Il terreno dovrà essere dotato di quantità adeguate di sostanze nutritive, materia organica e altri elementi, per garantire una crescita e una qualità ottimale alle colture. Condizioni ottimali di fertilità del suolo, così come il tipo di suolo, il drenaggio, la ritenzione idrica e il pH saranno dettati dalla specie selezionata per la coltivazione. L'utilizzo di fertilizzanti è spesso indispensabile per ottenere buone rese; tuttavia, è necessario che i tipi e le quantità dei fertilizzanti siano applicati dopo un'attenta ricerca anche in relazione all'ambiente pedoclimatico. La nutrizione minerale svolge un ruolo chiave nella crescita e nello sviluppo di tutte le piante coltivate. Nel caso delle officinali, assume particolare importanza per l'influenza che tale pratica ha sulla resa e qualità degli oli essenziali. In tal senso, la nutrizione delle specie officinali è sicuramente uno degli aspetti riguardanti l'agrotecnica che è stato maggiormente indagato dai ricercatori negli ultimi venti anni.
Con il termine **irrigazione** si definisce l'apporto

artificiale di acqua al terreno agrario per soddisfare i fabbisogni idrici delle colture. È una tecnica agronomica in grado di mutare le condizioni colturali, consentendo la coltivazione di specie altrimenti non utilizzabili o favorendo la messa a coltura di terreni altrimenti non idonei all'esercizio dell'agricoltura. L'irrigazione può assumere una serie di finalità (umettante, fertilizzante, dilavante, termica, antiparassitaria, sussidiaria, climatizzante e correttiva). Gli aspetti coinvolti nella pratica irrigua riguardano le caratteristiche della pianta e del terreno da irrigare, il clima in cui si opera, la struttura aziendale e la qualità dell'acqua irrigua.
Da un punto di vista agronomico, è fondamentale considerare: l'idoneità dei terreni all'irrigazione, il fabbisogno di acqua irrigua e la risposta delle colture, la distribuzione dei consumi irrigui durante la stagione irrigua, la determinazione del momento di intervento e dei volumi di adacquamento, scelta del metodo irriguo e qualità delle acque. Come regola generale, è importante considerare l'impatto dei diversi tipi di irrigazione sulle piante (irrigazione superficiale, sub-superficiale o aerea) al fine di contenere lo sviluppo di avversità come, ad esempio, marciumi radicali o infezioni fungine e quant'altro. Un altro aspetto di fondamentale importanza è legato all'uso efficiente dell'acqua, finalizzata a garantire una produzione accettabile, soprattutto in condizioni di scarsa disponibilità o in zone semi-aride, dove la risorsa idrica è sovente insufficiente per soddisfare i fabbisogni delle colture. Una corretta irrigazione evita lo spreco di acqua erogando quantitativi effettivamente indispensabili alla coltura ed è attenta alla modalità e ai tempi di irrigazione per contenere la lisciviazione dei nutrienti che insieme a efficienti tecniche di distribuzione irrigua (irrigazione a goccia, microirrigazione, ecc.) favoriscono un'irrigazione sostenibile. È da considerare che le piante officinali, per via della loro rusticità, non necessitano di elevati input colturali sia in termini di elementi nutritivi che di esigenze idriche. Per quest'ultimo aspetto, è ben noto che gli stress idrici influenzano notevolmente la produttività delle piante officinali. In particolare, una scelta accurata delle dosi e degli intervalli irrigui può comportare un notevole aumento nella produzione di oli essenziali. Molte ricerche effettuate, nell'ultimo ventennio, in diverse zone del mondo hanno valutato gli effetti legati a diversi livelli di stress idrico e all'utilizzo di acque non convenzionali (acque reflue e acque con elevati contenuti di sali disciolti) sulle rese quanti-qualitative degli oli essenziali di varie specie officinali. Queste ricerche hanno evidenziato aumenti di resa e, in alcuni casi, un miglioramento qualitativo degli oli essenziali di molte specie officinali.

8.4.3 Moltiplicazione

La moltiplicazione è collegata all'attività di selezione delle specie coltivate al fine di ottenere biotipi/varietà con caratteristiche migliorate in relazione alla produttività, al comportamento in campo e alle caratteristiche qualitative. Gli organi riproduttori impiegati per la moltiplicazione delle specie agrarie hanno due diverse origini: gamica (seme, frutto) e agamica (tuberi, bulbi, talee). La distinzione risulta molto importante sia dal punto di vista biologico che sotto il profilo agronomico.
Il metodo della propagazione gamica prevede esclusivamente l'utilizzo del seme che è frutto della fecondazione di un ovulo, avente un proprio patrimonio genetico, da parte del polline della stessa pianta o di un'altra pianta caratterizzata da un corredo cromosomico spesso diverso. Le piante ottenute con il metodo della propagazione gamica, che raramente presentano tutte le caratteristiche dei genitori, sono preferibili nella moltiplicazione di piante autogame, nelle piante caratterizzate da poliembrionia e nel miglioramento genetico.
La propagazione vegetativa, o agamica, viene utilizzata per la maggior parte delle specie vegetali (Fig. 8.4). Dopo un processo di screening, il genotipo più adatto può essere propagato per talea, per innesto o *in vitro*. Il vantaggio di questo approccio è dato dal tempo di selezione, molto ridotto, e dalla uniformità del materiale propagato permettendo l'ottenimento di cloni. Tuttavia, la propagazione vegetativa risulta svantaggiosa a causa degli elevati costi rispetto alla propagazione per seme. Per la maggior parte delle specie officinali, in particolare, per quelle poliennali ed arbustive, viene adottata la moltiplicazione agamica. È da sottolineare che le specie officinali molto spesso sono rappresentate da tipi

Figura 8.4 - Propagazione vegetativa.

spontanei, le cui caratteristiche sono riferibili a quelle di ecotipi o altro materiale geneticamente eterogeneo.

8.4.4 Impianto

Il sesto d'impianto rappresenta la disposizione geometrica delle piante nell'appezzamento coltivato (Fig. 8.5), al fine di assicurare la massima efficienza di utilizzo delle risorse in termini di illuminazione, elementi nutritivi e disponibilità idrica. Il sesto d'impianto permette inoltre di razionalizzare le operazioni colturali e le strutture a sostegno delle piante (sistema d'irrigazione) e di favorire l'adattamento a condizioni ambientali specifiche (vento).

In tabella 8.1 sono riportate le densità d'impianto utilizzate per le principali specie officinali coltivate in Italia. Le piante possono essere collocate in campo con una disposizione a quadrato (distanze uguali tra le file e lungo le file), a triangolo (con diminuzione delle distanze lungo la fila e aumento delle distanze tra le file) e a quinconce (dove la disposizione delle piante è sfasata in modo che ogni pianta si trovi al vertice di un triangolo isoscele rispetto alle due piante contrapposte del filare adiacente). Quest'ultima disposizione e quella a quadrato rendono minima la competizione intraspecifica permettendo, nel contempo, un leggero incremento dell'investimento delle piante per ettaro. Le distanze fra le piante variano in relazione a diversi fattori tecnici e ambientali, tra i quali la sensibilità della specie alla competizione intra-

Figura 8.5 - Campo di rosmarino.

Tabella 8.1 - Densità d'impianto per le principali specie officinali coltivate in Italia.

Pianta officinale	Distanze		Piante per m^2	Parte raccolta e utilizzata	Forma d'impiego	Stima rese unitarie		
	Tra le file (m)	Sulla fila (m)				Prodotto fresco (t/ha)	Prodotto secco (t/ha)	Olio essenziale (kg/ha)
Achillea	0,45-0,7	0,3-0,35	6	Sommità fiorita	Secco	12-15	2,5-3,5	35
Basilico	0,35	0,25	10-12	Foglie	Fresco, secco, olio essenziale	25-40	5-8	30-35
Calendula	0,45-0,75	0,25	6-8	Fiori	Fresco, secco	12-15	0,6-0,8	-
Camomilla	0,2-0,3	0,05	150-200	Fiori	Secco, olio essenziale	7-8	0,5-1,2	5-12
Coriandolo	0,45	0,25	8-9	Frutti	Fresco, secco	15	1,5-3	-
Dragoncello	0,45	0,3	7-8	Foglie	Secco	12-15	3-3,5	25-30
Elicriso	0,7	0,3	6	Fiori, sommità fiorite	Secco	8-12	2,5-4	10-14
Erba cipollina	0,35	0,25	11	Foglie	Fresco, secco	8-12	2,5-4	10-14
Finocchio vulgare	0,45-0,70	0,3	8-10	Parte aerea, frutti	Fresco, secco	16-18	2,5-3.5	45-50
Iperico	0,45	0,3	7	Sommità fiorite	Secco	15	4,5	-
Lavanda	1,2	0,6	1,39	Fiori	Fresco, secco	9	0,8-1,2	60
Maggiorana	0,45	0,3	7	Foglie, sommità fiorita	Fresco, secco	18	3,5	35-40
Malva	0,70	0,25-0,30	5-6	Foglie, fiori	Secco	10-18	3-4,5	-
Melissa	0,70	0,3	5	Foglie	Secco	20-25	4,5	7-25
Menta piperita	0,45	0,3	7-8	Foglie	Secco	28	5	50
Origano	0,45	0,3	7-8	Foglie, sommità fiorite	Fresco, secco, olio essenziale	12-15	3,5-4	30-40
Ortica	0,7	0,3	5	Foglie, radici	Fresco, secco	12-15	3,5-4,5	-
Rosmarino	0,7-1,5	0,5	2-4	Foglie	Fresco, secco	12-15	30-32	45
Salvia	0,45-0,7	0,3	7-8	Foglie	Fresco, secco	18-20	35-45	42
Santoreggia	0,45-0,7	0,3	5-7	Foglie	Fresco, secco	12-15	2-3	35-40
Tarassaco	0,45	0,25	8-10	Foglie, radici	Fresco, secco	10-20	1,5-4,5	-
Timo	0,45	0,3	7-8	Foglie, sommità fiorite	Fresco, secco, olio essenziale	8-12	1,5-2	25-35
Zafferano	0,2	0,3	80	Fiori	secco	0,6-0,18	0,01-0,03	-

Figura 8.6 - Trapianto meccanizzato.

specifica, le esigenze della specie in fatto di illuminazione, il sistema di allevamento e il volume d'ingombro della chioma, la fertilità del terreno, la disponibilità idrica e l'ingombro dei mezzi agricoli (Fig. 8.6).
Oggi, la tendenza è quella di coltivare le piante, anche le officinali, adottando la tecnica della baulatura[5]. Spesso si associa alla baulatura la pacciamatura in modo da sfruttare entrambi gli effetti positivi che le due tecniche consentono di ottenere, ovvero migliorare enormemente le condizioni della zona di semina/trapianto, favorire il drenaggio dell'acqua, permettere al terreno di rimanere perfettamente aerato ed aiutare a mantenere l'opportuno livello di umidità e temperatura. Inoltre, si riducono i problemi dovuti all'eccessivo compattamento del terreno, elemento che richiederebbe ulteriori lavorazioni con conseguente dispendio di energie, tempo e risorse. Sempre grazie al mantenimento di un terreno non troppo compatto, lo sviluppo delle radici aumenta unitamente alla parte aerea della pianta.

[5] Baulatura: sistemazione di un terreno fatta in modo che la sua superficie presenti una certa pendenza verso i lati lungo i quali corrono le scoline.

8.4.4.1 Influenza della densità di impianto sulla crescita e sui principi attivi

La resa di una coltura è legata al patrimonio genetico della specie coltivata, ai fattori ambientali (temperatura dell'aria e disponibilità idrica del terreno) e alla tecnica colturale eseguita, in particolare la densità d'impianto.
In generale, la fittezza (o investimento o densità), che rappresenta il numero di piante per unità di superficie (m^2 o ha), quando è eccessiva provoca la tendenza delle colture ad avere fusti esili e poco lignificati, in opposizione a quando le colture presentano invece una fittezza scarsa. In queste condizioni sono rilevabili però problematiche legate alla scarsa competizione con le infestanti.
Nelle specie officinali, la densità d'impianto può influire favorevolmente o negativamente sulla produzione della biomassa e sulla resa quanti-qualitativa dell'olio essenziale.
Dalla densità d'impianto dipendono l'intercettazione della radiazione fotosintetica attiva (PAR), la distribuzione della luce all'interno dell'impianto e la quantità di acqua, risorse e volume di suolo disponibile per le piante. L'adozione della più opportuna densità d'impianto per ciascuna specie officinale coltivata può ottimizzare le rese produtti-

ve sia in termini di resa di biomassa che di olio essenziale. Alcune specie raggiungono livelli ottimali, se coltivate ad alte densità, a differenza di altre che risentono maggiormente della competizione. Da studi condotti nell'Italia meridionale sull'origano, è emerso che il contenuto percentuale di olio essenziale è aumentato con investimenti più elevati, utilizzando sesti a file binate (1,20 m tra le bine e 0,20 metri sulle bine, con una distanza sulla bina di 0,50 cm) rispetto alla fila singola. A ciò si è aggiunto, inoltre, un aumento delle percentuali di timolo e carvacrolo. In altri casi, sempre con densità elevate è stato riscontrato solo un aumento di resa in olio essenziale senza alcuna variazione nella composizione.

Nel rosmarino, investimenti pari a 1,3 e 0,8 piante m^{-2} hanno fatto rilevare contenuti percentuale di olio essenziale più elevati rispetto a investimenti più bassi. Anche per diverse specie di salvia e timo sono stati ottenuti incrementi nel contenuto di olio adottando densità elevate (0,15 x 0,50 m). Relativamente alla composizione dell'olio essenziale di timo è stato invece riscontrato un contenuto percentuale di timolo e di carvacrolo più elevato rispettivamente nelle piante coltivate con densità più bassa ed intermedia (0,30 x 0,50 m). Anche se non mancano in letteratura risultati discordanti, in genere qualora l'impianto sia destinato alla produzione di olio essenziale si tende ad adottare densità più elevate a differenza di quando invece l'impianto è destinato alla produzione di taglio tisana, in cui vengono adottate densità più basse per favorire un maggiore sviluppo della pianta.

Altro aspetto importante, vista l'assenza di prodotti erbicidi registrati per le specie officinali e le pratiche applicabili a tali coltivazioni, è che le densità elevate possono anche favorire una migliore competizione sulle erbe infestanti.

8.4.5 Falsa semina

È una tecnica che consiste nel preparare il letto di semina o di trapianto molto prima del momento effettivo in cui sarà attuata la coltura officinale. La lavorazione precoce stimola la flora infestante a germinare e successivamente si interviene con delle erpicature per estirpare le infestanti appena nate. Segue subito la semina o il trapianto della coltura officinale, che si avvantaggia della minore competizione in campo.

8.4.6 Pacciamatura

Oltre al controllo delle erbe infestanti, la tecnica della pacciamatura[6] migliora l'efficienza d'uso dell'acqua e permette uno sviluppo più precoce delle colture, favorendo una temperatura più elevata del suolo. Contro le infestanti agisce in due modi: impedendo il germogliamento dei semi delle infestanti e/o provocando moria delle giovani piantine subito dopo l'emergenza; scarsa efficienza invece presenta nei confronti delle specie infestanti ben consolidate nell'agroecosistema e di quelle perenni. Ovviamente la sua efficienza varia con il materiale impiegato per la pacciamatura.

Con l'adozione della pacciamatura, piante perenni come la lavanda, il timo e il rosmarino hanno, in alcune evidenze scientifiche, mostrato incrementi medi significativi sull'altezza e sul diametro della pianta. Buoni risultati sono stati ottenuti, utilizzando teli di polietilene nero, non mancano prove con materiali naturali come paglia di cereali, paglia di lino, lana non tessuta o aghi di pino. Il successo è stato variabile a seconda della specie, delle condizioni ambientali e della natura dei materiali organici utilizzati.

8.4.7 Diserbo meccanico

È il metodo maggiormente praticato nella gestione integrata o biologica delle colture officinali. Nella coltivazione in biologico l'esecuzione di tale pratica è bene che avvenga con livelli minimi di meccanizzazione in modo da favorire l'attività biologica del suolo. Molti metodi e strumenti possono essere utilizzati a questo scopo con lavorazioni indirizzate lungo l'interfila o intra-fila. Tali operazioni hanno l'obiettivo di eliminare la competizione delle erbe infestanti con le piante officinali coltivate. Molte specie officinali si avvantaggiano del diserbo meccanico, ad esempio come *Mentha x piperita* L., coriandolo, finocchio, origano, ecc., dando buoni risultati in termini di resa della biomassa fresca e in alcuni casi nel migliorare la lunghezza del rizoma. Con l'adozione del diserbo meccanico i sesti d'impianto ven-

[6] Pacciamatura: consiste nel ricoprire il terreno di coltivazione con materiali diversi (organici, plastici, termoplastici, biodegradabili).

gono, solitamente, adeguati al parco macchine aziendale, con variazioni sulle distanze interfilari per favorire il passaggio delle macchine.

8.4.8 Potatura

È l'insieme delle operazioni volte a guidare la pianta nel proprio sviluppo, a limitare le sue dimensioni, a favorire l'intercettazione della luce solare, a stimolare la produttività della pianta, a regolare la produzione ecc. Consiste prevalentemente nell'operazione di taglio di rami, ma vi sono compresi anche interventi di asportazione di gemme e di foglie, diradamenti e piegature di rami.

Nelle piante officinali come il rosmarino, il timo, l'origano la potatura ha lo scopo di ringiovanire le piante in modo da stimolare l'emissione di foglie a discapito dell'accumulo di steli legnosi. Solitamente si effettua un taglio alla base della pianta che in genere coincide con il momento della raccolta, specifico per ogni specie. Particolarmente attenzione deve essere posta all'altezza di taglio per la quale alcune specie, come il rosmarino, risultano molto sensibili. È fondamentale, pertanto, avere una conoscenza di base dell'*habitus* e della fisiologia di ciascuna specie.

8.5 Difesa delle colture officinali

Nell'ambito delle cure colturali apportate alle specie agrarie, particolare attenzione è rivolta alla difesa da danni causati da patogeni di diversa natura (funghi, batteri, virus, fitofagi), da condizioni ambientali avverse (caldo o freddo eccessivi, forte vento, ecc.) e dalle piante infestanti. Si definisce pianta infestante quella pianta che, non rivestendo alcuna funzione ritenuta utile per la produzione agricola, va a danneggiare le colture o entrando in competizione per la radiazione solare, l'acqua e i nutrienti del suolo o determinando il loro deprezzamento per la sua presenza nel prodotto finito.

Per le colture officinali le infestanti rappresentano un punto critico; la loro presenza tra le colture ne diminuisce la produzione o il loro valore commerciale. Sono elementi essenziali delle infestanti la durata e l'epoca del ciclo biologico, i meccanismi di propagazione, i meccanismi di diffusione, le associazioni floristiche in relazione al tipo di terreno e alla pressione antropica. Conoscere l'ecologia delle infestanti è utile per impostare i programmi di controllo con interventi razionali. Al fine di limitare i danni alle rese e alla qualità delle produzioni si possono prevedere differenti strategie di gestione. Particolare attenzione viene posta alle tecniche preventive (rotazioni, pacciamatura, falsa semina, solarizzazione, ecc.) con l'obiettivo di creare condizioni colturali sfavorevoli alla crescita delle infestanti e favorevoli alla crescita delle colture. Altre tecniche colturali (scelta varietale, trapianto, densità, ecc.) hanno la finalità di migliorare la competitività delle colture e altre ancora, da effettuare in post-emergenza, sono mirate al contenimento delle infestanti con un approccio di tipo integrato (lavorazioni: aratura, sarchiatura, pirodiserbo) (Tab. 8.2).

Anche i danni provocati dai patogeni e dalle avversità ambientali vengono controllati principalmente attraverso la scelta delle specie e delle varietà, la rotazione delle colture, le tecniche colturali, la protezione dei nemici naturali e i processi termici.

Tabella 8.2 - Gestione delle infestanti.

Tecniche pre-emergenza	Interventi colturali	Tecniche post-emergenza
Rotazione	Scelta varietale	Lavorazioni
Colture di copertura	Trapianto	Erpice strigliatore
Pacciamatura	Densità	Spazzolatrice
Falsa semina	Arrangiamento spaziale	Estirpatore pneumatico
Solarizzazione		Sarchiatrice
Purezza del seme		Pirodiserbo

Pur essendo presenti sul mercato diversi prodotti ad azione erbicida e antiparassitari ad azione insetticida, fungicida e battericida risultano limitati, se non assenti, le molecole chimiche selettive registrate per le colture officinali. Per queste specie il controllo dei patogeni, comunque, tende ad essere effettuato o con il metodo di lotta biologica o con quello di tipo integrato, che tendono il primo ad abolire e il secondo a limitare l'impiego dei prodotti di sintesi.
C'è da ricordare che molti oli essenziali estratti dalle piante officinali sono stati testati con risultati apprezzabili nel controllo di alcuni patogeni. Carente risulta, tuttavia, la letteratura specializzata sul controllo di insetti, acari e nematodi che infestano le colture officinali e sulla loro gestione. Peraltro, è nota, per alcune specie officinali, la produzione di sostanze allelochimiche ad azione repellente, antifeedant o tossica nei confronti di molti parassiti che portano a considerare tali specie meno suscettibili.
I danni diretti causati dai parassiti dipendono principalmente dalla loro biologia, ma anche dalle condizioni di salute e di nutrizione della pianta, dal tipo di suolo e dal clima. Inoltre, alcuni insetti hanno una ben nota capacità di trasmettere virus e viroidi pericolosi, che nel caso specifico delle colture officinali potrebbe non solo penalizzare la resa, ma anche la qualità degli oli essenziali. La maggior parte degli insetti e acari che attaccano le colture officinali sono polifagi o oligofagi. Le specie di insetti più dannose sono incluse nei seguenti ordini: Coleoptera, Ditteri, Hemiptera e Lepidoptera.

8.6 Avvicendamento

La coltivazione delle officinali può avere ricadute economiche e agronomiche vantaggiose per gli agricoltori, favorendo da un lato la diversificazione colturale con produzioni innovative e, dall'altro, dando l'opportunità di ampliare il ventaglio di specie disponibili da inserire negli avvicendamenti colturali. Per avvicendamento si intende la sequenza colturale in un appezzamento di più specie nel tempo senza un ordine fisso. Piante con ciclo annuale possono entrare in rotazione con le più svariate colture quali graminacee, solanacee o brassicacee.

Nel caso di colture poliennali è consigliabile, a fine ciclo, non inserire in successione la stessa specie di pianta, per evitare fenomeni di stanchezza, perdita di qualità del prodotto e diffusione di malattie e parassiti. È buona norma alternare, soprattutto nelle aziende specializzate in piante officinali, specie da radice con specie officinali da fiore o infiorescenza, dove l'assorbimento prioritario è in parte diversamente selettivo e specifico.
Le specie officinali, poco competitive nei riguardi delle erbe infestanti, dovranno essere precedute da colture officinali più competitive verso le malerbe oppure da specie officinali che richiedano lavorazioni preparatorie profonde che generano un effetto rinettante.

8.7 Consociazione

La consociazione è la coltivazione contemporanea di diverse specie sullo stesso appezzamento, valorizzando le complesse interazioni esistenti tra le piante. La consociazione assume un ruolo di primaria importanza nell'impostare sistemi colturali ecocompatibili. Essa consente in genere vantaggi produttivi, maggiore stabilità e minori costi di produzione. Per l'ecosistema agricolo, la consociazione può fornire diversi servizi come la protezione dall'erosione del suolo, la conservazione degli elementi, il miglioramento della struttura e una maggiore biodiversità del suolo, contribuendo significativamente al controllo di erbe infestanti, parassiti e malattie. Ad oggi le piante officinali non rientrano diffusamente nelle consociazioni con altre colture. Tuttavia, alcune caratteristiche intrinseche a tali specie (colture annuali e poliennali, basse esigenze in elementi nutritivi e in altre cure colturali, adattamento alle condizioni pedoclimatiche difficili, ecc.) unitamente all'importanza economica che hanno assunto e continuano ad assumere diversi prodotti che da esse ne derivano, rendono le officinali interessanti e promettenti in un possibile impiego in tal senso, coniugando la possibilità di fornire benefici economici ed ambientali. Studi recenti su vigneti consociati con timo e origano hanno mostrato che è possibile stabilire con successo tale associazione; questo è stato rilevato anche in altri studi su fruttiferi e altre aromatiche, in particolare su un pereto in consociazione con basi-

lico e santoreggia. Tale associazione ha favorito peraltro un incremento della biodiversità del suolo con validi vantaggi ambientali.
Al fine di incrementare la redditività e la sostenibilità delle produzioni, si sviluppano tecniche di difesa alternative basate sull'impiego di *cover crops* con brassicacee biocide e piante aromatiche per la soppressione di patogeni del suolo.

8.8 Raccolta

Le operazioni colturali si concludono con la raccolta in campo del prodotto che può essere costituito da foglie, sommità fiorite, fiori interi, semi, frutti e organi ipogei (bulbi, tuberi e rizomi). La raccolta può essere effettuata manualmente o meccanizzata in funzione della specie coltivata, dell'organo di interesse officinale e dei mezzi a disposizione (Figg. 8.7-8.8). Dispositivi di taglio, mietitrici, falciatrici, falcia-raccoglitrici, mietilegatrici, escavatrici e quant'altro impiegati per la raccolta vanno sottoposti a regolare e attenta pulizia in modo da ridurre eventuali danni per contaminazione da particelle terrose, da insetti, roditori e/o da altri materiali estranei. Vanno inoltre calibrati per ridurre al minimo le perdite di prodotto. Il momento migliore per la raccolta avviene quando i costituenti biologicamente attivi, per i quali le piante vengono coltivate, raggiungono il picco di proprietà officinali che corrisponde al "tempo balsamico" (vedi paragrafo successivo). Oltre a ciò, è fondamentale considerare le condizioni meteorologiche del momento di raccolta (stagione/ora del giorno), bisogna infatti che quest'ultima avvenga in assenza di rugiada o di umidità elevata per evitare fenomeni di deterioramento della biomassa. Se le condizioni ambientali non lo dovessero consentire, sarebbe auspicabile che il materiale raccolto venga trasferito in un luogo asciutto per essere sottoposto ad essiccazione al fine di evitare un possibile deterioramento della droga per via di fermentazioni microbiche o di sviluppo di muffe.

8.8.1 Tempo balsamico

Per le piante officinali, la raccolta è una pratica cruciale che deve compiersi in uno specifico e opportuno periodo, ovvero in quell'arco di tempo descritto dagli antichi erboristi come "tempo balsamico". Le piante, o quelle parti di essa che costituiscono la droga, raggiungono al tempo balsamico la maggior quantità e la più alta presenza di principi attivi. Definire il momento ottimale di raccolta è tutt'altro che semplice. Ogni specie ha infatti un proprio periodo balsamico variabile in relazione alla zona di coltivazione, alle caratteristiche pedoclimatiche, alla quota altitudinale e ad altri fattori intrinseci della pianta (età, genetici). È da aggiungere, inoltre, che il tempo balsamico per ciascuna specie varia a seconda della destinazione commerciale del prodotto. In generale, per le specie a sommità, ai fini estrattivi esso coincide con il momento della piena fioritura, quando sono coinvolte le parti aeree della pianta, o alla fine del periodo vegetativo, se gli organi interessati sono quelli ipogei.

Figura 8.7 - Raccolta manuale dell'origano.

Figura 8.8 - Raccolta meccanizzata con mietilegatrice.

Figura 8.9 - Origano in piena fioritura.

Per l'origano la maggior parte degli autori concorda che il tempo balsamico coincida con la piena fioritura (fine maggio-giugno) (Fig. 8.9), periodo in cui la rese e i contenuti percentuali dei composti principali (timolo/carvacrolo) dell'olio essenziale sono più elevati. Per il timo è opportuno effettuare una raccolta più tardiva, pressoché a luglio, per riscontrare la più elevata presenza dei principali costituenti, in particolare del timolo. Nella salvia, la resa ed il contenuto in olio più elevati si riscontrano nel periodo della piena fioritura delle piante, ma con una composizione molto variabile. Per il rosmarino, ad esempio, è più opportuno individuare il tempo balsamico in base alla destinazione del prodotto. Se il prodotto d'interesse è rappresentato dalla canfora è consigliabile raccogliere più tardivamente, a luglio, ma se l'interesse è indirizzato alla produzione di eucaliptolo, è meglio anticipare la raccolta. Per il tarassaco, il tempo balsamico viene raggiunto nei mesi tra settembre e ottobre. È proprio in autunno, che si verifica il momento di massimo accumulo di sostanze di riserva nell'apparato radicale, ossia prima del periodo di dormienza. Per le diverse droghe si può indicare un tempo balsamico orientativo che per gli organi ipogei (radici, tuberi, bulbi e rizomi) coincide con la maturità, se le colture sono annuali, o durante il riposo vegetativo, se le colture sono poliennali; per le gemme, la raccolta deve essere effettuata prima della loro schiusura; per le cortecce e i legni, a completo sviluppo così come per le foglie (generalmente prima della piena fioritura); per i fiori e le infiorescenze, prima della completa fioritura; per i frutti, quando sono appena maturi e per i semi a maturità piena. Nella tabella 8.3 sono indicati i tempi balsamici orientativi delle 40 specie più diffuse in Italia.

8.9 Specificità delle colture officinali

Le specie officinali appartengono a numerose famiglie con caratteristiche peculiari. Ad esempio la famiglia delle *Lamiaceae* comprende un gran numero di specie contenenti oli essenziali (lavanda, timo, rosmarino, salvia, origano, ecc.) mentre altre famiglie di piante, come le *Solanaceae*, sono caratterizzate dalla presenza di diverse specie contenenti alcaloidi (belladonna, tabacco, ecc.).

Diversi sono gli aspetti tipici legati a questo gruppo di colture che meritano di essere trattati per meglio comprendere le loro specificità. Di tali aspetti, quelli più salienti riguardano il concetto di ecotipo e chemiotipo, il metabolismo secondario, la risposta ai fattori ambientali, colturali e genetici e il tempo balsamico.

Tabella 8.3 - Tempo balsamico orientativo per le principali specie officinali del territorio italiano.

Specie	Mese	Specie	Mese
Assenzio gentile	Luglio	Lino	Agosto
Bardana	Luglio/Ottobre	Liquirizia	Ottobre
Bergamotto	Gennaio	Malva	Giugno/Ottobre
Borragine	Giugno	Meliloto	Luglio
Calendula	Aprile/Settembre	Melissa	Luglio
Camomilla comune	Maggio	Menta piperita	Luglio
Camomilla romana	Maggio	Origano	Giugno/Luglio
Carciofo	Aprile/Luglio	Psillio	Agosto
Cardo mariano	Luglio	Rosmarino	Giugno
Coriandolo	Agosto	Salvia officinale	Giugno
Dragoncello	Giugno	Salvia sclarea	Giugno/Luglio
Frassino da manna	Luglio	Santoreggia	Agosto
Galega	Maggio	Tarassaco officinale	Aprile/Settembre
Genepì	Luglio	Tiglio	Aprile/Luglio
Giaggiolo	Agosto	Timo	Giugno
Iperico	Luglio	Valeriana	Aprile/Settembre
Issopo	Luglio	Zafferano	Ottobre
Lavanda e lavandino	Luglio		

8.9.1 Ecotipo e chemiotipo

La differente produzione dei metaboliti secondari nelle piante officinali è associata sia agli ecotipi o chemiotipi differenti sia alle condizioni ambientali, che rivestono una parte predominante nel controllo della sintesi e dell'accumulo di questi composti. L'ecotipo rappresenta una popolazione spontanea, con ampia variabilità genetica, adattata ad un determinato ambiente, geograficamente limitato e indipendente dall'intervento umano.

La diversità fenotipica, che è un attributo di tutti gli organismi, non si riscontra solo nei caratteri tra le specie più o meno vicine, ma anche tra gli individui all'interno della stessa specie (Fig. 8.10).

La stessa variabilità intra e interspecifica si evidenzia anche per le caratteristiche chimiche. L'ampia distribuzione geografica unitamente alla grande variabilità morfologica e chimica delle piante officinali suggeriscono per tali piante elevate capacità di adattamento alle svariate condizioni ambientali con cambiamenti permanenti a livello del genotipo. Tali cambiamenti sarebbero riscontrabili in una variazione stabile dei rapporti tra i vari metaboliti secondari all'interno della stessa specie (polimorfismo chimico intraspecifico). Il chemiotipo si distingue nel presentare, rispetto a una composizione di riferimento, riportata dalla Farmacopea Ufficiale, il componente con il maggiore contenuto percentuale. Vi possono quindi essere dei chemiotipi genetica-

Figura 8.10 - Campo di origano.

mente determinati all'interno di una singola specie. Più precisamente, un chemiotipo può essere rappresentato da individui della stessa specie morfologicamente e fenotipicamente simili che però differiscono nella composizione chimica. Il rosmarino, ad esempio, presenta tre chemiotipi (cineolo, verbenone e bornelo), l'origano due (timolo, carvacrolo), il timo sette (geraniolo, linalolocneolo, terpineolo, tujanolo, timolo e carvacrolo). Ciascun chemiotipo ha una diversa attività biologica.
Un chemiotipo si distingue da un altro se i composti chimici provengono da percorsi biosintetici diversi. Se le differenze sono riconducibili allo stesso percorso biosintetico, cioè se un composto è il precursore di un altro, allora si parla di chemiovarietà. C'è da ricordare che non tutte le variazioni di composizione possono essere ricondotte a chemiotipo o chemiovarietà, poiché, esistono naturali variazioni di composizione anche all'interno dello stesso chemiotipo.

8.10 Protocolli di produzione

Il sistema colturale convenzionale ha subito nel corso degli anni notevoli modifiche strutturali.
L'agricoltura convenzionale di tipo tradizionale che era praticata nella prima metà del Novecento si caratterizzava come un'attività a basso impatto capace di consentire la stabilità degli agroecosistemi. In questa fase gli agricoltori per portare a termine il ciclo colturale utilizzavano concimazioni organiche e/o minerali e rotazioni. Gli indirizzi produttivi misti e gli ordinamenti colturali differenziati garantivano, seppur in maniera semplificata, una certa biodiversità, mentre le specie coltivate erano prevalentemente quelle conosciute in ambito locale. Il successivo incremento di capitali investiti e mezzi tecnici utilizzati generò il sistema colturale convenzionale moderno, indirizzato a coltivazioni intensive ad elevata produttività. L'assetto strutturale e organizzativo si modificò drasticamente, grazie al massiccio impiego di macchine, sostanze chimiche e mezzi biotecnologici. L'impiego di fertilizzanti chimici nell'agricoltura convenzionale intensiva sostituisce quasi interamente la concimazione organica. Le ripercussioni negative sull'agroecosistema derivate dall'utilizzo sistematico di concimi minerali sono state ampiamente dimostrate, come l'abbassamento del tenore in sostanza organica del suolo, il fenomeno di dilavamento dell'azoto, la perdita di fertilità nel lungo periodo che, nei casi estremi, può portare al fenomeno della desertificazione.
L'agricoltura intensiva, orientata al mercato, è spesso caratterizzata da un indirizzo produttivo specializzato riassumibile con la monocoltura e la omosuccessione. Questa estrema semplificazione rende fragile e vulnerabile l'agroecosistema, producendo effetti negativi in termini di stabilità dello stesso, impoverendo la biodiversità e incrementando lo sviluppo di patogeni, insetti ed erbe infestanti.
Dopo un lungo periodo di agricoltura con un forte impatto in termini di inquinamento dei suoli, delle acque e per gli effetti negativi sulla salute umana, si sono sviluppati metodi di agricoltura alternativi a quello convenzionale aventi il duplice obiettivo di garantire buone rese delle coltivazioni e di ridurre l'impiego degli input produttivi al fine di diminuire l'impatto sulla qualità ambientale e sulla biodiversità.
Dal 1° gennaio 2014 è scattato il recepimento da parte dell'Italia della Direttiva 2009/128 dell'Unione Europea sull'utilizzo sostenibile dei pesticidi ed è stato pubblicato sulla G.U. n. 35 del 12 febbraio 2014, il decreto del MiPAAF del 22 gennaio 2014 "Adozione del Piano di Azione Nazionale per l'uso sostenibile dei prodotti fitosanitari, ai sensi dell'articolo 6 del decreto legislativo 14 agosto 2012, n. 150 recante: "Attuazione della direttiva 2009/128/CE che istituisce un quadro per l'azione comunitaria ai fini dell'utilizzo sostenibile dei pesticidi". Tali norme prevedono l'applicazione di disciplinari di produzione integrata, di cui la difesa integrata rappresenta un aspetto fondamentale.
È da sottolineare che limitati sono i principi attivi registrati per la difesa delle colture officinali.
Oggi, la maggiore sensibilità verso le problematiche ambientali e la maggiore consapevolezza sugli aspetti salutari dei prodotti da parte dei consumatori ha spinto e continua a spingere i produttori a modificare i protocolli colturali all'interno delle loro aziende verso produzioni sostenibili. Questo approccio ha dato origine all'agricoltura integrata e biologica normate a livello europeo, nazionale e regionale. Esistono e continuano a diffondersi, comunque, altri metodi, non ufficiali

(agricoltura naturale, sinergica, ecc.), che sono legati a problematiche agroalimentari, ma con particolari logiche filosofiche.

8.10.1 Produzione biologica

Nel 2007 il Consiglio dell'UE ha approvato il regolamento (CE) n. 834/2007 del Consiglio che definisce i principi, gli obiettivi e le norme generali della produzione biologica nonché le modalità di etichettatura dei prodotti biologici. Il regolamento, che è ancora in vigore, è inoltre integrato da vari atti di esecuzione della Commissione relativi alla produzione, alla distribuzione e alla commercializzazione di prodotti biologici. Nel caso di coltivazioni in regime biologico, la gestione del suolo e della fertilità diventa il fattore determinante per il successo della coltivazione. In questo settore possono essere usati concimi organici, compost, ammendanti di origine animale o vegetale e tecniche come l'avvicendamento, la consociazione e le *cover crops*, tutte tecniche tese a mantenere un adeguato livello di fertilità del suolo. Nel caso specifico delle piante officinali e aromatiche, ottenere materie prime esenti da qualunque tipo di sostanze chimiche di sintesi è un requisito di importanza primaria, al fine di garantire, da una parte, la purezza del prodotto, dall'altra la sicurezza dei principi attivi e del fitocomplesso in genere. Per produzioni in regime di agricoltura biologica si devono seguire alcuni principi generali che possono essere riassunti in:

- mantenimento della fertilità dei suoli e della loro funzionalità;
- sfruttamento delle relazioni tra pianta e microrganismi del suolo;
- coltivazione di accessioni adatte all'ambiente pedoclimatico;
- mantenere e preservare gli habitat e le forme di vita presenti nell'ambiente di coltivazione.

Il grande panorama delle specie officinali, molto più semplicemente rispetto ad altre specie, permette con facilità la coltivazione biologica, essendo molte di queste piante appartenenti alla flora spontanea o collocate in ambienti difficili e poco esigenti in input colturali.
Nella classificazione delle piante officinali rientrano piante con ciclo colturale annuale, poliennale e perenne. L'ampia variabilità delle condizioni climatiche esistenti nel territorio nazionale rendono possibile la coltivazione di una vasta gamma di colture officinali. Le piante officinali mediterranee annuali si possono utilizzare anche in terreni a rotazione con colture di cereali o orticole, oppure si possono coltivare tra i filari delle viti, negli uliveti e nei frutteti radi da ottobre ad aprile, in corrispondenza del periodo di riposo vegetativo di queste colture arboree. In quest'ultimo caso l'incremento della presenza di piante da fiore funge da richiamo per gli impollinatori, favorendo anche la produzione delle colture arboree, e inoltre la maggiore biodiversità dell'agroecosistema rafforza le tecniche di lotta biologica per il mantenimento di uno stato fitosanitario ottimale per le coltivazioni biologiche. Anche per le specie officinali con ciclo più lungo, poliennali o perenni, è possibile una progettazione di tipo bio-agronomica.

8.10.2 Produzione integrata

La coltivazione integrata è normata dalla Legge nazionale n. 4 del 03/02/2011, descritta come un sistema agricolo di produzione a basso impatto ambientale, in quanto prevede l'uso coordinato e razionale di tutti i fattori della produzione allo scopo di ridurre al minimo il ricorso a mezzi tecnici che potrebbero avere un maggiore impatto sull'ambiente, sugli animali e sulla salute umana. La produzione integrata è un insieme di metodi atti a razionalizzare l'impiego dei mezzi di difesa, valutare la necessità di intervento e scegliere il momento ottimale in cui intervenire.
La produzione integrata si basa sui seguenti concetti:

- limitare al massimo il numero di trattamenti chimici, privilegiando quando possibile mezzi di difesa biologici, biotecnici e agronomici;
- utilizzare prodotti meno tossici per la salute dell'uomo;
- utilizzare il più possibile prodotti selettivi per gli insetti "target" bersaglio;
- utilizzare prodotti meno pericolosi per l'ambiente;
- impiegare pratiche agronomiche, cultivar resistenti alle malattie, mezzi fisici, biologici, ecc. atti a diminuire l'uso dei prodotti chimici che peraltro risultano limitati per la difesa delle piante officinali.

In sostanza, le produzioni integrate hanno lo scopo di rendere minimi gli effetti negativi dei prodotti utilizzati in agricoltura e di garantire all'imprenditore agricolo un reddito soddisfacente, rispettando allo stesso tempo l'ambiente e salvaguardando la salute dell'uomo e degli animali.
Appropriate tecniche colturali quali lunghe rotazioni, equilibrate concimazioni, adeguate irrigazioni, potature, lavorazioni del terreno, pacciamatura, varietà tolleranti, ecc. influenzano lo sviluppo delle colture e, pertanto, permettono una ulteriore riduzione dell'impiego di sostanze chimiche di sintesi. È bene inoltre sottolineare che le nuove norme UE sull'impiego dei prodotti fitosanitari prevedono che questi debbano essere utilizzati in un'ottica mirata ad una "agricoltura" sostenibile, che rappresenti un compromesso tra agricoltura convenzionale e quella biologica. La lotta integrata parte dalla consapevolezza che quando si interviene in un ecosistema si alterano le reti trofiche. Sfrutta i fattori biotici e abiotici di regolazione interna degli ecosistemi utilizzando a suo vantaggio tutti gli strumenti possibili, non limitandosi quindi ai soli mezzi chimici. Questo approccio, prevalentemente usato nella lotta contro gli insetti, si può estendere nella lotta contro tutti gli organismi dannosi (funghi, batteri e virus). Il suo obiettivo è quello di mantenere l'organismo dannoso entro una soglia, limite oltre il quale l'organismo stesso crea danno economico quindi senza arrivare all'eradicazione, ma al suo contenimento. I limiti della lotta integrata sono costituiti dai maggiori costi di produzione, dalla necessità di una assistenza tecnica qualificata e dalla obiettiva difficoltà nel certificare il prodotto.

8.10.3 Confronto tra le colture convenzionali e biologiche nelle piante officinali

Come indicato da numerosi rapporti scientifici, aumentare il consumo di prodotti ricchi di sostanze antiossidanti ha un effetto positivo sulla salute umana. Le piante officinali sono ricche di composti fenolici (acidi fenolici, flavonoidi, carotenoidi e vitamina C). La qualità della materia prima, ottenuta da piante officinali, è determinata dal contenuto di sostanze bioattive, che, tra l'altro, risulta influenzato da una serie di fattori. Diversi studi scientifici dimostrano un contenuto superiore di antiossidanti e di sostanza secca nelle colture biologiche rispetto alle colture convenzionali. Sebbene la sintesi e l'accumulo dei metaboliti nelle piante delle due tipologie di produzioni possano essere influenzate da una serie di fattori di natura ambientale e genetica, molto può incidere la diversa gestione dei fattori della produzione nei due sistemi. La fertilizzazione, uno dei principali fattori di aumento della resa in biomassa, influisce anche sul contenuto di sostanze bioattive nelle colture; ad esempio, nell'origano e nel timo la concimazione minerale consente di ottenere un aumento della resa di olio essenziale per unità di superficie e un aumento del contenuto di carvacrolo.
La concimazione organica, indispensabile nella coltivazione in biologico per il mantenimento della fertilità del suolo, è altrettanto fondamentale per l'attività biologica dello stesso, il cui compito è quello di rendere disponibili in quantità e forma adeguate gli elementi nutritivi alle specie vegetali. Nei sistemi biologici, l'azoto si presenta sotto forma di composti complessi che per essere utilizzati dalle piante devono subire processi di disgregazione e di demolizione da parte dei microrganismi del suolo. I composti semplici e facilmente assorbibili dalle piante, rilasciati dalla fauna terricola, vengono poi assorbiti dalla pianta nelle quantità di cui ne ha bisogno.
Nel sistema convenzionale, invece, basato sull'impiego cospicuo di concimi di sintesi, i minerali vengono prontamente forniti e direttamente assimilati dalle piante, trascurando la componente biologica del suolo. Nelle colture convenzionali come risultato della concimazione minerale si assiste ad un aumento di resa in biomassa e di acqua nelle cellule vegetali, comportando una diminuzione del contenuto di sostanza secca nei tessuti delle piante. Ciò influisce sulla stabilità delle materie prime durante lo stoccaggio, esponendole a maggiori rischi di deterioramento. Di contro, le materie prime biologiche si conservano meglio, poiché contengono più sostanza secca delle convenzionali e, pertanto, sono meno soggette ad attacchi fungini e a processi di decomposizione.
La disponibilità di azoto nel suolo ha influenza anche sulla quantità di metaboliti secondari presenti nei tessuti delle piante. Negli ambienti pove-

ri di azoto facilmente assimilabile, vale a dire nei sistemi colturali biologici, le piante producono principalmente composti contenenti carbonio, come zuccheri semplici e complessi (glucosio, fruttosio, amido, cellulosa) e altri metaboliti secondari contenenti azoto, inclusi i terpenoidi, composti fenolici, alcuni coloranti e vitamine. Mentre in ambienti ricchi di azoto facilmente assimilabile, come nei sistemi di coltivazione convenzionale, il metabolismo delle piante si sposta verso una produzione più intensa di composti azotati come amminoacidi liberi e proteine.

I composti fenolici sono indicati come "pesticidi naturali" che le piante producono per difendersi dalle avversità. La loro maggiore concentrazione nelle produzioni agricole biologiche può trovare una spiegazione proprio nel mancato impiego dei trattamenti chimici di difesa alle colture, così come previsto dalla normativa, favorendo l'attivazione del sistema di protezione naturale delle piante alla maggiore sintesi di composti fenolici. A sostegno di tale spiegazione, contribuisce uno studio volto a valutare il contenuto di composti fenolici su ortaggi da foglia coltivati in regime biologico e convenzionale. È emerso che gli ortaggi non trattati e, quindi, esposti ai parassiti, presentavano più danni alle foglie, ma con un contenuto in composti fenolici più elevato rispetto a quelli trattati chimicamente.

Altri studi effettuati per valutare l'influenza dei due metodi, convenzionale e biologico, sul contenuto di composti bioattivi in diverse aromatiche (basilico, aglio, maggiorana e origano) hanno evidenziato concentrazioni significativamente più elevate di polifenoli totali, flavonoidi e acidi fenolici nelle piante coltivate in regime biologico rispetto a quelle prodotte in convenzionale, che invece, risultavano più ricche in clorofille e carotenoidi, incluso il beta-carotene.

Ancora altri studi che vanno nella stessa direzione dei precedenti, ma considerando altre aromatiche (rosmarino, menta piperita, melissa e salvia) hanno mostrato che le piante, in biologico, contenevano una quantità significativamente maggiore di sostanza secca, vitamina C, acidi fenolici e flavonoidi totali rispetto alle piante in convenzionale. Queste, tuttavia, contenevano più carotenoidi rispetto alle piante prodotte in biologico.

Senza cadere nel grossolano errore di indicare un metodo migliore di un altro, dalle evidenze scientifiche esaminate, seppure ancora contenute, lasciano intravedere per le piante officinali quello della coltivazione in biologico, il metodo più performante in relazione agli obiettivi per cui queste specie sono coltivate.

Bibliografia

Ashraf M.A., Iqbal M., Rasheed R., Hussain I., Riaz M., Arif M.S. (2018) - Environmental stress and secondary metabolites in plants: An overview. *Plant metabolites and regulation under environmental stress*, 153-167.

Catizone P., Barbanti L., Marotti I., Dinelli G. (2013) - *Produzione ed impiego delle piante officinali*, Pàtron editore, pagg. 352.

Dittrich F., Iserloh T., Treseler C. H., Hüppi R., Ogan S., Seeger M., Thiele-Bruhn S. (2021) - Crop Diversification in Viticulture with Aromatic Plants: Effects of Intercropping on Grapevine Productivity in a Steep-Slope Vineyard in the Mosel Area, Germany. *Agriculture*, 11, 2, 95.

Gomes A.F., Almeida M.P., Leite M.F., Schwaiger S., Stuppner H., Halabalaki M., David J.M. (2019) - Seasonal variation in the chemical composition of two chemotypes of Lippia alba. *Food chemistry*, 273, 186-193.

Hallmann E., Sabała P. (2020) - Organic and conventional herbs quality reflected by their antioxidant compounds concentration. *Applied Sciences*, 10 ,10, 3468.

Li Y., Kong D., FU Y., Sussman M.R., Wu H. (2020) - The effect of developmental and environmental factors on secondary metabolites in medicinal plants. *Plant Physiology and Biochemistry*, 148, 80-89.

Marzi V., De Mastro G., (2008) - *Piante officinali. Coltivazione, trattamenti post-raccolta, contenuti di principi attivi, impieghi in vari settori industriali ed erboristici*. Mario Adda Editore.

MIPAAF, Ministero delle politiche agricole alimentari e forestali - *Piano di settore della filiera delle piante officinali*. 2014-16. Allegato tecnico.

Xu J., Yu Y., Shi R., Xie G., Zhu Y., Wu G., Qin M. (2018) - Organ-specific metabolic shifts of flavonoids in Scutellaria baicalensis at different growth and development stages. *Molecules*, 23, 2, 428.

Diverse specie aromatiche, condimentarie e medicinali sono specie perenni che corrispondono alla forma botanica dell'albero o a quella dell'arbusto o cespuglio.

9 Coltivazione delle specie arboree e arbustive

Maurizio Mulas, Gabriele Loris Beccaro

9.1 Le specie legnose officinali

Gli alberi e gli arbusti si differenziano dalle specie erbacee perché tutte hanno una vita poliennale e possiedono nella parte aerea e nelle radici una struttura lignificata del fusto, delle branche e delle radici, che mostrano un diametro tendenzialmente proporzionale all'età dell'organo esaminato. Tali strutture sono permanenti, si accrescono ma non vengono interamente rigenerate ogni anno come spesso accade alle specie erbacee poliennali.

Molte specie aromatiche, condimentarie, medicinali o comunque produttrici di biomasse funzionali agli utilizzi, alimentari e non, da parte dell'uomo sono specie tipicamente perenni che talvolta corrispondono esattamente alla forma botanica dell'albero (Fig. 9.1) o a quella più contenuta dell'arbusto o cespuglio (Fig. 9.2). Altre

Figura 9.1 - Maestoso esemplare di olivo (*Olea europaea* L.) millenario (Villamassargia, Sardegna). La specie ha diversi usi medicinali per le proprietà antiossidanti delle foglie essiccate e degli estratti fenolici dei frutti.

Figura 9.2 - Pianta di lentisco (*Pistacia lentiscus* L.) nell'ambiente naturale della macchia mediterranea. Specie tipicamente arbustiva nota per le proprietà antiossidanti delle foglie e antimicrobiche degli essudati gommosi e degli estratti dei frutti.

forme di piante legnose sono quelle della liana e dei suffrutici.

L'interesse verso queste piante è complesso e non generalizzabile, dato che l'uomo ne utilizza diversi organi come prodotto medicinale o aromatico (Fig. 9.3). Frutti, foglie, gemme, cortecce, radici, legno, lattice, resina possono essere obiettivo della coltivazione e non sempre una specie è coltivata per una sola parte o esclusivamente per un obiettivo (Tab. 9.1). Spesso infatti di una specie si è interessati ad un organo secondario rispetto a quello che offre il raccolto principale (Fig. 9.4). È il caso, ad esempio, delle specie arboree che producono resina per molti anni tramite l'utilizzo della loro corteccia e che a fine ciclo vengono utilizzate per la loro biomassa legnosa; si parla quindi di specie polifunzionali di cui molte parti hanno proprietà diverse, come nel caso del noce (*Juglans*

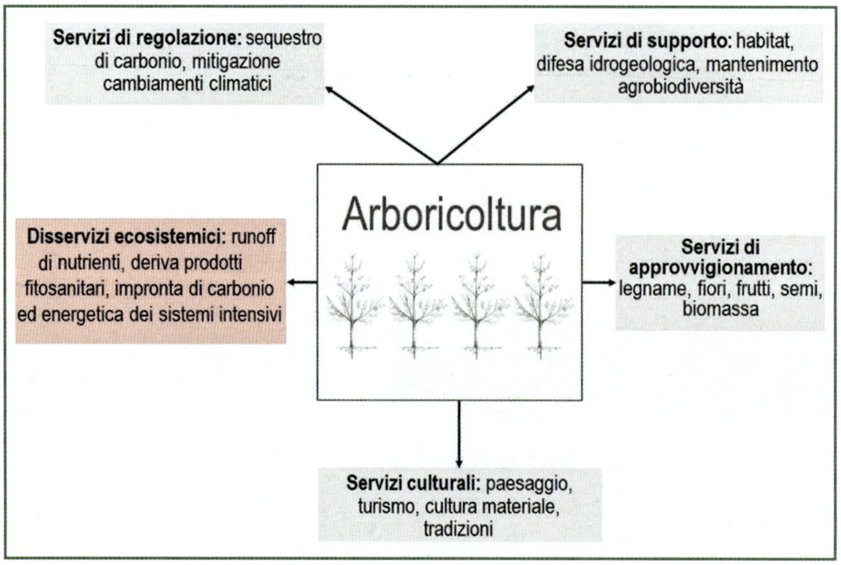

Figura 9.3 - Polivalenza e servizi ecosistemi degli alberi. L'impiego di parti di albero ad uso officinale rientra nei servizi di approvvigionamento.

Tabella 9.1 - Prodotti e multifunzionalità degli alberi secondo la FAO (da Bellefontaine *et al.*, 2005, modificato). Tutte le parti di albero, a seconda delle diverse specie botaniche, possono essere impiegate a scopo officinale.

Parti dell'albero	Principali utilizzazioni	Esempi di specie arboree officinali
Frutti	Alimentazione umana, prodotti cosmetici e farmaceutici	*Malus domestica* Borkh., *Prunus* spp., *Citrus* spp., *Vitis vinifera* L., *Vaccinium* spp., *Punica granatum* L.
Semi	Alimentazione umana, prodotti farmaceutici, integratori alimentari	*Ceratonia siliqua* L., *Juglans regia* L., *Amigdalus communis* L.
Germogli, foglie e frasche	Prodotti cosmetici e farmaceutici, zootecnia, alimentazione umana	*Morus* spp., *Opuntia ficus-indica* Mill., *Olea europaea* L., *Phoenix dactylifera* L.
Gemme	Prodotti gemmoterapici e farmaceutici	*Tilia* spp., *Aesculus hippocastanum* L., *Abies alba* Mill., *Ribes nigrum* L.
Tronco e corteccia	Lattice, resine, tannini, fibre, sughero, oli essenziali	*Castanea sativa* Mill., *Liquidambar styraciflua* L., *Quercus suber* L., *Pinus* spp.
Fiori	Produzioni mellifere, oli essenziali, prodotti cosmetici e farmaceutici	*Arbutus unedo* L., *Tilia* spp., *Robinia pseudoacacia* L.
Linfa	Succhi, bevande	*Acer saccharum* Marsh.

regia L.), che produce legno, frutta secca (i semi) e olio, corteccia con proprietà medicinali e frutti immaturi dotati di proprietà aromatiche da cui si ottiene il liquore nocino. Altro esempio pertinente potrebbe essere quello della *Opuntia ficus-indica* Mill., o fico d'India, coltivato principalmente per la produzione di frutti o foraggio che però possiede proprietà medicinali riscontrabili nei residui fiorali essiccati (diuretici) e nella biomassa dei giovani germogli (antiglicemizzanti e anticolesterolemizzanti), a loro volta utilizzati nell'alimentazione umana come legume. Alcune specie arboree polifunzionali sono poi coltivate in contesti agroforestali: è il caso del castagno (*Castanea sativa* Mill.), noto sin dai tempi antichi per la produzione di legno, frutto e per l'estrazione dalle foglie di tannini, impiegati nell'industria conciaria e dotati di proprietà medicinali.

Figura 9.4 - Il ribes nero (*Ribes nigrum* L.) è coltivato per la produzione del frutto, delle gemme e delle foglie impiegate dall'industria cosmetica e farmaceutica per le proprietà antinfiammatorie, antistaminiche e diuretiche.

Non possono essere trascurate, infine, numerose produzioni che derivano dall'interazione di piante con altri organismi, spesso patogeni o parassiti, che vengono essi stessi utilizzati o provocano nei tessuti della pianta ospite la produzione anomala di sostanze che l'uomo ha imparato a utilizzare per diverse finalità. Si pensi alla produzione del colorante carminio derivante dall'allevamento della cocciniglia *Dactylopius coccus* Costa sulle pale del fico d'India o alle galle delle foglie di leccio (*Quercus ilex* L.) e roverella (*Quercus pubescens* Willd.) anch'esse utilizzate fin dall'antichità come coloranti naturali.

Figura 9.5 - Impianto intensivo di ossicocco americano (*Vaccinium macrocarpon* Aiton), noto anche come cranberry, i cui frutti trasformati o in forma di estratti farmaceutici hanno proprietà disinfettanti e antinfiammatorie molto note per le infezioni alle basse vie urinarie (cistite).

9.2 Ciclo poliennale e ciclo annuale

La natura poliennale degli alberi e degli arbusti delle specie officinali ci consente di individuare nella loro esistenza e, più tecnicamente, all'interno di quello che possiamo considerare un ciclo colturale, una fase cosiddetta giovanile o di accrescimento, una di maturità o di piena produzione e una di senescenza o produttività decrescente. Normalmente questa caratterizzazione si riferisce alla produzione di frutti come obiettivo principale della coltura, per cui le definizioni di fase giovanile, maturità e senescenza andranno riconsiderate in funzione dei prodotti principali della coltura. Nel caso delle specie officinali infatti i concetti di maturità e senescenza possono essere applicati alla piena o maggiore produzione delle biomasse utili ai fini della coltivazione che possono essere non solo dei frutti, ma anche dei fiori, delle foglie, della corteccia o delle radici. Dalla valutazione della durata del ciclo poliennale in senso biologico discenderanno le scelte che definiranno la durata in senso tecnico ed economico della coltura, dipendendo questa fondamentalmente dalla convenienza al mantenimento della coltura in fase di senescenza, quando cioè la produttività delle biomasse diminuisce sensibilmente.
Una utile schematizzazione della complessità dei fenomeni legati alla coltivazione di una pianta perenne di specie officinale deriva anche dalla conoscenza del suo ciclo annuale. Questo letto e interpretato attraverso la successione delle fasi fenologiche nel corso dell'anno ci aiuta a stabilire quando la pianta si trova in una certa fase biologica a prescindere dalle variabili meteorologiche che accompagnano le diverse annate e, in particolare, ad individuare i cosiddetti tempi "balsamici" delle diverse colture, in cui le sostanze attive sono presenti nella massima quantità stagionale nell'organo che ci interessa.
Nelle condizioni climatiche delle zone temperate e in particolare in quelle mediterranee il ciclo annuale inizia con una fase di riposo che corrisponde ai mesi autunnali e lentamente si prolunga durante l'inverno. Questa è la fase in cui le differenze tra specie caducifoglie e sempreverdi si manifesta in modo più evidente, in quanto le prime perdono le foglie. Questa ulteriore peculiarità delle specie legnose può manifestarsi anche con defogliazioni quasi totali in corrispondenza della stagione estiva per le specie che adottano tale strategia per resistere all'aridità estiva (semidecidue) come nel caso del cisto (*Cistus x incanus* L.). La fisiologia delle piante legnose, compresi gli equilibri tra attività fotosintetica e relazioni ormonali, governa la produttività intesa come massima ed equilibrata possibilità di raccogliere frutti ben conformati e qualitativamente corrispondenti agli obiettivi della coltivazione. Se poi

questi ultimi sono più orientati verso la raccolta di biomassa fogliare o di altri organi, appare evidente come ben differenti saranno gli accorgimenti colturali da adottare, cercando di massimizzare l'attività vegetativa rispetto a quella riproduttiva.

9.3 La propagazione

9.3.1 La propagazione per seme

Le colture legnose sono quasi sempre moltiplicate agamicamente. Solo tra le specie forestali la propagazione gamica è ancora prevalente, come per tutte le conifere, in quanto si ritiene più consona alle potenzialità e funzionalità ecologiche dei popolamenti forestali una maggiore biodiversità, per la resistenza alle avversità naturali e l'adattamento naturale alle inevitabili condizioni di stress, che il lungo ciclo poliennale delle specie forestali deve affrontare con poche o nessuna cura colturale.
L'ottenimento di seme dalle piante legnose implica la conoscenza di piante potenzialmente buone produttrici di frutti e semi ben conformati e germinabili. Queste piante madri dovrebbero essere possibilmente inserite in una filiera vivaistica certificata, all'interno della quale saranno qualificate come piante portaseme. Le principali caratteristiche fisiche e biologiche del seme di piante legnose destinato alla propagazione non sono differenti da quelle che si osservano e certificano per le sementi di specie erbacee. La purezza, l'assenza di patogeni e parassiti, la germinabilità potenziale, il tempo medio di germinazione e la durata del potere germinativo sono i parametri più importanti, insieme a quelli fisici pel peso e volume.
Dal punto di vista tecnico la propagazione per seme non avviene quasi mai direttamente a dimora, cioè nel punto in cui si desidera ottenere una nuova pianta, ma si destinano all'ottenimento delle piantine da seme apposite parcelle o ampi contenitori di substrato che nel vivaio prenderanno il nome di semenzai. La necessità di propagare una specie per seme può comportare, soprattutto per le specie originarie di aree a clima temperato, la necessità di trattamenti per incrementare la germinabilità dei semi che presentano una condizione di dormienza. La rimozione di tale stato di quiescenza, infatti, è normalmente possibile attraverso un trattamento di stratificazione dei semi in un substrato umido (sabbia) mantenuto a temperature tra 0 e 4 °C per periodi fino a 3 mesi a seconda della specie. Altre volte la quiescenza è strettamente legata alla consistenza fisica dei tegumenti seminali, per cui i trattamenti possono essere di rottura o rimozione degli stessi.
Una volta rimossa la quiescenza invernale il seme viene seminato con tecniche diverse e le plantule ottenute possono essere allevate in piccoli contenitori da vivaio (fitocelle) oppure trasferiti in parcelle in piena terra destinate alla gestione del loro accrescimento per 1-2 anni. Le piante cresciute in pieno campo verrebbero così estratte e utilizzate a radice nuda a fine accrescimento, mentre quelle cresciute in fitocella sarebbero normalmente pronte per il trapianto dopo 12 mesi di accrescimento o periodi superiori a seconda del volume del contenitore.

9.3.2 La propagazione agamica

La diversità dei genotipi degli embrioni che maturano nei semi utilizzati, salvo i casi di embrionia nucellare (*Citrus* spp.), rende le piante troppo differenti tra di loro per morfologia, durata delle fasi fenologiche e qualità dei prodotti per poter essere utilizzate nelle coltivazioni frutticole o di tipo industriale, comprese quelle medicinali ed aromatiche. Si preferisce di gran lunga, quindi, coltivare le specie legnose utilizzando tecniche di propagazione agamica, che comprendono: la produzione di piante autoradicate, in cui gli individui vengono rigenerati a partire da porzioni della pianta madre (talee) asportate e sottoposte a particolari trattamenti per la rigenerazione dell'apparato radicale (Fig. 9.6); oppure la produzione di piante bimembri, in cui la parte aerea viene innestata prelevando gemme o gruppi di gemme dalla pianta madre e saldando questi tessuti su un individuo, detto portinnesto, che nella pianta adulta costituirà esclusivamente la parte basale e radicale (Figg. 9.7-9.8). A loro volta i portinnesti possono essere ottenuti da propagazione agamica per radicazione di talee o micropropagazione, come nel caso del tasso (*Taxus baccata* L.), oppure da propagazione per seme, come nel caso dei portinnesti del bergamotto (*Citrus bergamia* Risso e Poit.) e di tutti i portinnesti cosiddetti "franchi". In questo caso le piccole

Figura 9.6 - Talea semilegnosa di mirto (*Myrtus communis* L.) ben radicata nel mese di settembre.

Figura 9.7 - Sovrainnesto della vite (*Vitis vinifera* L.) con nuova cultivar eseguito nel mese di maggio per la produzione di estratti fenolici e resveratrolo.

differenze genetiche derivanti dai diversi genotipi dei portinnesti si ritengono meno influenti sulla diversità di comportamento della coltura nel suo complesso rispetto alla propagazione per seme dell'intera pianta. In arboricoltura esiste una molteplicità di tecniche di innesto, che sono il frutto di una tradizione secolare e che variano a seconda del processo vivaistico, del periodo dell'anno in cui vengono effettuate e delle moltissime specie officinali a cui vengono applicate. Le tecniche di moltiplicazione per talea comprendono l'utilizzo di talee costituite da rami di età preferibilmente inferiore ad un anno d'età, sia che si tratti di talee legnose di caducifoglie in fase di riposo, come è il caso della vite o del ribes nero (*Ribes nigrum* L.) sia che si tratti di talee semilegnose in fase vegetativa che portano

Figura 9.8 - Innesto a spacco pieno su castagno (*Castanea sativa* L.). Il castagno è specie contemplata dalla famacopea francese per la produzione di gemmoderivati.

Figura 9.9 - Plantule di ribes (*Ribes nigrum* L.) in micropropagazione, tecnica ancora raramente utilizzata in arboricoltura. Le gemme e le foglie di ribes nero sono impiegate in numerose preparazioni farmaceutiche.

ancora le foglie, come è il caso dell'olivo (*Olea europaea* L.), del rosmarino (*Rosmarinus officinalis* L.) e del mirto (*Myrtus communis* L.).
Particolare è poi il caso dell'ossicocco americano (*Vaccinium macrocarpon* Aiton), i cui frutti sono ampiamente utilizzati dall'industria farmaceutica, che produce lunghi germogli orizzontali (stoloni) in grado di radicare facilmente e che formano ampi ed omogenei letti di coltura.
Le tecniche di micropropagazione sono in rari casi utilizzate per la produzione di portinnesti (melo, drupacee, actinidia) o di specie legnose autoradicate (melograno). Tuttavia molte specie sono recalcitranti a questo processo produttivo, che trova ancora una modesta applicazione in arboricoltura (Fig. 9.9).

9.3.3 Il vivaismo certificato delle specie legnose officinali

In Italia è vigente un sistema di certificazione della qualità del materiale di propagazione vegetale comune, nelle sue linee concettuali e orientamenti generali, ai Paesi dell'Unione Europea. Tale certificazione garantisce sostanzialmente anche per le specie legnose officinali la corrispondenza genetica delle varietà e dei portinnesti propagati alle denominazioni registrate in appositi albi, la qualità fitosanitaria intesa come assenza di fitopatie evidenti o anche risanamento da virus, la qualità agronomica del materiale che nel caso delle piante legnose sarà costituito da piante ben equilibrate con parti vitali e in grado di accrescersi rapidamente una volta messe a dimora.

9.4 L'impianto di un arboreto

La consistenza degli investimenti economici che accompagnano l'impianto dell'arboreto, la sua natura poliennale e la difficoltà nel correggere una scelta preliminare errata, rendono la scelta del sito in cui realizzare una coltura legnosa cruciale e decisiva, in particolare per le specie officinali. Possiamo anche parlare in qualche modo di riconoscimento della vocazionalità dell'ambiente prescelto, considerando insieme una serie di fattori che vanno dalle caratteristiche tipiche del clima, alla natura del terreno, al tipo di vegetazione e di eventuale coltivazione precedente la coltura prescelta per il nuovo impianto. È di cruciale importanza disporre di un'analisi chimico-fisica del terreno e analizzare i dati climatici che caratterizzano il sito quali l'intensità e la frequenza delle precipitazioni e le temperature medie ed assolute.
Questi elementi devono essere oggetto di un'accurata analisi preliminare da parte del tecnico progettista dell'impianto che considererà, oltre a quella fondamentale della specie da coltivare, anche quelle particolarmente cruciali come il portinnesto da utilizzare e la/le cultivar da utilizzare o combinare in funzione di esigenze particolari come l'impollinazione reciproca.
Ulteriori elementi tecnici dell'analisi preliminare riguarderanno le applicazioni di tecnologie a costi rilevanti come l'irrigazione, la predisposizione di sostegni, le protezioni contro i venti e le idrometeore (grandine) e le opere di sistemazione superficiale e drenaggio. Il fine ultimo è avere gli elementi per una analisi benefici/costi dell'investimento su una base pluriennale corrispondente alla durata potenziale del ciclo colturale delle specie legnose officinali.
Una delle lavorazioni fondamentali preliminari all'impianto dell'arboreto è lo scasso o lavorazione profonda del suolo, indispensabile per tutte

Figura 9.10 - Esecuzione di scasso con aratro a versoio per l'impianto del fico (*Ficus carica* L.) specie dotata di proprietà antinfiammatorie, emollienti e regolatrici della funzionalità intestinale (foto Fabio Piras).

le specie legnose e quindi anche per quelle officinali. Questa comporta una aratura profonda anche 1 m che ha l'obiettivo di smuovere e rimescolare lo strato di suolo destinato ad ospitare la gran parte delle radici della coltura.
Si tratta di un'operazione delicata destinata a creare condizioni di migliore ossigenazione degli strati profondi, particolarmente indicata quando il profilo del suolo non mostra sostanziali differenze di fertilità tra livelli superficiali e più profondi (Fig. 9.10). Quando però in profondità troviamo strati fratturati della roccia madre, come nei profili di suoli calcarei mediterranei, è sicuramente meglio evitare il rivoltamento degli strati e agire con organi discissori come l'aratro a chiodo o *ripper* (Fig. 9.11).

Figura 9.11 - Lavorazione con *ripper* per l'impianto di un vigneto di 'Cannonau', vitigno le cui foglie sono molto richieste nel mercato delle officinali (foto Onofrio Graviano).

Figura 9.12 - Il gelso nero (*Morus nigra* L.), specie polifunzionale ad azione ipoglicemizzante, può essere coltivato in impianti intensivi con forma di allevamento a fusetto.

9.5 La potatura e le forme di allevamento

La potatura delle piante legnose non è altro che il taglio controllato più o meno importante di parti di esse che viene effettuato per regolare le quantità di biomassa presente nella parte aerea rispetto a quella radicale, per condurre in modo equilibrato le piante giovani verso una forma definita ritenuta ottimale per l'equilibrio tra accrescimento e produzione, per mantenere tale forma o ripristinarla durante le fasi di maturità e senescenza dell'arboreto.

La potatura può essere eseguita durante la stagione vegetativa (potatura verde) delle piante, in forma normalmente più moderata rispetto a quella invernale che si esegue su piante in condizione di riposo (potatura secca).

Le operazioni di potatura devono essere eseguite da personale qualificato o dotato di sufficiente perizia da evitare danni alle piante o infortuni sul lavoro. Si tratta comunque dell'operazione colturale più costosa dopo la raccolta per carico di manodopera. Questo giustifica il fatto che nell'arboricoltura moderna si siano discretamente diffuse tecniche di potatura meccanica o integrata che, pur fornendo risultati qualitativamente inferiori rispetto al lavoro manuale, consentono un deciso contenimento dei costi.

Tutte le piante legnose vengono allevate attribuendo loro degli spazi ben definiti all'interno dell'arboreto. Le distanze di piantagione condizionano a loro volta la forma di allevamento, che può essere più o meno naturaliforme o tendenzialmente geometrica. L'esigenza di dare una forma precisa alle piante arboree deriva sicuramente dalla necessità di ottimizzare gli spazi a disposizione, ma anche di fornire a ciascun individuo coltivato l'ottimale disponibilità di aria, luce e possibilità di accrescimento. Tutto ciò è finalizzato alla migliore accessibilità da parte degli operatori per le fondamentali operazioni di potatura e raccolta dei prodotti, così come è di grande importanza che le piante non rappresentino un ambiente eccessivamente chiuso ed ombreggiato in cui i parassiti trovino facile riparo e i patogeni l'umidità ottimale per svilupparsi, considerando anche la migliore efficienza dei trattamenti antiparassitari quando la chioma risulta più permeabile ai flussi di somministrazione.

Le diverse forme di allevamento si distinguono in linea di massima tra forme in volume (Figg. 9.12-9.13), in cui la chioma dell'albero rappresenta chiaramente una forma geometricamente ben definita, come il vaso, il globo, il fusetto, l'alberello

Figura 9.13 - Impianto intensivo di susino (*Prunus salicina* L.) cultivar 'Angeleno' con allevamento a fusetto. La specie ha proprietà regolatrici della funzionalità intestinale e nutraceutiche.

o la piramide, oppure le forme in parete. Queste prevedono lo sviluppo delle chiome prevalentemente secondo un piano verticale o orizzontale. È il caso delle forme di allevamento "a spalliera" della vite e di altre specie lianose, oppure di quelle organizzate in pareti più importanti come è il caso della palmetta, delle forme a ipsilon o a candelabro. Le forme in parete orizzontale sono riferibili al tendone e ai diversi tipi di pergola e pergoletta.
Quasi tutte le forme di allevamento in parete necessitano di sostegni, costituiti normalmente da pali in calcestruzzo o legno o metallo e diversi ordini di fil di ferro su cui le vegetazione viene appoggiata e spesso legata.

9.6 Le cure colturali

9.6.1 Controllo delle infestanti e arieggiamento del suolo

In Italia le pratiche di gestione colturale del suolo sono ancora fondamentalmente orientate verso le lavorazioni meccaniche, più o meno superficiali, che comprendono le arature, vangature, fresature ed erpicature. Tutte queste operazioni provocano effetti positivi nei confronti delle piante coltivate, in quanto distruggono le erbe infestanti e la loro competizione con la coltura per l'acqua e le sostanze nutritive, ne incorporano la biomassa triturata nel suolo consentendo una rapida degradazione della stessa, con restituzione delle componenti minerali al substrato. Questo risulta anche decisamente più poroso e arricchito di ossigeno e, quindi, reso più ospitale per le nuove radichette delle piante arboree che rapidamente tenteranno di colonizzarlo (Fig. 9.14).
Se questi sono i vantaggi delle lavorazioni meccaniche del suolo, non possiamo trascurare tuttavia anche i loro difetti: importante mutilazione delle radici delle piante arboree più superficiali ed attive, con conseguente rallentamento dell'attività vegetativa nella parte aerea; incremento della velocità di degradazione della sostanza organica del suolo, soprattutto nei climi caldo-aridi; costi energetici derivanti dal ripetuto utilizzo delle macchine operatrici; perdita di biodiversità dell'ecosistema per distruzione delle

Figura 9.14 - Vigneto destinato alla produzione di stilbeni con lavorazione di tutta la superficie del suolo.

malerbe e continuo disturbo della biosfera superficiale del suolo; rottura della struttura delle particelle aggregate di suolo, polverizzazione e separazione delle particelle di argilla più fine che tende a essere trasportata dalle piogge, sia superficialmente innescando fenomeni di erosione superficiale, sia verso il basso oltre lo strato normalmente sottoposto a lavorazione, formando la suola di lavorazione, ovvero uno strato denso e impermeabile dovuto all'accumulo di argilla. Su questa suola, particolarmente dove la superficie si presenta con una pendenza anche minima, le fini particelle superficiali tenderanno ulteriormente ad essere sottoposte ad erosione.

Le tecniche alternative alle lavorazioni meccaniche superficiali comprendono diverse tecniche di coltivazione sul suolo indisturbato o "su sodo" (Figg. 9.15, 9.16 e 9.17). Queste sono: la gestione totale o parziale di una cotica erbacea naturale o artificiale che viene controllata con sfalci o triturazione periodica; il controllo della cotica con sostanze ad azione erbicida o il mantenimento del suolo completamente nudo con l'impiego degli stessi diserbanti; la copertura artificiale del

Figura 9.15 - Vigneto destinato alla produzione di antociani con lavorazione lungo la fila e inerbimento nell'interfilare.

Figura 9.16 - Oliveto per la produzione di foglie ad effetto ipoglicemico, antiossidante e regolatore dell'ipertensione arteriosa con lavorazione nell'interfila e trinciatura dell'erba lungo la fila.

Figura 9.17 - Oliveto coltivato per l'estrazione di oleoeuropeina, glucoside ad azione cardiotonica con inerbimento permanente su tutta la superficie.

suolo o pacciamatura con film plastici o sostanze di diversa natura (paglia, residui organici); il pirodiserbo o distruzione delle malerbe con il calore. Alcune di queste tecniche, come quelle in cui si utilizzano i diserbanti, non sono ammesse nei modelli di coltivazione in biologico.

9.6.2 La nutrizione idrica

La piante dipendono in modo sostanziale, per la loro sopravvivenza, dai rifornimenti idrici che arrivano al suolo con le idrometeore. La possibilità di realizzare una coltura in asciutto, cioè senza l'apporto programmato dell'irrigazione, è una scelta che deve derivare da un'attenta valutazione delle esigenze potenziali della coltura e delle condizioni climatiche dell'ambiente destinato ad ospitare l'arboreto (Fig. 9.18). La pluviometria e la distribuzione annuale delle piogge vanno considerate attraverso una raccolta di dati di diversi decenni, tenendo in grande considerazione la ricorrenza di eventi anomali e della recente tendenza a distribuzioni molto irregolari, come conseguenza dei cambiamenti climatici.

Qualora tali verifiche manifestino l'esistenza di un probabile deficit stagionale, la coltura deve essere organizzata come irrigua. Il primo aspetto di rilevanza progettuale riguarda, quindi, il rifornimento sufficiente e costante di acqua di qualità adatta all'irrigazione. Non sempre le colture si trovano all'interno di un comprensorio irriguo e può essere necessario valutare la convenienza di predisporre i mezzi per l'autoapprovvigionamento (pozzi, bacini aziendali, ecc.).

Figura 9.18 - Impianto di Fico d'India (*Opuntia ficus-indica* Mill.) in aridocoltura (Marocco).

Un primo elemento di valutazione dell'acqua irrigua può essere la sua temperatura naturale, che se troppo differente da quella dell'ambiente di coltivazione può generare la necessità di camere di sosta prima di essere somministrata, perché tenda ad equilibrarsi con la temperatura ambiente. Altri elementi di valutazione della qualità dell'acqua irrigua riguardano: la presenza di elementi solidi in sospensione, che non dovrebbe superare i 50 mg/litro; la presenza di sali disciolti, che non dovrebbe superare la quantità di 2 g/litro; la presenza di sodio tra i cationi disciolti che dovrebbe essere al disotto di 50 mg/litro.

I sistemi di irrigazione delle colture arboree sono quanto mai variabili in termini di efficienza, costi e contenuto tecnologico. I più semplici prevedono lo scorrimento superficiale dell'acqua e l'infiltrazione in zone prestabilite in prossimità degli alberi. Questo metodo è relativamente poco costoso in termini di materiali e impianti, ma molto dispendioso in termini di necessità di mano d'opera e con una efficienza di distribuzione dell'acqua molto limitata. Le perdite per percolazione durante lo scorrimento e per evaporazione diretta dalla superficie superano inoltre il 30%.

I sistemi di distribuzione in condotta sono ovviamente più costosi all'impianto perché implicano la realizzazione di un impianto dotato di filtri, eventuali pompe e linee di erogazione. La distribuzione può avvenire per aspersione (soprachioma o sottochioma) o con sistemi localizzati tra cui quello a goccia è il più diffuso (Fig. 9.19). I sistemi di irrigazione a goccia sono oggi i più diffusi nella frutticoltura intensiva e vengono spesso utilizzati anche per veicolare i fertilizzanti (fertirrigazione). Notevole risparmio di acqua può essere ottenuto anche con i sistemi di distribuzione sotterranei o per subirrigazione.

Di fondamentale importanza dal punto di vista tecnico è stabilire quando è il momento di somministrare l'acqua con l'irrigazione e quanta acqua dare in un preciso momento. Per ovviare al diffuso empirismo che tende a fornire quantitativi d'acqua superiori a quelli necessari alla coltura, con perdite per percolamento e dilavamento dei suoli, sarebbe opportuno affidarsi ad un criterio di misurazione degli apporti e stima dei consumi attraverso la tenuta del bilancio idrico del suolo. Conoscendo la capacità di campo del volume del suolo normalmente occupato dagli apparati radicali della coltura, e il livello di consumi probabilmente indotto dall'evapotraspirazione del sistema arboreto, infatti, siamo in grado di calcolare quando siamo prossimi al punto di appassimento del suolo e quale volume di acqua dobbiamo somministrare per ripristinare la capacità di campo senza sprechi. Sarà poi una nostra scelta colturale il ripristino al 100% o ad una quota inferiore che può indurre uno stress controllato della coltura. Lo stress idrico moderato può rivelarsi positivo per l'accumulo di alcuni principi attivi delle specie officinali, come nel caso della vite (*Vitis vinifera* L.) per il resveratrolo o dell'olivo (*Olea europaea* L.) per le componenti fenoliche della biomassa fogliare.

Figura 9.19 - Giovane impianto di mirto (*Myrtus communis* L.) con diserbo sulla fila e impianto di irrigazione a goccia.

9.6.3 La nutrizione minerale

Anche il primo approccio al tema della gestione della nutrizione minerale delle colture arboree officinali deve necessariamente fare riferimento alle analisi preliminari del suolo. Questa infatti fornirà le informazioni di base sulla natura strutturale e sulla dotazione chimica del complesso sistema destinato ad ospitare le radici delle piante arboree. La conoscenza del punto di partenza in termini di fertilità chimica ci consentirà di correggere qualche piccolo difetto o carenza con gli interventi di concimazione di fondo, mantenere un bilancio delle asportazioni nette attendibile e avere qualche elemento di stima delle possibili perdite per percolazione dovute alle precipitazioni.

La prima possibilità di intervento preliminare per assicurare alle colture legnose un livello adeguato di fertilità del suolo è la cosiddetta concimazione di fondo, peculiare delle colture legnose officinali, con cui si cerca di aumentare la dotazione iniziale di sostanza organica, garantire una scorta sufficiente ad evitare fenomeni di grave carenza degli elementi meno mobili, come il potassio e il fosforo ed eventualmente magnesio, calcio e qualche microelemento, e magari provvedere a qualche modesta correzione della reazione o di qualche difetto.

L'azoto, elemento troppo facilmente dilavabile, non viene apportato in questa fase che precede la piantagione dell'arboreto se non nella forma a lenta cessione del letame o altre biomasse organiche che vengono somministrate con l'intento di migliorare la struttura e l'attività microbica del suolo. Per ottenere effetti sensibili tale somministrazione non può essere inferiore a 500-1000 q/ha.

La nutrizione azotata è sicuramente elemento di straordinaria importanza per il giovane impianto delle specie legnose officinali. Le piante in accrescimento devono raggiungere il più rapidamente possibile la dimensione e la forma che abbiamo loro assegnato in sede di progetto e anche le radici devono occupare rapidamente lo spazio a disposizione. La dotazione di azoto, possibilmente in forma prontamente disponibile per le giovani piante, deve essere somministrata senza eccessi, ma regolarmente. La formula di rapporto tra i macroelementi andrà poi progressivamente adeguata a vantaggio di potassio e fosforo man mano che le piante raggiungono la maturità produttiva.

Le piante assorbono l'azoto principalmente in forma di ione nitrico o ione ammonio, con specie che manifestano preferenze tra le due forme e altre indifferenti. Quote minori di azoto possono essere assorbite in forma di amminoacidi o altre piccole molecole organiche.

Le finestre di somministrazione di fertilizzanti du-

Scheda 9.1 - Il bergamotto (*Citrus x bergamia* Risso e Poit.)

Pianta della famiglia delle *Rutaceae* che cresce in Brasile, Argentina e in Italia lungo la fascia costiera calabrese (Costa dei Gelsomini) la cui esistenza è documentata da diversi secoli nel Mediterraneo e che nella seconda metà del '700 ha trovato, come detto, un ambiente di coltivazione molto favorevole nei dintorni di Reggio Calabria, grazie alle particolarità del clima caldo, carico di umidità in primavera e autunno e piuttosto ventoso.

Qui sono ancora presenti circa 1.500 ha di coltivazioni specializzate che utilizzano prevalentemente le cultivar "Femminello", "Castagnaro" e "Fantastico".

Dati Statistici

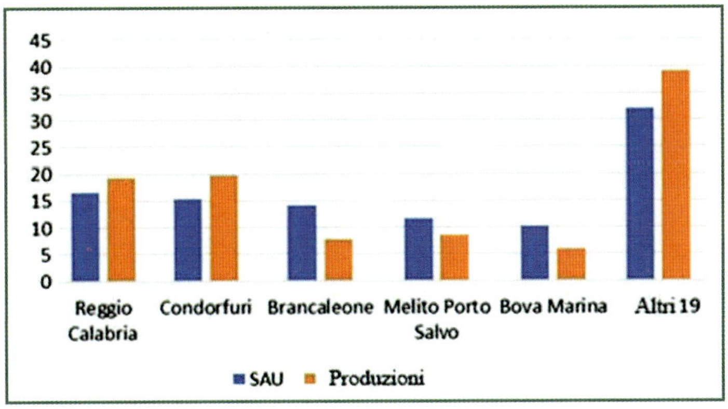

Figura S9.1.1 - Diffusione delle imprese agricole per Comune (%).

SAU:	1.500 ha (ISTAT 2019)
Produzione:	300.000 quintali (ISTAT 2019) - 100.000 (Regione Calabria)
Aziende agricole:	più di 6.000
Produzione totale:	da 150 a 200.000 quintali/anno (da 80 a 100 mila chili di essenza)
Prezzo della campagna 2020/2021:	1,2 €/kg prodotto fresco; 0,9 €/kg prodotto per la trasformazione (Unionberg)

Opportunità di mercato di olio essenziale di bergamotto:

- 90% esportato a Parigi, New York e Shanghai per soddisfare le grandi case di profumi;
- 10% sono aquistati da soggetti esterni alla Regione che li utilizzano per la cosmetica e la gastronomia.

Normalmente, la produzione di 1 kg di essenza comporta la lavorazione di almeno 200 kg di frutti maturi.

rante il ciclo colturale prevedono la possibilità di distribuzione in forma granulare solubile al suolo in autunno, normalmente prima di qualche lavorazione superficiale, oppure in primavera "in copertura" dei fabbisogni annuali stimati al netto di possibili perdite per le piogge invernali. In autunno, naturalmente, si cerca di dare azoto in formulati meno costosi e dilavabili, come l'urea, mentre in primavera saremo costretti ad utilizzare una forma prontamente solubile ed assorbibile come i nitrati. Oltre a queste finestre classiche di somministrazione la tecnica moderna consente di abbinare la fertilizzazione all'irrigazione con dosaggi controllati di prodotti altamente solubili, come il nitrato d'ammonio e il nitrato di potassio, mentre una ulteriore possibilità di ulteriori apporti o di rimediare a qualche carenza è la tecnica di fertilizzazione per via fogliare.

Le concimazioni annuali non possono trascurare anche apporti di potassio e fosforo costanti e proporzionati alle asportazioni operate stagionalmente dalla coltura, tramite la produzione di frutti o biomasse comunque sottratte al sistema arboreto (legno di potatura, altre biomasse raccolte). Data la scarsa mobilità di questi elementi la somministrazione al suolo nel periodo autunnale dei concimi potassici e fosforici è considerata la più appropriata ed economica.

Le carenze di magnesio e dei microelementi, in particolare del ferro, possono risultare particolarmente dannose per le colture arboree. Normalmente soluzioni immediate possono derivare dall'utilizzo di prodotti fogliari, mentre risultati più a lunga durata possono arrivare dall'utilizzo di formulati che arricchiscono il substrato di sostanza organica, correggono leggermente la tendenza all'alcalinizzazione dei suoli, particolarmente quelli a matrice calcarea, e cedono lentamente piccole quantità dei microelementi in forme assorbibili.

9.7 Raccolta e trattamento del prodotto

La raccolta di prodotti come i frutti da strutture arboree pone sicuramente problematiche logistiche ed ergonomiche peculiari rispetto alle raccolta da terra dei prodotti di colture erbacee. Anche la semplice raccolta manuale, infatti, pone problemi di efficienza e sicurezza che hanno portato a limitare al massimo l'utilizzo di scale o piattaforme. Il migliore e più sicuro sistema operativo per la raccolta di frutti dagli alberi è quello in cui l'operatore ha entrambi i piedi a sicuro contatto con il suolo e (possibilmente) entrambe le mani libere per il distacco dei frutti e la deposizione in appositi contenitori portati a tracolla o sostenuti in altra forma. Se poi la raccolta riguarda altri organi, come fiori, foglie, cortecce o rametti, sarà necessario apportare gli opportuni accorgimenti per ottimizzare e possibilmente automatizzare al massimo la raccolta. Le foglie ad esempio possono essere facilmente raccolte con macchine aspiratrici, come avviene per la vite (*Vitis vinifera*

Figura 9.20 - Raccolta meccanica in un impianto di lampone (*Rubus idaeus* L.) ad impiego industriale. In fitoterapia i lamponi sono consigliati per le loro proprietà antiossidanti, astringenti e antinfiammatorie.

L.) o separate dal legno di potatura, come nel caso dell'olivo (*Olea europaea* L.).

Una forma possibile di raccolta meccanica riguarda la frutta secca e quella considerata da industria, che possono subire l'azione di macchine scuotitrici, raccattatrici, telai d'intercezione e strumenti di convogliamento in modo sufficientemente sostenibile (Fig. 9.20). Anche biomasse verdi o legnose possono essere facilmente raccolte meccanicamente dopo l'azione di barre falcianti, consentendo per alcune produzioni un livello di automazione quasi totale delle operazioni colturali.

Molto particolare e laboriosa è la tecnica di raccolta di essudati dalle piante legnose, come avviene per la manna del frassino (*Fraxinus ornus* L.), la resina delle conifere (*Pinus* spp.), la gomma del lentisco (*Pistacia lentiscus* L.) e la gomma arabica dalle acacie (*Acacia* spp.).

La raccolta delle cortecce si effettua normalmente nel periodo di attività vegetativa, quando questa si distacca facilmente con semplici incisioni anulari unite da una longitudinale per consentire il distacco di un cilindro di tessuto da rami o branchette. Fondamentale, in questo caso il rispetto del tempo balsamico che può essere primaverile (prevalente), estivo o autunnale, così come per la raccolta di radici fresche molto variabile a seconda della specie per quanto attiene l'epoca ottimale.

I primi trattamenti agli organi o biomasse raccolti possono comprendere la refrigerazione, l'essiccamento, il congelamento e successiva liofilizzazione ovvero l'immediato avvio ai processi di estrazione.

Bibliografia

BALDINI E. (1986) - *Arboricoltura Generale*. Edizioni CLUEB, Bologna.

BELLEFONTAINE R., PETIT S., PAIN-ORCET M., DELEPORTE P., BERTAULT J. (2005) - Trees outside forests. Rome. FAO, 233 pp. (FAO Conservation Guides, 35).

SANSAVINI S. (2012) - *Arboricoltura generale*. Pàtron Editore, Bologna.

Tradizionalmente le piante aromatiche e medicinali vengono raccolte in ambiente naturale, in pieno campo; in Europa solo il 20% delle specie officinali utilizzate viene ottenuto tramite coltivazione.

10 Coltivazione fuori suolo e in coltura protetta

Roberta Bulgari, Silvana Nicola

10.1 Introduzione

Molti operatori ancora oggi ritengono che ciò che è spontaneo sia meglio del coltivato, più sicuro e più ricco di principi attivi. La raccolta spontanea può essere in alcuni casi una scelta obbligata, ma è importante sottolinearne le criticità. Le condizioni ambientali (luce, tipo di terreno, clima, ecc.) possono essere molto variabili e difficilmente controllabili. Ciò si riflette sull'epoca di raccolta, sulle rese, sulla qualità del prodotto finale e sulla concentrazione di composti di interesse. Inoltre, la crescente attenzione verso l'utilizzo di medicinali naturali sta causando un'eccessiva raccolta di specie officinali; tale fenomeno rischia di causare l'estinzione di diverse specie medicinali, tra cui ad esempio il ginseng (*Panax ginseng* C.A. Mey.), l'arnica (*Arnica montana* L.) e la rodiola (*Rhodiola rosea* L. sinonimo di *Sedum roseum* (L.) Scop.). La coltivazione delle piante officinali può avere quindi la duplice finalità di produrre piante maggiormente uniformi e standardizzate, sia quantitativamente sia qualitativamente, e di salvaguardare le specie spontanee e il loro habitat.

10.2 La coltivazione fuori suolo

La coltivazione delle specie officinali può essere considerata una scelta efficace per la sicurezza e l'efficacia delle droghe vegetali e potrebbe diventare l'unica prospettiva a fronte della continua crescita demografica e dei cambiamenti climatici a cui stiamo assistendo. La coltivazione fuori suolo rientra tra i sistemi colturali avanzati; è molto utilizzata anche nelle *vertical farms* e per la creazione di pareti verdi. Le coltivazioni fuori suolo, se effettuate in apprestamenti protettivi (e.g. serre e tunnel), permettono di controllare le condizioni ambientali e quelle di crescita delle piante; se effettuate in pieno campo, permettono di controllare le condizioni di crescita delle piante (acqua e nutrienti).

I sistemi di coltivazione fuori suolo prescindono dal terreno agrario. A seconda del supporto fornito alla pianta, si possono distinguere sistemi di coltivazione in mezzo liquido e sistemi di coltivazione su substrato (Fig. 10.1). Nella letteratura viene utilizzato anche il termine idroponica (*hydroponics*) per riferirsi alle sole coltivazioni effettuate in mezzo liquido; in generale, ci si riferisce al settore definendolo *soilless culture*.

I sistemi di **coltivazione in mezzo liquido** non prevedono la presenza di un mezzo solido. Le radici delle piante risultano immerse nella soluzione nutritiva parzialmente o completamente e, a seconda del sistema in atto, questa può essere statica o circolante. Gli impianti senza substrato sono caratterizzati dal **ciclo chiuso**, in cui la soluzione nutritiva viene riciclata. La coltivazione in mezzo liquido statico rappresenta il primo esempio di coltivazione fuori suolo utilizzato a livello commerciale. Tale sistema è costituito da vasche contenenti

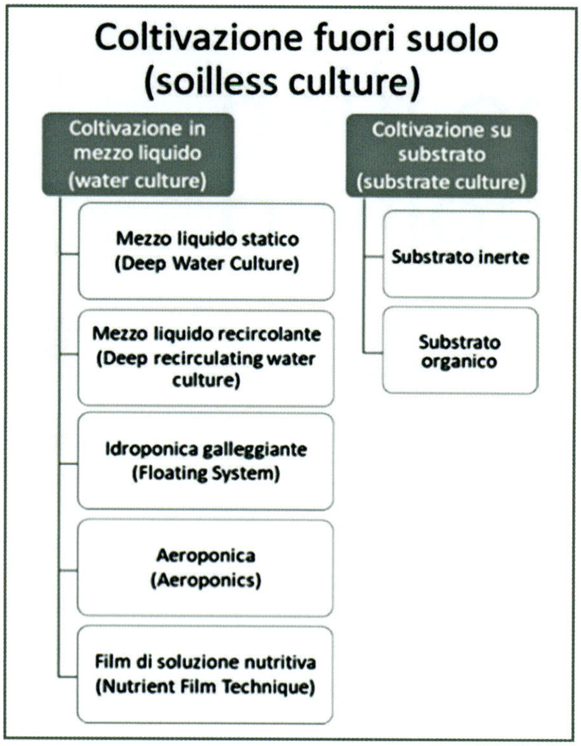

Figura 10.1 - Classificazione dei sistemi per la coltivazione fuori suolo.

la soluzione nutritiva, coperte da un sottile strato di substrato con sola funzione di letto di semina. Tra le maggiori criticità del sistema si evidenzia la scarsa aerazione della soluzione nutritiva.

La **coltivazione in mezzo liquido statico non recircolante** (*deep water culture*) è il metodo più antico e consiste nel coltivare le piante in vasche contenenti una soluzione. Questo sistema presenta l'inconveniente della insufficiente aerazione delle radici. Una evoluzione di questo sistema, la **coltivazione in mezzo liquido ricircolante** (*deep recirculating water culture*), prevede invece il ricircolo della soluzione nutritiva all'interno delle vasche, talvolta anche con sistemi di aerazione. Il grande volume di soluzione nutritiva a disposizione delle radici se da un lato richiede degli accorgimenti per una buona aerazione dell'apparato radicale, dall'altro assicura una buona inerzia termica al sistema.

Il *floating system* è un sistema di coltivazione in mezzo liquido in cui le piante galleggiano sulla soluzione nutritiva grazie alla presenza di supporti galleggianti, come ad esempio pannelli di polistirolo perforati (Fig. 10.2). La soluzione è

Figura 10.2 - *Floating system* in una azienda di produzione di basilico in Italia: A) vista del basilico in produzione; B) vista dei pannelli galleggianti disposti nelle vasche di coltivazione; C) particolare di pannello galleggiante con piantine di basilico in crescita; D) vista della massa radicale di piante di basilico in crescita.

Figura 10.3 - Canaline per NFT in una azienda produttrice di erbe aromatiche in Finlandia.

posta in vasche di vari materiali e le vasche, generalmente, hanno una profondità di 20-30 cm. I fori dei pannelli galleggianti servono per contenere il substrato, sul quale verrà effettuata la semina o il trapianto delle colture. La soluzione nutritiva può essere ossigenata attraverso il ricircolo della stessa o con sistemi di ossigenazione. Il livello di ossigeno nella soluzione deve essere di circa 5-6 mg/L.

La tecnica di **coltivazione su strato sottile**, detta anche film di soluzione nutritiva dalla terminologia originale in inglese (NFT, *Nutrient Film Technique*), utilizza canalette nelle quali vengono fatte sviluppare le radici delle piante e nelle quali scorre un sottile strato di soluzione nutritiva (Fig. 10.3). Il sistema presenta una pendenza compresa tra 1 e 2% per permettere il flusso della soluzione. Il sistema di coltivazione NFT è un sistema a ciclo chiuso; la soluzione nutritiva viene raccolta e reimmessa in circolo. Quest'ultimo aspetto e l'assenza di un substrato di coltivazione rendono il sistema NFT maggiormente sostenibile rispetto ad altri sistemi fuori suolo. Modifiche al sistema originario di NFT sono avvenute negli anni, a partire dalla messa in opera di sistemi mobili delle canalette che permettono di sfruttare al massimo lo spazio nelle serre distanziandole al crescere delle piante (MGS, *Mobile Gully System*), a sistemi in cui le canalette rigide sono state sostituite da film flessibili e multistrato (NGS, *New Growing System*®) (Fig. 10.4).

Nella **coltivazione in aeroponica** le radici delle piante si trovano continuamente o meno in un ambiente saturo di gocce di soluzione nutritiva

Figura 10.4 - Canalette flessibili appoggiate su struttura in metallo (NGS®) in azienda produttrice di basilico in Italia.

Figura 10.5 - Esempi di sistemi aeroponici.

(Fig. 10.5). L'alimentazione è infatti effettuata attraverso un sistema di nebulizzazione che spruzza la soluzione nutritiva direttamente sulle radici. La soluzione in eccesso ricade alla base della struttura di sostegno e viene ricircolata. Le piante sono sorrette da semplici strutture di sostegno (tubi in PVC o pannelli in polistirolo espanso) disposte orizzontalmente, verticalmente o inclinate. La coltivazione aeroponica permette di assicurare una buona aerazione dell'apparato radicale e permette, inoltre, di limitare notevolmente i consumi di acqua e nutrienti, tenuto conto dei bassi volumi di soluzione necessari. Questa tecnica colturale è particolarmente indicata per la coltivazione di specie a sviluppo contenuto e consente di ottenere un aumento della densità colturale.

I sistemi di **coltivazione su substrato** sono caratterizzati invece dalla presenza di un mezzo solido. Il substrato di coltivazione può essere di materiale inerte o organico (Fig. 10.6). Esistono anche sistemi di coltivazione su substrati sintetici (poliuretano, polistirolo). Il substrato inerte può essere costituito da vermiculite, perlite, lapillo, lana di roccia o pomice. Tra i substrati organici elenchiamo la torba, la fibra di cocco, le cortecce o anche i rifiuti solidi urbani opportunamente trattati e compostati. Gli impianti con substrato possono essere condotti a ciclo chiuso o a ciclo aperto, con dispersione della soluzione drenata. Ad oggi, i substrati più utilizzati sono la torba e la lana di roccia. D'altra parte, varie ragioni stanno spingendo verso la ricerca di materiali alternativi a tali substrati, in particolare per motivi economici ed ambientali. La torba, ad esempio, ha prezzi in continuo aumento ed inoltre, da un punto di vista della salvaguardia ambientale, si sta cercando di ridurre lo sfruttamento delle torbiere, in considerazione del loro valore naturalistico. Per quanto riguarda la lana di roccia, si cercano substrati alternativi per ottenere una sostituzione più facilmente smaltibile e maggiormente sostenibile. La scelta del substrato di coltivazione risulta essere quindi molto importante perché può incidere sulle produzioni, sulla qualità del prodotto finale e sulla sostenibilità dell'intero processo produttivo.

Le proprietà da considerare sono fisiche, chimiche e biologiche (Tab. 10.1). Per quanto riguarda le caratteristiche fisiche dei substrati sono di particolare rilevanza la densità apparente, la porosità e le caratteristiche idrologiche. Tra le caratteristiche chimiche più importanti ci sono la composizione chimica, la capacità di scambio e il pH, si ritiene ottimale un pH compreso tra 5,5 e 6,5. Le caratteristiche biologiche di un substrato riguardano l'assenza di parassiti nocivi per le piante e/o di sostanze fitotossiche, come anche l'assenza di semi di altre specie. Inoltre, il

Figura 10.6 - Diversi substrati per le colture fuori suolo.

substrato deve essere facilmente disinfettabile e deve risultare smaltibile con facilità alla fine del processo produttivo, per garantire una buona sostenibilità ambientale della coltivazione. I substrati possono essere utilizzati singolarmente o in miscugli, per diminuire i costi di produzione e per

Tabella 10.1 - Caratteristiche fisico-chimiche dei substrati maggiormente utilizzati nelle coltivazioni fuori suolo.

Substrato	Densità apparente (kg/m^3)	Porosità totale (% v/v)	Capacità per l'aria (% v/v)	Acqua facilmente disponibile (% v/v)	Acqua di riserva (% v/v)	Capacità di scambio cationico (cmol/L)	pH
Vermiculite	80-150	85-95	35-40	20-30	10-15	8-15	7-8
Perlite 0,2-1 mm	150-200	90-95	20-30	35-40	6-8	0-0,4	7-8
Perlite 1-4 mm	80-120	85-90	50-60	10-15	3-5	0-0,4	7-8
Lana di roccia	80-90	94-97	10-15	75-85	0	0-0,2	7-7,5
Torba bionda	70-100	90-95	30-35	35-45	6-10	10-20	3-4
Torba bruna	250-400	80-85	10-15	20-30	5-8	10-30	5,5-7,5
Fibra di cocco	80-100	90-95	10-15	20-35	10-15	6-15	5,5-7

migliorare alcune caratteristiche dei componenti originali.

I sistemi di coltivazione su substrato si distinguono in base ai contenitori in cui vengono posizionate le piante in crescita: vasi, sacchi e fitocelle (Fig. 10.7). Al momento, di questi sistemi quelli largamente utilizzati per coltivare piante officinali prevedono l'utilizzo di vasi (Fig. 10.8).

Figura 10.7 - Sistemi di coltura in substrato in A) fitocelle e B) sacchi.

Figura 10.8 - Sistemi di coltura in substrato in vaso: A) in Italia, B) in Marocco, C) in Turchia, D) in Israele.

10.3 La gestione della soluzione nutritiva

Nelle colture fuori suolo le piante vengono nutrite attraverso l'utilizzo di una soluzione nutritiva che fornisce tutti i macro, meso e microelementi necessari al compiersi del ciclo colturale. Tale sistema viene chiamato **fertirrigazione** e viene utilizzato sia in colture fuori suolo su mezzo liquido sia in quelle su mezzo solido. In certi casi la fertilizzazione viene fornita sotto forma granulare e non di soluzione nutritiva liquida. Questo si verifica nei sistemi di coltura su substrato.

A prescindere dal sistema di coltura fuori suolo adottato, una grande distinzione esiste tra gli impianti a ciclo aperto e quelli a ciclo chiuso (Fig. 10.9). Nei primi, le piante sono nutrite con una soluzione nutritiva appositamente preparata senza recuperare la parte che non viene assorbita dalle piante; questa viene chiamata 'drenato' e fuoriesce dal sistema, disperdendosi nell'ambiente. Il sistema risulta simile a ciò che avviene nell'agricoltura tradizionale. Nei sistemi a ciclo chiuso, le piante sono alimentate con una soluzione nutritiva che ricircola continuamente: la parte di drenato viene recuperato in vasche di raccolta e reimmesso nel sistema, reintegrato periodicamente. Con questo sistema, oltre ad aver un notevole risparmio di fertilizzanti perché reimmessi in ciclo di continuo, essi non vengono dispersi nell'ambiente. La criticità di questo sistema avanzato consiste nella necessità di un preciso controllo periodico della soluzione nutritiva circolante per conoscerne le caratteristiche e la necessità della sua disinfezione ad ogni re-immissione.

Attualmente la soluzione nutritiva più utilizzata, per facilità di preparazione, per completezza e facilità di adattamento, è quella di Hoagland, tuttavia esistono diverse ricette commerciali di soluzioni nutritive idrosolubili. In generale, gli aspetti principali da considerare nella gestione della soluzione nutritiva sono: la concentrazione dei nutrienti, il pH e la conducibilità elettrica (CE). Il calcolo della soluzione nutritiva consiste nel determinare le quantità di sali e di acidi che occorre aggiungere all'acqua irrigua per ottenere le concentrazioni desiderate nella soluzione da fornire alle piante. Nello specifico, i passaggi necessari sono i seguenti: bisogna conoscere la composizione dell'acqua irrigua a disposizione e scegliere la ricetta nutritiva più adatta alla coltivazione che si vuole mettere in atto; bisogna calcolare la differenza tra la concentrazione dei vari elementi nella ricetta e quella dell'acqua irrigua, al fine di definire l'apporto di nutrienti necessario; successivamente si calcola la quantità di acido necessaria per la neutralizzazione dei bicarbonati e delle quantità di azoto (N), fosforo (P) o zolfo (S) apportate; infine si esegue il calcolo, per ciascun elemento, della quantità richiesta, seguendo scrupolosamente questo ordine: calcio, ammonio, fosfati, nitrato, potassio, magnesio, solfato, ferro, microelementi. Nella scala delle priorità, magnesio e solfato si posizionano in basso poiché hanno una minore importanza nutrizio-

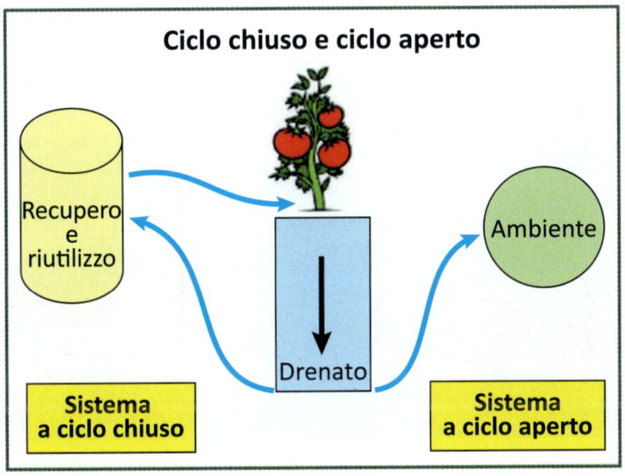

Figura 10.9 - Schema semplificato dei sistemi a ciclo chiuso e aperto.

Criteri importanti per la formulazione della soluzione nutritiva

- Caratteristiche chimiche, fisiche e biologiche dell'acqua di irrigazione
- Specie e esigenze colturali
- Caratteristiche degli impianti di irrigazione, di miscelazione e di distribuzione della soluzione nutritiva
- Substrati di coltivazione utilizzati
- Assorbimento dei nutrienti da parte delle piante nelle varie fasi fenologiche
- Fattori climatici e epoca colturale
- Condizioni di lisciviazione

nale e le piante non subiscono danni anche se questi sono presenti con una certa abbondanza nella soluzione. Tale caratteristica presenta alcuni vantaggi pratici in quanto consente di sfruttare i due elementi per bilanciare la composizione nutritiva nei confronti di altri macroelementi la cui carenza o eccesso potrebbero invece risultare dannosi per la produzione.

10.4 Criticità e vantaggi dei sistemi fuori suolo

Lo scopo di coltivare piante officinali fuori suolo è quello di ottenere piante con una crescita omogenea, con una resa costante, di grande qualità e con un'elevata concentrazione di principio attivo. Inoltre, la possibilità di indurre stress controllati può permettere di incrementare la produzione di metaboliti secondari nelle piante (ad esempio utilizzando stress idrici moderati). Tra i rischi possibili della coltivazione fuori suolo delle piante officinali vanno considerati il basso tasso di germinazione e l'eventualità che si renda necessaria una impollinazione di tipo artificiale.

Vantaggi e svantaggi della coltivazione fuori suolo

Vantaggi
- Elevata efficienza d'uso delle risorse (acqua e nutrienti)
- Riduzione dei fenomeni di stanchezza del terreno
- Standardizzazione delle produzioni
- Maggiore precocità
- Maggiore controllo fitosanitario
- Automazione
- Possibilità di rendere produttive aree marginali
- Possibilità di produrre in condizioni ambientali sfavorevoli

Svantaggi
- Costi elevati per la realizzazione dell'impianto
- Necessità di acqua di alta qualità
- Necessità di personale competente e specializzato
- Smaltimento rifiuti

10.5 Coltivazione fuori suolo di piante officinali e ricerca scientifica

La coltivazione fuori suolo di specie officinali è largamente diffusa in molti Paesi, soprattutto per la produzione di piante aromatiche, in particolare in diversi Paesi del Mediterraneo. Inoltre, la moltiplicazione su larga scala di molte specie avviene in vivai specializzati che usano comunemente le colture fuori suolo, soprattutto in vaso (Fig. 10.10). In letteratura sono sempre più numerosi anche gli esempi di piante officinali coltivate con sistemi fuori suolo (Tab. 10.1). Tra le piante aromatiche, il basilico (*Ocimum basilicum* L.) risulta essere largamente coltivato fuori suolo, in diversi sistemi sia su substrato sia su mezzo liquido. Esperimenti in

Figura 10.10 - Grande vivaio di piante officinali in Israele: A) piante madri; B) nuove talee a radicare.

Olanda sono in corso da alcuni anni per coltivare fuori suolo la pianta di vaniglia (*Vanilla planifolia* Jacks. ex Andrews) (Fig. 10.11). Prove di coltivazione di origano (*Origanum vulgare* subsp. *hirtum* (Link) Ietswaart) effettuate su suolo o in vaso a diverse condizioni di irradianza (piena luce e ombreggiamento al 50%) hanno mostrato come le diverse tesi sperimentate abbiano influenzato il contenuto di olio essenziale e il suo profilo (Fig. 10.12). Sono anche stati fatti studi su diverse mente in sistema NGS® per valutare le possibilità di effettuare diversi tagli durante la stagione: tre tipi di mente sono state saggiate (*Mentha spicata* var. *viridis* L. 'Casablanca', *Mentha spicata* var. *rubra* L., *Mentha x piperita* var. *officinalis* Sole forma *rubescens* Camus sinonimo di *Mentha x piperita* L.) ed hanno fornito ottimi risultati produttivi e qualitativi (Fig. 10.13). Alcuni studi hanno mostrato come la coltivazione fuori suolo, in serra, su fibra di cocco, possa contribuire alla migliore gestione delle risorse naturali, ad aumentare le rese e a prolungare la stagione di coltivazione. Le specie aromatiche studiate in tali condizioni sono state, oltre al basilico, la menta (*Mentha viridis* (L.) L.), la melissa (*Melissa officinalis* L.) e il timo (*Thymus vulgaris* L.). È stato osservato come la radiazione solare ultravioletta e la temperatura influenzino positivamente l'accumulo di composti fenolici. La stagione di coltivazione può avere una marcata influenza sulla concentrazione di antiossidanti. In particolare, è stato osservato che le piante coltivate in serra in idroponica, raccolte in estate (giugno), hanno

Figura 10.11 - Piante di vaniglia coltivate in vaso in un centro sperimentale in Olanda.

una capacità antiossidante maggiore rispetto a quelle raccolte durante l'inverno (dicembre), mentre le piante raccolte in primavera e autunno presentano valori intermedi. Anche la coltivazione in sistema idroponico abbinato a luci LED può essere una interessante strategia per ottenere elevate performance nelle specie officinali, come

Figura 10.12 - Prove di coltivazione in vaso di origano con diverse limitazioni di irradianza.

Figura 10.13 - Tre tipi di mente coltivate in fuori suolo in sistema NGS®: A) *Mentha spicata* var. *viridis* L. 'Casablanca'; B) *Mentha spicata* var. *rubra* L.; C) *Mentha x piperita* L.

ad esempio evidenziato in uno studio su piante di *Ocimum basilicum* L. cv. Superbo. Altri studi hanno evidenziato come la tecnica del *floating system* possa influenzare qualità e resa di piante di basilico e di echinacea (*Echinacea angustifolia* DC) coltivate in serra. Entrambe le specie hanno mostrato una rapida crescita e ottime condizioni fitosanitarie, con contaminazioni minime. Sul prezzemolo (*Petroselinum crispum* (Mill.) Fuss) coltivato fuori suolo sono segnalate prove di densità di piante e cicli di coltivazione autunnale e primaverile. Piante di valeriana (*Valeriana officinalis* L. var. Common) coltivate in differenti sistemi fuori suolo in ambiente controllato hanno mostrato maggiori rese dell'apparato radicale e maggiori produzioni di olio essenziale, rispetto alla coltivazione tradizionale in suolo. Il basilico è una specie adatta anche alla coltivazione in aeroponica (Fig. 10.14), come risulta esserlo anche lo zafferano (*Crocus sativus* L.) (Fig. 10.15). È stato osservato che, confrontando tre diverse tecniche di coltivazione (aeroponica, idroponica e coltura in suolo), i cormi di zafferano raggiungono una crescita maggiore in fuori suolo; inoltre, la produzione di stimmi e la concentrazione

Figura 10.14 - Coltivazione di basilico in aeroponica in Piemonte.

Figura 10.15 - Coltivazione di zafferano in aeroponica in Piemonte.

di composti di interesse si è rivelata simile nei tre sistemi, suggerendo come le tecniche di coltivazione fuori suolo possano essere una valida e più sostenibile alternativa alla tradizionale coltura in suolo. Anche l'ortica (*Urtica dioica* L.) sembra una specie adatta alla coltivazione in aeroponica.

Ci sono anche esempi recenti di erbe officinali coltivate in modo redditizio in coltura fuori suolo, in condizioni controllate, come *microgreens*. Si tratta di germogli raccolti non appena si sono sviluppate le prime foglie e i cotiledoni sono ancora teneri. Tra le specie aromatiche esistono esempi di coltivazione di basilico rosso e verde (Fig. 10.16) e tra le specie officinali sono state già studiate *Sinapis arvensis* L. o senape selvatica e *Taraxacum offcinale* (L.) Weber ex F.H.Wigg o tarassaco. I risultati di questi studi hanno mostrato che i prodotti *microgreens* delle specie officinali spontanee studiate hanno raggiunto rese competitive e potrebbero contribuire all'assunzione alimentare di macroelementi, microelementi e composti bioattivi non nutrienti.

Un altro "super alimento" che ben si presta ad essere coltivato con tecniche fuori suolo è l'alga

Figura 10.16 - Esempio di produzione di *microgreens* di specie officinali: A) basilico rosso; B) basilico verde.

Figura 10.17 - Prove di confronto di coltivazione di perilla in fuori suolo: A) floating system; B) NGS® e C) in suolo.

spirulina (*Arthrospira platensis* Gomont). Coltivazioni di spirulina possono essere effettuate in vasche chiuse, riducendo i rischi di contaminazioni e mantenendo elevati gli standard qualitativi del prodotto finale. Il ciclo ha durata molto breve; si può infatti raccogliere già dopo 3-4 giorni. Tali metodi di coltivazione permettono produzioni anche in ambiente urbano.

I sistemi di coltura fuori suolo possono anche venire usati per coltivare specie in diversi areali di diffusione del luogo di origine. L'adattamento di specie esotiche può avvenire più facilmente in ambienti controllati, potendo mettere a disposizione delle piante le condizioni pedo-climatiche più idonee per la crescita. Un esempio di specie che si sta introducendo nei nostri ambienti è la *Perilla frutescens* (L.) Britton di cui sono state saggiate le condizioni di crescita in suolo (sotto telo antigrandine) e fuori suolo (in *floating system* e in NGS®) (Fig. 10.17).

10.6 La coltivazione protetta

Le coltivazioni in ambiente protetto sono un comparto produttivo di grande importanza economica. Le colture protette permettono di incrementare fortemente la produttività delle colture, potendo accelerare, e quindi accorciare, i cicli vitali di molte specie, favorendo l'ottimizzazione dell'impiego di tutti i fattori di produzione, la programmazione e la diversificazione delle colture. Nella sua espressione originaria, la coltura protetta nasce per proteggere dagli abbassamenti termici e da altre avversità le piante sensibili. Tentativi di adattare la coltivazione di piante all'ambiente, con strumenti o pratiche di protezione, si riscontrano già in tempi antichi. La coltivazione protetta può avvenire in serra, tunnel serra e tunnel. Le serre si distinguono dagli altri apprestamenti protettivi per le maggiori dimensioni e per la possibilità di essere climatizzate. I sistemi di protezione possono essere utilizzati per la forzatura e/o la protezione delle colture. Tramite la forzatura è possibile anticipare la fioritura o la fruttificazione delle piante in periodi fuori stagione. La protezione invece ha lo scopo di difendere le colture dagli agenti meteorici (ad esempio vento, pioggia, grandine).

Le colture protette ottenute in suolo sono oggi ampiamente diffuse per tantissime specie agrarie, in particolar modo per le specie orticole e floricole, mentre si stanno diffondendo per le specie arbustive ed arboree da frutto. Viceversa,

Tabella 10.2 - Esempi di sperimentazioni di coltivazione fuori suolo di specie officinali.

Specie	Sistema di coltivazione adottato	Risultati ottenuti	Fonte
Ocimum basilicum L. cv. Genova	Idroponica	Estratti di basilico maggiormente ricchi di sostanze antiossidanti, vitamina C e vitamina E	Sgherri *et al.*, 2010
Origanum vulgare subsp. *hirtum* (Link) Ietswaart	Coltivazione in vaso	Effetti di diverse condizioni di irradianza sulla qualità dell'olio essenziale	Tibaldi *et al.*, 2011
Ocimum basilicum L. e *Lepidium sativum* subsp. *sativum* Thell. sinonimo di *Lepidium sativum* L.	NFT	Effetti della concentrazione della soluzione nutritiva sui livelli di composti di interesse	Olfati *et al.*, 2012
Centella asiatica (L.) Urb.	Idroponica galleggiante	Effetto sulla crescita delle piante e sulla produzione di centelloside	Prasad *et al.*, 2012
Ocimum basilicum L.	Idroponica galleggiante	Effetti sulla crescita delle piante e sull'accumulo di acido rosmarinico	Kiferle *et al.*, 2013
Spilanthes acmella var. oleracea (L.) C.B. Clarke	Mezzo liquido statico	Variazione nei livelli di metaboliti secondari ed effetto sulla capacità antiossidante	Abeysinghe *et al.*, 2014
Spilanthes acmella var. oleracea (L.) C.B. Clarke sinonimo di *Acmella oleracea* (L.) R.K.Jansen	Idroponica	Concentrazioni più elevate di fenoli totali e flavonoidi totali e maggiore capacità antiossidante totale	Dayani e Sabzalian, 2016
Petroselinum crispum (Mill.) Fuss	Coltivazione su substrato	Effetto di differenti soluzioni nutritive sulla resa e sulla composizione dell'olio essenziale	Alvaro *et al.*, 2016
Portulaca oleracea subsp. *oleracea* L. sinonimo di *Portulaca oleracea* L.	Coltivazione su substrato	Maggiore qualità nutraceutica del prodotto finale	Alu'datt *et al.*, 2019
Salvia officinalis L.	Aeroponica	Accorciamento del ciclo produttivo, incremento della fioritura, migliore qualità dell'olio essenziale	Traykova *et al.*, 2019
Crocus sativus L.	Coltivazione su substrato inerte	Maggiore resa e concentrazioni più elevate di nutrienti	Salas *et al.*, 2020
Thymus vulgaris L.	Coltivazione su substrato	Effetti positivi sulla resa delle piante e su aspetti qualitativi (elevate concentrazioni di fenoli, di pigmenti e migliore composizione dell'olio essenziale)	Aboud *et al.*, 2020
Echinacea purpurea var. *purpurea Cronquist* sinonimo di *Echinacea purpurea* L. Moench	Idroponica	Maggiore resa delle piante e incremento nel contenuto di olio essenziale	Ahmadi *et al.*, 2021
Ocimum basilicum L. *'Superbo'*, *Mentha spicata* var. *viridis* L. 'Casablanca', *Mentha spicata* var. *rubra* L., *Mentha x piperita* L.	NGS®	Incremento delle rese delle piante	Nicola *et al.*, 2021

limitata è la diffusione della coltivazione in apprestamenti protettivi per le specie officinali. Gli ampi investimenti necessari per l'impiantistica limitano ancora lo sviluppo di questo settore che favorisce certamente la redditività per i prodotti freschi, ma molto meno per grandi produzioni da estrazione o da essiccazione. Quando si intende ottenere una grande produzione e di alti standard qualitativi molto probabilmente si preferisce direttamente coltivare in fuori suolo – sempre in ambiente protetto – per massimizzare gli investimenti. Nonostante ciò, alcuni esempi di coltura

Tabella 10.3 - Variazione della concentrazione di fenoli totali (mg GAE g–1 PF) in specie officinali coltivate in serra o in pieno campo (modificato da Yi e Wetzstein, 2010).

	***Thymus vulgaris* L.**	***Rosmarinus officinalis* L.**	***Salvia officinalis* L.**	***Mentha spicata* L.**	***Mentha x piperita* L.**
Serra	20.7 ± 1.1a	10.2 ± 0.5a	15.1 ± 1.0a	19.0 ± 0.5a	22.4 ± 0.6a
Pieno campo	10.4 ± 0.3b	9.8 ± 0.5a	7.1 ± 0.2b	7.8 ± 0.4b	7.8 ± 0.3b

protetta semplificata sono noti per la produzione di piante di *Panax ginseng* C. A. Mey (ginseng). La specie, infatti, necessita di condizioni di luce limitata, essendo naturalmente una pianta di sottobosco. Tipiche coperture scure vengono usate per creare zone di ombra e favorire la crescita ottimale delle piante (Fig. 10.18).

Un esperimento condotto su piante officinali di *Withania somnifera* (L.) Dunal e *Psoralea corylifolia* L. sinonimo di *Cullen corylifolium* (L.) Medik., coltivate fuori stagione in tunnel, ha mostrato che la coltivazione protetta permette di ottenere alte produzioni in comparazione alla coltivazione in pieno campo, consentendo di ampliare il ciclo produttivo. Su piante di iperico (*Hypericum triquetrifolium* Turra) è stato osservato come la coltivazione in serra induca un accumulo minore di principi attivi rispetto alle concentrazioni presenti in piante raccolte in ambiente naturale. Tale fenomeno può essere dovuto al fatto che in ambiente naturale le piante, maggiormente soggette a stress di vario tipo, accumulino più metaboliti secondari. La coltivazione in ambiente protetto di piante di *Achillea millefolium* E. Mey., trattate con spray fogliare di estratti di alghe o biostimolanti a base di amminoacidi, ha evidenziato gli effetti positivi su parametri quali la crescita, il contenuto di clorofilla, di antiossidanti e nutrienti. Come accennato in precedenza, in ambiente protetto è anche possibile saggiare stress abiotici moderati con lo scopo di indurre un maggior accumulo di metaboliti secondari nelle piante. A titolo di esempio, un esperimento condotto su *Satureja hortensis* L. sottoposta a stress salino (0 e 50 mM NaCl) ha rivelato che tale condizione provoca effetti negativi sulla crescita delle piante e sulla resa ma, allo stesso tempo, favorisce l'accumulo di prolina, zuccheri totali, composti fenolici e la produzione di olio essenziale. Si ricorda che la risposta agli stress ambientali (o comunque in-

Figura 10.18 - Immagine di protezione di campi di ginseng per diminuire l'incidenza della radiazione solare sulle piante (ombreggianti).

dotti) spesso è specie-specifica e può anche variare all'interno della stessa specie. Nelle specie officinali l'effetto ambientale influisce in particolar modo sul contenuto di fenoli e sulla capacità antiossidante. Alcune ricerche hanno dimostrato che la coltivazione in serra, comparata a quella in pieno campo, può fornire comunque piante ricche in composti antiossidanti, a volte anche con concentrazioni più elevate. Ne sono un esempio specie quali *Salvia officinalis* L., *Salvia rosmarinus* Schleid. sinonimo di *Rosmarinus officinalis* L., *Thymus vulgaris* L., *Mentha spicata* L. e *Mentha x piperita* L. (Tab. 10.3).

Bibliografia

BULGARI R., NEGRI M., SANTORO P., FERRANTE A. (2021) - Quality Evaluation of Indoor-Grown Microgreens Cultivated on Three Different Substrates. *Horticulturae*, 7(5), 96 DOI: 10.3390/horticulturae7050096.

ÇIRAK C., RADUSIENE J., KAPRAVICIENE B., ÇAMAŞ N., ODABAŞ M.S. (2013) - Changes in phenolic content of wild and greenhouse-grown *Hypericum triquetrifolium* during plant development. *Turkish Journal of Agriculture and Forestry*, 37(3), 307-314, DOI: 10.3906/tar-1206-14.

GIURGIU R. M., MORAR G., DUMITRAŞ A., VLĂSCEANU G., DUNE A., SCHROEDER F.G. (2015) - A study of the cultivation of medicinal plants in hydroponic and aeroponic technologies in a protected environment. *Acta Horticulturae* 1170, 671-678. DOI: 10.17660/ActaHortic.2017.1170.84.

LENZI A., ORLANDINI A., BULGARI R., FERRANTE A., BRUSCHI, P. (2019) - Antioxidant and mineral composition of three wild leafy species: A comparison between microgreens and baby greens. *Foods*, 8(10), 487, DOI: 10.3390/foods8100487.

MAGGINI R., KIFERLE C., GUIDI L., PARDOSSI A., RAFFAELLI A. (2011) - Growing medicinal plants in hydroponic culture. *Acta Horticulturae*, 952, 697-704. DOI: 10.17660/ActaHortic.2012.952.88.

MICELI A., D'ANNA F. (2005) - Primi risultati della coltivazione di prezzemolo su pannelli galleggianti. *Colture Protette*, 34 (12): 37.

NEOCLEOUS D., NTATSI G. (2018) - Seasonal variations of antioxidants and other agronomic features in soilless production of selected fresh aromatic herbs. *Scientia Horticulturae*, 234, 290-299, DOI: 10.1016/j.scienta.2018.02.066.

NICOLA S., ERTANI A. (2021) - The Floating Growing System and New Growing System® to grow leafy vegetables and herbs. *Acta horticulturae*, 1321, pp. 251–257. DOI: 10.17660/ActaHortic.2021.1321.33.

NICOLA S., PIGNATA G., CASALE M., HAZRATI S., ERTANI A. (2021) - Setting Up a Lab-Scale Pilot Plant to Study the New Growing System (NGS®) for Leafy Vegetable and Culinary Herb Growth. *Horticulturae*, 7(5):90. DOI: 10.3390/horticulturae7050090.

PAGLIARULO C.L., HAYDEN A.L., GIACOMELLI G.A. (2004) - Potential for greenhouse aeroponic cultivation of *Urtica dioica*. *Acta Horticulturae*, 659, 61-66. DOI: 10.17660/ActaHortic.2004.659.6.

PANWAR N. L., KOTHARI S., RATHORE N.S. (2009) - Protected cultivation of medicinal plant in composite climate of Indian State Rajasthan. *American-Eurasian Journal of Agricultural & Environmental Sciences* 5(5), 633-637.

PARDOSSI A., GIANQUINTO PROSDOCIMI G, SANTAMARIA P., INCROCCI L. (2018) - *Orticoltura. Principi e Pratica*. Edagricole-New Business Media, Bologna.

PENNISI G., BLASIOLI S., CELLINI A., MAIA L., CREPALDI A., BRASCHI I., SPINELLI F., NICOLA S., FERNANDEZ J.A., STANGHELLINI C., MARCELIS L.F.M., ORSINI F., GIANQUINTO, G. (2019) - Unraveling the role of red: blue LED lights on resource use efficiency and nutritional properties of indoor grown sweet basil. *Frontiers in plant science* 10, 305. DOI: 10.3389/fpls.2019.00305.

TABATABAEI S.J. (2008) - Effects of cultivation systems on the growth, and essential oil content and composition of valerian. *Journal of herbs, spices & medicinal plants*, 14(1-2), 54-67.

TIBALDI G., FONTANA E., NICOLA S. (2011) - Growing conditions and postharvest management can affect the essential oil of *Origanum vulgare* L. ssp. *hirtum* (Link) letswaart. *Industrial Crops and Products*, 34(3), 1516-1522.

YI W., WETZSTEIN H.Y. (2010) - Biochemical, biological and histological evaluation of some culinary and medicinal herbs grown under greenhouse and field conditions. *Journal of the Science of Food and Agriculture*, 90(6), 1063-1070.

Per piante importanti dal punto di vista fitochimico e minacciate nel loro habitat, l'uso di colture *in vitro* è una valida alternativa ai metodi tradizionali e consente nel tempo di preservare gli ecosistemi naturali.

11 Produzione *in vitro* di metaboliti secondari

Barbara Ruffoni, Marco Savona, Luisa Pistelli,
Laura Bassolino, Ilaria Marchioni, Laura Pistelli

11.1 Introduzione

I metaboliti secondari delle piante rappresentano una categoria numerosa ed eterogenea di sostanze naturali. Questi prodotti non partecipano ai processi basali necessari al mantenimento della pianta e vengono prodotti in risposta a stress biotici ed abiotici. Poiché molti prodotti del metabolismo secondario sono ottenuti per estrazione da piante coltivate in campo/serra o raccolte nel loro ambiente naturale, numerosi sono i fattori che possono condizionarne una produzione di qualità e quantità costante.

Coltivare piante in campo presenta grossi limiti; la produzione di metaboliti è molto variabile ed è influenzata da diversi fattori ambientali quali luce, temperatura, umidità, natura chimica e biotica del terreno. Inoltre, le piante da seme non sono mai geneticamente omogenee, tranne nel caso in cui derivino da cultivar altamente selezionate. Queste differenze possono manifestarsi non solo in variazioni morfologiche ma anche nelle rese e nel profilo dei costituenti chimici.

Per l'estrazione di principi attivi sono necessarie grosse quantità di materiale vegetale e ciò, in particolare per le specie raccolte in natura, pone un problema ecologico serio anche in termini di biodiversità. Infatti, in alcuni casi lo sfruttamento imprudente ha portato all'estinzione di alcune fonti naturali di metaboliti come nel caso di *Dioscorea deltoidea* Wall. ex Griseb. del Messico, della *Rauvolfia serpentina* (L.) Benth. ex Kurz. dell'India, del *Taxus baccata* (L.) in USA, e di *Elaeis guineensis* Jacq. nelle regioni tropicali.

Per le specie coltivate o comunque non a rischio di estinzione, la messa a punto di un sistema di coltura di tessuti *in vitro* può costituire l'opportunità di uno *scale up* produttivo ad alta efficienza svincolato dai limiti stagionali di produzione; un sistema di produzione confinato alle tecnologie di laboratorio permette, inoltre, la sintesi da cellule modificate geneticamente anche con metodologie sempre più aggiornate per produzione di principi attivi che sono o poco abbondanti in natura o la cui estrazione da fonti naturali risulta essere una procedura economicamente poco vantaggiosa. Se l'obiettivo della coltura *in vitro* è la produzione di piante che devono subire un processo di estrazione, si parla di biomassa. La biomassa coltivata *in vitro* proviene da genotipi selezionati ed è possibile mettere a punto un protocollo ottimale e ripetibile, svincolato dalla stagionalità, di produzione di sostanze attive che permetta una programmazione produttiva.

La produzione del materiale da estrazione *in vitro* può essere ottenuta attraverso la coltura intensiva di biomassa "differenziata" costituita da strutture morfologicamente riconoscibili quali piantine complete, embrioni somatici, organi quali radici o *hairy roots*, oppure colture di tessuti "indifferenziati" attraverso la produzione di un agglomerato di cellule indifferenziate chiamato "callo" che può essere coltivato su substrato contenente agar e mantenersi compatto, oppure può essere disgregato in un substrato liquido dando origine

a "colture o sospensioni cellulari" in substrato liquido (biomassa "indifferenziata").
In questo capitolo, unitamente ad una panoramica sulle tecniche di produzione *in vitro* vengono considerate le strategie possibili per indurre ed ottenere uno sviluppo di materiale vegetale, anche trasformato geneticamente, da utilizzare nei processi estrattivi.

11.2 La propagazione *in vitro*

Le tecniche di coltura *in vitro* permettono la coltivazione di cellule, tessuti e organi vegetali su substrati artificiali, in condizioni di sterilità e in ambiente controllato. La coltura *in vitro* è un sistema di moltiplicazione vegetativa che sfrutta il principio della totipotenza, secondo cui singole cellule sono in grado di rigenerare un intero individuo, sotto l'influenza di opportuni segnali chimico-fisici.
La tecnologia delle colture *in vitro* trova numerosi campi di applicazione, di cui uno dei più importanti è la micropropagazione, che si presenta come un metodo di propagazione clonale alternativo alle più note tecniche tradizionali *in vivo*. Grazie alla micropropagazione, è possibile produrre un elevato numero di piantine a partire da piccole porzioni di tessuti o organi, definiti espianti (moltiplicazione massale). Gli individui che ne risultano (cloni) sono identici alla pianta madre sia dal punto di vista genotipico che fenotipico, salvo rare eccezioni che possono insorgere a seguito di molti passaggi di moltiplicazione *in vitro* (es. variazioni somaclonali). La produzione è svincolata dall'andamento stagionale, i tempi di moltiplicazione sono brevi e i costi contenuti.
La crescita e la proliferazione degli espianti vegetali avvengono in camere di crescita in condizioni costanti di luce e temperatura, parametri che vengono stabiliti attentamente per ogni specie che si vuole moltiplicare. Tra i fattori che devono essere messi a punto per definire un protocollo di moltiplicazione efficiente, quello che condiziona maggiormente lo sviluppo delle plantule *in vitro*, è rappresentato dal substrato di crescita (o mezzo di coltura). Tale substrato deve garantire che l'espianto vegetale abbia a disposizione tutte le sostanze di cui necessita, ovvero macro- (concentrazione maggiore di 0,5 mM/L) e micro- (concentrazione minore di 0,5 mM/L) elementi, vitamine, aminoacidi o fonti supplementari di azoto, regolatori di crescita e agenti gelificanti (non impiegati nei substrati liquidi). Per il corretto sviluppo di alcune specie è necessario aggiungere supplementi organici non completamente identificati, come ad esempio latte di cocco liofilizzato, estratti di banana o di lievito. Tutti i composti vanno miscelati in acqua bidistillata.
Carbonio, azoto, fosforo, potassio, magnesio, zolfo, calcio sono considerati macroelementi mentre tra i microelementi ci sono manganese, zinco, boro, molibdeno, rame, e ferro. Il cobalto e lo iodio sono meno diffusi. Le vitamine più comunemente addizionate ai mezzi di coltura sono la tiamina (B1), il mioinositolo, l'acido nicotinico e la piridossina (B6). Specifiche composizioni di macro e microelementi (talvolta anche di vitamine) sono presenti in commercio; portano il nome di coloro che ne hanno definito la composizione e tra le più note si annoverano i sali secondo Murashige e Skoog (1962, *Phys. Plant.* 15(3), 473), Lloyd & McCrown (WPM - Woody Plant Medium, Lloyd & McCown, 1980, *Combined Proceedings, Int. Plant Propagators' Society*, 30, 421), Gamborg (B5 - Gamborg *et al.*, 1968, *Exp. Cell Res.* 50(1), 151) e Nitsch e Nitsch (1969, *Science* 163(3862), 85) (Tab. 11.1).
La fonte di carbonio è essenziale per le plantule in coltura, dal momento che in questa particolare condizione crescono in condizioni di mixotrofia. In genere si tratta di carboidrati, come ad esempio il saccarosio, il lattosio, il galattosio o il maltosio. Il saccarosio è sicuramente il più utilizzato e viene aggiunto al mezzo di coltura ad una concentrazione compresa tra il 2 e il 5%.
Le piante sono in grado di sintetizzare autonomamente gli amminoacidi di cui necessitano, sebbene la loro aggiunta ai mezzi di coltura ne favorisce la crescita, dal momento che rappresentano una forma di azoto facilmente assimilabile. Le fonti di azoto organico utilizzate più frequentemente sono la caseina idrolizzata (come miscela di amminoacidi), L-glutamina, L-asparagina e l'adenina.
I regolatori di crescita (*Plant Growth Regulators*, PGR) rivestono un ruolo centrale in processi di differenziamento e la morfogenesi. I principali PGR sono classificati in 4 gruppi: auxine, citochinine, gibberelline e acido abscissico. Le auxine sono

Tabella 11.1 - Composizione dei principali substrati di coltura *in vitro* (MS, WPM, B5 e NN).

Macro- e micro-elementi	MS (mg/L)	WPM (mg/L)	B5 (mg/L)	NN (mg/L)
Ammonio nitrato	1650,000	400,000		720,000
Acido borico	6,200	6,200	3,000	10,000
Cloruro di calcio anidro	332,200	72,500	113,24	
Cloruro di cobalto $6H_2O$	0,025		0,025	
Fosfato di potassio monobasico	170,000	170,000	130,500	68,000
Ioduro di potassio	0,830		0,750	
Molibdato di sodio $2H_2O$	0,250	0,250	0,250	0,250
Nitrato di calcio		386,000		
Nitrato di potassio	1900,000		2500,000	950,000
Solfato di ammonio			134,000	
Solfato ferroso $7H_2O$	27,800	27,800	27,850	27,850
Solfato di magnesio anidro	180,700	180,700	122,09	90,340
Solfato di manganese H_2O	16,900	22,300	10,000	18,940
Solfato di potassio		990,000		
Solfato di rame $5H_2O$	0,025	0,250	0,025	0,025
Solfato di zinco $7H_2O$	8,600	8,600	2,000	10,000
Vitamine				
Acido folico				0,500
Acido nicotinico	0,500	0,500	1,000	5,000
Biotina				0,050
Mioinositolo	100,000	100,000	100,000	100,000
Piridossina HCl	0,500	0,500	1,000	0,500
Tiamina HCl	0,100	1,00	10,000	0,500
Altri additivi				
Disodio EDTA ($2H_2O$)	37,260	37,300	37,250	37,250
Glicina	2,000	2,000		2,000

necessarie per la formazione di embrioni somatici (vedi par. 11.3.2) e l'ingrossamento dei bulbi, la rizogenesi (vedi par. 11.3.3) e la callogenesi (vedi par. 11.4.1); per contro, inibiscono la formazione delle gemme. L'acido indol-3-acetico (IAA) è l'unica auxina naturale, mentre l'acido indol-3-butirrico (IBA), l'acido naftalenacetico (NAA) e l'acido 2,4-diclorofenossiacetico (2,4-D) sono auxine sintetiche. D'altro canto, le citochinine sono utilizzate per stimolare la caulogenesi (vedi par. 11.3.1.2), lo sviluppo delle gemme laterali, la divisione cellulare e per inibire la rizogenesi. La zeatina (Z o Zea) e la 2-isopenteniladenina (2iP) sono naturali, mentre tra quelle sintetiche più diffuse troviamo la 6-benzilamminopurina (BAP) e la chinetina (Kin). Il thidiazuron (TDZ) è un fitoregolatore ad effetto citochininico di origine non purinica ad attività molto elevata, utile per le piante legnose. La meta-topolina [6-(3-idrossibenzilammino) purina] è una cito-

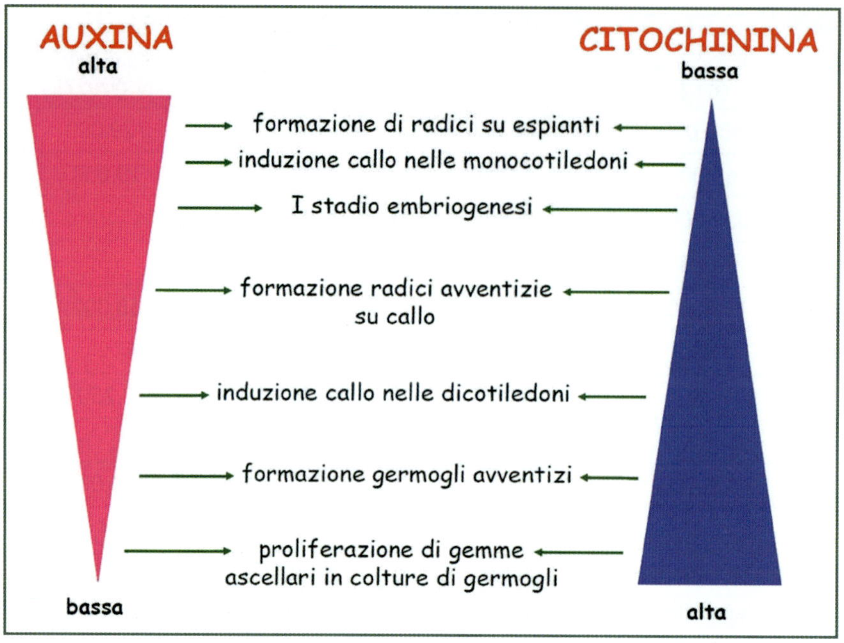

Figura 11.1 - Principali processi morfologici (caulogenesi, rizogenesi ed embriogenesi) in relazione al bilancio ormonale auxina/citochinina (0,1 ÷ 5 mg/L).

chinina aromatica. È stata isolata per la prima volta dalle foglie di pioppo, infatti il nome deriva da *topol*, che in ceco significa pioppo. Il ruolo di questo composto è simile a quello di altre citochinine: proprio come la zeatina e la BAP, ha un ruolo importante nella stimolazione di germogli, i quali, inoltre a seguito del trattamento, mostrano una migliore attitudine nella successiva fase di acclimatazione.

Nel momento in cui si stabilisce l'obiettivo da raggiungere, la proporzione tra auxine e citochinine in un dato mezzo di coltura è di fondamentale importanza, dal momento che su tale proporzione si determina la tipologia e il grado di organogenesi (vedi par. 11.3.1.2) (Fig. 11.1).

Nell'ambito delle colture *in vitro*, le gibberelline e l'acido abscissico (ABA) sono meno diffusi rispetto alle auxine e le citochinine, ma non per questo meno utili. Il gruppo delle gibberelline comprende più di 20 molecole, tra le quali l'acido gibberellico (GA_3) è il più utilizzato; stimolano la crescita del callo analogamente all'ABA, il quale, in aggiunta, incrementa la proliferazione dei germogli e rallenta gli stadi tardivi dello sviluppo embrionale.

I substrati di crescita possono essere utilizzati in forma liquida o in forma semi-solida, quest'ultima risulta essere largamente prevalente nella micropropagazione commerciale. Per l'ottenimento di substrati semi-solidi si usano degli agenti gelificanti tra cui il più comune è l'agar, un galattano estratto da un'alga marina; è inerte e non viene digerito dagli enzimi della pianta. Meno utilizzati sono l'agarosio, gli alginati e il *phytagel*.

Le plantule cresciute *in vitro* possono continuare il loro sviluppo in serra, attraverso un processo definito acclimatazione *ex vitro* (vedi par. 11.3.1.3).

Riassumendo, la plasticità del materiale vegetale ottenuto *in vitro* ed un'attenta messa a punto di specifici protocolli colturali (facendo particolarmente attenzione alle concentrazioni dei PGR) fanno sì che nel giro di pochi mesi possa verificarsi una produzione esponenziale di piante, a partire da quantità iniziali limitate. Tutto ciò si traduce in elevate quantità di biomassa da utilizzare nei processi estrattivi di molecole di interesse.

È bene sottolineare che, oltre alla propagazione massale, la coltura *in vitro* è uno strumento importante per il risanamento delle piante da virosi o batteriosi, la conservazione della biodiversità, l'individuazione e selezione di genotipi superiori, la germinazione di semi recalcitranti nonché per il superamento di problemi legati alla germinazione di embrioni provenienti da incroci interspecifici (*embryo rescue*). Questi temi non verranno trattati in quanto non rientrano negli intenti previsti del capitolo.

11.3 Organi e tessuti differenziati

Le tecniche di coltura *in vitro* permettono la moltiplicazione e il mantenimento di strutture organizzate con una chiara identità morfologica (plantule, germogli, radici ed embrioni somatici), in cui infatti, è riconoscibile una struttura primaria con tessuti specializzati e connessioni vascolari, eccezion fatta per gli embrioni somatici, la cui organizzazione deriva da divisioni cellulari organizzate formando due poli che origineranno, rispettivamente, l'apice apicale e quello radicale (Fig. 11.2).

La rigenerazione di germogli e radici è possibile, rispettivamente, attraverso i processi di caulogenesi e rizogenesi, i quali possono avere luogo per via diretta (a partire da tessuti meristematici) o indiretta (per dedifferenziamento e ridifferenziamento di cellule somatiche). Gli embrioni somatici si originano a partire da cellule somatiche che, in opportune condizioni colturali induttive, vanno incontro a una serie di cambiamenti morfologici e biochimici che generano un embrione, simile a quello zigotico. Anche in questo caso, gli embrioni somatici possono originarsi direttamente dalle cellule dell'espianto, oppure indirettamente da callo.

Nei paragrafi che seguono verranno descritti i tessuti differenziati, rimandando al par. 11.4 la trattazione di quelli indifferenziati.

Figura 11.2 - Embrioni somatici a differenti stadi di sviluppo di *Eschscholzia californica* Cham.: freccia bianca: apice caulinare - freccia nera: apice radicale.

11.3.1 Micropropagazione: clonazione di genotipi superiori

Il ciclo micropropagativo è suddiviso in 4 fasi: 1) sterilizzazione; 2) moltiplicazione; 3) radicazione; 4) acclimatazione *ex vitro* (ambientamento); si identifica inoltre la fase 0 come quella relativa al trattamento delle piante madri.

11.3.1.1 Sterilizzazione e avvio della coltura da espianto

Le porzioni vegetali utilizzate per avviare una coltura *in vitro* sono definite espianti. Questi possono, in linea teorica, essere prelevati da ogni parte della pianta, sebbene sia consigliabile impiegare quelli che contengono cellule giovani, vitali e con ridotto grado di contaminazione da microrganismi. Per queste ragioni, gli espianti vegetativi più utilizzati sono i tessuti meristematici e gli apici vegetativi differenziati. In alternativa possono essere messi in coltura anche porzioni fogliari, parti del fiore, gemme a fiore immature o bulbi, sebbene il loro potenziale morfogenico potrebbe essere ridotto.

L'allestimento di una nuova coltura *in vitro* richiede la totale eliminazione di microrganismi (asepsi) dalla superficie degli espianti, dai mezzi colturali e dagli strumenti di lavoro. Gli espianti vengono trattati con agenti decontaminanti, sostanze chimiche ad elevata tossicità sia per i microrganismi che per i tessuti vegetali stessi. Questa loro caratteristica fa sì che la sterilizzazione sia una fase molto delicata: occorre scegliere accuratamente la sostanza antisettica da impiegare, la sua concentrazione e la durata complessiva del trattamento in modo tale che i danni all'espianto risultino limitati. Gli agenti decontaminanti più comuni e le relative modalità di impiego sono riportate nella tabella 11.2.

Una volta asettici, gli espianti devono essere maneggiati esclusivamente con l'ausilio di ferri da lavoro (bisturi, pinze e forbici) sterili. Al termine del trattamento decontaminante, gli espianti vengono sciacquati più volte con acqua distillata sterile rigorosamente sotto cappa a flusso laminare orizzontale. A questo punto, sempre sotto cappa, si eliminano le parti danneggiate e il tessuto vivo viene messo a contatto con il mezzo di coltura

Tabella 11.2 - Agenti decontaminanti più comuni e relative concentrazioni di impiego e tempo di esposizione (Ruffoni *et al.*, 2011).		
Agente	**Concentrazione**	**Tempo di esposizione**
Ipoclorito di sodio	1-15% di cloro attivo	5-30 minuti
Acqua ossigenata	3-12%	5-15 minuti
Etanolo	70-95%	pochi secondi-2 minuti
Nitrato d'argento	1%	5-30 minuti
Cloruro di mercurio	0.1-1%	2-10 minuti
Antibiotici	100-400 mg/L	30-60 minuti

per una prima fase di crescita e di adattamento al *vitro*. Anche i substrati di crescita devono essere sterili, ragione per cui subiscono un ciclo di 20 minuti a 121 °C e 1 atm in autoclave. Si rimanda al paragrafo 11.2 la descrizione dettagliata dei mezzi di coltura.

11.3.1.2 Moltiplicazione *in vitro*

Per la moltiplicazione *in vitro* di strutture complete si possono usare substrati solidi, semisolidi, o liquidi. Una volta sterili, i terreni di coltura solidi e semisolidi vengono versati in contenitori di diversa tipologia, a seconda delle esigenze. Piastre tipo Petri di differenti diametri possono essere utilizzate per allestire una nuova coltura *in vitro*, dati i ridotti volumi di substrato che possono contenere. Allo stesso scopo si possono impiegare, in alternativa, provette di vetro richiudibili con tappi autoclavabili.

Nel momento in cui lo sviluppo e/o la moltiplicazione delle nuove plantule è tale per cui occorre più spazio, si può ricorrere all'utilizzo di contenitori più voluminosi come i vasi di vetro, scatole in plastica autoclavabili con coperchi ad incastro chiusi (es. Magenta^{TM} box) o con coperchi speciali che garantiscono maggiori scambi gassosi tra l'ambiente e il materiale vegetale al loro interno (vasi Microbox).

Gli agenti gelificanti mantengono i germogli in coltura in posizione eretta, rallentando però la diffusione dei nutrienti nel terreno; per questo motivo i nutrienti di facile e veloce assorbimento sono solamente quelli direttamente a contatto con la base dei germogli stessi.

Questa problematica può essere risolta con l'utilizzo di substrati liquidi che, per questa ragione, sono da preferire ai fini della produzione di biomassa. Per alcune specie, però, la coltivazione in immersione è dannosa perché si potrebbe incorrere nel fenomeno di iperidricità (o vitrescenza). Tale fisiopatia interviene a seguito di stress di diverso tipo e comporta una malformazione dei tessuti che si presentano idropici, traslucidi e con un eccessivo accumulo di liquido e quindi fisiologicamente inattivi. Questo fenomeno, dal punto di vista produttivo, diminuisce la resa in metaboliti su peso fresco del materiale in coltura.

Per ovviare a tale inconveniente, si possono utilizzare nuove tecniche di propagazione *in vitro* che si avvalgono di sistemi ad immersione temporanea; essi garantiscono la semi-automazione delle varie fasi di propagazione e possono comportare un incisivo risparmio dei costi di produzione. In questi contenitori la biomassa non è sempre immersa in liquido, bensì sopraelevata rispetto a esso, venendo così a contatto con il nutrimento solamente per alcuni minuti più volte al giorno.

I primi contenitori standardizzabili sono dei vasi trasparenti ed autoclavabili in polipropilene con capacità di 500 ml (RITA® - CIRAD, Francia); ogni contenitore può accogliere sino a 200 mL di mezzo colturale che può essere inserito prima della sterilizzazione in autoclave (Fig. 11.3).

Tale sistema è collegato ad una pompa, che immette dell'aria filtrata all'interno del contenitore, scandita da un temporizzatore; si genera così una pressione capace di spingere il terreno liquido verso la biomassa da coltivare che si trova adagiata su di un apposito supporto, posto alcuni centimetri più in alto rispetto al fondo del contenitore. Durante l'aerazione il liquido gorgo-

Figura 11.3 - Proliferazione in *temporary immersion system* (TIS) di *hairy roots* di *Salvia cinnabarrina* M. Martens & Galeotti in contenitori RITA®.

glia attorno al materiale vegetale ed in seguito si deposita di nuovo sul fondo del contenitore. Oltre ai RITA®, sono presenti in commercio altri contenitori, come ad esempio i Plant Form (Plant Form AB - Lomma, Sweden) e i SETIS™ (Duchefa Biochemie B.V. - Harleem, The Netherlands).

Indipendentemente dal sistema che si vuole utilizzare, ciò che determina la corretta proliferazione dei germogli è la composizione del substrato di coltura. In particolar modo, è necessario impiegare alte concentrazioni di una o più citochinine, talvolta abbinate ad un'auxina, purché a concentrazione molto più bassa.

Durante questa fase, le condizioni di luce all'interno della camera di crescita sono fondamentali, così come la temperatura. A seconda delle specie e delle condizioni di allevamento, la fase di moltiplicazione può concludersi fra le 3 e le 5 settimane, rendendo necessaria prima la separazione dei nuovi germogli formati, e in seguito il loro trasferimento su di un nuovo mezzo di coltura. La progressione produttiva è logaritmica e all'ottenimento di un desiderato numero di germogli, si può procedere con le fasi successive del processo.

11.3.1.3 Radicazione e acclimatazione *ex vitro*

La fase di radicazione comprende tutte quelle attività che inducono il germoglio a differenziare e sviluppare radici. A questo livello, è consigliato ridurre la concentrazione di citochinine nel mezzo di crescita, aumentando quello delle auxine per favorire la rizogenesi degli espianti e l'allungamento dei germogli. Per quest'ultimo scopo, può essere anche utile l'aggiunta di acido gibberellico. Infatti, l'azione principale dell'acido gibberellico è quella di regolare i processi di allungamento cellulare, in una sola direzione, agendo sui meristemi subapicali stimolando la distensione e la divisione cellulare.

Nonostante sia principalmente coinvolto nel promuovere lo sviluppo della pianta, nell'anticipare la fioritura ed ottenere una fruttificazione precoce, nell'aumentare la produttività e nell'interruzione della dormienza dei semi, questo fitoregolatore di crescita, ed in particolare il GA3, interviene nella fase di allungamento degli espianti, condizione indispensabile per la successiva fase di radicazione ed ambientamento.

La tipologia di auxina, la rispettiva concentrazione ed eventuali combinazioni ormonali da impiegare possono essere specifiche per ciascuna specie. Anche alcuni fattori fisici ed ambientali possono favorire la rizogenesi (es. luce).

Una volta avvenuta la radicazione *in vitro*, le piantine vengono trasferite in serra; durante questo passaggio è importante che le radici non subiscano danni e che siano prive di agar adeso ad esse. In genere, le radici cresciute *in vitro* muoiono nel giro di breve tempo per essere sostituite da un apparato radicale nuovo, più funzionale e adatto alla sopravvivenza della pianta in serra. L'ambientamento prevede due stadi:

1. attecchimento delle piantine nel nuovo substrato di trapianto (una fase definita acclimatazione ed estremamente delicata per la sopravvivenza delle plantule prodotte *in vitro*);
2. ambientamento vero e proprio alle condizioni della serra e del campo. Il primo stadio prevede umidità relativa e temperatura elevate. Dopo qualche settimana, se gli apici mostrano attività di crescita, inizia il secondo stadio in cui gli stessi due parametri vengono portati lentamente ai livelli naturali.

Talvolta, se gli espianti provenienti dal *vitro* presentano abbozzi radicali, possono essere trasferiti direttamente *in vivo* per completare il processo, senza attendere che ci sia un evidente apparato radicale funzionale e completo. In questa fase, le porzioni basali degli espianti vengono portati

contatto per breve tempo in soluzioni acquose contenti ormoni radicanti (*dipping*).
Il livello di umidità del substrato in cui avviene il trapianto è fondamentale; occorre garantire una corretta areazione e permeabilità del substrato stesso. I terricci più utilizzati sono la sabbia, la torba e la perlite, in proporzioni variabili a seconda della specie. La bagnatura deve essere regolare ed equilibrata, in modo tale da non creare asfissia radicale.

11.3.2 Embrioni somatici

L'embriogenesi somatica è il processo che porta alla formazione, partendo da tessuti e cellule somatiche poste in coltura, di un embrione somatico morfologicamente e fisiologicamente funzionale, simile a quello zigotico. Gli embrioni somatici sono strutture bi-polari, possedendo sia un meristema caulinare che uno radicale, connessi da un fascio vascolare, e lo sviluppo di questi due meristemi è sincrono.
Gli embrioni, a differenza delle gemme avventizie che sono "vincolate" al tessuto materno mediante fasci conduttori pro-cambiali, non hanno connessioni vascolari con il sottostante tessuto parentale e possono essere, inoltre, nettamente separati dalle cellule del callo adiacente, spesso anche attraverso cordoni di cellule ipertrofiche o ispessite, o presentanti inclusi di vario tipo.
Le prime prove sperimentali furono condotte nella metà del secolo scorso in colture cellulari embriogeniche sulla specie modello *Daucus carota* L. e da quel momento ad oggi in letteratura si rinvengono molti protocolli di embriogenesi somatica per parecchie specie, sia monocotiledoni che dicotiledoni.
Mediante coltura *in vitro* è possibile indurre embriogenesi somatica sia direttamente dall'espianto completamente differenziato, sia indirettamente da tessuto indifferenziato indotto (callo).
Vi è inoltre attitudine specie-specifica e genotipo-specifica all'embriogenesi somatica.
Nel caso dell'embriogenesi indiretta, l'induzione e la successiva proliferazione massiccia del callo sono indotte da specifici stimoli ormonali; trattamenti esogeni con determinate auxine (quella più frequentemente utilizzata è il 2,4-D) servono da "innesco" al processo e sono responsabili delle divisioni cellulari delle cellule somatiche ed implicate nell'origine di centri di attività meristematica. Nel caso delle dicotiledoni, spesso viene aggiunta al mezzo di coltura anche una citochinina.
Anche alcune fonti di "stress" possono essere utilizzate per indurre embriogenesi somatica, per esempio il contenuto in zuccheri ed il *range* di temperatura al quale le colture sono mantenute.
È stata osservata anche una stretta relazione tra la giovanilità dell'espianto e la potenzialità embriogenica. I tessuti più giovani hanno maggior possibilità di dare origine a embrioni somatici; quelli degli ovari immaturi, degli ovuli non fecondati, delle antere, dei cotiledoni e degli ipocotili risultano quindi essere i più promettenti.
Nel corso di questo processo, le cellule somatiche che vanno incontro a progressive divisioni cellulari, che normalmente si mantengono per lungo tempo, sono in grado di organizzarsi in ammassi cellulari pro-embriogenici (PEM - *Pro Embryogenic Masses*).
La formazione dei PEM avviene solo diminuendo drasticamente o eliminando del tutto l'apporto auxinico induttore. Da una massa pro-embriogenica si formano uno o più embrioni allo stadio globulare; successivamente è possibile osservare la progressione degli stessi fino agli stadi a cuore, a torpedo, e cotiledonare, per giungere alla definitiva formazione della plantula.
L'embrione somatico, dal punto di vista genetico, se non subentrano fenomeni di variazione somaclonale durante la fase induttiva del callo, è geneticamente identico alla pianta madre (clonazione), garantendo l'uniformità del materiale genetico da propagare e manifestando un fenotipo omogeneo anche dal punto di vista metabolico.
Il percorso embriogenico, dopo una iniziale fase sviluppata su terreno agarizzato, può essere sviluppato in fase liquida pervenendo ad una sospensione embriogenica che ha caratteristiche metaboliche particolari. I calli embriogenici si disgregano se posti in beute contenenti il substrato liquido di induzione, e mantenute in continua agitazione (150 rpm). Si ottengono quindi delle sospensioni cellulari embriogeniche e successivamente embrioni somatici, che, grazie a filtrazioni successive, possono presentare i vari stadi embrionali sincronizzati e così permettere di di-

Tabella 11.3 - Esempi dei principali metaboliti secondari prodotti da colture embriogeniche e le loro attività.

Nome	Metabolita principale	Altri metaboliti	Attività principali	Referenza
Eleutherococcus senticosus Maxim	Eleuterosidi	Acido clorogenico	Contrastare i radicali liberi, ridurre lo stress, aumentare l'efficienza del sistema immunitario, contrastare il cancro e l'invecchiamento, ridurre alcuni effetti delle radiazioni, incrementare la funzione adrenalinica	Shohael and Paek, 2013, *Int. J. of Biosc.* 3(4), 213
Rauvolfia serpentina (L.) Benth	Reserpina		Azione sedativa e ipotensiva	Shetty *et al.*, 2014, *Int. J. of Sc. & Tech. Res.* 2, 844
Withania somnifera (L.) Dunal	Withanolide A	Withaferina A	Utile per la terapia neuro-protettiva in vari disturbi del sistema nervoso centrale come il morbo di Parkinson, l'epilessia e il morbo di Alzheimer	Shasmita *et al.*, 2018, *Critical Reviews in biotech*, 38(6), 836
Catharanthus roseus	Vincistina	Vinblastina	Anticancerogena, Proprietà antitumorali, farmaci utili per il trattamento	Favretto *et al.*, 2001, *Rapid Communications in Mass Spectrometry*, 15(5), 364 Mujib *et al.*, 2014, *Saudi J. of Biological Sc.* 21(5), 442
Salvia officinalis e *S. fruticosa*	Acido rosmarinico		Antiossidante naturale	Kintzios *et al.*, 1999, *Plant Cell Reports* 18(6), 462
Ocimum sanctum (L.)	Acido rosmarinico		Antiossidante naturale	Hakkim *et al.*, 2011, *Int. J. of Biological & Medical Res.* 2(4), 1158

stinguere nettamente le varie fasi del processo embriogenico stesso.

Anche per le colture embriogeniche si può effettuare uno scale-up utilizzando bioreattori (vedi Scheda 11.1) al fine di produrre elevate quantità di biomassa (Tab. 11.3).

11.3.3 Trasformazione genetica mediata da *A. tumefaciens* e *A. rhizogenes*: generalità

L'utilizzo industriale di colture cellulari vegetali per la produzione di metaboliti secondari è stata a lungo ostacolata, fra gli altri, dalle basse rese dei composti desiderati e da un elevato rapporto costi/ricavo economico. Questo è dovuto a vari motivi che sono attribuibili alla scarsa comprensione dei percorsi biosintetici dei metaboliti secondari e dei processi tecnologici coinvolti nell'estrazione e nell'accumulo di questi composti.

Le tecniche di trasferimento dei geni nelle piante hanno contribuito a ottenere numerosi progressi nella biologia e nella genetica molecolare vegetale. Queste tecnologie sono risultate uno strumento inestimabile per lo studio della funzione dei geni codificanti per enzimi di vie metaboliche, per identificare gli intermedi di reazione e i diversi steps biosintetici che portano alla sintesi di metaboliti secondari.

Scheda 11.1 - Bioreattori

Il bioreattore è un opportuno sistema fisico/termico di contenimento, dove si mantengono le condizioni ambientali più favorevoli alla crescita di cellule o di tessuti come le *hairy roots*.
I modelli di bioreattore vanno da semplici recipienti che possono o meno funzionare anche da agitatori, fino a complessi sistemi asettici, regolati e integrati a vari livelli di automazione. I bioreattori lavorano in un sistema asettico per la moltiplicazione di cellule vegetali di embrioni somatici e di *hairy roots* per la produzione di metabolici secondari, antibiotici, vitamine e polisaccaridi.
Le modalità principali con cui si coltivano i tessuti all'interno di un bioreattore sono:

Colture in *batch* (a sistema chiuso)
Si allevano le cellule in un volume fisso di terreno liquido; mentre si sviluppa la crescita, le sostanze nutritive si consumano e i prodotti della crescita (biomassa, metaboliti) si accumulano; perciò, l'ambiente nutritivo all'interno del bioreattore è soggetto a continue variazioni, che a loro volta provocano cambiamenti nel metabolismo cellulare. Infine, le cellule cessano di moltiplicarsi, in seguito all'esaurimento o alla scarsità del nutriente o dei nutrienti e all'accumulo delle sostanze tossiche di rifiuto, escrete dalle cellule stesse.

Colture in *fed batch*
Si addiziona gradualmente il terreno, così da aumentare il volume della coltura.

Colture in perfusione
Si addiziona una certa quantità di terreno fresco e il prelievo di un ugual volume di terreno usato, privo di cellule; questo metodo viene applicato anche nelle colture di cellule animali.

Colture continue
Si addiziona ad una coltura in *batch*, durante la fase di crescita esponenziale, una certa quantità di terreno fresco e si preleva un identico volume di terreno con cellule; si ottiene una crescita pressoché bilanciata, con scarse fluttuazioni nelle concentrazioni di nutrienti e di metaboliti, nel numero di cellule o nella quantità di biomassa.

Lo scopo ultimo di ogni processo è assicurare che ogni parte del sistema sia soggetto alle stesse condizioni: tutti i nutrienti, compreso l'O_2, devono essere somministrati in modo che possano diffondere in ogni cellula, mentre deve essere possibile rimuovere i prodotti di rifiuto, come la CO_2, e gli altri cataboliti escreti.
La concentrazione dei nutrienti deve mantenersi entro un preciso intervallo di variazione; i parametri ambientali devono trovarsi nel *range* ottimale per la determinata reazione biologica e tutti i nutrienti devono essere immediatamente mescolati e distribuiti in modo uniforme.
L'operatività di un bioreattore viene ottimizzata se si rispettano i seguenti principi guida:
il bioreattore deve essere progettato e costruito in modo da impedire l'ingresso di organismi contaminanti e, al tempo stesso, la fuoriuscita degli organismi produttori; l'ossigeno disciolto deve rimanere al di sopra del livello critico e la coltura deve essere costantemente agitata; i parametri ambientali, come temperatura, pH ecc., devono essere strettamente controllati, e tutti i componenti ben miscelati nell'intero volume della coltura.
La produttività in bioreattore può dipendere da molti fattori quali: Il tipo di agitazione, i nutrienti utilizzati, i regolatori di crescita, il tipo aereazione e la concentrazione di ossigeno, gli elicitori, le fasi del ciclo cellulare, lo stadio della curva di crescita, l'aggiunta di resine per "estrarre" in continuo dalle cellule e dalle *hairy roots* i prodotti accumulati. Parametri cruciali di questo sistema sono l'insorgenza di fenomeni di vitrificazione, dal momento che le cellule e i tessuti sono completamente immersi nel substrato, la necessità di dover controllare il pH delle colture, l'apporto di ossigeno ed il controllo della CO_2 nelle colture.

La pianta diviene quindi una piattaforma di sintesi simile ad un'officina verde per la produzione su larga scala di composti di interesse farmaceutico, industriale e nutraceutico.
Uno dei metodi più utilizzati in campo vegetale per l'introduzione di geni d'interesse si basa sulla capacità degli agenti patogeni *Agrobacterium tumefaciens* e *Agrobacterium rhizogenes,* di trasferire una parte del proprio DNA nelle cellule vegetali.
Negli anni '80 infatti sono nate le prime piante transgeniche grazie alla scoperta di un batterio capace di trasferire il proprio materiale genetico alla pianta. Si tratta di un patogeno Gram negativo, chiamato *Agrobacterium tumefaciens,* agente eziologico della cosiddetta galla del colletto. Generalmente, *A. tumefaciens* penetra nella pianta in corrispondenza di una ferita, dove induce la formazione un tumore. Nelle prime fasi del processo, si verifica un trasferimento di DNA dal batterio alla cellula vegetale.
Il genoma di *A. tumefaciens* ha la peculiare caratteristica di possedere un plasmide, chiamato "Ti" (*Tumor Inducing*), di circa 200 kb (migliaia di coppie di basi), che può essere trasferito nella pianta ospite. Il plasmide Ti codifica il T-DNA e tutti i geni necessari al suo trasferimento nella cellula ospite. La presenza del plasmide è necessaria affinché avvenga l'infezione: cellule batteriche prive del plasmide non danno origine alla malattia (sono sebbene siano necessari anche geni cromosomici perché l'infezione abbia successo). Questa abilità naturale del batterio è stata sfruttata per poter "creare" piante con caratteristiche specifiche. Il plasmide Ti (Fig. 11.4A) ha diverse componenti: una regione T-DNA delimitata da dei *Left border* e *Right border* (di circa 25 paia di basi), che è la parte di DNA che viene integrata nel genoma vegetale, una regione *Vir* costituita da diversi geni che agiscono in sequenza per il trasferimento del DNA dal plasmide alla cellula vegetale, ed una regione che serve per la sintesi di opine (utilizzate in esclusiva dal batterio come fonte energetica (nutrienti).
Il processo di infezione e trasferimento del plasmide Ti nella cellula vegetale si articola in alcuni step. Le ferite producono dei composti fenolici che attirano le cellule batteriche presenti nella rizosfera (o nel mezzo di incubazione), e stimolano l'espressione dei geni di virulenza (*vir*) presenti nel plasmide batterico. Questi geni inducono la produzione di proteine che permettono l'ancoraggio alla cellula vegetale e successivamente la coniugazione batterica. Altri geni *vir* hanno la funzione di trasferimento e integrazione del T-DNA nel genoma della pianta. Altri geni *vir* del plasmide Ti producono delle permeasi che servono per rifornire il batterio di opine, per il suo nutrimento. I geni del T-DNA, che si integra nel genoma, vengono attivamente trascritti e tradotti, dirottando il programma di espressione genica delle cellule della pianta e sono responsabili del processo tumorigeno, e, in particolare, della produzione di ormoni quali citochinine e auxine. Le tecniche d'ingegneria genetica hanno consentito di disarmare, rimuovendo gli oncogeni, il T-DNA e di trasferire tramite questi, geni target oggetto di studio.

11.3.4 Trasformazione con *Agrobacterium rhizogenes*, sviluppo di *hairy roots*

Per migliorare la produzione di metaboliti secondari nelle cellule vegetali è stato impiegato il batterio *Agrobacterium rhizogenes*, ed il suo plasmide Ri, simile al Ti. Questo agente patogeno introduce nelle piante il frammento di T-DNA che trasporta un insieme di geni che codifica enzimi per il controllo di auxina (iaaM e iaaH) per la biosintesi di opine (mas e ags). Il plasmide Ri (Fig. 11.4B) contiene anche una regione con geni rol (A, B, C, D) che controllano la produzione di particolari formazioni (radici). Il nuovo equilibrio ormonale induce la formazione di proliferanti radici avventizie pelose denominate *hairy roots* che emergono nel sito delle ferite. L'introduzione di materiale genetico di origine batterica (*Agrobacterium*) porta a linee cellulari in rapida crescita, geneticamente stabili per lunghi periodi e che portano talvolta ad un'incrementata sintesi di metaboliti secondari. Nel caso di *A. rhizogenes* queste cellule si organizzano in ciuffi di radici (*hairy roots*) di facile coltivazione nelle condizioni di laboratorio. I geni rol del T_L-DNA ed i geni del T_R-DNA di alcuni ceppi interagiscono andando ad alterare il metabolismo delle cellule trasformate in vari modi che

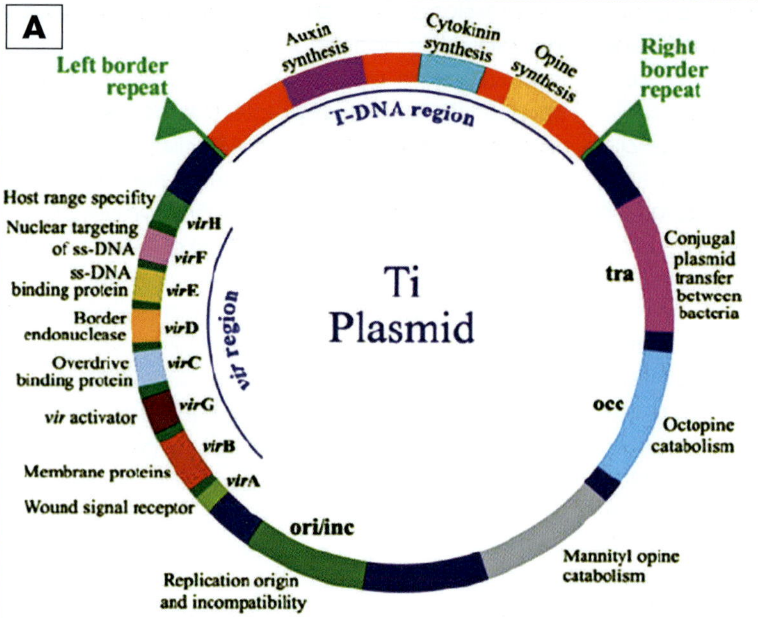

A I plasmidi Ti vengono classificati in diversi tipi a seconda del tipo di opina prodotta dai loro geni. Nella figura è rappresentato un plasmide Ti che produce octopine. Nella figura si evidenziano alcuni tratti d'interesse: la regione di virulenza codificata dai geni vir raggruppati in operoni, una regione delimitata tra i borders (a destra e sinistra) contenente il T-DNA (transfer DNA) che viene trasferito dal batterio nella pianta ospite che viene quindi opportunamente ingegnerizzato per trasferire geni esogeni d'interesse, ed infine la regione del metabolism e catabolismo delle opine.

Ozyigit (2012) Crop Production for Agricultural Improvement, Publisher: Springer, Editors: Muhammad Ashraf, Münir Öztürk, Muhammad Sajid Aqeel Ahmad, Ahmet Aksoy, pp. 317-361.

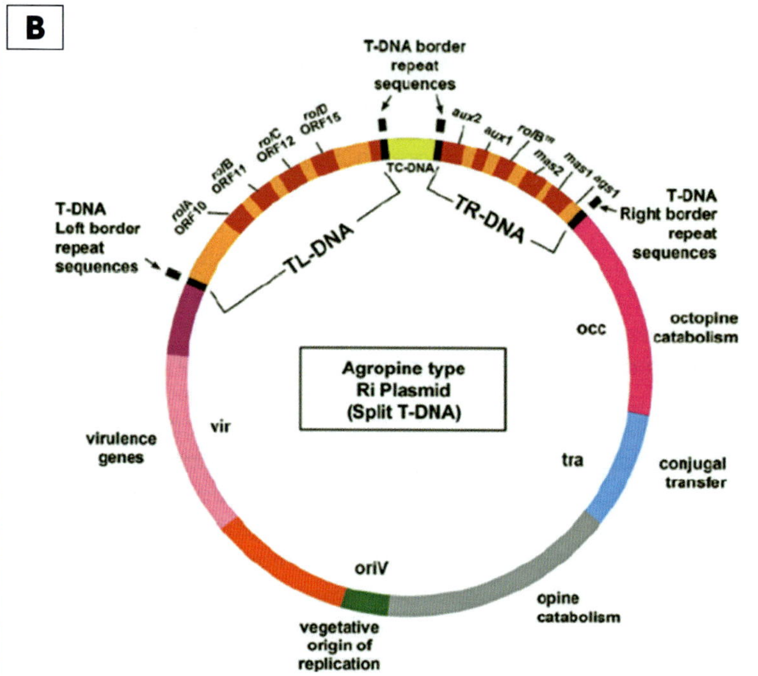

B Mappa genetica del plasmide Ri (root inducing). Analogamente al plasmide Ti, una regione definita del DNA del plasmide Ri, T-DNA (vedi complesso T), viene trasferita dai batteri alla cellula vegetale ospite e integrato nel genoma della pianta. Come il plasmide Ti, i plasmidi Ri possono essere caratterizzati dalla loro specificità ad opina, agropina o mannopina. Esistono somiglianze di sequenza tra i plasmidi Ti e Ri, in particolare nelle regioni del T-DNA e di virulenza (geni vir) (1). Sono stati sviluppati vettori per il trasferimento di DNA esogeno (tramite ingegnerizzazione del T-DNA) a cellule vegetali basati sui plasmidi Ti ed Ri.

Ozyigit, Ibrahim & Dogan, Ilhan & Artam Tarhan, Ebru. (2013). *Agrobacterium rhizogenes-Mediated Transformation and Its Biotechnological Applications in Crops.*

Figura 11.4 - A) Mappa genetica del plasmide Ti (*tumor inducing*); B) Mappa genetica del plasmide Ri (*root inducing*).

includono l'aumento della disponibilità di IAA nelle cellule delle piante, controllando quindi i livelli di citochinine e alterando la sensibilità cellulare alla disponibilità di auxine. Colture di *hairy roots* mostrano un'incrementata sintesi di metaboliti secondari. La formazione di prodotti secondari in colture di radici trasformate riflette la capacità biosintetica della pianta dalla quale derivano, quindi in generale, le specie con alta produzione forniscono livelli di prodotti che possono essere raddoppiati e talvolta triplicati rispetto a quelli ritrovati in radici non modificate. Queste *hairy roots* possono produrre alti livelli di composti interessanti o, quantomeno, quantità equivalenti a quelle di piante in vivo e rappresentano quindi un potenziale materiale da utilizzare nell'ambiente controllato dei bioreattori. La capacità biosintetica di *hairy roots* è stabile durante le subcolture e dal punto di vista genetico esse conservano il numero di cromosomi della pianta d'origine. Diversamente dalle colture di radici non trasformate, le quali necessitano di auxine per crescere, colture di *hairy roots* sono in gran parte auxina-indipendenti; esse mostrano una crescita veloce e un elevato livello di ramificazioni laterali in un mezzo senza auxina. Inoltre, quando le auxine esogene vengono aggiunte ad una coltura di radici trasformate come ad esempio nel caso delle Solanacee, si sviluppa una massa intensa indifferenziata di radici con una perdita concomitante della loro capacità biosintetica.

I geni rolA, rolB e rolC sono considerati modulatori della crescita e del differenziamento cellulare, e la loro contemporanea presenza fa aumentare il tasso di crescita delle *hairy roots* anche di 75 volte in *Atropa belladona* L., mentre la sola presenza di rolC permette una crescita di 17 volte, pur producendo una quantità simile di alcaloidi. Se per la produzione di antrachinoni in *Rubia cordifolia* L. è necessaria la contemporanea presenza di geni rol A, B e C, per la produzione di alcaloidi, tropani, piridinici, indolici è sufficiente la presenza di rolC. La produzione di stilbeni sembra essere favorita dal gene rolB, mentre i ginsenoidi di cellule trasformate di gingseng sono prodotti da rolA e B. I geni rol sono potenziali attivatori del metabolismo secondario in cellule trasformate di famiglie quali *Solanaceae, Araliaceae, Rubiaceae, Vitaceae, Rosaceae*. È vero che alcuni percorsi biosintetici non sono espressi in radici ma solo nelle parti verdi di piante, come ad esempio foglie e germogli. Tuttavia, è stato dimostrato che le *hairy roots* possono anche produrre quei metaboliti che normalmente si accumulano solo nelle parti aeree di una pianta intatta. Si pensava, ad esempio, che artemisinina fosse accumulata solo nella parte aerea dell'*Artemisia annua* ma diversi lavori hanno dimostrato che che possa essere prodotta anche dalle *hairy roots*.

Per incrementare la produzione di metaboliti secondari sono state adottate numerose strategie. Innanzitutto, si può operare un programma di selezione delle *hairy roots* a più alta produttività; a tale scopo vi sono varie tecniche disponibili per realizzare uno screening sulla produzione di metaboliti. Il lavoro è agevolato quando il prodotto è intensamente colorato, in quanto la selezione può essere fatta semplicemente attraverso una valutazione visiva, mentre nel caso di composti non colorati si ricorre a tecniche analitiche cromatografiche e spettroscopiche (TLC, HPLC, NMR, Fluorescenza).

La composizione del mezzo di coltura deve essere stabilita per ogni singola coltura. Alcune colture di *hairy roots* sono facili da realizzare e relativamente stabili (è questo il caso di *Datura* e *Nicotiana*), mentre è più difficile per altri generi come *Catharanthus* e *Cinchona*. Numerosi sono i fattori che influiscono sulla crescita di radici trasformate come il pH, il fotoperiodo, la composizione del mezzo e la forza ionica, il tipo e la concentrazione dello zucchero, la presenza di elicitori. Quando vengono definite le condizioni ottimali di crescita, le *hairy roots* di solito crescono più rapidamente delle radici normali.

In genere i mezzi utilizzati per la coltura di *hairy roots* sono del tipo Murashige and Skoog, addizionati di vitamine Gamborg B5 (vedi Tab. 11.1), senza ormoni e senza antibiotici.

Diversi ceppi di *A. rhizogenes* hanno mostrato una diversa efficienza di induzione di *hairy roots*, e la scelta dipende dalla pianta ospite. I ceppi di *A. rhizogenes* che di solito sono stati applicati nell'induzione di *hairy roots* di piante medicinali sono ATCC 15834, ATCC 31798, ATCC 43057, AR12, A4, A13, MAFF03-01724, LBA9402, R-1601, R-1000, TR105. Tra questi, i ceppi considerati ipervirulenti sono A4 e LBA9402.

La selezione di un ceppo efficace di *Agrobacterium* per la produzione di colture di radici trasformate dipende in modo significativo dalle specie vegetali e deve essere determinata sperimentalmente. Le differenze di virulenza, morfologia e tasso di crescita sono almeno in parte correlate alla varietà di plasmidi Ri (*root inducing*) all'interno di ciascun ceppo batterico. Ad esempio, sebbene il ceppo A4 sia considerato altamente virulento e

Scheda 11.2 - Protocollo di infezione con *A. rhizogenes* per espianti di *Bituminaria bituminosa* (L.) C.H. Stirt

Preparazione del ceppo batterico

Per questo tipo di trasformazione è stato utilizzato il ceppo ipervirulento LB 9402 di *A. rhizogenes*. È necessario far crescere la coltura batterica in un mezzo di coltura liquido, come ad esempio lo *Yeast Mannitol Broth* (YMB). Tale substrato è composto come segue: 10 g/L di mannitolo, 0,4 g/L di estratto di lievito, 0,1 g/L di cloruro di sodio, 0,2 g/L di solfato di magnesio eptaidrato e 0,5 g/L di fosfato acido di potassio. Il pH del mezzo deve essere 6,8. Per ottenere una coltura liquida, occorre prelevare una colonia di *A. rhizogenes* preventivamente mantenuta su di un substrato solido con un'ansa sterile, da immergere poi all'interno di una provetta contenente 10 ml di YMB. La colonia batterica viene lasciata crescere in agitazione continua per 24-48 ore a 28 °C. Al termine dell'incubazione viene effettuata una lettura spettrofotometrica alla lunghezza d'onda di 600 nm, per verificare la densità delle colture batteriche. Come bianco si utilizza il terreno privo di batteri. Se necessario, le colture vengono diluite con YMB fino ad arrivare ad una assorbanza di circa 0,1-0,2 prima di procedere con la trasformazione.

Preparazione dell'espianto

È possibile partire sia da materiale *in vivo* sia da materiale *in vitro*. Nel primo caso, occorre sterilizzare l'espianto prima di procedere con la trasformazione. Possono essere utilizzati diversi organi, come ad esempio le foglie, le radici e gli ipocotili. Se si parte da foglia, è bene reciderne le porzioni superiori e inferiori per ottenere dei piccoli quadratini (circa 1x1 cm). Tale procedura deve essere eseguita in sterilità. A questo punto, gli espianti sono pronti per essere trasformati. Tutte le operazioni di qui in avanti devono essere svolte in condizioni di sterilità e sotto cappa a flusso laminare.

Protocollo di infezione

Gli espianti vengono immersi in una soluzione di acetosiringone 7,5 mM e mantenuti in agitazione per 10 minuti. Al termine dell'incubazione, gli espianti vengono prelevati, asciugati su carta da filtro sterile e immersi nelle colture batteriche opportunamente diluite per 15 minuti.

In seguito, gli espianti vengono lasciati asciugare su carta da filtro sterile e poi trasferiti in coltura su piastre Petri contenti MS0 solido. Le piastre così ottenute sono poste in camera di crescita al buio a 23 °C per 2 giorni per permettere la co-coltivazione dell'espianto e del batterio.

Trasferimento

Al termine della co-coltivazione, gli espianti vengono prelevati e trasferiti in piastre Petri contenenti MS0 solido addizionato con cefotaxime 100 mg/L. Il cefotaxime è un antibiotico, qui utilizzato per eliminare *A. rhizogenes*. Gli espianti vengono mantenuti in camera di crescita con fotoperiodo controllato (16h di luce/8h di buio) a 25 °C. I mezzi devono essere cambiati regolarmente ogni 24-48 h circa, in base all'effettiva proliferazione del batterio. Le *hairy roots* emergono dai bordi dell'espianto dopo 45 giorni di coltura.

si dimostra altamente efficace nell'indurre *hairy roots* in molte specie di piante, non è stato efficace per dischi fogliari di *Linum flavum* L.

Finora, colture di radici trasformate (*hairy roots*) sono state ottenute da più di 100 specie diverse. I prodotti ritrovati in colture di radici trasformate comprendono alcaloidi (alcaloidi indolici, isochinolinici, pirrolizidinici, chinolinici, quinolizidinici, tropanici, ecc), terpenoidi (monoterpeni, sesquiterpeni, diterpeni, triterpeni, steroidi, cardenolidi), flavonoidi, composti fenolici (cumarine, tannini), antrachinoni, chinoni, lignani, proteine, ecc. (Tab. 11.4).

Nella Scheda 11.2 viene riportato un protocollo di trasformazione con *A. rhizogenes* a titolo esemplificativo.

Tabella 11.4 - Metaboliti secondari prodotti da *hairy roots*.

	Specie	Metabolita secondario	Referenza
Apocynaceae	*Catharanthus roseus* (L.) G. Don, *C. trichophyllus* (Baker) Pichon	Serpentina, ajamalina, catharanthina, alcaloidi indolici	Ciau-Uitz *et al.*, 1994, *In vitro Cell Dev. Pl.*, 30, 84
Apocynaceae	*Rauvolfia macrantha* K.Schum. ex Markgr	Ajmalicina, ajmalina	Sudha *et al.*, 2003, *Biotechnol. Lett.*, 25, 631
Apocynaceae	*Rauvolfia serpentina* (L.) Benth. Ex Kurz	Reserpina	Benjamin *et al.*, 1994, *Phytochem.*, 35, 381
Araliaceae	*Panax ginseng* C.A.Mey	Ginsengosidi	Yoshikawa & Furuya, 1987, *Plant Cell Rep.*, 6, 449
Asclepediaceae	*Tylophora indica* (Burm. F.) Merr.	Tiloforina	Chaudhuri *et al.*, 2006, *Plant Cell Rep.*, 25, 1059
Asteraceae	*Tagetes patula* L.	Tiofene	Croes *et al.*, 1989, *Planta*, 179, 43
Asteraceae	*Artemisia annua* L.	Artemisinina	Weathers *et al.*, 1994, *Plant Cell Rep.*, 23, 414
Boraginaceae	*Lithospermum erythrorhizon* Siebold & Zucc.	Shikonina	Shimomura *et al.*, 1991, *Plant Cell Rep.*, 10, 282
Berberidaceae	*Podophyllum hexandrum* Royle	Podofillotossina	Li *et al.*, 2009, *Electron J. Biol.*, 5, 34
Campalunaceae	*Lobelia inflata* L.	Lobelina, poliacetileni	Ishimaru *et al.*, 1991, *Phytochem.*, 30, 2255
Droseraceae	*Drosera burmanii* DC.	Plumbagina	Putalun *et al.*, 2010, *Biotechnol. Lett.*, 32, 721
Fabaceae	*Psoralea corylifolia* L.	Isoflavoni	Shinde *et al.*, 2009, *Biotechnol. Bioproc.*, 14, 288
Fabaceae	*Cassia obtusifolia* L., *C. occidentalis* (L.) Rose, *C. torosa* Cav.	Germichrysone, pinselina, antrachinone	Ko *et al.*, 1995, *Chem. Pharm. bulletin*, 43, 274
Fabaceae	*Bituminaria bituminosa L.*	Daidzeina	D'Angiolillo *et al.*, 2017, *Nat. Prod. Commun.*, 12, 1733
Fabaceae	*Astragalus boeticus* L., *A. gummifer* Labill.,*A. hamosus* L., *A. membranaceus* (Fisch.) Bunge, *A. mongholicus* Bunge	Polisaccaridi, triterpenoidi, astragalosidi, saponine	Ionkova & Alfermann, 1990, *Planta Med.*, 56, 634
Fabaceae	*Glycyrrhiza uralensis* Fisch., *G. glabra* L.	Glicirrizina, liquirizigenina, isoliquirizigenina	Mehrotra *et al.*, 2008, *Electron J. Biotech.*, 11(2), 69
Ginkgoaceae	*Ginkgo biloba* L.	Ginkgolidi	Ayadi & Tremouillaux-Guiller, 2003, *Acta Bot. Gallica*, 150, 95

▶

	Specie	Metabolita secondario	Referenza
Hypericaceae	*Hypericum perforatum L.*	Ipericina, iperosidi, acido clorogenico	Bertoli *et al.*, 2008, *J. Agr. Food Chem.*, 56, 5078
Lamiaceae	*Salvia sclarea* L.	Diterpenoidi e triterpenoidi	Kuzma *et al.*, 2006, *Plant Cell Tissue Org. Cult.*, 84, 171
Lamiaceae	*Salvia wagneriana* Polak	Acido rosmarinico	Ruffoni *et al.*, 2016, *Nat. Prod. Res.*, 30, 2538
Nyssaceae	*Camptotheca acuminata* Decne.	Camptotecina	Lorence *et al.*, 2004, *Plant Cell Rep.*, 22, 437
Papaveraceae	*Papaver somniferum* L.	Morfina, codeina	Le Flem-Bohnomme *et al.*, 2004, *Planta*, 218, 890
Plumbaginaceae	*Plumbago rosea* L.	Plumbagina	Satheeshkumar *et al.*, 2009, *Indian J. Biotech.*, 8, 435
Rubiaceae	*Rubia tinctoria* Salisb.	Antrachinoni	Sato *et al.*, 1991, *Phytochem.*, 30, 3277
Rubiaceae	*Cinchona ledgeriana* (Howard) Bern. Moens ex Trimen	Chinina	Hamill *et al.*, 1989, *Planta Med.*, 55, 354
Rubiaceae	*Rubia cordifolia* L.	Antrachinoni	Kim & Shin, 1996, *Korean J. Pharmacognosy*, 27, 301
Solanaceae	*Hyoscyamus albus* L., *H. muticus* L., *H. niger* L., *H. pusillus* L., *H. turcomanicus* Pojark.	Alcaloidi del tropano, iosciamina	Shimomura *et al.*, 1991, *Phytochem.*, 30, 2275
Solanaceae	*Datura innoxia* Mill.	Iosciamina e Scopolamina	Shimomura *et al.*, 1991, *Phytochem.*, 30, 2275
Solanaceae	*Solanum khasianum* C.B. Clarke	Solasodina	Jacob and Malpathak, 2004, *Current Science*, 7, 1442
Solanaceae	*Atropa belladonna* L.	Atropina, scopolamina	Yun *et al.*, 1992, *Proceedings of the Nat. Academy of Sc.*, 89(24), 11799 Hashimoto *et al.*, 1993, *Phytochemistry*, 32(3), 713 Bonhomme *et al.*, 2000, *J. Biotech.*, 81, 151
Solanaceae	*Nicotiana cavicola* N.T.Burb., *N. glauca* Graham, *N. hesperis* N.T. Burb., *N. rustica* L., *N. tabaccum* L., *N. umbratica* N.T. Burb.	Nicotina, anabasina, anatabina	Parr and Hamill, 1987, *Phytochem.*, 26, 3241
Solanaceae	*Przewalskia tangutica* Maxim.	Alcaloidi del tropano	Lan & Quan, 2010, *J. Med. Plants Res.*, 4, 1477
Solanaceae	*Withania somnifera* (L.) Dunal	Withanolidi	Murthy *et al.*, 2008, *J. Integre Plant Biol.*, 50, 975
Valerianaceae	*Valeriana officinalis* L.	Valepotriati	Granicher *et al.*, 1992, *Plant Cell Rep.*, 11, 339

11.4 Tessuti indifferenziati

Per biomassa indifferenziata si intende un insieme di cellule senza connotazioni funzionali di tipo parenchimatoso, totipotenti, in grado di generare, a seguito di opportune stimolazioni ormonali, strutture differenziate (attraverso un processo di neo-organogenesi) o indifferenziate e quindi generare indefinitamente cellule uguali a se stesse. Nel caso in cui questi agglomerati cellulari siano compatti prendono il nome di "callo" e possono essere allevati su substrati contenenti sostanze gelificanti. Qualora assumano, invece, una consistenza friabile, le cellule possono essere disgregate in terreno liquido creando in un primo tempo una "sospensione cellulare" ed in seguito, opportunamente trattate, una "coltura cellulare". Dal punto di vista genetico le colture non organizzate possono mostrare instabilità genetica, epigenetica o cromosomica, inducendo cambiamenti nella ploidia (numero di cromosomi omologhi per cellula).

11.4.1 Sviluppo di callo

In natura, il callo si forma a seguito dell'accrescimento e della proliferazione cellulare sulla superficie di un organo dove vi è una ferita, con lo scopo di cicatrizzarla. Per esempio, le talee di piante legnose sviluppano un callo molto vistoso (cercine o callo di cicatrizzazione) nel punto in cui si origineranno le radici. Alla formazione del callo possono concorrere vari tessuti, tra cui il cambio, il parenchima e i fasci vascolari. *In vitro* è possibile indurre la formazione di callo simulando una situazione di stress, attraverso un'opportuna stimolazione ormonale. Il tessuto indifferenziato si può indurre da diverse tipologie di materiale vegetale, quali frammenti di foglie, fusti e radici, sia da piante allevate *in vivo* sia da piante coltivate *in vitro*. Queste ultime hanno il vantaggio di essere già prive di ogni tipologia di contaminazione, mentre il materiale da *vivo* deve essere per forza preventivamente sterilizzato con il rischio di perdere vitalità.
Una volta preparati i frammenti di tessuto vegetale, essi vengono adagiati in una capsula Petri contenente un terreno di coltura che spesso è costituito da micro e macroelementi e vitamine secondo Murashige e Skoog (Tab. 11.1), saccarosio, agar, con dosi di auxine che vanno da 0,5 mg/L a 5 mg/L a seconda della specie, del genotipo e del tessuto trattato. Le auxine che presentano una maggiore efficacia nel generare callo sono l'acido naftalenacetico (NAA) e il 2,4 diclorofenossiacetico (2,4-D). I due composti operano a livelli diversi della programmazione cellulare; il callo si sviluppa in un primo tempo dai bordi della ferita a partire dalle cellule cambiali, si approntano cicli di rinnovo del substrato di circa 28 giorni ciascuno; ad ogni passaggio, a contatto con nuove dosi di auxine il callo prolifera al buio o alla luce, a seconda del miglior protocollo di crescita estrapolato a seguito di sperimentazioni ripetute e confermate. Possono essere indotti diversi tipi di callo: callo di tipo 1: materiale completamente indifferenziato, incapace di revertire e generare strutture; callo di tipo 2: con potenzialità organogenetica; callo di tipo 3: embriogenico, capace di rigenerare, in una seconda fase, embrioni somatici.
Indipendentemente dal trattamento, la giovanilità del tessuto di partenza ha una influenza positiva e determinante sull'efficacia dei trattamenti ormonali.
Il callo di tipo 1 è il più interessante dal punto di vista della produzione industriale di biomassa da estrazione, dal momento che rappresenta un sistema potenzialmente infinito di riproduzione cellulare. La cellula indifferenziata mantiene la sua compartimentazione interna utile e necessaria per attivare le vie metaboliche caratteristiche della specie da cui proviene; tali pathways metabolici vengono attivati in fasi diverse durante il ciclo di crescita.

11.4.2 Sospensione e coltura cellulare

Il callo, soprattutto quello più friabile, può essere inserito in un substrato liquido e mantenuto in agitazione continua 24/24 ore. In questo modo si forma una sospensione cellulare che, opportunamente sincronizzata attraverso filtrazione, si stabilizza in quella che viene chiamata coltura cellulare vegetale. Le colture cellulari vengono allevate in Erlenmeyer flask (EF) sino ad una quantità di circa 500 ml. Superato tale volume, è necessario passare ad una coltura in bioreattore poiché bisogna garantire una perfetta

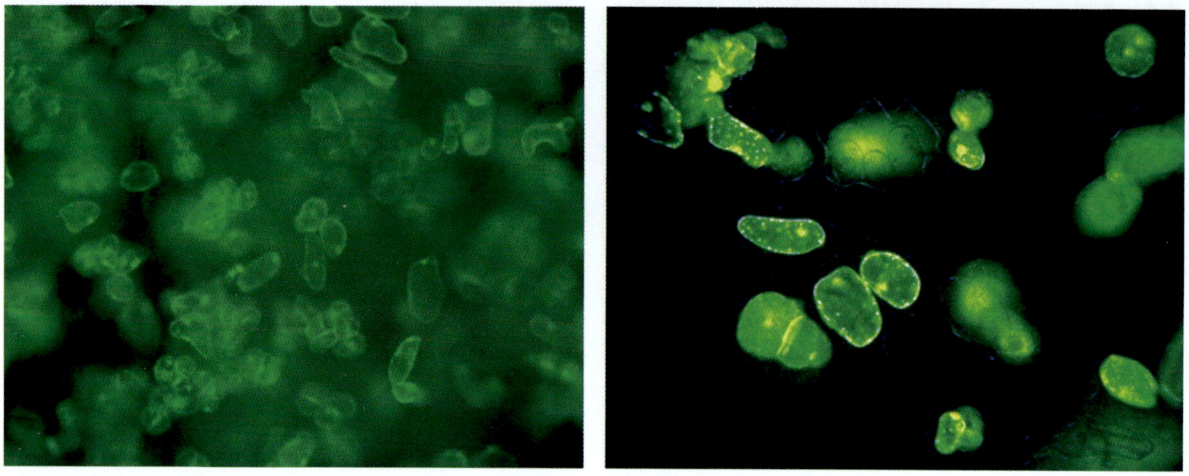

Figura 11.5 - Cellule di *Salvia officinalis* trattate con diacetato di fluoresceina.

agitazione ed ossigenazione delle cellule. Per mantenere una crescita continua in EF di questa coltura è necessario osservare delle indicazioni precise riferite sia alla velocità di rotazione (RPM - rotazioni per minuto), che si deve mantenere abbastanza elevata con un minimo di 80 ad un massimo di 120 RPM per 24 ore, sia al rinnovo del liquido di coltura che deve avvenire ogni 7 giorni. Al momento del rinnovo, una parte di liquido esausto viene eliminata e sostituita da un mezzo di coltura fresco in quantità leggermente superiore (circa del 30%) rispetto a rimanente. Se la coltura è in attiva crescita si assume che la vitalità cellulare possa variare dall'80 al 100%. In casi dubbi si può utilizzare il test al diacetato di fluoresceina attraverso il quale le cellule vive trattate con una soluzione di diacetato lo trasformano in fluoresceina, assumendo una colorazione verde fluorescente visibile alla lampada UV (Fig. 11.5). Il frequente controllo del PCV (*Packed Cell Volume*) a seguito di sedimentazione o centrifugazione permette di valutare la crescita volumetrica della parte cellulare in relazione al volume totale della coltura. Per determinarlo, un'aliquota di coltura viene fatta sedimentare in cilindro graduato sterile per un tempo stabilito e costante (in genere 1 h), e si annota quindi la quantità di biomassa sedimentata. Il PCV può essere valutato anche per centrifugazione ma in questo caso la sterilità delle colture è meno garantita. Le colture possono essere allevate sia in ambiente luminoso con un fotoperiodo definito ma anche al buio, a seconda anche del metabolita del quale si vuole indurre la produzione.

La curva di crescita effettuata in condizioni di crescita *in batch* (senza rinnovo del liquido colturale) viene costruita con valori di peso fresco e di peso secco. Essa permette di valutare la velocità di crescita delle varie colture e di identificare il momento migliore per la sostituzione del substrato colturale o del trattamento con elicitori. La curva di crescita delle cellule vegetali ha lo stesso andamento delle curve di crescita batteriche nelle quali si riconoscono diverse fasi caratteristiche come la fase di LAG o latenza, una seconda fase di crescita esponenziale (*logaritmic*, LOG, *phase*), una terza fase di stasi (*stationary phase*) ed una quarta fase di senescenza (*death phase*). I campioni di materiale vegetale, analizzati ed estratti a diversi stadi di crescita, permettono di identificare la fase migliore per la produzione dei metaboliti in studio (Fig. 11.6).

11.5 Strategie per aumentare la produttività

Ci sono diverse strategie per aumentare la resa di principi attivi in una coltura cellulare. La prima è diretta alla selezione di linee cellulari altamente produttive, poiché non tutte le cellule di un callo o di una coltura in sospensione sono capaci di sintetizzare metaboliti secondari.

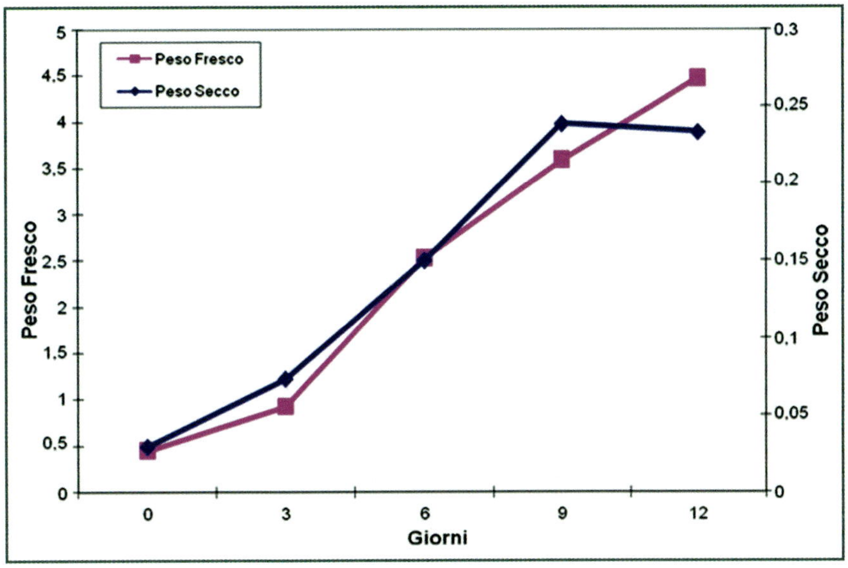

Figura 11.6 - Curva di crescita della coltura cellulare di *Salvia officinalis*.

Un altro stadio chiave in queste procedure è l'ottimizzazione dei parametri colturali, quali il mezzo di crescita e quello di produzione. Infatti, in un primo stadio si cerca di produrre una crescita massiva delle cellule seguita dal trasferimento della biomassa in un secondo mezzo dove inizia la produzione del metabolita attivo e il suo rilascio nel mezzo. Con questo metodo si possono raggiungere aumenti della produttività anche di 10-20 volte le quantità iniziali.

Un'altra strategia fa uso di cellule differenziate, praticamente colture di germogli o radici *in vitro* invece di cellule singole, che producono maggiori quantitativi di metaboliti utili. Infatti, sebbene i geni appropriati siano presenti in ciascuna cellula, questi sono frequentemente non espressi in assenza di un processo di differenziazione. Il profilo biosintetico di colture di tessuti organizzati è simile a quelli delle piante cresciute in campo; infatti crescite stabili e consistenti produzioni di metaboliti sono state osservate in molte colture di germogli e radici. Altri sistemi sono riportati nei paragrafi successivi.

11.5.1 Elicitazione chimico-fisica

Si può chiamare elicitazione tutto ciò che interferisce con il metabolismo delle cellule vegetali inducendo una reazione, in genere difensiva. Infatti, a seguito di stimoli biotici e/o abiotici, che l'organismo vegetale riconosce come stress, vengono attivate delle linee metaboliche per la produzione di sostanze che tendono a contrastare l'evento primario. Tale fenomeno è riscontrabile sia negli organismi *in vivo*, sia in cellule e tessuti vegetali *in vitro*. A queste sollecitazioni le cellule reagiscono sia incrementando la quantità dei metaboliti secondari che sono già in grado di produrre, sia attivando altre vie metaboliche con conseguente produzione di una vasta gamma di nuovi metaboliti.

Considerando il ruolo difensivo di certi composti prodotti dalle piante, l'aggiunta al mezzo di coltura di molecole capaci di indurre un meccanismo di difesa contro infezioni può portare ad una stimolazione alla produzione di metaboliti secondari da parte delle cellule. Molti elicitori sono stati testati per indurre queste risposte *in vitro*. Gli elicitori possono essere biotici quali acido jasmonico, idrolizzato di caseina, cellulasi, macerozima, estratto di lievito, estratti fungini, chitina, cioè sostanze chimiche che vengono riconosciute come appartenenti ad organismi patogeni, oppure abiotici come sostanze osmotiche (mannitolo), metalli pesanti (argento), radiazioni luminose nel visibile e UV, trattamenti termici che agiscono quindi come induttori fisici di stress.

Gli elicitori biologici sono di solito costituiti da sostanze presenti nella parete cellulare di diversi microorganismi, enzimi che degradano la parete cellulare vegetale, oligosaccaridi o lipidi. Anche i jasmonati possono mimare l'effetto degli elicitori, come dimostrato per *Rauvolfia serpentina* (L.) Benth. ex Kurz. e *Eschscholzia cali fornica* Cham., ma anche nel caso di molti ingredienti alimentari o prodotti farmaceutici quali capsaicina, fenoli, sanguinarina, acido rosmarinico e tassolo.

Nelle cellule in coltura, alcuni composti del substrato, come sali inorganici e vitamine, possono essere modificati e indurre una modificazione della produzione di metaboliti secondari; ad esempio cambiando il rapporto ammonio/nitrato da 1/64 a 1/16 si è osservato un incremento nella sintesi di antociani in *Euphorbia milii* Des Moul. Anche luce, pH e temperatura rivestono ruoli critici nella produzione di metaboliti secondari. La luce aumenta significativamente la concentrazione di diterpenoidi e influenza leggermente lo spettro triterpenoide nelle *hairy roots* di *S. sclarea* L. e di oli essenziali in *S. dolomitica* L. In *Solanum khasianum* C. B. Clarke è la temperatura che influenza marcatamente l'inverdimento sulla crescita e sulla produzione di solasodina, mentre la concentrazione di saccarosio di 1% in condizioni di luce intensa aumenta l'inverdimento delle radici e produzione di solasodina, ma la crescita è ridotta. Le basse temperature ad esempio provocano stadi di crescita inferiori nelle colture, ma inducono un maggior accumulo di metaboliti secondari.

Gli effetti dei trattamenti con elicitori possono essere visibili già nella fase di callo prodotto in terreno solido ma sono decisamente superiori se il contatto avviene in fase liquida (in vaso o in bioreattore) con sospensioni cellulari e/o con tessuti (*hairy roots*). Al fine di mettere a punto un protocollo produttivo è necessario individuare la fase di crescita cellulare più reattiva a determinati stimoli.

11.5.2 *Plant molecular pharming*

Il termine compare in letteratura agli inizi degli anni '80 per riferirsi alla produzione di composti ad elevato valore biologico in animali transgenici; oggi è principalmente usato (anche con la dicitura *Plant Molecular Pharming*, PMP) per indicare la produzione di proteine eterologhe in sistemi vegetali. Al di fuori della terminologia scientifica potrebbe tradursi in «concepire le piante come biofabbriche» per la produzione di proteine, siano esse naturalmente presenti (endogene) o eterologhe, impiegando semplici nutrienti quali l'acqua e la luce solare. Numerose sono le piattaforme biotecnologiche usate per la produzione su larga scala di molecole d'interesse tra queste piattaforme basate su batteri e lieviti (*Saccharomyces cerevisiae*), e linee cellulari di mammifero opportunamente ingegnerizzate. Rispetto ad altre, le piattaforme vegetali presentano alcuni vantaggi: un minor costo degli impianti di produzione, di mantenimento, delle aree di lavoro dedicate, di raccolta e processamento del materiale vegetale rispetto ad esempio ai classici fermentatori, la capacità di assemblare molecole complesse di origine animale (non ottenibile con piattaforme basate su cellule batteriche in quanto le modificazioni post-traduzionali non sono possibili), l'assenza di patogeni e tossine potenzialmente pericolosi per la salute umana, la possibilità di adattare i livelli di produzione secondo le esigenze industriali e/o di mercato. Tra le piattaforme vegetali più utilizzate ad ampio spettro in termini di molecole prodotte annoveriamo certamente *N. tabacum* L. e *N. benthamiana* Domin, nonché riso, carota, semi di girasole e la pianta modello *Arabidopsis thaliana* (L.) Heynh. L'utilizzo delle specie vegetali per la produzione di molecole di interesse farmaceutico ha implicazioni anche in ambito agricolo, basti pensare all'introduzione di nuove colture o alla riconversione verso nuovi usi di colture tradizionali, una fra tutte il tabacco. La produzione di biofarmaci rappresenta il settore farmaceutico in maggiore crescita negli ultimi 10 anni. Già nel 2006 si stimava che circa 2500 farmaci di derivazione biotecnologica fossero in fase di sviluppo, 900 in fase preclinica e più di 1600 già avviati ai *clinical trials*. L'aumento è così veloce che alla crescente domanda di farmaci di derivazione biotecnologica non sempre è stato possibile rispondere con un'adeguata produzione. A titolo esemplificativo si può citare la ditta Immunex che per due anni non è stata in grado di rispondere in modo opportuno alla richiesta del farmaco antiartrite commercializzato con il nome di Enbrel e prodotto in organismi non vegetali, e che si è successivamente rivolta alla ricerca per individuare specie vegetali e sistemi produttivi idonei alla produzione su larga scala. Quindi è stata la necessità d'implementare la produzione in risposta alle esigenze del mercato a spingere la ricerca verso l'implementazione di nuove piattaforme come quelle vegetali.

Oggi, la richiesta di prodotti come peptidi ricombinati, da usare in larga scala nelle applicazioni diagnostiche, terapeutiche e profilattiche è in continua crescita. Le piante sono una inesauribile fonte di molecole endogene biologicamente attive e farmacologicamente utili per l'uomo, la maggior parte delle quali risultano ancora sconosciute ed infatti solo poco più del 10% delle specie vegetali è stato saggiato per una qualche attività biologica. I composti naturali già identificati vengono impiegati nella cura e prevenzione di diverse patologie quali, solo per citarne alcune, disturbi cardiovascolari, diabete e obesità, infiammazioni, disordini gastrointestinali e cancro.

Le tecnologie di ingegneria genetica consentono d'incrementare:

- la produzione di sostanze già sintetizzate dalla pianta in quanto prodotti del metabolismo secondario;
- la sintesi di specifici composti quali ad esempio l'acido acetilsalicilico, diversi oppiacei, flavonoidi ed altri, operando o a livello dei geni di sintesi o dei regolatori delle vie biosintetiche al fine di aumentarne il livello di espressione.

Storicamente, l'avvento delle biotecnologie per la produzione di molecole farmacologicamente attive in pianta risale a meno di 30 anni fa con il primo peptide ricombinante d'interesse farmaceutico, l'ormone della crescita umano, prodotto in tabacco a seguito di trasformazione di tessuti fogliari e in girasole a seguito di trasformazione del tessuto cellulare indifferenziato (callo). Una delle caratteristiche principali della tecnologia MP consiste nel fatto che essa non si basa su una singola piattaforma o una singola metodologia ma esistono diverse piattaforme ciascuna delle quali sviluppata secondo specifiche GMP (*Good Manufacturing Practice*) e biotecnologie applicabili. Il primo prodotto farmaceutico ottenuto con la tecnologia PMP, l'enzima taliglucerasi alfa, è stato sviluppato dalla Protalix Biotherapeutics e commercializzato nel 2012 per il trattamento della sindrome di Gaucher nell'uomo, una patologia legata al malfunzionamento dei lisosomi. Altri due prodotti, l'insulina ottenuta in piante transgeniche di cartamo (SemBioSys Genetics) e un anticorpo monoclonale per neutralizzare il virus HIV espresso in tabacco (Pharma-Planta Consortium), sono stati recentemente approvati per la diffusione sul mercato dall'Unione Europea ed altri sono in fase avanzata di Clinical Trials (fase III).

Di recente, l'interesse scientifico si è spostato anche verso altre tipologie di proteine ricombinanti quali:

1. proteine del latte come la β-caseina e il lisozima da usare come integratori alimentari nell'infante;
2. proteine "tecniche" come ad esempio la β-glucuronidasi e l'avidina, da usare come agenti diagnostici nei laboratori di biologia molecolare;
3. polimeri proteici come il procollagene, precursore del collagene, che è stato prodotto in tabacco dalla ditta Collplant (Collage™) e trova applicazione nella medicina rigenerativa, e le proteine della seta del ragno così come le plastiche biodegradabili (polimeri basati sull'amido).

Alcuni dei metaboliti secondari prodotti dalle piante in natura sono dei fitonutrienti. Questi composti, sebbene non siano essenziali per la salute umana come le vitamine e i sali minerali, possono essere importanti per il benessere dell'uomo a lungo termine agendo sia nell'ambito della prevenzione che del trattamento. Nelle ultime due decadi, la ricerca scientifica ha avuto una notevole spinta attraverso lo studio di strategie biotecnologiche ed agronomiche atte ad incrementare il contenuto di fitonutrienti in alimenti di largo consumo. Oggi, l'interesse degli scienziati è rivolto alla produzione di alimenti salutistici che risultino più convenienti ed accessibili. Biofortificare le colture di base significa aumentarne il livello nutrizionale sia attraverso tecniche d'incrocio, sia attraverso l'uso delle biotecnologie (*www.who.int*) attraverso piattaforme di PMP. La biofortificazione è un processo sostenibile, mirato e vantaggioso che rappresenta anche una soluzione al problema della malnutrizione dovuta a carenza di microelementi e fitonutrienti dei paesi in via di sviluppo (*www.harvestplus.org*). Per biofortificare le colture attraverso l'ingegneria genetica possono essere adottate strategie alternative: la prima consiste nella modificazione degli steps limitanti la via biosintetica, la seconda prevede l'aggiunta di geni che codificano per enzimi strutturali o regolativi che non risultano normalmente espressi (approccio transgenico) nei tessuti edibili della pianta che si vuole biofortificare. Questo ultimo approccio è stato utilizzato con successo sia per la produzione di una varietà transgenica di riso (GoldenRice) arricchita in β-carotene, un precursore della vitamina A (retinolo), sia per lo sviluppo di pomodori *Del/Ros1* ad elevato contenuto di antocianine nel frutto.

La comunità scientifica internazionale sta dando ampio slancio a progetti per lo sviluppo di tecnologie di PMP e diversi sono i consorzi nati per la loro gestione, come i networks tra enti pubblici e privati.

A titolo esemplificativo si fa riferimento all'azione COST dal titolo Molecular pharming: Plants as a production Platform for high value Proteins (FA0804 acronimo "PlantEngine") ed i progetti con relativi consorzi Pharma-Planta (*www.pharma.planta.net*) e Future-Pharma.

11.5.3 Le frontiere dell'ingegneria genetica: le nuove tecniche di miglioramento genetico delle piante

Le nuove tecniche di miglioramento genetico delle piante (*New Plant Breeding Techniques*, NBTs), comprendono metodologie di ingegneria genetica che permettono la correzione o revisione del genoma (*Genome Editing*, GE) per l'ottenimento di precise modificazioni della sequenza del DNA a carico di un locus genico d'interesse (es. la produzione di metaboliti secondari ad azione fitochimica). Le modificazioni così ottenute sono indistinguibili da possibili mutazioni naturali derivanti da metodiche convenzionali di incrocio e mutagenesi casuale, alla base dello sviluppo varietale in campo agrario e non; inoltre, non prevendendo diversi anni di selezione e re-incrocio, diminuiscono le tempistiche di ottenere mutanti di pregio.

Con il termine NPBTs si delineano tre diverse tecnologie che differiscono per il tipo di effettore, una nucleasi, utilizzato per introdurre la modificazione genetica. Le tre tecniche principali (ZFNs, *Zn fingers nucleases* o nucleasi a dita di zinco, TALEN *Transcription activator-like effector nucleases* e CRISPR/Cas9 (*Clustered Regularly Interspaced Short Palindromic Repeats* o Brevi ripetizioni palindrome raggruppate a intervalli regolari) si basano sull'interazione specifica di una proteina o di un complesso molecolare con una data sequenza di DNA target. Le prime due nucleasi richiedono la progettazione e ingegnerizzazione delle proteine in laboratorio per ciascun gene target, attraverso la fusione dell'endonucleasi FokI con le due proteine effettrici, riducendo però l'efficienza di editing.

Il sistema CRISPR/Cas9 è più semplice e versatile, bisogna solamente identificare la sequenza di DNA da tagliare e fornire la guida di RNA all'enzima Cas9; la sola variabile è quindi un piccolo frammento di RNA. Inoltre, le caratteristiche degli RNA guida rendono possibile editare più geni contemporaneamente (multiplex).

Convenzionalmente si distinguono tre diverse modalità d'azione della nucleasi-sito-diretta (Site Directed Nuclease - SDN) (Fig. 11.7A):

- **SDN-1**: la nucleasi opera il taglio nella molecola di DNA e il meccanismo di riparazione cellulare del DNA provvede a risaldare le estremità (modalità Non-Homologous End Joining - NHEJ). La riparazione comporta errori e quindi mutazioni (sostituzioni nucleotidiche a carico di singole o più basi) nel sito scelto per il taglio. Quando l'inserzione si verifica in una regione codificante si ha knock-out del gene target, come per la mutagenesi casuale (mediata da agenti chimici o fisici) però l'organismo editato presenterà mutazioni mirate solo nel locus genico target;
- **SDN-2**: alla cellula viene fornita, assieme alla nucleasi, una molecola di DNA che funziona da "stampo" per riparare il taglio indotto dall'attività dell'enzima (modalità Homologous Recombination - HR). Si ottengono mutazioni in specifiche posizioni del genoma o

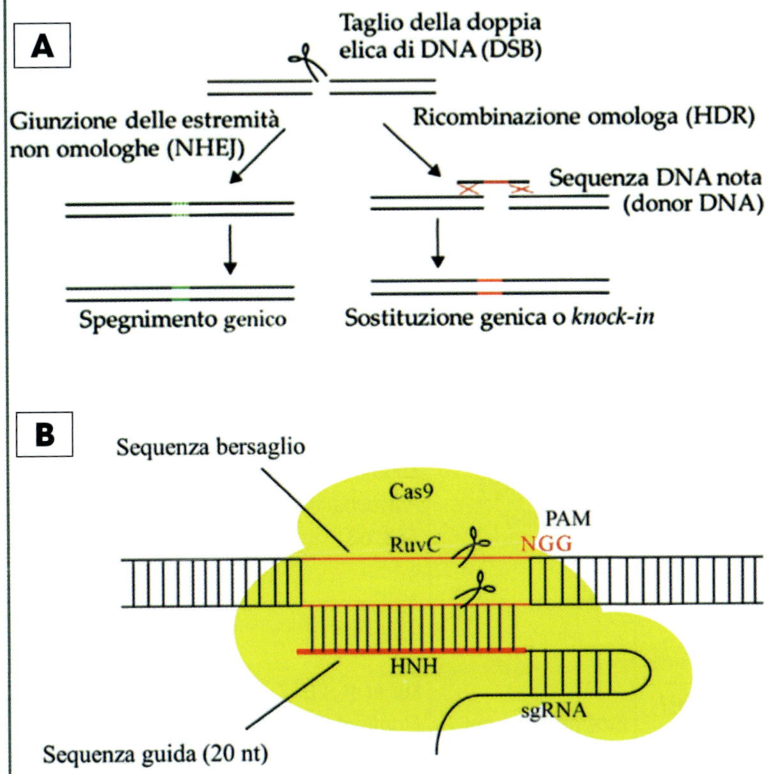

A Il taglio a doppio filamento (DSB) può essere riparato secondo due strategie: Il metodo NHEJ è impreciso e comporta l'instaurarsi di mutazioni che determinano il silenziamento genico (gene knock-out); se viene fornito un DNA stampo assieme all'sgRNA questo viene usato come template e tramite ricombinazione omologa (HDR) porta alla sostituzione o inserimento di un gene (gene *knock-in*).

B La molecola di RNA guida (tratto rosso e nero) è complementare alla sequenza da editare nel gene bersaglio, ed è riconosciuto dalla nucleasi Cas9 i cui due domini (in giallo) tagliano a livello del gene target a monte del sito PAM.

Modificato da Liu *et al.*, 2017.

Figura 11.7 - Il sistema di editing genico CRISPR/Cas9: A) il taglio a doppio filamento (DSB); B) la molecola di RNA guida.

delezione d'intere sequenze codificanti per geni targets, originando varianti alleliche;

- **SDN-3**: a livello del sito di taglio, viene integrata una nuova sequenza che a seconda dell'origine e natura della stessa produce una pianta transgenica, intragenica o cisgenica.

Il sistema CRISPR/Cas9 sfrutta l'attività dell'endonucleasi e la singola unità Cas9 derivata dal batterio *Streptococcus pyogenes*; il complesso ribonucleoproteico Cas9-sgRNA (RNA a singola guida) riconosce e lega tutte le regioni geniche bersaglio che contengono una sequenza nota come "Protospacer Adjacent Motif (PAM)" come NGG (dove N rappresenta un qualsiasi nucleotide) per SpCas9. Come indicato in figura 11.7B, la sequenza nota come "spaziatrice" (20 nucleotidi all'estremità 5' del sgRNA) viene ingegnerizzata per corrispondere alla sequenza genomica immediatamente a monte del sito PAM del gene target; la nucleasi riconoscerà il sito bersaglio e i due filamenti del DNA genomico verranno tagliati lasciando delle estremità di tipo *blunt*. La rottura del DNA a doppio filamento (DSB) sarà riparata, principalmente, dal sistema di riparazione NHEJ del DNA. Il pathway NHEJ è per sua natura soggetto a errori e conseguentemente in grado di introdurre inserimento o eliminazione (Indel/Del) di sequenze geniche nel punto di taglio. Sia le molecole sgRNA che la nucleasi possono essere espresse in pianta ed eliminate nella generazione successiva tramite incrocio classico.

Ad oggi, la tecnologia CRISPR/Cas9 è sviluppata ed applicata su un elevato numero di specie vegetali (circa 45 generi) tra cui *A. thaliana*, colture orticole, piante ornamentali e medicinali.

Le piante aromatiche medicinali non sono sistemi modello convenzionali in ambito vegetale e generalmente l'adozione del GE ha un andamento più lento rispetto a specie d'interesse agrario.

La scarsa applicazione della tecnica CRISPR/

Tabella 11.5 - Approcci di Genome Editing via CRISPR/Cas9 in piante aromatiche medicinali.

Specie (famiglia)	**Gene target**	**Tratto fenotipico d'interesse**	**Referenza**	**Approccio di *delivery* del plasmide**
Papaver somniferum L. (*Papaveraceae*)	*3'-idrossil-N-metilcoclaurina 4'-O-metiltransferasi (Ps4'OMT2)*	Alcaloidi della benzilisochinolina (BIAs)	Alagoz *et al.*, 2016, *Scientific Reports*, 6, 30910	*A. tumefaciens* (EHA105, GV3101) veicolato per infiltrazione fogliare
Salvia miltiorrhiza L. (*Lamiaceae*)	*diterpene sintasi (SmCPS1),*	Biosintesi del tanshinone	Li *et al.*, 2017, *Scientific Reports*, 7, 43320.	Trasformazione mediata da *A. rhizogenes* (ACCC10060)
	sintasi dell'acido rosmarinico (SmRAS)	Biosintesi degli acidi fenolici	Zhou *et al.*, 2018, *Phytochemistry*, 148, 63	Trasformazione mediata da *A. rhizogenes* (C58C1)
Dendrobium officinale (*Orchidaceae*)	*cumarato 3-idrossilasi (DoC3H)*	Biosintesi lignani	Kui *et al.*, 2017, *Frontiers in Plant Science*, 7, 2036	*A. tumefaciens* (EHA105) veicolato per elettroporazione
	cinnamato 4-idrossilasi (DoC4H)			
	4-cumarato:Coenzima A Ligasi (Do4CL)			
	Cinnamoil:CoA reduttasi (DoCCR)			
	Xilema Irregolare 5 (DoIRX)			

Cas nell'ambito delle piante officinali è ben apprezzabile interrogando il portale della letteratura scientifica PubMed (*www.ncbi.nlm.nih.gov/pubmed*) da cui risultano pochi lavori pubblicati (Tab. 11.5), da cui si evince che i targets sono prodotti di sintesi del metabolismo secondario.

La *Salvia miltiorrhiza* Bunge è sicuramente una delle specie che offre la maggiore quantità di dati genomici e trascrittomici e quindi la possibilità di sviluppare approcci biotecnologici diversi. Li e coautori (2017) hanno editato il gene SmCPS1 codificante per l'enzima DITERPENE SINTASI coinvolto nel *pathway* di sintesi dei tanshinoni, composti lipofilici aventi diverse proprietà farmacologiche (tra le varie vasodilatatorie e di prevenzione di aritmie cardiache). Tramite CRISPR/Cas9, gli autori hanno ottenuto il *knock-out* del gene. L'analisi metabolomica delle radici editate derivanti da trasformazione genetica mediata da *A. rhizogenes* ha dimostrato che il contenuto di tanshinone risultava nullo nei mutanti omoziogoti e fortemente ridotto in quelli eterozigoti e biallelici.

Sempre in *S. miltiorrhiza*, Zhou e coautori (2018) hanno recentemente editato il gene SmRAS codificante per l'enzima ACIDO ROSMARINICO SINTASI coinvolto nella sintesi di acido rosmarinico, un composto fenolico dalle molteplici proprietà fitochimiche. Gli autori hanno dimostrato che, ad un decremento della concentrazione di acido rosmarinico e acido litospermico B, si contrapponeva un aumento del contenuto in Sodio di acido salvianico A(SAAS), una forma di sale sodico dell'acido 3,4-diidrossifenilattico (DHPL). Nella famiglia della Lamiaceae, questa specie di Salvia può essere considerata un *proof of concept* per lo sviluppo di metodiche di GE.

Alagoz e coautori (2016) hanno usato, in *Papaver somniferum L.*, il sistema CRISPR/Cas9 per un *knock out* del gene 3'-IDROSSIL-N-METILCOCLAURINA 4'-O-METILTRANSFERASI (4' OMT isoforma-2)

che agisce nella regolazione del pathway di sintesi di noscapina e morfina.
Dal momento che è disponibile la sequenza dell'intero genoma *Dendrobium officinale*, la specie si pone come modello di ricerca per studi genetici avanzati. Kui e collaboratori (2017) hanno indotto mutazioni *knock out* in 5 geni chiave per la sintesi di lignocellulosa: CUMARATO 3-IDROSSILASI (C3H), CINNAMATO 4-IDROSSILASI (C4H), 4-COUMARATO: COENZIMA A LIGASI (4CL), COENZIMA A CINNAMOIL REDUTTASI (CCR), XYLEMA IRREGOLARE 5 (IRX) via CRISPR/Cas9 per modificare la composizione in composti derivanti dal *pathway* di sintesi della lignocellulosa.
Gli esempi descritti evidenziano uno scenario che, sebbene non sia ampio quanto quello di orticole ed altre colture industriali e cerealicole, ha sicuramente ampi margini di applicazione e scalabilità in sistemi tipo bioreattore per l'accumulo di selettivo di composti con attività fitochimica d'interesse.

11.5.4 Cellule immobilizzate

La tecnica dell'immobilizzazione cellulare è un sistema ben sviluppato per produrre metaboliti secondari utilizzati nell'industria alimentare, quali enzimi, amminoacidi, acidi organici, polisaccaridi e pigmenti. Questa tecnica porta alla formazione di grandi aggregati cellulari stratificati e incorporati in supporti di alginato o di schiume artificiali. La disposizione delle cellule all'interno di questo strato artificiale ricorda la sistemazione che le cellule avevano nel tessuto vegetale di partenza, che favoriva il contatto cellulare e la differenziazione, come è stato osservato nel caso delle cellule di *Cinchona* immobilizzate per la produzione di alcaloidi chinolinici (chinina). Quindi questa tecnica ha il vantaggio di aumentare il contatto tra cellula e cellula, stimolare l'attivazione del metabolismo cellulare, permettere di rinnovare il mezzo di coltura e ricuperare i metaboliti prodotti. Questo viene realizzato solo quando i metaboliti sono attivamente secreti nel mezzo, altrimenti devono essere forzati ad uscire tramite sonicazione (utilizzo di ultrasuoni) o tramite trattamento con solventi organici, procedimenti che sono più lunghi ed economicamente svantaggiosi.
Di conseguenza l'immobilizzazione delle cellule vegetali offre il vantaggio di proteggere le cellule da stress meccanici e facilitare il recupero dei metaboliti attivi, che vengono prodotti in maggiore quantità. Per esempio, la produzione di capsaicina, il più importante principio attivo pungente del peperoncino (*Capsicum frutescens* L.), viene aumentata di 1000 volte a seguito dell'immobilizzazione delle cellule di peperoncino in matrici a base di schiume di poliuretano. L'immobilizzazione di tessuti placentali di *C. frutescens*, il sito di sintesi della capsaicina, è stata utilizzata per aumentare le rese di metaboliti *in vitro* usando anche l'inserimento di un precursore, cioè intermedi della via dei capsacinoidi. La capacità biosintetica e la vitalità cellulare sono state dimostrate in molti sistemi di cellule immobilizzate, infatti cellule immobilizzate di *Digitalis lanata* Ehrh. mantenevano costante la capacità biosintetica per più di 60 giorni.
Tradizionalmente i prodotti fitochimici estraibili vengono ottenuti per estrazione distruttiva di tessuti vegetali; questo significa sia distruggere una parte e/o tutta la pianta, sia raccogliere selettivamente organi specializzati della pianta stessa. Nel caso delle colture *in vitro* le normali tecniche di coltura portano al sacrificio dell'intera biomassa in modo da recuperare il prodotto utile, che spesso viene immagazzinato dentro le singole cellule. L'immobilizzazione offre un metodo per evitare questo problema, sia mantenendo la capacità biosintetica delle cellule, sia favorendone l'uso per periodi più lunghi di tempo. D'altra parte, questa tecnica può essere applicabile solo quando il prodotto di interesse viene rilasciato nel mezzo in condizioni tali da non distruggere il metabolismo primario delle cellule. Quindi l'immobilizzazione non solo ricrea un ambiente adatto in cui viene promossa la sintesi di metaboliti secondari, ma facilita anche la loro rimozione su base continua.
L'immobilizzazione può essere raggiunta attraverso tre sistemi che coinvolgono il caricamento di cellule, ad alta densità, da colture in sospensione ad una matrice solida. Questi metodi possono essere:

1. cellule intrappolate in matrici polimeriche uni-

formi, come perline gelatinose, ad esempio di alginato di calcio;

2. particelle di materiale semi-rigido, come schiume di poliuretano, che vengono miscelate a sospensioni ad alta densità. Le cellule vegetali si sistemano dentro la schiuma, riempiendo la maggior parte del volume a disposizione. In entrambi i casi c'è una bassa possibilità di crescita cellulare e di contatto cellula-cellula;
3. disseminare una matrice semi-rigida, come schiuma o particelle di nylon, con una bassa densità cellulare e quindi promuovere la loro crescita, riempiendo il volume totale delle particelle. Questo consente un più intimo contatto intercellulare ed un condizionamento dato dal microambiente.

11.5.5 Rimozione dei composti *in situ*

Anche questa è un'altra strategia che coinvolge l'aggiunta alle cellule di una seconda fase che mostra maggiore affinità ai prodotti di interesse.

Si parla di estrazione o adsorbimento *in situ* a seconda se la seconda fase è liquida o solida. Questo sistema può essere applicato a vari sistemi di colture cellulari, in combinazione con elicitazione o immobilizzazione. Questo metodo di rimozione del prodotto *in situ* non solo migliora il recupero più facile del prodotto ma provoca anche aumento di produttività. Questo aumento della produttività può essere il risultato di una riduzione di inibizione a *feedback*, protezione dei prodotti di degradazione e aumento dei prodotti di escrezione. Spesso si usano fasi inerti organiche quali amberliti o resine XAD7 o fasi inverse RP-8. Le specie di *Tagetes* producono tiofeni, composti eterociclici solforosi con attività biocida. L'escrezione di questi composti viene fortemente influenzata dalla presenza di queste resine che legano i tiofeni aumentando la produzione del 50%.

Allo stesso modo, poiché la caffeina sopprime la produzione di alcaloidi purinici (caffeina e teobromina) in colture cellulari di *Coffea arabica* L., la rimozione della caffeina dal mezzo, usando resine idrofobiche di Amberlite XAD4, ne aumentava la produzione di una volta e mezzo.

11.5.6 Biotrasformazioni

Il potenziale enzimatico di colture cellulari vegetali può essere impiegato per diversi propositi. Infatti gli enzimi vegetali sono in grado di catalizzare reazioni altamente selettive regio- e stereospecifiche che possono essere applicate alla produzione di composti attivi di interesse farmaceutico. Le reazioni più comuni vanno dalla idrossilazione alle ossido-riduzioni, dalla glicosilazione alla idrogenazione, metilazione e idrolisi di vari composti, ecc. Molte pubblicazioni hanno riguardato la bioconversione di precursori naturali o sintetici che possono essere aggiunti a colture in sospensione o cellule immobilizzate.

L'esempio più tipico è dato dalla biotrasformazione della beta-metildigitossina a beta-metildigossina usando cellule di *D. lanata*, perché la digossina è un potente glicoside cardioattivo utilizzato ancora oggi dal mercato farmaceutico mondiale.

Per una biotrasformazione di successo la coltura deve possedere alcuni requisiti fondamentali:

1. la coltura deve avere l'enzima necessario per la trasformazione del precursore nel prodotto finale, dotato di un valore aggiunto superiore rispetto al precursore;
2. il prodotto si deve formare più velocemente rispetto alla sua successiva metabolizzazione, che altrimenti renderebbe il processo di isolamento e purificazione troppo repentino;
3. la coltura deve tollerare sia il precursore aggiunto, se trattasi di prodotto diverso dai composti normalmente sintetizzati dalla coltura, che il prodotto finale;
4. inoltre il substrato deve essere capace di entrare nelle cellule vegetali facilmente e il prodotto dovrà essere rilasciato di preferenza nel mezzo colturale.

Anche l'aggiunta al mezzo di coltura di precursori o composti correlati al prodotto che si vuole ottenere può stimolare la produzione di metaboliti secondari. Per esempio, amminoacidi sono stati aggiunti a colture in sospensione per produrre alcaloidi tropanici o indolici. La fenilalanina è uno dei precursori biosintetici dell'acido rosmarinico e la sua aggiunta a colture in sospensione di *S. officinalis* L. ne stimola la produzione in tempi anche più brevi. Ugualmente l'aggiunta di fenilalanina ad un mezzo agarizzato di cellule di *Taxus cuspidata* Siebold & Zucc. producevano la biosintesi del taxolo, noto composto antitumorale. L'arbutina, un noto schiarente della pelle, viene prodotta per biotrasformazione dall'idrochinone, che viene addizionato a colture cellulari di *C. roseus* (L.) G. Don. Anche la conversione del geraniolo e nerolo a nerale e geraniale attraverso le colture in sospensione di *Vitis vinifera* L. è un altro esempio interessante.

Bibliografia

Abobkar I.M., Saad-Ahmed M. Elshahed (2012) - "Plant Tissue Culture Media". In: A.R. Leva e L.M.R. Rinaldi (a cura di), *Recent Advances in Plant in vitro Culture*. IntechOpen, *www.intechopen.com/books/recent-advances-in-plant-in-vitro-culture/plant-tissue-culture-media*.

Ozyigit I.I. (2012) - "Agrobacterium tumefaciens and its Use in Plant Biotechnology". In: Ashraf M., Öztürk M., Ahmad M.S.A., Aksoy A. (a cura di), *Crop Production for Agricultural Improvement*, pp. 317-361, Springer.

Pasqua G. (a cura di) (2011) - *Biologia Cellulare e Biotecnologie Vegetali*. Piccin Nuova Libraria, Padova.

Ruffoni B., Savona M., Lambardi M., Ozundogru E.A. (2011) - *Manuale di buone pratiche di laboratorio per la produzione e il mantenimento della qualità delle piante micropropagate*. Progetto QUALIMAPRO (Qualità del materiale di Propagazione: aggiornamento e verifica dei protocolli di controllo) finanziato dal Ministero delle Politiche Agricole, Alimentari e Forestali. D.D. n. 23043 17/11/2011.

Sebbene la ricerca agronomica riconosca alle infestanti un ruolo importante nel mantenimento della sostenibilità degli agro-ecosistemi, una loro presenza eccessiva costituisce un limite alla produttività delle colture agrarie.

12 Gestione delle piante infestanti

Alessandra Carrubba, Mauro Sarno, Giuseppe De Mastro

12.1 Introduzione

Oltre ad ostacolare la meccanizzazione e la corretta gestione del campo coltivato, le infestanti sono spesso responsabili di una contrazione sia delle rese che della complessiva qualità del prodotto. A questi concetti di ordine generale le specie officinali non fanno eccezione, ed è ampiamente riconosciuto come anche in questo gruppo di colture le infestanti possano causare problemi rilevanti sia sotto l'aspetto quantitativo sia dal punto di vista qualitativo. Ambedue gli aspetti – quantità e qualità – sono strettamente dipendenti da molti fattori, tra cui la severità dell'infestazione (cioè la biomassa totale delle infestanti presenti in campo) e la sua durata (cioè la lunghezza del periodo di interferenza coltura-infestante). Tuttavia, dato il gran numero di variabili coinvolte (inclusi svariati aspetti di ordine ambientale, gestionale e sanitario) la moderna scienza agronomica ha gradatamente abbandonato l'antico obiettivo del controllo totale delle infestanti, orientandosi piuttosto verso il loro contenimento al di sotto di una – variamente definita – **soglia di danno**. Acquista così sempre maggiore importanza il concetto che nel diserbo delle colture l'obiettivo da perseguire non è tanto quello di mantenere la coltura sempre e comunque completamente priva di infestanti, quanto di evitare che l'infestazione arrechi alla coltura un danno non tollerabile. Così, dall'iniziale "lotta" contro le infestanti si è giunti al "controllo" e, ultimamente, alla loro "gestione", evoluzione linguistica che rende ragione del mutato approccio al problema nel corso del tempo.

Nel comparto delle piante officinali, un ulteriore, specifico, importante aspetto è collegato all'esatta definizione di **resa**: mentre in alcune colture (origano, timo, melissa) viene raccolta l'intera pianta, in altre (coriandolo, finocchio, cumino, anice) il prodotto commerciale è costituito solo da una parte di essa, normalmente la frazione riproduttiva o, in taluni casi (ad esempio nella liquirizia o nella valeriana), le radici o altri organi sotterranei. Ne deriva che, secondo la frazione considerata, il risultato della **competizione** tra la coltura e le infestanti sarà diverso, e saranno conseguentemente diversi anche gli strumenti e le tattiche da porre in atto per minimizzarne gli effetti.
Fin qui, l'aspetto preso in considerazione riguarda soltanto la componente quantitativa della resa, misurabile in termini di quantità di biomassa o seme sottratti alla **produzione potenziale** per effetto della presenza delle infestanti. Tuttavia, un aspetto specifico delle colture officinali è che esse devono il loro valore commerciale al loro contenuto in **principi attivi**, intendendo con questo termine i particolari metaboliti che conferiscono ad esse le loro specifiche proprietà medicinali o aromatiche. La gestione tecnica del campo, infatti, sarà diversa nel caso in cui la coltivazione sia indirizzata all'ottenimento dell'intera biomassa o di una sua frazione particolare, e allo stesso modo sarà importante conoscere fin dall'inizio verso quale composto, o miscela di composti, sarà indirizzato l'interesse commerciale. Per queste ragioni, l'argomento riguardante le piante infestanti delle colture officinali sarà affrontato prendendo in considerazione in primo luogo gli

effetti complessivi della competizione sulla resa delle colture officinali, e in seguito, l'effetto esercitato sulle produzioni officinali dalle infestanti, tentando di distinguere fra effetti sulla **pianta intera**, effetti sulle **componenti della produzione**, e effetti sui **metaboliti secondari**.

12.2 Effetti della competizione sulle colture officinali

Come è noto, la **competizione intra-specifica** è dovuta alla contemporanea presenza nello stesso appezzamento di numerosi individui della stessa specie, mentre la **competizione inter-specifica** si innesca quando due o più specie crescono contemporaneamente. Il primo è il caso della comune monocoltura, in cui la resa per unità di superficie è ottenuta semplicemente moltiplicando la resa media di una pianta per il numero delle stesse piante che insistono sull'unità di superficie. Nella maggior parte dei casi, la resa media per pianta è inversamente correlata alla densità colturale: quanto maggiore il numero di piante per unità di superficie, tanto più bassa è la produzione fornita dalla singola pianta, e viceversa. Studi svolti su *Salvia officinalis* L., *Artemisia absinthium* L., *Asparagus racemosus* Willd. e numerose altre specie officinali hanno confermato questa tendenza generale, e piante allevate a densità crescenti mostrano una proporzionale riduzione del loro peso unitario, per lo più determinata da un più basso numero di ramificazioni e foglie per pianta e da ridotte dimensioni delle foglie. Ne deriva che, purché le disponibilità idriche e nutrizionali del suolo siano adeguate, la presenza di un maggior numero di piante per unità di superficie viene per lo più compensata da una riduzione del loro peso unitario, e la resa massima si ottiene quando ogni diminuzione della biomassa per singola pianta è esattamente controbilanciata dall'incremento della densità di popolazione; oltrepassando questo valore massimo, ogni ulteriore aumento della densità si traduce normalmente in una diminuzione delle rese (Fig. 12.1).

Quando la produzione utile è costituita non dall'intera pianta ma da una frazione di essa (fiori, frutti, semi o radici) il risultato della relazione tra resa e densità inizia ad essere influenzato dalla competizione per l'allocazione delle risorse che si esercita tra i diversi organi della pianta. In questo caso, il livello massimo di produzione ottenibile per unità di superficie non è necessariamente conseguito alla stessa densità di popolazione che avrebbe assicurato la massima produzione di biomassa, circostanza che richiede l'esecuzione di studi specifici rivolti alla particolare frazione della biomassa che riveste interesse

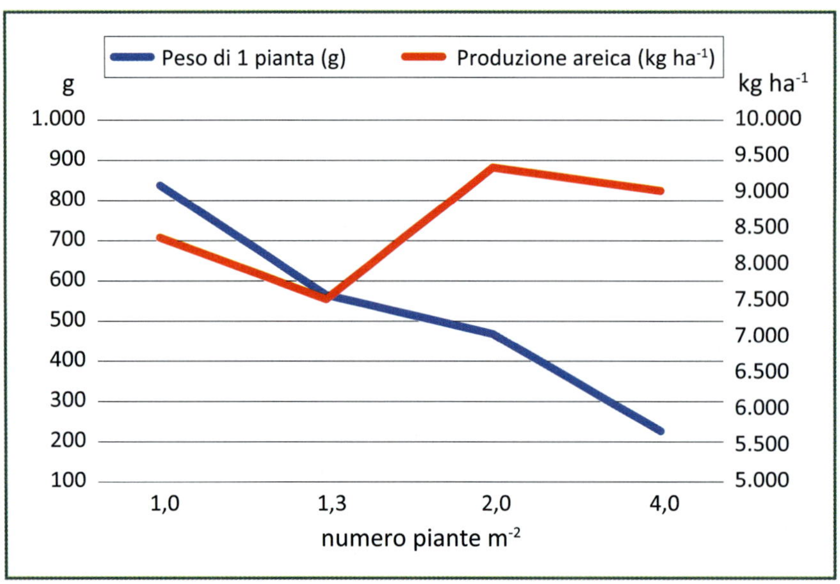

Figura 12.1 - Andamento del peso medio di una pianta (g) e della resa di biomassa per unità di superficie (kg ha^{-1}) in piante di origano (*Origanum vulgare* subsp. *viridulum* (Martrin-Donos) Nyman) al variare della densità di impianto. Valori medi di un triennio (da Leto *et al.*, 1994, modificato).

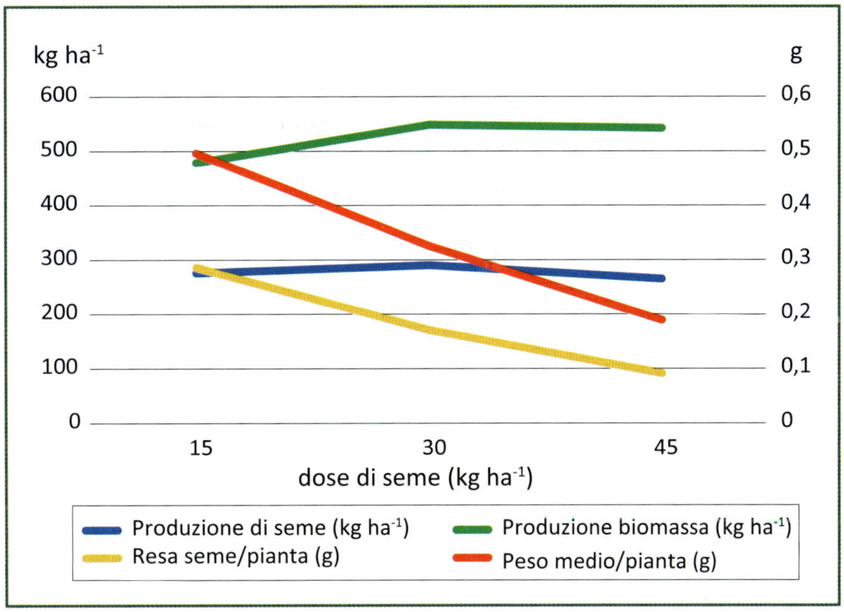

Figura 12.2 - Andamento del peso medio e della resa in seme di una pianta (g) e della produzione di seme e biomassa per unità di superficie (kg ha^{-1}) in piante di cumino (*Cuminum cyminum* L.) al variare della densità di semina (da Shakeri *et al.*, 2015, modificato).

commerciale. Alcune sperimentazioni svolte con l'obiettivo di mettere in relazione la dose di seme o la densità di piante con la resa commerciale hanno dimostrato che in numerose specie officinali da seme, ad esempio il cumino nero (*Nigella sativa* L.), il cumino dei prati (*Cuminum cyminum* L.) e il finocchio da seme (*Foeniculum vulgare* Mill.), analogamente alla biomassa della singola pianta, anche la quantità di seme prodotta per pianta diminuisce all'aumentare della densità (Fig. 12.2). Al contrario, nel dragoncello (*Artemisia dracunculus* L.), la massima resa in prodotto commerciale (in questo caso, le foglie) si ottiene ad una densità di popolazione inferiore a quella necessaria per massimizzare la produzione dell'intera biomassa (Fig. 12.3).
Essendo influenzata da tutti i fattori ambientali che in vario modo condizionano lo sviluppo e l'accrescimento della pianta, anche la produzione di metaboliti secondari può essere modificata dalla competizione intraspecifica. Ancora una volta, l'effetto della competizione sulla produzione di metaboliti secondari non va necessariamente nella stessa direzione dell'effetto riscon-

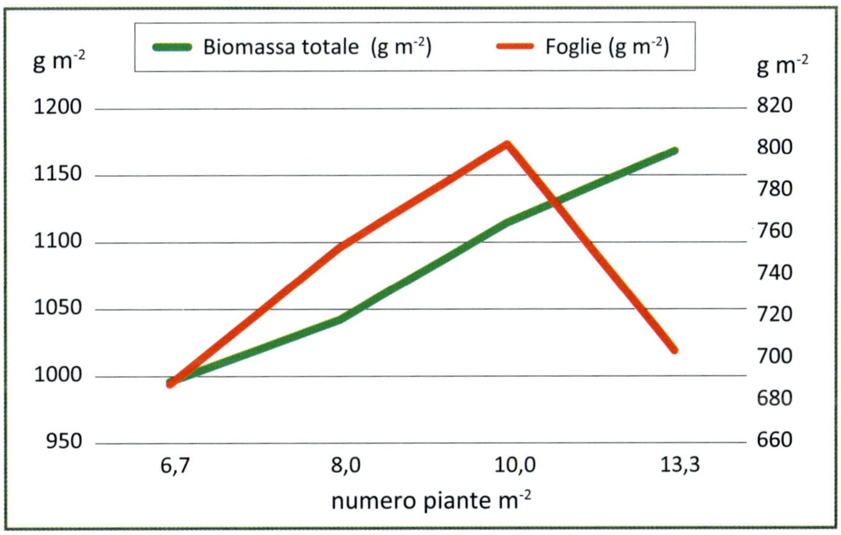

Figura 12.3 - Andamento del peso medio (g m^{-2}) della biomassa totale (asse sin.) e della produzione di sole foglie (asse dx) in piante di dragoncello (*Artemisia dracunculus* L.) al variare della densità di popolazione (da Basiri e Nadjafi, 2019, modificato).

trabile sulla quantità di biomassa da cui gli stessi metaboliti vengono estratti, il che può talvolta mettere il coltivatore nella necessità di scegliere se il prodotto che desidera raccogliere è costituito dal prodotto erboristico tal quale o da qualche suo particolare componente (ad esempio l'olio essenziale).

La casistica è estremamente ampia, e la risposta delle specie officinali può essere molto differenziata. In colture in cui di norma viene raccolta l'intera biomassa epigea, come l'origano (*Origanum* spp.), all'aumentare della densità è stata osservata una diminuzione della resa in olio essenziale per singola pianta, sebbene tale diminuzione possa essere attribuita alla più elevata percentuale di steli e parti legnose, caratterizzate da un contenuto in olio essenziale inferiore. Analogamente, nel timo comune (*Thymus vulgaris* L.) a densità di investimento inferiori corrispondono maggiori rese di olio essenziale per pianta; poiché tale incremento per pianta è comunque piuttosto basso, l'adozione di una spaziatura più ravvicinata permette, in definitiva, un significativo incremento della produzione di olio essenziale per unità di superficie. In prove svolte su basilico (*Ocimum basilicum* L.), invece, l'incremento della competizione intraspecifica dovuto all'adozione di densità più elevate ha determinato una maggiore produzione di olio; una più bassa densità di impianto viene quindi considerata più adatta alla produzione di materiale fresco, mentre alla produzione industriale di olio essenziale dovrebbero venire dedicati gli impianti più fitti.

Quando il prodotto della coltivazione è costituito dai semi aromatici (finocchio, cumino, coriandolo e simili), il contenuto percentuale di olio essenziale risulta per lo più non modificato dalla densità di piante; per contro sembra aversi un incremento della produzione di olio essenziale per unità di superficie, dovuto all'incremento di biomassa alla raccolta. Per quanto riguarda infine l'effetto della competizione intraspecifica sulla presenza di alcuni specifici metaboliti attivi, la risposta delle diverse officinali può essere soggetta a variazioni anche importanti. In alcune specie, tra cui ad esempio il cardo mariano (*Silybum marianum* (L.) Gaertn.), una modifica della spaziatura, pur determinando effetti vistosi sullo sviluppo delle piante e sulla loro resa in seme, non influenza il contenuto in silimarina[1]. La densità di popolazione esercita invece effetti importanti sulla resa in morfina del papavero da oppio (*Papaver somniferum* L.), e a densità superiori a 50 piante m^{-2} si ha una diminuzione del contenuto in questo alcaloide, oltre ad una diminuzione complessiva della resa in morfina prodotta ad ettaro per effetto del maggior numero di piante allettate a densità elevate.

12.3 La competizione tra colture officinali e piante infestanti

A differenza della competizione intra-specifica, la competizione inter-specifica si ha quando due o più specie diverse si sviluppano contemporaneamente in una medesima area. Entro certi limiti, e con un buon numero di eccezioni, l'effetto della competizione inter-specifica non è diverso da quello della competizione intra-specifica, nel senso che la resa di colture che vegetano in associazione con altre specie può differire da quella ricavata dalle stesse piante isolate, cioè in assenza di competitori. Allo stesso modo, il risultato dell'interazione fra colture ed infestanti è sotto molti aspetti simile a quello accertato per la competizione intra- e inter-specifica, e il risultato ottenuto con la rimozione delle infestanti è analogo a quello indotto da una diminuzione della densità delle piante. In linea generale, il diserbo permette dunque di ottenere piante più vigorose, con un maggior numero di ramificazioni e conseguentemente più fiori e semi (Fig. 12.4). Non necessariamente esse saranno anche più alte: un'analisi dei dati riportati dalla letteratura scientifica mondiale (Tab. 12.1) mostra infatti che se, da un lato, in alcune piante officinali come il crescione inglese (*Lepidium sativum* L.) o il coriandolo (*Coriandrum sativum* L.), il diserbo ha talvolta favorito un incremento dell'altezza della coltura, in molte altre occasioni l'elevato ombreggiamento dovuto alla presenza delle infestanti ha determinato lo

[1] La silimarina è una miscela di composti (silibina, silimarina, silicristina ed altri) estratta dal cardo mariano, a cui si devono le proprietà epatoprotettive ed antiossidanti attribuite alla pianta.

sviluppo di colture più alte ma con fusti più sottili. Per lo più, questo incremento in altezza non è comunque associato ad un analogo incremento del peso della pianta, e quindi non implica alcun aumento nella biomassa per unità di superficie, che invece nella generalità dei casi è più elevata nelle colture prive di infestanti. A differenza dell'altezza delle piante, che, come abbiamo visto, in presenza di infestanti può aumentare o diminuire secondo l'importanza assunta dalla competizione per la luce, in una coltura infestata la produzione areica e le sue principali componenti manifestano sempre una decisa riduzione; alcuni studi hanno dimostrato che, specialmente in suoli di bassa fertilità, la rimozione delle infestanti può esercitare sulla produzione di seme di alcune colture un effetto positivo addirittura superiore a quello della fertilizzazione azotata.

In termini strettamente quantitativi, le perdite di produzione associate alla presenza delle infestanti sono state valutate in molte situazioni colturali diverse, ad esempio con differenti disponibilità di elementi nutritivi, diversi livelli e durate della competizione, e così via. In tutte le verifiche sperimentali in cui è presente un testimone completamente diserbato, indipendentemente dagli specifici obiettivi della coltivazione, i risultati produttivi sono sempre inversamente proporzionali alla presenza delle infestanti. La tabella 12.2 riporta alcuni dei dati reperibili in letteratura sulle variazioni della resa (espresse come "perdite relative" - *Relative Losses* - rispetto al testimone completamente diserbato) in alcune colture officinali determinate dalla presenza delle infestanti. Come è possibile notare, indipendentemente da quale sia il tipo di "resa" di interesse, le diminuzioni dovute alle infestanti possono assumere un'incidenza rilevante. Negli esempi riportati, comprendenti specie coltivate in condizioni differenti, le rese in seme hanno subito un decremento variabile dal 34% (crescione inglese) a più del 90% in coriandolo, finocchio e psillio. Elevate sono risultate anche le diminuzioni di resa in biomassa vegetale e prodotto erboristico, oscillanti da circa il 30% in menta campestre (*Mentha arvensis* L.) fino all'80-90% e oltre in giusquiamo egiziano (*Hyoscyamus muticus* L.), coriandolo, finocchio e psillio. Tali valori si mantengono decisamente elevati anche nel caso in cui la frazione commerciale è costituita da una parte della pianta: le perdite di

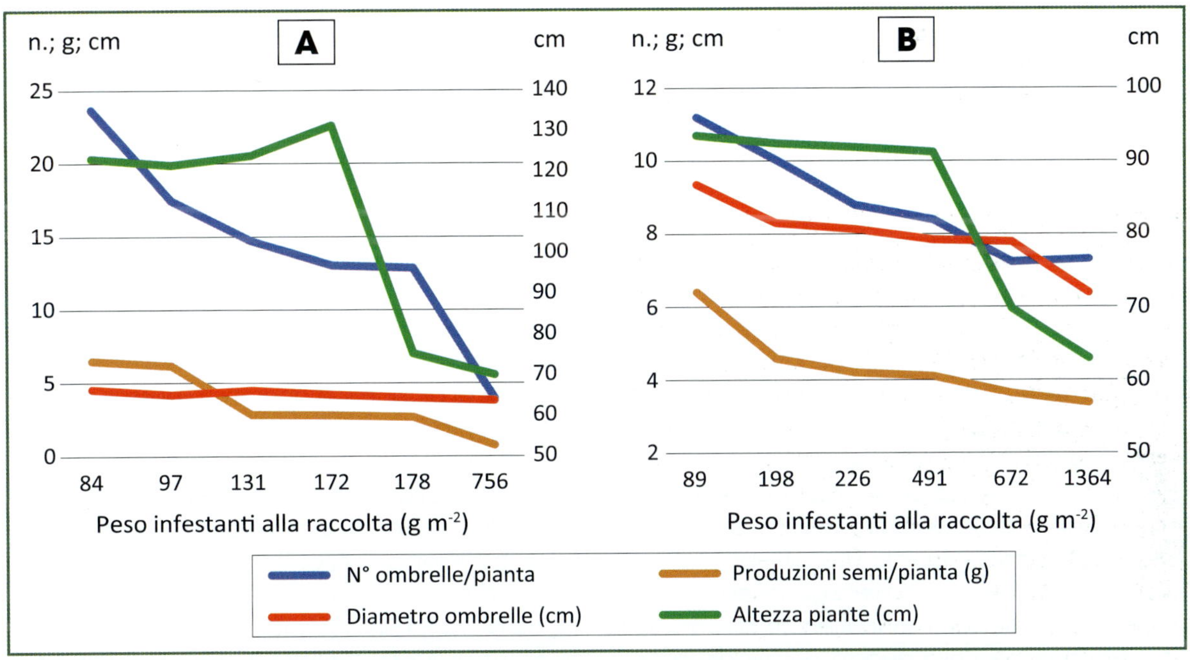

Figura 12.4 - Andamento della produzione di semi per pianta (g), del numero e del diametro delle ombrelle (cm) (asse sin) e dell'altezza media delle piante (cm) (asse dx) in piante di coriandolo (*Coriandrum sativum* L., grafico A) e di finocchio da seme (*Foeniculum vulgare* Mill., grafico B) in presenza di crescenti livelli di infestazione (da Carrubba e Militello, 2013, modificato).

Tabella 12.1 - Variazioni dell'altezza (cm) in alcune colture officinali per effetto della rimozione delle infestanti (% rispetto al testimone diserbato). Dati ricavati da fonti bibliografiche diverse.

	Diserbato	Non diserbato	Variazione %
Crescione inglese (*Lepidium sativum* L.)	118,8	107,4	9,6
Coriandolo (*Coriandrum sativum* L.)	85,8	91,5	-6,6
	120,9	123,7	-2,3
	131,2	133,8	-2,0
	144,6	124,4	14,0
Cumino nero (*Nigella sativa* L.)	32,9	44,1	-34,0
Erba gatta (*Nepeta cataria* L.)	75,0	60,0	20,0
Finocchio (*Foeniculum vulgare* Mill.)	57,6	59,3	-3,0
	76,0	61,0	19,7
	80,5	91,3	-13,4
	99,1	93,3	5,9
	100,7	105,5	-4,8
	270,8	196,5	27,4
Geranio odoroso (*Pelargonium* spp.)	94,0	85,0	9,6
	95,0	88,0	7,4
Iperico (*Hypericum perforatum* L.)	80,0	82,0	-2,5
Menta campestre (*Mentha arvensis* L.)	48,7	46,9	3,7
	60,3	56,3	6,6
Psillio (*Plantago indica* L.)	81,4	84,2	-3,4
	90,1	110,3	-22,4
	91,0	92,1	-1,2
	91,1	95,3	-4,6

produzione calcolate superano il 20% nei bulbi di lampascione e raggiungono valori del 51-64% nei fiori di zafferano, del 49-55% in foglie di geranio odoroso, fino al 75% nelle cimette di salvia.

Probabilmente, per la generale maggiore difficoltà nella loro valutazione, che spesso richiede sofisticate verifiche analitiche e di laboratorio, gli effetti della presenza delle infestanti sulle variabili qualitative della produzione sono stati un po' meno approfonditi rispetto alle differenze di tipo quantitativo. Così, al di là della generica affermazione che le infestanti sono ritenute responsabili di una riduzione nella qualità del prodotto, l'attività sperimentale in questa direzione è finora piuttosto carente. Nel caso delle colture officinali, tuttavia l'aspetto qualitativo riveste importanza cruciale, poiché in molti casi lo scopo della coltivazione non è tanto quello di ottenere rilevanti quantità di biomassa, quanto la produzione di specifici composti, o miscele di composti, i cui processi di biosintesi e accumulo possono venire influenzati dalla presenza delle infestanti in modo difficilmente prevedibile.

Nel caso della produzione di oli essenziali, come già visto a proposito della competizione intra- ed interspecifica, la risposta delle colture officinali alla presenza delle infestanti può essere assai variabile secondo la specie coltivata, le condizioni ambientali e le caratteristiche (intensità, durata e composizione) dell'infestazione (Tab. 12.2). In molti casi, i metaboliti secondari (di cui gli oli essenziali sono un esempio) sono

Tabella 12.2 - Valori minimi e massimi delle Perdite Relative (*Relative Losses*; RL %) in alcune produzioni officinali. Dati ricavati da fonti bibliografiche diverse.

		RL Min	RL Max
Biomassa/prod. erboristico	Coriandolo (*Coriandrum sativum* L.)	54,6	91,5
	Finocchio (*Foeniculum vulgare* Mill.)	69,0	96,8
	Psillio (*Plantago indica* L.)	58,8	91,6
	Crescione inglese (*Lepidium sativum* L.)	7,4	
	Menta campestre (*Mentha arvensis* L.)	31,5	49,1
	Erba gatta (*Nepeta cataria* L.)	38,2	53,7
	Giusquiamo egiziano (*Hyoscyamus muticus* L.)	94,1	
	Iperico (*Hypericum perforatum* L.)	13,3	
	Basilico (*Ocimum basilicum* L.)	33,0	
Frutti/Semi	Coriandolo (*Coriandrum sativum* L.)	48,6	94,2
	Finocchio (*Foeniculum vulgare* Mill.)	40,5	98,7
	Psillio (*Plantago indica* L.)	54,6	97,6
	Cardo mariano (*Silybum marianum* (L.) Gaertn.)	42,1	42,2
	Crescione inglese (*Lepidium sativum* L.)	34,1	
	Cumino nero (*Nigella sativa* L.)	86,7	
	Trigonella (*Trigonella foenum-graecum* L.)	8,2	
Altre parti di pianta	Fiori di zafferano (*Crocus sativus* L.)	51,0	63,5
	Foglie di geranio odoroso (*Pelargonium* spp.)	49,2	55,3
	Foglie di melissa moldavica (*Dracocephalum moldavica* L.)	60,4	
	Bulbi di lampascione (*Leopoldia comosa* (L.) Parl.)	21,6	25,2
	Cimette di salvia (*Salvia officinalis* L.)	75,0	
Olio fisso/olio essenziale (%)	Geranio odoroso (*Pelargonium* spp.)	20,0	28,6
	Menta campestre (*Mentha arvensis* L.)	-12,3	73,0
	Basilico (*Ocimum basilicum* L.)	-15,1	
	Melissa moldavica (*Dracocephalum moldavica* L.)	37,3	
	Cumino nero (*Nigella sativa* L.)	-1,1	
Olio fisso/olio essenziale (kg ha^{-1})	Cumino nero (*Nigella sativa* L.)	86,5	
	Menta campestre (*Mentha arvensis* L.)	22,4	49,0
	Finocchio (*Foeniculum vulgare* Mill.)	27,4	
Componenti isolate	Silimarina (%) nei semi di cardo mariano (*Silybum marianum* (L.) Gaertn.)	20,7	37,5

RL % = (diserbato – non diserbato)/diserbato x 100

sintetizzati dalle piante in condizioni di stress; poiché la competizione con le infestanti costituisce una particolare e spesso severa condizione di stress, si potrebbe dedurre che le migliori condizioni per produrre metaboliti utili si abbiano in presenza di infestanti. In effetti, come mostrato in Tab. 12.2, in molte colture officinali (menta campestre, cumino nero, basilico) questo fenomeno è stato verificato, e la percentuale di oli essenziali nelle colture infestate può essere più elevata rispetto alle stesse specie coltivate in assenza di competitori. Tuttavia, l'effetto negativo esercitato dalla presenza delle infestanti sulla biomassa delle piante in campo controbilancia ampiamente l'incremento della resa unitaria, e in definitiva la produzione di olio essenziale per unità di superficie risulta, in tutti i casi in cui è stato possibile effettuare tale verifica, più elevata in assenza di infestanti.

12.4 Le principali piante infestanti delle colture officinali

Poiché i lavori sulla competizione tra infestanti e colture officinali non sono numerosi, sono poche anche le liste riguardanti le infestanti riscontrate nelle diverse condizioni colturali. Come ci si si può ragionevolmente attendere, le **comunità di infestanti** variano con l'area geografica di coltivazione e con le pratiche agronomiche adottate. Un'indagine bibliografica condotta su base mondiale sulle infestanti rilevate nella coltivazione di alcune specie officinali ha elencato 88 specie infestanti, appartenenti a 26 diverse famiglie botaniche. La maggior parte delle infestanti individuate è costituita da specie annuali, mentre le biennali sono in numero inferiore e solo 22 sono perenni. L'analisi delle forme biologiche mostra la predominanza di Terofite (54 specie su 88, cioè più del 60%) seguite dalle Emicrittofite e dalle Geofite. Alcune specie, diffusamente presenti in ambienti e condizioni colturali diversi, possono essere definite ubiquitarie, come *Amaranthus retroflexus* L. e *Chenopodium album* L., ma nessuna sembra associata in modo specifico ad una determinata coltura officinale.

È evidente che, su questo argomento, qualunque tentativo di generalizzazione è fuorviante, oltre che piuttosto rischioso sul piano pratico. L'esecuzione di rilievi floristici ripetuti nel tempo permetterà di individuare con sufficiente chiarezza la composizione delle comunità di infestanti da trattare, evidenziando anche il momento (o i momenti) più opportuni per eseguire gli interventi di controllo.

La biomassa totale delle infestanti comunque non è l'unico fattore che influenza l'esito della coltivazione. La competizione con le infestanti, infatti, può assumere un livello diverso di severità in funzione dello **stadio di sviluppo** della coltura in cui essa si esercita e della sua **durata**. Numerosi lavori, specialmente in colture officinali perenni o di lunga durata, richiamano l'attenzione sull'opportunità che l'intervento contro le infestanti sia effettuato precocemente; quanto precocemente, e quindi quale sia il momento esatto per intervenire, rimane tuttavia un problema di una certa rilevanza. Come regola generale, il momento esatto di intervento dovrebbe venire stabilito sulla base della **sensibilità** della coltura alla presenza delle infestanti. Nel caso di varie colture officinali annuali si può presumere che il comportamento sia analogo a quanto osservato per altre colture erbacee per le quali meglio si conoscono le relazioni fra stadio di sviluppo della coltura ed effetti della presenza delle infestanti. In queste condizioni è quindi verosimile che nelle fasi iniziali della coltivazione, quando l'officinale presenta ancora un ridotto grado di copertura del suolo, l'esito di una infestazione precoce sarà più severo, mentre quando le infestanti emergono più tardi (ad esempio dopo la chiusura della fila, quando la coltura sarà in grado di esercitare un maggiore effetto competitivo), gli effetti negativi saranno generalmente più contenuti. Nella maggior parte delle colture perenni, come la genziana o la salvia, ma anche in alcune specie erbacee annuali o biennali come finocchio o coriandolo (specialmente nei genotipi che non formano una rosetta basale sufficientemente densa), poiché la crescita iniziale è generalmente piuttosto lenta, la durata del periodo di maggiore sensibilità alla presenza delle infestanti è sensibilmente più lunga rispetto alle precedenti. In questo caso, la gestione delle infestanti deve essere condotta con attenzione ancora maggiore, soprattutto in presenza di infestanti caratterizzate da un tasso di accrescimento molto rapido.

Prove svolte in condizioni di inerbimento controllato (Fig. 12.5) permettono di mettere in relazione l'incremento della produzione determinato dal mantenimento del campo in assenza di infestanti per un periodo sempre più lungo (linea blu) con il decremento che invece viene registrato in condizioni di competizione crescente nel tempo (linea rossa). Si definisce **Durata della Competizione Tollerata** (DCT) il periodo di tempo che intercorre tra l'emergenza delle infestanti (di nor-

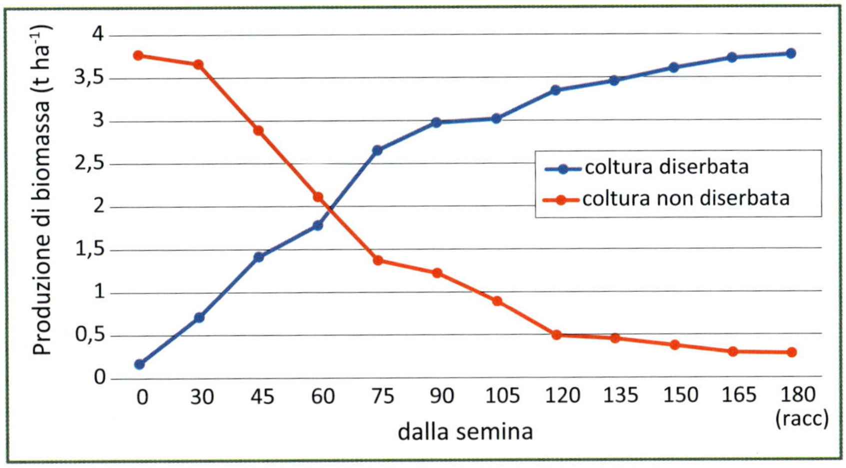

Figura 12.5 - Andamento delle produzioni di biomassa secca (t ha^{-1}) in *Hyoscyamus muticus* L. diserbato (linea blu) o non diserbato (linea rossa) per periodi di tempo crescenti dopo la semina (da Singh *et al.*, 1998, modificato).

ma – ma non sempre – coincidente con l'epoca di emergenza della coltura) e il momento in cui la presenza di queste determina un danno produttivo considerato non più tollerabile, corrispondente al momento in cui si dovrebbe intervenire per rimuovere le infestanti. La DCT può presentare valori molto variabili: 24-38 giorni dopo la semina (GDS) per *Cuminum cyminum* L., 30-45 GDS per *Zingiber officinale* Roscoe, 30-50 GDS per *Mentha* x *piperita* L. (a cui aggiungere i 15-30 giorni dopo il primo sfalcio) e intorno a circa 40 GDS per *Nigella sativa* L.

Un secondo indice di grande interesse pratico nello studio delle infestanti è costituito dal PRAM (**Periodo Richiesto di Assenza delle Malerbe**), definito come il periodo di tempo che intercorre fra l'emergenza della coltura e il momento in cui la comparsa di infestanti non esercita più alcun danno produttivo (o, quanto meno, la diminuzione della produzione si attesta su livelli accettabili).

Sulla base dei due indici precedenti è possibile individuare per ogni coltura il **Periodo Critico** di assenza dalle malerbe (PC), definito come l'intervallo di tempo in cui le infestanti devono essere controllate per impedire perdite di produzione inaccettabili. In alcuni casi, vengono riportati due o tre **valori soglia** di accettabilità delle perdite, generalmente corrispondenti al 5% o al 10% della resa massima ottenibile, normalmente definita sulla base delle rese misurate nei controlli in cui le infestanti sono assenti (Fig. 12.6).

In Fig. 12.7 vengono riportati alcuni dei valori di PC ottenuti dai pochi esperimenti specifici sulle

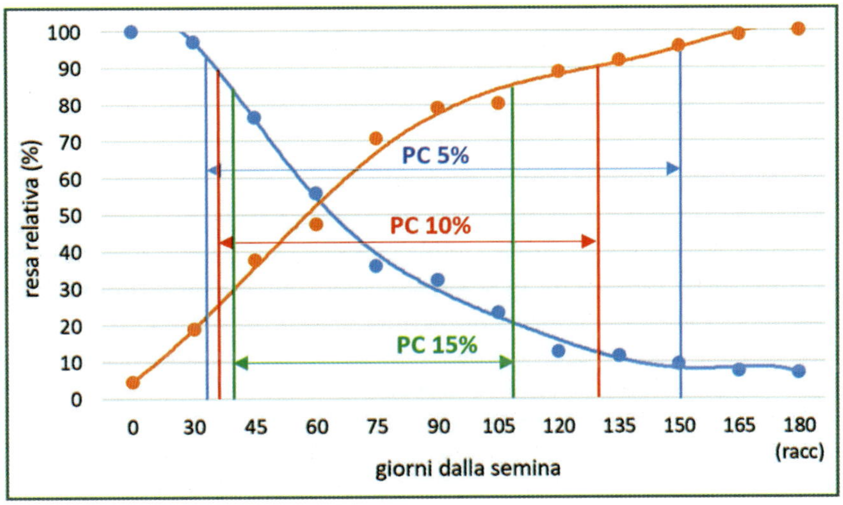

Figura 12.6 - Individuazione del Periodo Critico per le infestanti in *Hyoscyamus muticus* L. in funzione di tre valori soglia (5%, 10% e 15%) (da Singh *et al.*, 1998, modificato).

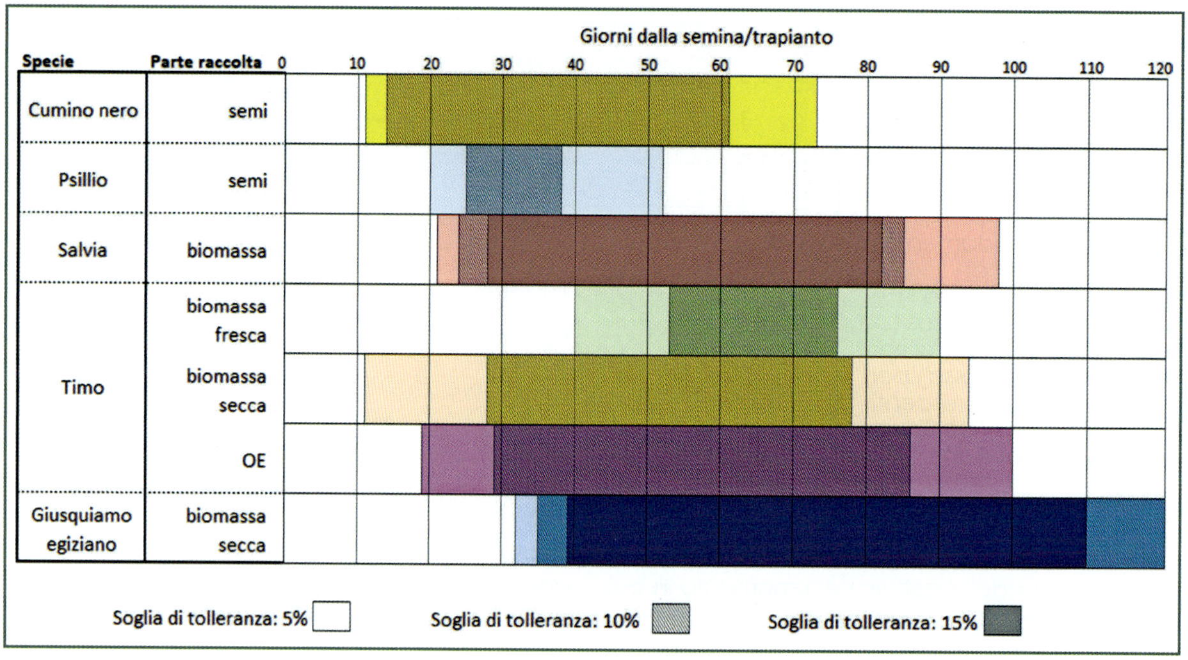

Figura 12.7 - Durata del Periodo Critico (PC) in alcune produzioni officinali, con tre diverse soglie di tolleranza (5%, 10% e 15%).

colture officinali condotti in tutto il mondo. Come evidenziato, i valori di PC complessivi sono più alti quando il valore soglia è più basso, cioè quando i valori prefissati della perdita accettabile sono più bassi, ed è interessante notare che in molte colture annuali, l'intervallo di tempo in cui i campi devono venire mantenuti sgombri da infestanti copre una frazione abbastanza cospicua (più del 60%) della durata prevista per l'intero ciclo colturale.

12.5 Metodi per la gestione delle infestanti nelle colture officinali

I metodi di controllo delle infestanti vengono generalmente classificati in metodi **diretti** e **indiretti**. I primi, tra cui ad esempio il diserbo chimico o meccanico, ma anche gli interventi fisici (ad esempio il pirodiserbo) esercitano la loro azione direttamente sulle infestanti; i secondi, come la scelta degli avvicendamenti colturali, esercitano un'azione di contenimento della flora infestante agendo su di essa per via prevalentemente indiretta.

12.5.1 Metodi diretti

Le misure di **controllo diretto** devono essere applicate contro le infestanti il più precocemente possibile, per impedire che le infestanti competano con la coltura, ma anche in una fase successiva, per impedirne la disseminazione ed il conseguente ripristino della ***seed bank*** del terreno. Tra le misure dirette, l'uso degli **erbicidi chimici** è stato sperimentato con successo in numerose piante officinali, quali coriandolo, menta piperita, cardo mariano, finocchio, salvia, timo, camomilla e numerose altre; rispetto agli altri metodi, esso offre indiscutibilmente maggiori garanzie di rapidità ed efficienza, e, soprattutto nelle aree in cui le coltivazioni sono condotte intensivamente e su ampie superfici (come nel caso della lavanda in Francia o della camomilla in Ungheria e Croazia), al momento attuale è sicuramente molto adoperato.
I trattamenti diserbanti possono venire effettuati in **pre-semina** (da alcuni giorni ad alcune settimane prima della semina o del trapianto della coltura, utilizzando in genere prodotti non selettivi), in **pre-emergenza** (dopo la semina ma prima che la coltura sia emersa), o in **post-emergenza** (in presenza sia della coltura che delle infestanti). In linea generale, la letteratura scientifica di-

sponibile non sembra evidenziare effetti negativi del diserbo chimico sulla qualità del prodotto officinale (in qualche caso la qualità dell'olio risulterebbe addirittura migliorata). È comunque vero che al momento, data l'estensione piuttosto limitata e il ridotto interesse economico di molte colture officinali, l'interesse dei produttori di fitofarmaci a far fronte alle spese per la registrazione di prodotti fitosanitari specifici è piuttosto scarso. Ne consegue che, nel nostro Paese, numerosi erbicidi non sono stati espressamente registrati per l'uso sulle officinali, e pertanto su queste specie non ne è consentito l'uso.

Nel caso specifico delle piante officinali, inoltre, è quanto mai opportuno distinguere la destinazione d'uso della coltura: se nel trattamento delle essenze da destinare all'industria o alla trasformazione no-food è in genere sufficiente che vengano rispettate le indicazioni tecniche di sicurezza, ben diverso è il caso in cui il prodotto raccolto (allo stato fresco o essiccato) deve trovare collocazione sul mercato del consumo diretto. In questo caso, la necessità di immettere sul mercato prodotti il più possibile privi di residui o contaminanti può probabilmente rendere meno allettante il ricorso al diserbo chimico. Una considerazione aggiuntiva è che in molti casi, il consumo delle piante officinali si rivolge ad un pubblico particolarmente attento alla salubrità del prodotto, e l'ottenimento di prodotti coltivati senza l'utilizzo di diserbanti chimici, quando non direttamente con il metodo biologico, consente all'imprenditore un grosso vantaggio commerciale. Vale la pena di ricordare, inoltre, alcuni effetti negativi conseguenti all'uso degli erbicidi, quali fenomeni di inquinamento ambientale (in particolare dei corpi idrici), lo sviluppo privilegiato di alcune specie poco sensibili all'azione fitotossica dell'erbicida a danno delle specie più sensibili (con conseguente "inversione della flora"), la selezione di popolazioni resistenti a determinati erbicidi in varie specie infestanti.

In questo quadro generale, l'interesse verso metodi di **controllo non chimico** è oggi sempre maggiore, sia quando è stato scelto il metodo di coltivazione biologico sia quando la coltura officinale è condotta con il metodo convenzionale. I metodi adottabili sono numerosi, ma al contrario del diserbo chimico raramente sono selettivi nei confronti di specifici gruppi di infestanti.

Tra i metodi non chimici per il controllo diretto delle infestanti, grazie alla sua estrema versatilità, il **controllo meccanico** è sicuramente il più adoperato. Esiste oggi un gran numero di macchine operatrici e di soluzioni tecniche, adattabili alle più diverse condizioni ambientali ed aziendali. In **assenza della coltura**, un ruolo di spicco spetta senz'altro all'aratura, che consente di interrare la vegetazione presente ed i residui colturali e di invertire gli strati di terreno, trasportando in profondità i semi superficiali e, per contro, riportando in superficie le radici e gli organi sotterranei. L'aratura eseguita in estate è ad esempio molto efficace in presenza di malerbe perennanti, poiché tende a devitalizzarne l'apparato radicale, esponendolo al sole. Le specie annuali invece vengono stimolate ad emergere, in modo da essere agevolmente eliminate in seguito, con i lavori complementari (ad esempio, erpicatura o fresatura).

In assenza di interventi di diserbo chimico, dunque, una preparazione accurata del suolo, con l'obiettivo di abbassare il più possibile la carica delle infestanti prima del trapianto o della semina, è determinante per la riuscita di numerose piante officinali, sia perenni (salvia, origano, menta) che annuali (coriandolo, finocchio, aneto). Dopo la semina ma prima dell'emergenza della coltura è possibile invece intervenire con lavorazioni superficiali (sarchiature di pre-emergenza), particolarmente efficaci sulle infestanti che emergono precocemente (*Sinapis arvensis* L., *Raphanus raphanistrum* L. ecc.) o sulle piante nate da seme "sfuggito" alla raccolta della coltura precedente come *Brassica napus* L.

Le operazioni eseguite **con coltura in atto** sono in genere più rischiose delle precedenti, perché spesso lo stadio di sviluppo in cui si ha la massima sensibilità nei confronti dell'intervento coincide nelle infestanti e nella pianta coltivata, e in numerosi casi anche quest'ultima può risultarne danneggiata. La resistenza delle colture officinali agli interventi di sarchiatura eseguiti in post-emergenza è ad esempio assai variabile: alcune specie caratterizzate da una vegetazione più esile (come l'anice) o da un apparato radicale particolarmente superficiale o delicato, possono venire danneggiate dagli organi lavoranti in modo assai significativo. Probabilmente per questo motivo, nel tentativo di affinarne sempre di più l'efficacia, i metodi per la gestione delle infestanti

delle piante officinali con coltura in atto sono stati particolarmente studiati. L'efficacia dell'intervento può dipendere da molti fattori, tra cui la specie coltivata, le infestanti presenti, lo stadio di sviluppo della coltura e delle infestanti, le condizioni atmosferiche, il tipo di suolo e il tipo di strumento utilizzato. L'estrema variabilità che può aversi a carico della flora infestante prevalente, sia per quanto riguarda la biomassa complessiva che per ciò che concerne l'epoca di emergenza, ad esempio, spiega il diverso livello di efficacia riscontrato in anni diversi adottando metodi differenti per il controllo delle infestanti (Fig. 12.8).
Un ulteriore esempio di gestione delle infestanti con metodi di natura fisica, da attuare in assenza della coltura, è offerto dalla tecnica della **solarizzazione**. Questa consiste nel ricoprimento del suolo, opportunamente lavorato (e preferibilmente anche irrigato per migliorare la conduzione del calore) con un film plastico trasparente. La

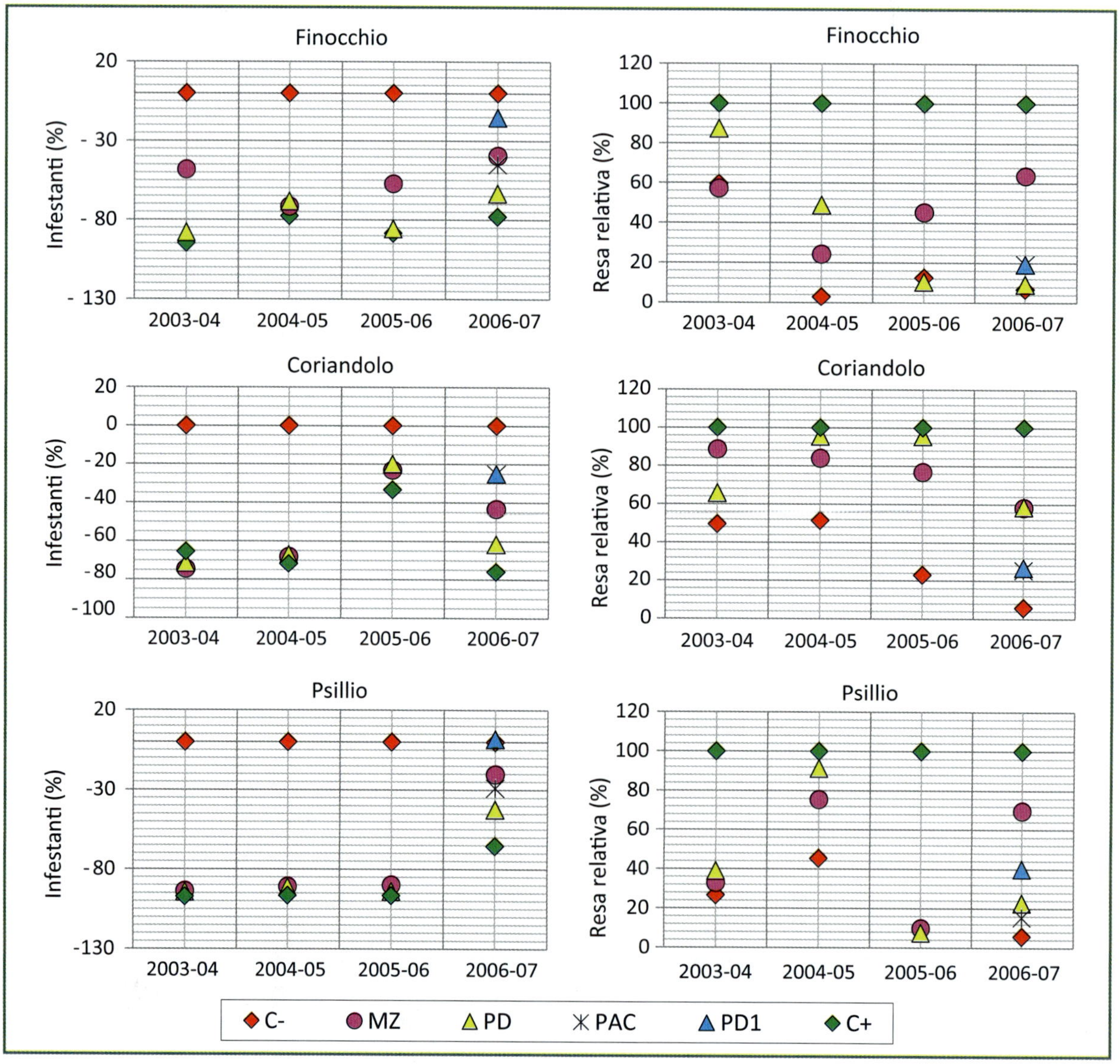

Figura 12.8 - Variazioni della biomassa delle infestanti alla raccolta (% rispetto al controllo negativo, C-) e della Resa Relativa (% rispetto al controllo positivo, C+) in una prova quadriennale su coriandolo, finocchio e psillio. C-: controllo negativo (testimone non diserbato); C+: controllo positivo (scerbatura manuale); MZ: controllo meccanico; PD e PD1: pirodiserbo con due attrezzature diverse; PAC: pacciamatura con telo in PE (da Carrubba e Militello, 2013, modificato).

solarizzazione consente la trasmissione del calore fino ai primi 40 cm di profondità, ed è efficace contro un buon numero di infestanti, soprattutto se la temperatura supera per un periodo di tempo sufficientemente lungo il valore di 37-40 °C; i risultati migliori si ottengono quindi quando le coperture rimangono in campo nella stagione di massima insolazione (fine giugno-prima decade di agosto). L'uso di teli plastici non biodegradabili tuttavia comporta il non secondario problema dello smaltimento a fine utilizzo, che per l'azienda costituisce un costo aggiuntivo.

L'uso della **pacciamatura** è estremamente diffuso nella coltivazione delle piante officinali, che oltre a sfruttarne la capacità di contrastare l'emergenza e lo sviluppo delle infestanti, ne valorizza anche le note proprietà isolanti sia dal punto di vista termico che nei confronti dell'evaporazione del suolo. I materiali adoperati possono essere del tipo più diverso: dai classici teli in materiale plastico, neri, bianchi o grigi, a sostanza organica (residui colturali, foglie, paglia, segatura ecc.) variamente amminutata. I teli pacciamanti in materiale plastico sono ampiamente adoperati sia nella pratica vivaistica che nel controllo delle infestanti in pieno campo, su numerose specie tra cui menta, arnica, genziana, rosmarino, coriandolo, finocchio, psillio e diverse altre, con risultati generalmente positivi soprattutto nel caso delle officinali a ciclo poliennale. Così come nel caso della solarizzazione, tuttavia, l'uso di materiali non biodegradabili impone la necessità del loro smaltimento a fine utilizzo; grande interesse assume pertanto l'adozione di pacciamature con teli plastici biodegradabili, oggi disponibili in un'ampia gamma di colori, spessori e larghezze del telo, che coniugano i vantaggi propri dei materiali plastici di tipo "tradizionale" con la possibilità di smaltimento tra i residui organici compostabili.

Un'alternativa sostenibile e a basso costo è offerta dal posizionamento in campo, sull'interfila o sulla fila a ridosso delle piante, di varie tipologie di materiale organico opportunamente sminuzzato, distribuito in strati di spessore variabile e in grado di conservare l'umidità del suolo nel periodo estivo e di proteggere le radici dal freddo invernale. Nella scelta del tipo di pacciamatura organica da adoperare, la disponibilità aziendale delle diverse tipologie di biomassa assume senz'altro importanza prioritaria: secondo l'orientamento produttivo dell'azienda, la scelta può orientarsi verso paglia di frumento o di altri cereali, aghi di pino, cortecce d'albero, segatura di legna e residui vegetali diversi. Pacciamature organiche, come ad esempio la segatura di corteccia di quercia, vengono adoperate nella coltivazione del ginseng (*Panax quinquefolium*) in Nord America, con l'obiettivo di simulare la lettiera tipica degli habitat nativi della specie, incrementando significativamente la resa di radici fresche fino al terzo anno di vita delle piante. In linea generale, questo tipo di soluzione operativa ha effetti benefici sia sulle rese, che risultano quasi sempre migliorate, sia sulle caratteristiche fisico-chimiche del suolo. Non è tuttavia una scelta del tutto priva di inconvenienti: oltre alla possibilità che lo strato pacciamante fornisca riparo a roditori e insetti, non è infrequente che siano proprio gli stessi residui colturali a determinare la dispersione di semi e propaguli presenti nella biomassa pacciamante. Non va inoltre trascurato il fatto che i diversi materiali organici utilizzabili possono modificare in misura rilevante le caratteristiche fisico-chimiche del suolo sottostante, determinando ad esempio variazioni apprezzabili, ancorché temporanee, del pH del terreno o della sua disponibilità di elementi nutritivi (Fig. 12.9).

Una tecnica di introduzione abbastanza recente, che ha mostrato una notevole efficacia incontrando un certo favore da parte dei coltivatori di piante officinali, è il **pirodiserbo**; questo consiste nel trattamento delle infestanti con speciali apparecchiature che, quando poste a contatto con le infestanti per un periodo di tempo di 2-3 secondi, ne causano la "lessatura", cioè il rapido surriscaldamento dell'acqua contenuta nei succhi cellulari, con conseguente deperimento dell'apice vegetativo e morte della pianta. Perché il trattamento termico sia efficace, è opportuno che le infestanti siano ancora giovani e acquose, ed il momento di intervento assume importanza cruciale. Il pirodiserbo è stato applicato in numerose colture officinali, sia annuali (coriandolo, finocchio, psillio) che poliennali (salvia, lavanda), con risultati variabili secondo l'andamento stagionale e il livello di competizione raggiunta fra coltura e infestanti. La tecnica è risultata molto efficace nei confronti delle infestanti annuali, che vengono eliminate completamente;

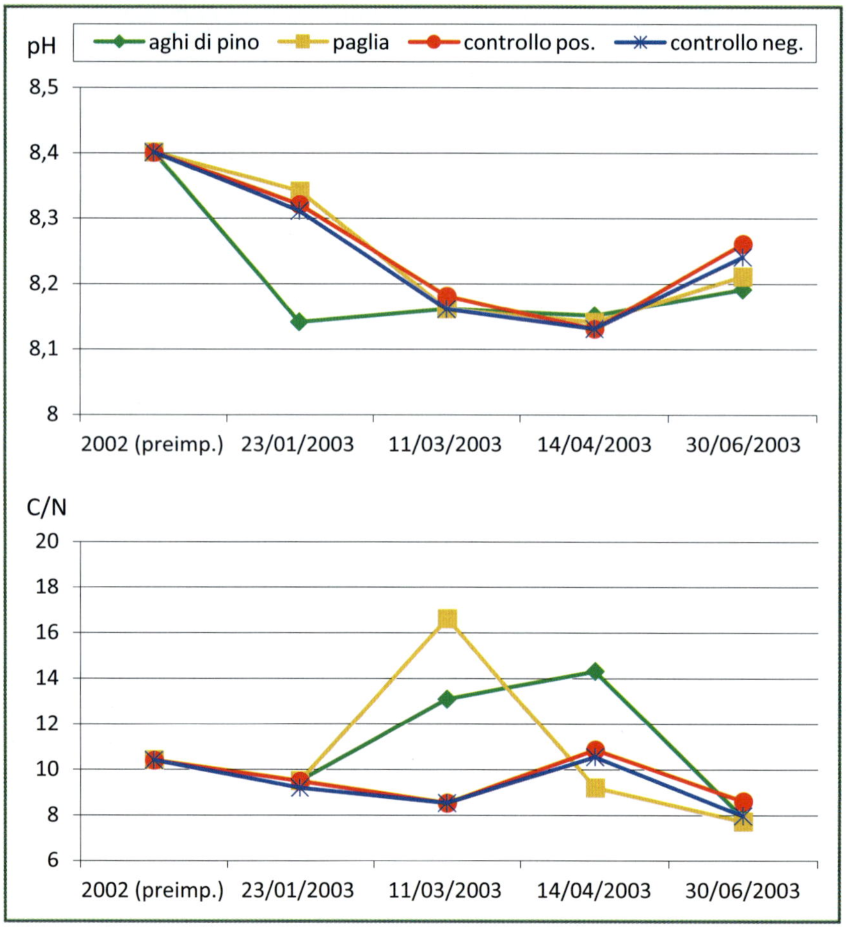

Figura 12.9 - Variazioni del pH (in alto) e del rapporto C/N (in basso) misurate nello strato superficiale (0-30 cm) di un suolo coltivato a origano, sottoposto a due tipi di pacciamatura organica (aghi di pino e paglia di frumento), rispetto a un controllo positivo (coltura diserbata manualmente) e ad un controllo negativo (coltura non diserbata) (da Carrubba e la Torre, 2005).

su terreni molto infestati è sempre possibile la ricomparsa di infestanti dopo qualche giorno dal trattamento, dovuta tuttavia non tanto alla ricrescita delle infestanti già trattate, quanto a nuovi flussi di germinazione. Il trattamento ha invece mostrato scarsa efficacia sulle infestanti perenni, le cui radici conservano inalterata la vitalità, determinando una nuova emissione di getti a circa una settimana di distanza dal trattamento, che andrà quindi necessariamente ripetuto.

Fra i metodi diretti per la gestione delle infestanti consigliati per la coltivazione delle piante officinali può essere senz'altro annoverata la pratica della "**falsa semina**". Il termine indica la accurata preparazione del terreno, eventualmente seguita da un intervento irriguo, effettuata prima dell'effettivo momento della semina o del trapianto allo scopo di stimolare l'emergenza delle infestanti, che, una volta raggiunte adeguate dimensioni, verranno eliminate con uno o più interventi (meccanici, termici o talvolta chimici). L'operazione ha quindi lo scopo principale di ridurre la consistenza della *seed bank* del terreno, in modo che le successive operazioni di semina o trapianto delle officinali possano avvenire su terreno sgombro da infestanti e quindi in condizioni maggiormente favorevoli. Il metodo della falsa semina si è dimostrato utile in molti casi, ma difficilmente può essere considerato risolutivo, poiché al flusso di infestanti eliminato ne fanno seguito facilmente molti altri. Inoltre, soprattutto in ambienti in cui la "finestra" temporale utile per l'esecuzione della semina o del trapianto dell'officinale è piuttosto ristretta (si pensi a molti ambienti mediterranei, in cui l'esecuzione delle operazioni di impianto nel periodo autunno-vernino è spesso limitata ai pochi giorni in cui il terreno è praticabile tra un evento piovoso e l'altro), la pratica può costringere ad un ritardo talvolta eccessivo della semina o del trapianto della coltura.

12.5.2 Metodi indiretti

I metodi per il **controllo indiretto** si pongono come obiettivo l'incremento della **competitività** della coltura nei confronti delle infestanti. Rientrano in quest'ambito tutte le pratiche di **prevenzione**, ad esempio l'uso di macchinari non contaminati per evitare l'introduzione delle infestanti in campo, o lo sfalcio precoce della vegetazione spontanea, in modo da impedirne la maturazione dei semi. Tra le pratiche agronomiche più utili, un ruolo prioritario spetta alla scelta dell'**avvicendamento colturale**. La rotazione delle colture, e conseguentemente delle pratiche agronomiche adottate, influenza notevolmente l'abbondanza e la biodiversità della flora infestante. Poiché colture diverse favoriscono la comparsa di differenti tipi di infestanti, l'alternanza ad esempio di specie annuali e perenni, così come di specie a semina autunnale e a semina primaverile, può contribuire alla formazione di una flora infestante più equilibrata, cioè costituita da un numero relativamente elevato di specie, ma ciascuna con poche piante; in questo modo si avrà un'infestazione complessivamente minore e più facilmente controllabile, e allo stesso tempo il controllo di alcune specie "chiave" sarà più agevole. Al contrario, la semplificazione degli avvicendamenti colturali determinata dal ricorso alla monosuccessione favorisce la selezione di una flora infestante specializzata, assai aggressiva e di difficile controllo.

Un utile accorgimento "indiretto" può essere l'aumento della **densità di semina** (nelle annuali) o **di impianto** (nelle poliennali), così da favorire l'accrescimento della coltura rispetto alle infestanti. In base allo stesso principio, anche la scelta del **metodo d'impianto** può essere determinante: l'uso del trapianto invece della semina diretta può costituire un sistema efficace per porre a dimora individui più grandi e quindi più competitivi, ma anche l'adozione di **file binate** anziché semplici, sperimentata con successo nell'origano, può consentire una esecuzione più efficiente della scerbatura meccanica. Infine, una certa efficacia può venire riconosciuta all'adozione di **sistemi localizzati** di irrigazione o concimazione, in grado di soddisfare le necessità della coltura ma non delle infestanti, ponendo la prima in condizioni di vantaggio competitivo.

12.5.3 Controllo biologico e metodi "alternativi"

Il **controllo biologico** delle infestanti può essere definito come l'uso di organismi viventi (microorganismi, insetti, o animali al pascolo come pecore, capre, bovini o cavalli) allo scopo di indebolire le infestanti, ridurne la presenza o eliminarle del tutto. Se da un lato l'uso di microorganismi non ha fornito risultati particolarmente interessanti, dall'altro l'introduzione ad esempio del bestiame al pascolo costituisce una pratica tradizionale e assai adoperata in molte colture officinali (ad esempio nelle coltivazioni di *Aloe vera* (L.) Burm.f. in Messico).

Oltre ai metodi sopra elencati, una copiosa manualistica più o meno fantasiosa suggerisce per il trattamento delle infestanti delle piante officinali anche numerosi altri sistemi "alternativi": molti di questi (come ad esempio l'uso dell'acqua bollente o delle soluzioni di sale da cucina) presentano sicuramente il pregio di essere del tutto innocui sia per l'operatore che per il consumatore, ma hanno un'efficacia discutibile. Un filone di ricerca relativamente nuovo, che nel caso delle piante officinali potrebbe trovare la propria collocazione ideale, è quello dell'uso di alcuni particolari prodotti di origine vegetale, tra cui ad esempio gli **oli essenziali** e gli **estratti acquosi**. L'argomento è ancora in fase sperimentale: numerose prove *in vitro* e in condizioni di semi-campo hanno mostrato che gli oli essenziali di numerose specie aromatiche (timo, rosmarino, eucalipto) presentano notevole efficacia nei confronti di diverse specie infestanti, sia inibendone o rallentandone la germinazione che grazie ad una apprezzabile tossicità nei confronti delle plantule appena emerse. La ricerca ha mostrato come quest'effetto sia altamente specifico (cioè diretto verso alcune specie *target* e non verso altre), permettendo di ipotizzare l'utilizzo di questi composti per il trattamento mirato **anti-germinello** di alcune infestanti particolarmente aggressive o specifiche di particolari colture. Oltre agli oli essenziali, anche numerosi estratti acquosi o macerati ottenuti da alcune specie vegetali hanno mostrato in vitro evidenti effetti anti-germinello, cioè si sono mostrati in grado di inibire la germinazione dei semi di numerosissime specie infestanti (Fig. 12.10).

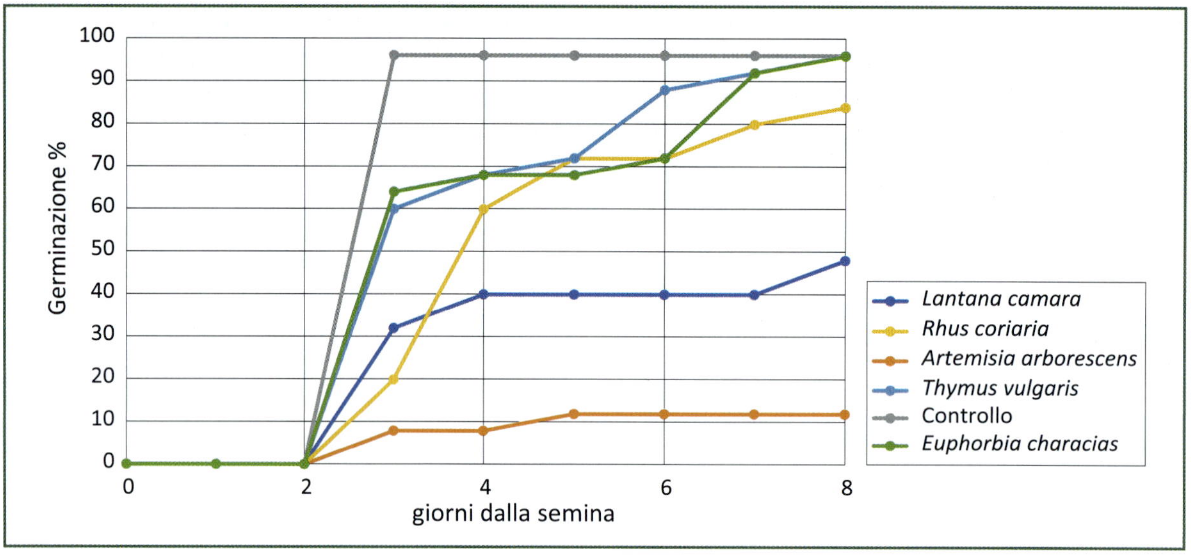

Figura 12.10 - Valori medi cumulati della germinazione (%) di semi di *Araujia sericifera* Brot. trattati con estratti acquosi (1:8) di *Lantana camara* L., *Artemisia arborescens* (Vaill.) L., *Rhus coriaria* L., *Thymus vulgaris* L. ed *Euphorbia characias* L. Controllo: testimone con acqua (da Ebadi e Carrubba, 2014, modificato).

Nel passaggio alle sperimentazioni di pieno campo, tuttavia, l'efficacia degli estratti acquosi non si è sempre conservata, e la comparsa di fenomeni di **inattivazione** delle molecole ad opera dei microorganismi del terreno o delle alte temperature, fa sì che essi abbiano spesso una **persistenza** in campo assai breve, richiedendo pertanto trattamenti ripetuti anche ad intervalli di tempo molto ristretti. Ad alcuni di questi problemi si è cercato di porre rimedio, utilizzando ad esempio **miscele** di vari principi attivi in grado di avere un maggiore spettro d'azione, o ricorrendo a formulazioni **microincapsulate** o a **lento rilascio**; numerosi aspetti attendono, tuttavia, di essere ulteriormente verificati prima della possibile utilizzazione di questi prodotti su scala più ampia. Alcuni tentativi sono stati fatti anche con l'obiettivo di individuare ed isolare la singola molecola, o il gruppo di molecole, responsabili dell'azione erbicida. Al momento attuale, una delle non numerose molecole di origine naturale di efficacia comprovata è l'**acido pelargonico**, un acido carbossilico a 9 atomi di carbonio isolato dalle foglie del *Pelargonium roseum* Willd., che si è dimostrato in possesso di un'efficace azione erbicida per contatto. L'acido pelargonico è considerato a bassa tossicità per l'uomo e gli animali, a basso impatto ambientale, e privo di attività residuale. Se ne consiglia la distribuzione sulle foglie o sulle altre parti verdi delle piante da eliminare, e poiché non esercita alcun effetto sulle parti legnose, se ne potrebbe suggerire l'uso su piante officinali arbustive o semiarbustive come l'alloro o il rosmarino, evitandolo comunque sulle colture annuali che ne potrebbero venire danneggiate. Per le infestanti perenni (come la gramigna, *Cynodon dactylon* (L.) Pers.) il trattamento va ripetuto sui ricacci sino al completo esaurimento della capacità propagativa del rizoma. Il grosso limite all'utilizzo dell'acido pelargonico su più ampia scala è costituito dal costo proibitivo, ma recenti sperimentazioni hanno dimostrato la possibilità di ricavarlo dalla scissione ossidativa di acidi grassi a catena più lunga (tra cui l'acido erucico estratto dall'olio di colza).

Infine, una possibilità recente e non ancora pienamente esplorata è offerta dalla valorizzazione dei **fenomeni allelopatici**. Per **allelopatia** (dal greco *allelon*-reciproco e *pathos*-soffrire) si intende il complesso di effetti esercitati da una specie (**donatrice**) su di un'altra (**recettrice**) tramite l'immissione nell'ambiente di particolari metaboliti secondari, definiti comunemente **sostanze allelochimiche** (SAL). Le SAL possono appartenere a numerose famiglie chimiche (fenoli, flavonoidi, terpenoidi, glucosinolati, benzoxazinoni e composti cianogenetici), e vengono emesse direttamente e continuativamente dalle piante sotto forma di composti volatili rilasciati nell'atmosfera, essudati radicali nel suolo o prodotti di degradazione microbica di residui vegetali. Malgrado in senso proprio l'allelopatia debba riferirsi soltanto all'emissione di sostanze dalle piante in vivo, sempre più frequentemente vengono riportati tra gli effetti allelopatici anche quelli esercitati dalla distribuzione di piante intere o residui di distillazione, utilizzati come materiale pacciamante o interrati nei primi strati di suolo. Un esempio per tutti, l'uso di una pacciamatura a base di origano (*Origanum vulgare* subsp. *hirtum* (Link) letsw.) su mais, ha ridotto l'emergenza delle infestanti dal 5 al 55% rispetto al controllo, mentre il peso secco delle infestanti è stato ridotto del 5-35%.

In generale i fenomeni allelopatici si ripercuotono sia sulla germinazione dei semi, sia sull'intero ciclo di sviluppo della pianta, con effetti deterrenti ad esempio sull'attività fotosintetica. La possibilità di adoperare le SAL nell'ambito delle nuove strategie ecocompatibili e sostenibili di controllo delle infestanti è stata suggerita da numerose ricerche. Le forme di utilizzazione possibili sono numerose, differenziate sia in base ai tempi che alle modalità di applicazione: oltre alla distribuzione in presemina seguita dall'interramento, questi composti possono venire utilizzati in post-emergenza come i comuni prodotti di sintesi.

Come accennato precedentemente, estendere anche alle piante officinali i concetti e le definizioni stabiliti per le altre colture non è sempre possibile, sia a causa della preliminare necessità di fornire una definizione univoca di cosa in queste specie viene definito come "resa", sia per effetto delle peculiari caratteristiche di questo grande gruppo di specie, costituito da piante assai diverse per caratteristiche morfobotaniche, adattabilità ed esigenze, e restio ad essere ricondotto ad una trattazione generalizzata. La gestione delle infestanti nelle colture officinali richiede contemporaneamente una prospettiva di lungo termine, con l'adozione di misure preventive, e un approccio mirato, con identificazione precoce dell'infestante (o delle infestanti) che potrebbe diventare un problema. Nessuno dei metodi proposti è in grado, da solo, di eradicare completamente le infestanti dal campo. In queste condizioni, spesso è necessario che metodi diretti e indiretti siano integrati, con l'obiettivo di lungo termine di prevenire la comparsa di perdite di produzione indotte dalle infestanti, mantenendo contemporaneamente i costi di gestione al di sotto della soglia di tollerabilità. Sembra più che mai valido l'invito rivolto ad un approccio "elastico" al problema della gestione delle infestanti, per il quale difficilmente possono essere proposte soluzioni definitive, quanto piuttosto tattiche variamente adattate alle peculiarità ambientali.

Bibliografia

BASIRI, M.H., NADJAFI, F. (2019) - Effect of plant density on growth, yield and essential oil characteristics of Iranian Tarragon (*Artemisia dracunculus* L.) landraces. *Scientia Horticulturae*, Vol. 257, art. 108655. https://doi.org/10.1016/j.scienta.2019.108655.

CARRUBBA A., LA TORRE R. (2005) - Prove di pacciamatura organica su Origano (*Origanum heracleoticum* L.). *Atti XXXVI Convegno SIA*, Foggia, 20-22 settembre 2005: 274-275.

CARRUBBA A., MILITELLO M. (2013) - Nonchemical weeding of medicinal and aromatic plants. *Agron. Sustain. Dev.*, 33: 551-561. doi: https://doi.org/10.1007/s13593-012-0122-9.

EBADI M.T., CARRUBBA, A. (2014) - Uso di alcuni estratti vegetali come bio-erbicidi. *Atti X Convegno Nazionale sulla Biodiversità*, Roma, 3-5 settembre 2014: 161-166.

LETO C., CARRUBBA A., TRAPANI P. (1994) - Effetti della densità d'impianto sull'origano (*Origanum heracleoticum*) coltivato in due ambienti siciliani. Atti conv. Int. "Coltivazione e miglioramento delle piante officinali" - Trento, 2-3 giugno 1994: 569-577.

SHAKERI H., MOOSAVI S.G., SEGHATOLESLAMI M.J. (2015) - Cumin yield and some traits as affected by sowing date and seeding level. *International Journal of Biosciences*, vol. 6, 2: 403-410. doi: http://dx.doi.org/10.12692/ijb/6.2.403-502.

SINGH A., SINGH M., SINGH D.V. (1998) - Critical period for weed competition in Egyptian henbane (*Hyoscyamus muticus*). *Journal of Agricultural Science*, Cambridge, 113: 115-118.

La produzione di piante officinali, rispetto ad altre colture, può essere più redditizia ma malgrado ciò la specifica meccanizzazione di queste specie è ancora limitata e i mezzi meccanici impiegati sono spesso versioni modificate di macchine progettate per altre coltivazioni.

13 Meccanizzazione

Marco Fedrizzi, Mauro Pagano

Nella scelta del livello di meccanizzazione di un'azienda agricola, uno dei principali elementi da tenere in considerazione è l'estensione della superficie di terreno sulla quale le macchine dovranno operare.
Poiché l'agricoltura italiana è caratterizzata da un elevato grado di frammentazione e polverizzazione, in molte aziende agricole le macchine possono essere sottoutilizzate e, di conseguenza, il loro costo di utilizzo risulta più alto rispetto ad altre situazioni più equilibrate.
Nel caso di aziende dotate di superfici particolarmente piccole, per lo svolgimento di alcune operazioni colturali può essere conveniente fare ricorso alle imprese di meccanizzazione agricola (i cosiddetti contoterzisti) presenti in ogni regione, che provvedono all'esecuzione delle operazioni che necessitano di mezzi meccanici di grande potenza o di elevata specializzazione. È opportuno però ricordare che i mezzi utilizzati dai contoterzisti possono rappresentare un veicolo di infezione o infestazione poiché trasportano, con i loro organi lavoranti e con le ruote, residui di terreno o parti di piante provenienti da altri appezzamenti nei quali hanno lavorato in precedenza. Nel presente capitolo sono descritte le caratteristiche di alcune tra le più diffuse macchine motrici ed operatrici idonee allo svolgimento delle principali operazioni colturali delle piante officinali.

13.1 Lavorazione del terreno

La lavorazione del terreno destinato alla coltivazione effettuata con strumenti meccanici rappresenta uno dei mezzi con cui l'agricoltore può modificare le caratteristiche fisiche, idrauliche e chimiche del suolo agrario allo scopo di offrire alle piante coltivate le migliori condizioni per lo sviluppo e la crescita. Nella scelta dell'attrezzatura con cui svolgere queste operazioni è necessario considerare le caratteristiche del terreno come la tessitura, il suo contenuto idrico, l'eventuale presenza di scheletro, la pendenza ecc. per scegliere l'attrezzatura più idonea. Poiché la lavorazione del terreno è tra le operazioni più esigenti dal punto di vista della potenza dei mezzi, del consumo di combustibile e di manodopera, le più recenti tendenze suggeriscono di limitare gli interventi allo strato di terreno strettamente indispensabile evitando le lavorazioni più profonde e quelle che lo sminuzzano eccessivamente. Questi ultimi aspetti possono infatti provocare il dilavamento del terreno durante le piogge, soprattutto nei terreni in pendenza.

13.1.1 Rippatura

La rippatura (sinonimi: ripuntatura, scarificatura) è un'operazione che permette la rottura della suola di lavorazione, strato impermeabile lasciato nel fondo dei solchi delle precedenti arature, tramite l'esecuzione di tagli verticali nel terreno che possono raggiungere profondità di 60-80 cm e oltre.
La rippatura favorisce l'infiltrazione e l'accumulo dell'acqua piovana nel terreno evitando il ruscellamento superficiale e la conseguente azione erosiva.
Gli attrezzi (*ripper*) con cui si esegue la ripuntatura sono dotati di un telaio cui è collegato un numero di elementi verticali (denti) da 1 fino a 3 ed oltre, la cui distanza reciproca può essere regolata.
I ripper devono essere accoppiati a trattori gom-

Figura 13.1 - Ripuntatore (foto di Roberto Fanigliulo, CREA-IT).

mati o cingolati di potenza pari ad almeno 100 kW per superare lo sforzo richiesto che varia in funzione della tessitura del terreno, del contenuto idrico del terreno, della profondità di lavorazione e del numero di denti operanti.

Esistono tipi particolari di ripuntatori come ad esempio il ripuntatore a piede vibrante che è collegato sia all'attacco a tre punti che alla presa di potenza del trattore e che, oltre al taglio verticale del terreno, produce anche il parziale sgretolamento dello strato di terreno lavorato grazie al movimento oscillante della suola.

13.1.2 Aratura

L'aratura è l'operazione con la quale si effettua il taglio, il rovesciamento di uno strato di terreno e, contemporaneamente, l'interramento del cotico erboso, dei fertilizzanti o dei residui della coltura precedente.

Figura 13.2 - Ripuntatore in lavorazione (foto di Roberto Fanigliulo, CREA-IT).

Figura 13.3 - Aratro trivomere reversibile (foto di Roberto Fanigliulo, CREA-IT).

Con l'aratura il terreno è reso più permeabile per l'acqua piovana, soffice ed adatto ad ospitare la coltura.

Il motocoltivatore è una piccola macchina motrice, economica e versatile, dotata di un motore di potenza contenuta collegato a due ruote motrici e dotata di un cambio.

È guidato da un operatore che segue il motocoltivatore procedendo a piedi e ne controlla l'avanzamento tramite l'impugnatura di due stegole sulle quali sono presenti tutti i principali comandi.

Al motocoltivatore possono essere collegati numerosi attrezzi: per l'aratura si collega un aratro, anche di tipo reversibile, con cui effettuare il lavoro di aratura nei terreni in cui lo sforzo di trazione è limitato. A causa del peso e della potenza piuttosto contenuti può operare a profondità contenute, dell'ordine di circa 15-20 cm e l'avanzamento della macchina è piuttosto lento.

Figura 13.4 - Aratro trivomere in lavoro (foto di Roberto Fanigliulo, CREA-IT).

Figura 13.5 - Zappatrice (foto di Roberto Fanigliulo, CREA-IT).

L'aratura su ampie superfici di terreno si effettua con aratri collegati all'attacco a tre punti del trattore cingolato o gommato.
Per le estensioni più ampie si possono utilizzare aratri polivomere che aprono contemporaneamente più solchi nel terreno.
A causa della maggior disponibilità di potenza del trattore l'aratura risulta più veloce rispetto a quella ottenibile con il motocoltivatore e la profondità di lavorazione può raggiungere profondità di 30-40 cm.
Il lavoro svolto con il trattore è anche più confortevole per l'operatore che è seduto al posto di guida, che può essere ospitato in una cabina dotata anche di condizionatore.
Dopo l'aratura il terreno necessita solitamente di un intervento complementare di preparazione del letto di semina.
Alcune macchine operatrici come le vangatrici e le zappatrici possono essere utilizzate per la lavorazione del terreno in sostituzione dell'aratura svolgendo un lavoro più efficace ed economico. Esse inoltre sono adatte a lavorazioni semplificate in quanto riducono il numero delle successive operazioni di preparazione del letto di semina.
Dal punto di vista energetico, queste macchine sfruttano la potenza delle motrici attraverso la presa di potenza anziché sotto forma di sforzo di trazione, consentendo così l'uso, anche per questi impieghi, di trattrici dotate di due ruote motrici.
Le zappatrici sono costituite da organi lavoranti collegati ad un asse di rotazione orizzontale, di-

Figura 13.6 - Zappatrice in lavoro (foto di Roberto Fanigliulo, CREA-IT).

Figura 13.7 - Vangatrice (foto di Roberto Fanigliulo, CREA-IT).

sposto ortogonalmente alla direzione di marcia: nel corso dell'avanzamento la macchina esegue una serie di tagli nel terreno che viene sminuzzato e mescolato.

La profondità di lavorazione è contenuta entro i 20-25 cm e se le zappatrici sono utilizzate in condizioni di bassa velocità di avanzamento o di eccessiva umidità del terreno, si può formare la suola di lavorazione come nel caso dell'aratro.

Per lavori su superfici ridotte sono utilizzabili i motocoltivatori dotati dello specifico accessorio o le zappatrici che per il loro peso ridotto sono adatte ai terreni più sciolti.

Le vangatrici invece sono collegate ad un trattore di potenza media e sono dotate di organi lavoranti connessi a due assi con bielle: gli organi lavoranti seguono un movimento verticale di taglio e penetrazione nel terreno seguito da uno orizzontale di strappo e rovesciamento della fetta di terreno.

Le vangatrici riproducono in maniera pressoché identica l'azione di taglio, strappo e rovesciamento delle zolle di terreno che si eseguirebbe con una vanga manuale.

La lavorazione del terreno con le vangatrici può raggiungere i 30 cm di profondità e non produce la suola di lavorazione.

Figura 13.8 - Vangatrice in lavoro (foto di Roberto Fanigliulo, CREA-IT).

Figura 13.9 - Erpice a dischi (foto di Roberto Fanigliulo, CREA-IT).

13.1.3 Preparazione del letto di semina o di trapianto

13.1.3.1 Erpicatura

L'erpice (sinonimo: frangizolle) è una macchina operatrice, da collegare ad un trattore, che viene utilizzata per ridurre la dimensione delle zolle lasciate dall'aratura e, marginalmente, per rimuovere le erbe infestanti e livellare il terreno, lasciandolo pronto per la successiva operazione di semina o trapianto.
Esistono in commercio numerosi tipi di erpici che sono stati sviluppati per diverse esigenze ed è possibile classificarli in due principali categorie:

- gli erpici trainati;
- gli erpici azionati dalla presa di potenza del trattore.

I primi sono costituiti da un telaio rigido o talora snodato a forma di quadrilatero collegato all'organo di traino del trattore, che svolge il proprio lavoro grazie alla presenza di organi di vario tipo i quali, per l'azione combinata del peso della macchina e della velocità di avanzamento, sgretolano le zolle di terreno. La larghezza di lavoro

Figura 13.10 - Erpice a dischi in lavoro.

Figura 13.11 - Erpice rotante (foto di Roberto Fanigliulo, CREA-IT).

degli erpici è di norma superiore alla larghezza del trattore cui sono collegati, per poter intervenire anche sulla zona di terreno compattata dal passaggio delle ruote.
L'erpice a denti rigidi è dotato di numerosi elementi verticali in acciaio collegati rigidamente al telaio e privi di possibilità di movimento.
L'erpice estirpatore è utilizzato sulle zolle lasciate dall'aratura: è dotato di elementi a forma di ancora che eseguono principalmente un'azione di eradicazione per eliminare le malerbe ancora presenti e secondariamente una modesta azione di affinamento del terreno.
Nell'erpice a denti vibranti, il telaio è dotato di denti che, grazie alla presenza di elementi elastici come molle o altri elementi flessibili, agiscono sul terreno svolgendo un'azione intermedia tra quella dei due tipi precedenti.
L'erpice a maglie svolge un'azione piuttosto leggera e limitata allo strato superficiale del terreno. Esso infatti è più leggero degli altri tipi di erpice ed oggi il suo utilizzo è limitato all'interramento di concimi o semi distribuiti in vario modo sulla superficie del terreno.
Uno dei tipi più diffusi è l'erpice a dischi nel quale il telaio è dotato di almeno due serie di dischi a

Figura 13.12 - erpice rotante in lavoro (foto di Roberto Fanigliulo, CREA-IT).

forma di calotta sferica con bordo tagliente, la cui rotazione attorno ad un asse orizzontale è provocata dal trascinamento sul suolo.
Grazie al peso dell'intero attrezzo, durante l'avanzamento i dischi penetrano nelle zolle tagliandole, disgregandole ed operando anche un'azione di parziale sollevamento e mescolamento del terreno.
Per questo motivo il peso dell'erpice è uno dei requisiti determinanti per l'ottenimento di una soddisfacente azione di affinamento del terreno.
I tipi di erpice con dischi dritti sono adatti a tutti i tipi di terreno e sono denominati anche frangizolle, mentre quelli con dischi obliqui sono utilizzabili nei terreni più sciolti e prendono il nome di morgano.

Gli erpici azionati dalla presa di potenza del trattore sono collegati all'attacco a tre punti e possono svolgere la loro azione grazie all'oscillazione degli organi lavoranti (erpici oscillanti) oppure al movimento rotatorio (erpici rotativi) degli organi lavoranti attorno ad un asse verticale.
Negli erpici oscillanti gli organi lavoranti verticali (denti) seguono un movimento rettilineo alternato ortogonale rispetto alla direzione di avanzamento con la quale la loro azione si combina.
Questi erpici possono lavorare efficacemente lo strato superficiale di terreno realizzando un buon grado di affinamento ed ottenendo anche il livellamento del terreno lavorato.
Negli erpici rotativi i denti verticali sono installati, solitamente a coppie, su dischi orizzontali il cui centro ruota attorno ad un asse verticale.
L'erpice rotativo garantisce un buon grado di affinamento del terreno e il suo contemporaneo livellamento analogamente a quanto fatto dalla zappatrice ma senza la formazione della suola di lavorazione.
Per l'utilizzo degli erpici rotativi sono necessari trattori di potenza superiore rispetto a quelli utilizzabili con gli erpici a denti oscillanti ed a quelli trainati.

13.1.3.2 Rullatura

L'operazione di rullatura ha lo scopo di frantumare le zolle residuate dopo l'erpicatura completando la rifinitura del letto di semina o trapianto.
I rulli sono attrezzature trainate da trattori di ridotta potenza ed in qualche caso possono essere collegati dietro ad altre macchine, quali gli erpici, realizzando così una macchina combinata che esegue contemporaneamente due tipi di lavorazione nel corso dello stesso passaggio.
I rulli frangizolle sono costituiti da ruote, anelli o cerchi in acciaio o ghisa di diametro pari a 30-50 cm ed oltre, inseriti su un asse orizzontale attorno al quale ruotano per effetto del trascinamento sul terreno.
Gli anelli che costituiscono il rullo frangizolle possono avere due diversi diametri, disposti in posizioni alternate lungo l'asse di rotazione.
La superficie degli anelli può essere dotata di rilievi appuntiti per favorire l'attrito col terreno e la rotazione sull'asse.
L'azione di sgretolamento e livellamento delle zolle di terreno è proporzionale al peso del rullo è ciò assume particolare rilevanza soprattutto quando l'attrezzatura deve operare su terreni tenaci.

13.1.3.3 Macchine combinate

Le macchine combinate, come già accennato, sono costituite da attrezzature accoppiate tra loro per svolgere in successione due o più lavorazioni nel corso di un solo passaggio del trattore sul terreno.
Le possibili combinazioni di macchine operatrici sono numerose: tra le macchine esaminate fino-

Figura 13.13 - Macchina combinata composta da un erpice rotativo e da una seminatrice (foto di Roberto Fanigliulo, CREA-IT).

ra, gli erpici, ad esempio, possono essere dotati posteriormente di un rullo frangizolle.
Le macchine combinate consentono di eseguire le operazioni in tempi inferiori a quelli che sarebbero necessari per eseguire singolarmente ciascuna di esse e soprattutto si riducono i passaggi del trattore in campo con conseguente minore compattamento del terreno.
Per contro impegnano maggiormente il trattore in quanto necessitano una maggiore forza di trazione o potenza per lo svolgimento delle contemporanee lavorazioni.

13.2 Macchine per la fertilizzazione

I fertilizzanti utilizzati in agricoltura sono di origine sia organica che inorganica e si presentano sotto forma solida o liquida.
La loro distribuzione al terreno avviene generalmente all'inizio del ciclo colturale (concimazione di fondo) prima od in concomitanza della messa a dimora del materiale riproduttivo (semina o trapianto).
I concimi solidi si presentano in forma di granuli di piccole dimensioni e possono essere distribuiti su tutta la superficie dell'appezzamento (concimazione a pieno campo) oppure solo su alcune porzioni di terreno sulle quali si effettuerà la semina o il trapianto (concimazione localizzata). I concimi liquidi sono principalmente i reflui liquidi di origine agricola o zootecnica che possono essere utilizzati in agricoltura nel rispetto di specifiche norme di legge che ne definiscono i limiti di impiego.
Per l'impiego sulle più piccole superfici, sono disponibili attrezzature manuali costituite da un contenitore carrellato spinto dall'operatore che, tramite un dispositivo meccanico collegato alle ruote, regola la caduta del concime sul suolo in base all'avanzamento. Alcuni particolari tipi di distributori di concime possono anche eseguire la semina in quanto dotati di specifiche componenti che possono essere regolate in base alle dimensioni dei semi ed alla quantità di seme da distribuire.
I principali tipi di macchine spandiconcime, adatte alla fertilizzazione delle superfici più grandi, sono rappresentati dagli spandiconcime centrifughi, dagli spandiletame e dagli spandiliquami.

13.2.1 Distributori di concimi granulari

Le macchine per la distribuzione dei concimi solidi granulari sono disponibili in varie tipologie costruttive. Il tipo più semplice è lo spandiconcime centrifugo, costituito da un telaio portato dall'attacco a tre punti del trattore su cui sono presenti una tramoggia di contenimento del concime granulare dotata di un semplice sistema di dosaggio e di un disco con nervature radiali che ruota attorno ad un asse verticale. Il movimento avviene grazie al collegamento alla presa di potenza del trattore. Sono macchine semplici e leggere per il cui azionamento sono sufficienti trattori di piccola potenza.
Svolgono il loro lavoro molto velocemente perché, in funzione delle varie tipologie costruttive e delle loro regolazioni, con un solo passaggio del trattore sul terreno possono distribuire il concime fino a 10-15 metri di distanza dal trattore. La regolazione del dosaggio del concime e della sua distribuzione con queste macchine si ottengono attraverso l'impostazione dei parametri esposti nella scheda 13.1.

13.2.2 Distributori di concime a rateo variabile

I più recenti e complessi tipi di macchine per la distribuzione del concime sono rappresentati

Figura 13.14 - Spandiconcime (foto di Roberto Fanigliulo, CREA-IT).

Scheda 13.1 - Regolazione degli spandiconcime

Per la corretta distribuzione della dose di concime si applica la seguente formula:

$$Pc = Dha \cdot V \cdot L \cdot 600$$

dove:
Pc = portata di erogazione di concime (*kg/minuto*)
Dha = dose di concime da distribuire (*kg/ha*)
V = velocità di avanzamento del trattore (*km/h*)
L = larghezza di lavoro utile (*m*)

Per regolare lo spandiconcime ed individuare la corretta portata di erogazione di concime si devono conoscere la dose di concime da distribuire (*Dha*), la velocità di avanzamento del trattore nel corso della fertilizzazione (*V*) e la larghezza di lavorazione dello spandiconcime (*L*). Questi due ultimi parametri possono essere misurati empiricamente. Si effettua quindi una prova, azionando lo spandiconcime con il trattore fermo e collocando un contenitore attorno all'organo di lancio in modo da raccogliere tutto il concime erogato in un determinato periodo di tempo (ed esempio 1 *minuto*). È sufficiente dividere la quantità di concime (*kg*) erogata nel periodo di tempo (minuti) per verificare se coincide con il valore di *Pc* calcolato con la formula sopra indicata ed eventualmente regolare di nuovo il meccanismo di erogazione dello spandiconcime e ripetere la misurazione fino alla raggiungimento della regolazione ottimale.

Figura 13.15 - Particolare del sistema di dosaggio dello spandiconcime (foto di Roberto Fanigliulo, CREA-IT).

dalle macchine autoregolanti dette a rateo variabile che erogano la dose di concime in base alle necessità delle diverse zone di terreno, dello stato nutrizionale della coltura e di numerose altre informazioni presenti nel sistema aziendale di raccolta e gestione delle informazioni le cui principali caratteristiche sono sinteticamente descritte nel paragrafo dedicato all'agricoltura di precisione.

13.2.3 Spandiliquami

I reflui liquidi o semisolidi derivanti da alcune attività agricole sono utilizzabili in conformità alle indicazioni delle vigenti norme e regolamenti cui si rinvia per i necessari approfondimenti. Possono essere rappresentati dai reflui degli impianti di trasformazione di prodotti agricoli (ad es. acque di vegetazione dei frantoi oleari), dalla frazione liquida delle deiezioni animali degli allevamenti zootecnici, dal digestato degli impianti di produzione del biogas, ecc.
Gli spandiliquami sono costituiti da un rimorchio sul quale è presente una cisterna di contenimento del liquame ed una pompa per la sua erogazione. Il liquame può essere distribuito a spaglio direttamente sulla superficie dell'appezzamento prima delle lavorazioni del terreno oppure iniettato al suo interno grazie ad una serie di piccoli organi assolcatori dotati di tubazioni di rilascio, durante il movimento della macchina sul campo.
Le macchine spandiliquami richiedono l'accoppiamento con trattori di potenza media.

13.2.4 Spandiletame

Analogamente ai liquami zootecnici, il letame maturo può essere impiegato in agricoltura per la sua funzione ammendante e per migliorare la

fertilità del terreno. Il letame, che solitamente è in miscela con altri residui come la paglia utilizzata come lettiera, si può considerare solido.
Gli spandiletame sono macchine operatrici dotate di un rimorchio equipaggiato di un ampio cassone di stoccaggio del letame e di un sistema di lame rotanti attorno ad un asse (verticale o orizzontale secondo le diverse tipologie costruttive) che provvede al dosaggio ed al rilascio del letame sul terreno.
L'operazione di distribuzione del letame è di norma seguita da una lavorazione superficiale del terreno per interrarlo e renderlo disponibile per l'apparato radicale della coltura.
Le macchine spandilatame richiedono l'accoppiamento con trattori di potenza medio-alta.

13.2.5 Fertirrigazione

In particolari condizioni colturali, è possibile operare la fertilizzazione attraverso l'impianto di irrigazione (ad esempio impianto a goccia) utilizzando concimi liquidi o solubili.
Questa soluzione consente di gestire in modo molto efficiente le risorse veicolando l'acqua di irrigazione ed il fertilizzante esclusivamente lungo le file della coltura. La gestione del fertilizzante è affidata ad un apposito hardware collegato a sensori che monitorano lo stato della coltura.
È necessario tenere in considerazione che la presenza delle tubazioni sul campo, lungo le file della coltura, può rappresentare un ostacolo allo svolgimento di altre operazioni colturali come ad esempio il controllo delle malerbe e che la fauna selvatica (roditori) eventualmente presente può causare danni all'impianto.

13.3 Macchine per la semina e il trapianto

Per la messa a dimora delle colture si impiegano varie macchine in relazione alle caratteristiche del materiale riproduttivo utilizzato.

13.3.1 Seminatrici

Le macchine operatrici che effettuano la deposizione del seme nel terreno prendono il nome di seminatrici. Possono essere di tipo molto semplice, simili a quelle già descritte per lo spargimento di concimi granulari ed in tal caso sono adatte solo all'uso hobbistico per la semina delle più piccole superfici. Queste seminatrici, pur agevolando il lavoro manuale, effettuano un dosaggio della semente approssimativo e che talora deve essere seguito da un successivo intervento di interramento del seme.
Le macchine seminatrici collegate al trattore sono adatte a superfici estese, anche di numerosi ettari, ed eseguono un lavoro di maggiore accuratezza. Le macchine più diffuse sono le seminatrici a file (o a righe) che sono costituite da un telaio

Figura 13.16 - Seminatrice a righe (foto di Roberto Fanigliulo, CREA-IT).

Figura 13.17 - Seminatrice di precisione (foto di Roberto Fanigliulo, CREA-IT).

portante trainato dal trattore, dotato di ruote di appoggio che svolgono anche la funzione di azionamento degli organi di erogazione del seme tramite trasmissioni ad ingranaggi o catene. Sul telaio sono presenti una o più tramogge in cui viene versata la semente. Dalla tramoggia i semi giungono agli organi dosatori rotanti che, per mezzo di rulli scanalati o elementi alveolati o palette o altre componenti, regolano la caduta dei semi in numerosi tubi adduttori (uno per ogni fila) che guidano la caduta del seme verso il terreno, dietro gli organi assolcatori.
Questi ultimi predispongono il terreno ad accogliere il seme alla necessaria profondità. Dietro gli assolcatori sono presenti gli organi copriseme che provvedono a richiudere il solco contenente la fila di semi. Gli assolcatori sono solitamente fissati ad un dispositivo che consente loro di muoversi verticalmente e seguire il profilo del terreno per garantire una corretta profondità di semina. Inoltre la loro posizione sul telaio può essere variata per ottenere la voluta distanza tra le file di semina.
Un'evoluzione di questo tipo di macchine è rappresentata dalle seminatrici di precisione che permettono la semina di un predefinito numero di semi per unità di superficie con distanza costante lungo la fila. In queste macchine il meccanismo dosatore è in grado di prelevare un singolo seme dalla tramoggia e lasciarlo cadere nel tubo adduttore. Il meccanismo è frequentemente basato sull'azione di un disco rotante dotato di fori, posto alla base della tramoggia di contenimento dei semi. I semi aderiscono ai fori per effetto di una depressione generata da una ventola azionata dalla presa di potenza del trattore: per tale particolarità queste seminatrici vengono anche denominate pneumatiche. La rotazione del disco conduce i semi a cadere con regolarità nei tubi adduttori. Le seminatrici sono frequentemente equipaggiate in combinazione con dispositivi destinati alla distribuzione localizzata di concimi granulari direttamente nello stesso solco di semina. Possono essere equipaggiate anche con un'ulteriore sistema per la contemporanea distribuzione di insetticidi geodisinfestanti, per la colture agrarie per le quali ne sia autorizzato l'uso (ad esempio il mais).
L'evoluzione più recente delle macchine seminatrici consiste nel loro equipaggiamento con sensori, dispositivi di regolazione automatica e sistemi di comunicazione ISOBUS con adatte trattrici per l'utilizzo secondo i criteri dell'agricoltura di precisione, come indicato nello specifico paragrafo.

13.3.2 Trapiantatrici

La messa dimora della coltura può avvenire con il trapianto di piantine ottenute da seme nel piantinaio oppure dalla divisione del cespo di piante madri, da talea ecc. In questi casi si utilizzano le

macchine trapiantatrici che possono essere di tipo manuale, semiautomatico o automatico. Le macchine di tipo manuale più semplici sono costituite da un telaio dotato di ruote di appoggio trainato dal trattore e dotato di un organo assolcatore per ciascuna fila di trapianto. Sul telaio sono presenti anche le postazioni di lavoro che ospitano gli operatori che provvedono ad inserire le piantine o talee nel solco dopo averle prelevate da appositi contenitori. La regolarità della distanza tra le piante lungo la fila dipende dall'abilità degli operatori. Il solco viene poi richiuso da un elemento rincalzatore fisso ed infine una coppia di ruote folli comprime il terreno facendolo aderire alle radici delle piantine. Nelle macchine di tipo semiautomatico sono presenti anche degli organi comandati da un sensore (ruota folle in contatto con il terreno) che provvedono a depositare le piantine alle distanze prefissate. Ogni operatore provvede soltanto all'alimentazione di una coppia di questi dispositivi. Anche in queste macchine sono presenti gli organi che provvedono a richiudere il solco ed a comprimere il terreno.
Al pari delle seminatrici, esistono versioni di macchine trapiantatrici dotate dell'hardware necessario per l'utilizzo in agricoltura di precisione.

13.4 Macchine per la distribuzione dei fitofarmaci

Stante l'attuale limitazione imposta dalle vigenti norme sull'utilizzo di prodotti erbicidi, fungicidi ed insetticidi, le macchine per la difesa delle colture sono scarsamente utilizzate nella coltivazione delle piante officinali.
Tuttavia esse vengono comunque descritte in considerazione di possibili estensioni applicative della normativa per la distribuzione di prodotti autorizzati nella coltivazione biologica.
Mutuate anch'esse dagli altri settori produttivi, sono principalmente rappresentate dalle irroratrici per trattamenti liquidi. La macchine irroratrici più semplici, adatte a piccole superfici coltivate, sono rappresentate dalle pompe a spalla, costituite da un serbatoio di circa 15 litri di capacità portato sulle spalle dall'operatore. Alla base del serbatoio sono presenti una pompa azionata dal braccio dell'operatore ed un tubo di gomma che termina con un'asta rigida sulla cui stremità è inserito un ugello che per azione della pressione provvede alla polverizzazione della miscela fiotiatrica in goccioline di piccole dimensioni da dirigere verso la coltura. Il lavoro svolto con questo tipo di attrezzatura è piuttosto lento in quanto l'operatore opera su una singola file di piante. Per le superfici più grandi possono essere impiegate le macchine irroratrici portate dall'attacco a tre punti del trattore. Sono costituite da un telaio sul quale è installato un serbatoio di capacità pari a 300-500 litri ed oltre, collegato ad una pompa azionata dalla presa di potenza del trattore. La pompa provvede a mantenere in agitazione il prodotto in sospensione nell'acqua all'interno del serbatoio e ad inviarlo ad una tubazione dotata di ugelli. Questa è sostenuta da una barra o traliccio che la mantiene in posizione orizzontale ortogonale alla direzione di avanzamento. La larghezza della barra ed il numero di ugelli variano secondo il modello di macchina. La distanza degli ugelli da terra e la portata della pompa sono regolabili. Il corretto utilizzo di questo tipo di macchine dipende dalla conoscenza ed opportuna regolazione di alcuni parametri di funzionamento come richiamato nella scheda 13.2.
Anche tra le macchine per la distribuzione dei fitofarmaci sono presenti alcuni modelli evoluti dotati di servocontrolli, sensori e collegamenti ISOBUS per l'impiego in agricoltura di precisione.

13.5 Macchine per il controllo fisico delle piante infestanti

Nella lotta alle malerbe, oltre che con l'adozione di pratiche colturali quali le rotazioni, si può intervenire in maniera diretta in vari modi, primo fra tutti l'aratura autunnale che, nel mescolare lo strato di terreno, produce anche l'effetto di interrare in profondità i semi delle infestanti impedendone la germinazione e portare in superficie rizomi o semi che, germinando nella stagione fredda, vanno incontro alle gelate.
Tra le principali attrezzature meccaniche per il controllo fisico delle erbe infestanti si trovano:

Scheda 13.2 - Regolazione delle irroratrici

Al fine della corretta regolazione delle macchine irroratrici, è necessario avere a disposizione la tabella con le informazioni riguardanti la portata in funzione della pressione della pompa, che è caratteristica del tipo di ugelli montati sulla macchina irroratrice.
Una volta che siano note la portata degli ugelli e la velocità di avanzamento del trattore durante il trattamento si calcola il volume erogato con la seguente formula:

$$Ve = (P \times N \times 600) / (L \times Va)$$

nella quale
Ve = volume di miscela fitoiatrica erogato espresso in l/ha
P = portata di un ugello espressa in l/min
N = numero degli ugelli
L = larghezza della barra irroratrice espressa in m
Va = velocità di avanzamento del trattore espressa in km/h.

Utilizzando gli stessi simboli ed unità di misura, se si volesse impostare una determinata velocità di avanzamento è possibile conoscere quale dovrà essere la portata degli ugelli per erogare un determinato volume di soluzione fitoiatrica. Si calcolerà come segue:

$$P = Ve \times D \times Va / 600$$

Questi calcoli sono particolarmente importanti per permettere la distribuzione della dose indicata nell'etichetta del prodotto utilizzato: un eventuale sottodosaggio potrebbe ridurre l'efficacia del trattamento mentre un sovradosaggio, oltre a rappresentare uno spreco ed un inutile inquinamento dell'ambiente, in alcune specie può provocare fitotossicità con conseguente riduzione della produzione.

- le sarchiatrici;
- le pirodiserbatrici.

Le **sarchiatrici** sono macchine costituite da un telaio sul quale sono fissati gli organi lavoranti in modo da eseguire la rottura ed il rimescolamento dello strato superficiale di terreno e di estirpare le erbe infestanti. Gli organi lavoranti sono generalmente rappresentati da denti elastici o zappette e la loro posizione sul telaio deve essere regolata in modo da farli operare soltanto nello spazio compreso tra le file della coltura, senza danneggiare le piante coltivate. In alcuni casi possono essere presenti anche degli organi che provvedono a spostare una porzione del terreno smosso a ridosso della fila della coltura (organi rincalzatori).
Le **pirodiserbatrici** sono attrezzature che espongono le erbe infestanti ad alte temperature ustionandone la parte aerea e, in presenza di condizioni favorevoli, arrivando anche alla loro completa devitalitalizzazione.
Le attrezzature di tipo manuale sono costituite da un'asta sulla cui estremità sono collocate una

Figura 13.18 - Pirodiserbatrice manuale su coriandolo (foto di Alessandra Carrubba).

Figura 13.19 - Effetto del pirodiserbo manuale (foto di Alessandra Carrubba).

Figura 13.20 - Pirodiserbatrice trainata (foto di Mauro Pagano, CREA-IT).

Figura 13.21 - Particolare della pirodiserbatrice trainata (foto di Mauro Pagano, CREA-IT).

piccola bombola di gas propano ed un'impugnatura. Sull'altra estremità è presente un ugello bruciatore ed uno schermo per limitare la diffusione del calore alla zona del trattamento.
Le pirodiserbatrici destinate ad operare su ampie superfici sono trainate dal trattore e dotate di un telaio che funge da supporto per le bombole di GPL e per la camera al disotto della quale sono presenti i bruciatori ed avviene la combustione.
Il trattamento di pirodiserbo viene effettuato in post-emergenza o post-trapianto esclusivamente nell'interfila della coltura in quanto è privo di selettività nei confronti della specie coltivata.
L'applicazione dei principi dell'agricoltura di precisione, in continuo sviluppo, ha interessato anche le principali macchine per il controllo delle malerbe che, grazie ai sistemi di posizionamento satellitare, alle mappe georeferenziate della coltura ed alla presenza di sensori di vario genere (anche ottici) sono in grado di intervenire con i propri organi lavoranti solo sulle piante infestanti o sulla porzioni di suolo non coperte dalla coltura.

13.6 Macchine per la raccolta

Le ordinarie lavorazioni necessarie per la preparazione del terreno, la semina e le altre operazioni colturali per la coltivazione delle piante officinali possono essere svolte, come visto, con macchine ed attrezzature comunemente utilizzate per altre colture mentre ciò, al contrario, non è sempre possibile nel caso della raccolta dei prodotti che frequentemente è un'operazione caratterizzata da un elevato livello di specializzazione.
La causa di ciò risiede nella diversificazione delle parti della pianta destinate ad essere raccolte come ad es. nel caso della camomilla ed altre specie.
Le operazioni di raccolta assumo un altro aspetto importante ed impegnativo: la raccolta meccanizzata o agevolata viene infatti proposta come soluzione alternativa alla raccolta manuale per ottenere un prodotto qualitativamente sano ed omogeneo, rispondente alle caratteristiche richieste dal mercato.
In particolare, è fondamentale identificare, in

riferimento al tempo balsamico, il periodo più adatto alla raccolta. La durata del periodo balsamico può variare in base ad alcuni parametri: area di coltivazione, caratteristiche del terreno, del clima. Spesso accade che il periodo di raccolta non coincide con la maturazione ed avviene in tempi diversi secondo le esigenze dei trasformatori. Ancora oggi tuttavia per alcune specie la raccolta del prodotto viene effettuata manualmente.
Le piante, secondo la specie, possono essere raccolte in campo allo stato fresco, oppure al momento della fioritura, al momento della maturazione di alcune specifiche parti e normalmente il contenuto d'acqua dei tessuti vegetali rende il prodotto raccolto rapidamente deperibile con conseguenti possibilità di trasporto a breve raggio per le successive fasi di trasformazione post-raccolta.
Di seguito vengono descritte alcune tra le principali tipologie di macchine utilizzate per la raccolta di alcuni gruppi di specie di piante officinali che hanno caratteristiche morfologiche simili.

13.6.1 Macchine per la raccolta della parte aerea fresca delle specie officinali erbacee

Nella raccolta dell'intera parte aerea delle piante officinali, allo stato fresco, l'operazione di taglio può iniziare con l'uso delle comuni macchine falciatrici.
La falciatrice è una macchina operatrice, semovente o azionata da un trattore, utilizzata comunemente per lo sfalcio dell'erba e dei foraggi, effettuato con il taglio degli steli alla base. Nelle versioni più semplici la parte aerea delle piante ricade al suolo per essere successivamente raccolta con altre macchine.
In altri tipi di falciatrici, la massa verde falciata viene disposta, per mezzo di un apposito dispositivo, in andane per favorire la seguente fase di raccolta. Altri tipi di falciatrici possono essere dotate anche di un dispositivo che dispone il prodotto in fasci e ne effettua la legatura. Secondo il tipo di apparato falciante, le falciatrici si distinguono in falciatrici alternative con lama oscillante e falciatrici rotative con lame fissate su tamburi.
Le macchine falciatrici a lame oscillanti, comunemente impiegate per il taglio del foraggio possono essere utilizzate nelle operazioni che precedono la raccolta delle piante officinali. Sono di tipo portato o semiportato dalla trattrice. Il taglio delle piante avviene per mezzo di una lama oscillante semplice, oppure dotata di lama e controlama oscillanti e lama oscillante doppia. Tutte le falciatrici sono reperibili in diversi modelli per consentire l'attacco alla trattrice. A seconda della predisposizione del mezzo l'installazione può avvenire frontalmente od in posizione latero-centrale mentre i modelli semiportati sono collegati posteriormente al trattore.
L'accoppiamento tra macchina operatrice e motrice avviene attraverso l'attacco a tre punti e la presa di potenza della trattrice. Per la regolazione dell'altezza di taglio si utilizza il meccanismo di sollevamento idraulico.
Le falcia-condizionatrici sono particolari tipi di falciatrici corredate da un particolare dispositivo per il condizionamento del foraggio tagliato formato da coppie di rulli metallici contrapposti, attraverso i quali passa il prodotto tagliato prima di essere rilasciato sul campo, la cui azione comprime gli steli per favorire la riduzione del tempo di essiccazione del prodotto reciso.

13.6.2 Macchine falcia-caricatrici

Questa tipologia di macchine, comunemente utilizzate per la raccolta di specie ortive come lo spinacio fresco su estensioni di almeno 5 ha, è generalmente costituita da una testata di taglio regolabile, dotata di una barra di taglio orizzontale a coltelli intercambiabili e di ruote di appoggio laterali. Dopo il taglio, la parte aerea delle piante cade su un sistema di carico costituito da uno o più nastri trasportatori che la convoglia verso una postazione di lavoro in cui è presente un operatore che, in condizioni di sicurezza, provvede allo stoccaggio del prodotto in apposite casse o contenitori.
La testata di raccolta, nel corso della fase operativa, è collocata a fianco al trattore mentre, in fase di trasporto, viene ripiegata posteriormente.
La macchina deve essere collegata ad una trattrice di potenza pari ad almeno 50 CV e provvista di idonei sistemi di accoppiamento.

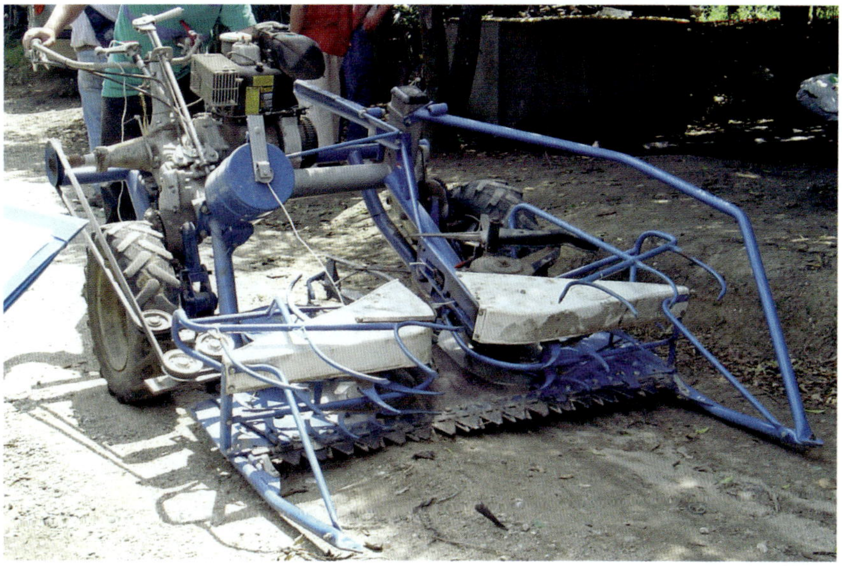

Figura 13.22 - Prototipo di falcia-legatrice dell'Università di Scienze Agrarie di Palermo (foto di Alessandra Carrubba).

13.6.3 Macchine semi-automatiche per la raccolta della parte aerea parzialmente essiccata in campo

La raccolta delle piante officinali di tipo erbaceo (es. menta) viene effettuata nel periodo estivo in riferimento al tempo balsamico.
La raccolta meccanizzata viene effettuata analogamente a quanto avviene nel settore della foraggicoltura: le macchine comunemente impiegate per tali colture sono le falcia-condizionatrici e le raccogli-caricatrici semoventi.
Come precedentemente esposto, dopo lo sfalcio il prodotto cade sul terreno e viene lasciato essiccare naturalmente. Successivamente tramite l'uso di un ranghinatore il prodotto viene rovesciato per favorirne l'omogenea essiccazione.
Quando il contenuto d'acqua del prodotto si è ridotto al valore desiderato, con l'impiego di macchine raccogli-caricatrici, il prodotto viene caricato su un rimorchio per poi procedere al

Figura 13.23 - Prototipo di falcia-legatrice dell'Università di Scienze Agrarie di Palermo in lavoro in coltura di origano (foto di Alessandra Carrubba).

Figura 13.24 - Prototipo di falcia-legatrice dell'Università di Scienze Agrarie di Palermo, particolare della fase di legatura del fascio di origano (foto di Alessandra Carrubba).

carico e successivo trasporto in azienda. In alternativa, per limitare la manipolazione del prodotto, possono essere utilizzati particolari tipi di alambicchi mobili, dotati di apparato falcia-trincia-caricatore che vengono riempiti direttamente in campo per essere successivamente portati in azienda.

La raccolta di alcune specie officinali, quali ad es. lavanda, lavandino, salvia, assenzio gentile ed origano, viene generalmente condotta con l'uso di macchine mietilegatrici già impiegate per la raccolta di altre specie. Di solito queste sono montate su macchine falciatrici che operano il taglio e la contestuale legatura del prodotto. Le piante recise e legate tra loro in grandi fasci (covoni), vengono lasciate sul terreno per una prima disidratazione. In alternativa possono essere usate anche macchine mieti-legatrici da frumento, appositamente adattate per consentirne la corretta funzionalità. L'altezza di taglio deve essere opportunamente regolata in corrispondenza della porzione più bassa dei fusti al fine di non compromettere la capacità vegetativa della pianta.

Figura 13.25 - Falciatrice manuale motorizzata per origano (foto di Alessandra Carrubba).

Figura 13.26 - Particolare della falciatrice manuale motorizzata per origano (foto di Alessandra Carrubba).

Tale tecnica di raccolta non mostra particolari aspetti negativi nel caso del lavandino mentre per la lavanda sono state riscontrate alcune problematiche in quanto essa è caratterizzata da fusti di dimensioni infiori rispetto a quelli del lavandino e le macchine non riescono ad affastellare efficacemente il prodotto reciso. Pertanto molto spesso le piante di lavanda vengono raccolte con macchine falcia-caricatrici oppure vengono raccolte con rotoimballatrici per una successiva cernita e scelta del prodotto per i successivi step di utilizzo.

La salvia (*Salvia officinalis*) viene coltivata generalmente in file aventi distanza di 70 cm ma anche inferiori nel caso si voglia ottenere la formazione di prato di salvia, sia allo scopo di un maggior sfruttamento delle superfici di coltivazione sia per ottenere una minore presenza delle piante infestanti. In questo secondo tipo di coltivazione, se la coltura copre omogeneamente la superfice coltivata, è possibile impiegare le attrezzature dotate di barre falcianti precedentemente descritte per recidere la pianta al colletto. Quando la pianta è coltivata in file è necessario installare sulla barra falciante alcuni organi convogliatori, necessari per indirizzare le piante verso la barra di taglio ed ottenere uno sfalcio omogeneo.

Le macchine mietilegatrici possono essere impiegate anche per la raccolta di altre piante officinali tra cui l'assenzio gentile e l'origano.

13.6.4 Macchine imballatrici

Le imballatrici, nella loro versione più semplice sono macchine in grado di raccogliere le piante o parti di esse che, precedentemente falciate, si trovano sul terreno. Sono dotate di un sistema di sollevamento denominato pick-up costituito da

Figura 13.27 - Falcia-caricatrice in lavoro su calendula (foto di Mauro Pagano, CREA-IT).

un cilindro rotante dotato di denti elastici che solleva le piante e le invia verso una camera (di varia forma) in cui vengono accumulate e progressivamente compresse per la formazione di una balla. Quando la balla è completata, un sistema di legatura con spago, filo metallico oppure rete di plastica provvede alla legatura per impedirne il disfacimento. Terminata la legatura la balla è espulsa dalla macchina e cade al suolo.

Tre sono i più diffusi tipi di imballatrici: le imballatrici a camera prismatica, che producono ballette a forma di parallelepipedo la cui massa varia dai 20 kg ai 40 kg secondo il tipo di prodotto, le imballatrici a camera prismatica, che producono balle di fieno in forma di parallelepipedo di grandi dimensioni e le rotoimballatrici che, essendo dotate di camera cilindrica producono balle cilindriche di massa fino a circa 600 *kg*. Un dispositivo meccanico provvede alla formazione della balla mediante l'ausilio di organi infaldatori. Successivamente un annodatore, a spago o a filo metallico, provvede alla legatura; l'espulsione della balla confezionata, generalmente al suolo, conclude il ciclo della macchina.

Le macchine imballatrici possono essere impiegate nelle operazioni di raccolta delle specie per le quali non è necessario operare in campo alcuna selezione delle parti di pianta. Le balle di prodotto ottenute sono idonee alle successive fasi di trasporto logistico in quanto facilmente caricabili su camion o rimorchi agricoli.

13.6.5 Macchine raccogli-imballatrici

Le raccogli-imballatrici sono macchine operatrici combinate generalmente trainate ed azionate dalla presa di potenza della trattrice, concepite per svolgere le operazioni di raccolta dei prodotti a stelo (foraggi, paglia, ecc.), di formazione di balle (cioè la compressione, che può risultare più o meno elevata in funzione del tipo di uso e di destinazione del foraggio o della paglia, e del grado di umidità) e di legatura. Queste macchine possono essere dotate anche di dispositivi in grado di fasciare la balla con nylon per migliorarne la conservazione ed il trasporto.

Uno dei principali problemi legati allo stoccaggio di piante officinali in rotoballe, risiede nelle condizioni di umidità del prodotto il quale può andare incontro allo sviluppo di infezioni fungine che possono produrre sostanze tossiche (micotossine). Inoltre alcune sostanze volatili naturalmente presenti nel prodotto, possono subire una rapida degradazione. Ai fini della conservazione il prodotto raccolto può essere considerato stabile per contenuti di acqua inferiori al 12%, ma secondo le caratteristiche della specie raccolta possono esserci contenuti di acqua leggermente superiori (fino al 15%) o inferiori (al di sotto del 10%). Il contenuto d'acqua oltre a condizionare la conservazione della materia prima ha influenza anche sulla sua manipolabilità e sulla produzione di polvere.

13.6.6 Macchine falciatrici autocaricanti

Tali macchine sono realizzate per operare sia in terreni pianeggianti sia in zone montane o collinari.

Sono dotate di una particolare barra falciante

Figura 13.28 - Particolare della testata della raccoglitrice per lavanda (foto di Mauro Pagano, CREA-IT).

Figura 13.29 - Raccoglitrice per lavanda in lavoro (foto di Mauro Pagano, CREA-IT).

(rotativa) composta da due tamburi regolabili in altezza; questi eseguono un taglio netto e preciso anche su terreno ondulato. Esistono anche versioni con apparato di taglio a doppia lama oscillante.

Dopo il taglio un pick-up provvede a sollevare il prodotto e ad inviarlo ad un sistema di sollevamento idraulico, a nastro o a scala, che evita la ricaduta a terra del prodotto e lo convoglia nei contenitori di stoccaggio.

La macchina operatrice descritta può essere dotata di propulsore proprio (macchina semovente) oppure può essere accoppiata alle più comuni trattrici agricole (macchina trainata). Le macchine falciatrici autocaricanti semoventi sono caratterizzate dal loro funzionamento pre-

Figura 13.30 - Cantiere di raccolta della lavanda (foto di Mauro Pagano, CREA-IT).

valentemente idraulico con trazione integrale al fine di poter operare anche in pendenza. L'impiego di tali macchine è espressamente consigliato per la raccolta di prodotto su grandi superfici, dove è necessario un utilizzo intensivo: comunemente impiegate per la raccolta e lo stoccaggio del foraggi ad uso zootecnico, possono essere opportunamente adattate per la raccolta delle varie specie officinali.

Le macchine descritte sono progettate e realizzate per garantire l'efficacia e la precisione degli strumenti di taglio e raccolta, la regolazione ed adattabilità ad ogni condizione del terreno e della coltura e l'ergonomia e la sicurezza nel rispetto della normativa vigente in materia.

Le suddette macchine sono particolarmente indicate per la raccolta di erbe aromatiche, basilico, rosmarino, prezzemolo, origano, lavanda ecc.

13.6.7 Macchine per la raccolta della camomilla

La camomilla (*Chamomilla recutita*) è una pianta annuale spontanea in Italia, largamente diffusa nel bacino del Mediterraneo e in tutti i paesi a clima temperato. I principi attivi sono contenuti soprattutto nel capolino: i fiori interi, con gambo più breve di 10 mm, costituiscono la droga secca; i fiori sbriciolati sono impiegati nella preparazione delle tisane; l'olio essenziale è utilizzato nei settori cosmetico e farmaceutico.

La riduzione dei costi di produzione, e in particolare del costo di raccolta, è il presupposto principale per rendere conveniente la coltura e contribuire a difendere la produzione italiana dall'importazione dai paesi in via di sviluppo.

Di conseguenza oggi, per realizzare una coltura industriale di camomilla, non si può prescindere dalla meccanizzazione della raccolta.

La scarsa diffusione della meccanizzazione nella raccolta della camomilla è certamente legata alle difficoltà create dalla coltura. Infatti, le piante sono molto ramificate, con altezza media alla fioritura variabile da 40 a 90 cm, talvolta superiore ad 1 m, con capolini disposti nella fascia apicale della vegetazione la cui fioritura è scalare ed avviene nei mesi di maggio e giugno. Inoltre, la scarsa diffusione della meccanizzazione è si-

Figura 13.31 - Raccoglitrice per camomilla (foto di Mauro Pagano, CREA-IT).

Figura 13.32 - Raccoglitrice per camomilla in lavoro (foto di Mauro Pagano, CREA-IT).

curamente dovuta alla limitata efficienza delle macchine raccoglitrici attualmente disponibili in commercio.

Le macchine impiegate per la raccolta della camomilla possono essere suddivise in due categorie principali: falcia-caricatrici e pettinatrici.

Le macchine falcia-caricatrici eseguono il taglio e l'asportazione dello strato fiorito. Il prodotto che si ottiene è di modesta qualità, a causa della presenza di un'elevata quantità di impurità nel prodotto, per cui è impiegato solo per usi industriali, quali l'estrazione di oli essenziali.

Le macchine pettinatrici realizzano il distacco selettivo dei capolini mediante un'azione di pettinamento della fascia produttiva delle piante. All'interno di questa categoria si possono distinguere due diverse tipologie di macchina.

La prima impiega un solo organo costituito da una serie di barre in acciaio regolarmente distanziate tra loro detto pettine, fissato anteriormente al mezzo, che raccoglie i capolini esclusivamente avanzando contro la vegetazione. Le barre in acciaio dette denti del pettine, attraversando velocemente, in direzione orizzontale, la fascia produttiva delle piante, effettuano il distacco delle infiorescenze dagli steli. Per evitare che il forte attrito del pettine contro la vegetazione provochi il distacco di una parte consistente di steli od anche l'estirpazione di intere piante, è necessario introdurre il pettine nella parte apicale delle piante. Perciò, dato lo spessore dello strato fiorito, maggiore di quello esplorato dai pettini e l'eterogenea altezza della coltura, gran parte dei fiori non vengano staccati, ragione per cui la resa del sistema è piuttosto limitata.

La seconda tipologia, a cui appartengono le macchine commerciali più diffuse, utilizza una testata raccoglitrice cilindrica rotante, portata da un trattore, munita di pettini. L'azione di pettinamento avviene frontalmente, con moto rotatorio dal basso verso l'alto ed il distacco dei capolini si realizza per la combinazione della componente orizzontale della spinta contro le piante, dovuta all'avanzamento della macchina e la componente verticale di rotazione della testata.

Solo a basse velocità di avanzamento del trattore

Figura 13.33 - Raccoglitrice per camomilla in fase di scarico del prodotto (foto di Mauro Pagano, CREA-IT).

ed elevate velocità di rotazione della testata tale sistema, più efficiente del precedente, consente di ottenere un prodotto di discreta qualità ma non ancora qualitativamente paragonabile con quello ottenuto con la raccolta manuale. L'analisi delle caratteristiche tecniche delle macchine esistenti e lo studio dello habitus vegetativo delle colture, hanno rappresentato il punto di partenza per l'ideazione e la realizzazione di un successivo, più evoluto sistema di raccolta.

In questo tipo di testata raccoglitrice, l'azione dinamica dei pettini è ispirata a quella caratteristica della raccolta manuale nella quale il distacco dei capolini avviene introducendo un utensile dotato di pettini, orizzontalmente nella vegetazione, sotto il piano di fioritura, facendolo poi scorrere dal basso verso l'alto. Questo movimento manuale, molto lento, favorisce il distacco dei soli capolini, limitando l'asportazione di altre parti della pianta. Il prodotto così raccolto risulta integro con eccellenti caratteristiche qualitative.

La testata raccoglitrice riproduce in modo ciclico la semplice operazione così come descritta, grazie ad un cilindro rotante attorno all'asse orizzontale, sul quale sono inseriti una serie di pettini per lo strappo dei capolini. Per ridurre la componente orizzontale dei pettini durante lo strappo, dovuta dall'avanzamento della macchina, il senso di rotazione del cilindro è stato invertito rendendolo concorde con quello di rotazione delle ruote. Il percorso dei pettini è determinato da due parametri: traslazione della macchina e rotazione del cilindro. Variando i due parametri è stata individuata la traiettoria ottimale secondo la quale il pettine riproduce, il più fedelmente possibile, il movimento effettuato nella raccolta manuale.

13.6.8 Macchine per la raccolta della parte ipogea delle piante

Per la raccolta dell'apparato radicale di alcune specie officinali, vengono utilizzate le macchine sviluppate per altre colture come la bietola e la patata che, con alcune modifiche e regolazioni, vengono adattate a queste produzioni.

Esistono varie tipologie di macchine in relazione alle operazioni che svolgono e possono essere di tipo portato dal trattore o semoventi. Le macchine che svolgono tutte le operazioni sono del tipo a cantieri riuniti o combinate. La prima operazione consiste nell'eliminazione della parte aerea delle piante tramite un organo trinciatore costituito da un albero, che ruota attorno ad un asse orizzontale, sul quale sono presenti flagelli o coltelli per la trinciatura della parte aerea. Successivamente, nel caso delle macchine per la raccolta della bietola, un organo dotato di una lama orizzontale esegue un taglio per eliminare il colletto della pianta. Grazie all'avanzamento della macchina, un vomere e due coltri verticali tagliano il terreno attorno all'apparato radicale. L'inclinazione longitudinale del vomere permette anche il sollevamento del terreno e del prodotto che giunge così su un organo, generalmente vibrante, costituito da maglie metalliche che permette di eliminare il terreno e svolge anche la funzione di sollevamento e trasporto verso il contenitore di stoccaggio del prodotto.

13.7 Macchine per la gestione dei residui colturali

Al termine del ciclo colturale, secondo la specie coltivata, dopo la raccolta del prodotto possono restare sul campo alcune parti inutilizzabili della coltura.

Tali residui devono essere trattati in quanto potrebbero rappresentare un ostacolo per le operazioni colturali del successivo ciclo di coltivazione. Per ridurre in frammenti i resti vegetali si utilizzano le trinciatrici: si tratta di macchine collegate all'attacco a tre punti del trattore ed azionate dalla presa di potenza.

Sono costituite da un telaio sul quale è presente un asse orizzontale, ortogonale alla direzione di avanzamento, dotato di coltelli.

La trinciatrice è dotata di ruotini di appoggio al terreno che permettono ai coltelli di sfiorare il terreno e colpire i residui colturali riducendoli in frammenti di piccole dimensioni. I residui così trattati potranno in seguito essere interrati durante l'operazione di aratura del terreno.

13.8 Agricoltura di precisione

L'agricoltura di precisione rappresenta l'evoluzione dei concetti applicati nella gestione dell'azienda agricola, delle risorse, dei mezzi tecnici, degli impianti, dei cicli produttivi e dell'ambiente. La tradizionale visione, consolidata nel tempo, considerava il terreno agrario come un insieme continuo ed uniforme nel quale i vari input produttivi dovevano essere erogati in modo omogeneo nel tempo e nello spazio.

Con lo sviluppo delle conoscenze e della tecnologia è stato possibile approfondire le ragioni per le quali una coltura cresce e si sviluppa meglio in alcune aree del terreno coltivato, oppure i motivi per i quali una malattia crittogamica o un insetto dannoso producono più danni in presenza di determinate condizioni climatiche o pedologiche.

Un primo esempio può essere rappresentato dalle prime centraline automatiche dotate di sensori di pioggia, di umidità e temperatura che, unitamente ad alcune osservazioni dei tecnici, hanno permesso di prevedere il momento in cui la peronospora iniziava a svilupparsi nei vigneti della zona in cui erano installate, segnalando la necessità di iniziare i trattamenti antiperonosporici.

Da allora notevole è stato lo sviluppo delle tecnologie tanto sul fronte della geolocalizzazione quanto su quello della sensoristica applicata ai parametri pedologici e colturali.

Le ragioni del diverso sviluppo della coltura o della concentrazione di una malattia in alcune zone del terreno coltivato devono essere indagate per conoscere e conservare le informazioni di natura chimica, fisica e climatica che caratterizzano l'intera superficie del terreno dell'azienda, allo scopo di creare una banca dati da aggiornare ed utilizzare per organizzare e gestire operativamente i cicli produttivi.

Ad esempio, la tessitura del terreno può variare, per molte ragioni, nei vari punti dell'appezzamento coltivato, soprattutto quando è di grandi dimensioni. Tale variabilità può avere diretta influenza sulla capacità del terreno di trattenere l'acqua meteorica e pertanto potranno esserci alcune aree con minore disponibilità idrica in cui la coltura necessita di maggiori volumi di acqua irrigua ed altre più ricche d'acqua nelle quali le

piante, pur crescendo meglio, potrebbero essere soggette all'attacco di malattie fungine o alla competizione di piante infestanti.
La variabilità dell'ambiente e dei fattori climatici è elevata: dagli esempi esposti appare chiaro che la consuetudine di distribuire in modo omogeneo l'acqua di irrigazione oppure di irrorare le piante con lo stesso dosaggio di fitofarmaci su tutta la superficie coltivata appare ingiustificata. Così facendo si verificano nelle varie zone dell'appezzamento sia degli sprechi di risorse (che nel caso dei fitofarmaci rappresentano anche un elemento di inquinamento dell'ambiente) sia delle carenze, con aree in cui la disponibilità di quella risorsa sarà scarsa o nulla.
Per raccogliere tutte le diverse tipologie di informazioni sul terreno, sul clima, sullo sviluppo della coltura, sulla presenza di insetti o piante infestanti ecc., è necessario il supporto di una tecnologia dotata di reti di sensori per la rilevazione di numerosi parametri, di un sistema informatico capace di elaborare il corretto impiego degli input tecnici per ciascuna zona area e di modelli predittivi a supporto delle conseguenti scelte operative.
In seguito, per ciascuna delle diverse colture presenti, il sistema informatico stabilisce i parametri operativi delle necessarie operazioni colturali (lavorazioni del terreno, semine o trapianti, controllo delle malerbe, concimazione, irrigazione, trattamenti antiparassitari, raccolta) differenziandoli in base alle effettive necessità di ciascuna area con caratteristiche omogenee.
Le informazioni così definite vengono trasmesse, in forma di mappe geolocalizzate, a specifiche macchine motrici ed operatrici (dette a funzionamento variabile) dotate di sistemi di posizionamento satellitare di adeguata precisione e di sistemi autoregolanti, le quali muovendosi nell'appezzamento, anche con modalità di guida semiautomatica o automatica, consentono lo svolgimento dell'operazione colturale con la regolazione automatica gli organi lavoranti delle varie attrezzature.
Per tale funzione il trattore e la macchina operatrice, per avere la possibilità di interagire, oltre ad essere collegati attraverso il sollevatore e la presa di potenza, sono anche interconnessi elettronicamente (con connessioni standardizzate ISOBUS) per lo scambio continuo di informazioni necessarie alla regolazione dei vari parametri dell'operazione svolta. Tale combinazione di elementi consente, ad esempio, alle seminatrici di percorrere l'appezzamento evitando di ripetere l'operazione su porzioni di terreno già seminato in precedenti percorsi. I dati geolocalizzati dei percorsi effettuati sono memorizzati ed utilizzati in seguito dalle macchine per la distribuzione dei concimi e dei fitofarmaci, dette a rateo variabile, che in tal modo, oltre ad evitare di intervenire in zone non coltivate o tornare su zone già percorse (evitando l'inquinamento e lo spreco di risorse), sono in grado di regolare in continuo gli organi lavoranti che provvedono all'erogazione della specifica dose programmata del concime o della soluzione di acqua e fitofarmaco (ad esempio l/ha, kg/ha) in ciascun punto dell'appezzamento. Anche le macchine per il controllo delle malerbe, disponendo delle informazioni sulla precisa geolocalizzazione delle file della coltura (memorizzate nel corso della semina o trapianto), saranno in grado di svolgere le operazioni di controllo meccanico delle infestanti nell'interfila. Nel caso in cui queste macchine fossero anche dotate di sensori ottici per il riconoscimento in tempo reale della specie coltivata (in tal caso dette macchine operatrici meccatroniche) potrebbero operare anche lungo la fila, senza danneggiare le piante coltivate, grazie alla possibilità di gestire l'intervento degli organi lavoranti solo sulle infestanti senza provocare danni alla coltura.
L'integrazione con le tecnologie di comunicazione offre la possibilità di controllare da remoto il sistema di gestione anche tramite specifiche app installate su smartphone.

Bibliografia

Bodria L., Pellizzi G., Piccarolo P. (2013) - *Meccanica e meccanizzazione agricola*, Edagricole-New Business Media.

Casa R. (2017) - *Agricoltura di precisione. Metodi e tecnologie per migliorare l'efficienza e la sostenibilità dei sistemi colturali*, Edagricole-New Business Media.

Galli L.E. (2019) - L'informazione dedicata alla meccanizzazione per l'agricoltura, il giardinaggio e il movimento terra. *Mondo Macchina*, 5-6. https://www.mondomacchina.it/it/meccanizzazione-per-le-piante-officinali-c2426 pagina visitata il 4/6/2021.

Lazzari M., Mazzetto F. (2016) - *Meccanica e meccanizzazione dei processi produttivi agricoli*, REDA Ramo Editoriale Degli Agricoltori.

Normativa/Sitografia

Ministero delle Politiche Agricole Alimentari e Forestali - Approvazione delle linee guida per lo sviluppo dell'Agricoltura di Precisione in Italia https://www.politicheagricole.it/flex/cm/pages/ServeBLOB.php/L/IT/IDPagina/12069 pagina visitata il 4/6/2021.

Ministero delle Politiche Agricole Alimentari e Forestali - Piano di settore della filiera delle piante officinali – 2014-16 Allegato tecnico) https://www.politicheagricole.it/flex/cm/pages/ServeBLOB.php/L/IT/IDPagina/7562 pagina visitata il 4/6/2021.

Decreto Legislativo 21 maggio 2018, n. 75 - Testo unico in materia di coltivazione, raccolta e prima trasformazione delle piante officinali, ai sensi dell'articolo 5, della legge 28 luglio 2016, n. 154. https://www.politicheagricole.it/flex/cm/pages/ServeBLOB.php/L/IT/IDPagina/12841 pagina visitata il 4/6/2021.

ISMEA - Osservatorio Economico del settore delle piante officinali – giugno 2013 http://www.ismea.it/flex/cm/pages/ServeBLOB.php/L/IT/IDPagina/8744 pagina visitata il 4/6/2021.

Una volta ottenuta una buona e produttiva coltivazione delle piante officinali, si deve far sì che tale coltivazione sia redditizia per l'agricoltore: occorre quindi avviare in modo corretto la gestione della raccolta e la successiva prima trasformazione del prodotto.

14 Gestione postraccolta: i processi primari

Maria Laura Colombo, Renato Iguera

La finalità principe di una corretta coltivazione e di un'attenta gestione della postraccolta è quella di produrre materiale vegetale essiccato (la cosiddetta *droga vegetale*) che sia standardizzato, cioè scelto, selezionato e di conseguenza omogeneo nella qualità, quindi pregiato e richiesto dal mercato.

Riguardo la **raccolta** delle piante officinali è necessario sapere quale sia – per ciascuna specie vegetale coltivata – il giusto **tempo balsamico**, cioè il momento migliore dello sviluppo della pianta in cui sia meglio effettuare la raccolta, allo scopo di avere la massima concentrazione di principi attivi (i cosiddetti metaboliti secondari o specializzati, vedi capitolo 3). Ad esempio nel caso della genziana maggiore *Gentiana lutea* L., di cui si utilizzano le radici (esse rappresentano la droga di questa pianta, cioè la parte di interesse), il tempo balsamico appropriato è quello della fine dell'estate-inizio autunno, quando la parte aerea è ormai ingiallita e quasi rinsecchita (quindi molto diversa da quella solitamente fotografata e riportata nei libri), perché in quel momento autunnale le radici accumulano la maggior parte dei principi attivi. Se invece la parte di interesse è rappresentata dalle foglie e/o dai fiori, il tempo balsamico è differente e si effettua la raccolta nel momento della piena antesi (cioè piena fioritura), in tarda primavera e/o inizio estate in caso della raccolta dei fiori (come nel caso della camomilla).

Ovviamente il riferimento ad una determinata stagione (estate, autunno, ecc.) è correlato ai nostri territori ed alle condizioni climatiche caratteristiche italiane.

Nella tabella 14.1, si riporta a titolo esemplificativo il tempo balsamico di alcune specie officinali identificate mediante il loro nome latino, la cosiddetta nomenclatura binomia, unica possibilità per identificare in modo corretto un essere vivente, piante comprese. Ad esempio, il termine italiano "rosa", "camomilla", "pino" ecc. identifica molte specie diverse di rosa, di camomilla, di pino, certamente sono termini che non identificano una sola specie, ma identificano più semplicemente il genere (che comprende molte specie). Quindi per identificare in modo univoco una specie, occorre riferirsi sempre e soltanto al nome latino ed in particolare, considerata la recente revisione della nomenclatura latina delle piante, il principale ed affidabile sito web a livello internazionale, che riporti i nomi latini aggiornati ed anche i sinonimi universalmente accettati, è *The Plant List* (TPL) *www.theplantlist.org*. Si tratta di un sito accessibile a tutti, gratuito ed è un sito di riferimento per il Ministero della Salute riguardo la corretta attribuzione del nome latino alle piante officinali (decreto Ministero della Salute "Disciplina dell'impiego negli integratori alimentari di sostanze e preparati vegetali" 10 agosto 2018, Allegato 2).

Il sito *www.theplantlist.org* dall'anno 2020 è stato oggetto di un aggiornamento della nomenclatura latina delle specie vegetali e tutti i nomi ag-

Tabella 14.1 - Tempo balsamico di alcune specie officinali.			
Nome latino	**Nome corrente italiano**	**Droga vegetale**	**Tempo balsamico**
Gentiana lutea L.	Genziana maggiore	Radici	Fine estate-autunno
Althaea officinalis L.	Altea	Radici	Autunno ed anche inverno inoltrato
Althaea officinalis L.	Altea	Foglie	Pienamente distese, prima della fioritura
Althaea officinalis L.	Altea	Fiori	Appena sbocciati, giugno-luglio
Valeriana officinalis L.	Valeriana	Rizomi e radici	Autunno, estirpando piante di 2-3 anni
Pastinaca sativa L.	Pastinaca	Radici	Autunno: raccolta delle radici del primo anno (pianta bienne)
Pastinaca sativa L.	Pastinaca	Foglie	Da giugno ad agosto
Mentha x *piperita* L.	Menta piperita	Sommità fiorite	Luglio-agosto, recidendo la pianta 20 cm ca. al di sotto della infiorescenza
Matricaria chamomilla L.	Camomilla comune	Capolini (le infiorescenze)	Inizio della fioritura, maggio-giugno
Origanum vulgare L.	Origano	Sommità fiorite	Giugno-agosto, recidendo i fusti 20 cm ca. sotto le infiorescenze
Pelargonium sidoides DC	Geranio sudafricano	Radici	Fine estate-autunno (N.B. l'inverno in Sudafrica: da maggio ad agosto)

giornati sono confluiti in un altro sito *World Flora Online* (WFO) *www.worldfloraonline.org*. I due siti TPL e WFO sono collegati fra loro ed interdipendenti, facilmente accessibili e sempre di libera fruizione.

Altro fattore da considerare è la scelta delle giornate più idonee per effettuare la raccolta: è doveroso scegliere giornate soleggiate o per lo meno non piovose, soprattutto per evitare il proliferare di muffe, funghi sul materiale vegetale raccolto bagnato ed evitare così la marcescenza della materia appena raccolta.

Si deve inoltre considerare il fatto che alcune piante officinali (o loro parti) appena raccolte devono essere necessariamente lavorate subito, quando sono ancora allo stato fresco, altrimenti si avrebbe una perdita e degradazione dei principi attivi contenuti. Non sono molte le piante che richiedono queste attenzioni, tuttavia l'agricoltore deve saperlo, soprattutto per pianificare in modo proficuo il lavoro.

Ad esempio, nel caso di diverse specie di menta, timo, camomilla comune, camomilla romana le parti aeree e/o le sommità fiorite vanno distillate allo stato fresco, subito dopo la raccolta, per evitare la perdita di principi attivi e tale distillazione può essere operata direttamente dall'agricoltore (nella cui azienda agricola abbia un distillatore capiente e che sappia come operare la distillazione).

Nella maggior parte dei casi, invece, l'agricoltore ha la possibilità di essiccare il raccolto e ciò consente all'industria di settore di poter differire la trasformazione delle piante essiccate, dando agio alla programmazione del lavoro.

In generale è bene effettuare la raccolta ammassando solo temporaneamente su un carro o un rimorchio, accuratamente pulito e privo di eventuali residui di umidità, la materia prima fresca, per poi depositarla entro 1-2 ore ben diradata (non più ammassata) in luogo fresco, areato, allo scopo di ridurre lo schiacciamento del vegetale e l'aumento di umidità ed evitare così lo sviluppo di potenziali microrganismi (lieviti, muffe, batteri) che potrebbero contaminare il raccolto.

Si è osservato infatti che la pulizia e l'igiene dei mezzi agricoli su cui viene caricato il materiale appena raccolto sono parametri determinanti per evitare la proliferazione dei microrganismi. Talvolta purtroppo le piante raccolte aumentano la loro carica batterica e fungina, perché caricate su mezzi non correttamente puliti.

Sempre inerente le fasi della raccolta, sia che riguardi piante della flora spontanea che piante coltivate, occorre che siano osservate corrette norme igieniche da parte degli agricoltori, norme volte sia a tutelare la salute stessa dell'agricoltore che a preservare integro e senza contaminazioni il materiale vegetale raccolto. Infatti il titolare di un'azienda agricola, o un suo delegato, deve assicurare che il personale addetto alla coltivazione, raccolta e prima trasformazione delle specie officinali sia adeguatamente istruito sulle specie botaniche che manipola, ancora prima di eseguire compiti che richiedano tale conoscenza e sia protetto dal contatto con specie tossiche e/o che presentino rischi durante la manipolazione, in accordo con quanto previsto al capitolo 4 delle *Good Agricultural and Collection Practice* (GACP) emanate nel 2006 dall'*European Medicines Agency* (EMA), che a sua volta si ricollega al documento sulle GACP emanato nel 2003 dalla Organizzazione Mondiale della Sanità (OMS) [si veda capitolo specifico sulle GACP].

L'associazione europea di coltivatori di piante officinali *European Herb Growers Association* EUROPAM *www.europam.net* iniziò a lavorare verso la fine degli anni '90 sulle linee-guida GAP (*Good Agricultural Practice*) e GWP (*Good Wildcrafting Practice*). Questi documenti furono la base usate da EMA per la pubblicazione nel 2006 delle GACP ancora oggi in vigore. EUROPAM continua a diffondere queste linee guida e ha pubblicato nel 2020 un interessante orientamento per le aziende, con l'obiettivo di fornire informazioni pratiche per l'implementazione al loro interno di un sistema di qualità basato sulle GACP. Il documento, liberamente disponibile dal sito; può essere un valido approccio iniziale per studiare questo tema.

14.1 Riferimenti normativi relativi ai processi di postraccolta – prima trasformazione

I processi che rientrano nella cosiddetta "prima trasformazione" e che possono essere eseguiti da un agricoltore sono stati descritti nel decreto legislativo n. 75 del 21 maggio 2018.

Come riporta l'articolo 1 comma 4 del suddetto decreto, i processi di prima trasformazione devono essere «indispensabili alle esigenze produttive, consistenti nelle attività di lavaggio, defoliazione, cernita, assortimento, mondatura, essiccazione, taglio e selezione, polverizzazione delle erbe secche e ottenimento di oli essenziali da piante fresche direttamente in azienda agricola, nel caso in cui quest'ultima attività necessiti di essere effettuata con piante e parti di piante fresche appena raccolte. È altresì inclusa nella fase di prima trasformazione indispensabile alle esigenze produttive qualsiasi attività volta a stabilizzare e conservare il prodotto destinato alle fasi successive della filiera».

La corretta esecuzione delle fasi della postraccolta riportate dal legislatore permette che le droghe vegetali (cioè il materiale vegetale essiccato e lavorato) siano adeguate come qualità a quanto richiesto dalla Farmacopea Europea e, di conseguenza, dalla Farmacopea Ufficiale Italiana; la Farmacopea è un testo con valenza sia scientifica sia legale.

Si ricorda ad esempio che nella preparazione di un integratore alimentare, che rientra nella legislazione degli alimenti, si debbono usare piante che abbiano i medesimi requisiti di qualità richiesti dalla Farmacopea (ovviamente se quella determinata pianta è riportata in Farmacopea) [decreto Ministero della Salute "Disciplina dell'impiego negli integratori alimentari di sostanze e preparati vegetali" 10 agosto 2018, Allegato 2].

Occorre peraltro precisare che decine e decine di piante officinali sono presenti in Farmacopea, ad esempio anche piante che si possono ritenere "comuni piante alimentari" sono in realtà iscritte in Farmacopea: camomilla, altea, ulivo, salvia, rosmarino, timo, origano, menta, pino, iperico, maggiorana, achillea, ippocastano, aglio, altea, calendula, betulla, avena, ginepro, finocchio, lavanda, lino, liquerizia, genziana, malva, melissa, fagiolo, passiflora, sambuco e molte altre ancora.

Vengono ora presi singolarmente in considerazione i processi della prima trasformazione, che il legislatore ha volutamente riportato in ordine logico, rispettando la sequenza delle fasi essenziali per arrivare alla essiccazione della materia fresca.

14.2 Lavaggio

L'opera di lavaggio del materiale vegetale fresco appena raccolto è in realtà una pratica quasi da evitare, o almeno da riservare solo in casi particolari. Ad esempio potranno essere velocemente lavati e poi posti ad asciugare i rizomi, i bulbi e le radici, cioè le parti di una pianta che si sviluppano sotto terra.

Il lavaggio delle radici, dei rizomi ed in generale di tutte le parti sotterranee consente l'allontanamento di materiale inorganico estraneo alla materia prima ed è inoltre essenziale per produrre un materiale vegetale che rientri nei limiti del contenuto in ceneri totali e ceneri insolubili in HCl, richieste che spesso sono riportate nelle specifiche della droga. Inoltre il terriccio non eliminato potrebbe contribuire a contaminare il prodotto vegetale con sostanze pericolose come gli Idrocarburi Policiclici Aromatici (IPA), i metalli pesanti, i pesticidi. A volte per poter lavare efficacemente alcune biomasse (vedi radici e rizomi di valeriana) è necessario tagliare la massa delle radici fascicolate e i rizomi in più parti, ma rischiando al contempo di perdere per dilavamento parte dei succhi della pianta e quindi dei suoi principi attivi. Il processo di taglio e lavaggio va quindi sempre ottimamente calibrato e monitorato per evitare di avere droga pulitissima, ma con meno principi attivi al suo interno.

Il lavaggio di foglie, fiori e sommità fiorite non è per nulla indicato, poiché non farebbe che aumentare la quantità di acqua a carico del materiale raccolto, ciò favorirebbe da un lato la crescita di microrganismi e dall'altro complicherebbe ulteriormente il processo di essiccazione: infatti la quantità di acqua da allontanare dal vegetale sarebbe eccessiva.

14.3 Defogliazione (o defoliazione)

In generale, in botanica, questo termine si riferisce alla caduta delle foglie che può avvenire per fenomeni naturali oppure perché le piante sono sottoposte a trattamenti chimici.

Il termine defogliazione richiama inoltre la pratica agronomica che viene operata sulla vite, allo scopo di eliminare alcune foglie che potrebbero fare ombra ai grappoli nel corso della loro maturazione. Ma chiaramente in questo caso non si tratta di una "prima trasformazione".

Nel caso specifico riferito al contesto delle piante officinali, significa invece l'atto del defogliare effettuato dopo la raccolta, cioè si tratta del distacco voluto delle foglie dal ramo su cui sono inserite. Generalmente lo scopo è ottenere le foglie (solitamente ricche in metaboliti secondari) separate dai rami e rametti, che invece nella maggior parte dei casi contengono quantità trascurabili di principi attivi.

14.4 Cernita

La cernita è l'azione dello scegliere, di operare una scelta o selezione accurata fra cose (in questo caso piantine intere oppure loro parti) che possono anche essere abbastanza simili fra loro. In particolare, lavorando su larga scala, è una operazione nel corso della quale le materie prime vengono suddivise in classi, che hanno caratteristiche diverse l'una dall'altra.

La cernita viene abitualmente effettuata sulla frutta fresca, immediatamente dopo la raccolta. Lo scopo è quello di suddividere in contenitori differenti arance, mele o pere che abbiano dimensioni diverse.

Ed esattamente applicando il medesimo principio, le piante officinali, subito dopo la raccolta, vengono selezionate per rendere omogeno il raccolto ed eliminare eventuali elementi di seconda scelta o addirittura di scarto.

La cernita sul fresco è essenziale per separare parti non desiderate, che aumenterebbero i costi di essiccazione senza apportare qualità alla droga. Un esempio è il taglio delle foglie di cardo *Cynara cardunculus* L. e la separazione poco dopo delle parti dove prevale la nervatura centrale, spessa, di difficile essiccazione e senza apprezzabili quantità di principi attivi. Il taglio delle parti aeree è per esempio necessariamente abbinato all'uso di essiccatoi continui a cilindro rotante, dove i tempi di essiccamento sono rapidi e ad alta temperatura e quindi la regolarità del prodotto umido in entrata è decisivo per un buon processo. Il taglio sul fresco fatto a mano, come ancora è praticato in alcuni Paesi, o attraverso macchine (taglierine, cippatori, mulini a lame e coltelli, ecc.) è un processo molto usato con lo scopo principale di migliorare il processo successivo di essiccamento, che altrimenti sarebbe troppo lungo, con temperature di esercizio eccessive, mettendo a rischio la qualità della droga.

14.5 Assortimento

Si tratta di operare una collezione o raccolta degli esemplari più rappresentativi che, anche se di misura o dimensioni diverse, sono comunque caratteristici di una determinata specie.

L'assortimento comprende un insieme di attività di lavorazione primaria del materiale vegetale che permette anche una corretta calibratura della droga, a seconda del tipo di materiale. L'assortimento può essere considerato l'insieme dei passaggi che deve essere effettuato per rimuovere sporco, polvere, erbacce, corpi estranei, parti vegetali immature o al contrario troppo mature.

14.6 Mondatura

La mondatura corrisponde alla pulizia del materiale vegetale raccolto, togliendo eventuali parti estranee e residui di terriccio. Si parla comunemente della mondatura delle castagne appena raccolte, delle olive, delle mandorle o dei pinoli, ed altro ancora. Significa ripulire la materia prima vegetale da ciò che è inutilizzabile, estraneo o addirittura dannoso; si è così provveduto alla eliminazione degli scarti.

14.7 Essiccazione

14.7.1 Finalità

Il processo della essiccazione in generale è certamente il metodo più antico e collaudato dall'uomo per conservare a lungo il cibo. Per quanto riguarda in modo specifico le piante officinali, è il metodo più largamente utilizzato per diversi motivi:

- stabilizzare rapidamente le sostanze chimiche (soprattutto i metaboliti secondari) contenute nelle piante, evitando così che tali sostanze possano alterarsi;
- bloccare l'attività degli enzimi contenuti nel succo cellulare, enzimi che comunque continuano ad esercitare parzialmente la loro attività anche nelle piante fresche appena raccolte;
- ridurre il proliferare di microrganismi, anche se comunque le piante una volta essiccate vanno sempre controllate e mantenute in contenitori ed ambienti il più possibile privi di umidità;
- ridurre i volumi della materia prima fresca raccolta e poterne così agevolare l'immagazzinamento e facilitarne poi il trasporto verso le aziende di settore; l'essiccazione inoltre incrementa la *shelf life*[1] del prodotto vegetale.

Essiccare il materiale vegetale fresco significa quindi ridurre il contenuto di acqua, naturalmente presente nel vegetale appena raccolto, e tale riduzione deve essere al di sotto del limite percentuale di acqua richiesta dai microrganismi per poter proliferare e dagli enzimi presenti nelle cellule vegetali per poter continuare a svolgere le loro reazioni. Con tale riduzione, si blocca quindi la crescita di microrganismi ed anche le attività enzimatiche, che comunque proseguono anche nel materiale fresco raccolto; in termini più semplici si preserva il deterioramento nel tempo del materiale vegetale.

L'acqua presente in un organismo vivente (pianta, fungo o animale) si distingue in acqua libera ed acqua legata.

L'**acqua legata** viene anche detta "acqua incongelabile" ed è costituita da molecole di acqua che sono parte integrante del reticolo cristallino delle sostanze che costituiscono gli alimenti, essa è anche presente nello strato monomolecolare attratto elettrostaticamente da proteine e sali minerali. Essa è acqua chimicamente legata ed ha una elevata energia di legame e potrebbe essere allontanata soltanto degradando in modo irreversibile il materiale biologico; certamente non può essere allontanata mediante l'essiccazione.

L'**acqua libera**, invece come indica il nome stesso, è l'acqua di imbibizione presente in ogni essere vivente ed anche in una pianta e che non

[1] Ricordiamo che il termine inglese *shelf life* letteralmente significa "vita sullo scaffale" cioè in pratica la durata commerciale di una materia prima e/o di un prodotto finito (alimento, cosmetico, farmaco, ecc.), che si riferisce praticamente alla sua data di scadenza.

instaura legami chimici con molecole diverse ed è trattenuta soltanto da forze fisiche, meccaniche. Per tale motivo essa è facilmente allontanabile dalla pianta fresca. Si può osservare che l'acqua libera presenta quasi le medesime proprietà dell'acqua pura.

Se si vuole conservare a lungo una pianta dopo la sua raccolta o anche un alimento, occorre quindi allontanare l'acqua libera; infatti l'alterazione di un alimento ed in particolare l'insorgenza di una attività microbica indesiderata dipendono dalla presenza dell'acqua libera, considerata acqua disponibile per i microrganismi e che viene da essi sfruttata per vivere ed accrescersi all'interno del prodotto, comportandone una alterazione.

Con l'utilizzo di opportune strumentazioni, è possibile misurare l'acqua libera e la sua attività in qualsiasi prodotto alimentare: carni fresche o insaccate, frutta fresca o disidratata, ortaggi, olio, zucchero, ecc. Il valore della attività dell'acqua, come riportato nella formula sottostante, è un rapporto fra due pressioni, quindi è un numero puro (cioè senza dimensione poiché deriva dalla divisione di due grandezze identiche: due pressioni) compreso fra 0 e 1. Il valore 0 rappresenta l'attività dell'acqua nell'olio oppure nello zucchero (saccarosio) in cui l'unica acqua presente è quella chimicamente legata ai carboidrati definiti anche "idrati di carbonio", valore 0 significa proprio che non vi è acqua libera e di conseguenza nessuna attività.

Al contrario i vegetali freschi hanno mediamente valori pari a 0.9, il che significa una elevata quantità di acqua libera, che dovrà quindi essere eliminata mediante la essiccazione allo scopo di conservare a lungo il prodotto vegetale.

L'attività dell'acqua (a_w = *water activity*) è un parametro che dà l'indicazione della entità di disponibilità dell'acqua libera in un materiale fresco e si calcola mediante la seguente formula:

$$a_w = \frac{Pw}{P°w}$$

Pw = pressione parziale del vapore di acqua del materiale fresco da essiccare

P°w = pressione parziale del vapore dell'acqua pura alla medesima temperatura

L'attività dell'acqua di un materiale da essiccare ha una diretta correlazione matematica con l'Umidità Relativa (*Relative Humidity*, RH) dell'aria che si trova nelle immediate vicinanze del campione da essiccare e calcolabile secondo la seguente formula

$$a_w = \frac{Pw}{P°w} = \frac{RH}{100}$$

Il valore della attività dell'acqua a_w è correlato quindi a quello della umidità relativa RH ed anche al valore del contenuto % di umidità residua presente nel vegetale *Moisture Content* (MC).

La figura 14.1 riporta la correlazione tra i parametri sopra definiti, delineando l'isoterma di assorbimento, cioè la curva che mette in relazione

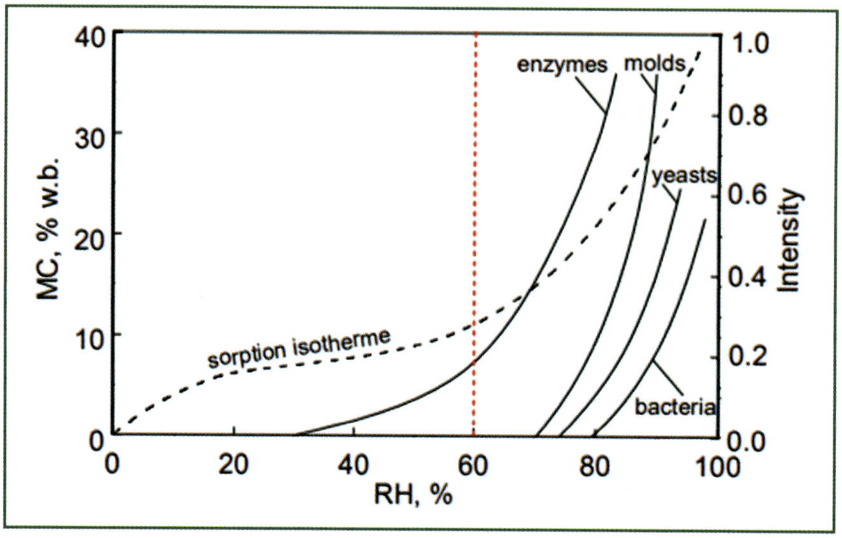

Figura 14.1 - Isoterma di assorbimento [tratta da R.J. Bogers, L.E. Craker, D. Lange (eds.) (2006) - *Medicinals and Aromatic Plants*, pagg. 237-252].

l'umidità del materiale vegetale con l'umidità dell'ambiente a temperatura costante.

In particolare sull'asse delle ascisse viene riportata l'umidità relativa RH in valore %, che è pari alla attività dell'acqua a_w diviso 100 quando il materiale vegetale è in equilibrio con l'ambiente circostante in termini di umidità, ed avrà valori compresi fra 0 e 1 (v. formula precedente). Quindi un valore di RH = 60% corrisponde ad una attività dell'acqua pari a 0,6.

In ordinata viene riportata l'umidità residua presente nel vegetale Moisture Content MC, calcolata sul peso iniziale (cioè fresco).

Nel grafico vengono inoltre riportati quali valori di umidità residua RH permettono ancora la proliferazione di muffe (*molds*), lieviti (*yeasts*), batteri (*bacteria*) ed anche la prosecuzione dell'attività enzimatica (*enzymes*).

Esiste infatti un *optimum* di attività libera dell'acqua per la crescita di determinate tipologie di microrganismi. Ad esempio, i valori minimi al di sopra dei quali è possibile la vita dei microrganismi sono: attività dell'acqua pari a 0,91 per i batteri in generale; 0,88 per i lieviti; 0,80 per le muffe; 0,75 per i batteri alofili (cioè batteri "amanti del sale" capaci di vivere in presenza di alte concentrazioni saline); 0,65 per le muffe xerofile (cioè muffe "amanti di ambienti secchi, aridi"); 0,60 per i lieviti osmofili (cioè lieviti "amanti della vita in ambienti ad elevata pressione osmotica", cioè essi vivono bene in ambienti ipertonici). Questi lieviti sono molto simili agli organismi alofili, in quanto un fattore critico per la vita di entrambi (alofili e osmofili) è il valore dell'attività dell'acqua.

Si può quindi osservare come il valore di RH = 60%, cioè un'attività dell'acqua libera a_w = 0,6, blocchi l'attività biologica degli enzimi e nel contempo anche il proliferare dei microrganismi.

Il tutto è correlato col valore di umidità residua nel vegetale essiccato (riportato in ordinata) e tale valore si attesta attorno a 8-12% in peso.

Per molte piante medicinali in Farmacopea Europea sono riportati i valori massimi ammissibili della umidità residua (MC).

In assenza di obblighi di legge specifici, ma allo scopo comunque di porre sul mercato un prodotto essiccato che possa essere considerato di qualità e mantenersi nel tempo senza deteriorarsi, il suggerimento è quello di ottenere un vegetale essiccato che abbia una attività dell'acqua a_w pari a 0,6; tale considerazione non è un puro esercizio accademico descritto nel grafico precedente, ma viene anche raccomandato dalla European Herb Growers Association (*www.europam.net*) e dalla European Spices Association (*www.esa-spices.org*). Si tratta quindi di un suggerimento che è praticamente una forma di autoregolamentazione e nel contempo una garanzia per l'azienda di trasformazione che acquisterà il prodotto essiccato in accordo con tali modalità.

Il processo della essiccazione è quindi fondamentale per allontanare l'acqua libera naturalmente presente nel vegetale fresco e permettere che la pianta essiccata possa conservarsi a lungo, dopo la raccolta.

Altro parametro da considerare, sempre in relazione alla quantità di acqua presente nel vegetale fresco e poi in quello essiccato, è il cosiddetto fattore di disidratazione di una pianta officinale ormai essiccata. È per lo più un fattore di conversione fresco-secco concordato dalle associazioni industriali con i produttori di piante officinali e con le autorità competenti per poter applicare il valore di conversione del Limite Massimo di Residuo LMR (*Maximum Residue Level*, MRL) dei pesticidi al prodotto secco abitualmente venduto, valori invece riferiti per legge al prodotto fresco (Regolamento quadro (EU) 1107/2009). Si ricorda che secondo la European Food Safety Authority EFSA, il termine "pesticida" può essere usato come sinonimo di prodotto fitosanitario.

Occorre considerare che l'essiccazione, se comporta da un lato la perdita di acqua libera, determina dall'altro necessariamente la concentrazione dei vari metaboliti presenti nel vegetale, compresi eventuali residui di pesticidi utilizzati nel corso della coltivazione e/o contaminanti presenti nell'ambiente.

Si ricorda che per quanto riguarda i residui di pesticidi ammessi negli alimenti destinati all'uomo e negli alimenti destinati agli animali, la normativa europea è precisa nei valori e nelle quantità ammissibili: tale limite viene definito Limite Massimo di Residuo LMR (*Maximum Residue Level, MRL*) per ogni pesticida ammesso.

Perciò il processo della essiccazione delle piante officinali non dovrebbe essere eccessivamente esasperato e prolungato, anche per evitare un innalzamento della concentrazione dei pesticidi residui.

Per meglio definire i contorni del fattore di disidratazione, diversi gruppi di studiosi hanno affrontato il tema.

Nel 2004 lo studioso Ambrus affrontò, nella stesura del *Codex Alimentarius*, il problema della ragionevole quantificazione del fattore di disidratazione del peperoncino, fattore correlato all'analisi del residuo di pesticidi nel peperoncino essiccato intero e nella polvere (paprika). Egli propose la seguente formula, oggi universalmente accettata:

$$\text{Fattore di Disidratazione FD} = \frac{100 - \%\ H_2O \text{ nella pianta essiccata}}{100 - \%\ H_2O \text{ nella pianta fresca}}$$

Lo studioso Ambrus giunse alla conclusione che mediamente il peperoncino e le spezie in generale possono considerarsi "essiccate" quando contengono acqua per un valore compreso fra 7 e 15%. In particolare nel peperoncino definito essiccato l'acqua è ancora presente in una percentuale compresa fra 7,05 e 9,79%; valori che permettono di calcolare un fattore di disidratazione pari a 10 (Ambrus A., 2004).

Tale fattore è accettato dal Ministero della Salute italiano (Nota 0014043-P-11/05/2009) e di riflesso dalle associazioni di categoria anche a livello internazionale, che hanno pubblicato dei *consensus papers* al riguardo.

A tal proposito la European Spices Association ESA, associazione europea che raggruppa molte industrie del settore, nel 2008 suggeriva agli operatori del settore agricolo di essiccare le erbe giungendo alla fine del processo di essiccazione ad un "fattore di disidratazione", detto anche "coefficiente di concentrazione" oppure "fattore di essiccamento fra pianta fresca e pianta essiccata" che fosse ottimale per l'essiccamento e nel contempo che permettesse di rimanere nei limiti di legge per i residui dei pesticidi. I valori suggeriti sono il risultato di una media di numerose prove di essiccazioni e di lavorazioni ed i calcoli sono stati effettuati sulle piante officinali che presentano un maggior volume di affari, sul totale delle ca. 2500 piante officinali presenti sul mercato mondiale.

Per la associazione ESA, la percentuale di acqua residua nella pianta essiccata viene però calcolata come se fosse uguale a zero, perciò la formula viene così riproposta:

$$\text{Fattore di Disidratazione FD} = \frac{100}{100 - \%\ H_2O \text{ nella pianta fresca}}$$

I fattori di disidratazione proposti per le singole piante sono numeri interi, privi di decimali, soprattutto perché frutto di valori medi e per non esasperare il calcolo (Weber G., 2008).

I fattori di disidratazione, come si è detto, sono importanti fattori per adattare i limiti massimi dei pesticidi (MRL) definiti per legge sul fresco ai prodotti secchi.

Nel 2018 la European Herb Growers Association EUROPAM, cioè la associazione europea dei coltivatori di piante officinali, ha proposto in un proprio documento dei fattori di disidratazione definiti non per la singola specie, ma in funzione della parte della pianta, come: semi, frutti, sommità fiorite ecc. Con questo approccio, anche in assenza di dati sperimentali per quella determinata pianta, si può applicare un certo fattore di disdratazione. I valori proposti sono in accordo con quelli della Food Agriculture Organization FAO e dell'ESA (Novak J., 2018).

In conclusione, si può affermare una notevole omogeneità di vedute da parte degli Enti regolatori e delle associazioni di categoria a livello europeo.

14.7.2 Modalità

In generale l'essiccazione o essiccamento è una operazione che comporta l'allontanamento di un liquido (acqua nel caso specifico) da un solido (il materiale vegetale fresco) mediante evaporazione del liquido stesso, il vapore, che viene prontamente allontanato dal materiale in corso di essiccamento per evitare che ristagni umidità.

L'essiccazione può essere naturale oppure artificiale, se avviene con l'ausilio di opportuni macchinari, gli essiccatoi.

L'essiccazione può essere naturale, cioè essa avviene esponendo il materiale vegetale da essiccare direttamente al sole, dove sia garantita ovviamente una forte insolazione per lunghi periodi ed un certo ricambio di aria.

La radiazione solare, che è la fonte di energia per

l'essiccazione al sole all'aperto, viene considerata una fonte di energia preferita in determinate zone della Terra, perché l'energia solare è abbondante, rinnovabile, ecologica, economica, inesauribile e non inquinante.

L'essiccazione è un processo a due fasi: in primo luogo il trasferimento di calore (solare, in questo caso) alla pianta umida per vaporizzare l'acqua libera; in un secondo momento avviene il trasferimento di massa dell'umidità dall'interno della pianta fresca alla superficie di questa, dove poi evapora.

Il problema di gestione più importante e immediato è garantire che il raccolto non marcisca o venga invaso da lieviti, batteri e muffe (producendo aflatossine) o non venga contaminato da parassiti.

La tradizionale essiccazione al sole all'aperto, presenta alcune limitazioni intrinseche quando si cerca di preservare la qualità del prodotto. Alcuni svantaggi sono legati ai lunghi tempi di essiccazione, con possibile deterioramento da funghi, infestazioni di insetti, danni e contaminazione da uccelli e roditori, oltre agli effetti della luce solare e del tempo. Anche nel clima più favorevole spesso non è possibile ottenere un contenuto di umidità del prodotto sufficientemente basso per una conservazione sicura. Ai tropici, ad esempio, l'elevata umidità relativa dell'aria impedisce l'essiccazione dei prodotti agricoli raccolti durante la stagione delle piogge.

Quali esempi di essiccazione naturale si possono ricordare i pomodori (vegetali molto acquosi), i peperoncini, l'ottenimento della cosiddetta "uvetta" ed altri vegetali essiccati direttamente al sole nei Paesi della fascia tropicale e subtropicale. Nella figura 14.2 un esempio di essiccazione in ambiente naturale di semi di *Gloriosa superba* L., in India.

In questi casi il calore cui vengono esposti i vegetali freschi per molte ore della giornata supera i 40 °C e ciò favorisce una rapida essiccazione, previo costante controllo del materiale vegetale per evitare la formazione di muffe. Per avere una idea quantitativa, si consideri che su una superficie pari a 1 m^2 si può disporre ad essiccare 0,5 kg di fiori freschi oppure 1-2 kg di foglie o parti aeree oppure ancora 2-2,5 kg di radici. Inoltre si deve mantenere un ricambio di aria, rivoltando delicatamente il materiale.

Anche l'essiccazione dell'erba sfalciata per ottenere fieno, la cosiddetta fienagione, è una operazione solitamente attuata con metodo naturale sfruttando la radiazione solare e la ventosità della zona. L'erba appena sfalciata contiene ca. 80-85% di acqua e deve giungere ad un contenuto del 20-25%. L'essiccazione deve svolgersi in pochi giorni (da 1 a 4 giorni), nel frattempo l'erba viene fatta ruotare e ribaltare per evitare che l'umidità accumulata possa favorire la crescita di microrganismi indesiderati. È bene osservare che anche in montagna, dove le temperature sono me-

Figura 14.2 - Esempio di essiccazione naturale di semi di *Gloriosa superba* L., in India (foto R. Iguera).

diamente inferiori ad altre zone, il processo della fienagione avviene comunque in modo ottimale grazie alla umidità relativa dell'aria che è molto bassa, anche minore del 50%.
Un altro esempio di essiccazione mediante evaporazione dell'acqua con metodo naturale, è l'ottenimento del sale nelle saline.
Un'altra possibilità di essiccazione naturale applicata alle piante officinali, molto usato nel passato, però ancora oggi attuato nelle piccole realtà agricole, è quello di formare dei mazzi di erbe, che vengono poi legati ed appesi "a testa in giù" in luoghi ombrosi però ventilati. Questo facilita una essiccazione naturale, in cui l'acqua residua presente nella pianta raccolta viene convogliata verso i fiori e l'apice della pianta stessa. In questo caso si facilita una migliore conservazione dei principi attivi volatili, ad es. in menta, melissa, origano ed altre piante aromatiche.
Nella maggior parte dei casi si deve invece optare per una essiccazione artificiale, negli essiccatoi oppure anche nei liofilizzatori. Una ottimale e più veloce essiccazione (rispetto a quella naturale) si ottiene infatti fornendo al vegetale fresco una quantità di calore superiore a quella disponibile nell'ambiente. Si è potuto osservare che una quantità relativamente piccola di riscaldamento può aumentare notevolmente la capacità di trasporto e allontanamento dell'umidità dell'aria. Ad esempio, il riscaldamento dell'aria da una temperatura di 20 °C al 59% di umidità relativa (RH) a una temperatura di 35 °C al 25% di umidità relativa, aumenta di tre volte la capacità di allontanamento dell'umidità. In un essiccatoio il requisito principale è il trasferimento di calore al vegetale umido per convezione, ad esempio per conduzione o altra forma. L'assorbimento del calore da parte del materiale in via di essiccazione fornisce l'energia necessaria alla vaporizzazione dell'acqua dal vegetale stesso.
Il processo che si verifica sulla superficie del vegetale fresco è l'evaporazione dell'umidità. Il vapore perso viene reintegrato con altra umidità che risale alla superficie per diffusione dall'interno del vegetale stesso e la velocità di questo processo dipende anche dalla natura del prodotto; i petali dei fiori si essiccano più velocemente di grosse radici carnose.
L'essiccazione artificiale comporta un costo maggiore in termini di utilizzo di energia e di denaro. È bene a questo punto valutare con attenzione la tecnica di essiccazione artificiale che si intende adottare (cioè la scelta della temperatura, la durata del trattamento e la velocità dell'aria forzata attuata dai ventilatori), poiché la fase dell'essiccazione nel suo insieme incide per circa il 30% sul costo del materiale vegetale essiccato da rivendere all'industria di settore.
Il processo della essiccazione dovrebbe essere abbastanza veloce (24-48 ore), per evitare il proliferare di muffe e batteri, e nel contempo l'essiccazione dovrebbe avvenire a temperature non troppo elevate (40-50 °C), per evitare la perdita del colore (modificazioni dell'aspetto) e la degradazione dei principi attivi.
Al termine dell'essiccazione, si è detto prima, dovrebbe rimanere nel materiale essiccato un residuo massimo di umidità (il cosiddetto Moisture Content MC) pari a 8-12% rispetto al peso iniziale fresco; occorre considerare però che il materiale di partenza può essere diverso (fiori, foglie, radici, altro) e di conseguenza anche la quantità di acqua in esso contenuta è differente: ad es. l'acqua nei fiori freschi può essere 80-85% in peso, nelle radici fresche l'acqua che potrebbe essere soltanto il 30% in peso fresco.
Ad es. essiccare del materiale vegetale fresco che contenga l'80% di umidità richiede che si rimuovano 4 kg di acqua per poter ottenere 1 kg di materiale secco che abbia una umidità residua pari all'11%.
Inoltre alcune piante quali menta, origano, timo, camomilla, salvia, rosmarino e molte altre sono dette "aromatiche", cioè profumate, poiché contengono quali principi attivi sostanze che sono volatili (che una volta distillate costituiscono l'olio essenziale) addirittura a temperatura ambiente (senza neppure dover riscaldare). In questi casi ovviamente la temperatura di essiccazione dovrà tener conto di tali peculiarità ed essere particolarmente bassa, per cercare di contenere il più possibile la perdita di principi attivi nella materia essiccata finale.
Nel caso della passiflora, invece, in cui si essicca la parte aerea raccolta in piena fioritura, i principi attivi di interesse sono differenti; essa contiene ed è apprezzata per la presenza di flavonoidi, mentre le sostanze volatili sono presenti solo in tracce. È quindi possibile, per essiccare il prodot-

to, utilizzare una temperatura di esercizio un po' più elevata.

Altri parametri che sarebbero da considerare in tema di essiccazione, però tali parametri non riguardano le piante officinali, sono le dimensioni delle particelle da essiccare e la loro forma. In caso di polveri da essiccare, il processo potrebbe essere relativamente veloce e più semplice. Però è chiaro che nel caso delle piante officinali da essiccare non si hanno polveri, ma eventualmente piccoli o grandi frammenti di vegetali piuttosto che organi interi (ad esempio radici) oppure parti aeree comprensive di foglie e di fiori, fronde, ecc. Tutto ciò, ovviamente, allunga i tempi di essiccazione e complica il processo. La complicazione è ancora maggiore se la pianta da essiccare è composta da organi differenti come fusto, foglie, fiori e frutti (per esempio la passiflora erba). Ogni parte della pianta presenta tempi di essiccamento differenti, quindi - in presenza di tutta la parte aerea erbacea frutti compresi - la durata del processo andrà calibrata sulla parte più difficile da essiccare, il frutto nel caso della passiflora.

Occorre quindi necessariamente eseguire alcune prove preliminari, prima di effettuare l'essiccazione su larga scala di grandi lotti di materia vegetale. Inoltre ci si può avvalere di testi e di manuali specifici, nonché del supporto della ditta che ha fornito l'apparecchiatura per essiccare.

14.7.3 Varie tipologie di essiccatoi

L'apparecchiatura per essiccare si definisce "essiccatoio", mentre la persona addetta alle operazioni di essiccazione viene detta "essiccatore" (Dizionario Enciclopedia Treccani).

Gli essiccatoi possono essere classificati in base ad alcuni parametri ed hanno forma e dimensioni variabili. In generale l'essiccatoio consiste di un contenitore capace (può essere una vasca, una torre, un cilindro come nella figura 14.3, oppure anche una stanza intera all'interno della quale vi siano scaffalature griglie o ripiani su cui distribuire il materiale da essiccare) all'interno del quale viene depositato il materiale fresco da disidratare. Grazie alla presenza di calore generato con diverse modalità ed alla presenza di aria surriscaldata (continuamente rinnovata) che lambisce le piante da essiccare, l'umidità che via via si forma (cioè l'acqua libera che evapora) viene allontanata sotto forma di vapore.

Il riscaldamento del materiale vegetale da essiccare viene effettuato mediante convezione (in questo caso l'essiccatoio si dice a "riscaldamento diretto"), oppure il riscaldamento avviene mediante conduzione o irraggiamento (in questo caso l'essiccatoio si dice a "riscaldamento indiretto"), a seconda della modalità di trasmissione del calore. Inoltre gli essiccatoi possono essere continui oppure discontinui, a seconda delle modalità di caricamento del materiale da essiccare.

Figura 14.3 - Esempio di essiccatoio a cilindro rotante, usato per *Ginkgo biloba* L. foglie, in Cina (foto R. Iguera).

14.7.3.1 Essiccatoio a riscaldamento diretto

In questo caso il vegetale fresco da essiccare è riscaldato per convezione, grazie ad una corrente di gas caldi (cioè aria, gas inerti, vapore surriscaldato, gas combusti riscaldati da una caldaia esterna all'essiccatoio) che hanno la funzione di rimuovere il vapore che viene prodotto dal materiale fresco che si sta disidratando.
In fisica, la convezione termica è uno dei tre modi di trasmissione del calore: convezione, conduzione ed irraggiamento. La convezione termica è la modalità di trasmissione del calore che possiamo osservare all'interno di una pentola piena di acqua in ebollizione (Fig. 14.4). Le molecole dell'acqua nella parte bassa della pentola sottoposta ad ebollizione hanno una temperatura maggiore rispetto alle altre e per tale motivo si portano per convezione in superficie della pentola, dove una parte dell'acqua evapora, mentre altre molecole prontamente si raffreddano e ritornano verso il fondo della pentola. Ed il ciclo ricomincia. Nella figura viene appunto schematizzato il movimento delle molecole dell'acqua riscaldate mediante convezione.
In un essiccatoio il cui riscaldamento avviene per convezione, i fattori che maggiormente influenzano l'andamento della essiccazione, e quindi il risultato finale, sono: la temperatura dell'aria calda che circola nell'essiccatoio, la sua velocità di flusso ed il valore di umidità relativa RH che si vuole ottenere nel vegetale essiccato. Si è osservato che se lo strato del materiale da essiccare è inferiore ai 50 cm, la velocità del flusso di aria calda è quasi ininfluente, mentre diventa importante se lo strato vegetale avesse uno spessore maggiore. Il flusso di aria calda che lambisce il materiale da essiccare può essere compreso fra 0,2 e 0,6 metri/secondo m/s negli essiccatoi sperimentali, può arrivare fino a 2-2,8 m/s in quelli di maggiori dimensioni. Importanti sono anche le dimensioni che deve avere l'essiccatoio; ad es. un quarto di acro (1 acro = 4.000 m^2) di raccolto di Scutellaria parte aerea richiede una superficie su cui distendere il materiale da essiccare pari a ca. 65 m^2 (per l'esattezza gli studiosi americani calcolano 700 piedi quadrati).
Sicuramente determinante è la temperatura di esercizio. Occorre infatti considerare che le molecole del flusso di aria calda insufflata nell'essiccatoio, all'aumento della temperatura, si espandono in proporzione favorendo così un più veloce allontanamento del vapore liberato dal materiale fresco.
In modo forse un poco semplice, però concreto, possiamo paragonare la modalità di essiccazione delle piante alla tecnica che noi utilizziamo quando ci asciughiamo i capelli col phon, cioè l'asciugacapelli.
Considerando il fattore temperatura, alcune prove condotte su foglie di *Salvia officinalis* hanno dimostrato che mantenendo una temperatura di 30 °C si ottiene l'essiccazione dopo 120 ore di lavoro; innalzando invece la temperatura a 60 °C dopo 2 ore si ottiene l'essiccazione. Questi sono fattori da considerare non solo per ottenere materiale essiccato in modo corretto, ma anche per contenere i costi; si è infatti riportato in precedenza che il processo della essiccazione incide per il 30% sul costo del prodotto finale essiccato. Tuttavia nel caso della specie *Salvia officinalis*, la velocità della essiccazione non è l'unico parametro da considerare. Infatti la salvia è una pianta aromatica, profumata per la presenza di composti profumati, volatili addirittura a temperatura ambiente, prevalentemente di natura mono e sesquiterpenica. Ed oltre alla salvia, ovviamente, possiamo ricordare molte altre piante aromatiche di interesse officinale: ad es. menta, maggiorana, timo, origano, melissa, e molte altre ancora. In questo caso ed in generale con le piante aromatiche, dette anche piante essenziere, occorre quindi eseguire delle prove di essiccazione a temperature differenti, anche perché temperature troppo elevate comporterebbero la perdita dei principi attivi e la salvia così essiccata non avrebbe certamente valore commerciale.
Riguardo la salvia, si è visto che se si operasse ad una temperatura di 90 °C si avrebbe nel materiale essiccato una perdita di sostanze volatili pari almeno al 10%; mentre se la temperatura di essiccazione fosse pari a 60 °C non si avrebbe praticamente perdita di sostanze volatili (anche se in realtà nella pratica quotidiana molti operatori preferiscono utilizzare una temperatura più bassa per essiccare le piante aromatiche e cioè al massimo 45 °C).
Riferendosi invece ad altri principi attivi, ad es.

piante che contengono glicosidi, si è visto che si può raggiungere anche una temperatura di essiccazione pari a 100 °C senza avere una perdita apprezzabile di principi attivi. In caso invece di droghe a mucillagini, ad es. la malva, l'altea, si è osservato che la temperatura di essiccazione ottimale è pari a 65 °C.

Gli essiccatoi a riscaldamento diretto, in generale, sono molto più efficienti rispetto a quelli indiretti, ma con la controindicazione che possono apportare in taluni casi (se fossero usati combustibili fossili come carbone, legna quali fonti di calore) elevate quantità di IPA nella droga.

14.7.3.2 Essiccatoio con riscaldamento indiretto

In questo caso il calore viene trasmesso al materiale vegetale da essiccare mediante conduzione, cioè attraverso il surriscaldamento della parete metallica e talvolta anche per irraggiamento. Nel caso di riscaldamento per conduzione, il calore si trasmette fra due corpi solidi (la parete dell'essiccatoio ed il materiale vegetale fresco) posti a contatto fra loro ed aventi temperatura diversa fra loro.

L'essiccazione indiretta, detta anche per contatto, procede quindi grazie al riscaldamento delle pareti dell'essiccatoio, come nel caso degli essiccatoi a tamburo. Occorre però operare con attenzione, poiché la temperatura delle pareti è elevata, l'essiccazione può anche essere accelerata, a discapito però del materiale vegetale che potrebbe degradarsi o indurirsi eccessivamente

Un'altra tipologia di essiccatoio è quella in cui l'essiccamento avviene a mezzo di energia radiante ed il calore viene fornito per irraggiamento, si parla quindi di tecniche di radiazione elettromagnetica.

Gli altri metodi di essiccazione convenzionali utilizzano aria calda ottenuta tramite riscaldatore elettrico o grazie a gas di combustione per favorire il trasferimento di calore tra l'aria calda e il materiale da disidratare. Ci sono altri metodi che usano lo spettro delle lunghezze d'onda elettromagnetiche come fonte di energia. In queste apparecchiature, onde elettromagnetiche di una certa lunghezza raggiungono il materiale da disidratare generando in questo modo calore, che determina un aumento della velocità di disidratazione. Questo metodo funziona con il riscaldamento elettrico indiretto, perché l'energia elettrica viene dapprima convertita in radiazione elettromagnetica, per essere successivamente trasformata in calore. Il riscaldamento per irraggiamento prevede quindi la propagazione del calore mediante onde elettromagnetiche.

Gli essiccatoi presenti sul mercato hanno capacità comprese fra qualche centinaio fino a migliaia di chili ed hanno inoltre la possibilità di memorizzare differenti programmi di essiccazione, a seconda del materiale da essiccare.

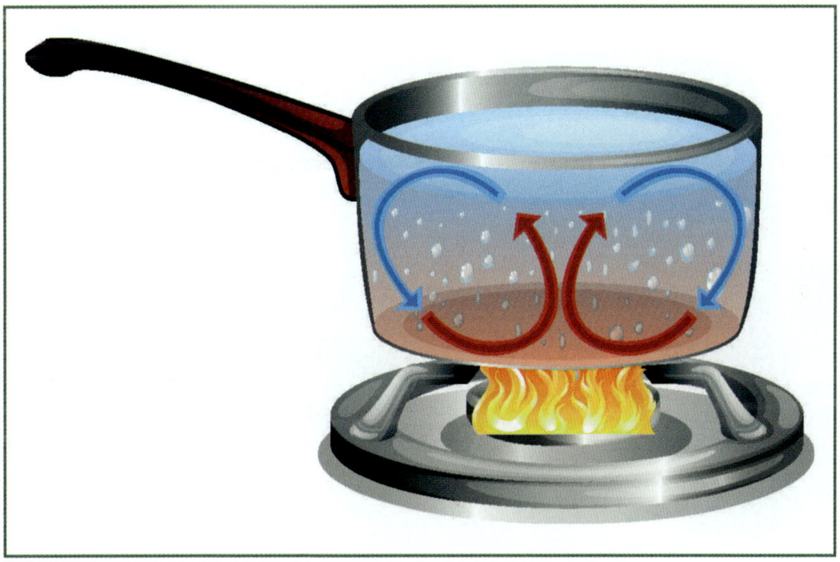

Figura 14.4 - Schema della modalità di riscaldamento per convezione, in una pentola con acqua in ebollizione (blueringmedia/Adobe Stock).

14.7.3.3 Essiccatoi industriali

Per produzioni di una certa dimensione vengono per lo più usati essiccatoi industriali, che provengono dall'industria alimentare o da quella del tabacco. I più usati in Europa sono:

- *essiccatoi continui*, la cui velocità e permanenza del materiale al suo interno e le temperature di esercizio possono variare molto a seconda della tipologia. Questi possono essere di tipo verticale tipicamente usati per i cereali, oppure essiccatoi a tappeto mobile orizzontale a uno o più passaggi, oppure a cilindro rotante a uno o più passaggi;
- *essiccatoi statici*, storicamente usati per il tabacco (Fig. 14.5), molto usati per la loro ridotta capacità, i costi contenuti e la loro versatilità in quanto utili per molte tipologie di materiale vegetale da essiccare.

Vi è inoltre un'altra tipologia di essiccazione, che si basa su un principio differente, e che viene definita essiccazione a freddo o con pompa di calore. In realtà l'essiccazione non avviene "a freddo", ma a basse temperature comprese fra 20 e 50 °C a seconda del materiale da essiccare. L'aria che viene insufflata dal basso verso l'alto sul materiale da disidratare NON è soltanto preriscaldata, bensì dapprima deumidificata (cioè resa molto secca con 5-6% di umidità): l'aria viene quindi riscaldata alla temperatura voluta e fatta passare sopra ed attraverso il materiale da essiccare. In questo modo l'aria anidra si comporta come un agente igroscopico e si carica di vapore che si libera dal materiale vegetale che si sta scaldando, e lo trascina via. L'aria carica di umidità viene convogliata verso il sistema di refrigerazione ed è nuovamente deumidificata. Ed il ciclo ricomincia. Al termine della essiccazione, che dura da 6 a 48 ore, l'acqua utilizzata e che contiene alcune sostanze asportate dal materiale vegetale, può essere recuperata ed impiegata nella formulazione di prodotti vari di interesse commerciale.
Questa metodica viene utilizzata ad esempio per disidratare la frutta ed in alcuni casi anche per disidratare le piante officinali.

14.8 Taglio e selezione

Le piante officinali, una volta essiccate, necessitano di essere controllate anche manualmente, per avere un riscontro visivo e meglio ancora sarebbe poterle sottoporre al passaggio mediante un *metal detector*, nella eventualità che pezzi

Figura 14.5 - Essiccatoio statico usato per *Ruscus aculeatus* L. rizomi e radici, in Turchia (foto R. Iguera).

metallici siano per errore frammisti alle piante essiccate.
Dopo questa verifica, le piante essiccate devono essere sminuzzate affinché, in uno stadio successivo, i solventi di estrazione possano meglio "estrarre" cioè "tirar fuori" dalla droga essiccata e sminuzzata i principi attivi di interesse. I solventi di estrazione possono essere acqua calda (per infusi e decotti), alcol etilico addizionato in percentuali diverse all'acqua (per altre forme di estratti) oppure altri solventi consentiti dalla legge.
Le droghe, cioè le parti delle piante essiccate, devono essere sminuzzate secondo regole e modalità ben precise. Si può effettuare il taglio tisana, il taglio filtro oppure triturare utilizzando delle apparecchiature dette "mulini".
Si può affermare che il taglio delle droghe essiccate è il primo passaggio dopo l'essiccazione, seguito dalla triturazione e poi dalla macinazione.
Il primo taglio della droga può essere fatto in senso longitudinale oppure trasversale, il cosiddetto "taglio a cubetti"; la tipologia del taglio dipende ovviamente dalla forma della droga.
La successiva triturazione avviene solitamente mediante l'impiego di mulini corredati di diverse superfici taglienti, nella tabella 14.2 si riportano gli esempi principali.
Le piante officinali sminuzzate, cioè le erbe secche sfuse che si utilizzano per preparare infusi e decotti e che prevedono un filtraggio prima del consumo, devono essere tagliate nella modalità cosiddetta "taglio tisana" utilizzando un mulino a coltelli. Secondo la Farmacopea Ufficiale Italiana, «la pianta taglio tisana è definita come una o più droghe esclusivamente vegetali tagliate per essere destinate a preparazioni acquose orali ottenute per decozione, infusione o macerazione».
Nella Farmacopea Europea viene specificato in più che «le droghe per tisane sono poste in commercio nel cosiddetto taglio tisana, in cui la dimensione minima delle droghe è pari a circa 2-15 mm».
La droga, una volta triturata, deve essere selezionata per eliminare polveri e/o parti di pianta che abbiano granulometria differente. Si può attuare ciò setacciando la droga triturata attraverso una serie di setacci a maglie con larghezze decrescenti oppure crescenti.

14.9 Polverizzazione delle erbe secche

La polverizzazione delle erbe essiccate avviene solitamente grazie all'utilizzo di mulini a martelli con ruota dentata. Un tale impianto va bene per polverizzare erbe essiccate e non "appiccicose", cioè erbe prive di gomme, resine o mucillagini. Un impianto medio-piccolo può caricare 15 kg di erbe essiccate da sottoporre a polverizzazione. La macchina polverizzatrice per considerevoli quantità di materiale essiccato da macinare ha una capacità di carico da 80 a 800 kg, con velo-

Tabella 14.2 - Diverse possibilità di taglio e triturazione delle droghe.

Tipo di macchina	Effetto macinante	Velocità m/sec	Esempi di impiego nella triturazione delle droghe
Mulino a chiodi	Urto	80-160	Semi di strofanto, segale cornuta
Mulino a ventola	Urto	40-110	Polverizzazione di foglie, cortecce, radici
Mulino a crociera battente	Urto e taglio	50-70	Foglie, cortecce, radici
Mulino con martelli a raggera	Urto	70-90	Tabacco, foglie, radici, erbe
Mulino a dischi dentati	Abrasione e taglio	5-16	Frutti, semi
Mulino a coltelli	Taglio	5-18	Foglie, erbe, radici e cortecce da sottoporre poi a percolazione nelle industrie
Mulino a martelli	Urto	(40-50)-100	Triturazione grossolana di sostanze friabili, in pezzi grossi, come radici

Tratta da List e Schmidt, 1989.

cità del mandrino (parte meccanica del mulino, l'albero centrale su cui si fissano i coltelli) pari a 3500 giri/minuto; si ottiene una polvere la cui granulometria è compresa fra 60 e 350 mesh (cioè fra 250 e 1460 ca. millimicrons) a seconda delle richieste del mercato.
Le erbe così macinate possono essere ad esempio peperoncino macinato in polvere (paprika), piante officinali polverizzate nella modalità "taglio filtro" (inteso come polvere da inserire in un sacchetto filtro per preparare una tisana).
Il taglio fine delle erbe, quasi ridotte in polvere, viene anche detto "taglio granetta"; tali erbe possono essere utilizzate sia per preparare delle tisane (previo filtraggio) oppure anche senza filtrare: vengono dette "tisane masticabili".

14.10 Ottenimento di oli essenziali da piante fresche, direttamente in azienda agricola

Il decreto n. 75, 21 maggio 2018, stabilisce che vi è la possibilità di effettuare la distillazione delle piante fresche, direttamente in azienda agricola, se ritenuto opportuno.
La distillazione di materiale vegetale ormai essiccato non è invece ritenuta dalla legge una pratica agricola, bensì è una operazione propria dell'industria del settore alimentare, cosmetico, farmaceutico o altro.
La motivazione principe per cui in alcuni casi la distillazione può essere eseguita in azienda agricola direttamente sul vegetale fresco appena raccolto, risiede nella tipologia dei principi attivi contenuti in determinate piante, dette in generale piante aromatiche oppure piante essenziere, cioè piante particolarmente profumate. I principi attivi responsabili del profumo emanato da tali piante sono sostanze volatili, e dopo la distillazione della materia prima fresca, vanno a costituire l'olio essenziale o etereo di quella determinata pianta. Per uno studio adeguato delle sostanze volatili, si rimanda al capitolo specifico sui metaboliti secondari o specializzati.
Gli oli essenziali sono miscele di sostanze volatili generalmente ottenuti dal mondo vegetale; nel mondo animale sono invece molto rari; si possono ricordare gli oli essenziali ottenuti dall'ambra grigia (sostanza profumata, secreta nell'intestino del capodoglio ed espulsa con le feci, usata nell'industria profumiera), dalle ghiandole perianali dello zibetto (animale carnivoro detto anche civetta americana) e dal castoreo o castorio (secreto oleoso profumato ottenuto dalla ghiandole perianali del castoro, utilizzato nell'industria dei profumi).

14.11 Processo della distillazione

Storicamente la tecnica della distillazione è antichissima ed era già conosciuta dagli antichi Babilonesi, e dagli Egiziani. La distillazione è una metodica che si basa su un principio fisico: è un metodo di separazione delle sostanze volatili (sotto forma di olio essenziale) da quelle non volatili in cui esse si trovano disciolte. La distillazione non è quindi una tecnica di estrazione: nei processi estrattivi abitualmente si usano solventi organici a polarità diversa per estrarre dal vegetale determinate classi di principi attivi.
L'olio essenziale di menta, melissa, camomilla, timo, origano, ecc. è il prodotto che si ottiene al termine del processo di distillazione in corrente di vapore, o della distillazione a secco di una pianta (o sue parti) o nel caso degli agrumi (arancia, limone, mandarino, ecc.) tramite processi meccanici di spremitura a freddo.

La **distillazione in corrente di vapore** è la tecnica più economica, dalla quale si ottengono i composti più puri e con una buona resa. Il processo viene definito in "corrente di vapore" poiché viene utilizzata acqua sottoposta ad innalzamento di temperatura, così da generare vapore. Tale vapore, attraversando le piante fresche da distillare, si comporta come un "rimorchiatore" per le sostanze volatili presenti nella pianta fresca e li trascina via.
Come detto prima, si basa quindi su un principio fisico e non chimico. Si tratta di un processo basato sulla immiscibilità dei composti da distillare con l'acqua. Si ricorda inoltre che il punto di ebollizione di alcuni componenti degli oli essenziali, ad es. dei terpeni idrocarburici a pressione atmosferica è 160-180 °C, quello degli alcoli ter-

penici è 200-300 °C e quello dei sesquiterpeni e derivati è 260-290 °C; si tratta di temperature ben superiori a quella di ebollizione dell'acqua 100 °C, e se portati alle loro temperature di ebollizione molte di queste sostanze si degraderebbero.
Invece la temperatura di ebollizione di una miscela (acqua + sostanze volatili) di due liquidi che siano immiscibili fra loro, è più bassa del punto di ebollizione del componente più volatile. Quindi la distillazione in corrente di vapore è la distillazione simultanea di due differenti fluidi: l'acqua e le sostanze insolubili in essa. Ciò rende le singole tensioni di vapore addizionabili permettendo la vaporizzazione a temperature molto inferiori sia alla loro temperatura di ebollizione che a quella dell'acqua (100 °C), evitando in questo modo molti fenomeni di degradazione di composti termolabili.
La distillazione in corrente di vapore è quindi una tecnica di separazione che sfrutta la proprietà del basso punto di ebollizione delle miscele di composti immiscibili. Viene utilizzata anche per separare le molecole organiche sensibili alla temperatura da un contaminante non volatile, a patto che siano immiscibili in acqua.
L'apparecchiatura nel suo insieme viene anche detta alambicco ed è costituito da una caldaia esterna che riscalda l'acqua contenuta nel serbatoio; tutto l'alambicco non ha aperture o sfiati con l'ambiente esterno. Sopra l'acqua in ebollizione si trova una griglia o graticcio su cui viene deposto il materiale vegetale fresco da distillare; il materiale viene quindi attraversato dal vapor d'acqua che continuamente si forma e che ha il compito di trascinare con sé le molecole degli oli essenziali. Via via che il vapor acqueo trascina con sé gli oli essenziali, sempre all'interno del distillatore perfettamente chiuso, le goccioline di vapor d'acqua e quelle di olio essenziale vengono raffreddate (mediante un raffreddamento indiretto: vi è una serpentina esterna raffreddata ad acqua), quindi condensano e sono raccolte allo stato liquido in un contenitore terminale (altrettanto chiuso) detto "vaso fiorentino" oppure anche imbuto separatore o imbuto decanter, all'interno del quale gli oli essenziali e l'acqua si separano in base al loro diverso peso specifico: l'olio essenziale avendo peso specifico < 1, galleggia sull'acqua.
La separazione fra l'olio essenziale e l'acqua è visivamente netta, è quindi possibile eseguire la raccolta differenziata dell'olio essenziale e dell'acqua separatamente. L'acqua, al termine del processo della distillazione, può contenere alcuni componenti volatili caratteristici di quella determinata pianta e che hanno una certa polarità. Si può così ottenere l'acqua aromatica o idrolato di anice, di camomilla, di rosa, di menta, di fiori d'arancio (usata in pasticceria), ecc.

I distillatori usati in una azienda agricola possono avere la capacità di 200-300 litri, se la quantità di piante da distillare è di ridotta entità. Se invece

Figura 14.6 - Impianto di distillazione (foto S. Nicola).

Figura 14.7 - Impianto di distillazione (foto S.Nicola).

la quantità di piante da distillare proviene dalla raccolta di decine di ettari di terreno, sono necessari distillatori più capienti, dell'ordine di 30-40 m^3 Si ricorda che 1 metro cubo (m^3) corrisponde a 1000 litri. Nelle figure 14.6 e 14.7 sono raffigurati un paio di esempi.

La maggior parte delle apparecchiature di grosso calibro viene progettata sia per funzionare a pressione atmosferica che a pressioni fino a 2,5 bar.

La **distillazione a pressione atmosferica** è certamente appropriata in molti casi, la distillazione sotto pressione consente però di lavorare materie prime più difficili, quali legno, radici, da cui con maggiori difficoltà si riescono ad ottenere gli oli essenziali, garantendo inoltre un risparmio sia di tempo che di energia.

La distillazione con apparecchiature importanti può essere eseguita con iniezione diretta di vapore alla base dell'unità, mentre alcune materie prime vengono lavorate in fase acquosa, con o senza agitazione.

Sono inoltre possibili vari sistemi di carico e scarico della materia prima, da una griglia a catena sul fondo del contenitore a vassoi a più livelli su un albero centrale, o cestini, il tutto viene progettato per facilitare la movimentazione di grossi carichi di materiale, garantendo produttività e sicurezza per l'operatore.

Per consentire un carico ed uno scarico rapidi ed efficienti, alcuni tipi di apparecchiature, comprese quelle con unità pressurizzate, hanno coperture a cerniera completamente apribili e dotate di un sistema di chiusura a baionetta per garantire un'apertura e una chiusura in sicurezza.

Nelle grosse apparecchiature i separatori, o vasi fiorentini, consentono di separare e raccogliere acque madri e oli essenziali in continuità. I vasi fiorentini sono disponibili in diverse gamme e dimensioni, a seconda della densità dell'olio e della velocità di distillazione.

Al termine della lavorazione su larga scala, il residuo solido (erbe umide) del processo di idrodistillazione viene solitamente eliminato, sebbene sovente sia una fonte ricca di composti organici con interessanti potenzialità applicative. Il materiale umido rimanente, essendo in quantità considerevoli, se opportunamente lavorato, potrebbe fornire estratti ricchi di principi attivi ad esempio di natura polifenolica, sfruttando così appieno gli scarti di processo.

Un altro punto da considerare è che se si utilizza il processo di idrodistillazione (cioè di immersione della pianta da distillare in acqua) su larga scala, si generano grandi volumi di acque madri, cioè acque aromatiche, che possono porre problemi nello smaltimento dei rifiuti; tuttavia le acque aromatiche rappresentano un valore aggiunto per le sostanze che esse contengono. Per tale motivo le acque aromatiche possono essere utilizzate in diversi comparti industriali per le finalità più disparate: alimentari, cosmetiche, nell'ambito della detersione della casa e della persona ed altro ancora.

14.12 Imballaggio delle droghe essiccate: *packaging*

La sicurezza e l'efficacia delle droghe vegetali dipendono anche dalla conservazione, confezionamento e movimentazione della materia prima, eventuale conservante usato e residuo di pesticidi.

Ad esempio, l'esposizione alla luce, all'ossigeno e al potenziale contatto con microrganismi, hanno un effetto diretto sulla conservabilità della droga. L'aria si comporta come un agente ossidante, la luce decompone e degrada i principi attivi, come risultato si ottiene una ridotta stabilità (*shelf life*).

Ad esempio il cambiamento di colore, odore e sapore sono fra le prime indicazioni del deterioramento della droga essiccata.

Al fine quindi di mantenere inalterata la qualità delle piante officinali lavorate ed essiccate anche durante le successive fasi di trasporto, immagazzinamento e distribuzione, occorre scegliere con cura il materiale di imballaggio da utilizzare, tenendo presente la funzionalità oltre che le richieste del marketing. Infatti un imballaggio adeguato impedisce una possibile contaminazione da agenti esterni o interni (formazione di muffe), mantiene l'integrità e le caratteristiche organolettiche.

Certamente molte indicazioni e suggerimenti attualmente acquisiti ed entrati in uso, derivano dalla ricerca sperimentale. Ad esempio, sono state effettuate alcune prove di packaging con parti aeree essiccate di *Solanum nigrum* L. Si è osservato che la parte aerea essiccata all'ombra e poi immagazzinata in un contenitore in LDPE ha mantenuto inalterate le sue proprietà fisico-chimiche cioè. umidità, colore, fragilità e contenuto di alcaloidi per un periodo di quattro-cinque mesi.

La sigla LDPE corrisponde ad un polimero termoplastico, definito anche polietilene a bassa densità; l'abbreviazione LDPE deriva dal nome inglese *Low Density Poly-Ethylene*. È un polimero che si può riciclare, non reagisce ai cambiamenti della temperatura ambiente (almeno fino a +80 °C), presenta una ottima impermeabilità all'acqua, inoltre è flessibile e resistente.

Per quanto riguarda invece le foglioline della senna, altri ricercatori hanno verificato che il miglior materiale di imballaggio sono dei sacchetti di polietilene nero, a loro volta avvolti in fogli di alluminio.

Questa tipologia di plastica LDPE come imballaggio, quindi, è efficace nel mantenimento della umidità relativa e le confezioni integre, non perforate prevengono la perdita d'acqua soprattutto se si tratta di parti aeree essiccate.

Nella tabella 14.3 si riportano alcuni esempi di imballaggi ottimali per diverse tipologie di droghe.

Tabella 14.3 - Possibile materiale per il packaging di droghe vegetali di diversa natura.

Tipologia droga vegetale	Possibile packaging
Materiale legnoso: radici, fusti, legni, cortecce rigide	Sacchi di fibre miste intrecciate: juta, canapa e altro Sacchi di juta e/o di rafia
Erbe annuali intere, rami di rampicanti, foglie	Sacchi di juta e/o di rafia
Materiale comunque un po' molle e carnoso	Sacchi di juta rivestiti da alti spessori di polietilene
Fiori, parti fiorali: antere, stigma, petali	Sacchi di juta e/o di rafia rivestiti da alti spessori di polietilene
Gomme e resine	Fusti in plastica che permettano buona areazione Scatole di cartone ondulato con rivestimento di plastica
Piante aromatiche	Contenitori in polietilene ad alta densità (HDPE) e a tenuta d'aria Fusti o tamburi in fibra di legno rivestiti in polietilene

La gran parte dei contenitori usati oggi sono in fibre di polipropilene intrecciato e polietilene trasparente oppure colorato per proteggere dalla luce il materiale. Per alcune droghe di particolare pregio si usano anche scatole di cartone (radici di Ginseng) o sacchi di carta. Il peso per collo varia a seconda del peso specifico del materiale (molto basso nel caso dei fiori o alto nel caso per esempio di semi, frutti e radici) oppure se la droga è stata imballata con l'ausilio di una pressa. Il peso dei colli varia anche dalle dimensioni dell'imballaggio: da pochi kg a 500-1000 kg nel caso di materiale ad alta densità (p. es. semi, frutti) in *big bags*. Alcuni tipo di imballaggio, come i sacchi in filato di polipropilene, permettono una certa traspirazione che può essere utile nel caso di droga non essiccata completamente. Per alcune droghe dal particolare odore o profumo (a seconda dei gusti), si usano talvolta imballaggi in alluminio e ponendo sottovuoto il contenitore. È ad esempio il caso dei rizomi e radici di valeriana che al di là del fastidio che il loro odore può procurare, possono anche lasciare traccia della loro presenza su altri materiali conservati nel medesimo magazzino.

14.13 Immagazzinamento delle droghe vegetali: conservazione, *storage*

Condizioni di conservazione inadeguate possono rendere le droghe vegetali inutilizzabili. Occorre necessariamente evitare l'ingresso in magazzino di roditori, uccelli e altri animali.
Il luogo dove vengono conservate le piante officinali essiccate deve essere privo di umidità, di sporcizia e di polvere; inoltre le droghe non dovrebbero mai essere immagazzinate in aree aperte oppure dentro o vicino a stalle. I contenitori delle piante devono essere correttamente sigillati ed etichettati, conservati preferibilmente su pallet di legno, in luoghi freschi, asciutti e ben areati.
Diversi sono i fattori che possono influenzare la conservazione delle droghe una volta immagazzinate. Possiamo ricordare, fra i principali, la temperatura degli ambienti. Infatti per ogni aumento di 10 °C al di sopra dell'ottimale, la velocità del deterioramento aumenta di due-tre volte, mentre una temperatura troppo bassa può altrettanto causare problemi.
L'umidità relativa degli ambienti e l'intensità della luce che incide sui contenitori delle droghe, sono altri fattori che possono influire negativamente sulla buona conservazione del prodotto essiccato.
Le soluzioni che si prospettano sono differenti: magazzini refrigerati, confezionamento in atmosfera modificata, confezionamento sottovuoto, conservazione ipobarica (bassa pressione), conservazione in atmosfera controllata ecc. Molte sono in effetti le soluzioni disponibili sul mercato per una corretta conservazione di prodotti agricoli e orticoli.
Secondo l'Organizzazione mondiale della Sanità (OMS), i prodotti freschi delle piante officinali devono essere conservati a temperature adeguatamente basse, idealmente a 2-8 °C, i prodotti congelati devono essere conservati a –20 °C. Per quanto riguarda le piante officinali essiccate, esse dovrebbero essere imballate e confezionate il più rapidamente possibile per evitare contaminazione e deterioramento del prodotto.
Un'ultima considerazione va fatta per le modalità del trasporto del materiale vegetale essiccato dall'azienda agricola verso le aziende di trasformazione secondaria. È necessario trasportare la materia vegetale in condizioni pulite e asciutte. I prodotti devono essere riposti in rimorchi, tramogge o altri contenitori igienizzati e prontamente consegnati per le successive lavorazioni industriali.

Bibliografia

AMBRUS A. (2004) - Estimation of maximum residue levels of pesicides in/on spices. In: *FAO Plant production and protection paper 182/1*, Pesticides Residues in Food-2004, Evaluation part I Residues, 1119-1159.

LIST P.H., SCHMIDT P.C. (1989) - *I farmaci di origine vegetale*. Hoepli, Milano.

MULLER J., HEINDL A. (2006) - "Drying of medicinal plants". In: Bogers R.J., Craker L.E., Lange D. (a cura di), *Medicinals and Aromatic Plants*, pp. 237-252.

Novak J. (2018) - The European Herb Growers Association (EUROPAM) position on drying (dehydration) factors for medicinal and aromatic plants (MAPs). *Journal of Applied Research on Medicinal and Aromatic Plants*, 11, 1-2.

Weber G. (2008) - European Spices Association, ESA, recommends dehydration factors to assess pesticide residues on products of spice industry. Letter to the Editor, Forum 475-476.

Normativa

Decreto legislativo n. 75 21 maggio 2018 - "Testo unico in materia di coltivazione, raccolta e prima trasformazione delle piante officinali, ai sensi dell'articolo 5, della legge 28 luglio 2016, n. 154".

Decreto Ministero della Salute - "Disciplina dell'impiego negli integratori alimentari di sostanze e preparati vegetali" 10 agosto 2018, Allegato 2.

Ministero delle Politiche Agricole, Alimentari e Forestali MIPAAF. - Piano di settore della filiera delle piante officinali 2014-2016 www.politicheagricole.it/flex/cm/pages/ServeBLOB.php/L/IT/IDPagina/7562

Good agricultural and collection practice for starting materials of herbal origin GACP, European Medicins Agency EMA www.ema.europa.eu/en/good-agricultural-collection-practice-starting-materials-herbal-origin.

WHO Guidelines on good agricultural and collection practices (GACP) for medicinal plants, Organizzazione Mondiale della Sanità https://apps.who.int/iris/handle/10665/42783.

Sitografia

European Food Safety Authority EFSA - www.efsa.europa.eu/it

European Herb Growers Association - www.europam.net

European Spices Association - www.esa-spices.org

The Plant List (TPL) - www.theplantlist.org

World Flora Online (WFO) - www.worldfloraonline.org

Le piante compiono il loro ciclo vitale in stretta relazione con l'ambiente in cui vivono. La variabilità degli ambienti di coltivazione e delle pratiche agricole rappresenta un fattore determinante della qualità del prodotto.

15 Creazione e gestione della qualità

Andrea Ertani, Giacomo Cocetta, Roberta Bulgari, Antonio Ferrante, Silvana Nicola

15.1 Introduzione

La perfetta identificazione botanica e la caratterizzazione delle componenti sono requisiti fondamentali per l'utilizzo di una pianta o di un suo derivato e per poterne garantire la qualità.
Le proprietà delle piante officinali sono diverse a seconda delle condizioni in cui vivono e dell'epoca di raccolta. Nell'ambito delle piante officinali esiste una grande variabilità intraspecifica per qualità e quantità dei principi attivi. Questi aspetti rivestono grande importanza per i seguenti motivi:

- individuazione di genotipi ricchi di principi attivi;
- individuazione di genotipi dotati di un principio attivo prevalente o privi di determinati altri;
- studio delle relazioni ambiente-qualità ed ambiente-quantità dei principi attivi;
- studio delle relazioni tecniche agronomiche-qualità e tecniche agronomiche-quantità dei principi attivi;
- individuazione dei diversi chemiotipi.

I fattori che influenzano la qualità delle piante officinali possono essere **naturali**, e quindi per esempio cambiare se le piante sono raccolte spontanee o coltivate, oppure possono essere dovuti a fattori endogeni o esogeni.
Sono **fattori endogeni** quelli genetici (selezione, mutazione, poliploidia, ibridazione) o non genetici (età della pianta, stadio di sviluppo).
Sono **fattori esogeni** quelli tipicamente dovuti all'ambiente, comprendendo clima, suolo e fattori circostanti (terreno, temperatura, luce, piovosità, altitudine, latitudine, fattori biotici, allelopatia, ventosità, areale di diffusione, ambiente e contaminanti), oppure i fattori agronomici (epoca e densità di semina o di impianto, concimazione, irrigazione, trattamenti di difesa, modalità ed epoca di raccolta, gestione del prodotto in postraccolta). I fattori agronomici sono anche definiti come **fattori antropici**, prevedendo l'intervento dell'uomo sia esso il produttore di piante officinali o il tecnologo del prodotto.

15.2 Fattori che influenzano il contenuto e la qualità dei principi attivi nelle piante

15.2.1 Fattori endogeni

15.2.1.1 Fattori genetici

Il valore commerciale delle piante officinali dipende essenzialmente dalla composizione degli oli essenziali e/o dalla concentrazione di composti bioattivi. Le piante officinali sono state la fonte di alimento e di principi attivi in grado di attenuare gli effetti di molti disturbi e di malattie nell'uomo fin dall'antichità. L'interesse dell'uomo verso le piante officinali non è diminuito nel tempo nonostante l'aumento dei medicinali di sintesi, anzi, l'uso dei principi attivi di origine vegetale è notevolmente aumentato. La fitoterapia e l'effetto terapeutico dei composti bioattivi sono di notevole interesse tra i consumatori.

Scheda 15.1 - Alcuni termini tecnici

Le tecniche di biologia molecolare sono sempre più utilizzate sia nella ricerca di base sia in quella applicata. Di seguito i termini tecnici utilizzati in questo capitolo.

Fingerprinting: dall'inglese letteralmente significa "impronta" che può essere riferito al genoma o alla composizione chimica di una pianta. L'analisi del fingerprinting di una o più piante permette di studiare le differenze e le similitudini tra piante diverse.

Fattori di trascrizione: sono geni responsabili della regolazione genica, possono avere una espressione modesta e transiente, ma determinano importanti cambiamenti nell'espressione genica e nella regolazione dei processi fisiologici e biochimici di una pianta.

Marcatori molecolari: possono essere dei singoli geni o molecole che permettono di distinguere e caratterizzare specie diverse. I marcatori molecolari possono essere associati a dei caratteri d'interesse e quindi attraverso lo studio e l'uso dei marcatori molecolare è possibile velocizzare i programmi di miglioramento genetico. I marcatori sono degli strumenti per studiare le differenze tra le specie ed esistono diverse tecniche che possono prendere in considerazione diverse regioni del DNA di una specie. Le tecniche molecolari più diffuse che permettono di mostrare differenze tra le specie sono strumenti che studiano frammenti di DNA di regioni specifiche o casuali del genoma. Quelli più diffusi sono gli ITS (*Internal Transcribed Spacer*), RFLP (*Restriction Fragment Length Polymorphism*), STS (*Sequence-Tagged Sites*) o EST (*Expressed Sequence Tags*), RAPD (*Random Amplified Polymorphic DNA*) o AFLP (*Amplified Fragment Length Polymorphism*). L'ITS è una regione dell'RNA ribosomale non funzionale e l'amplificazione mediante PCR (*Polymerase Chain Reaction*, reazione a catena della polimerasi) di queste regioni permette di evidenziare differenze tra specie e generi. L'RFLP, invece, studia la differenza tra frammenti di DNA ottenuti dall'uso di enzimi di restrizione. Gli STS sono presenti una sola volta nel genoma e sono note la localizzazione e la sequenza nucleotidica, anche questi individuati mediante PCR. Gli EST invece sono sequenze espresse in una parte della pianta in un determinato momento. Il loro confronto permette di identificare differenze tra specie diverse. L'analisi RAPD invece si basa sullo studio di frammenti di DNA ottenuti da reazioni di PCR in cui vengono utilizzati *primer* causali. Lo studio mediante AFLP consiste nel digerire il DNA genomico con enzimi di restrizione e i frammenti ottenuti sono poi amplificati mediante PCR. Le differenze nella lunghezza degli amplificati permettono di identificare differenze tra le specie.

Polimorfismi: in genetica si fa riferimento alla variazione di una sequenza di DNA per delezione, inserzione o mutazione. La variazione più piccola è quella che interessa un singolo nucleotide ma che determina una variazione dell'amminoacido derivato dalla trasduzione della tripletta nucleotidica.

Molti di questi composti bioattivi sono derivati dal metabolismo secondario e pertanto sono denominati metaboliti secondari della pianta. A livello molecolare, i geni chiave che codificano per gli enzimi coinvolti nella biosintesi dei composti secondari sono stati isolati e caratterizzati nelle piante modello e d'interesse agrario. Si parte dalla fenilalanina come substrato e con la fenilalanina ammonio liasi (PAL; E.C. 4.3.1.5) come enzima chiave che dà origine alla via biosintetica dei fenilpropanoidi.
Lo studio dei percorsi biosintetici dei metaboliti secondari è argomento di ricerca ancora da esplorare nelle piante officinali, pochissime sono le conoscenze disponibili. Alcuni studi hanno dimostrato che la produzione di metaboliti secondari nelle piante avviene sotto il controllo genetico. Esistono diverse migliaia di geni nei genomi delle piante, si presume che solo il 15-25% di questi contribuisca al metabolismo secondario.
Tra i fattori genetici di maggior rilievo dobbiamo considerare i **fattori di trascrizione** che sono i responsabili dell'attivazione dell'espressione dei geni che sono coinvolti nella biosintesi dei fenilpropanoidi.
Dal punto di vista biologico è noto che una specie

vegetale codifica solo pochi enzimi necessari per la biosintesi di quasi tutti i metaboliti secondari del regno vegetale. Molti composti sono derivati da diversi prodotti del metabolismo secondario che sono catalizzati da un limitato numero di enzimi; ciò significa che un singolo enzima è in grado di catalizzare la biosintesi di più prodotti partendo da substrati diversi. Alcuni geni e i relativi enzimi coinvolti nella biosintesi dei composti bioattivi hanno subíto delle mutazioni per consentire alle piante di adattarsi alle diverse condizioni di crescita. Le variazioni genetiche e gli enzimi alterati, anche di pochi aminoacidi, possono modificare le specie chimiche accumulate, ossia i composti bioattivi delle diverse specie. Tuttavia, è stato studiato che nel metabolismo secondario delle piante gli enzimi sono specifici per un determinato substrato e producono un singolo prodotto da ogni singolo substrato. Se l'enzima alterato produce un prodotto benefico per la pianta, questi cambiamenti genetici diventano stabili nel tempo e favoriscono la sua biosintesi portando a cambiamenti nell'espressione del gene responsabile.
I diversi geni che codificano per i composti bioattivi possono avere una regolazione genica diversa a seconda degli organi della pianta. Questo determina un diverso accumulo e quindi concentrazioni diverse nei diversi organi. In genere, si cerca di selezionare le specie officinali con l'espressione genica più elevata negli organi di facile raccolta, come ad esempio nelle foglie e/o nelle infiorescenze.

15.2.1.2 Differenze intraspecifiche

Per aumentare la concentrazione dei composti d'interesse nelle diverse piante officinali si devono mettere in atto metodi di miglioramento genetico efficaci a seconda della specie. Per poter identificare le differenze intraspecifiche nelle piante officinali bisogna procedere con la caratterizzazione molecolare delle specie attraverso l'uso di tecniche di analisi dei genomi.
L'analisi del *fingerprinting* del DNA può essere utilizzata per l'identificazione delle differenze nel genoma delle diverse specie e utilizzabili per guidare il miglioramento genetico verso i caratteri d'interesse. Le moderne tecniche di *genome sequencing* ed *editing* possono facilitare il raggiungimento di questi obiettivi in tempi rapidi e con minor costi.
I **marcatori molecolari** sono degli strumenti biotecnologici estremamente utili nel miglioramento genetico delle piante per aumentare il contenuto di metaboliti bioattivi presenti nelle piante officinali. La selezione genetica mediante marcatori può aumentare l'espressione di alcuni caratteri che sono regolati da specifici geni. Non solo, ma l'utilizzo dei marcatori molecolari a DNA nel settore delle piante officinali può anche essere impiegato per l'autenticazione delle diverse specie. Tuttavia, ulteriori ricerche sono necessarie per una più ampia applicazione di queste tecnologie nella caratterizzazione delle piante officinali.
I **polimorfismi** nelle sequenze di DNA presenti in natura possono essere utilizzati per l'identificazione di marcatori molecolari da sfruttare nei programmi di miglioramento genetico delle piante officinali. I marcatori molecolari svolgono un ruolo importante nella caratterizzazione del genotipo della pianta. Questi marcatori a base di sequenze nucleotidiche vengono generalmente utilizzati per caratterizzare la diversità genetica tra le specie vegetali. Alcuni marcatori, essendo strettamente associati a dei caratteri d'interesse, come ad esempio alcuni composti bioattivi, possono essere utilizzati per guidare i programmi di miglioramento genetico nella selezione delle progenie, fino ad arrivare a una cultivar commerciale.
I marcatori molecolari si riferiscono alla localizzazione di somiglianze o differenze tra individui, cultivar o linee di riproduzione utilizzando caratteri fenotipici o geni strettamente associati ad essi. Questi marcatori si basano su variazioni genetiche osservate tra individui all'interno di alleli in particolari geni o loci. Una mappa di collegamento molecolare può essere costruita analizzando i marcatori di ciascuna pianta e calcolando le distanze genetiche tra coppie di marcatori in base alla loro frequenza di ricombinazione. I marcatori molecolari sono largamente utilizzati nel miglioramento genetico delle grandi colture, ma possono anche essere studiati *ad hoc* per le piante officinali. Purtroppo, studi sull'uso dei marcatori molecolari sulle piante officinali sono molto limitati.
Le tecniche molecolari che utilizzano le sequenze nucleotidiche per l'identificazione delle differenze intraspecifiche sono diverse e hanno efficacia diverse a seconda della specie.
I marcatori molecolari basati sul DNA non sono

influenzati dalle condizioni climatiche, dallo stato di sviluppo e/o altre condizioni fisiologiche e sono pertanto molto più affidabili dei parametri morfologici, fisiologici o biochimici.
Le tecniche che utilizzano i marcatori molecolari si basano sulle differenze nella sequenza nucleotidica tra le specie o all'interno di una stessa specie. Le tecniche più utilizzate per lo studio della diversità genetica tra le diverse specie sono quelle che studiano le variazioni della sequenza nucleotidica della regione non codificante del DNA ribosomiale che viene trascritta come parte del 35S rRNA (*nuclear ribosomal Internal Transcribed Spacer*, ITS), le variazioni del DNA dovute al polimorfismo della lunghezza del frammento di restrizione (*Restriction Fragment Length Polymorphism*, RFLP), la variazione di sequenza di microsatelliti oppure mediante *primer* specifici per un sito ben definito del genoma, ad esempio siti con *tag* in sequenza (*Sequence-Tagged Sites*, STS) o *tag* di sequenza espressi (*Expressed Sequence Tags*, EST) e *primer* casuali che portano ad amplificare casualmente il DNA (*Random Amplified Polymorphic DNA*, RAPD) o polimorfismo della lunghezza del frammento amplificato (*Amplified Fragment Length Polymorphism*, AFLP).
Tra tutti questi marcatori e le **tecniche di analisi molecolare**, gli ITS sono quelli che hanno un elevato livello di divergenza tra le specie, ma sono altamente conservati all'interno della specie. Pertanto, sono i marcatori genetici più consigliati per gli studi a livello di specie. Alcuni esempi di applicazioni di queste tecniche sono riportati in bibliografia per la gmelina (*Gmelina arborea* Roxb.) in cui l'identificazione della specie è stata effettuata mediante ITS.
Altri marcatori come RAPD sono stati usati per il *Baliospermum montanum* (Willd.) Müll. Arg. (sinonimo *Baliospermum solanifolium* (Burm.) Suresh) al fine di studiarne la diversità genetica tra le specie. I microsatelliti, invece, sono stati utilizzati per la sarsaparilla (*Smilax brasiliensis* Spreng.) e la *Rhodiola rosea* L. (sinonimo *Sedum roseum* (L.) Scop.), entrambe piante officinali di grande interesse in fitoterapia.
Il metodo AFLP è consigliato per discriminare specie strettamente correlate e l'autenticazione delle erbe. Nelle piante officinali questo metodo è stato riportato per il genere *Plectranthus* e *Swertia* sp. Il metodo basato su AFLP è stato in grado di rilevare adulterazioni nelle formulazioni di prodotti a base di *Swertia*.

I chemiotipi

Può accadere che la stessa specie, perfettamente definita dal punto di vista botanico, fornisca oli essenziali la cui composizione chimica è diversa in funzione degli individui. La stessa pianta della medesima specie botanica può produrre oli essenziali aventi una composizione chimica molto differente. Più precisamente, può avere un chemiotipo diverso in funzione delle sue condizioni di coltura o di crescita: composizione e natura del terreno, orientamento rispetto al sole, precipitazioni, temperatura.
Il chemiotipo si può definire come il costituente dominante presente in un olio essenziale e viene abbreviato con la sigla "ct". Il costituente dominante può essere quello maggiormente presente (parametro quantitativo) oppure quello maggiormente caratterizzante (parametro quantitativo). Il timo comune (*Thymus vulgaris* L.) è un esempio significativo di specie che presenta diversi chemiotipi che hanno proprietà e di conseguenza impieghi molto diversi tra loro.

Chemotipi di timo

Geraniolo	α-terpineolo
Timolo	Linalolo
Carvacrolo	Tujanolo
Cineolo	

15.2.1.3 Fattori fisiologici

I composti chimici all'interno di una specie variano in funzione dell'organo, ad esempio fiori, foglie e steli, corteccia, legno, frutti, semi o radici. Tra gli esempi più noti di tale variabilità troviamo gli oli essenziali ottenuti dall'epicarpo, da fiori o da foglie e da germogli dell'arancio amaro (*Citrus aurantium* L.), la cui composizione chimica è così diversa da ricevere nomi commerciali differenti: olio di "Bigarade", olio di "Neroli" e olio di "Petit Grain". L'olio ottenuto dalla buccia fresca è chiamato olio di "Bigarade", mentre quello ottenuto dalla distillazione dei fiori è chiamato olio di "Neroli". Il composto principale dell'olio di "Bigarade" è il limonene, mentre i costituenti dell'olio di "Neroli" sono alcoli monoterpenici, in particolare il linalolo. L'olio di "Petit Grain" è ottenuto da foglie di arancio amaro e giovani germogli ed è caratterizzato dalla presenza di alti livelli di acetato di linalile (60-70%).

I composti volatili sono presenti in tutti gli organi aromatici delle piante. La loro biosintesi ed il loro accumulo sono associati alla presenza di strutture specializzate che sono generalmente caratteristiche di un determinato gruppo tassonomico. Tuttavia, in alcune specie, esistono diverse tipologie dello stesso organo secretorio che sono distribuite eterogeneamente sui tessuti vegetali. In *Origanum vulgare* subsp. *hirtum* (Link) Ietsw. la composizione oleosa delle singole ghiandole all'interno di una singola foglia varia considerevolmente, in particolare nella produzione di carvacrolo e del suo isomero, il timolo. Nella Santoreggia (*Satureja hortensis* L.) le ghiandole oleifere situate nelle diverse posizioni della pianta dimostrano importanti differenze quantitative di carvacrolo e γ-terpinene nei diversi organi analizzati. Una delle caratteristiche più importanti dell'accumulo di olio è la sua dipendenza dallo stadio di sviluppo/fase, così come la sua localizzazione nella pianta. Vi è infatti una stretta relazione tra la fase di ontogenesi e il contenuto di sostanze bioattive. Questo fenomeno è conosciuto come variabilità ontogenetica.

Nelle piante aromatiche l'effetto del tempo di raccolta delle materie prime sul contenuto di oli essenziali è stato oggetto di molte ricerche. Nella maggior parte dei casi un aumento del tenore di olio è stato osservato nel periodo dalla formazione delle gemme fino alla piena fioritura. Tuttavia, ci sono alcune piante che accumulano una elevata quantità di olio prima della fioritura, come nel caso della *Mentha x piperita* L. e del *Cymbopogon citratus* (DC.) Stapf. In altre, la quantità di olio rimane invariata durante il ciclo vegetativo, come ad esempio nelle piante di *Pinus* sp.

Conoscere la variabilità ontogenetica risulta di grande importanza pratica perché permette di selezionare il tempo di raccolta ottimale per ottenere materie prime di altissima qualità. Inoltre, il raccolto di piante aromatiche in una specifica fase di sviluppo elimina la variabilità della composizione chimica e consente la standardizzazione della materia prima, che è un requisito fondamentale. Studi sull'ontogenesi di *Mentha x piperita* L. hanno evidenziato che il contenuto di mentolo aumenta da 16% a 22% allo stadio prima della fioritura, fino a 40-50% dopo la fioritura, mentre il contenuto di mentone (un componente indesiderabile) diminuisce nello stesso periodo da 30-40% a 6-10%. Pertanto, è auspicabile che la menta piperita venga raccolta dopo la fioritura, al fine di ottenere un olio di migliore qualità, anche a costo di diminuirne la resa. A sua volta, *Salvia officinalis* L. dovrebbe essere raccolta durante la fioritura, quando il contenuto di α-thujone, che è un composto tossico, diminuisce da 48% a 24%.

L'epoca ottimale per la raccolta di *Thymus hyemalis* Lange è tra piena fioritura e piena fioritura/inizio della maturazione dei frutti, poiché questo è il periodo in cui importanti composti come il timolo raggiungono le loro massime concentrazioni. La composizione dell'olio essenziale ottenuto nelle diverse fasi della maturità del coriandolo (*Coriandrum sativus* L.) presenta grandi differenze che si verificano durante il processo di maturazione. Allo stesso modo, il momento migliore per la raccolta dei semi di finocchio (*Foeniculum vulgare* Mill.) è la fase della piena maturità, quando il contenuto di anetolo (para-metossifenilpropene) nei semi aumenta da 47% a 80%.

L'uso delle colture *in vitro* costituisce, per molti metaboliti secondari, una valida alternativa ai metodi tradizionali di coltivazione in campo di piante officinali che ha consentito di superare numerosi inconvenienti relativi alla loro produzione *in vivo*. La coltivazione delle piante officinali in campo presenta infatti alcuni svantaggi, tra i quali una qualità molto variabile, dato che la produzione è sotto l'influenza di diversi fattori ambientali. La biomassa prodotta *in vitro* proviene da genotipi selezionati ed è possibile utilizzare un protocollo ottimale e costante di produzione di sostanze attive che permette una programmazione produttiva. La produzione di massa vegetale *in vitro* può essere ottenuta attraverso la coltura intensiva di biomassa differenziata da piantine complete, embrioni somatici, tessuti particolari quali radici, o *hairy roots*, o attraverso la produzione di callo su substrato solido e di colture e sospensioni cellulari in substrato liquido.

15.2.2 Fattori esogeni

15.2.2.1 Fattori pedoclimatici

Molti fattori ambientali influenzano la composizione e di conseguenza la qualità delle materie prime. Una stessa specie cresciuta in regioni geografiche diverse può avere una differente composizione degli oli essenziali. Tale fenomeno può essere giustificato, almeno in parte, dal fatto che gli oli essenziali sono metaboliti secondari la cui produzione e accumulo dipendono da molte variabili, come ad esempio il tipo di suolo, le condizioni meteorologiche e la disponibilità di acqua.
Le caratteristiche chimico-fisico-biologiche di un suolo influenzano in maniera significativa la crescita e lo sviluppo delle piante e tra tutte, i colloidi organici (sostanze umiche e sostanza organica) e minerali (argille) giocano un ruolo fondamentale, essendo l'interfaccia tra la radice e la rizosfera.
In generale, la crescita delle piante è migliore nei terreni ricchi di colloidi organici (1,5-5%) rispetto a quelli poveri (<0,5%). Inoltre, suoli composti da particelle di grandi dimensioni, come quelli sabbiosi, presentano una minore capacità di trattenere l'acqua, ma sono invece altamente permeabili all'aria tellurica. La digitale (*Digitalis purpurea* L.) è ricca in principi attivi se coltivata in terreni ricchi di manganese, mentre ne è povera quando cresce in terreni calcarei. Le specie ad essenza richiedono un terreno sabbioso, la valeriana (*Valeriana officinalis* L.) è poco attiva se cresce in terreni asfittici, l'altea (*Althaea officinalis* L.) ha un ridotto contenuto in principi attivi se cresce in terreni umidi.
Anche le condizioni meteorologiche, come l'irradiazione, influenzano la biosintesi degli oli essenziali e il loro accumulo. Un esempio di ciò è l'influenza della luce nella produzione di oli essenziali di *Mentha x piperita* L. Le piante di questa specie cresciuta all'ombra presentano un minor contenuto di mentolo negli oli essenziali, rispetto alle stesse cresciute in pieno sole. Sono state stabilite, inoltre, alcune correlazioni tra la quantità di linalolo nell'olio essenziale di timi come *Thymus mastichina* (L.) L. e l'umidità atmosferica. Molti di questi fattori non sono influenzabili in quanto la gran parte delle specie officinali cresce in pieno campo. Pertanto, al fine di minimizzare la variabilità della composizione chimica, la raccolta delle piante deve tenere conto della loro fase fenologica ed il loro ambiente di adattamento. Appare quindi evidente come la interazione/relazione tra clima, terreno e pianta e tutti gli elementi della fertilità porti ad ottenere risposte esaltanti o deprimenti in fatto di produttività. Nella tabella 15.1 vengono presentati alcuni esempi di effetti di fattori pedoclimatici sulla qualità di piante officinali.

15.2.2.2 Fattori agronomici

Coltivare specie in ambienti simili a quelli di origine in generale non comporta variazioni negative per la produzione, impiegando le tecniche adeguate.
Per garantire una buona produzione, la coltivazione deve partire dall'approvvigionamento di semi certificati, con buona germinabilità e omogeneità di crescita, in modo da garantire il raggiungimento della fase di raccolta in modo uniforme.
Uno studio di confronto svolto sul rosmarino (*Salvia rosmarinus* Schleid. sinonimo di *Rosmarinus officinalis* L.) ha messo in evidenza che i metaboliti secondari presentavano un'alta variabilità in particolare per il contenuto di acido carnosico nelle foglie del rosmarino selvatico rispetto a quelle delle piante coltivate. Le variazioni erano molto marcate anche tra le foglie mature e quelle giovani: quest'ultime contenevano quantità maggiori di acido carnosico. Differenze erano anche visibili nell'ambito della stagione; infatti, la concentrazione più elevata di acido carnosico si raggiungeva in estate ed era maggiore nei rosmarini coltivati rispetto a quelli selvatici. I risultati indicano che la coltivazione permette di migliorare l'accumulo di composti antiossidanti nel rosmarino, rispetto a quello cresciuto spontaneamente.
La gestione agronomica deve essere finalizzata a velocizzare la crescita e la produzione di biomassa, ma nello stesso tempo favorire l'accumulo dei composti bioattivi tipici delle diverse piante officinali, in modo da migliorarne la resa e la qualità.
La concimazione e l'irrigazione devono essere ottimizzate a seconda della specie in modo da esaltarne la produzione dei metaboliti d'interesse.
Le coltivazioni possono avvenire in pieno campo, ma anche in ambiente protetto a seconda delle esigenze di mercato e della sostenibilità economica; possono avvenire nel suolo come anche fuori suolo. Nella scheda 15.2 vengono riportati alcuni aspetti dovuti alla raccolta spontanea in riferimento a omogeneità e qualità delle droghe, mentre nella tabella 15.2 si riportano i principali

Tabella 15.1 - Principali fattori pedoclimatici ed esempi di loro effetti sulla qualità.

Parametro	Indicazioni generali	Esempi
Temperatura	Per ogni fascia ambientale e climatica esiste solo un certo numero di specie vegetali che si adattano. In generale in climi freddi le piante producono oli contenenti residui di acidi grassi insaturi (es. acido linoleico ed altri). Temperature piuttosto basse in primavera diminuiscono l'accumulo di oli essenziali.	Con primavere fredde: in *Lavandula* sp. diminuiscono gli oli essenziali in camomilla comune (*Matricaria chamomilla* L., sinonimo *Chamomilla chamomilla* (L.)) aumenta il contenuto di bisabololo
Latitudine	La latitudine influenza il termoperiodo ed il fotoperiodo ed influisce sulla componente degli acidi grassi che tendono ad essere in prevalenza saturi a latitudini basse e ad essere in prevalenza insaturi a latitudini elevate.	Il cardo mariano (*Silybum marianum* (L.) Gaerth.) nelle coltivazioni più meridionali è ricco di acido oleico mentre in quelle più settentrionali è l'acido linoleico a prevalere (insaturo). La menta piperita (*Mentha x piperita* L.) coltivata in località meridionali è più ricca in olio essenziale che non quella proveniente dal nord. Molte specie appartenenti alla famiglia delle lamiacee, esclusa la menta piperita, coltivate nelle località meridionali sono più ricche di olio essenziale di quelle che vegetano al nord.
Luce	L'esposizione del terreno, e quindi l'intensità luminosa sulle piante coltivate, può determinare la qualità dei principi attivi. In generale, la luce ha una azione indiretta influenzando il metabolismo delle piante che accumulano principi attivi anche nelle zone non colpite dalla luce, come le radici o i tessuti profondi. La luce favorisce la produzione di esteri, conseguenza dello stimolo sul processo fotosintetico.	Lo stramonio (*Datura stramonium* L.) contiene scopolamina solo nelle coltivazioni non sottoposte ad ombreggiamento. In specie di *Lavandula* sp. l'olio essenziale presenta esteri molto aromatici (acetato di linalile) se proveniente da piante ben assolate.
Acqua/ Piovosità	Molto importante da considerare non è tanto la quantità di acqua caduta ma la frequenza (numero di giorni di pioggia) e la distribuzione annuale della pioggia. In genere l'attività agricola è favorita quando le piogge sono più frequenti e distribuite nella stagione vegetativa. Alta piovosità nei periodi di raccolta diminuiscono le rese in principi attivi di piante che forniscono oli essenziali; le stagioni piovose portano ad una perdita di sostanze solubili in acqua. Anche la carenza di acqua nel terreno provoca riduzione degli oli essenziali: le stagioni aride portano ad una ossidazione dei componenti degli oli essenziali.	Le specie di *Lavandula* sp. perdono una consistente parte del loro olio essenziale se l'andamento stagionale decorre piovoso in pre-fioritura o durante la fioritura. Questo in generale si verifica per molte lamiacee.
Allelopatia	Alcune sostanze emesse da parte di organi vegetali viventi o in decomposizione (radici, foglie, semi, frutti) possono determinare inibizione o stimolo sulla crescita o su altri processi nelle piante che si sviluppano in vicinanza o in successione a quelle in grado di emettere tali sostanze. Questo fenomeno, noto come allelopatia, è stato a volte rilevato anche per le piante officinali.	Piante del gen. *Artemisia* sp. consociate con quelle di belladonna (*Atropa bella-donna* L.) hanno stimolato lo sviluppo e la produzione di alcaloidi nella solanacea. Il lupino (*Lupinus albus* L.) e la menta piperita (*Mentha x piperita* L.) hanno rispettivamente avuto influenza positiva e negativa sulla quantità di alcaloidi prodotti dallo stramonio (*Datura stramonium* L.).

▶

Parametro	Indicazioni generali	Esempi
Altitudine della stazione di coltura	Alzando la stazione di coltura generalmente diminuisce la produttività, ma migliorano le caratteristiche qualitative. I miglioramenti si possono verificare a causa della esaltazione di sintesi di metaboliti secondari desiderati (ad esempio l'acetato di linalile o i principi amari) o a causa della riduzione di sintesi di metaboliti indesiderati (ad esempio il tujone).	Il contenuto di principi attivi tende a diminuire a stazioni più alte in lavanda, assenzio maggiore (*Artemisia absinthium* L.), menta (*Mentha* spp.), lobelia (*Lobelia inflata* L.), timo (*Thymus* spp.). Nella genziana maggiore (*Gentiana lutea* L.) con l'incremento dell'altitudine aumentano i principi amari di natura glicosidica. Le specie di *Lavandula* sp. aumentano la qualità dell'olio essenziale al crescere dell'altitudine, più ricco di acetato di linalile e più povero di canfora. Il finocchio (*Foeniculum vulgare* Mill.) presenta un contenuto di anetolo superiore al crescere della stazione di coltura. Il contenuto di tujone, una sostanza neurotossica, diminuisce nelle piante con l'aumentare dell'altitudine di coltivazione. Tale composto è una caratteristica di molte specie di *Artemisia* spp.
Ventosità	La ventosità aumenta l'evapotraspirazione: gli strati di aria umida presente sulle foglie vengono rimossi abbassando la tensione di vapore dell'acqua di traspirazione. I venti secchi (come ad es. il favorano, lo scirocco, il foehn) impediscono alle piante di idratarsi completamente evitando l'espansione normale delle cellule e generando tessuti e organi di dimensioni ridotte. È importante utilizzare piante frangivento per limitare i lotti di campo.	Generalmente si usano siepi frangivento con specie sempreverdi a rapida crescita e con apparato radicale robusto per evitare sradicamenti.
Areale di diffusione (Ecotipi)	Gli ecotipi sono popolazioni di individui di una specie che l'ambiente ha selezionato conferendo loro caratteristiche fenotipiche specifiche (diversamente, le 'selezioni' sono frutto di attività di miglioramento genetico esercitata dall'uomo). In linea generale, se si considera un determinato areale di diffusione, si osserva che nelle zone ove normalmente la pianta trova le condizioni ottimali di vita non si riscontra molta variabilità per la qualità e la quantità delle rese. Via via che ci si allontana da queste, però, si osserva un accentuato incremento della variabilità e perciò una non costante risposta qualitativa e quantitativa.	Esempi di ecotipi diversi della stessa specie si riscontrano per esempio in piante di genepì bianco (*Artemisia umbelliformis* Lam., sinonimo di *Artemisia mutellina* Vill.). Il gruppo di genepì occitano presenta diversi ecotipi locali del Piemonte che prendono il nome dalle località di provenienza: Elva, Val Chisone, Valle Gesso, Gran Paradiso.
Terreno	La caratteristica e la composizione del terreno sono fattori da considerare ai fini di una sua corretta lavorazione e della scelta delle specie da coltivare; sono necessarie quindi analisi chimiche per conoscere eventuali carenze di nutrienti, il valore del pH, la disponibilità di N, P, K, Ca e di microelementi.	La altea (*Althaea officinalis* L.) contiene più mucillagine quando è coltivata su terreni sabbiosi piuttosto che su terreni argillosi. La saponaria (*Saponaria officinalis* L.) e la tossillagine comune (*Tussilago farfara* L.) sono più produttive in suoli di natura argilloso-calcarea. La camomilla romana (*Anthemis nobilis* L., sinonimo *Chamaelum nobile* (L.) All.) e la lavanda (*Lavandula* spp.) sopportano bene i terreni alcalini. Il papavero da oppio (*Papaver somniferum* L.) non tollera terreni acidi.
Ambiente	L'ambiente di coltivazione influenza direttamente ed indirettamente la qualità. La presenza di impianti industriali inquinanti o di coltivazioni sottoposte a massicci trattamenti fitoiatrici porta a contaminazione delle specie coltivate. Le acque di irrigazione possono provenire da ambienti inquinati, inficiando la qualità delle specie coltivate. Le zone collinari o montane, diversamente dalle zone di pianura, sono in genere meno compromesse ecologicamente e possono essere più adatte alla coltivazione di piante officinali.	In camomilla comune (*Matricaria recutita* L., sinonimo *Matricaria chamomilla* L.), il cadmio presente come inquinante nel suolo alla concentrazione di 10 ppm determina una significativa riduzione della lunghezza delle radici e dello stelo; analogamente, il cadmio presente come inquinante nell'aria alla concentrazione di 100 $\mu g\ ml^{-1}$ causa una riduzione di lunghezza delle radici.

Scheda 15.2 - Raccolta delle piante spontanee e qualità

La raccolta delle piante officinali selvatiche è regolata dal DL n. 75/2018, in cui si fa riferimento alle buone pratiche agricole e di raccolta (*Good Agricultural and Collection Practice*, GACP).
Le piante officinali spontanee appartengono a famiglie e specie diverse e sono spesso utilizzate in fitoterapia per molteplici usi. In molti Paesi vengono raccolte e commercializzate, rappresentando un valore economico notevole a livello nazionale. La raccolta delle specie spontanee riduce notevolmente il costo di produzione, infatti i costi effettivi sono limitati alla raccolta, l'essiccazione, il confezionamento e la commercializzazione.
Dal punto di vista qualitativo, la composizione e la concentrazione di elementi minerali e di composti bioattivi sono molto variabili a seconda dell'ambiente di crescita. Pertanto, la raccolta delle specie spontanee può portare alla commercializzazione di un prodotto con qualità disomogenea. Molte delle piante officinali sono diffuse in campi incolti di pianura, collina e montagna, con caratteristiche climatiche molto diverse. La disponibilità idrica e nutrizionale, la temperatura e la qualità dello spettro della radiazione in questi ambienti possono determinare forti variazioni in termini di resa e di qualità nel prodotto raccolto. Inoltre, la raccolta indiscriminata può determinare una riduzione della biodiversità delle specie officinali spontanee e la riduzione della presenza di alcune di esse.
Per ovviare alle criticità che si presentano con la raccolta spontanea si ricorre alla messa in coltura delle piante, con tecniche colturali appropriate in funzione del terreno e della specie officinale che si vuole produrre. La coltivazione porta sicuramente ad un prodotto molto più omogeneo e con caratteristiche qualitative meno variabili della raccolta spontanea.

fattori agronomici ed esempi di loro effetti sulla qualità delle droghe.

15.2.2.3 Fattori di stress

I metaboliti secondari, definiti anche principi attivi, comprendono gli alcaloidi, i polifenoli, gli acidi organici, gli oli essenziali, le resine, i glucosidi, le vitamine, i tannini. Tali composti nelle piante sono spesso influenzati da fattori ambientali e biologici: essi, infatti, sono coinvolti nei processi di adattamento a stress di tipo abiotico (come, ad esempio, alte o basse temperature, elevata intensità luminosa, scarsa disponibilità di acqua, stress salino) e biotico (attacchi da parte di patogeni o erbivori). I cambiamenti indotti dallo stress sono osservabili a livello di geni e proteine e si traducono in profonde variazioni nel pool di metaboliti della pianta colpita, spesso prima che avvengano risposte di tipo fisiologico. In condizioni di stress, l'attività enzimatica tende ad aumentare e porta ad un incremento della sintesi di metaboliti di interesse; tale attività è principalmente attribuibile alla fenilalanina ammonio liasi (PAL, E.C. 4.3.1.5) e alla calcone sintasi (CHS, E.C. 2.3.1.74), enzimi chiave della sintesi dei flavonoidi. È facile quindi comprendere l'interesse derivante dal maggior accumulo di tali principi attivi nelle piante officinali a seguito di stress. In genere, infatti, la concentrazione naturale di composti secondari nelle piante è bassa, ma è proprio la presenza di tali metaboliti che determina il valore medicinale ed economico della pianta.

La **radiazione solare** ha una forte influenza sul contenuto di acidi fenolici e flavonoidi. Si ricorda che i fenoli ricoprono anche un ruolo di protezione dalla radiazione ultravioletta, oltre che di difesa da attacchi da parte di patogeni ed erbivori. I flavonoidi hanno invece proprietà chemopreventive come, ad esempio, antifungine, antibatteriche, antivirali, anti-infiammatorie, antiossidanti, antitumorali. In condizioni di stress da elevata irradianza, una funzione chiave è svolta dai carotenoidi, fondamentali per la fotoprotezione dell'apparato fotosintetico. Un aumento di tali composti si traduce, in aggiunta, in un incremento della qualità del prodotto finale. Studi condotti su piante di *Ocimum basilicum* L. e *Thymus vulgaris* L. hanno messo in evidenza come la radiazione luminosa influenzi la produzione e la conservabilità degli oli essenziali. Una ridotta illuminazione, invece, può per esempio portare ad una riduzione del contenuto di alcaloidi, come osservato in piante di *Datura stramonium* L.

Tabella 15.2 - Principali fattori agronomici ed esempi di loro effetti sulla qualità.

Parametro	Indicazioni generali	Esempi
Epoca e densità d'impianto	La scelta dell'epoca anticipata fornisce rese più alte ed inoltre permette di ottenere impianti più densi e più uniformi. La densità di impianto o di semina può determinare variazioni nel contenuto in principi attivi di alcune specie sia in termini qualitativi sia in termini quantitativi.	Calendula (*Calendula officinalis* L.), cardo mariano (*Silybum marianum* (L.) Gaertn.) e melissa (*Melissa officinalis* L.) in coltivazioni molto fitte forniscono rese minori. L'aneto (*Anethum graveolens* L.) coltivato ad alta densità fornisce un olio scadente con scarsa quantità di fellandrene, pinene e limonene, mentre la quantità di carvone aumenta. La menta piperita (*Mentha x piperita* L.) accumula più rapidamente olio essenziale in coltivazioni ad alta densità colturale. Il papavero da oppio (*Papaver somniferum* L.) si avvantaggia di impianti tendenzialmente fitti; in impianti a bassa densità la pianta tende a ramificare ed a produrre capsule secondarie generalmente povere di alcaloidi. La maggiorana (*Origanum majorana* L.) ha rese maggiori in coltivazioni più fitte con densità ottimali di 60 x 20 cm; a densità basse la pianta tende a lignificare eccessivamente alla base a scapito della produzione di parti erbacee. In malva (*Malva sylvestris* L.) aumentando o diminuendo la densità di coltivazione si possono ottenere rispettivamente foglie o fiori di qualità superiore. La melissa (*Melissa officinalis* L.) coltivata in impianti radi produce maggior foglie basali le quali sono più ricche di principi attivi rispetto a quelle apicali.
Concimazione	La concimazione è un indispensabile mezzo per l'ottenimento di elevate produzioni. Esso, però, deve essere utilizzato tenendo presente che oltre ai vantaggi può determinare anche svantaggi dovuti a molteplici fattori (ad esempio l'allettamento delle piante, ossia la perdita di capacità di rimanere erette, attacchi patogeni, allungamento del ciclo) e, principalmente, al ruolo negativo che alcuni elementi possono avere su quantità e qualità dei principi attivi.	In generale l'eccesso di azoto diminuisce la qualità del prodotto: in anice (*Pimpinella anisum* L.) e specie del genere *Lavandula* sp. il contenuto in oli essenziali diminuisce; in camomilla romana (*Anthemis nobilis* L.) si ha la formazione di capolini piccoli e di limitato valore commerciale. In specie da radice si hanno riduzioni di qualità nelle parti ipogee: in liquirizia (*Glycyrrhiza glabra* L.) le radici sono povere di principi attivi; in valeriana (*Valeriana officinalis* L.) e in specie del genere *Gentiana* sp. l'azoto, favorendo lo sviluppo delle porzioni epigee, riduce quello delle porzioni ipogee. Il potassio è un altro macro-elemento che occorre non usare in eccesso. Esso, infatti, danneggia la qualità dell'olio delle lavande aumentando il contenuto in canfora, composto generalmente non desiderato, mentre riduce il contenuto in alcaloidi nella belladonna (*Atropa bella-donna* L.). Il fosforo, se in eccesso tende a deprimere le rese in olio delle lavande mentre favorisce la produzione di glicosidi in digitale (*Digitale purpurea* L.).
Irrigazione	L'irrigazione è una pratica agronomica quasi sempre indispensabile per il successo di una coltura in termini di produttività e qualità. Tuttavia, tra i diversi sistemi di irrigazione occorre utilizzare non soltanto i più efficienti ma anche quelli che non danneggiano la qualità o la quantità delle droghe ottenibili.	L'irrigazione per aspersione (irrigazione sovra chioma) è, di norma, sconsigliabile nella maggior parte delle piante aromatiche i cui oli essenziali sono localizzati in strutture poste all'esterno delle foglie e dei fiori, come in alcune lamiacee. La pratica è ancora più grave se effettuata in prossimità della raccolta. L'irrigazione sovra chioma è in ogni caso da evitare per tutte le specie in prossimità della raccolta per evitare l'attacco di malattie fungine che possono pregiudicare la sanità delle piante e la salubrità delle droghe.
Trattamenti di difesa	L'impiego di prodotti contro parassiti di natura vegetale o animale e contro le piante infestanti è spesso una necessità per evitare che i danni provocati pregiudichino il successo economico della coltura.	Il mancato controllo delle erbe infestanti provoca non solo una diminuzione della resa della specie coltivata ma ne compromette la qualità, soprattutto in quanto le specie infestanti vengono a essere mescolate alla specie raccolta, determinando maggiori oneri in postraccolta per la selezione della droga. Il mancato controllo dei parassiti di origine animale provoca danni di resa e di qualità, a volte anche tossicità delle droghe (ad esempio per la produzione di micotossine).

Scarsa disponibilità idrica e alte temperature vanno ad influenzare la concentrazione di fenoli e ad incrementare la produzione di composti organici volatili (VOCs). Alte temperature in piante di *Papaver somniferum* L. comportano un'elevata resa in alcaloidi totali. Un'ulteriore strategia adottata dalle piante in caso di condizioni stressanti può essere l'accumulo di osmoliti, tra i quali annoveriamo alcuni amminoacidi (prolina, asparagina, serina), ammine (poliammine e glicinbetaina), gli zuccheri e alcune sostanze antiossidanti come il glutatione e l'ascorbato. In condizioni di stress idrico è stato dimostrato che le piante tendono ad accumulare una quantità maggiore di fenoli, di diverse classi di terpeni, di alcuni alcaloidi e di glucosinolati. Quest'ultima classe di composti, particolarmente importante per la famiglia delle *Brassicaceae*, risulta positivamente influenzata anche da altri tipi di stress abiotici e biotici. I glucosinolati hanno importanti effetti benefici sulla salute umana, soprattutto nella prevenzione dei tumori. Piante di *Mentha canadensis* L. sottoposte a stress idrico hanno mostrato una riduzione del contenuto di oli essenziali. In piante di *Salvia officinalis* L., sottoposte a deficit irriguo, è stato registrato un aumento significativo di monoterpeni. È importante però ricordare allo stesso tempo che una carenza idrica può ripercuotersi negativamente sulle rese; spesso, infatti, le piante sottoposte a questo tipo di stress mostrano una crescita ridotta.

In caso di stress causato da **basse temperature** si può notare un incremento nella biosintesi di fenoli. In piante di *Calendula officinalis* L. è stato osservato un accumulo maggiore di osmoliti a seguito di esposizione a basse temperature, così come sono stati registrati livelli maggiori di fenoli, proteine ed una maggior attività enzimatica. In *Papaver somniferum* L. è stato evidenziato come le basse temperature provochino un maggior accumulo di morfina.

Numerosi studi riportano come la **disponibilità di nutrienti** vada ad alterare i livelli di metaboliti secondari nelle piante. Ad esempio, bassi livelli di ferro possono stimolare la biosintesi di composti fenolici, così come le proantocianidine tendono ad accumularsi in condizioni di scarsa disponibilità di fosfato.

La concentrazione di metaboliti secondari risulta influenzata anche da condizioni di **stress salino**. In particolare, sono stati svolti numerosi studi per valutare l'effetto di questo tipo di stress sul contenuto di oli essenziali di alcune piante officinali. In *Ocimum basilicum* L. è stato osservato un incremento nella produzione di olio essenziale, così come in foglie di *Coriandrum sativum* L.; al contrario, la salinità ha causato una riduzione nel contenuto di oli essenziali in diverse specie di *Mentha* spp. e *Matricaria chamomilla* L., nella quale è stata notata anche una riduzione nel numero di fiori. Ricordiamo che gli oli essenziali hanno un valore economico molto elevato in questo tipo di colture, perciò effetti derivanti da stress su qualità e produzione sono di notevole importanza.

Lo stress causato dalla presenza di **metalli pesanti**, come il cadmio, il cromo, il nichel e l'arsenico, tende a modificare il metabolismo secondario delle piante, stimolando o inibendo la sintesi di molecole dalle potenzialità medicinali. Ad esempio, l'esposizione di piante di *Artemisia annua* L. a metalli pesanti, o anche ad altri tipi di stress tra cui salinità e temperature estreme, causa l'aumento della produzione di ROS (*reactive oxygen species*, specie reattive all'ossigeno) con conseguente incremento dei livelli di artemisina. In *Salvia officinalis* L. la coltivazione su terreno con presenza di metalli pesanti risulta negativa per la qualità dell'olio essenziale. La classe dei flavonoidi è in grado di favorire le piante a crescere in suoli ricchi di metalli pesanti come l'alluminio.

Oltre a stress di tipo ambientale, le piante sono sottoposte anche a numerosi **stress di tipo biotico**, responsabili a loro volta di incrementi di metaboliti secondari, utili alla pianta per reagire agli attacchi da parte di patogeni e predatori animali. La formazione di flavonoidi a seguito di stress di tipo abiotico è un fenomeno largamente documentato.

L'insieme di tutti gli stress sopra descritti, a cui le piante officinali da raccolta spontanea possono essere sottoposte in modo singolo o combinato, determina quindi la qualità di tali colture e la loro dotazione di metaboliti secondari. Sicuramente una coltivazione standardizzata e controllata permette di ottenere prodotti dalla qualità costante, ma allo stesso tempo va a ridurre l'importante effetto derivante dagli stress ambientali. Una strategia vantaggiosa, già impiegata in orticoltura, può essere quella di indurre stress moderati e controllati, per incrementare il contenuto di composti di interesse nelle piante.

15.2.3 Fattori antropici

15.2.3.1 Raccolta

La raccolta delle piante officinali rappresenta un momento particolarmente importante, data l'influenza che questa operazione può avere sul contenuto di principi attivi e sulla qualità del prodotto finito. Quando si parla di raccolta sono molteplici i fattori da considerare e tra questi i più importanti sono quelli legati alla scelta del momento della raccolta, al tipo di organo da raccogliere, al numero di interventi ed alle modalità impiegate.

Dal momento che il valore commerciale della droga dipende dalla quantità e dalle caratteristiche compositive dell'olio essenziale, diventa fondamentale individuare il momento più opportuno per raccogliere. Di particolare importanza è la conoscenza delle fasi fenologiche della pianta e l'individuazione del tempo balsamico, che in alcune specie può essere raggiunto in maniera scalare, rendendo difficoltosa la raccolta meccanica.

L'influenza del tempo di raccolta e della fase fenologica sulle caratteristiche quali-quantitative delle piante officinali è stata ampiamente studiata in molte specie di interesse commerciale.

Studi condotti su melissa (*Melissa officinalis* L.) hanno evidenziato come la composizione in oli essenziali sia strettamente in relazione con la fenologia della pianta. In genere, i livelli di olio essenziale aumentano in corrispondenza della fioritura e raggiungono un massimo con la produzione dei frutti. In alcuni casi è possibile osservare come alcuni dei costituenti dell'olio essenziale siano specificatamente legati ad una particolare fase fenologica. Queste osservazioni sottolineano l'importante ruolo dei metaboliti secondari nelle interazioni ecofisiologiche della pianta e, da un punto di vista più applicativo, possono rappresentare una importante risorsa nella pianificazione della raccolta.

Nel caso della salvia (*Salvia officinalis* L.) si è osservato che durante il periodo estivo si raggiunge il massimo contenuto in olio essenziale e per questo si considera che questo periodo sia il migliore per raccogliere. È tuttavia importante considerare, ai fini della convenienza economica del processo produttivo, la resa per ettaro, che dipenderà dalla biomassa prodotta, oltre che dalla percentuale in olio essenziale. Ad esempio, nelle piante di rosmarino (*Salvia rosmarinus* Schleid. sinonimo di *Rosmarinus officinalis* L.) il contenuto in olio essenziale (%) è massimo nei primi stadi di sviluppo, ma le rese più alte (kg/ha) si raggiungono nelle ultime fasi fenologiche, in corrispondenza della produzione del seme. In esperimenti condotti su timo (*Thymus vulgaris* L.) in ambiente controllato si è osservato che, effettuando la raccolta a tempi diversi lungo il ciclo produttivo, si possono ottenere variazioni significative sia nel contenuto in olio essenziale sia nella resa. I livelli massimi sono stati osservati dopo sei mesi dal trapianto, in corrispondenza del secondo raccolto. Anche i livelli relativi dei tre principali componenti dell'olio essenziale (timolo, p-cimene, γ-terpinene) mostrano delle variazioni dipendenti dallo stadio fenologico alla raccolta. Anche in altre specie di timo, come ad esempio *Thymus pulegioides* L. e *Thymus capitatus* (L.) Hofmgg. Et Lk. (sinonimo *Thymbra capitata* (L.) Cav.), sono state osservate delle variazioni nella composizione, nella resa in olio essenziale in funzione del tempo di raccolta; in genere i livelli risultano massimi in prossimità della fioritura.

Come già indicato, occorre considerare che l'interazione della pianta con l'ambiente pedoclimatico può influire fortemente sulle caratteristiche quali-quantitative del prodotto, per cui si possono osservare delle risposte diverse a seconda dell'area di coltivazione considerata e che diversi chemiotipi possono mostrare risposte diverse in funzione dei fattori legati al tempo e alla modalità di raccolta.

Data la grande eterogeneità che caratterizza le piante officinali, il prodotto da raccogliere potrà avere caratteristiche morfologiche completa-

Il tempo balsamico

La raccolta delle piante officinali ai fini della produzione ottimale della droga è determinata dal periodo in cui è massimo il contenuto in principi attivi.

- Radici e rizomi: periodo di quiescenza
- Piante annuali: raccolte a sviluppo completo
- Piante biennali: raccolte nel secondo anno
- Piante perenni: il contenuto in principi attivi aumenta con l'età

mente differenti, spaziando tra fiori, frutti, semi, foglie, fusti, radici, rizomi, bulbi e tuberi. Questa ampia variabilità fa sì che l'operazione della raccolta debba essere modellata sulla base di caratteristiche specifiche della specie coltivata.
Inoltre, anche all'interno della stessa pianta, le caratteristiche compositive dell'olio essenziale e le rese possono variare a seconda dell'organo considerato. Nel caso della salvia (*Salvia officinalis* L.) è stato osservato che i componenti dell'olio essenziale si distribuiscono in maniera differente nelle parti aeree (foglie, fiori e fusto), determinando così una composizione qualitativamente diversa degli oli ottenuti dalle tre parti. A livello della pianta intera (così come solitamente viene raccolta) ciò determina delle variazioni nel tempo in termini qualitativi e quantitativi, che dipendono dal rapporto tra le diverse parti della pianta presenti nella biomassa al momento della raccolta.
In altri casi, la diversa composizione in oli essenziali in diversi organi della stessa pianta determina una diversa gestione agronomica e una diversa pianificazione della raccolta. È il caso, ad esempio, del finocchio da seme (*Foeniculum vulgare* Mill.), per il quale la raccolta si effettua meccanicamente, dopo il pieno sviluppo dei frutti.
Nel caso di piante erbacee, la scelta dell'altezza alla quale eseguire lo sfalcio può avere delle ripercussioni importanti sulla concentrazione di olio essenziale e, secondariamente, sulla sua composizione. Generalmente, l'aumento dell'altezza di taglio rispetto al suolo determina un aumento della concentrazione di olio essenziale in quanto permette di escludere la porzione basale di pianta (generalmente il fusto, meno ricco in composti bioattivi) in favore di una maggiore percentuale di fiori e/o di foglie. Inoltre, la porzione lasciata a terra (la cui lunghezza varia da specie a specie, ma è solitamente inferiore ai 10-15 cm) determinerà la capacità della pianta di produrre nuovi germogli dopo la raccolta, influenzando la durata del ciclo colturale ed il numero totale di sfalci.

15.2.3.2 Gestione e qualità del prodotto fresco

Il settore delle piante officinali è assai vasto e comprende molteplici specie destinate alla produzione di oli essenziali, di estratti vegetali, di gomme, di resine e non solo. Al mercato sono destinate piante o parti di piante allo stato essiccato o fresco. Se la qualità viene in larga parte determinata in campo, la gestione del postraccolta resta comunque una fase molto delicata ed è rivolta in particolare a mantenere un'elevata qualità del prodotto, impedire le alterazioni e favorire la conservazione fino al momento di utilizzo. Le alterazioni possono essere dovute a fenomeni di ossidazione, a variazioni del contenuto idrico, a temperature elevate, alle radiazioni. In ogni caso è buona norma evitare una conservazione troppo lunga del prodotto. Anche il controllo igienico, per evitare rischi di contaminazione, ha sicuramente una grande importanza. Il prodotto tresco e destinato direttamente al consumo richiede una gestione differente. La fetta più ampia di questa categoria di prodotto riguarda le piante aromatiche fresche, anche se anche nella farmacopea le droghe vegetali possono essere usate sia allo stato fresco sia allo stato secco, a seconda del tipo di preparazione. Per la produzione di tipiche specie condimentarie (come, ad esempio, basilico – *Ocimum basilicum* L., salvia – *Salvia officinalis* L., rosmarino – *Salvia rosmarinus* Schleid. sinonimo di *Rosmarinus officinalis* L., menta – *Mentha viridis* (L.) L., prezzemolo – *Petroselinum crispum* (Mill.) Fuss), essendo esse destinate alla vendita allo stato fresco, sia in vaso sia come prodotto confezionato, è necessario garantire una programmazione della produzione per distribuirle durante tutto l'anno. Inoltre, l'impiego di queste specie nell'industria alimentare richiede alta qualità del prodotto e sicurezza igienica, oltre che una omogenea e costante composizione degli oli essenziali. Risulta quindi più indicata per tali piante una coltivazione controllata rispetto alla raccolta spontanea. Un altro esempio di prodotto fresco che ritroviamo sul mercato è lo zenzero (*Zingiber officinale* Roscoe). I rizomi di questa specie erbacea, infatti, vengono commercializzati anche senza subire trasformazioni. La sfida principale nel preservare la qualità postraccolta dello zenzero è quella di evitarne il disseccamento. Una pratica che può essere adottata e che permette di ottenere buoni risultati nella conservazione è quella di applicare sui rizomi delle cere: esse proteggono dal deterioramento e inoltre lucidano il prodotto, migliorandone quindi sia la qualità che l'aspetto.

15.2.3.3 Preparazione e conservazione

La qualità delle piante officinali può essere influenzata durante la coltivazione da tutte le variabili descritte in precedenza, come ad esempio la tecnica di coltivazione, i fattori fisiologici e genetici, che dovrebbero essere il più controllati possibile per ridurre la variabilità chimica, e la presenza di composti indesiderati. Contrariamente alle piante raccolte in natura, quelle coltivate permettono di superare molti dei problemi legati alla variabilità e alla confusione tra le specie. La raccolta delle materie prime deve essere il più accurata possibile per evitare lesioni alle piante. Ad esempio, se le cellule in cui si trova l'olio essenziale sono concentrate sulla superficie dei rizomi, e durante la raccolta queste sono danneggiate, l'olio essenziale verrà rilasciato ed esposto ad ossidazione.

La **lavorazione** postraccolta delle piante officinali è fondamentale per garantire la qualità della materia prima e diminuire gli effetti della variabilità dopo la raccolta. Infatti, la materia prima è sottoposta a lavorazioni quali pulizia, lavaggio, taglio, prima essicazione, congelamento distillazione, confezionata e conservata per la distribuzione. I trattamenti postraccolta delle piante officinali sono fondamentali per preservare i composti volatili. Ad esempio, l'acido valerianico si degrada quando le temperature di essicazione superano i 45°C. La maggiorana (*Origanum majorana* L.) e altre lamiacee contengono oli superficiali il cui contenuto è significativamente ridotto se la temperatura di essiccazione supera i 45°C. Infatti, a temperatura di 60° e un tempo di essiccazione di oltre un giorno il contenuto di olio si riduce del 10%. Tuttavia, altre piante possono essere essiccate a temperature più elevate, come ad esempio il prezzemolo che può essere essiccato a 50° per 8-10 ore.

Un altro esempio dell'importanza dei trattamenti postraccolta è quello della *Camellia sinensis* (L.) Kuntze, utilizzata per la produzione del tè. Sebbene derivanti dalle foglie della stessa pianta, il tè verde e il tè nero hanno differenti concentrazioni di principi attivi, sapori e odori, dovuti alle diverse lavorazioni postraccolta. Infatti, la trasformazione immediata delle foglie utilizzate nel tè verde limita i cambiamenti enzimatici, mentre le foglie utilizzate per il tè nero sono fermentate (ossidazione enzimatica e non enzimatica) prima della preparazione, innescando così i processi enzimatici che apportano concentrazioni più elevate di catechina, rispetto al tè verde. Inoltre, la lenta essicazione è fondamentale ove si desideri avere un processo enzimatico, come ad esempio nel caso dei baccelli della vaniglia (*Vanilla planifolia* Jacks. ex Andrews) e nei semi del cacao (*Theobroma cacao* L.).

Anche il **taglio** è una operazione che può compromettere il contenuto e la composizione dei principi attivi delle droghe. Infatti, dove possibile, le piante aromatiche dovrebbero essere conservate in forma integra poiché il materiale sminuzzato rilascia composti volatili.

Il materiale vegetale appena raccolto deve essere pulito dalle particelle di suolo, dagli insetti e da altri corpi estranei per evitare contaminazioni o l'insorgenza di micotossine come nel caso della liquirizia (*Glycyrrhiza glabra* L.) e l'ocratossina A (OTA). Infatti, questa micotossina è cancerogena, teratogena e immunotossica, e può contaminare alimenti quali cereali, cocco, frutta secca, uva, cacao e vino. Alcune ricerche hanno dimostrato che tali tossine erano stabili dopo un trattamento a 150° per 60 minuti, e che la loro concentrazione rimaneva inalterata dallo smistamento al lavaggio. In tale senso, la *European Food Safety Authority* (EFSA) ha indicato come limiti di assunzione settimanale 120 ng/kg di peso corporeo. Per tali motivi, le condizioni postraccolta delle materie prime dovrebbero essere rigorosamente controllate per evitare il **deterioramento**. Questo può avvenire anche grazie anche ai materiali degli imballaggi che dovrebbero garantire l'integrità del materiale vegetale all'interno del contenitore. Tuttavia, esiste una influenza dell'ambiente (luce, umidità, ossigeno, temperatura) e dei microorganismi quali muffe, batteri, acari, nematodi e insetti.

La **standardizzazione** dei prodotti è una delle principali sfide a cui è legata la garanzia della qualità. Tuttavia, la variabilità delle materie prime può essere in parte ridotta anche attraverso la coltivazione delle piante secondo le *Good Agricultural and Collection Practice* (GACP) che permettono di identificare e controllare i fattori critici durante tutta la produzione. Pertanto, queste linee guida garantiscono non solo che il prodotto sia quello richiesto, ma anche privo di adulterazioni o contaminazioni. Le piante officinali sono miscele complesse costituite da molteplici

composti, perlopiù presenti in piccole quantità e quindi di difficile determinazione per garantire la standardizzazione e la qualità. L'analisi e l'identificazione delle diverse componenti delle piante officinali sono possibili solo quando i componenti attivi sono noti. Tuttavia, questi composti sono spesso sconosciuti per cui la standardizzazione si basa su composti marcatori che sono composti chimici caratteristici, selezionati e utilizzati a scopo di controllo della qualità.
La standardizzazione del materiale vegetale può essere ottenuta anche mediante **miscelazione** dei materiali vegetali per garantire la consistenza dei componenti, per produrre lo stesso colore e gusto, come avviene per la produzione del tè. Oltre al materiale vegetale, l'industria alimentare utilizza anche estratti di piante come materie prime. Questa situazione è particolarmente frequente nelle industrie delle bevande e degli integratori alimentari. Gli estratti possono essere ottenuti con metodi diversi, utilizzando solventi che influenzano la composizione finale del prodotto. Infatti, i solventi polari estraggono composti polari e, analogamente, i solventi non polari estraggono composti idrofobici. In alcuni casi però, anche quando si usa lo stesso solvente, gli estratti possono variare nelle loro composizione e proprietà farmacologiche.

15.2.3.4 Alterazioni

Immediatamente dopo la raccolta, e durante ogni fase che precede la lavorazione industriale, le piante officinali (ed i fitoderivati che da esse possono essere ottenuti) possono andare incontro a fenomeni degradativi che ne possono rapidamente alterare le caratteristiche qualitative, compromettendone il valore commerciale. Per questo motivo è importante conoscere i meccanismi alla base di tali alterazioni, per poter introdurre delle strategie di gestione che permettano di mantenere la qualità del prodotto lungo tutta la filiera.

Piante aromatiche fresche

Per quanto riguarda le piante aromatiche commercializzate come prodotto fresco le alterazioni più comuni sono dovute ad avvizzimenti, calo di peso e perdita o alterazioni del colore. Al momento della raccolta il contenuto in acqua dei tessuti è intorno al 60-80% ed il distacco dalla pianta madre determina una rapida perdita di acqua per traspirazione; l'attività respiratoria può causare una perdita di sostanza secca che viene consumata per mantenere il metabolismo della pianta attivo. Questi eventi sono alla base della rapida e progressiva perdita di consistenza e di peso del prodotto.
Inoltre, l'elevato contenuto di acqua può favorire lo sviluppo di agenti biotici (funghi e batteri) responsabili di alterazioni postraccolta del prodotto fresco e delle molecole attive in esso contenute.
In molte piante aromatiche commercializzate fresche (basilico, salvie, rosmarino) il colore verde rappresenta un tratto qualitativo distintivo che guida il consumatore nella scelta al momento dell'acquisto. Dal momento della raccolta, si innescano una serie di eventi a livello fisiologico che porteranno alla senescenza e alla morte cellulare. In questo contesto inizia la degradazione della clorofilla (*a* e *b*), operata da enzimi specifici che si attivano in questa particolare fase, e che porterà alla perdita o all'alterazione del caratteristico colore del prodotto, determinandone lo scadimento qualitativo.
La qualità dei prodotti freschi può anche essere compromessa da altre alterazioni estetiche come gli imbrunimenti, i quali possono essere di tipo sia enzimatico sia non enzimatico. Gli enzimi responsabili degli imbrunimenti sono le polifenolossidasi (PPO, E.C. 1.10.32) e le perossidasi (POD, E.C. 1.11.1.7) e hanno come substrato i composti fenolici naturalmente presenti nei tessuti. In condizioni non ottimali, danni ossidativi a livello delle membrane cellulari determinano la perdita di compartimentalizzazione e liberano i composti fenolici che fino a quel momento erano stoccati nel vacuolo. Questo evento espone le sostanze all'azione degli enzimi ossidanti e innesca la catena di reazioni che portano alla formazione degli *o*-chinoni che si convertiranno in composti di colore bruno (detti melatonine).
Oltre a quelle legate alla qualità estetica, le alterazioni più rilevanti possono interessare la perdita di composti aromatici, i quali contribuiscono alla qualità sensoriale del prodotto fresco. È stato osservato, ad esempio, che durante la fase postraccolta il contenuto in composti aromatici in foglie di basilico (*Ocimum basilicum* L.) può variare, e che l'utilizzo di atmosfere controllate può contri-

buire ad estendere la *shelf life* del prodotto e a mantenere caratteristiche compositive simili a quelle del prodotto fresco.
In generale, i processi alterativi a carico di prodotti freschi sono favoriti e accelerati da una gestione delle condizioni di conservazione non ottimale. Per questo motivo il controllo della temperatura e dell'umidità, la protezione da danni meccanici e l'uso di atmosfere modificate (anche grazie all'adozione di imballaggi e confezionamenti opportuni) rappresentano le strategie più efficaci per rallentare i processi degradativi alla base delle alterazioni. In aggiunta all'uso delle basse temperature e del confezionamento in atmosfera modificata, è stato osservato che il mantenimento della qualità e del colore nella fase postraccolta di alcune piante aromatiche da consumo fresco (basilico e rosmarino) è più efficace se il prodotto è mantenuto sotto lampade a fluorescenza (ad una intensità di 4,6 $\mu mol\ m^{-2}\ s^{-1}$). Ciò suggerisce un ruolo importante per la luce e stimola ulteriori studi sul suo effetto, anche nelle fasi successive alla raccolta.

Piante officinali destinate alla trasformazione

In molti casi, dopo la raccolta, le piante officinali sono indirizzate verso processi di trasformazione più o meno complessi, che porteranno alla produzione di ingredienti o prodotti finiti destinati all'industria alimentare, cosmetica o farmaceutica. Per questo motivo le fasi immediatamente successive alla raccolta rappresentano un momento fondamentale, nel quale è necessario stabilizzare il prodotto nel più breve tempo possibile, preservandolo da possibili alterazioni.
Come già detto, l'elevato contenuto di acqua (e di acqua libera) nei tessuti rappresenta un mezzo di sviluppo per batteri e muffe che possono determinare importanti alterazioni a livello quantitativo e qualitativo del prodotto fresco. Inoltre, anche la presenza di enzimi può innescare dei processi degradativi che altererebbero la composizione chimica e la qualità compositiva della droga, aspetto fondamentale in questo tipo di prodotti.
Gli oli essenziali sono costituiti in molti casi da molecole volatili che possono facilmente perdersi durante la lavorazione del prodotto, inoltre si tratta spesso di molecole a carattere lipofilo che possono facilmente andare incontro a processi alterativi di vario tipo. Tali reazioni possono modificare irrimediabilmente la composizione della droga e comprometterne l'efficacia farmacologica e/o le caratteristiche sensoriali. In particolare, i metaboliti che costituiscono l'olio essenziale possono essere modificati in seguito a reazioni di:

- Isomerizzazione
- Ossidazione
- Deidrogenazione
- Polimerizzazione
- Riarrangiamento termico

Tali reazioni possono avvenire spontaneamente, anche in risposta alle condizioni ambientali. Infatti, il contatto con l'aria e la gestione della temperatura, dell'umidità e della luce possono determinare in maniera sostanziale il mantenimento della qualità compositiva del prodotto e per questo motivo si dovranno individuare delle strategie per preservare le molecole attive dall'azione degradativa di tali fattori. In aggiunta, reazioni degradative possono avvenire per via enzimatica, ad opera di enzimi esogeni di natura microbica o naturalmente presenti sulla superficie della pianta. È importante osservare che, una volta isolata dalla matrice vegetale, la molecola attiva è maggiormente esposta ad ogni possibile fattore di alterazione biotico o abiotico.
Anche in questo caso, l'adozione di opportune tecniche di gestione postraccolta rappresenta la strategia migliore per mantenere la qualità ottenuta in campo. Le operazioni che possono essere messe in atto già a livello dell'azienda agricola prevedono, ad esempio, l'allontanamento dell'acqua attraverso moderati processi termici (essiccazione), in preparazione alle operazioni più complesse che saranno operate a livello industriale. I processi termici hanno la duplice azione di allontanare l'acqua e di inattivare (anche se temporaneamente) gli agenti biotici e gli enzimi direttamente responsabili dei processi di degradazione. D'altro canto, i trattamenti ad alte temperature possono risultare dannosi nei riguardi di molecole particolarmente termolabili.
La gestione delle condizioni di stoccaggio dei fitoderivati può risultare molto complessa e, come osservato, deve considerare tutti i numerosi fattori in gioco, che includono le caratteristiche qualitative della pianta alla raccolta, la natura

chimica dei componenti essenziali della droga e la loro interazione con l'ambiente di lavorazione e di stoccaggio. Conoscendo questi fattori, sarà quindi possibile scegliere le migliori condizioni di estrazione, conservazione, confezionamento e stoccaggio del prodotto.

15.3 Controllo della qualità

15.3.1 Tecniche analitiche

Il controllo della qualità delle materie prime ha lo scopo di garantire l'identità, la purezza e l'assenza di composti indesiderati, attraverso l'utilizzo di test fisici e chimici atti ad assicurare la qualità delle materie prime. Le "Linee guida qualità piante officinali" rappresentano un documento di riferimento per gli organismi di controllo, per la valutazione della qualità delle materie prime destinate al settore alimentare. La qualità deve essere garantita lungo tutta la filiera e le fasi della produzione: dalla materia prima al prodotto finito. Per produrre materie prime di buona qualità, possono essere utilizzate:

1. Linee guida di buone pratiche agricole di coltivazione e raccolta (GACP) dell'OMS (Organizzazione Mondiale della Sanità) che forniscono norme tecniche generali per il settore farmaceutico, adottabili anche per le piante destinate al settore alimentare (WHO Guidelines, 2003; EMEA/CHMP/2006);
2. Linee guida di buone pratiche agricole e di igiene (GAHP) per la produzione e le prime fasi di lavorazione di materie prime per infusi di erbe e frutti (THIE - Tea & herbal infusions Europe, 2018).

Al fine di ottenere risultati attendibili e ripetibili è indispensabile che la composizione del campione da sottoporre all'analisi sia rappresentativo della massa da analizzare. A tale scopo, possono essere adottate le procedure descritte nella Farmacopea europea. Per quanto riguarda le droghe vegetali, sono previsti un controllo morfologico per identificare la droga tramite l'osservazione dei caratteri macroscopici (aspetto, forma, colore, odore e sapore) e microscopici ed evidenziare eventuali sofisticazioni. L'esame microscopico è essenziale per le droghe triturate nelle quali è difficile l'identificazione attraverso un esame macroscopico.

Il profilo cromatografico è uno dei più importanti test utilizzati per l'analisi delle matrici vegetali. Diverse metodologie, ad esempio la cromatografia su strato sottile (TLC), cromatografia liquida ad alta prestazione (HPLC) e la gascromatografia (GC), possono essere applicate per determinare il profilo cromatografico di una pianta. Queste analisi si basano su separazioni cromatografiche, attraverso il confronto tra composti marcatori e standard di riferimento. Negli ultimi anni, le nuove frontiere della biologia molecolare, come ad esempio l'analisi di DNA *fingerprint*, hanno permesso di individuare, in modo preciso, il genere, la specie e la varietà della materia prima, anche nel caso in cui questa sia stata lavorata. Inoltre, per la ricerca di molecole bioattive nelle piante officinali si fa sempre più uso alla metabolomica, una tecnica analitica complementare alla proteomica e alla genomica, che permette di definire il *fingerprinting* metabolico di una determinata pianta.

15.3.2 Prodotti di degradazione con potenziale tossicità

Le piante officinali possono contenere diversi composti che, di per sé o in seguito a trasformazioni, possono essere tossici o creare problemi ai consumatori. I contenuti massimi di tali metaboliti vengono applicati ai prodotti sul mercato finale. Tuttavia, i valori limite di uno specifico contaminante possono essere richiesti al fornitore come requisiti di qualità per l'acquisto (es. presenza di perclorato in piante essiccate per uso infusionale). Gli alcaloidi pirrolizidinici, ad esempio, sono metaboliti secondari tossici, presenti negli integratori alimentari e nelle erbe destinate ad uso infusionale come tè e infusi, prodotti da oltre 6000 specie vegetali tra cui *Fabaceae* e *Asteraceae*. Altri metaboliti tossici possono essere presenti nei semi di albicocca (acido cianidrico), negli oli e grassi vegetali (acido erucico) e nei semi di canapa (tetraidrocannabinolo o THC). I glucosinolati sono metaboliti secondari sintetizzati da molte piante, specialmente della famiglia delle *Brassicaceae*, che, in seguito ad idrolisi, possono dare origine agli isotiocianati. Questi ultimi posseggono un forte odore e sapore e hanno una azione goitrogenica, cioè in grado di sopprimere la funzione tiroidea. Il nitrato nelle piante viene utilizzato per la biosintesi di amminoacidi, proteine e di altri composti azotati, per essere poi assimilato nel citoplasma e compartimentato nei vacuoli dove può accumularsi a causa della ridotta fotosintesi o eccesso di fertilizzanti. Il nitrato è relativamente atossico, ma se ridotto ad ammoniaca forma come intermedio metabolico il nitrito che è tossico per gli animali, in quanto provoca metemoglobinemia, che riduce l'apporto di ossigeno ai tessuti. La cumarina si trova nei frutti, radici, cortecce, steli, foglie, rami di una grande varietà di piante, tra cui il fagiolo tonka (*Dipteryx odorata* (Aubl.) Willd.), cannella cassia (*Cinnamomum aromaticum* Nees sinonimo di *Cinnamomum cassia* (L.) J. Presl) e lavanda (*Lavandula angustifolia* Mill.), ed è utilizzata come agente aromatizzante nei prodotti alimentari per mascherare odori sgradevoli. La cumarina è priva di effetti anticoagulanti nell'uomo, ma può essere metabolizzata da alcuni funghi del genere *Penicillium* spp. con produzione di un derivato con importanti effetti anticoagulanti.

15.3.3 Contaminanti

Talvolta i prodotti a base di erbe possono essere contaminati con metalli pesanti, prodotti chimici per l'agricoltura o contaminanti microbici, a causa di inquinamento ambientale, inadeguato uso di prodotti chimici per l'agricoltura e prodotti agrochimici non autorizzati. In Unione Europea, ad esempio, l'uso di ossido di etilene per la decontaminazione di sostanze erboristiche è vietato dal 31 Dicembre 1989 e il bromuro di metile, utilizzato per la fumigazione, è in fase di eliminazione in tutto il mondo, in conformità con il *Clean Air Act* (CAA) e con il Protocollo di Montréal.

Alcuni metalli, come piombo, cadmio, cromo, nichel, arsenico, sono sempre più presenti negli ecosistemi agricoli, in seguito alle attività estrattive e metallurgiche umane. Uno dei principali contaminanti delle piante officinali è il piombo, che è tossico per gli animali e non riveste alcuna funzione biologica nota. Il contenuto di piombo tende ad essere maggiore nelle parti delle piante che crescono nel suolo a causa della contaminazione tellurica o delle acque sotterranee.

Altre fonti di contaminazione possono essere le macchine e i contenitori utilizzati per lavorazione e stoccaggio delle materie prime. Le parti a contatto con le erbe, infatti, se sono in leghe metalliche non inerti o verniciate con vernici non alimentari, possono rilasciare metalli nell'alimento. I metalli pesanti se presenti oltre i limiti di legge non sono sanabili e pertanto il prodotto deve essere eliminato. Solamente la distillazione e l'estrazione idroalcolica con adeguati filtraggi permettono di eliminare in parte tali contaminazioni.

I fitofarmaci o agrofarmaci sono utilizzati in agricoltura per contrastare principalmente insetti, funghi e malerbe. La loro presenza sta diventando sempre più frequente nelle erbe da raccolta spontanea che, ancora oggi, rappresentano la maggioranza delle erbe commercializzate al mondo. Tale fenomeno può derivare da disinfestazioni o da trattamenti preventivi effettuati sul prodotto immagazzinato. La presenza di agrofarmaci, oltre i limiti di legge, non è sanabile per via tecnologica. Infatti, l'estrazione e la distillazione hanno la peculiarità di concentrare la molecola che si vuole eliminare.

Le specie officinali possono essere microbiologicamente contaminate in qualsiasi momento durante la coltivazione, la raccolta, l'elaborazione, l'imballaggio e la distribuzione. Principali fonti di contaminazione microbica sono dovute alle feci animali, all'acqua di irrigazione contaminata da processi industriali e alle pratiche errate dei lavoratori durante la raccolta, la selezione, la lavorazione, l'imballaggio e il trasporto. Uno dei metodi per controllare la contaminazione microbica o l'infestazione degli insetti è rappresentato dall'uso di radiazioni ionizzanti, ove la normativa lo consente. Se le piante o parti di piante devono essere usati a scopo alimentare, l'irradiazione deve essere eseguita in conformità con le linee guida emanate dal *Codex Alimentarius* (CODEX STAN106-1983 Rev. 1-2003).

Negli ultimi anni è aumentato l'interesse verso le tossine cancerogene derivanti da proliferazione di miceti nelle derrate. Il rischio di contaminazione di questi microrganismi aumenta in funzione del tempo di stoccaggio ed è maggiormente sentito per le droghe a semi, come lino (*Linum usitatissimum* L.), coriandolo (*Coriandrum sativum* L.), fieno greco (*Trigonella foenum-graecum* L.) ed erba medica (*Medicago sativa* L.) e nelle alghe, come spirulina (*Arthrospira platensis* Gomont) e alga klamath (*Aphanizomenon flosaquae* Ralfs ex Bornet & Flahault). La presenza di tossine batteriche di solito non ha possibilità di risanamento, per cui il prodotto deve essere scartato. Esiste inoltre uno svariato numero di composti organici di origine antropica, riconosciuti come tossici, che contaminano l'ambiente e le materie prime. Oltre a diossine, gli idrocarburi policiclici aromatici (IPA), i policlorobifenili (PCB), gli ftalati (plastificanti) e gli organo bromurati (ritardanti di fiamma) sono contaminanti che si ritrovano frequentemente negli alimenti.

15.3.4 Adulterazione e sofisticazione

Adulterazione e sofisticazione rappresentano due problemi che da sempre hanno complicato il lavoro dei laboratori di analisi e degli organismi di controllo. Il termine **adulterazione**, nell'ambito dei prodotti erboristici, include la sostituzione accidentale o intenzionale di parte o dell'intera pianta originale o l'aggiunta intenzionale di altre piante o composti sintetici (ad es. farmaci). Secondo l'allegato tecnico del Ministero delle Politiche Agricole Alimentari e Forestali, la sostituzione di forme diverse può avvenire: 1) utilizzando una specie o sottospecie con contenuto minore dei componenti attivi; 2) tramite la parte sbagliata della pianta o l'uso di importo inferiore; 3) con generi di piante correlate; 4) impiegando generi di piante completamente diverse. Generalmente, qualsiasi farmaco di origine erboristica viene adulterato per sostituzione con varietà commerciali di scarsa qualità, droghe inferiori o prodotti fabbricati artificialmente per questo scopo.
Per **sofisticazione** si intende invece una alterazione intenzionale di un alimento oppure di un farmaco, tramite parziale sottrazione di un componente pregiato. Il risultato è un prodotto impoverito nei costituenti caratteristici e pregiati, e quindi di minore qualità. Questo può avvenire tramite la preparazione di un estratto vegetale utilizzando in parte la droga corretta ed in parte con la droga esaurita, cioè privata dei suoi principi attivi. Un'altra possibilità di frode può essere attuata utilizzando le cosiddette 'specie vicarianti', cioè piante che sono molto simili a quelle di reale interesse e che sono utilizzate per adulterare la specie principe pregiata. Le 'specie vicarianti' non posseggono i requisiti caratteristici della specie vegetale richiesta, sono generalmente povere o del tutto prive di principi attivi e quindi hanno un costo minore.

Bibliografia

Casiglia S., Bruno M., Scandolera E., Senatore F. (2019) - Influence of harvesting time on composition of the essential oil of *Thymus capitatus* (L.) *Hoffmanns. & Link.* growing wild in northern Sicily and its activity on microorganisms affecting historical art crafts. *Arabian Journal of Chemistry* 12, 2704-2712.

Catizone P., Barbanti L., Marotti I., Dinelli G. (2013) - *Produzione ed impiego delle piante officinali.* Pàtron Editore, Bologna.

Chalchat J.C., Raymond P.G., Michet A. (1997) - Variation of the chemical composition of essential oil of *Mentha Piperita* L. during the growing time. *Journal of Essential Oil Research* 9, 463-65.

Gouvea D.R., Gobbo-Neto L., Lopes N.P. (2012) - The influence of biotic and abiotic factors on the production of secondary metabolites in medicinal plants. In: *Plant Bioactives and Drug Discovery: Principles, Practice, and Perspectives* (V. Cechinel-Filho, eds.), pp. 419-452. John Wiley & Sons, Inc., Hoboken, NJ, USA. 4th ed.

Hidalgo P. J., Ubera J. L., Tena M. T., Valcarcel M. (1998) - Determination of the carnosic acid content in wild and cultivated *Rosmarinus officinalis. Journal of Agricultural and Food Chemistry,* 46(7), 2624-2627.

Marzi V., De Mastro G. (2008) - *Piante officinali. Coltivazione, trattamenti di post-raccolta, contenuti di principi attivi, impieghi in vari settori industriali ed erboristici.* Adda Editore, Bari.

Soster M., Gianetti G., Nicola S., Fontana E., Tibaldi G., Tamietti G., Valentino D., Bicchi C., Rubiolo P., Bordiga P., Nicola G., Filippi S., Rovera P., Rebuffo M., Piatti P., Dardanello A., Barbero L., Turchi A., Cavallo L. (2010) (Eds) - Il genepì. Zone vocate – varietà – coltivazione – trasformazione. *Quaderni della Regione Piemonte – Agricoltura,* 69 (Suppl.) pp. 34. ISSN 1972-9405.

Turek C., Stintzing F.C. (2013) - Stability of essential oils: a review. *Comprehensive reviews in food science and food safety* 12(1), 40-53.

La qualità degli ingredienti attivi a base vegetale può essere assicurata solo se le materie prime sono prodotte secondo precise linee-guida, per garantire che i costituenti fitochimici siano preservati rigorosamente nella droga vegetale.

16 Buone Pratiche Agricole e raccolta delle specie spontanee

Renato Iguera

16.1 Introduzione alle GACP

16.1.1 Breve storia delle GACP

La prima iniziativa messa in campo per l'elaborazione delle Good Agricultural Practices (allora non comprendevano ancora le piante selvatiche) è risalente a una tavola rotonda organizzata in occasione del 4th International Society for Horticultural Sciences (ISHS) sulle piante medicinali ed aromatiche, che si tenne a Angers, in Francia, nel 1983. Negli anni successivi, la discussione continuò in più occasioni, come a Novi Sad (Ex Yugoslavia) nel 1988, durante una conferenza sulle piante medicinali, e a Budapest nel 1989, in occasione di un meeting della sub-commissione sulla qualità sempre organizzato da ISHS, dove per la prima volta si discusse di riproducibilità dei processi di produzione delle droghe vegetali. Nel 1991 la linea guida proposta da Pank, Franz e Herbst nel lavoro Richtlinien für den integrierten Anbau von Arznei und Gewurzpflanzen, pubblicato su *Drogenreport*, diede un altro importante contributo al tema, esaminando tutte le tappe di produzione di una droga vegetale ed in particolare quelle che possono impattare maggiormente sulla qualità. Nel 1999 Máthé e Franz nel loro Good Agricultural Practices and the quality of phytomedicines, pubblicato sul *Journal of Herbs, Spices & Medicinal Plants*, ampliarono il tema pubblicando una nuova versione delle GAP e anche un primo prototipo di scheda di produzione (definita *way-bill* nel lavoro), che includeva tutte le informazioni più rilevanti del processo di produzione di una droga vegetale da trasmettere all'utilizzatore (Máthé e Franz, 1999).

Partendo da queste importanti premesse, furono elaborate altre linee-guida, una su tutte quella sviluppata dall'EUROPAM (*European Herb Growers Association*), che per la prima volta mise molto intelligentemente, intorno allo stesso tavolo di lavoro, i principali produttori di droghe vegetali in Europa e le maggiori industrie di trasformazione. L'associazione introdusse inoltre la *wild-collection*, allargando quindi le linee-guida alla raccolta e produzione di droghe vegetali da piante selvatiche, molto praticata nell'Europa orientale, allora come oggi.

Il Committee on Herbal Medicinal Products (HMPC) dell'EMEA (European Agency for Evaluation of Medicinal Products, oggi EMA – European Medicines Agency) partendo proprio dalle linee-guida sviluppate dall'EUROPAM, dopo un iter durato alcuni anni, dal 1999 al 2006, produsse le *Guideline on Good Agricultural and Collection Practice (GACP) for Starting Materials of Herbal Origin*, operative dal 1° Agosto 2006 (Doc. Ref. EMEA/HMPC/246816/2005), ancora oggi l'unica linea-guida ufficiale europea, obbligatoria nella produzione di medicinali di origine vegetale e spesso applicata anche in settori diversi da quello farmaceutico.

Per le GAP o GACP il primo decennio del 2000 lo potremmo definire come l'epoca d'oro: seguirono infatti linee-guida simili a quella europea sviluppate da altre associazioni e organizzazioni nel mondo. Di seguito vengono riportate le più importanti.

- In Cina nel 2002 furono adottate le Good Agricultural Practices for Traditional Chinese Medicinal Materials. A queste linee-guida, adottate a partire dal 1° Giugno 2002, seguì un sistema di certificazione, per il quale la prima azienda produttrice di prodotti della Tradizione Cinese venne nel 2003 certificata in base proprio alle GAP. Da allora altre 196 aziende furono certificate, ma nel 2016 il sistema di certificazione fu cancellato ed ora un nuovo standard GAP sta per essere pubblicato (Zhang *et al.*, 2010).
- Il Giappone nel 2003, con un lavoro finanziato dal Ministero della Salute, del Lavoro e del Welfare Giapponese, pubblicò GACP Giapponesi, basate su standard qualitativi nazionali come quello della Farmacopea Giapponese e lo standard per prodotti medicinali derivati da piante (GACP for Medicinal Plants, WHO, 2003).
- L'Organizzazione Mondiale della Sanità (OMS) iniziò a formulare le proprie linee-guida sulle GACP per piante medicinali nel 2001 e pubblicò il testo definitivo nel 2003.
- Negli Stati Uniti la American Herbal Products Association (AHPA) pubblicò le prime linee-guida GACP nel 2006, sviluppate in cooperazione con la American Herbal Pharmacopoeia (AHP). Nel 2017 seguì una nuova versione del documento, che introdusse le GMP per una parte del processo (Good Agricultural and Collection Practices and Good Manufacturing Practices for Botanical Materials). Più recentemente è uscita la nuova versione (AHPA - Maggio 2021).

Alcune premesse

Droga vegetale (o il suo sinonimo **sostanza vegetale**). Secondo la Farmacopea Europea le droghe vegetali sono essenzialmente piante intere, frammentate o tagliate, parti di piante, alghe, funghi, licheni in uno stato non trattato, generalmente in forma essiccata, ma talvolta fresche. In questo capitolo si mantiene separato il termine droga vegetale dai termini pianta, pianta officinale o pianta medicinale. Questi ultimi termini si riferiscono per lo più alla pianta che possiede alcune proprietà, nella sua interezza, per lo più viva in campo, prima della sua raccolta, mentre con droga vegetale si intende la pianta o parte di essa opportunamente trattata (raccolta, essiccata, ecc.) che viene utilizzata dall'industria alimentare (integratori alimentari), farmaceutica, liquoristica, cosmetica, ecc.
Good Agricultural and Collection Practices (GACP). Come riportato nel paragrafo 16.1.1, sono numerose le linee-guida con questo nome. In questo capitolo ci si riferisce principalmente a quelle europee, o meglio a quelle pubblicate dall'EMA nel 2006 e richiamate dall'allegato 7, punto 7, delle Good Manufacturing Practice (GMP) dell'Unione Europea, che sono obbligatorie sia per la produzione di sostanze attive vegetali che per i medicinali. Tuttavia a seconda delle circostanze alcuni aspetti sono stati estrapolati da altre linee-guida come quella pubblicata dalla American Herbal Products Association (AHPA) e da quella dell'Organizzazione Mondiale della Sanità (OMS).

16.1.2 Scopo delle GACP

Secondo l'Organizzazione Mondiale della Sanità (OMS) sono definiti principi attivi i prodotti medicinali a base di piante che consistono in parti di pianta o materiale vegetale tal quale o trasformato. Lo stesso punto di vista è condiviso dalla European Medicines Agency (EMA) che definisce la droga vegetale o un suo preparato come ingredienti attivi (Busse, 2000). Ricordo che le droghe vegetali sono, secondo la definizione della Farmacopea Europea, essenzialmente piante intere, frammentate o tagliate, parti di piante, alghe, funghi, licheni in uno stato non trattato, generalmente in forma essiccata, ma talvolta fresche; mentre i preparati a base di piante sono prodotti omogenei ottenuti sottoponendo le droghe vegetali a trattamenti quali estrazione, distillazione, spremitura, frazionamento, purificazione, concentrazione o fermentazione.
Basandoci quindi sulle linee-guida di EMA e OMS, un prodotto medicinale derivato da una pianta, sia sotto forma di droga vegetale sia sotto forma di preparato, deve essere considerato come principio attivo. È evidente da questa definizione, e dal

fatto che le droghe vegetali siano miscele complesse di sostanze, che devono essere compiuti grandi sforzi per garantire una adeguata qualità e riproducibilità del prodotto. Sappiamo infatti che la composizione delle sostanze presenti in una pianta o nella droga vegetale da cui è derivata può essere influenzata da molteplici fattori.
Da ciò deriva che la riproducibilità e la qualità di un ingrediente attivo a base vegetale possono essere garantite solo se le materie prime sono state prodotte in accordo a precise linee-guida, in modo da assicurare che la complessa gamma dei costituenti fitochimici, espressi dalla pianta, sia preservata rigorosamente nella droga vegetale.
Quindi tutti gli sforzi fatti per lo sviluppo delle GACP avevano questo come obiettivo: garantire la riproducibilità della materia prima vegetale come condizione primaria per la qualità dei prodotti da essa derivati. Il settore farmaceutico è stato, come abbiamo visto nel capitolo precedente, il primo a muoversi in quella direzione. Infatti, sebbene le GACP non rientrino direttamente nelle linee guida GMP nel senso tradizionale, almeno nel contesto farmaceutico sono inseparabili e fondamentali per un sistema di garanzia della qualità dei prodotti naturali medicinali. L'effetto sinergico di GACP e GMP si esprime con un rigoroso sistema di qualità già applicato sin dalla produzione della droga vegetale. Infatti le GACP affrontano questioni specifiche associate alla produzione agricola, alla raccolta delle piante e della lavorazione postraccolta.
Le considerazioni e le raccomandazioni contenute nelle GACP sono destinate a tutti i partecipanti della filiera: dai produttori primari (coltivatori e raccoglitori) ai commercianti (intermediari, *broker*, rivenditori) e naturalmente a chi processa la biomassa fresca.
Nonostante siano passati 15 anni dalla pubblicazione delle GACP dell'EMA e di altre simili linee-guida, dobbiamo purtroppo constatare che la loro applicazione non è ancora estesa quanto dovrebbe. Rimane un compito molto difficile formare agricoltori e raccoglitori in tutte le realtà produttive d'Europa e del Mondo. In questo senso le industrie che usano le droghe vegetali come materie prime, le associazioni di agricoltori e produttori e altri attori della filiera possono giocare un ruolo importante, promuovendo e diffondendo queste pratiche in maniera sempre più capillare.

16.2 Formazione

16.2.1 Introduzione

«Non si dovrebbe mai smettere di imparare». Il consenso su quanto sia importante l'apprendimento sul posto di lavoro è unanime. Ma nella pratica, nel mondo agricolo e non solo, la formazione è spesso carente. Nella coltivazione, nella raccolta e nella lavorazione delle piante officinali i tempi e le risorse limitate non permettono ai neofiti di imparare da autodidatti; la formazione *on the job* invece è una pratica, sebbene non pianificata nei minimi dettagli, spesso più applicata. Però non è sufficiente: la produzione di una pianta officinale richiede la conoscenza di specifiche informazioni e procedure che un generico lavoratore agricolo potrebbe non possedere.
Tutto il personale coinvolto, dal raccoglitore di piante selvatiche, all'agricoltore che svolge i lavori di campo, al personale che si occupa dei processi post raccolta, necessita di un'apposita formazione effettuata su base regolare da qualcuno che possieda la sufficiente esperienza e conoscenza della pianta officinale e dei prodotti da essa derivati. Per cui il personale, anche senza possedere uno specifico *background*, deve essere guidato e istruito perché non faccia errori che potrebbero essere fatali per la qualità della sostanza vegetale. Dove c'è consapevolezza del lavoro da eseguire, anche apparentemente semplice (l'uso di una mietitrebbia per la raccolta, l'essiccamento di un prodotto fresco, il settaggio di una setacciatrice) il personale bene istruito riuscirà a portare a termine il lavoro in modo ottimale e le qualità fitochimiche della pianta saranno perfettamente conservate.
Non solo la qualità deve essere l'obiettivo della formazione del personale, gli aspetti del *welfare*, dell'igiene e della sicurezza sono altrettanto importanti. Spesso questi aspetti sono regolati dalle normative locali e verificati dalle autorità competenti, tuttavia le GACP (EMEA/HMPC/246816/2005) le richiedono espressamente, ponendole di fatto tra i controlli da seguire da parte dell'auditor chiamato a verificare l'applicazione delle linee-guida.
Mentre l'uso di agrofarmaci prevede già dei corsi tecnici dedicati, per la specificità e la pericolosità delle sostanze con cui l'agricoltore viene a contatto particolare attenzione andrebbe dedicata

alle piante tossiche, irritanti o che possono provocare allergie al personale addetto alla lavorazione, soprattutto durante i processi di postraccolta (ad es. essiccamento, macinazione, setacciatura e imballaggio). In queste fasi del processo, dato lo stato disidratato e in taluni casi polverizzato in cui si trova il prodotto in lavorazione, il personale senza dispositivi di protezione risulterebbe molto esposto. È importante che il rischio sia valutato sulla base delle conoscenze che si hanno della pianta e della sua composizione e siano prese tutte le misure necessarie per eliminare un'esposizione pericolosa.

16.2.2 La formazione dei raccoglitori di piante selvatiche

La raccolta di piante selvatiche su piccola scala, effettuata da persone esperte, garantisce la qualità corretta, mentre quella su grande scala coinvolge un tale elevato numero di raccoglitori che molto spesso non tutti risultano istruiti adeguatamente. Una raccolta dissennata potrebbe risultare non sostenibile per la specie, mentre una raccolta errata, confondendo specie diverse o includendo parti estranee, avrebbe il risultato di abbassare drasticamente la qualità del prodotto finale e spesso destinarlo alla distruzione. Nei casi di specifiche procedure per la raccolta, redatte dalle autorità o da organizzazioni locali, normalmente ideate per garantire la massima sostenibilità, queste dovrebbero essere usate per la formazione dei raccoglitori. Esistono esempi virtuosi di formazione o semplice disseminazione delle informazioni sulla corretta e sostenibile modalità di raccolta, ma l'esperienza insegna che per raccolte di piante su larga scala la formazione dei raccoglitori è spesso totalmente evasa. Bisogna ammettere che la formazione di centinaia, migliaia di raccoglitori, in territori ampi, non è affatto semplice, tuttavia con un certo grado di organizzazione si può fare molto. I raccoglitori sono spesso organizzati a squadre e fanno riferimento sempre a un punto di consegna, dove la biomassa del giorno o dei giorni precedenti viene venduta all'intermediario, in genere ancora fresca, in altri casi già secca. Il punto di raccolta è il punto nodale, il luogo ideale dove può avvenire la disseminazione delle informazioni utili per un'istruzione adeguata. Laddove non esistono veri e propri contratti tra le parti, possono essere distribuite o rese disponibili in altro modo delle guide sotto forma di opuscoli. Il livello di dettaglio che devono possedere questi documenti dipende dalla specie e dai rischi correlati di confusione con altre piante. I documenti dovrebbero chiarire gli stadi vegetativi ottimali per la raccolta e definire bene le parti della pianta obiettivo della raccolta. In taluni casi è opportuno anche riportare informazioni utili a permettere una raccolta sostenibile per la specie e per l'ambiente in cui vive. Come già sopra riportato spesso purtroppo manca una vera formazione dei raccoglitori e le informazioni diffuse si riducono a semplici ammonimenti che possono riguardare lo stato di vegetativo della pianta, piuttosto che la lunghezza del taglio ecc. (vedi Scheda 16.1).

In Italia, presso il Ministero delle Politiche Agricole, Alimentari e Forestali è in corso di definizione (anno 2021) un decreto interministeriale specifico ai sensi dell'art. 3 comma 2 della legge n. 75/2018, una cui parte preponderante è rivolta proprio ad inquadrare le competenze del raccoglitore di piante officinali spontanee.

16.2.3 Processo produttivo

La formazione del personale coinvolto nei processi postraccolta è molto più semplice e realizzabile e naturalmente molto importante. I tempi e i modi dei processi di postraccolta a cui sono sottoposte le piante medicinali sono determinanti per il mantenimento della qualità. Questa è la ragione fondamentale per cui le GACP richiedono specifiche Procedure Operative Standard (POS) per i processi più rilevanti. Questo punto sarà meglio esaminato nel paragrafo dedicato alla Documentazione. Le procedure operative standard si prestano bene come base per la formazione e sono un'ottima occasione per responsabilizzare gli operatori alle loro mansioni. I training vanno pianificati, documentati e archiviati.

16.2.4 Obiettivi principali della formazione

Ogni realtà deve decidere, sulla base delle proprie attività, quali corsi effettuare e le migliori modalità da seguire. Ci sono importanti

Scheda 16.1 - Avvisi per i raccoglitori di piante selvatiche

Nella prima delle due foto si fa riferimento all'acquisto di sommità fiorite di Iperico (*Hypericum perforatum* L.). L'avviso recita: "Signori fornitori: vi informiamo che non si accetterà il prodotto con seme e senza fiori, mentre il prodotto con molto fusto verrà pagato ad un prezzo minore. Si darà maggiore precedenza all'acquisto di materiale proveniente dalla cordigliera, recentemente in fioritura". La qualità della sostanza vegetale è infatti direttamente proporzionale alla frazione di fiori, che sono maggiormente presenti nella parte sommitale della pianta erbacea. La raccolta della pianta a fine antesi, ormai a frutto, oppure tagliata alla base (con molto fusto), svaluta la qualità del prodotto, in quanto il contenuto in Ipericina si abbassa drasticamente. Accanto all'avviso vi è un mazzetto di iperico in fiore e tagliato al giusto livello, a circa 25 cm dalla sommità. Cartelli come questi sono molto frequenti nei siti che ricevono materiale fresco proveniente da piante spontanee raccolte nelle aree limitrofe. È un modo molto diretto per orientare la raccolta verso una qualità ben definita, in sostituzione di corsi specifici a cui sottoporre i raccoglitori, come previsto dalle GACP.

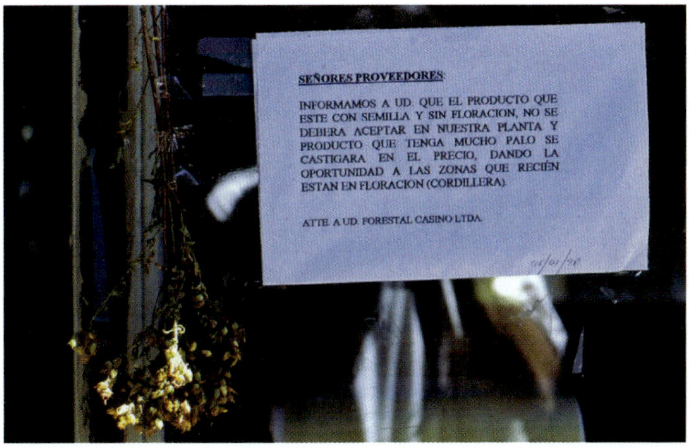

Figura S16.1.1 - Avviso sulla qualità di *Hypericum perforatum* L. richiesta dal compratore (Cile) (foto di R. Iguera).

Nella prossima foto si osserva un cartello in Florida durante la raccolta di frutti selvatici di Saw Palmetto [*Serenoa repens* (W. Bartram) Small]. Il cartello, posizionato a bordo strada, mette in evidenza che la raccolta di frutti verdi non è apprezzata dal mercato e quindi anche in questo caso rischia di deprezzare il valore dei frutti secchi ottenuti. I frutti verdi di Serenoa hanno un contenuto di olio assai minore rispetto a quelli maturi (di colore dall'arancio al nero). Come succede in molti casi, infatti, quando c'è una forte richiesta sul mercato i raccoglitori tendono a muoversi in anticipo senza aspettare il giusto grado di maturità, in modo da precedere i concorrenti e assicurarsi la biomassa.

Figura S16.1.2 - *Serenoa repens* (W.Bartram) Small in Florida (USA) (foto di R. Iguera).

cooperative di agricoltori che coltivano piante officinali in Europa che organizzano regolarmente corsi per istruire i propri membri su vari temi dalla sicurezza alla qualità. I corsi vengono effettuati in una o due giornate annuali di aggiornamento, a cui tutti i membri sono invitati a partecipare.
I corsi più rilevanti secondo il testo elaborato da EMA nonché da altre linee-guida riguardano i seguenti argomenti:

- salute, sicurezza e igiene del personale;
- igiene e pulizia degli ambienti di lavoro;
- procedure di raccolta, coltivazione e processi postraccolta.

16.2.5 Modalità

Le modalità di svolgimento dei corsi possono essere diverse e non ci sono limiti alla fantasia su come organizzarli in funzione delle diverse realtà e scopi. Ne citiamo alcune:

- dimostrazioni pratiche in azienda;
- escursioni nelle aree di raccolta o in campi coltivati;
- seminari tenuti da esperti.

16.2.6 Documentazione

La formazione è un momento importante della vita di una azienda, piccola o grande che sia. Quindi non andrebbe mai improvvisata, ma eseguita attraverso una procedura ben definita, meglio se scritta e formalizzata tra i documenti relativi alla qualità. Qui di seguito si riportano le principali tappe che dovrebbero essere seguite:

- piano del corso: la redazione del piano deve riportare chiaramente l'oggetto della formazione e gli obiettivi che si prefigge;

Formazione	
SOP:	01-0008-01 Igiene del personale e dei prodotti nella produzione di prodotti erboristici

- Quanto segue è confermato dalle relative firme:
  1. Attuazione della formazione.
  2. La formazione è stata compresa dal partecipante alla formazione.
  3. Il partecipante alla formazione aderirà e realizzerà il contenuto della formazione

Formazione svolta da:		
Nome	Data	FIRMA

Partecipanti alla formazione:		
Nome	Data	FIRMA

Figura 16.1 - Esempio di modulo per la formazione.

- documentazione (Fig. 16.1): il corso deve essere formalizzato in forma scritta e il documento deve contenere le seguenti informazioni:
  - luogo e data,
  - partecipanti: nome, funzione e firma al termine del corso,
  - oggetto e obiettivi,
  - durata,
  - istruttore.

16.3 Edifici e altre strutture

16.3.1 Strutture per i lavoratori

La presenza di locali separati per il cambio dei lavoratori, dei bagni e dei locali per il consumo dei pasti dovrebbe essere sempre garantita. Questi aspetti generalmente sono coperti dalle normative locali ma, qualora non ci fossero, andrebbero verificati nell'ottica di una perfetta aderenza alle GACP. La presenza di questi locali oltre a migliorare le condizioni dei lavoratori sono indispensabili per garantire pulizia e igiene, requisiti essenziali nelle GACP.

16.3.2 Commistione tra attività diverse

Gli edifici adibiti ai processi di postraccolta rimangono in certe aree del mondo ancora punti critici del sistema di qualità delle imprese che producono sostanze vegetali. La commistione tra il materiale vegetale e il bestiame nel medesimo sito, incubo di diverse GACP, è per fortuna oggigiorno rarissima, quanto meno per le produzioni su volumi medi o elevati. Permane per micro-produzioni, per lo più a gestione familiare in contesti fortemente rurali. Ma se la presenza di animali è rara, in alcune realtà attività differenti possono essere svolte contemporaneamente nello stesso edificio o area: dal ricovero di mezzi meccanici allo stoccaggio di materiali estranei come fitofarmaci e fertilizzanti. In strutture più evolute questo rischio è meno frequente, ma la produzione simultanea di altre specie vegetali pone dei seri problemi di "cross-contaminazione". Molti processi, specialmente quando il prodotto è ormai disidratato, durante la sua movimentazione (ad es. spostamento, taglio, setacciatura, imballaggio) tendono a produrre polvere che si sparge nell'ambiente circostante, la quale oltre a non rendere l'ambiente confortevole per le attività delle persone che ci lavorano, può provocare inquinamento di altri materiali vegetali presenti in lavorazione. Sono note in letteratura contaminazioni incrociate rese evidenti per la presenza di alcaloidi oppiacei dove non ci si aspetterebbe di trovarli, oppure la presenza inaspettata di alcaloidi tropanici dovuti alla lavorazione di foglie di Belladonna nel medesimo sito o con medesimi impianti.

16.3.3 Insetti e altri animali infestanti

Se il ricovero di animali in strutture adibite alla produzione di una sostanza vegetale è molto rara, non lo è la presenza di roditori, uccelli, acari e insetti. I primi, topi e ratti, sono spesso presenti dove ci sono materiali vegetali per loro appetibili come: semi, frutti secchi, radici. Questi animali vengono normalmente controllati da apposite trappole poste lungo i muri in posizioni strategiche. La gestione di questo controllo viene affidata generalmente ad aziende specializzate. La presenza di uccelli è dovuta a importanti deficienze strutturali dei magazzini e degli edifici che dovrebbero sempre precludere il loro ingresso, sebbene sia consigliato un certo arieggiamento dei locali. La presenza di insetti è un importante e sentito problema: non ci riferiamo agli insetti dell'ambiente esterno alle strutture, che normalmente vivono e preferiscono habitat differenti, ma quelli noti per essere tipici infestanti delle derrate alimentari. Questi insetti (ad es. *Plodia* spp., *Ephestia* spp., *Stegobium* spp.) sono per lo più artropodi originari dei climi caldi, ormai adattatisi anche alle latitudini più temperate, infestando le derrate in locali chiusi, dai magazzini alle nostre cucine. Questi insetti possono causare enormi danni economici a lotti di frutti, semi, rizomi e radici e fiori. Nell'arco di un periodo estivo possono susseguirsi diverse generazioni, con numeri sempre più elevati di individui. Se l'infestazione non è rapidamente identificata e fermata, questi insetti in pochi mesi possono rendere completamente inadatta la sostanza vegetale alla sua utilizzazione. Come nel caso dei roditori, anche in questo

Scheda 16.2 - Esempi di essiccamento non in conformità con le GACP

In alcune aree del mondo non sempre si raggiungono gli standard richiesti dalle GACP, soprattutto per raccolte di piante selvatiche. Gli esempi fotografici che seguono mostrano alcune di queste situazioni.

Figura S16.2.1 - *Hypericum perforatum* L., essiccazione (Cile) (foto di R. Iguera).

Figura S16.2.2 - *Hedera helix* L. in essiccazione (Albania) (foto di R. Iguera).

Secondo alcune stime tra il 70 e il 90% delle piante medicinali derivano dalla raccolta nell'ambiente, cioè sono piante selvatiche. In molti di questi casi la produzione è estremamente frammentata in piccole realtà, spesso a conduzione familiare. I metodi di essiccamento riflettono una produzione "artigianale" delle sostanze vegetali (Fig. S16.2.1).
Nell'Europa orientale per la produzione e stoccaggio di piante medicinali sono spesso usati vecchi edifici costruiti nei decenni passati e poi lasciati in completo abbandono (Fig. S16.2.2).
L'essiccamento di piante officinali (soprattutto selvatiche) in Paesi in via di sviluppo e in aree remote è spesso eseguito con metodi tradizionali in luoghi non propriamente dedicati. Non deve destare meraviglia vedere piante in essiccamento sui tetti, sui balconi e persino in magazzini usati per tutt'altro scopo, come nella figura S16.2.3.

Figura S16.2.3 - Essiccamento di *Tilia cordata* Mill. infiorescenze in un magazzino estemporaneo in Turchia (foto di R. Iguera).

caso esistono trappole che ci avvertono di una infestazione in atto. Nel caso degli insetti questi strumenti lavorano in modo differente, ad esempio attraverso l'uso di feromoni o di lampade UV che in entrambi i casi attraggono e catturano gli ospiti indesiderati. Sono utili strumenti in grado di cogliere sul nascere l'incipiente infestazione e poter mettere in atto quelle azioni in grado di bloccarla (trattamenti con CO_2, refrigerazione e congelamento tra queste).

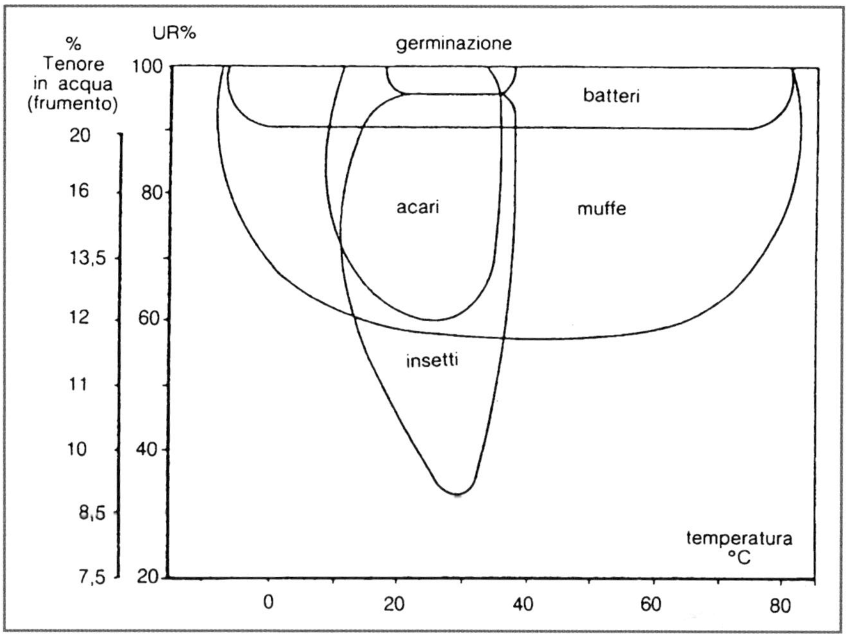

Figura 16.2 - Limiti fisici per la moltiplicazione degli agenti biologici nei cereali (ridisegnato da Cangardel). Questo grafico molto noto ci permette di identificare i migliori parametri fisici per evitare infestazioni nei nostri magazzini.

16.3.4 Magazzino

Le GACP dedicano particolare attenzione al magazzino. Mentre il processo che riguarda il materiale fresco dura di norma un tempo limitato, la sostanza vegetale secca può rimanere stoccata in magazzino molto tempo. Evitati con un adeguato essiccamento i rischi di crescite incontrollate di funghi e batteri (Fig. 16.2), il materiale vegetale prodotto e stoccato, rimane comunque esposto ad altri rischi, come l'attacco di insetti, roditori e uccelli (come visto nel capitolo precedente), oppure a cross-contaminazioni (anche accidentali) con altri materiali stoccati nelle vicinanze, ai raggi solari e naturalmente a condizioni anomale di umidità e temperatura. Lo stato di un magazzino spesso racconta molto sull'organizzazione di un produttore di droghe vegetali. Un magazzino organizzato in accordo alle GACP è una struttura in cemento armato, con un tetto adeguato e un pavimento liscio e facilmente pulibile. I lotti prodotti devono essere posti in contenitori chiusi (ad es. sacchi, cartoni, *big bags*), ben etichettati e identificati, posti su pallet di legno e distanziati tra loro e dalle pareti dei muri. Il magazzino dovrebbe trasmettere ad un visitatore o a un auditor un senso di ordine e organizzazione. Vedremo più avanti le altre condizioni di stoccaggio.

16.4 Macchine e impianti

16.4.1 Materiali di costruzione

Le GACP sono molto chiare a proposito dei materiali che compongono le macchine che vengono a contatto con la piante o con la sostanza vegetale. I materiali naturalmente non devono essere tossici o rilasciare sostanze tossiche o semplicemente estranee nel materiale in lavorazione, devono essere facilmente lavabili e non devono presentare corrosione.

16.4.2 Manutenzione e calibrazione

Le macchine agricole usate per i trattamenti con fertilizzanti e/o prodotti fitosanitari, devono essere adeguatamente mantenute in buona efficienza e calibrate periodicamente.

16.4.3 Identificazione delle macchine

Le macchine agricole o le macchine usate nei processi postraccolta andrebbero ben identificate e ognuna possedere un registro dedicato dove andrebbero riportate le principali attività svolte sulla macchina (ad es. riparazioni, calibrazioni).

16.4.4 Pulizia e contaminazione incrociata

La pulizia delle macchine, qualunque esse siano, mietitrebbie o essiccatoi, è uno degli aspetti più rilevanti e, oltretutto, spesso problematici. Prima di ogni lavorazione la macchina come l'impianto devono essere visionati per accertarne il buon grado di pulizia, soprattutto quando vengono usati per diversi specie di piante. Al termine di ogni lavorazione la pulizia deve essere profonda e adeguata in modo da evitare di lasciare residui vegetali umidi o secchi all'interno.

16.5 Documentazione

16.5.1 Introduzione

Un sistema di qualità, quali sono le GACP, non può fare a meno di documenti. Che sia una procedura operativa standard o sia un registro di processo, piuttosto che un accordo scritto, i documenti sono indispensabili per l'operatività all'interno dell'azienda, come per l'auditor chiamato a esaminare un fornitore. "Documento" deriva dal latino *documentum* (dal verbo *doceo*, dimostrare, insegnare) letteralmente "ciò che mostra" o "rappresenta", "cosa che serve alla rappresentazione di un fatto". Come tale è una specie di prova e, nel nostro caso, è la prova dell'esistenza di un sistema di qualità pienamente operativo e applicato.
Le GACP al primo punto del capitolo "Documentazione" riportano: "tutti i processi e procedure che possono avere un impatto sulla qualità del prodotto devono essere documentate". Va detto che nell'ambito agricolo, dove si svolge la gran parte dei processi trattati, il livello di penetrazione di sistemi di qualità tipici e derivati dall'industria non è ancora elevato e si scontra con una certa resistenza, soprattutto per la parte documentale. Un importante ruolo lo svolgono le aziende trasformatrici, che obbligate a porre in commercio un preparato partendo da sostanze vegetali ottenute in accordo alle GACP, a loro volta esercitano pressione sui fornitori e produttori per una piena applicazione delle linee-guida, incluse procedure operative standard, report, ecc. Spesso queste stesse aziende svolgono attività di training per i propri fornitori.
In definitiva un serio sistema di qualità ispirato alle GACP dovrebbe adottare oltre a un sistema di tracciabilità interna, anche documenti e POS che coprono l'intero processo di produzione, dalla coltivazione e raccolta fino allo stoccaggio della sostanza vegetale pronta alla vendita.
Un sistema di qualità ben costruito necessita, per la sua impostazione e implementazione, di competenze che spesso un'azienda agricola non possiede, ma che tuttavia può facilmente reperire sul mercato, tramite consulenze private o l'aiuto di associazioni di categoria.
Questi documenti, come altri previsti dalle GACP, possono sembrare agli occhi di un auditor di una azienda trasformatrice, che ha implementato al suo interno un complesso sistema di qualità, molto semplici, perfino banali e facilmente gestibili. In ambito agricolo invece, soprattutto per piccole realtà, la visione può essere ben diversa. Tuttavia come ogni altra organizzazione produttrice di beni e servizi, le imprese agricole e l'industria agro-alimentare in genere, sono chiamate a realizzare e quindi assicurare al mercato la qualità in misura proporzionata ai bisogni che sono tenute o si impegnano a soddisfare. A tal fine, devono identificare adeguatamente tali bisogni – nel nostro caso le GACP– ed impegnarsi a porre in atto gli elementi (processi e risorse) necessari per il loro soddisfacimento.

16.5.2 Procedure Operative Standard (POS)

Una POS (definita in inglese SOP – Standard Operating Procedure) è una serie di istruzioni che descrivono tutti i passi e le attività rilevanti di un processo o di una procedura, redatta da un'organizzazione con l'intento di aiutare i lavoratori a svolgere attività di routine. Le POS devono essere progettate, preparate, revisionate e distribuite con attenzione (Fig. 16.3). Sono documenti rilevanti che devono essere perciò approvati, con data e firma, da una persona autorizzata. Inoltre è necessario che siano identificabili in modo univoco, che siano facilmente reperibili e periodicamente e regolarmente valutati e aggiornati.
Una possibile lista dei processi e attività che hanno una particolare importanza sulla qualità di una sostanza vegetale e che quindi necessitano di una procedura scritta prevede:

- pratiche di raccolta di piante selvatiche,
- metodi di coltivazione,
- processi postraccolta,
- numerazione dei lotti,
- campionamento,
- imballaggio, etichettatura e stoccaggio.

Le POS, se redatte con criterio, non sono altro che semplici e concise procedure (spesso possono essere semplici diagrammi di flusso) che riportano fedelmente ed in sequenza le operazioni eseguite nella prassi produttiva. A volte coprono tutto il processo di produzione oppure solo una singola fase. La loro esistenza dimostra che le operazioni devono essere eseguite secondo precise procedure, definite per garantire qualità e riproducibilità, caratteristiche fondamentali quando parliamo di piante officinali e loro derivati. Sono inoltre un'ottima base per la formazione interna.

16.5.3 Quaderni di campo

Le procedure operative standard sono, come abbiamo visto, un documento chiave delle GACP, come di qualunque sistema di qualità che si pone come obiettivo la riproducibilità e il controllo stretto dei fattori che possono influenzare la qualità del prodotto. Ma sono anche importanti per l'ambiente quando applicate nella raccolta di specie selvatiche, per la sicurezza dei lavoratori durante tutti i processi e per mantenere un elevato standard di igiene nel postraccolta.

ID Number 文件编号	SOP-1-GK-04	STANDARD OPERATING PROCEDURE 标 准 操 作 规 范 Title: Collection, Production, Storage and Transportation of *Ginkgo biloba* Leaves 标题：银杏叶的采集、生产、仓储和运输
Revision Date 修改日期		
Effective Date 生效日期		
Supersedes 接替	SOP-GK03	
Page 页数	1/6	

GINKGO CULTIVATION
意迪那-临沂银杏种植基地

STANDARD OPERATING PROCEDURE
标 准 操 作 规 范

COLLECTION, PRODUCTION, STORAGE & TRANSPORTATION OF GINKGO BILOBA LEAVES
银 杏 叶 的 采 集、 生产、 仓 储 和 运 输

ID NUMBER 文件编号	SOP-1-GK-04	SIGNATURE 签字
WRITTEN BY 编写人		
APPROVED BY 批准人		
DISTRIBUTION LIST 分发名单		

Figura 16.3 - Frontespizio di una POS per la produzione di *Ginkgo biloba* L. in Cina (immagine di R. Iguera).

Ma altri documenti hanno altrettanta importanza all'interno delle GACP, i quaderni di campo o quaderni di campagna.
Questi documenti, dettagliatamente compilati nelle fasi di coltivazione, sono determinanti per tracciare quanto avviene nella prima parte del processo di produzione di una sostanza vegetale. Dobbiamo infatti tenere conto che molto spesso la coltivazione (come la raccolta dallo spontaneo) coinvolge soggetti e aziende agricole differenti rispetto a quelle che lavoreranno il materiale fresco. Il passaggio del testimone tra i due attori chiave della filiera agricola, oltre che concretizzarsi con la consegna del materiale fresco e del corrispettivo riconoscimento economico, avviene anche con il trasferimento di informazioni che riguardano la vita del prodotto fino a quel momento, il quaderno di campo appunto. Questo documento, che si aggancerà successivamente con quello relativo al processo postraccolta, riporterà fedelmente tutte le informazioni utili agli attori successivi della filiera produttiva. Il quaderno di campo quindi è la base, le fondamenta sui cui si costruisce l'intera tracciabilità dei prodotti di origine vegetale oggi in commercio.
Nell'ambito della raccolta di piante selvatiche il quaderno di campo presenta delle caratteristiche differenti rispetto a quello della piante coltivate visto precedentemente, sia nei soggetti responsabili della sua compilazione e sia nel contenuto. I raccoglitori di piante selvatiche, come abbiamo già avuto modo di descrivere, sono difficilmente inquadrabili in una categoria omogenea: in alcuni paesi sono contadini o loro familiari che integrano il reddito principale con la raccolta di piante selvatiche; in altri Paesi sono nomadi (per esempio nell'Europa orientale) ed in altri ancora disoccupati o sempre più spesso immigrati. Il compito della tracciabilità quindi è difficilmente e interamente delegabile ai raccoglitori, deve perciò essere previsto un ruolo per il soggetto acquirente (il secondo anello della catena), che può identificarsi in colui che fa da "collettore" del prodotto fresco raccolto nell'area, sia esso un intermediario o sia il produttore stesso della sostanza vegetale. Quasi sempre alla consegna del materiale corrisponde il relativo pagamento di quanto raccolto; questa operazione, che solitamente viene registrata in opportuni registri contabili (pratica conosciuta fin dalla notte dei tempi), potreb-

Scheda 16.3 - Il quaderno di campo

Un quaderno di campo, per una pianta coltivata, dovrebbe includere le seguenti informazioni:

- nome o riferimento dell'agricoltore,
- identificazione del campo,
- superficie del campo,
- sito: comune, città, provincia, Paese,
- coltivazione precedente,
- principali coltivazioni contemporanee nei campi confinanti,
- specie, varietà, cultivar della pianta coltivata,
- uso di fertilizzanti:
  - data di applicazione e fase di sviluppo della pianta,
  - tipo (organico o minerale),
  - composizione,
  - concentrazione,
  - quantità/dose,
- fitofarmaci:
  - data di applicazione e fase di sviluppo della pianta,
  - nome commerciale del prodotto,
  - composizione: ingredienti attivi,
  - concentrazione,
  - quantità/dose,
  - motivo del trattamento,
- raccolta:
  - data, ora e stadio di sviluppo della pianta,
  - parte della pianta raccolta,
  - tecnica di raccolta, macchina agricola usata,
  - superficie coinvolta,
  - quantità in peso fresco,
- data e firma dell'agricoltore.

Un quaderno di campo, per una pianta selvatica, dovrebbe includere le seguenti informazioni:

- specie, varietà della pianta raccolta,
- parte della pianta,
- data della raccolta,
- sito: comune, distretto, provincia, Paese se necessario,
- nome del raccoglitore o di chi consegna il materiale per conto dei raccoglitori.

be essere il momento ideale per allegare le informazioni sull'origine del prodotto appena raccolto e degli altri dati citati sotto. In questo modo, senza un eccessivo sforzo, si possono raccogliere in modo puntuale e sistematico i dati necessari.

16.5.4 Dati di processo, specifiche e contratti

La raccolta dei dati di processo post-raccolta è significativa per due motivi: innanzitutto, permette di mantenere all'interno del sito produttivo la tracciabilità dei lotti in lavorazione e, in secondo luogo, di registrare i parametri di processo essenziali per garantire qualità, come: la temperatura e i tempi di essiccamento, setacci usati per la selezione, temperatura di stoccaggio, ecc. Tutti questi dati vengono generalmente raccolti e registrati durante il processo produttivo su moduli allegati alle relative POS (Fig. 16.4).

I controlli di qualità possono essere eseguiti in differenti fasi del processo, per esempio al ricevimento del materiale fresco prima che venga lavorato. Questo controllo riveste un'importanza elevata, soprattutto se il processo trasforma in modo profondo i caratteri morfologici della biomassa, rendendo difficile il riconoscimento di piante estranee, lo stadio di maturità ed altri caratteri che spesso sono fondamentali per la qualità della sostanza vegetale. Si sottolinea l'importanza del controllo di qualità alla fine del processo produttivo, come, per esempio, il rilascio del lotto alla vendita. I controlli devono essere eseguiti rispetto a determinate specifiche che il produttore deve aver definito e in genere riportato nelle relative POS.

Un altro documento rilevante è il contratto che il produttore può stipulare con gli agricoltori coinvolti nella coltivazione, oppure con chi gli procura il materiale fresco proveniente dalla

Appendix 2 *SOP-1-GK-04*

烘干车间生产记录
Workshop Production Record

生产工厂(Factory): 生产年度(Year):

生产日期 Date	烘干方法/燃料 Drying Method / Fuel		烘干温度 Temperature	进叶时间 Enter Time	出叶时间 Exit Time	干叶质量（干度/杂质) Quality (Dryness/Impurity)		数量 Quantity	预编批号(姓+生产日期） Factory Batch ID/No.	当班负责人 Person Responsible

Figura 16.4 - Esempio di modulo di processo per l'essiccamento di foglie di *Ginkgo biloba* L. in Cina.

raccolta di piante spontanee, oppure con il suo cliente. Le GACP richiedono esplicitamente che gli accordi e i contratti siano sempre in forma scritta. Non erano certamente gli aspetti economici del documento a interessare coloro che redassero le GACP, quanto piuttosto gli aspetti della qualità, dell'ambiente e della sicurezza. I contratti ricoprono un ruolo importante nelle GACP e hanno il compito di definire le responsabilità dei vari attori coinvolti in modo trasparente e chiaro.

16.5.5 Numero di lotto

È essenziale che ogni quantità di sostanza vegetale prodotta possa essere tracciata in modo chiaro dal produttore primario e quindi identifichi il campo o l'area dove le piante sono state coltivate o raccolte. Lo strumento per garantire piena tracciabilità è il numero di lotto, assegnato per ogni quantità omogenea di materiale lungo la catena di produzione.
Un lotto, identificato tramite un'unica combinazione di numeri e/o lettere, è quindi una specifica quantità di materiale prodotta in un processo o serie di processi che entro certi limiti può essere considerata omogenea. Il materiale che costituisce un lotto di materiale vegetale condivide determinate caratteristiche come per esempio: il campo agricolo, l'area di raccolta, il processo produttivo, la data o il periodo di produzione.
Il numero di lotto di una sostanza vegetale, in accordo alle GACP, dovrebbe permettere una chiara tracciabilità delle sue origini e l'assegnazione del numero di lotto dovrebbe essere fatta quanto prima possibile nel processo produttivo. In accordo a ciò il numero di lotto andrebbe idealmente emesso al ricevimento del materiale fresco al sito produttivo, soprattutto quando contemporaneamente il sito riceve e processa diversi materiali che per le loro caratteristiche avranno numeri di lotto differenti. Il materiale dovrebbe rimanere identificato lungo il processo fino al termine tramite apposite etichette o cartelli posti sulle macchine o nei pressi.
Durante il processo potrebbe rendersi necessario, miscelare materiale di differenti lotti (provenienti da diversi campi o area di raccolta) assegnando un nuovo numero di lotto. La miscelazione dovrebbe comunque sempre garantire la produzione di un lotto di materiale omogeneo entro limiti specifici.
Qui di seguito sono riportati alcuni esempi di numero di lotto:

- N. 5678: numero consecutivo;
- BC-LN-20-01: sito di stoccaggio, area di raccolta e processo, riferimento anno e numero consecutivo;
- M-14-A-11-51-B00-100: ID della pianta, parte di pianta, anno, ID dell'agricoltore, N. vaglio, granulometria finale.

16.6 Materiale di propagazione

"Chi ben semina, ben raccoglie" dicevano i nostri nonni e non si sbagliavano.
Le linee-guida GACP dedicano un capitolo intero al seme o ad altro materiale di propagazione, come: radici, rizomi, parti vegetative, espianti da coltura tissutale, ecc., sottolineandone l'importanza e ponendola come condizione essenziale per avere una sostanza vegetale conforme.
La caratteristica più importante che deve avere il materiale di propagazione è la corretta identità botanica. La specie, la varietà, il cultivar, ibrido o il chemotipo del materiale di propagazione devono corrispondere perfettamente con quanto riportato in etichetta. Sono purtroppo numerosi, e tipicamente nell'ambito delle piante officinali, gli esempi di intenzionale adulterazione o semplice confusione, di semi appartenenti a specie diverse. Anche in questa, come in molte altre situazioni, è il nome scientifico della pianta da tenere in seria considerazione. Il nome volgare o comune, o il solo genere, nel settore delle piante officinali (e non solo), è del tutto insufficiente, rischiano di confondere una specie con l'altra e rendono inutile tutto il processo di coltivazione compiuto. Sono noti per esempio semi di *Echinacea angustifolia* DC sostituiti o miscelati con quelli di *Echinacea pallida* (Nutt.) Nutt. o di altre specie del genere *Echinacea*. Predisporre degli opportuni test come l'analisi botanica morfologica e l'analisi genomica del materiale di riproduzione può comunque permettere una sicura identificazione.

Il consiglio naturalmente è quello di procurarsi del seme da fonti affidabili, come: fornitori con una certa reputazione, banche dei semi, o raccogliendoli direttamente da piante ben identificate, sotto il profilo sia botanico sia fitochimico.

Nelle fasi successive la semina o il trapianto e durante lo sviluppo in campo, le piante vanno osservate per verificare la corrispondenza dei caratteri morfologici con quanto previsto e se necessario andrebbe confermato il profilo dei costituenti o il chemotipo.

Il materiale di propagazione disponibile sul mercato deve disporre di un'etichetta che riporta almeno le seguenti informazioni: l'esatta identità della specie vegetale (nome scientifico), l'origine e la data di raccolta. L'agricoltore dovrebbe anche assicurarsi che il materiale di propagazione abbia una appropriata purezza, sia ben conservato e sia stato esaminato dal punto di vista della germinabilità. Naturalmente tutte le informazioni rilevanti ai fini della tracciabilità andranno, da parte dell'agricoltore, conservate e alcune di queste riportate sul quaderno di campo (Fig. 16.5).

16.7 Il processo di raccolta

16.7.1 Il tempo balsamico

La raccolta, secondo il significato più popolare, è l'operazione e l'attività di raccogliere i frutti della terra quando questi sono offerti spontaneamente dalle piante. Questa operazione coincide con la maturità del seme o del frutto o della parte di pianta di interesse. Nell'ambito delle piante officinali si è aggiunto un altro aspetto, il tempo balsamico, che corrisponde al momento in cui la pianta o quella determinata parte della pianta presenta il contenuto ottimale di principi attivi. Il tempo balsamico in certi casi può corrispondere con il tempo di maturità o di maggior produzione quantitativa, ma tuttavia i due momenti non devono per forza coincidere. Il tempo balsamico è determinato non in funzione della resa (la quantità di prodotto raccolto riferito alla superficie coltivata) ma dal contenuto nei principi attivi espressi dalla pianta. Un caso emblematico è costituito dall'Iperico (*Hypericum perforatum* L.) dove la massima espressione nella sommità della pianta di Ipericina corrisponde all'antesi

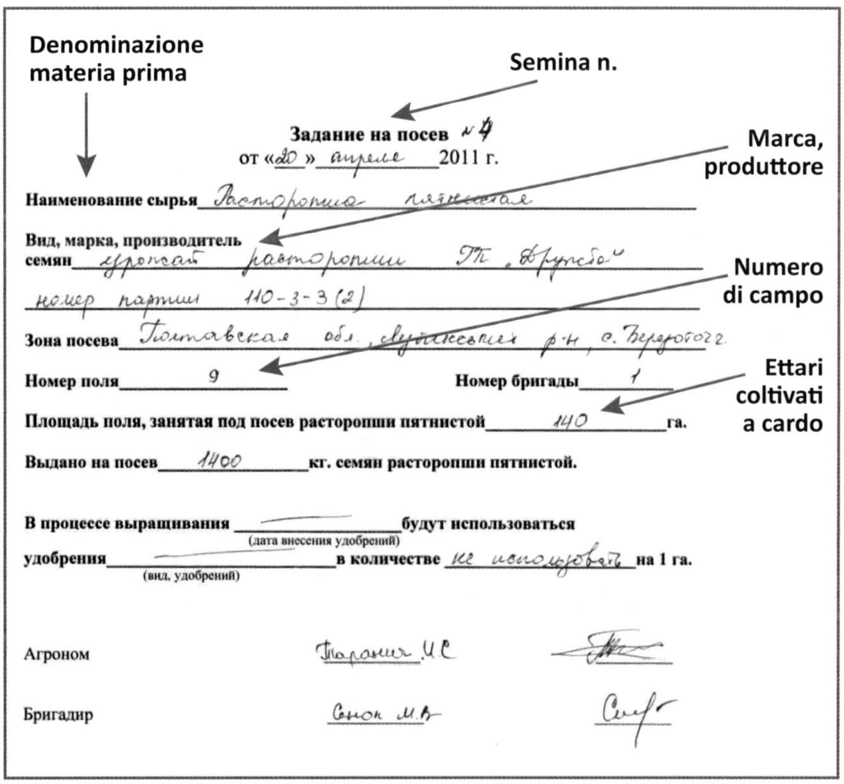

Задание на посев № 4
от «20» апреле 2011 г.

Наименование сырья Расторопша пятнистая

Вид, марка, производитель семян

номер партии 110-3-3 (2)

Зона посева Полтавская обл.

Номер поля 9 Номер бригады 1

Площадь поля, занятая под посев расторопши пятнистой 140 га.

Выдано на посев 1400 кг. семян расторопши пятнистой.

В процессе выращивания ____ (дата внесения удобрений) будут использоваться удобрения ____ (вид. удобрений) в количестве ____ на 1 га.

Агроном

Бригадир

Figura 16.5 - Documento di semina (*Silybum marianum* (L.) Gaertn. (Ucraina).

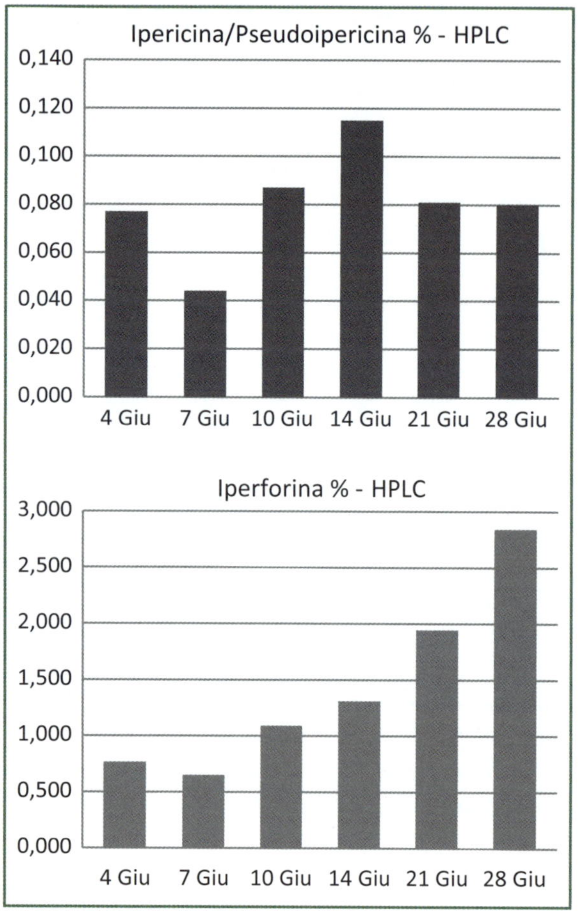

Figura 16.6 - Stagionalità delle sommità fiorite dell'Iperico (*Hypericum perforatum* L.).

(fioritura) mentre la massima concentrazione di Iperforina corrisponde invece alla fruttificazione. I due composti sono concentrati in parti vegetali differenti, i fiori nel primo caso e nei frutti nel secondo. Ne deriva che il periodo della raccolta delle sommità varierà a seconda del contenuto nei due composti che dovrà avere la droga vegetale che si sta producendo (Fig. 16.6).

16.7.2 Piante infestanti tossiche

Il regolamento (UE) 2020/2040 del 11 Dicembre 2020 ha definito i tenori massimi di alcaloidi pirrolizidinici in alcuni prodotti alimentari inclusi erbe e integratori. Sappiamo che la presenza di questi composti è associata alla contemporanea raccolta di piante produttrici di alcaloidi (ad es. *Senecio* spp., *Heliotropium* spp.) presenti nel campo come infestanti. I limiti di legge degli alcaloidi pirrolizidinici definiti dal regolamento (UE) 2020/2040 sono tali che sono sufficienti poche piante del genere *Senecio* per ettaro per portare fuori limite l'intero raccolto.

Lo stesso si può affermare per gli alcaloidi tropanici, la cui presenza in erbe ed estratti è associata alla presenza di piante, per esempio del genere *Datura*, raccolte insieme alla piante coltivate in quanto presenti in campo come infestanti al momento della raccolta (Fig. 16.7).

Le GACP nel 2006, con molto anticipo, dobbiamo dargliene atto, già avvertirono di questo rischio. Prima della raccolta è quindi necessario, e oggi più di ieri, verificare la presenza di indesiderate specie, eliminandole dal campo in modo da evitare di raccoglierle e contaminare irrimediabilmente il prodotto.

16.7.3 Momento della raccolta e tempistiche

Il momento della raccolta andrebbe ben ponderato e scelto sulla base della piante o della parte di pianta interessata. In genere, le GACP suggeriscono di non effettuare la raccolta durante giornate piovose o con molta umidità. Inoltre una forte pioggia può provocare schizzi di suolo sulle foglie che potrebbe incidere sul contenuto di ceneri nella sostanza vegetale. Anche le giornate molto calde andrebbero evitate, specialmente se la parte interessata alla raccolta consiste nella parte area, oppure le foglie o i fiori, parti

Figura 16.7 - Pianta di *Datura stramonium* L. in un campo coltivato di *Melilotus officinalis* (L.) Pall. (foto di R. Iguera).

che avvizziscono velocemente. Per queste piante o parte di pianta la raccolta andrebbe fatta la mattina sul presto, oppure prevederne l'essiccamento in tempi molto rapidi. Per esempio le parti aeree del Meliloto (*Melilotus officinalis* (L.) Pall.) raccolte alle nostre latitudini tra Giugno e Luglio, se non essiccate velocemente una volta raccolte, tendono a deperire rapidamente perdendo parte dei principi attivi, le cumarine.

16.7.4 Trasporto e macchinari

La biomassa, una volta raccolta, va portata al sito produttivo per l'essiccamento il più rapidamente possibile (Fig. 16.8). Per alcune colture, per esempio la Passiflora (*Passiflora incarnata* L.) oppure le parti aeree di Cardo Mariano (*Silybum marianum* (L.) Gaernt.) si preferisce lasciare in campo al suolo la parte aerea tagliata per qualche giorno per favorire un parziale essiccamento, nel primo caso prima del trasporto al sito di essiccamento, mentre nel secondo prima della mietitura dei frutti. Queste pratiche andrebbero sempre ben ponderate e possibilmente evitate per non aumentare le contaminazioni batteriologiche della biomassa.
Ogni mezzo agricolo usato per la raccolta o adibito al trasporto della biomassa fresca deve essere ben pulito senza la presenza di residui di raccolte precedenti.
La biomassa fresca non va mai eccessivamente compattata e quanto prima distribuita su superfici pulite e inerti in attesa dell'essiccamento.

16.8 I processi postraccolta

16.8.1 Introduzione

Una volta raccolto il materiale può essere sottoposto a operazioni di prima trasformazione indispensabili alle esigenze produttive, consistenti nelle attività di lavaggio, defoliazione, cernita, assortimento, mondatura, essiccazione, taglio e selezione, polverizzazione, distillazione, ecc.
La trasformazione in genere è condotta da altri attori della filiera. Questa divisione tra chi coltiva o raccoglie e chi processa il materiale fresco è molto frequente in produzioni di un certo volume che implicano le piante spontanee, ma si incontra anche nell'ambito di quelle coltivate, almeno in centro Europa (Austria, Francia, Svizzera, Germania, Olanda) dove è comune un modello ben collaudato che ha avuto molto successo. Ogni agricoltore sa che è meglio differenziare le colture e conosce anche i rischi che comporta la coltivazione di piante officinali rispetto alle colture tradizionali per la produzioni di alimenti. Per questa ragione, più facilmente in certi Paesi che in altri, concorre, associandosi con altri agricoltori, a creare una struttura centralizzata che oltre a processare la biomassa fresca, fornisce consulenza tecnica, stabilisce la qualità, negozia il prezzo con le aziende clienti e partecipa a fiere ed eventi B2B, lasciando all'agricoltore l'unico onere di mettere a disposizione una parte dei suoi terreni e eventualmente operare in campo.

Figura 16.8 - Raccolta della *Valeriana officinalis* L. (Olanda) (foto di R. Iguera).

Le maggiori produzioni di piante officinali in Europa Centrale ormai da più di 20 anni seguono un modello di produzione di questo tipo.
Per un approfondimento ulteriore su questi processi così importanti per la qualità della sostanza vegetale prodotta si rimanda al capitolo dedicato in questo testo.
Ma vediamo cosa ci suggeriscono le GACP.

16.8.2 Inizio del processo

Il materiale fresco in arrivo al sito produttivo (Fig. 16.9) deve essere scaricato o tolto da sacchi e contenitori vari il prima possibile; in attesa di essere processato, deve essere posto possibilmente all'ombra (se non deve essere essiccato al sole) e ben stratificato, in modo da arieggiare il materiale ed evitare fenomeni di degradazione. Va oltremodo protetto dalla pioggia e dal contatto con animali o sostanze estranee. Nel caso di parti aeree, come foglie, fiori e frutti il tempo trascorso dal raccolto al completo essiccamento o surgelamento deve essere il più breve possibile, mentre le parti come radici, rizomi, cortecce e legno se conservate bene, possono essere processate con maggiore agio.

16.8.3 Controllo di qualità

Il controllo di qualità del materiale fresco prima che venga processato è spesso l'ultimo momento in cui si può esaminare con facilità e verificare che sia la specie corretta, raccolta nel giusto momento, che non abbia subito degradazioni, che non siamo presenti altre piante. Le GACP emesse dall'EMA su questo punto suggeriscono un controllo, tuttavia la richiesta non è particolarmente stringente, per lo meno non quanto lo richiederebbe la situazione. Le GACP emesse da AHPA (American Herbal Products Association) sono leggermente più incisive sul tema e suggeriscono un esame del materiale per verificarne la qualità. Sarebbe comunque consigliato un esame approfondito del materiale in accordo a determinate specifiche definite dal responsabile della produzione (Fig. 16.10).

16.9 Imballaggio

16.9.1 Introduzione

In passato i sacchi usati per l'imballaggio delle droghe, e ancora oggi in Paesi poco industrializzati, erano per lo più costituiti da fibre vegetali, soprattutto iuta, una fibra tessile naturale ricavata dalle piante del genere *Corchorus* appartenenti alla famiglia delle *Malvaceae* e spontanee in regioni tropicali umide dell'Asia e dell'Africa. I sacchi di iuta, oggi tra l'altro ricercati per la loro biodegradabilità, venivano spesso usati più volte e non era affatto strano ricevere droghe vegetali in sacchi

Figura 16.9 - Consegna della *Ginkgo biloba* L. foglie al sito produttivo (Cina) (foto R. Iguera).

Figura 16.10 - Controllo della qualità e pagamento delle foglie appena raccolte di *Ginkgo biloba* L. (Cina) (foto R. Iguera).

che riportavano ancora scritte e loghi che riconducevano ad altri prodotti e mercati (ad es. caffè). Al giorno d'oggi i sacchi in fibre vegetali sono stati sostituiti completamente da sacchi in materiale plastico, soprattutto polietilene e polipropilene, anch'essi riutilizzabili entro certi limiti. Le dimensioni sono abbastanza contenute, dato che in certe circostanze (sempre meno per la verità), sono destinati ad essere movimentati manualmente e perciò il loro peso non supera i 10-25 kg. Le droghe vegetali essiccate, soprattutto nel caso di parti aeree, foglie, fiori, presentano un peso specifico molto basso, per cui per problemi legati al trasporto e stoccaggio, vengono spesso compattate. Il processo consiste nella riduzione, tramite pressatura, del materiale in forme di dimensione e geometria differenti, in genere balle a forma di parallelepipedo (Fig. 16.11). Per grosse quantità di materiale di dimensioni ridotte (frutti secchi, materiale tagliato o polverizzato) e in presenza di movimentazione meccanica si ricorre ai sacconi o *big bags*, del volume di circa un metro cubo, muniti di passanti agli angoli per appenderli a gru o muletti e apribili sul fondo per lo svuotamento (Fig. 16.12). Per taluni materiali si usano anche scatole di cartone (*Panax ginseng* C.A. Mey dalla Cina) o sacchi di carta rivestiti internamente da un film plastico (frutti congelati di Mirtillo nero, *Vaccinium myrtillus* L.) oppure per materiali che contengono sostanze volatili come i rizomi e radici di *Valeriana officinalis* L. anche sacchi di alluminio ben sigillato.

Figura 16.11 - Balle pressate di *Cynara cardunculus* L. (Germania) (foto di R. Iguera).

L'imballaggio in genere viene concordato tra fornitore e cliente in modo da razionalizzare la movimentazione e lo stoccaggio all'interno dei magazzini, oggi giorno sempre più automatizzati.

Figura 16.12 - *Serenoa repens* (W.Bartram) Small: frutti confezionati in *big bags* di polipropilene (Florida - USA) (foto R. Iguera).

Anche il tipo di impianto di estrazione e trasformazione a sua volta può indirizzare verso una tipologia di imballaggio piuttosto che un'altra.

16.9.2 Stoccaggio di materiale sfuso e tempi di confezionamento

La sostanza vegetale secca a fine processo andrebbe quanto prima confezionata. In taluni casi, per esempio per la produzione di grosse quantità di semi o frutti, ma può succedere anche per altre tipologie come foglie o parti aeree, il materiale a fine processo viene stoccato sfuso nei magazzini anche per lunghi periodi. Questa pratica usata per fini pratici (la pulizia finale si preferisce eseguirla poco prima della vendita) e di spazio, non sarebbe propriamente conforme alle GACP e andrebbe tollerata in casi limitati. Il materiale stoccato in questo modo è fortemente esposto a contaminazioni di varia origine: insetti, uccelli o altri animali, polveri provenienti dalla movimentazione o lavorazione di altre sostanze vegetali, umidità, ecc.

16.9.3 Tipo di materiale per il confezionamento

Abbiamo già visto nella parte introduttiva i vari tipi di imballaggio usati. Aggiungiamo che il materiale usato per il confezionamento deve essere pulito, senza tracce di umidità, costituito da materiali atossici, possibilmente nuovo ed in taluni casi di tipo antistatico. Possono essere usati più volte, normalmente per confezionare lo stesso tipo di materiale, ma garantendo una perfetta pulizia ed evitando possibili contaminazioni con eventuale muffe, insetti o sostanze estranee.
Il materiale per il confezionamento va stoccato in ambienti possibilmente chiusi, protetto da eventuali contaminazioni incrociate dovute a polveri provenienti dalla lavorazione di altre sostanze vegetali e altre materie estranee.

16.9.4 Etichetta

L'etichetta (Fig. 16.13) oltre a essere naturalmente conforme ad eventuali normative locali o nazionali deve riportare in modo chiaro le più rilevanti informazioni sul prodotto, deve essere ben fissata

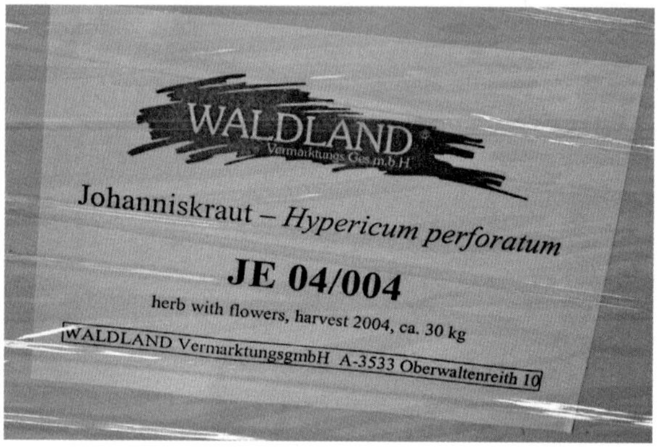

Figura 16.13 - Etichetta su balle pressate di *Hypericum perforatum* L. sommità fiorite (Austria) (foto di R. Iguera).

sui contenitori e costituita da materiali atossici. In aggiunta a quelle previste dalla normativa locale, le principali informazioni che l'etichetta deve riportare sono le seguenti:

- nome della sostanza vegetale: nome scientifico (incluse varietà, cultivar, ibrido, chemotipo);
- nome comune (in inglese per prodotti di esportazione);
- parte della pianta;
- numero di lotto;
- nome e indirizzo del fornitore o produttore;
- quantità netta nella confezione.

A queste si aggiungono ulteriori informazioni che possono essere utili in taluni casi o richieste esplicitamente dal cliente per motivi di tracciabilità interna:

- forma del materiale (ad es. intero, taglio tisana, polvere, pellets);
- certificazioni dove applicabili (ad es. biologico, biodinamico, Kosher);
- paese dove la pianta è stata raccolta o coltivata, oppure la sostanza vegetale prodotta;
- anno o data di raccolta, produzione e/o di scadenza;
- altre informazioni dove applicabili come (es. raccolto spontaneo, trattamenti con vapore).

16.9.5 Controllo di qualità

Le GACP europee, come già visto precedentemente, non specificano quando devono essere eseguiti i controlli di qualità; sull'argomento sono in effetti carenti, tuttavia è importante, come già detto, che un certo tipo di controllo sia eseguito. La fase di confezionamento si presta bene per un campionamento a fine processo (vedi capitolo successivo) e la conseguente analisi del campione secondo un determinato capitolato (auspicabilmente definito in accordo con il destinatario del materiale) è un passo importante nella direzione della qualità certa e riproducibile.

16.9.6 Campionamento

Se i controlli di qualità sono poco menzionati nelle GACP Europee, il campionamento è del tutto assente. Invece è una della attività più importanti che il produttore (ma anche il cliente stesso) prima o dopo deve svolgere. Gli scopi sono diversi: per far eseguire controlli di qualità, per esempio, o per preparare un campione da destinare al cliente per approvazione del lotto da acquistare. La richiesta di un campione rappresentativo prima di procedere all'acquisto è ancora oggi una prassi molto comune nel rapporto fornitore-cliente. Il costo elevato dei numerosi controlli analitici (ad es. identificazione botanica, analisi quantitativa dei costituenti, contaminanti vari), oggi necessari per verificare la piena conformità del materiale vegetale, rende assolutamente necessario partire da un campione realmente rappresentativo del lotto.

Il materiale vegetale è per sua natura eterogeneo, sebbene alcuni processi postraccolta possono renderlo più omogeneo (ad es. spremitura dei semi, taglio o macinazione), quindi è necessario applicare un corretto piano di campionamento.

Campionare un lotto è una operazione sotto certi aspetti semplice (non richiede particolari strumenti), ma implica la necessità di eseguirlo secondo un piano di campionamento sviluppato sulla base alcuni importanti criteri, così come: il tipo di sostanza vegetale (ad es. parte unica della pianta come foglie e frutti, composta da più parti come una sommità fiorita), dal tipo di confezionamento (ad es. sacchi, *big bags*, balle pressate), dal numero dei colli, in base all'origine (pianta coltivata o selvatica), dal grado di omogeneizzazione che il processo ha eventualmente prodotto e da cosa viene ricercato nel campione.

Le Farmacopea Europea ha sviluppato un ottimo e dettagliato metodo di campionamento della droghe vegetali che tiene in considerazioni alcuni delle condizioni citate sopra, così come: numero di colli (imballi), peso del lotto, tipo di materiale. Il metodo applica la classica formula per cui i colli campionati rispondono al numero della radice quadrata dei colli più uno. Il campione così ottenuto verrà ripetutamente quartato (diviso in 4 parti dall'apparenza sufficientemente uniforme, Fig. 16.14) che, riuniti e mescolati, formano un nuovo cumulo da cui, per successive riduzioni, si ottiene il campione da esaminare che in base al tipo di droga vegetale deve corrispondere a un peso minimo. Questo campione costituirà il campione per l'analisi.

Il metodo della radice quadrata dei colli più uno è un buon metodo, ma offre una certa affidabilità soprattutto per lotti abbastanza omogenei. Per lotti particolarmente disomogenei (tipicamente i lotti di piante spontanee) un maggior numero di colli andrebbe considerata. Mentre per la ricerca di alcuni contaminanti, per loro natura, concentrati in piccole porzioni del lotto, come le micotossine o gli alcaloidi pirrolizidinici (*spot-contamination*) un campione aggregato più esteso sarebbe necessario, campione che dovrebbe in seguito essere macinato completamente e fi-

Figura 16.14 - *Taxus wallichiana* Zucc. foglie, quartatura del campione (Cina) (foto Zhang Kuiyue).

nemente prima di effettuare la quartatura per la produzione del campione da analizzare.
Parte del campione, ottenuto attraverso le procedure sopra riportate, andrebbe correttamente etichettato, riportando tutte le informazioni inerenti il lotto e conservato per un tempo prestabilito in luogo asciutto, protetto da insetti e muffe, a temperature non eccessive e altre fonti di degradazione.

16.10 Stoccaggio

16.10.1 Introduzione

Per quanto si tenti di pianificare la produzione delle sostanze vegetali in base alla domanda del mercato, in molti casi le aziende produttrici finiscono per avere un eccesso di materiale che devono necessariamente stoccare in magazzino anche per lunghi periodi (Fig. 16.15). Infatti, come la produzione agricola non è del tutto prevedibile, essendo soggetta per esempio alla variabilità meteorologica delle stagioni, anche la domanda del mercato può improvvisamente mutare in quanto soggetta a variazioni del consumo o della richiesta di quel determinato prodotto. Dobbiamo infatti tenere conto che spesso i contratti di coltivazione vengono siglati anche uno o persino due anni prima dal momento in cui la sostanza vegetale sarà prodotta e resa disponibile, nel frattempo le condizioni di mercato possono essere cambiate, ridimensionando, a volte drasticamente, l'esigenza.
Da tutto ciò ne deriva l'importanza dello stoccaggio, che deve essere in grado di mantenere inalterata la qualità della droga vegetale nel tempo, preservandola da degradazioni che la renderebbero inutilizzabile.

16.10.2 Condizioni di stoccaggio

L'interno di un magazzino deve essere un luogo fresco, il più possibile secco, ben areato, coperto dalla radiazione solare e con fluttuazioni della temperatura moderate.
Il magazzino deve essere progettato e curato in modo da escludere la presenza di insetti o altri animali. Non devono essere presenti oltremodo materiali estranei o pericolosi.
Dove necessario, i materiali che hanno elevate quantità di oli essenziali dovrebbero essere segregati in modo da evitare che altre droghe vegetali possano assorbire i loro odori.
I materiali freschi devono essere mantenuti in magazzini refrigerati, con temperature tra 1 °C e 5 °C; mentre quelli congelati al di sotto dei −18 °C e quelli secchi a temperatura ambiente eccetto quelle droghe vegetali soggette all'attacco di insetti (vedi Capitolo Edifici e altre strutture) che sarebbe meglio conservare ad una temperatura non superiore ai 12 °C.

Figura 16.15 - Magazzino con balle pressate di *Ruscus aculeatus* L. (Turchia) (foto R. Iguera).

Dati sulla stabilità delle droghe vegetali e dei suoi costituenti principali, se disponibili, sono di grande aiuto per valutare le migliori condizioni di stoccaggio. Per esempio le radici di *Echinacea angustifolia* DC, particolarmente ricche di alchilammidi (composti volatili) andrebbero stoccate a temperatura bassa e controllata piuttosto che in un magazzino a temperatura ambiente.

16.10.3 Fumigazione

Ancora oggi è consuetudine trattare il materiale stoccato con fumiganti per combattere o prevenire le infestazioni da insetti. Molti prodotti come l'ossido di etilene o il bromuro di metile sono vietati da ormai tanti anni in Europa ed in altri Paesi: altri prodotti, come la fosfina o i piretroidi, possono essere utilizzati se autorizzati localmente.

Le GACP richiedono di usare questi prodotti solo quando e dove necessario, da persone con adeguata preparazione e autorizzati alla mansione. Solo prodotti approvati possono essere usati e il trattamento deve essere opportunamente registrato.

I materiali trattati andrebbero analizzati per verificare la possibile presenza di eventuali residui delle sostanze chimiche usate per il trattamento. Anche i magazzini tal quali (senza alcun materiale al loro interno) possono essere fumigati per eliminare larve e insetti presenti; anche in questo caso valgono le raccomandazioni sopra riportate.

Bibliografia

AHPA (2021) - *Good Agricultural and Collection Practices and Good Manufacturing Practices for Botanical Materials*, May 2021 (Revised), http://www.ahpa.org/AHPAResources/GoodAgriculturalandCollectionPractices.aspx.

Busse W (2000) - The significance of quality for efficacy and safety of herbal medicinal products, *Drug Information Journal*, Vol. 34. pp. 15-23.

EMA (2006) - *Good agricultural and collection practice for starting materials of herbal origin GACP*, European Medicins Agency EMA www.ema.europa.eu/en/good-agricultural-collection-practice-starting-materials-herbal-origin.

Europam (2020) - *A Practical Implementation Guide to Good Agricultural and Wild Collection Practices* (GACP), https://www.europam.net/documents.

Máthé A., Franz C. (1999) - Good Agricultural Practice and the Quality of Phytomedicines, *Journal of Herbs, Spices & Medicinal Plants*, 6:3, 101-113.

WHO (1998) - *Quality control methods for medicinal plant materials. World Health Organization*, https://apps.who.int/iris/handle/10665/41986.

WHO (2003) - *Guidelines on good agricultural and collection practices (GACP) for medicinal plants*, Organizzazione Mondiale della Sanità, https://apps.who.int/iris/handle/10665/42783.

Zhang B. *et al.* (2010) - GAP production of TCM herbs of China, *Planta Med.* 76, 1948-1955.

Le piante officinali, per quanto riguarda le fasi primarie di coltivazione, raccolta e conservazione, come ogni altra pianta sono soggette ad attacchi da parte di diverse specie di fitofagi.

17 Insetti nocivi alle colture officinali e ai loro prodotti

Ignazio Floris, Alessandra Mura

17.1 Introduzione

L'attacco di insetti limita il successo delle coltivazioni delle piante officinali, tanto più se consideriamo che la loro gestione fitosanitaria deve necessariamente essere condotta in chiave ecologica, viste sia le limitazioni di legge sull'impiego di agrofarmaci su queste colture sia, soprattutto, i rischi associati a residui chimici, incompatibili con i loro impieghi.
Occorre anche precisare che finora non è stata prestata molta attenzione all'incidenza dei parassiti che attaccano queste piante in Italia. Di conseguenza, resta ancora limitata la comprensione del ruolo di questi parassiti e il relativo sviluppo di strategie di gestione.
Questo capitolo ha lo scopo di riassumere la diversità dei parassiti che si manifestano sulle principali piante officinali coltivate in Italia e sui loro prodotti in magazzino, fornendo una breve panoramica dei potenziali danni nonché delle possibili strategie di contenimento.
Pur trattandosi di piante piuttosto rustiche e tolleranti verso le maggiori avversità parassitarie, infatti, non sono pochi i parassiti e le malattie che affliggono queste colture. Le strategie di lotta integrata (IPM, *Integrated Pest Management*), che includono metodi fisici come la solarizzazione, la biofumigazione, la lotta biologica, oppure il ricorso a insetticidi naturali, costituiscono l'alternativa più realistica per la gestione fitosanitaria di queste coltivazioni in chiave ecologica, dal momento che i prodotti delle piante officinali sono destinati a complemento dell'alimentazione e/o a beneficio della salute, pertanto devono essere necessariamente esenti da residui di sostanze chimiche estranee. Un'esigenza, quest'ultima, fortemente espressa dal mercato, che richiede sempre più prodotti fitoterapici e cosmetici derivanti da agricoltura biologica. In Italia, tuttavia, le piante officinali sono considerate "colture minori" (*minor crops*) per cui anche le informazioni e gli studi sugli aspetti fitosanitari scarseggiano. Per lo stesso motivo sono carenti i principi attivi ammessi sulle colture officinali e riguardano prevalentemente le "erbe fresche", rendendo ancor più complicata la gestione fitosanitaria proprio per la mancanza di sostanze attive che concorrano a rendere queste colture economicamente più convenienti.

17.2 Insetti dannosi alle piante officinali

Gli insetti fitofagi di maggiore interesse per le colture officinali sono riconducibili ai seguenti ordini: ortotteri, rincoti (con i due sottordini eterotteri ed omotteri), lepidotteri, ditteri e coleotteri. Di questi ordini, riportiamo di seguito una descrizione generale.

17.2.1 Ortotteri

Gli ortotteri sono uno degli ordini più importanti della classe degli insetti. Essi si dividono nei due sottordini degli ensiferi e dei celiferi. Comprendo-

Tabella 17.1 - *Orthoptera* (cavallette, grilli).			
Ordine		**Pianta**	**Parti attaccate**
Famiglia *Gryllidae* (Grilli)			
Specie	**Grillo arboricolo** *Oecanthus pellucens* (Scopoli, 1763) (www.gbif.org/species/1720967)	**Tanaceto** (*Tanacetum vulgare* L.), **Melissa** (*Melissa officinalis* L.), **Menta** (*Mentha x piperita* L.), **Santoreggia** (*Satureja montana* L.)	Fusto, foglie
	Grillotalpa *Gryllotalpa gryllotalpa* (Linnaeus, 1758) (www.gbif.org/species/1716128)	**Colchico** (*Colchicum autumnale* L.)	Bulbo-tubero

no grilli e cavallette, che rivestono un ruolo fondamentale negli ecosistemi terrestri. In Italia le specie/sottospecie conosciute sono 382 di cui 162 risultano endemiche (Iorio *et al.*, 2019), alcune di queste sono inserite nella Red List dell'Unione Mondiale per la Conservazione della Natura (IUCN) in quanto minacciate. Questi insetti sono eterometaboli paurometaboli, ovvero dall'uovo fuoriesce una forma giovanile detta neanide, priva di ali, che dopo un numero variabile di mute nello stesso ambiente sviluppa gli abbozzi alari trasformandosi in ninfa, quindi completa il suo ciclo raggiungendo la maturità somatica e sessuale con lo stadio di adulto. Le specie presenti in Italia compiono, generalmente, una generazione all'anno e svernano allo stadio di uovo. Le specie a ciclo biennale svernano allo stadio giovanile. Il regime alimentare è prevalentemente fitofago, ma non mancano i casi di specie zoofaghe (generalmente entomofaghe) e onnivore. Caratteristica di questi insetti è l'emissione di suoni, prodotti dallo sfregamento tra le nervature costali delle tegmine (ensiferi, es. maschi dei grilli) o dalle tegmine contro i femori posteriori (celiferi, es. maschi ma anche femmine di cavallette). Alcune specie (Tab. 17.1) attaccano varie piante officinali, tra le quali tanaceto (*Tanacetum vulgare* L.), melissa (*Melissa officinalis* L.), menta (*Menta x piperita* L.) e santoreggia (*Satureja montana* L.) (Baronio *et al.*, 2009).

17.2.2 Rincoti o Emitteri

I rincoti (Fig. 17.1) sono uno degli ordini più importanti dal punto di vista zoologico e applicativo. Il nome rincoti deriva dal termine greco *rhynchos* ("rostro"), che richiama la caratteristica conformazione dell'apparato boccale degli insetti appartenenti a quest'ordine, che è di tipo pungente-succhiante. Sono spesso provvisti di

Figura 17.1 - Coccinìglia del fico (*Ceroplastes rusci* L.) (Rhynchota: Homoptera: Sternorrhyncha) su foglie e rametti di mirto (*Myrtus communis* L.).

ghiandole repugnatorie, che producono un odore disgustoso; non mancano le specie che hanno ghiandole ceripare (cera), sericipare (seta) o laccipare (lacca). Come per gli ortotteri, anche per gli emitteri è prevista una suddivisione in sottordini, che, per semplificazione, riconduciamo ai due principali: eterotteri ed omotteri.

I primi hanno ali ben sviluppate che ricoprono interamente l'addome; la struttura delle ali mostra però delle differenze tra il paio anteriore e quello posteriore, nota importante dalla quale deriva il loro nome (dal greco *etero* = diverso e *pteròn* = ala). Le anteriori, infatti, dette emielitre, hanno una parte prossimale sclerificata e una distale membranosa, mentre le posteriori sono interamente membranose. Gli eterotteri sono insetti eterometaboli e comprendono specie terrestri e acquatiche; ricadono in questo sottordine specie saprofaghe, zoofaghe ed entomofaghe predatrici.

Negli omotteri, le ali, se presenti, sono completamente membranose (dal greco *omo* = uguale e *pteròn* = ala). Sono insetti di piccole dimensioni e il loro sviluppo è generalmente favorito da elevata umidità, ridotta luminosità e circolazione di aria. In questo sottordine ricadono unicamente specie fitomize (succhiatrici di linfa vegetale).

In generale, i rincoti attaccano diverse piante officinali (Tab. 17.2), tra le quali la malva (*Malva sylvestris* L.), la malvarosa (*Althaea rosae* Cav.), la camomilla (*Matricaria camomilla* L), il tanaceto (*Tanacetum vulgare* L.), il finocchio (*Foeniculum vulgare* Mill.) ed altre.

Tabella 17.2 - Hemiptera (*Rynchota*) (Emitteri, Rincoti).

Ordine		Pianta	Parti attaccate
	Famiglia *Lygaeidae* (Ligeidi)		
Specie	**Insetto dei semi di cotone** *Oxycarenus hyalinipennis* (A.Costa, 1847) www.gbif.org/species/4486245	**Malva** (*Malva silvestris* L.)	Germogli, foglie, semi
Specie	**Insetto dei semi di lime** *Oxycarenus lavaterae* J.C.Fabricius, 1787 www.gbif.org/species/4486243	**Malvarosa** (*Althaea rosea* Cav.) ■ **Malva** (*Malva sylvestris* L.)	Germogli, foglie, semi
Specie	**Falsa cimice** *Nysius senecionis* (Schilling, 1829) www.gbif.org/species/4486367	**Camomilla** (*Matricaria camomilla* L.) ■ **Tanaceto** (*Tanacetum vulgare* L.)	Infiorescenze
	Famiglia *Pentatomidae* (Pentatomidi)		
Specie	**Cimice dei campi** *Carpocoris pudicus* (Poda, 1761) www.gbif.org/species/4485803	**Finocchio** (*Foeniculum vulgare* Mill.) ■ **Achillea** (*Achillea millefolium* L.) ■ **Assenzio** (*Artemisia absinthium* L. ■ *A. dracunculus* L, ■ *A. pontica* L. ■ *A. vulgaris* L.) ■ **Tanaceto** (*Tanacetum vulgare* L.) ■ **Galega** (*Galega officinalis* L.) ■ **Belladonna** (*Atropa belladonna* L.)	Foglie, fiori
Specie	**Insetto della prugnola** *Dolycoris baccarum* (Linnaeus, 1758) https://www.gbif.org/species/4485824	**Achillea** (*Achillea millefolium* L.) ■ **Malvarosa** (*Althaea offocinalis* L.) ■ **Belladonna** (*Atropa belladonna* L.) ■ **Finocchio** (*Foeniculum vulgare* Mill.)	Germogli, foglie, fiori
Specie	**Cimice rossonera** *Eurydema ornata* (Linnaeus, 1758) www.gbif.org/species/4485906	**Finocchio** (*Foeniculum vulgare* Mill.) ■ **Mercorella** (*Mercurialis annua* L.) ■ **Salvia** (*Salvia officinalis* L.) ■ **Galega** (*Galega officinalis* L.)	Silique, foglie
Specie	**Cimice delle piante** *Graphosoma lineatum* (Linnaeus, 1758) www.gbif.org/species/4485729	**Visnaga** (*Ammi visnaga* L.) ■ **Angelica** (*Angelica arcangelica* L.) ■ **Coriandolo** (*Coriandrum sativum* L.) ■ **Anice** (*Pimpinella anisum* L.)	Fiori, frutti

▶

	Ordine	Pianta	Parti attaccate
		Famiglia *Miridae*	
Specie	**Cimice della patata** *Closterotomus norwegicus* Rosenzweig, 1997 www.gbif.org/species/2011943	**Finocchio** (*Foeniculum vulgare* Mill.) ■ **Artemisia** (*Artemisia vulgaris* L.)	Foglie, gemme apicali
Specie	**Insetto europeo pianta appannata** *Lygus rugulipennis* Poppius, 1911 www.gbif.org/species/2010575	**Coriandolo** (*Coriandrum sativum* L.) ■ **Finocchio** (*Foeniculum vulgare* Mill.) ■ **Anice** (*Pimpinella anisum* L.) ■ **Achillea** (*Achillea officinalis* L.) ■ **Tanaceto** (*Tanacetum vulgare* L.) ■ **Timo** (*Thymus vulgaris* L.) ■ **Malvarosa** (*Althaea officinalis L.*) ■ **Valeriana** (*Valeriana officinalis* L.)	Foglie, fiori, apici vegetativi
		Famiglia *Aphrophoridae* (Sputacchine vere)	
Specie	*Lepyronia coleoptrata* (Linnaeus, 1758) www.gbif.org/species/2015789	**Achillea** (*Achillea millefolium* L.) ■ **Salvia** (*Salvia officinalis* L.)	Foglie, steli
Specie	*Philaenus spumarius* (Linnaeus, 1758) www.gbif.org/species/2016038	**Achillea** (*Achillea millefolium* L.) ■ **Assenzio** (*Arthemisia absinthium* L. ■ *A. pontica* L. ■ *A. vulgaris* L.) ■ **Iperico** (*Hypericum perforatum* L.) ■ **Melissa** (*Melissa officinalis* L.) ■ **Menta** (*Mentha x piperita* L.) ■ **Salvia** (*Salvia officinalis* L. ■ *S. sclarea* L.) ■ **Valeriana** (*Valeriana officinalis* L.)	Apici vegetativi
		Famiglia *Cicadellidae* (Cicaline)	
Specie	*Eupterix decemnotata* Rey, 1891 www.gbif.org/species/5985037	**Melissa** (*Melissa officinalis* L.) ■ **Menta** (*Mentha x piperita* L.) ■ **Salvia** (*Salvia officinalis* L.) ■ **Timo** (*Thymus officinalis* L.),	Foglie
		Famiglia *Aleyrodidae* (Mosche bianche)	
Specie	*Bemisia tabaci* (Gennadius, 1889) www.gbif.org/species/2012126	**Calendula** (*Calendula officinalis* L.) ■ **Ruta** (*Ruta graveolens* L.)	Foglie
		Famiglia *Aphididae* (Afidi)	
Specie	*Aphis affinis* Del Guercio, 1911 www.gbif.org/species/2069477	**Menta** (*Mentha x piperita* L.)	Foglie
Specie	*Aphis fabae* Scopoli, 1763 www.gbif.org/species/2072167	**Finocchio** (*Foeniculum vulgare Mill.*) ■ **Camomilla** (*Anthemis nobilis* L. ■ *Matricaria camomilla* L.) ■ **Artemisia** (*Artemisia vulgaris* L.) ■ **Calendula** (*Calendula officinalis* L.) ■ **Erba di S. Pietro** (*Chrysanthemum balsamita* L.) ■ **Cardo mariano** (*Silybum marianum* L.) ■ **Salvia** (*Salvia officinalis* L. ■ *S. sclarea* L.) ■ **Malvarosa** (*Althaea officinalis* L.) ■ **Digitale** (*Digitalis lanata* Ehrh.) ■ **Valeriana** (*Valeriana officinalis* L.)	Parti vegetative
Specie	*Aphis gossypii* Glover, 1877 www.gbif.org/species/9083295	**Coriandolo** (*Coriandrum sativum* L.) ■ **Salvia** (*Salvia sclarea* L.)	Foglie
Specie	*Brachycaudus cardui* (Linnaeus, 1758) www.gbif.org/species/7688517	**Artemisia** (*Artemisia vulgaris* L.) ■ **Camomilla** (*Matricaria chamonilla* L.) ■ **Cardo mariano** (*Silybum marianum* L.) ■ **Tanaceto** (*Tanacetum vulgare* L.)	Foglie, fiori

Ordine		Pianta	Parti attaccate
		Famiglia *Aphididae* (Afidi)	
Specie	*Brachycaudus helichrysi* (Kaltenbach, 1843) www.gbif.org/species/2078588	**Achillea** (*Achillea millefolium* L.) ■ **Camomilla** (*Anthemis nobilis* L.) ■ **Artemisia** (*Artemisia vulgaris* L.) ■ **Calendula** (*Calendula officinalis* L.) ■ **Elicriso** (*Helicrysum italicum* Roth) ■ **Camomilla** (*Matricaria chamomilla* L.) ■ **Tanaceto** (*Tanacetum vulgare* L.)	Steli, capolini
Specie	*Macrosiphoniella* spp. Del Guercio, 1911 www.gbif.org/species/2074940	**Assenzio** (*Artemisia absinthium* L. ■ *A. pontica* L. ■ *A. vulgaris* L.) ■ **Achillea** (*Achillea millefolium* L.) ■ **Tanaceto** (*Tanacetum vulgare* L.) ■ **Elicriso** (*Helichrysum italicum* Roth)	Germogli, infiorescenze, foglie
Specie	*Myzus persicae* (Sulzer, 1776) www.gbif.org/species/2076179	**Coriandolo** (*Coriandrum sativum* L.) ■ **Finocchio** (*Foeniculum vulgare Mill.*) ■ **Assenzio** (*Artemisia vulgaris* L.) ■ **Calendula** (*Calendula officinalis* L.) ■ **Elicriso** (*Helichrysum italicum Roth*) ■ **Camomilla** (*Matricaria camomilla* L.) ■ **Iperico** (*Hypericum perforatum* L.) ■ **Salvia** (*Salvia officinalis* L. ■ *S. sclarea* L.) ■ **Menta** (*Mentha x piperita* L.) ■ **Malvarosa** (*Althaea officinalis* L.) ■ **Malva** (*Malva sylvestris* L.) ■ **Digitale** (*Digitalis lanata* Ehrh.) ■ **Valeriana** (*Valeriana officinalis* L.)	Foglie
		Famiglia *Margarodidae* (cocciniglie)	
Specie	*Icerya purchasi* Maskell, 1879 www.gbif.org/species/2080592	**Salvia** (*Salvia officinalis* L.) ■ **Malva** (*Malva sylvestris* L.)	Parte epigea
		Famiglia *Coccidae* (*Cocciniglie*)	
Specie	*Ceroplastes sinensis* Del Guercio, 1900 www.gbif.org/species/2092339	**Salvia** (*Salvia officinalis* L.)	Foglie, steli

17.2.3 Lepidotteri

Comunemente noti come farfalle (lepidotteri diurni) (http://www.farfalleitalia.it/) o "falene" (lepidotteri notturni), i lepidotteri sono un vasto ordine di insetti al quale appartengono circa 158.000 specie differenti. La caratteristica dalla quale prende origine il nome dell'ordine è relativa alla conformazione delle ali negli adulti, interamente ricoperte di squame (dal greco *lepis* = squama e *pteròn* = ala), con una tale struttura e disposizione da conferire alle ali delle colorazioni particolarmente evidenti.

Gli adulti hanno un apparato boccale di tipo succhiante-non pungente e si nutrono principalmente di liquidi zuccherini. Le larve sono dotate di apparato boccale masticatore, di zampe toraciche e pseudo-zampe addominali. Le larve, attraverso la loro attività trofica, procurano erosioni dei tessuti vegetali e sono perciò l'unico stadio capace di arrecare danno alle piante. Oltre a nutrirsi di foglie, possono anche formare delle mine (larve della famiglia dei gracillaridi) o attaccare radici di piante erbacee (famiglia nottuidi), i tessuti legnosi (famiglia cossidi) oppure gemme, fiori e frutti (famiglia tortricidi).

Tra le piante officinali attaccate dai lepidotteri (Tab. 17.3), annoveriamo: iperico (*Hypericum*

Tabella 17.3 - *Lepidoptera* (Lepidotteri, Farfalle, Falene, Tarme, Tignole).

	Ordine	Pianta	Parti attaccate
	Famiglia *Nepticulidae* (Falene piccole)		
Specie	*Ectoedemia septembrella* (Stainton, 1849) www.gbif.org/species/4527297	**Iperico** (*Hypericum perforatum* L.)	Foglie
	Famiglia *Tineidae* (Falene fungine, False tignole)		
Specie	*Nemapogon granella* (Linnaeus, 1758) www.gbif.org/species/1856701	Ascomicete parassita delle graminacee (*Claviceps purpurea* Tul.)	Sclerozi
	Famiglia *Gelechidae* (Falene vorticose)		
Specie	*Depressaria absynthiella* Herrich-Schäffer, 1865 www.gbif.org/species/1837520	**Assenzio** (*Artemisia absinthium* L.)	Foglie
Specie	*Depressaria libanotidella* Schlager, 1849 www.gbif.org/species/4529074	**Anice** (*Pimpinella anisum* L.)	Foglie, fiori,, semi
Specie	*Platyedra subcinerea* (Haworth, 1828) www.gbif.org/species/1850781	**Malvarosa** (*Althaea officinalis* L.) ■ **Malva** (*Malva sylvestris* L.)	Germogli
	Famiglia *Tortricidae* (Ricamatori)		
Specie	*Cacoecimorpha pronubana* (Hübner, 1799) www.gbif.org/species/8094357	**Lavanda** (*Lavandula officinalis Chaix*) ■ **Salvia** (*Salvia officinalis* L., *S. sclarea* L.) ■ **Timo** (*Thymus vulgaris* L.)	Germogli, foglie, fiori
Specie	*Epinotia thapsiana* (Hübner, 1799) www.gbif.org/species/1745781	**Finocchio** (*Foeniculum vulgare* Mill.)	Fusti, foglie, infiorescenze
Specie	*Lathronympha strigana* (Fabricius, 1775) www.gbif.org/species/1736800	**Iperico** (*Hypericum perforatum* L.)	Foglie
	Famiglia *Geometridae* (Geometridi)		
Specie	*Larentia clavaria* (Haworth, 1809) www.gbif.org/species/1957266	**Malvarosa** (*Althaea officinalis* L.) ■ **Malva** (*Malva sylvestris* L.)	Fiori, gemme

perforatum L.), ruta comune (*Ruta graveolens* L.), artemisia (*Artemisia absinthium L.*), anice comune (*Pimpinella anisum* L.), altea comune (*Althaea officinalis* L.), malva (*Malva sylvestris* L.), lavanda (*Lavandula officinalis* Chaix), salvia (*Salvia officinalis* L.) ecc.

17.2.4 Ditteri

L'ordine dei ditteri comprende circa 100.000 specie descritte di insetti di piccole e medie dimensioni. Sono insetti olometaboli e possono essere ulteriormente suddivisi in nematoceri e brachiceri, rispettivamente le comuni zanzare e mosche. Vengono classificati come nematoceri se caratterizzati da antenne lunghe e filiformi, sono detti brachiceri se caratterizzati da antenne corte, costituite da 3 articoli ed un'appendice (arista). Gli adulti hanno un unico paio di ali membranose (dal greco *dis* = due e *pteròn* = ala) poiché le ali posteriori sono trasformate in bilancieri. L'apparato boccale degli adulti è piuttosto diversificato nelle diverse famiglie, si passa infatti dal lambente-succhiante nei ditteri muscidi, che si nutrono di soluzioni zuccherine o proteiche, al pungente-succhiante nei ditteri culicidi, principalmente ematofagi. Le larve sono generalmente apode, cioè prive di zampe, ed hanno apparato boccale masticatore dilaniante.

Le larve fitofaghe possono attaccare le radici

Tabella 17.4 - *Diptera.*

	Ordine	Pianta	Parti attaccate
	Famiglia *Cecidomyiidae*		
Specie	*Dasineura serotina* (Winnertz, 1853) www.gbif.org/species/1595626	**Iperico** (*Hypericum perforatum* L.) **Lavanda** (*Lavandula officinalis Chaix*)	Germogli Fusti
Specie	*Zeuxidiplosis giardia* (Kieffer, 1896) www.gbif.org/species/1594533	**Iperico** (*Hypericum perforatum* L.)	Gemme, germogli, foglie
	Famiglia *Agromyzidae*		
Specie	*Chromatomyia syngenesiae* (Hardy, 1849) www.gbif.org/species/5072694	**Achillea** (*Achillea millefolium* L.) ■ **Camomilla** (*Anthemis nobilis* L., *Matricaria camomilla* L.) ■ **Assenzio** (*Artemisia absinthium* L., *A. vulgaris* L.) ■ **Calendula** (*Calendula officinalis* L.) ■ **Lavanda** (*Lavandula officinalis Chaix*) ■ **Salvia** (*Salvia officinalis* L.) ■ **Malvarosa** (*Althaea officinalis* L.)	Foglie
Specie	*Liriomyza ptarmicae* Meijere, 1925 www.gbif.org/species/1553573	**Achillea** (*Achillea millefolium* L.) ■ **Assenzio** (*Artemisia absinthium* L., *A. dracunculus* L., *A. pontica* L., *A. vulgaris* L.)	Foglie
	Famiglia *Tephritidae*		
Specie	*Euleia heraclei* (Linnaeus, 1758) www.gbif.org/species/1623571	**Angelica** (*Angelica archangelica* L.) ■ **Coriandolo** (*Coriandrum sativum* L.) ■ **Anice** (*Pimpinella anisum* L.) ■ **Assenzio** (*Artemisia absinthium* L.)	Foglie

di piante erbacee, le foglie e i germogli, inducendo la formazione di galle o formando mine all'interno dei frutti, incluse varie specie di piante officinali, tra le quali: iperico (*Hypericum perforatum* L.), lavanda (*Lavandula officinalis* Chaix), achillea (*Achillea milllefolium* L.), camomilla romana (*Anthemis nobilis* L.), assenzio maggiore (*Artemisia absinthium* L.), calendula officinale (*Calendula oficinalis* L.), camomilla (*Matricaria chamomilla* L.), ecc. (Baronio *et al.*, 2009) (Tab. 17.4).

17.2.5 Coleotteri

Con 350.000 specie conosciute, i coleotteri (Fig. 17.2) sono il più vasto ordine di insetti. Sono diffusi in tutti gli ambienti, sia terrestri che acquatici, con dimensioni estremamente variabili. I coleotteri sono insetti olometaboli, in età adulta il primo paio di ali si presenta rigido (elitre) e, in posizione di riposo, ricopre e protegge il secondo paio di ali membranose. Da qui deriva il nome dell'ordine (dal greco *coleos* = astuccio e *pteròn* = ala). In alcune specie le elitre si sono saldate e gli adulti hanno così perso la capacità di volare. Gli adulti hanno apparato boccale di tipo masticatore, dotato di forti mandibole. Anche le larve hanno un robusto apparato boccale masticatore, sono oligopode o apode. Il regime alimentare è molto variabile: alcune specie sono fitofaghe, altre zoofaghe, saprofaghe e necrofaghe.

Tra le principali piante officinali attaccate (Tab. 17.5) ritroviamo: tanaceto (*Tanacetum vulgare* L.), anice comune (*Pimpinella anisum* L.), coriandolo (*Coriandrum sativum* L.), camomilla (*Matricaria chamomilla* L.), malva (*Malva sylvestris* L.), belladonna (*Atropa belladonna* L.), angelica norvegese (*Angelica archangelica* L.), ecc. (Baronio *et al.*, 2009).

Tabella 17.5 - *Coleoptera.*

	Ordine	Pianta	Parti attaccate
	Famiglia *Cetonidae*		
Specie	*Oxythyrea funesta* (Poda, 1761) www.gbif.org/species/1077130	**Tanaceto** (*Tanacetum vulgare* L.) ■ **Malvarosa** (*Althaea officinalis* L.)	Fiori
	Famiglia *Anobidae*		
Specie	*Lasioderma serricone* (Fabricius, 1792) www.gbif.org/species/4998194	**Coriandolo** (*Coriandrum sativum* L.) ■ **Anice** (*Pimpinella anisum* L.) ■ **Camomilla** (*Matricaria camomilla* L.) ■ **Liquirizia** (*Glycyrrhiza glabra* L.) ■ **Malva** (*Malva sylvestris* L.) ■ **Belladonna** (*Atropa belladonna* L.) ■ Ascomicete parassita delle graminacee (*Claviceps purpurea* Tul.)	Sclerozi
Specie	*Niptus hololeucus* (Faldermann, 1835) www.gbif.org/species/1095760	**Belladonna** (*Atropa belladonna* L.)	
Specie	*Ptinus fur* (Linnaeus, 1758) www.gbif.org/species/1095795	**Liquirizia** (*Glycyrrhiza glabra* L.)	
Specie	*Stegobium paniceum* (Linnaeus, 1758) www.gbif.org/species/1095652	**Coriandolo** (*Coriandrum sativum* L.) ■ **Finocchio** (*Foeniculum vulgare* Mill.) ■ **Anice** (*Pimpinella anisum* L.) ■ **Assenzio** (*Artemisia absinthium* L.) ■ **Camomilla** (*Matricaria camomilla* L.) ■ **Liquirizia** (*Glycyrrhiza glabra* L.) ■ **Malva** (*Malva sylvestris* L.) ■ **Belladonna** (*Atropa belladonna* L.) ■ **Valeriana** (*Valeriana officinalis* L.)	
	Famiglia *Bostrichidae*		
Specie	*Bostrichus capucinus* (Linnaeus, 1758) www.gbif.org/species/5743466	**Liquirizia** (*Glycyrrhiza glabra* L.)	
	Famiglia *Silvanidae*		
Specie	*Oryzaephilus surinamensis* (Linnaeus, 1758) www.gbif.org/species/1043875	**Liquirizia** (*Glycyrrhiza glabra* L.)	
	Famiglia *Tenebrionidae*		
Specie	*Tribolium confusum* (Duval, 1868) www.gbif.org/species/4990339	**Malvarosa** (*Althaea officinalis* L.)	
	Famiglia *Curculionidae*		
Specie	*Lixus pulverulentus* Olivier, 1807 www.gbif.org/species/8130496	**Malva** (*Malva sylvestris* L.)	Foglie, fusti
Specie	*Tanymecus palliates* (Fabricius, 1787) www.gbif.org/species/1177130	**Cardo mariano** (*Silybum marianum* L.)	Steli, foglie, infiorescenze
	Famiglia *Dryophthoridae*		
Specie	*Sitophilus zeamais* Motschulsky, 1855 www.gbif.org/species/4291553	**Malva** (*Malva sylvestris* L.)	Radici
	Famiglia *Apionidae*		
Specie	*Aspidapion aeneum* (Fabricius, 1775) www.gbif.org/species/4463819	**Malvarosa** (*Althaea officinalis* L.) ■ **Malva** (*Malva sylvestris* L.)	Germogli, foglie, radici
Specie	*Aspidapion* Schilsky, 1901 www.gbif.org/species/4405323	**Malvarosa** (*Althaea officinalis* L.) ■ **Malva** (*Malva sylvestris* L.)	Germogli, foglie, fusti
Specie	*Rhopalapion longirostre* (Olivier, 1807) www.gbif.org/species/4463518	**Malvarosa** (*Althaea officinalis* L.) ■ **Malva** (*Malva sylvestris* L.)	Parte epigea, organi fruttiferi

►

	Ordine	Pianta	Parti attaccate
		Famiglia *Cerambycidae*	
Specie	*Agapanthia sicula malmerendii* Sama, 1981 www.gbif.org/species/4459332	**Cardo mariano** (*Silybum marianum* L.)	Fusto
		Famiglia *Chrysomelidae*	
Specie	*Altica oleracea* (Linnaeus, 1758) www.gbif.org/species/4462315	**Enagra** (*Oenothera biennis* L.) ■ **Graziella** (*Gratiola officinalis* L.)	Foglie
	Arima marginata (Fabricius, 1781) www.gbif.org/species/7822598	**Achillea** (*Achillea millefolium* L.) ■ **Issopo** (*Hyssopus officinalis* L.) ■ **Lavanda** (*Lavandula officinalis* Chaix) ■ **salvia** (*Salvia officinalis* L., *S. sclarea* L.) ■ **Timo** (*Thymus vulgaris* L.)	Steli, foglie, infiorescenze
	Cassida viridis Linnaeus, 1758 www.gbif.org/species/6097784	**Cardo mariano** (*Silybum marianum* L.) ■ **Melissa** (*Melissa officinalis* L.) ■ **Menta** (*Mentha x piperita* L.) ■ **Salvia** (*Salvia officinalis* L., *S. sclarea* L.)	Foglie
	Chaetocnema tibialis (Illiger, 1807) www.gbif.org/species/8184037	**Belladonna** (*Atropa belladonna* L.)	Foglie
	Chrysolina americana (Linnaeus, 1758) www.gbif.org/species/4460066	**Lavanda** (*Lavandula officinalis* Chaix) ■ **Salvia** (*Salvia officinalis* L.) ■ **Timo** (*Thymus vulgaris* L.)	Foglie, fiori
	Chrysolina cerealis (Linnaeus, 1767) www.gbif.org/species/4460199	**Assenzio** (*Artemisia absinthium* L., *A. dracunculus* L., *A. pontica* L., *A. vulgaris* L.) ■ **Menta** (*Mentha x piperita* L.)	Foglie
	Chrysolina graminis (Linnaeus, 1758) www.gbif.org/species/4460086	**Tanaceto** (*Tanacetum vulgare* L.) ■ **Marrubio** (*Marrubium vulgare* L.) ■ **Menta** (*Mentha x piperita* L.)	Foglie
	Chrysolina grossa (Fabricius, 1792) www.gbif.org/species/4460280	**Santoreggia** (*Satureja montana* L.)	Foglie
	Chrysolina herbacea (Duftschmid, 1825) www.gbif.org/species/4460190	**Issopo** (*Hyssopus officinalis* L.) ■ **Menta** (*Mentha x piperita* L.)	Foglie
	Chrysolina hyperici Foudras, 1860 www.gbif.org/species/1047392	**Iperico** (*Hypericum perforatum* L.)	Foglie
	Chrysolina varians (Schaller, 1783) www.gbif.org/species/1047386	**Iperico** (*Hypericum perforatum* L.)	Foglie, radici fiori
	Epitrix atropae Foudras, 1860 www.gbif.org/species/4462684	**Belladonna** (*Atropa belladonna* L.)	Foglie, fiori
	Galeruca tanaceti (Linnaeus, 1758) www.gbif.org/species/5752087 *Podagrica*	**Anice** (*Pimpinella anisum* L.) ■ **Achillea** (*Achillea millefolium* L.) ■ **Tanaceto** (*Tanacetum vulgare* L.) ■ **Pimpinella** (*Sanguisorba minor* Scop.) ■ **Iperico** (*Hypericum perforatum* L.)	Germogli, radici
	fuscicornis (Linnaeus, 1758) www.gbif.org/species/4462689	**Malvarosa** (*Althaea officinalis* L.) ■ **Malva** (*Malva sylvestris* L.)	Foglie
	Podagrica malvae (Illiger, 1807) www.gbif.org/species/8236917	**Marrubio** (*Marrubium vulgare* L.) ■ **Malvarosa** (*Althaea officinalis* L.) ■ **Malva** (*Malva sylvestris* L.)	Germogli, foglie, fiori radici
		Famiglia *Coccinellidae*	
Specie	*Subcoccinella vigintiquatuorpunctata* (Linnaeus, 1758) www.gbif.org/species/1043318	**Galega** (*Galega officinalis* L.)	Foglie

Figura 17.2 - Crisolina del rosmarino (*Chrysolina americana*) (Coleoptera: Chrysomelidae: Chrysomelinae).

17.3 Principi generali di lotta

La difesa fitosanitaria delle colture, come quelle officinali, dev'essere condotta secondo i principi della lotta biologica e integrata, nell'ottica di fornire indicazioni generali utili agli operatori del settore nel difficile compito di contenimento degli organismi nocivi.
Le colture di piante officinali rappresentano degli agroecosistemi la cui componente biotica (biocenosi) include vegetali, animali e microorganismi. Tra gli animali, annoveriamo gli erbivori, che si nutrono a spese di vegetali, e i carnivori, i quali vivono a spese di animali. Nel caso degli insetti, queste due categorie corrispondono, rispettivamente: 1) alle specie fitofaghe e 2) ai loro predatori e parassitoidi. Tra queste due categorie di insetti, si instaurano degli equilibri dinamici che sono alla base della regolazione del controllo demografico delle loro popolazioni, attraverso una serie di interazioni trofiche, a vari livelli. Da una parte, l'azione svolta dagli insetti fitofagi nei confronti delle piante, che può tradursi in un danno economico, e dall'altra l'azione degli antagonisti naturali dei fitofagi (predatori e parassitoidi) volta a contenere le popolazioni dei primi e i relativi danni. Questi rapporti sono regolati da molti fattori, biotici e abiotici, con un ruolo fondamentale dell'uomo nel modificare le condizioni bioecologiche, attraverso le pratiche agricole, favorendo o sfavorendo questi equilibri. Ad esempio, nel caso di ricorso agli insetticidi, che rappresenta uno dei principali fattori di squilibrio, questo, seppur volto a contenere gli insetti nocivi, di fatto, in assenza di un'azione selettiva della gran parte dei principi attivi disponibili in commercio, comporta un danno indiretto anche all'entomofauna utile, favorendo nel tempo il ripristino di condizioni di squilibrio a favore degli insetti fitofagi. Osservando la dinamica di popolazione degli insetti, ossia la variazione della densità relativa nel tempo (abbondanza del numero di individui), si può notare che in presenza di condizioni favorevoli la popolazione si accresce per l'utilizzo delle risorse disponibili. Questa condizione può sussistere finché non si determinano condizioni di affollamento che comportano un aumento delle interazioni intraspecifiche tali da influenzare negativamente le capacità di sopravvivenza e riproduzione degli individui. Inoltre, elementi esterni alla popolazione, quali per esempio condizioni climatiche avverse, antago-

nisti naturali, competizione con altre specie, limitano ulteriormente l'accrescimento. In pratica, fino all'instaurarsi di fattori (abiotici e biotici) che si oppongono e ne determinano un andamento fluttuante attorno a valori di equilibrio.
Essendo gli agroecosistemi degli ecosistemi semplificati, la dinamica di popolazione, nel caso di due specie, ad esempio un insetto fitofago e il suo antagonista naturale, tendenzialmente all'aumentare della popolazione del fitofago aumenta anche quella dell'antagonista, tendendo a ripristinare un equilibrio. Gli interventi adottati dall'uomo possono condizionare questi equilibri in senso positivo, con pratiche volte a potenziare gli agenti di lotta biologica (insetti predatori e parassitoidi, agenti entomopatogeni, semiochimici) oppure negativo nel caso di trattamenti chimici insetticidi.
Anche i mezzi fisici e agronomici possono concorrere positivamente a limitare le popolazioni di insetti dannosi.
I mezzi tecnici (prodotti per la concimazione e l'ammendamento, prodotti fitosanitari per la protezione delle piante) utilizzabili in agricoltura biologica sono dettagliatamente riportati nel Regolamento (CE) n. 834/2007 del Consiglio del 28 giugno 2007, che vincola quindi l'operatore agricolo ad attenersi alle disposizioni europee.

17.3.1 Mezzi agronomici

I mezzi agronomici possono concorrere al contenimento degli organismi nocivi. Tra questi mezzi ricordiamo, in particolare:

- la *scelta varietale* (più o meno resistente ai fitofagi o adatta alle condizioni ambientali di coltivazione);
- il *periodo di semina* o di *raccolta* (anticipato o ritardato, può determinare uno sfasamento rispetto al ciclo dell'insetto);
- la *rotazione* (può creare condizioni sfavorevoli all'insediamento dei fitofagi); la *concimazione* (se sbilanciata può favorire lo sviluppo eccessivo della vegetazione favorendo gli insetti);
- l'*irrigazione* (anche in questo caso, se sbilanciata, può favorire gli insetti);
- la *potatura* (può favorire la circolazione dell'aria nella chioma riducendo il rischio di accumulo di umidità);
- la *diversificazione botanica*, intesa come consociazione, intercropping, siepi e zone rifugio, inerbimento naturale e artificiale, può migliorare la biodiversità, favorendo l'insediamento degli antagonisti naturali e di pronubi, attraverso zone rifugio e risorse alimentari alternative.

17.3.2 Agenti biologici

I principali nemici degli insetti sono soprattutto altri insetti, detti entomofagi, che svolgono un importante ruolo di agenti di lotta biologica. Si tratta di specie zoofaghe, la cui azione è riconducibile alla predazione (*predatori*) e al parassitismo (*parassitoidi*). Questi due rapporti antagonistici si differenziano in quanto, nel primo caso, il predatore ricerca la vittima (preda) per nutrirsi, mentre il parassitoide usa la vittima per assicurare alla progenie il substrato necessario al suo sviluppo, instaurando rapporti anche fisiologici.
Tra i predatori, le specie più rappresentate appartengono a diversi ordini e famiglie: antocoridi, pentatomidi, miridi e reduviidi per l'ordine dei rincoti; carabidi, coccinellidi e stafilinidi per i coleotteri; crisopidi per i neurotteri; cecidomidi e sirfidi per i ditteri; formicidi per gli imenotteri. Possono predare allo stadio giovanile o di adulto, o entrambi, adottando comportamenti o strategie molto varie, sono generalmente molto agili e veloci, ma possono avvalersi anche di segnali chimici per individuare la preda (cairomoni[1]), o possono allestire delle vere e proprie trappole. L'attività entomofaga è svolta generalmente a carico di un'ampia varietà di insetti (polifagia) e di diversi stadi di sviluppo, sebbene esistano preferenze alimentari, come nel caso dei coccinellidi che si nutrono di afidi. In alcuni casi, i predatori possono esprimere un regime alimentare zoo-fitofago, in grado cioè di alimentarsi non solo di insetti, ma anche su specie vegetali (ad es. certi miridi). Le modalità con cui il predatore consuma la propria preda sono varie: alcune specie, dotate di apparato boccale pungente succhiante, perforano la preda e iniettano mediante la saliva tossine per poi succhiarne l'emo-

[1] Sostanze chimiche volatili che comunicano segnali favorevoli a chi li riceve.

linfa; altre, con apparato masticatore, dilaniano la preda.
I parassitoidi, invece, svolgono una fase del proprio ciclo biologico nell'ospite, arrecandone la morte. Questi insetti afferiscono soprattutto agli ordini dei ditteri (famiglia tachinidi) e degli Imenotteri (superfamiglie dei calcidoidei e degli ichneumonoidei). Si tratta in genere di insetti normalmente di minori dimensioni rispetto ai loro ospiti, in cui la localizzazione ed il riconoscimento dell'ospite si basa su fattori fisici (suoni, colori) o chimici (sostanze volatili). Una volta che la femmina di un parassitoide ha trovato l'ospite, inizia la parassitizzazione con la deposizione dell'uovo direttamente sul corpo dell'ospite o in prossimità; la larva neonata penetra direttamente all'interno della vittima per completare il ciclo di sviluppo. Talvolta le uova, dette microtipiche (circa 0,2 mm di diametro), vengono ingerite dall'ospite assieme al vegetale di cui si nutre, subito dopo schiudono all'interno dell'ospite parassitizzandolo. La femmina con l'ovopositore può iniettare anche sostanze velenifere nell'ospite, rendendolo più idoneo allo sviluppo della progenie, oppure può marcare l'ospite appena parassitizzato, al fine di evitare che altre femmine lo parassitizzino, riducendo, così, la competizione intraspecifica. Nel caso degli ectoparassitoidi gli stadi giovanili si sviluppano esternamente al corpo dell'ospite; mentre negli endoparasitoidi lo sviluppo avviene internamente. I parassitoidi possono svilupparsi a spese di uno stadio specifico dell'ospite (es. uovo, larva, neanide, ninfa, pupa, adulto), prendendo il nome dallo stadio in cui avviene l'ovideposizione (ad es. oofago, larvale, neanidale, ninfale, pupale o immaginale); oppure possono svilupparsi a spese di più stadi (ovo-larvale, larvo-pupale, ovo-pupale, ecc.). Non sono da escludere i casi di più ovideposizioni della stessa specie a carico della stessa vittima (superparassitismo), sia di femmine appartenenti a specie differenti (multiparassitismo).
Il ricorso a questi antagonisti per la lotta biologica agli insetti nocivi, normalmente si avvale del loro allevamento e commercio su scala industriale (massale), in vere e proprie biofabbriche. In Europa, questi allevamenti sono stati avviati a partire dagli anni '60. In Italia, la prima azienda per l'allevamento di antagonisti è stata fondata negli anni '90.

17.3.3 Agenti entomopatogeni

Tra gli agenti biologici di lotta, il maggior successo è sicuramente ascrivibile agli entomopatogeni. Gli insetti, infatti, come tutti gli organismi viventi, sono suscettibili ad un ampio spettro di malattie causate da microorganismi che possono essere utilizzati direttamente nella lotta, la cui efficacia e modalità di applicazione è molto simile a quella degli insetticidi convenzionali, superando così i limiti di impiego che si riscontrano con la lotta biologica classica.
Gli agenti entomopatogeni più importanti sono batteri, virus, funghi e nematodi. Questi ultimi, pur non essendo dei microrganismi, sono tradizionalmente inclusi nel novero degli entomopatogeni in quanto agiscono in virtù dei loro simbionti intestinali (batteri).
Tra i batteri, il caso di maggior successo è certamente quello del *Bacillus thuringiensis*, ormai in commercio da più di 40 anni. Attualmente si conoscono oltre 60 sottospecie di *B. thuringiensis* che trovano applicazione nei confronti di diverse specie di insetti (lepidotteri, coleotteri e ditteri). L'azione si esplica attraverso specifiche tossine (Cry, da *crystal*) presenti nel corpo parasporale, che si attivano nell'intestino dell'insetto, legandosi a specifici recettori delle cellule intestinali e innescando il processo di intossicazione, che si completa con la distruzione dell'epitelio intestinale e il conseguente blocco dell'attività di nutrizione.
Altri agenti entomopatogeni di successo sono i virus, patogeni endocellulari obbligati. Le particelle virali sono costituite da acido nucleico (DNA o RNA) racchiuso in un involucro proteico (capside). L'entità infettiva è il virione. Alcuni virus infettano gli insetti portandoli alla morte, essi appartengono alla famiglia baculoviridae (virus della poliedrosi nucleare – NPV; virus della granulosi – GV), attivi nei confronti di alcune specie di lepidotteri. L'infezione delle larve degli insetti ospiti avviene per via orale, quindi raggiunto l'intestino attivano la loro replicazione a carico delle cellule intestinali, estendendo poi l'infezione a tutti gli altri tessuti. I prodotti commerciali sono specifici, ad esempio nei confronti di lepidotteri nottuidi, e risultano efficaci soprattutto contro le larve neonate.
I funghi comprendono un altro ampio gruppo

di organismi ad azione entomopatogena. Le specie più note sono generaliste (*Beauveria bassiana* Vuill., *Metarhizium anisopliae*), ossia trovano applicazione nei confronti di un'ampia gamma di insetti ospiti. Il processo infettivo inizia con i conidi che entrano in contatto con la cuticola degli insetti, germinano e le ife colonizzano l'emocele. I fattori chiave che favoriscono la fase della germinazione dei conidi sono l'umidità e la temperatura ottimale (20-27°C). La penetrazione della cuticola avviene per mezzo di un tubo di germinazione che agisce per via meccanica ed enzimatica. Le loro particolari esigenze ambientali ne rendono più idoneo l'impiego in ambienti confinati, quali serre o nel terreno.

I nematodi, infine, sono animali molto diffusi ed abbondanti, comprendono forme acquatiche e terricole. Le dimensioni variano da poco più di 0,1 mm fino a qualche metro per le specie parassite di vertebrati. Alcune specie instaurano con gli insetti un rapporto parassitario che può essere facoltativo o obbligato. Sebbene siano organismi pluricellulari, sono trattati nell'ambito dei microorganismi entomopatogeni, in quanto le specie di maggiore interesse applicativo agiscono grazie alla simbiosi con specie di batteri entomopatogeni. Fin dagli anni '80, sono utilizzati nella lotta nematodi delle famiglie steinermematidae, heterorhabditidae e mermithidae. In generale, si tratta di agenti che attaccano un ampio spettro di specie di insetti.

I formulati a base di nematodi sono suscettibili a vari fattori di natura abiotica e biotica che ne possono compromettere la sopravvivenza. Pertanto, la loro distribuzione dovrebbe essere effettuata nelle prime ore della giornata o nel tardo pomeriggio, al fine di minimizzare gli effetti negativi.

I trattamenti possono essere effettuati con le normali apparecchiature irroratrici presenti in un'azienda agraria, utilizzando filtri e ugelli con fori di diametro superiori a 0,5 mm e una pressione di esercizio fino a 5-8 atm.

17.3.4 Feromoni e semiochimici

I feromoni, più in generale i semiochimici, sono dei messaggeri chimici costituiti da sostanze, spesso volatili, prodotte dagli esseri viventi e rilasciate all'esterno che regolano le relazioni tra individui della stessa specie (intraspecifici, come nel caso dei feromoni) o tra specie diverse (allelochimici: come nel caso di allomoni, sinomoni, cairomoni) determinando nell'organismo ricevente risposte di tipo fisiologico e/o comportamentale. Rappresentano un vero e proprio linguaggio chimico tra gli organismi viventi, la cui scoperta ha consentito molte applicazioni in ambito fitosanitario e non solo.

L'impiego dei feromoni, soprattutto negli ultimi decenni, ha registrato un incremento esponenziale, grazie anche alla disponibilità di strumenti analitici sempre più sofisticati e precisi che consentono di captare e caratterizzare queste molecole a livelli di concentrazione molto bassi. Oggi si conoscono i feromoni di circa 7000 insetti ed esiste un database (The Pherobase, https://www.pherobase.com/) in cui è possibile trovare tutte le informazioni scientifiche aggiornate che riguardano anche gli altri semiochimici. I feromoni vengono classificati in relazione alla risposta di tipo comportamentale che sono in grado di indurre nell'organismo ricevente; per esempio, i più noti sono i feromoni sessuali che esplicano un'azione attrattiva facilitando la riproduzione, i feromoni traccia che segnano il percorso verso la fonte di nutrizione o il nido, i feromoni di allarme che segnalano un pericolo, di aggregazione, ecc.

I feromoni sessuali sono certamente quelli che hanno trovato più ampia applicazione. Generalmente rilasciati dalle femmine per attrarre i maschi, sono percepiti da chemiorecettori olfattivi localizzati nelle antenne, collegati direttamente al sistema nervoso che trasmette il segnale, inducendo una risposta fisiologica o comportamentale.

Altri messaggeri chimici (non feromoni) regolano i rapporti tra individui di specie diverse, non solo nell'ambito degli insetti, ma anche tra insetti e piante. Si classificano in tre categorie principali: allomoni, cairomoni e sinomoni.

Gli allomoni sono utili solo per la specie che li emette; i sinomoni sono utili sia per la specie che li emette sia per la specie ricevente; infine, i cairomoni sono vantaggiosi solo per chi li riceve.

I feromoni e gli altri semiochimici trovano ampia applicazione nel controllo degli insetti, grazie so-

prattutto alla loro alta specificità. Possono essere impiegati in modo indiretto per il monitoraggio o diretto per contenere le popolazioni dell'insetto bersaglio.
Per il monitoraggio, vengono formulati in appositi erogatori utilizzati per innescare trappole di vario tipo che servono a rilevare la presenza dell'insetto e/o a stimarne la densità di popolazione, per mirare eventuali interventi di controllo. Le trappole possono essere usate sia in pieno campo che in ambienti confinati, non solo agricoli.
Come mezzi diretti di lotta possono interferire con l'attività riproduttiva delle specie bersaglio, tramite la cattura massale (*mass trapping*) e la confusione sessuale (*mating distruption*). Nel primo caso, si persegue il fine di rimuovere dall'ambiente il maggiore numero di individui, in genere di sesso maschile, con l'obiettivo di limitare al massimo gli accoppiamenti e quindi la crescita della popolazione dell'insetto bersaglio. In questo caso, si ricorre all'impiego di un alto numero di trappole. La confusione o il disorientamento sessuale perseguono, invece, il fine di interferire sulla risposta comportamentale del maschio nella ricerca della femmina. In questo caso, non vengono utilizzate trappole, ma solo un gran numero di erogatori (*dispenser*) dispersi nell'ambiente.

17.3.5 Insetticidi

Si intendono le sostanze chimiche naturali o di sintesi in grado di uccidere gli insetti e includono un'ampia gamma di prodotti commercializzati allo scopo di proteggere i vegetali o i loro prodotti, nonché gli animali e gli ambienti, da insetti nocivi. Sono commercializzati come formulati che includono la sostanza insetticida, o principio attivo, miscelata ad altre sostanze (coformulanti, coadiuvanti) ad azione diversificata, utili a migliorare l'efficacia o a diluire la sostanza attiva. Quest'ultima è rappresentata da una o più molecole chimiche o da microrganismi antagonisti che possiedono un'azione più o meno specifica a carico degli insetti bersaglio.
I formulati possono presentarsi in forma solida (polveri, granuli, microcapsule), liquida (soluzioni più o meno concentrate, paste fluide) o gassosa; possono presentare diverse caratteristiche che ne condizionano il corretto impiego. Ad esempio, la fitotossicità (azione tossica nei confronti della pianta); la citotropicità o sistemicità (capacità di penetrazione nella pianta o di traslocazione tramite la linfa); modalità d'azione o di penetrazione nei confronti dell'insetto (inalazione, contatto, ingestione); meccanismo d'azione (neurottossico, fisiologico di crescita, respiratorio, muscolare, intestinale); selettività (capacità di limitare l'azione ad alcuni tipi di insetti, salvaguardandone altri, compresi quelli utili); tossicità (azione nei confronti dell'uomo e di animali superiori, espressa come tossicità acuta dalla Dose Letale media – DL50[2]). La loro necessaria registrazione sanitaria ne prescrive l'applicazione e le relative modalità a determinati campi d'impiego o a determinate colture.
Nel settore delle piante officinali, le sostanze attive ammesse in Italia sono pochissime e riguardano soprattutto le "erbe fresche". Pertanto, è da ritenersi utile il fatto che i Regolamenti europei vigenti in materia fitosanitaria hanno previsto procedure semplificate o di estrapolazione per allargare l'uso di sostanze attive registrate per colture maggiori a quelle minori come, nel nostro caso, le officinali. Per quanto riguarda poi il mutuo riconoscimento fra Paesi UE-zona sud, è da segnalare positivamente il caso della Francia, in quanto in quel Paese da anni si conducono sperimentazioni volte a ottenere l'omologazione dei fitofarmaci sulle piante aromatiche, medicinali, condimentarie e da profumo (cfr. http://e-phy.agriculture.gouv.fr). In questo modo, attraverso la richiesta di mutuo riconoscimento da parte dei vari organismi abilitati, e se sussistono tutte le condizioni, si potrà disporre anche in Italia di ulteriori agrofarmaci per la difesa delle specie officinali.

Bibliografia

Baronio P., Baldassarri N., Martini A. (2009) - *Insetti infestanti, piante officinali coltivate e droghe immagazzinate*. Ed. CLUEB, 231 pp.

2 Quantità di sostanza attiva in mg per kg di peso corporeo che determina la mortalità del 50% degli animali in laboratorio.

BERIO E. (1985) - *Fauna d'Italia XXII. Lepidoptera Noctuidae. I Generalità – Hadeninae – Cuculliinae*. Ed. Calderini, 972 pp.

BERIO E. (1991) - *Fauna d'Italia XXVII – Lepidoptera Noctuidae. II (Sezione Quadrifide)*. Ed. Calderini, 710 pp.

COLAZZA S., PERI E., LO BUE P. (2018) - *Lineamenti di entomologia in agricoltura biologica*. Ed. Palermo University Press, 268 pp.

IORIO C., SCHERINI R., FONTANA P., BUZZETTI F.M., KLEUKERS R., ODÈ B., MASSA B. (2019) - Grasshoppers & Crickets of Italy. *WBA Handbooks*, 578 pp.

SERVADEI A. (1995) - *Fauna d'Italia vol. IX – Rhyncota: Heteroptera, Homoptera, Auchenorrhyncha*. Ed. Calderini, 854 pp.

TREMBLAY E. (1994) - *Entomologia applicata. Ditteri Nematoceri* (Vol. 3/1). Ed. Liguori, 156 pp.

TREMBLAY E. (1997) - *Entomologia applicata Vol. 3\3: Da Ditteri Brachiceri (Caliptrati) a Sifanotteri e Strepsitteri*. Ed. Liguori, 140 pp.

L'elevato numero di specie e cultivar utilizzate richiede un'attenta diagnosi fitopatologica, per attuare una difesa efficace facendo ricorso minimo all'impiego di agrofarmaci: si tratta infatti di colture minori, per le quali sono pochi i prodotti ammessi e disponibili per l'impiego.

18 Difesa dalle malattie

Davide Spadaro, Giovanna Gilardi, Domenico Bertetti

Le piante officinali sono specie vegetali molto eterogenee dal punto di vista agronomico; comprendono, sulla base delle principali destinazioni d'uso, piante medicinali, aromatiche e da profumo. Le piante officinali possono essere utilizzate come alimenti, o come ingredienti in integratori alimentari, cosmetici, farmaci, mangimi e prodotti veterinari, prodotti per l'industria tintoria e conciaria e prodotti per la casa. I loro estratti o componenti sono studiati in modo crescente come prodotti alternativi agli agrofarmaci per il loro impiego in programmi di difesa da fitopatogeni e/o fitoparassiti.

Il consumo di piante officinali da parte dell'industria farmaceutica, alimentare, liquoristica, cosmetica è in continuo aumento in tutto il mondo. Nel nostro Paese, mentre il settore della trasformazione e quello della commercializzazione dei prodotti finiti registrano da anni un notevole incremento, quello della coltivazione non cresce in maniera proporzionata alla domanda e non riesce a far fronte al fabbisogno nazionale. Ciò ha determinato un costante aumento dell'importazione di piante officinali fresche o essiccate e di materie prime derivate dalle colture officinali.

Il carattere internazionale del settore produttivo ha una profonda influenza sugli aspetti fitopatologici: nuove problematiche fitosanitarie o recrudescenti rendono complessa la messa a punto di opportune strategie di difesa. La globalizzazione degli scambi di materiale propagativo, o il semplice commercio di piante anche ornamentali, insieme all'intensificazione dei sistemi di coltivazione, aumenta il rischio di introduzione in campo di nuovi patogeni e di diffusione di patogeni tellurici e fogliari. Alcuni patogeni sono limitati a determinate aree, mentre altri sono più diffusi.

In Italia, secondo ISMEA Osservatorio Economico del settore delle piante officinali, sono complessivamente censite 296 specie officinali, che comprendono 160 specie coltivate (54%), 73 specie spontanee (25%) e 63 specie sia coltivate sia raccolte in natura.

La corretta impostazione di misure di lotta contro le malattie delle piante richiede la conoscenza delle caratteristiche biologiche degli agenti di malattia, nonché della loro epidemiologia e della specializzazione parassitaria, se presente. È necessaria la messa a punto di misure di prevenzione e lotta ai patogeni tellurici e fogliari di queste colture minori, ma ad alto reddito, per salvaguardarne la redditività aziendale.

Il capitolo prende in considerazione le più importanti malattie delle piante officinali causate da funghi e oomiceti appartenenti a generi e specie diversi. Sono descritti i patogeni tellurici, che comprendono *Rhizoctonia solani* J.G. Kühn, *Sclerotinia sclerotiorum* (Lib.) de Bary e *Athelia rolfsii* (Curzi) C.C. Tu & Kimbr. agenti di marciumi basali, *Pythium* spp. Nees e *Phytophthora* spp. de Bary agenti di marciumi radicali e basali, e *Fusarium oxysporum* e *Verticillium* spp. agenti di tracheomicosi. In seguito, vengono descritti anche i patogeni fogliari, che includono agenti di mal bianchi, ruggini, peronospore, muffa grigia, alternariosi ed altri patogeni minori. Le sezioni successive di questo capitolo illustrano i sintomi, le condizioni favorevoli di sviluppo e le strategie di prevenzione e protezione dalle principali malattie delle colture officinali.

Alcuni metodi di difesa sono utili sia nella gestione dei patogeni tellurici sia nel contenimento dei patogeni fogliari.

L'impiego di germoplasma tollerante o resistente, quando disponibile, rappresenta una strategia di primaria importanza per il contenimento

di diversi patogeni tellurici o fogliari. Tuttavia, nel caso delle piante officinali, spesso non sono stati svolti specifici programmi di miglioramento genetico.
La prevenzione parte dall'impiego di materiale propagativo sano, ovvero seme certificato (esente da patogeni trasmissibili) e/o dall'uso di talee provenienti da piante-madre sane. In alcuni casi, risulta utile ricorrere a tecniche, quali la termoterapia o la coltura *in vitro*, che permettono di ridurre il rischio di trasmissione di alcuni patogeni. In aggiunta, specifici trattamenti al seme possono proteggere le giovani piante nelle fasi iniziali di coltivazione. In particolare, il trattamento dei semi rappresenta un metodo facile ed economico per la prevenzione e il contenimento del rischio di diffusione di alcuni patogeni trasmessi per seme, che può essere adottato quando siano state identificate, mediante una corretta diagnosi, le specifiche problematiche fitosanitarie. I trattamenti al seme possono essere effettuati mediante mezzi fisici, chimici o biologici. Sostanze ad azione disinfettante (ipoclorito di sodio, perossido d'idrogeno o etanolo) possono essere impiegate per ridurre o eliminare possibili contaminazioni di patogeni trasmessi per seme. La concia chimica è generalmente effettuata con agrofarmaci di sintesi. Alternative non chimiche per il contenimento dei patogeni trasmessi per seme sono l'impiego di microrganismi antagonisti, sostanze naturali ad attività antimicrobica o induttori di resistenza, composti in grado di indurre una risposta di difesa nelle giovani plantule. Trattamenti fisici al seme includono mezzi meccanici, tra cui la cernita e la spazzolatura, il calore, gli ultrasuoni, le microonde, i raggi ultravioletti e i trattamenti ossidoriduttivi a base di fasci di elettroni. I trattamenti termici con acqua calda, vapore aerato o calore secco possono essere molto efficaci, ma devono essere ottimizzati per i patosistemi di interesse (patogeno obiettivo e ospite), definendo la temperatura e la durata ottimale del trattamento al fine di evitare fenomeni di riduzione della germinabilità o del vigore del seme trattato.
Oltre alle strategie brevemente descritte, la difesa dai principali patogeni tellurici e fogliari delle colture officinali è basata sull'integrazione di specifici metodi, che vengono di seguito descritti.

18.1 Difesa dalle malattie del terreno

Le colture officinali sono soggette ad attacchi da parte di patogeni tellurici, tra i quali *Fusarium oxysporum* Schltdl., *Rhizoctonia solani*, *Sclerotinia* spp., *Verticillium* spp., *Phytophthora* spp. e *Pythium* spp., che possono causare ingenti perdite di produzione nelle coltivazioni. L'equilibrata disponibilità di sostanze nutritizie organiche o inorganiche, la presenza di un microbiota benefico sfavoriscono la proliferazione di diverse specie di patogeni tellurici e contribuiscono al mantenimento della salute dei suoli. La sostanza organica può essere accresciuta mediante pratiche agronomiche, quali il sovescio. In particolare la coltivazione ed il sovescio di brassicacee permette l'apporto al terreno di sostanze ad elevata azione fungitossica, sfruttando il trattamento noto come biofumigazione. *Brassica juncea* L. Czern. e *B. carinata* A.Braun possono essere impiegate come specie intercalari e quindi applicate mediante sovescio oppure, nel caso di sistemi colturali intensivi, utilizzate sotto forma di sfarinati o pellet. La biofumigazione ha fornito risultati promettenti nei confronti di *F. oxysporum* su basilico e *Verticillium dahliae* Kleb. su melanzana, ma risultati parziali o negativi sono stati osservati nei confronti di *Pythium* spp. e di agenti di tracheomicosi di alcune specie appartenenti alla famiglia delle brassicacee. L'impiego di ammendanti organici o sovescio di brassicacee in combinazione alla solarizzazione può essere utile nel ridurre la durata del trattamento.
Un interesse crescente è rivolto all'impiego di ammendanti organici in grado di limitare lo sviluppo di patogeni tellurici, in quanto diversi meccanismi possono promuovere o ristabilire la costituzione di una bilanciata microflora repressiva nei loro confronti.
Alcuni substrati impiegati in orticoltura hanno proprietà repressive nei confronti di patogeni tellurici e tra questi sono di particolare interesse per gli impieghi nella pratica la torba di sfagno, le miscele di torba o i compost. I compost, in particolare quelli ammendati con corteccia o originati da residui verdi urbani, possono avere un effetto repressivo nei confronti di agenti di tracheofusariosi, *Pythium* spp. o *Phytophthora* spp.

La capacità repressiva del compost può avere origine chimico-fisica, ovvero essere dovuta a specifiche caratteristiche fisiche, quali il pH, o microbiologica, in quanto legata alla presenza di una microflora antagonistica, oppure, come accade più spesso, avere entrambe le origini.
Inoltre, alcuni ammendanti contribuiscono alla modifica del pH del terreno. Una riduzione del pH riduce gli attacchi di *Phytophthora nicotianae* Breda de Haan, mentre un aumento del pH può favorire agenti di tracheofusariosi.
La rotazione colturale, permettendo di alternare specie vegetali diverse, può rendere meno favorevole l'accumulo dei propaguli o strutture di resistenza dei patogeni tellurici, tra cui *Fusarium* spp., *Verticillium* spp. o *Sclerotinia* spp., che possono sopravvivere per diversi anni nel terreno. La conoscenza della specializzazione d'ospite del parassita è utile per impostare adeguate rotazioni colturali: la rotazione è più efficace nei confronti di patogeni specie-specifici, ad esempio diverse *formae speciales* di *F. oxysporum*, che nei confronti di patogeni polifagi, tra cui *S. sclerotiorum*, *Rhizoctonia solani* e *V. dahliae*.
Buone pratiche colturali favoriscono il drenaggio del terreno, mentre occorre evitare un'elevata densità colturale e gli eccessi di concimazioni (soprattutto quelle azotate). In questo contesto, ad esempio, la semina a bassa densità e gli interventi rivolti a migliorare il drenaggio del terreno (baulature, ecc.) possono ridurre la gravità degli attacchi dei *Pythium* spp.
Tra i diversi accorgimenti, l'area di stoccaggio dei terricci utilizzati per la coltivazione in vaso deve avvenire lontano dall'ambiente di coltivazione: ciò diminuisce il rischio di contaminazione, nel caso il patogeno sia presente in campo. Quando ciò accade, le piante colpite vanno rapidamente allontanate e distrutte (è opportuno tenere sotto osservazione anche le piante vicine a quelle colpite); nel caso di piante coltivate in vaso o in bancale, il terriccio potenzialmente contaminato deve essere eliminato, oppure opportunamente trattato. Tra i metodi a disposizione, la disinfestazione con vapore permette di eliminare buona parte dei patogeni tellurici. È possibile attuare una disinfestazione efficace nel caso di colture effettuate in vasi, in bancale sopraelevato o in cassone isolato, mentre, per le colture in pieno campo, la temporanea riduzione dei parassiti, ottenuta mediante la disinfestazione con vapore, può essere seguita da una reinfezione, se non opportunamente gestita. La disinfezione può essere attuata con mezzi fisici, quali il vapore, o con mezzi chimici, quali fumiganti. Crescenti restrizioni hanno fortemente limitato la disponibilità di fumiganti, per cui attualmente sono pochi i prodotti disponibili in Italia. La disinfezione con il vapore, pur presentando notevoli vantaggi, è costosa, e, se non opportunamente effettuata, può indurre la creazione del cosiddetto "vuoto biologico", modifiche chimico-fisiche del terreno e causare effetti fitotossici alla coltura.
La solarizzazione è un metodo fisico di disinfestazione del terreno che utilizza l'energia solare per riscaldare il terreno, portato alla capacità idrica di campo e ricoperto con film plastico trasparente; risulta assai interessante nelle aree geografiche in cui le temperature dei suoli possono raggiungere livelli sufficienti a devitalizzare le strutture di resistenza e/o i propaguli dei principali patogeni tellurici (e semi di infestanti) quando il trattamento è applicato per 4-6 settimane. Gli agricoltori sono generalmente poco propensi all'impiego della solarizzazione, in quanto il terreno deve essere lasciato a riposo per un tempo significativo durante il periodo estivo. L'integrazione della solarizzazione con il trattamento con microrganismi antagonisti può in alcuni casi migliorare l'efficacia di contenimento di alcuni patogeni tellurici, permettendo una possibile riduzione della durata del trattamento fisico. In particolare, la combinazione di solarizzazione e *Streptomyces griseoviridis* è risultata efficace contro agenti di tracheofusariosi e di tracheoverticilliosi. Di interesse può essere la solarizzazione in bancale, utile per disinfestare terreni e/o substrati.
Tra le misure di gestione agronomica, la coltivazione in fuori suolo a ciclo chiuso rappresenta, un sistema interessante per sfruttare soluzioni innovative di difesa delle colture ad alto reddito. Ad esempio, mediante l'opportuna gestione della composizione della soluzione nutritiva e attraverso la scelta del substrato di coltivazione è possibile limitare la diffusione e gravità dei marciumi radicali causati da oomiceti che trovano proprio in questo ambiente condizioni favorevoli di diffusione.
È importante inoltre adottare opportune misure di profilassi per cui i vasi, i bancali, i teli paccia-

manti e le stuoie impiegati devono essere disinfettati, poiché l'acqua di sgrondo proveniente da terriccio può contenere propaguli di funghi o oomiceti fitopatogeni, che possono essere diffusi in campo o in sistemi di coltivazione alternativi fuori suolo.

Per la lotta ai parassiti tellurici sono ammessi all'uso pochi agrofarmaci su colture officinali, pertanto un'alternativa è rappresentata dai prodotti biologici a base di microrganismi antagonisti. Esistono in commercio alcuni prodotti a base di microrganismi antagonisti, tra cui *Trichoderma* spp. e *Fusarium oxysporum* ipovirulenti, risultati efficaci nel contenere agenti di tracheofusariosi su basilico ed altre colture officinali. Ceppi di *Trichoderma* spp. hanno mostrato efficacia come antagonisti nei confronti di *R. solani*, mentre prodotti biologici a base di *Coniothyrium minitans* A. Campb. e *Trichoderma harzianum* Rifai sono risultati in grado di contenere *Sclerotinia sclerotiorum*. I biofungicidi presentano ancora alcune problematiche di impiego, tra cui un'efficacia non costante, e si rende necessaria un'intensa attività di ricerca per la messa a punto e il trasferimento di possibili combinazioni di microrganismi con diverso meccanismo di azione insieme a mezzi agronomici, fisici o chimici.

Sali di fosfiti sono utilizzabili in vivaio per trattare le giovani piantine, inducendo il fenomeno noto come resistenza indotta nei confronti di diversi patogeni tellurici appartenenti agli oomiceti. Sono inoltre noti gli effetti benefici dell'impiego di silicati di potassio nel contenimento di *Pythium* spp. e alcuni agenti di tracheofusariosi.

In conclusione, si può affermare che i patogeni tellurici delle colture officinali possono essere gestiti in maniera soddisfacente mediante una buona prevenzione e attraverso l'integrazione di più metodi di lotta. I metodi di difesa impiegabili nei confronti di specifici agenti patogeni sono descritti nelle sezioni successive, dedicate alle principali malattie causate da patogeni tellurici.

18.1.1 Tracheofusariosi e tracheoverticilliosi

Le tracheomicosi si sviluppano a carico del sistema xilematico e comprendono malattie quali le tracheofusariosi causate da diverse specie di *Fusarium oxysporum* Schltdl. e le tracheoverticilliosi, causate da *Verticillium* spp.. *F. oxysporum* risiede nel terreno e annovera numerose *formae speciales*, ciascuna specializzata su un determinato ospite o gruppo di ospiti, di solito appartenenti alla stessa famiglia botanica. Spesso all'interno delle *formae speciales* si differenziano razze fisiologiche con caratteristiche patogenetiche diverse, in grado di attaccare cultivar scelte opportunamente e definite differenziali. *F. oxysporum* penetra nell'ospite attraverso le radici e colonizza l'interno dei vasi conduttori, impedendo il normale trasferimento di linfa grezza dall'apparato radicale alle foglie. Ciò determina uno sviluppo ridotto, accompagnato da clorosi fogliari, il progressivo avvizzimento, di solito prima parziale (uno stelo, un ramo, un terzo o metà della chioma), poi di tutta la chioma, a cui segue la morte della pianta. Sezionando i tessuti delle piante colpite, i vasi conduttori appaiono imbruniti e, se la sezione è trasversale, gli imbrunimenti formano un anello scuro, completo o parziale. Talvolta alla base del ramo colpito appare, in condizioni di elevata umidità relativa, un feltro micelico bianco-rosato.

Il micelio del fungo produce microconidi e macroconidi: i primi sono monocellulari, di forma da ovale a ellittica, riuniti in gruppetti e supportati da monofialidi; i macroconidi sono falciformi, settati, con estremità basale a forma di piede ed estremità apicale ottusa. Questi ultimi consentono di distinguere *F. oxysporum* dalle altre specie. Il micelio di *F. oxysporum* produce anche strutture rotondeggianti dette clamidospore, dotate di parete inspessita che le rende capaci di resistere a condizioni ambientali avverse. Esse hanno la funzione di perpetuare il fungo e possono rimanere vitali per lungo tempo, consentendo a *F. oxysporum* di persistere nel terreno, anche in assenza dell'ospite. Ciò contribuisce a rendere questo patogeno difficile da combattere.

F. oxysporum è favorito da temperature di 25-30 °C. Inoltre, è favorito da ferite all'apparato radicale di varia origine (anche animale), da concimazioni squilibrate (soprattutto causate da eccesso di azoto nitrico) e dal cattivo drenaggio del substrato di coltivazione. Il pH del terreno è tra i fattori che possono influenzare notevolmente lo sviluppo delle tracheofusariosi: si è osservato che passando da 7,5-8,0 a 6,0-6,5, mediante l'aggiunta di torba o zolfo, si verifica un aumento significativo della gravità dei sintomi di alcune malattie vascolari. Ciò potrebbe essere spiegato con una diretta influenza dell'ambiente acido sul patogeno oppure con un effetto negativo sull'attività antagonistica della microflora del terreno verso il parassita.

Numerosi sono gli agenti di tracheofusariosi segnalati su colture officinali, alcuni dei quali sono presenti anche in Italia (Tab. 18.1).

F. oxysporum f. sp. *basilici* è la causa della tracheofusariosi del basilico, una malattia endemica nota da una ventina di anni in Italia e diffusa nelle aree di produzione di questa specie. Poiché il patogeno si trasmette anche tramite seme infetto, è importante prevenirne la diffusione impiegando semi certificati come esenti e/o opportunamente trattati. Le numerose sperimentazioni condotte dimostrano ad esempio che il trattamento dei semi di basilico con aria calda (65°C per 10 minuti) può portare ad una crescita più vigorosa delle piante. La combinazione del trattamento con aria calda con trattamenti chimici, o con microrganismi antagonisti (*Pseudomonas* spp. e *F. oxysporum* avirulenti) è risultata in grado di ridurre la contaminazione dei semi di basilico da *F. oxysporum* f. sp. *basilici*, senza effetto negativo sulla germinazione e con un generale miglioramento della biomassa prodotta. Seppur non risolutivo nel risanamento dei semi da *F. oxysporum*, di un certo interesse risulta il possibile impiego di oli essenziali applicati per fumigazione.

F. oxysporum f. sp. *lavandulae* è stato isolato recentemente da piante di *Lavandula* × *allardii* (ibrido tra *L. latifolia* Medik. e *L. dentata* L.) in un'azienda di Albenga (Fig. 18.1).

La forte specializzazione di *F. oxysporum* fa sì che, in molti casi, siano disponibili cultivar della specie ospite resistenti o tolleranti al patogeno. Quando disponibile, la lotta genetica rappresenta uno dei metodi più efficaci ed economici nei confronti delle varie *formae speciales* di *F. oxysporum*, sebbene l'utilizzo ripetuto nel tempo delle stesse cultivar resistenti eserciti una pressione selettiva sulla popolazione del parassita e favorisca la selezione di nuove razze fisiologiche, queste ultime capaci di infestare e causare sintomi anche su cultivar prima resistenti.

Tabella 18.1 - Principali piante officinali colpite da tracheomicosi.

Ospite	Genere e specie	Tracheomicosi (se segnalato in Italia: +)
Aloe	*Aloe vera* (L.) Burm.f.	*Fusarium oxysporum* Schltdl.
Coriandolo	*Coriandrum sativum* L.	*Fusarium oxysporum* f. sp. *coriandrii (+)*
Cumino	*Cuminum cyminum* L.	*Fusarium oxysporum* f. sp. *cumini*
Cartamo	*Carthamus tinctorius* L.	*Fusarium oxysporum* f. sp. *carthami*
Piretro	*Tanacetum cinerariifolium* (Trevir.) Sch.Bip.	*Fusarium oxysporum*
Stevia	*Stevia rebaudiana* Bertoni	*Fusarium oxysporum*
Borragine	*Borago officinalis* L.	*Fusarium oxysporum*
Cannabis	*Cannabis sativa* L.	*Fusarium oxysporum* f. sp. *cannabis*
Echinacea	*Echinacea angustifolia* D.C.	*Fusarium oxysporum*
Zafferano	*Crocus sativus* L.	*F. oxysporum* f. sp. *gladioli* (+), *F. oxysporum* f. sp. *saffrani*
Basilico	*Ocimum basilicum* L.	*F. oxysporum* f. sp. *basilici* (+)
Lavanda	*Lavandula* × *allardii* L.	*Fusarium oxysporum* f. sp. *lavandulae* (+)
Lino	*Linum usitatissimum* L.	*Fusarium oxysporum* f. sp. *lini*
Passiflora	*Passiflora* spp. L.	*Fusarium oxysporum* f. sp. *passiflorae*
Zenzero	*Zingiber officinale* Roscoe	*Fusarium oxysporum* f. sp. *zingiberi*

Figura 18.1 - *F. oxysporum* f. sp. *lavandulae* su *Lavandula* × *allardii*.

Assai intensa, soprattutto in Israele e in Brasile, è la ricerca di cultivar di basilico resistenti alla tracheofusariosi. Alcune tra le varietà selezionate come la cv Nufar, incominciano ad essere commercialmente interessanti anche se risulta difficile, almeno al momento, pareggiare la qualità della cultivar "Genovese gigante". La ricerca in questo settore è intensa anche nelle aziende sementiere italiane. Al momento sono state ottenute varietà dotate di una parziale resistenza a *F. oxysporum* f. sp. *basilici*, ma sono necessari ulteriori sforzi da parte degli ibridatori per selezionare cultivar di basilico tolleranti alla tracheofusariosi e rispondenti alle caratteristiche organolettiche specifiche per la produzione di pesto di qualità.

Per prevenire lo sviluppo di tracheofusariosi, occorre partire da materiale propagativo sano (seme certificato esente e talee provenienti da piante-madre sane). I terricci contaminati possono essere disinfestati con il vapore. Allo scopo di ridurre i costi di applicazione di questa tecnica sono state condotte prove volte a valutare la sensibilità alle alte temperature di clamidospore di diverse *formae speciales* di *F. oxysporum:* con queste ricerche si è confermato che 1-2 minuti sono sufficienti a 70 °C per inattivare le forme di resistenza degli agenti di tracheofusariosi di basilico. Un interesse crescente è rivolto all'impiego di ammendanti organici, tra cui compost, in grado di limitare lo sviluppo di agenti di tracheofusariosi. Tra gli induttori di resistenza, risultati promettenti sono stati mostrati da fosfiti di potassio. La combinazione di due settimane di solarizzazione con l'impiego di un sfarinato disoleato di *B. carinata* è di un certo interesse per il contenimento della tracheofusariosi del basilico negli ambienti sericoli italiani, in presenza di condizioni termiche non ottimali per l'attuazione della solarizzazione da sola.

I sistemi di coltivazione in fuori suolo a ciclo chiuso permettono di limitare alcuni patogeni tellurici e fogliari del basilico, che è tra le colture officinali frequentemente coltivate in fuori suolo.

Per quanto riguarda l'impiego di mezzi di lotta biologica, esistono in commercio alcuni prodotti a base di microrganismi antagonisti, come *Trichoderma* spp. e *Fusarium* spp., che contribuiscono a contenere l'azione di *F. oxysporum*.

Le tracheoverticilliosi sono causate da *Verticillium dahliae* Kleb. o, più raramente in Italia, da *V. alboatrum* Reinke & Berthold, entrambi polifagi (Tab. 18.2). La sintomatologia è simile alle tracheofusariosi. *V. dahliae* può essere presente nel terreno, dove sopravvive a lungo mediante microsclerozi, oppure può essere diffuso da seme e materiale propagativo infetto, così come tramite innesto con gemme infette. Anche per *Verticillium* spp., esistono negli ospiti diversi gradi di suscettibilità. Tra le malattie della menta, la tracheoverticillosi (*Verticillium dahliae* o *Verticillium alboatrum* var. *menthae*) costituisce un problema fitosanitario rilevante in molte aree di produzione di colture officinali. Il patogeno, favorito dalla temperatura elevata e dalla siccità, attacca tutti gli organi della pianta determinando uno sviluppo ridotto e spesso asimmetrico della stessa.

La gestione delle tracheoverticilliosi è principalmente di tipo preventivo e si basa sull'impiego di materiale di propagazione sano. Lavori di miglioramento genetico sono stati intrapresi da tempo, all'estero, per selezionare materiale genetico tollerante. Una misura da adottare nel caso di reimpianto in terreno in cui si era manifestata la verticilliosi è la disinfezione del terreno con fumiganti oppure con vapore. Si consiglia, comunque, un intervallo di 5-6 anni per il ritorno del menteto sullo stesso terreno.

Tabella 18.2 - Principali piante officinali colpite da tracheoverticilliosi.		
Ospite	**Genere e specie**	**Tracheoverticilliosi (se segnalato in Italia: +)**
Stevia	*Stevia rebaudiana* Bertoni	*Verticillium dahliae* Kleb. (+)
Tagete	*Tagetes erecta* L.	*Verticillium dahliae*
Luppolo	*Humulus lupulus* L.	*Verticillium dahliae, V. albo-atrum* Reinke & Berthold, *V. nonalfalfae* Inderb., H.W. Platt, R.M. Bostock, R.M. Davis & Subbarao
Echinacea	*Echinacea purpurea* (L.) Moench	*Verticillium dahliae* (+)
Mente	*Mentha* spp. L.	*Verticillium dahliae, V. albo-atrum*
Rosmarino	*Salvia rosmarinus* Spenn.	*Verticillium dahliae*

18.1.2 Marciumi basali da *Rhizoctonia solani*

Rhizoctonia solani J.G. Kühn colpisce numerosi ospiti appartenenti a generi e specie diverse, attaccando le piante a livello del colletto e, in condizioni di elevata umidità relativa, risalendo ed aggredendo le parti aeree di piante erbacee (Tab. 18.3). Il colletto e la parte basale dei fusti appaiono imbruniti, risultando interessati da marciumi secchi. I tessuti corticali si distaccano facilmente. In conseguenza dell'attacco, le foglie, ingialliscono e, successivamente, disseccano. Più soggetti agli attacchi sono i tessuti giovani e

Tabella 18.3 - Principali piante officinali ospiti di *Rhizoctonia solani* J.G. Kühn.		
Ospite	**Genere e specie**	**Rizottoniosi (se segnalato in Italia: +)**
Aloe	*Aloe vera* (L.) Burm.f.	*Rhizoctonia solani*
Aneto	*Anethum graveolens* L.	*Rhizoctonia solani*
Coriandolo	*Coriandrum sativum* L.	*Rhizoctonia solani*
Cumino	*Cuminum cyminum* L.	*Rhizoctonia solani*
Finocchio	*Foeniculum vulgare* L.	*Rhizoctonia solani*
Calendula	*Calendula officinalis* L.	*Rhizoctonia solani*
Stevia	*Stevia rebaudiana* Bertoni	*Rhizoctonia solani*
Tagete	*Tagetes erecta* L.	*Rhizoctonia solani*
Basilico	*Ocimum basilicum* L.	*Rhizoctonia solani* (+)
Lavande	*Lavandula* spp. L.	*Rhizoctonia solani* (+)
Melissa	*Melissa officinalis* L.	*Rhizoctonia solani*
Mente	*Mentha* spp. L.	*Rhizoctonia solani*
Origano	*Origanum vulgare* L.	*Rhizoctonia solani* (+)
Rosmarino	*Salvia rosmarinus* Spenn.	*Rhizoctonia solani* (+)
Salvie	*Salvia* spp. L.	*Rhizoctonia solani* (+)
Timo	*Thymus vulgaris* L.	*Rhizoctonia solani*
Lino	*Linum usitatissimum* L.	*Rhizoctonia solani*
Passiflora	*Passiflora* spp. L.	*Rhizoctonia solani* (+)
Grano Saraceno	*Fagopyrum esculentum* Moench	*Rhizoctonia solani*

teneri, come quelli delle talee in fase di radicazione. Poiché *R. solani* è un patogeno tellurico, gli attacchi partono da un epicentro costituito da una o poche piante colpite (anche quando avvengono in contenitori alveolari per talee in radicazione) e si estendono con un andamento circolare sulla superficie di terreno coltivato a chiazze successive. Non di rado, è possibile osservare (anche a occhio nudo) il diffondersi attorno agli organi colpiti e sul terriccio di coltivazione di un micelio sottile, chiaro, che, diventa visibile in presenza di elevata umidità nell'ambiente (ad esempio in semenzaio).

Le peculiari caratteristiche di questo micelio (ramificazioni che partono dopo un setto divisorio e presentano un restringimento basale, seguito subito da un setto con la forma a T) osservate al microscopio ottico, consentono di identificare *R. solani* con facilità. All'interno della specie *R. solani* si differenziano gruppi: le ife degli isolati all'interno dello stesso gruppo possono fondersi fra di loro (anastomosi) e scambiare materiale genetico. Questo patogeno non produce conidi e dà origine alla fase sessuata piuttosto raramente. I gruppi di anastomosi vengono siglati con "AG" (Anastomosis Group) seguito da un numero progressivo. All'interno di ciascun gruppo è possibile distinguere ulteriori sottogruppi. Fra i vari gruppi, segnaliamo l'AG-1, identificato negli ultimi anni su diverse Lamiaceae coltivate nel nostro Paese, che ha la caratteristica di causare necrosi soprattutto sulle parti aeree dell'ospite. Attacchi di *R. solani*, attribuiti al gruppo AG-1, responsabile di necrosi del fogliame, sono stati segnalati su diverse aromatiche appartenenti alle Lamiaceae tra cui: *Lavandula angustifolia* Miller (Fig. 18.2), *L. stoechas* L., *Origanum vulgare* L. (Fig. 18.3), *Salvia rosmarinus* Spenn. (Fig. 18.4) e *Satureja montana* L. "Repandens" (Fig. 18.5). Inoltre, segnaliamo la recente identificazione di *R. solani* AG-4 HG-I su *Acmella oleracea* (L.) R.K. Jansen (Fig. 18.6) della famiglia delle Asteraceae, che trova impiego anche come specie officinale (fiore edule) per il peculiare e intensissimo sapore dato dallo spilantolo, principio attivo le cui presunte proprietà diuretiche e disinfettanti di denti e gengive sono attualmente in corso di studio.

R. solani è favorita da umidità relativa elevata nel terreno, ma è sfavorita dal ristagno idrico. La pre-

Figura 18.2 - *Rhizoctonia solani* J.G. Kühn su *Lavandula angustifolia* Miller.

Figura 18.3 - *Rhizoctonia solani* J.G. Kühn su *Origanum vulgare* L.

Figura 18.4 - *Rhizoctonia solani* J.G. Kühn su *Salvia rosmarinus* Spenn.

Figura 18.5 - *Rhizoctonia solani* J.G. Kühn su *Satureja montana* "Repandens" L.

Figura 18.6 - *Rhizoctonia solani* J.G. Kühn su Acmella oleracea (L.) R.K. Jansen.

senza di irrigazioni sopra chioma ne favorisce la diffusione nelle coltivazioni, soprattutto dei ceppi di *R. solani* del gruppo AG-1, che in presenza di un velo d'acqua trovano le condizioni più idonee per infettare i teneri tessuti di foglie e fusti.

Tra i mezzi di lotta biologica, alcune specie di *Trichoderma* spp. Pers. hanno mostrato notevole efficacia come antagonisti contro *R. solani*. Essendo limitati gli agrofarmaci registrati per impiego sulle specie officinali, la prevenzione assume importanza fondamentale. Particolare attenzione deve essere prestata alle piante durante la prima fase di coltivazione (semenzali e talee in radicazione), quando i tessuti sono più teneri e, quindi, più soggetti alle infezioni. Per ridurre i rischi di attacchi occorre: aerare gli ambienti di coltivazione; adottare un sistema di irrigazione per microportata a goccia; evitare la bagnatura fogliare (soprattutto durante le ore notturne); evitare i forti sbalzi di temperatura (notte/giorno), gli eccessi di concimazione (soprattutto azotata) e l'eccessiva densità colturale (crea microclimi con elevata umidità relativa e facilita la trasmissione fogliare del parassita). Per prevenire la malattia, si consiglia il trapianto superficiale delle talee, interrando il solo apparato radicale, in modo da ridurre la suscettibilità dei tessuti a contatto con il terreno. Nel caso di attacchi, le piante colpite devono essere subito allontanate e distrutte e il substrato di coltivazione eliminato (o disinfestato tramite vapore o solarizzazione prima del riutilizzo). L'efficacia della disinfezione mediante fumiganti può essere migliorata impiegando teli plastici, che rallentano la dispersione dei gas, facilitando la loro azione negli strati superficiali del terreno.

18.1.3 Marciumi basali da *Sclerotinia sclerotiorum* e da *Athelia* (*Sclerotium*) *rolfsii*

Sclerotinia sclerotiorum (Lib.) de Bary e *S. minor* Jagger colpiscono numerosi ospiti sui quali causano marciumi alla base del fusto e sulle prime ramificazioni (Tab. 18.4). Ciò determina l'appassimento e la morte della parte aerea della pianta in tempi piuttosto rapidi. Se l'umidità relativa dell'ambiente di coltivazione è elevata, il patogeno forma una muffa biancastra cotonosa piuttosto spessa che avvolge le parti colpite, visibile anche sul substrato di coltivazione. Il micelio del fungo forma, sia nel terreno sia sui tessuti colpiti, delle strutture di resistenza della specie detti sclerozi che appaiono come granuli scuri, di forma sferoidale o irregolare, di dimensioni variabili da pochi mm fino a 1 cm, che consentono al patogeno di superare periodi difficili e mantenersi vitale nel terreno per lungo tempo, anche in assenza dell'ospite. *S. sclerotiorum* non produce conidi e la riproduzione sessuata (tramite apoteci) è piuttosto rara.

Nel nostro Paese, attacchi di *S. sclerotiorum* su specie officinali sono stati segnalati su *Borago*

Tabella 18.4 - Principali piante officinali ospiti di *Sclerotinia sclerotiorum* (Lib.) de Bary e/o di *Athelia (Sclerotium) rolfsii* (Curzi) C.C. Tu & Kimbr.

Ospite	Genere e specie	Sclerotiniosi (se segnalato in Italia: +)	*Athelia (Sclerotium) rolfsii* (se segnalato in Italia: +)
Anice	*Pimpinella anisum* L.	*Sclerotinia sclerotiorum*	
Cumino	*Cuminum cyminum* L.	*Sclerotinia sclerotiorum*	
Finocchio	*Foeniculum vulgare* L.	*Sclerotinia sclerotiorum*	
Calendula	*Calendula officinalis* L.	*Sclerotinia sclerotiorum* (+)	*Athelia rolfsii*
Cardo mariano	*Silybum marianum* (L.) Gaertn.	*Sclerotinia sclerotiorum*	
Elicriso	*Xerochrysum bracteatum* (Vent.) Tzvelev	*Sclerotinia sclerotiorum* (+)	
Stevia	*Stevia rebaudiana* Bertoni	*Sclerotinia sclerotiorum*	*Athelia rolfsii* (+)
Tagete	*Tagetes erecta* L.	*Sclerotinia sclerotiorum*	
Borragine	*Borago officinalis* L.	*Sclerotinia sclerotiorum* (+)	
Cannabis	*Cannabis sativa* L.	*Sclerotinia sclerotiorum*	*Athelia rolfsii (+)*
Echinacee	*Echinacea* spp. (L.) Moench	*Sclerotinia sclerotiorum*	
Zafferano	*Crocus sativus* L.		*Athelia rolfsii*
Basilico	*Ocimum basilicum* L.	*Sclerotinia sclerotiorum* (+)	
Mente	*Mentha* spp. L.	*Sclerotinia sclerotiorum* (+)	*Athelia rolfsii*
Monarda	*Monarda didyma* L.		*Athelia rolfsii*
Origano	*Origanum vulgare* L.	*Sclerotinia sclerotiorum* (+)	
Rosmarino	*Salvia rosmarinus* Spenn.	*Sclerotinia sclerotiorum* (+)	
Salvia	*Salvia officinalis* L.	*Sclerotinia sclerotiorum* (+)	*Athelia rolfsii*
Timo	*Thymus citriodorus* (Pers.) Schreb.	*Sclerotinia sclerotiorum* (+)	
Erba cipollina	*Allium schoenoprasum* L.		*Athelia rolfsii*
Lino	*Linum usitatissimum* L.	*Sclerotinia sclerotiorum* (+)	*Athelia rolfsii*
Passiflora	*Passiflora caerulea* L., *P. edulis* Sims	*Sclerotinia sclerotiorum*	*Athelia rolfsii*
Grano Saraceno	*Fagopyrum esculentum* Moench	*Sclerotinia sclerotiorum* (+)	

officinalis L. (Fig. 18.7), *Lavandula stoechas* L. (Fig. 18.8), *Mentha spicata* L. (Fig. 18.9), *Salvia rosmarinus* Spenn. (Fig. 18.10), *Origanum vulgare* L. e *Taraxacum officinale* Weber ex Wiggers.

Per prevenire gli attacchi di *S. sclerotiorum* occorre intervenire nei confronti di tutto ciò che aumenta l'umidità nell'ambiente di coltivazione e sulle piante, soprattutto durante le ore notturne: sostituire il sistema di irrigazione a pioggia con quello per microportata a goccia; adottare sesti di impianto opportunamente distanziati; ove sia possibile (serre e tunnel), aerare gli ambienti di coltivazione e attenuare gli sbalzi termici. Occorre, inoltre, effettuare concimazioni equilibrate, evitando eccessi di azoto. Seppur non esistano esperienze di impiego nel settore produttivo delle officinali, è documentata una certa efficacia di prodotti biologici disponibili in commercio a base di microrganismi in grado di contrastare *S. sclerotiorum*: *Coniothyrium minitans*. A. Campb. (attacca gli sclerozi del patogeno) e *Trichoderma harzianum* Rifai (svolge azione antagonistica). Quando il patogeno è presente nell'ambiente di coltivazione, occorre allontanare rapidamente le piante infette, ed eliminare o trattare il substrato di coltivazione, entrambi sede degli sclerozi del fungo.

Athelia rolfsii (Curzi) C.C. Tu & Kimbr., precedentemente noto come *Sclerotium rolfsii*, è un fungo basidiomicete, responsabile della comparsa nei

Figura 18.7 - *Sclerotinia sclerotiorum* (Lib.) de Bary su *Borago officinalis* L.

Figura 18.8 - *Sclerotinia sclerotiorum* (Lib.) de Bary su *Lavandula stoechas* L.

Figura 18.9 - *Sclerotinia sclerotiorum* (Lib.) de Bary su *Mentha spicata* L.

Figura 18.10 - *Sclerotinia sclerotiorum* (Lib.) de Bary su *Salvia rosmarinus* Spenn.

periodi più caldi di repentini collassi della porzione epigea su alcune specie officinali (Tab. 18.4). Sui tessuti collassati si osserva un micelio bianco-crema, compatto, all'interno del quale si differenziano gli sclerozi del patogeno (2-3 mm), di colore arancio rossastro.

18.1.4 Marciumi radicali da *Pythium* e *Phytophthora*

Gli oomiceti causano marciumi radicali su numerosi ospiti, ed in particolare "moria dei semenzali" su giovani piante in vivaio e nei primi stadi di sviluppo. Sono particolarmente favoriti nei sistemi colturali fuori suolo, ove la soluzione nutritizia circolante rappresenta un ottimo veicolo per favorire la diffusione dei propaguli, rappresentati da zoospore biflagellate.

Ristagni di acqua nel terreno e temperature piuttosto elevate favoriscono gli attacchi di *Pythium* spp. Nees e *Phytophthora* spp. de Bary (Tabb. 18.5 e 18.6): in queste condizioni la malattia si diffonde rapidamente nella coltivazione. Gli attacchi di *P. ultimum* Trow sono gravi a temperature del terreno di 15-18 °C e si riducono notevolmente a tem-

Tabella 18.5 - Principali piante officinali ospiti di *Pythium* spp.

Ospite	Genere e specie	*Pythium* spp.
Aloe	*Aloe vera* (L.) Burm. f.	*P. ultimum* Trow
Coriandolo	*Coriandrum sativum* L.	*P. ultimum (+), P. irregulare* Buisman, *P. dissotocum* Drechsler
Finocchio	*Foeniculum vulgare* L.	*P. sulcatum* R.G. Pratt & J.E. Mitch.
Calendula	*Calendula officinalis* L.	*P. splendens, P. ultimum* Hans Braun
Stevia	*Stevia rebaudiana* Bertoni	*P. aphanidermatum* (Edson) Fitzp., *P. irregulare, P. myriotylum* Drechsler
Cannabis	*Cannabis sativa* L.	*P. aphanidermatum, P. dissotocum, P. myriotylum, P. ultimum*
Luppolo	*Humulus lupulus* L.	*P. intermedium* de Bary, *P. torulosum* Coker & P. Patt., *P. ultimum*
Basilico	*Ocimum basilicum* L.	*P. irregulare*
Lavanda	*Lavandula angustifolia* Miller	*P. aphanidermatum*
Mente	*Mentha* spp. L.	*P. myriotylum*
Lino	*Linum usitatissimum* L.	*P. ultimum*

Tabella 18.6 - Principali piante officinali ospiti di *Phytophthora* spp.

Ospite	Genere e specie	*Phytophthora* spp.
Aloe	*Aloe vera* (L.) Burm. f.	*Ph. nicotianae* Breda de Haan
Coriandolo	*Coriandrum sativum* L.	*Ph. nicotianae*
Finocchio	*Foeniculum vulgare* L.	*Ph. megasperma* Drechsler (+), *Ph. syringae* (Kleb.) Kleb. (+)
Calendula	*Calendula officinalis* L.	*Ph. cryptogea* Pethybr. & Laff.
Tagete	*Tagetes erecta* L.	*Ph. cryptogea, Ph. pachypleura* Henricot, Pérez Sierra & T. Jung
Luppolo	*Humulus lupulus* L.	*Ph. cactorum* (Lebert & Cohn) J. Schröt., *Ph. citricola* Sawada
Basilico	*Ocimum basilicum* L.	*Ph. capsici* Leonian, *Ph. drechsleri* Tuckeri, *Ph. plurivora* T. Jung & T.I. Burgess
Lavande	*Lavandula* spp. L.	*Ph. citrophthora* (R.E. Sm. & E.H. Sm.) Leonian, *Ph. cryptogea, Ph. nicotianae* (+), *Ph. palmivora* (E.J. Butler) E.J. Butler (+), *Ph. plurivora*
Mente	*Mentha* spp. L.	*Ph. nicotianae* (+)
Origano	*Origanum vulgare* L.	*Ph. tentaculata* Kröber & Marwitz (+)
Rosmarino	*Salvia rosmarinus* Spenn.	*Ph. cryptogea* (+), *Ph. nicotianae* (+)
Salvie	*Salvia* spp. L.	*Ph. cryptogea* (+), *Ph. drechsleri, Ph. nicotianae*
Timo	*Thymus vulgaris* L.	*Ph. nicotianae* (+)
Lino	*Linum usitatissimum* L.	*Ph. cactorum* (Lebert & Cohn) J. Schröt (+)
Passiflora	*Passiflora edulis* Sims	*Ph. cinnamomi* Rands, *Ph. nicotianae* (+)

perature superiori, mentre *P. aphanidermatum* (Edson) Fitzp. è favorito da temperature superiori. Le specie di *Phytophthora* hanno temperature ottimali di sviluppo diverse. In generale il patogeno richiede elevata umidità e temperature medio-alte. Inizialmente si osservano riduzione di sviluppo delle piante e necrosi delle giovani radici. In condizioni favorevoli alla malattia si osservano estesi marciumi radicali, con radici imbrunite e marcescenti. Gli imbrunimenti possono interessare anche il colletto e la parte legnosa del fusto. Temperature ottimali per lo sviluppo variano da 22-25 °C per *P. cryptogea* Pethybr. & Laff., a 24-28 °C per *P. citrophthora* (R.E. Sm. & E.H. Sm.), fino a 27-32 °C per *P. nicotianae* Breda de Haan. Ossidi di calcio, fosfiti di potassio e compost possono proteggere le colture da attacchi di *Phytophthora capsici* Leonian. Tra gli antagonisti, risultati interessanti sono stati ottenuti contro *Phytophthora* spp. da ceppi di *Trichoderma* spp., di *Pseudomonas* spp. e di *Fusarium* spp.

18.2 Difesa dalle malattie fogliari

Numerosi funghi ed oomiceti possono causare malattie fogliari sulle colture officinali, quali mal bianchi, ruggini, peronospore, muffa grigia, alternariosi, antracnosi o altre malattie fogliari minori. La gestione delle malattie fogliari delle colture officinali è complicata da diversi fattori. La lotta genetica, mediante impiego di cultivar tolleranti o resistenti, potrebbe costituire un'efficace misura, tuttavia i programmi di miglioramento genetico per diverse colture officinali sono limitati. Qualche progresso in questa direzione è stato compiuto negli ultimi anni; sono intensi i programmi per la selezione di genotipi di basilico tolleranti a *Peronospora belbahrii* Thines agente della peronospora del basilico e nei confronti di *Puccinia menthae* Pers. agente della ruggine della menta. A parte il materiale genetico, la difesa nei confronti delle malattie fogliari va impostata basandosi sull'adozione di opportune pratiche colturali. Le malattie fogliari sono favorite da condizioni di elevata umidità relative e dalla presenza e persistenza di veli d'acqua su foglie. Le alterazioni sono molto frequenti su piante allevate in serra o in pieno campo in presenza di prolungati periodi piovosi, che causano il persistere di veli d'acqua sulle foglie. La difesa è principalmente preventiva, basata su pratiche colturali che sfavoriscano il persistere di veli d'acqua.
L'umidità relativa dell'ambiente di coltivazione in tunnel e/o serre in ferro e vetro, deve essere opportunamente ridotta, favorendo ad esempio la circolazione dell'aria con sistemi di ventilazione forzata e/o pianificando l'apertura di finestroni. La riduzione della densità colturale favorisce l'aerazione della parte epigea delle piante riducendo l'umidità fogliare. Inoltre, scelte tecniche adeguate relative al tipo di irrigazione, alla frequenza ed alla durata possono contribuire a ridurre l'umidità relativa nell'ambiente di coltivazione. Pratiche, tra cui il riscaldamento, la ventilazione e la deumidificazione, permettono di ridurre l'incidenza di peronospore, ruggini, antracnosi e muffa grigia.
Altre pratiche colturali, tra cui fertilizzazioni equilibrate, che non favoriscano l'eccessivo vigore delle piante, contribuiscono a limitare i patogeni fogliari. In caso di condizioni favorevoli allo sviluppo di patogeni fogliari, tra cui *Botrytis cinerea* Pers., le perdite possono essere contenute con la scelta del momento più opportuno per la raccolta, evitando la raccolta subito dopo un periodo di pioggia.
Quando la malattia è presente, occorre rimuovere e distruggere le piante colpite o parte di esse, e gestire in modo adeguato i residui colturali infetti, allontanandoli dal sito di coltivazione per ridurre il potenziale di inoculo e limitare la diffusione del patogeno.
Pochi fungicidi sono autorizzati per l'impiego contro malattie fogliari delle colture officinali. Il successo della difesa è determinato da una corretta diagnosi dei patogeni presente in campo, che aiuti nella corretta scelta dei fungicidi, alternando principi attivi con meccanismo d'azione differente o utilizzando miscele di fungicidi.
Per quanto concerne la lotta biologica, esiste in commercio un formulato a base del microrganismo antagonista *Ampelomyces quisqualis* Ces., iperparassita di numerosi mal bianchi, e si possono usare formulati a base di *Trichoderma harzianum* Rifai, efficaci contro la muffa grigia. Certamente qualsiasi mezzo di difesa chimica o biologica va considerato in combinazione con scelte tecniche e agronomiche adeguate e, quando possibile, adottando varietà resistenti.

18.2.1 Mal bianchi

Il mal bianco (anche conosciuto con il nome di oidio) è una delle malattie più comuni, in grado di colpire tutte le parti aeree (foglie, rametti, giovani germogli, boccioli fiorali, petali, frutti ecc.), in particolare i tessuti più teneri, di numerose specie officinali. Le parti colpite si ricoprono del micelio biancastro del fungo, di aspetto polverulento, che colonizza i tessuti in modo più o meno continuo e, non di rado, si inspessisce. I tessuti sottostanti necrotizzano, le foglie possono imbrunire, accartocciarsi, disseccare e cadere prematuramente. Il micelio si sviluppa quasi sempre esternamente all'ospite (ectoparassita) e si fissa alla cuticola della cellula ospite tramite strutture dette appressori. Il micelio produce conidi che vengono dispersi dal vento e possono causare nuove infezioni. In condizioni climatiche avverse, sovente alla fine della stagione vegetativa, il micelio può originare i corpi fruttiferi (detti casmoteci), visibili anche a occhio nudo, come piccoli puntini scuri simili a capocchie di spillo, diffusi soprattutto sulle superfici fogliari. I casmoteci sono molto utili per la classificazione sistematica dei funghi. Essi possono svernare e provocare nuove infezioni alla ripresa vegetativa.

I funghi agenti di mal bianco sono favoriti da temperature medie (18-25°C) e umidità relativa media (23-99%) che, nei nostri climi, si verificano in primavera-estate. La presenza di umidità ambientale elevata favorisce il parassita ma la pioggia e la presenza di acqua sulle foglie, contrariamente ad altri funghi, ostacola la sua diffusione e lo sviluppo di infezioni.

Diverse specie officinali, in particolare appartenenti alla famiglia delle Lamiaceae, sono suscettibili a mal bianco (Tab. 18.7): su *Salvia officinalis* L. sono riportati *Golovinomyces biocellatus* (Ehrenb.) V.P. Heluta e *G. cichoracearum* (DC.) V.P. Heluta, a cui si è aggiunta *G. neosalviae* M. Scholler, U. Braun & Anke Schmidt. Inoltre, attacchi di mal bianco causati da *G. biocellatus* sono stati segnalati su altre Lamiaceae nel nostro Pae-

Tabella 18.7 - Principali piante officinali ospiti di mal bianco.

Ospite	Genere e specie	*Erysiphe* spp. e *Neoerysiphe* spp.	*Golovinomyces* spp.	*Leveillula* spp.	*Podosphaera* spp.
Aneto	*Anethum graveolens* L.	*E. heraclei* DC. (+)		*L. taurica* (Lév.) G. Arnaud *(+)*	
Coriandolo	*Coriandrum sativum* L.	*E. heraclei*		*L. taurica*	
Finocchio	*Foeniculum vulgare* L.	*E. heraclei* (+)		*L. taurica, L. lanuginosa* (Fuckel) Golovin	
Artemisie	*Artemisia vulgaris* L.		*G. artemisiae* (Grev.) V.P. Heluta (+), *G. cichoracearum* (DC.) V.P. Heluta	*L. taurica*	
Calendula	*Calendula officinalis* L.	*E. polygoni* DC.	*G. cichoracearum*	*L. taurica*	*P. fuliginea* (Schltdl.) U. Braun & S.Takam. (+), *P. xanthii* (Castagne) U. Braun & Shishkoff (+), *P. fusca* (Fr.) U. Braun & Shishkoff
Camomille	*Matricaria chamomilla* L.		*G. cichoracearum* (+), *G. orontii* (Castagne) V.P. Heluta (+)		*P. fuliginea, P. fusca*
Cardo mariano	*Silybum marianum* (L.) Gaertn.		*G. cichoracearum* (+)	*L. taurica*	
Elicriso	*Xerochrysum bracteatum* (Vent.) Tzvelev	*E. helichrysi* U. braun	*G. cichoracearum*		
Piretro	*Tanacetum cinerariifolium* (Trevir.) Sch.Bip.			*L. taurica* (+)	
Borragine	*Borago officinalis* L.		*G. biocellatus* (Ehrenb.) V.P. Heluta, *G. cynoglossi* (Wallr.) V.P. Heluta		

►

Ospite	Genere e specie	*Erysiphe* spp. e *Neoerysiphe* spp.	*Golovinomyces* spp.	*Leveillula* spp.	*Podosphaera* spp.
Cannabis	*Cannabis sativa* L.		*G. ambrosiae* (Schwein.) U. Braun & R.T.A. Cook, *G. cichoracearum*	*L. taurica*	
Luppolo	*Humulus lupulus* L.		*G. biocellatus, G. cichoracearum*		*P. macularis* (Wallr.) U. Braun & S. Takam.
Iperico	*Hypericum perforatum* L.	*E. hyperici* (Wallr.) S. Blumer (+)			
Echinacee	*Echinacea* spp. (L.) Moench		*G. cichoracearum* (+)		
Lavande	*Lavandula* spp. L.		*G. neosalviae* M. Scholler, U. Braun & Anke Schmidt (+)		
Melissa	*Melissa officinalis* L.	*N. galeopsidis* (DC.) U. Braun (+)	*G. biocellatus*		
Mente	*Mentha* spp. L.	*N. galeopsidis*	*G. biocellatus* (+), *G. cichoracearum, G. monardae* (G.S. Nagy) M. Scholler, U. Braun & Anke Schmidt (+), *G. orontii*		
Monarda	*Monarda didyma* L.	*N. galeopsidis*	*G. biocellatus, G. monardae*		
Origano	*Origanum vulgare* L.	*N. galeopsidis* (+)	*G. biocellatus* (+)		
Rosmarino	*Salvia rosmarinus* Spenn.	*N. galeopsidis*	*G. orontii, G. biocellatus*	*L. taurica*	
Salvie	*Salvia* spp. L.		*G. biocellatus* (+), *G. cichoracearum, G. neosalviae, G. salviae* (Jacz.) M. Scholler, U. Braun & Anke Schmidt (+)	*L. taurica*	
Timi	*Thymus* spp. L.	*N. galeopsidis*	*G. biocellatus* (+)		
Liquirizia	*Glycyrrhiza glabra* L.			*L. taurica* (+)	
Lino	*Linum usitatissimum* L.	*E. pisi* DC. (+)	*G. orontii* (+)	*L. taurica* (+)	*P. lini*
Papavero	*Papaver somniferum* L.	*E. cruciferarum* Opiz ex L. Junell, *E. communis* (Wallr.) Schltdl.	*G. cichoracearum, G. orontii*		
Passiflora	*Passiflora caerulea* L.			*L. taurica* (+)	
Psillio	*Plantago afra* L.		*G. sordidus* (L. Junell) V.P. Heluta		*P. fuliginea* (Zvetkov) U. Braun & S. Takam. (+)
Grano Saraceno	*Fagopyrum esculentum* Moench	*E. polygoni*			
Ruta	*Ruta graveolens* L.			*L. taurica* (+)	

se: *Mentha spicata* L. e *Mentha* × *piperita* L. (Fig. 18.11), *Origanum vulgare* L. (Fig. 18.12) e *Thymus citriodorus* (Pers.) Schreb. (Fig. 18.13). Tra le Asteraceae, ricordiamo *Echinacea purpurea* (L.) Moench su cui è stata segnalata di recente la presenza di *G. cichoracearum* (Fig. 18.14) e *Taraxacum officinale* Weber ex Wiggers. su cui è stata riportata *Podosphaera fusca* (Fr.) U. Braun & Shishkoff.

Quando disponibili, cultivar dell'ospite resistenti ai mal bianchi costituiscono un efficace strumento di lotta. Quando la malattia è presente, occorre rimuovere e distruggere gli organi colpiti, assieme ai residui colturali infetti per abbassare il potenziale di inoculo e limitare la diffusione del parassita. Fertilizzazioni equilibrate che non favoriscano l'eccessivo vigore delle piante e una limitata apertura delle serre per ritardare la diffusione del patogeno permettono di limitare i danni provocati dai mal bianchi. Il mantenimento di un velo d'acqua sulle foglie, pur permettendo di ridurre la germinazione dei conidi di mal bianco, favorisce muffa grigia e peronospora.

Figura 18.11 - Mal bianco causato da *Golovinomyces biocellatus* su *Mentha spicata* L.

Figura 18.12 - Mal bianco causato da *Golovinomyces biocellatus* su *Origanum vulgare* L.

Figura 18.13 - Mal bianco causato da *Golovinomyces biocellatus* su *Thymus citriodorus* (Pers.) Schreb.

Figura 18.14 - Mal bianco causato da *Golovinomyces cichoracearum* su *Echinacea purpurea* (L.) Moench.

Per quanto riguarda la lotta chimica, inibitori della biosintesi di steroli, azoxystrobin, zolfo e bicarbonato di sodio, sono i principi attivi ammessi su specie officinali. Tra i possibili antagonisti microbici, esiste in commercio un formulato a base del microrganismo antagonista *Ampelomyces quisqualis*, iperparassita di numerosi mal bianchi. È inoltre riportata un'interessante attività da parte di sostanze che stimolano nella pianta una risposta di resistenza, tra cui chitosano, laminarina, sali di potassio, bicarbonato di potassio, fosfonati e ossidi di calcio.

18.2.2 Ruggini

Le ruggini sono malattie causate da funghi basidiomiceti parassiti obbligati, che possono presentare fino a cinque stadi sporigeni: basidiospora, spermogonio, ecidiospora, uredospora e teleutospora. Molte ruggini sono eteroiche, cioè svolgono il ciclo biologico su due ospiti vegetali, spesso geneticamente molto diversi: la pianta su cui vengono prodotte uredospore e teleutospore è chiamata ospite primario, mentre la specie su cui si differenziano spermogonio e ecidiospore è chiamato ospite secondario.

Numerose sono le specie officinali ospiti delle ruggini, ma poche sono le segnalazioni in Italia (Tab. 18.8). Su menta è nota la presenza di *Puccinia menthae* (Fr.) U. Braun & Shishkoff osservata in Italia su *Mentha aquatica* L. e *M. longifolia* L. in coltivazioni siciliane. *P. menthae* è una specie macrociclica, cioè presenta tutti e cinque gli stadi sporigeni, ed autoica, svolgendo il ciclo solo su menta. Tale patogeno, invece, è comune in Euro-

Tabella 18.8 - Principali piante officinali ospiti di ruggini.

Ospite	Genere e specie	Ruggini (se presente in Italia: +)
Aneto	*Anethum graveolens* L.	*Puccinia nitida* (F. Strauss) Röhl.
Anice	*Pimpinella anisum* L.	*Puccinia pimpinellae* (F. Strauss) Link
Artemisie	*Artemisia* spp. L.	*Phakopsora artemisiae* Hirats. f., *Puccinia absinthii* DC., *P. cnici-oleracei* Pers., *P. ferruginosa* P. Syd. & Syd., *P. tanaceti* DC.
Calendula	*Calendula officinalis* L.	*Coleosporium tussilaginis* (Pers.) Lév., *Puccinia emiliae* Henn., *P. flaveriae* H.S. Jacks., *P. lagenophorae* Cooke, *P. xanthii* Schwein.
Camomilla	*Matricaria chamomilla* L.	*Puccinia tanaceti* DC.
Tagete	*Tagetes erecta* L.	*Puccinia tageticola* Dietel & Holw.
Cannabis	*Cannabis sativa* L.	*Uredo kriegeriana* Syd. & P. Syd.
Iperico	*Hypericum perforatum* L.	*Melampsora hypericorum* (DC.) J. Schröt., *Uromyces hyperici-frondosi* (Schwein.) Arthur
Basilico	*Ocimum basilicum* L.	*Coleosporium plectranthi* (Barclay) Sacc., *Puccinia ocimi* Doidge
Melissa	*Melissa officinalis* L.	*Puccinia menthae* Pers.
Mente	*Mentha* spp. L.	*Puccinia menthae (+), P. angustata* Peck
Monarda	*Monarda didyma* L.	*Puccinia menthae, P. monardae* J.W. Baxter
Origano	*Origanum vulgare* L.	*Puccinia menthae, P. thyme* (Fuckel) P. Karst.
Timi	*Thymus* spp. L.	*Puccinia schneideri* J. Schröt., *P. serpylli* Lindr., *P. stipae* Arthur
Liquirizia	*Glycyrrhiza glabra* L.	*Uromyces glycyrrhizae* (Rabenh.) Magnus (+)
Erba cipollina	*Allium schoenoprasum* L.	*Puccinia allii* (DC.) F. Rudolphi, *P. mixta* Fuckel, *P. porri* (Sowerby) G. Winter, *Uromyces ambiguus* (DC.) Lév. 1847
Lino	*Linum usitatissimum* L.	*Melampsora lini* (Ehrenb.) Lév. (+)
Grano Saraceno	*Fagopyrum esculentum* Moench	*Puccinia fagopyri* Hazsl., *P. fagopyricola* Jørst.
Cardiospermum	*Cardiospermum halicacabum* L.	*Puccinia arechavaletae* Speg.
Lippia	*Lippia graveolens* Kunth.	*Prospodium lippiae* Speg.

pa su diverse specie di *Mentha* causando gravi perdite produttive dovute alla defogliazione delle piante in presenza di condizioni ottimali e ospiti suscettibili. Fonti di resistenza genetica sono state individuate maggiormente in *Mentha arvensis* L., *M. citrata* Ehrh. e *M. rotundifolia* (L.) Huds.
La lotta alle ruggini è basata sull'impiego di cultivar tolleranti e di materiale propagativo sano e sull'adozione di razionali tecniche colturali. In coltura protetta, una corretta regolazione degli impianti di riscaldamento e di ventilazione, riduce l'incidenza degli attacchi. Per quanto riguarda la lotta chimica, gli inibitori della biosintesi degli steroli presentano un'azione efficace anche dopo l'infezione del patogeno.

18.2.3 Peronospore

Le peronospore sono causate da oomiceti appartenenti alla famiglia delle Peronosporaceae, includono diverse specie con specializzazione parassitaria su ospiti differenti (Tab. 18.9). Le peronospore provocano sulle foglie la comparsa di macchie leggermente decolorate, irregolari, che, in condizioni di elevata umidità relativa, si ricoprono di un feltro di fruttificazioni conidiche o sporangi. Alcuni generi (*Peronospora* Corda e *Bremia* Regel) producono conidi che germinano direttamente, mentre altri (*Plasmopara* J. Schröt.) producono sporangi, che rilasciano zoospore. Attacchi degli agenti di peronospora possono causare spesso filloptosi anticipata. Alcune specie si riproducono mediante oospore, che possono persistere nelle foglie vecchie cadute a terra.
La difesa si basa sull'adozione di tecniche colturali idonee a diminuire l'umidità relativa nell'ambiente di coltivazione. In serra ad esempio è importante evitare sbalzi termici, che comportino la condensa dell'umidità dell'ambiente e di conseguenza gocciolamenti di acqua dalle pareti e dal colmo delle serre. È utile inoltre eliminare i tessuti colpiti, così come allontanare e distruggere le foglie cadute al suolo.
La peronospora del basilico (*Ocimum basilicum* L.), causata da *Peronospora belbahrii* Thines, è nota in Italia dal 2003. È stata osservata per la prima volta in Uganda e molto tempo dopo è comparsa in Svizzera e ad oggi è presente in diverse aree produttive del basilico tra cui Belgio, Francia, Stati Uniti, Cuba, Ungheria, Cina, Messico. La sua diffusione è stata probabilmente favorita dalla possibilità di essere trasmessa mediante seme

Tabella 18.9 - Principali piante officinali ospiti di peronospora.

Ospite	Genere e specie	Peronospore (se presente in Italia: +)
Aneto	*Anethum graveolens* L.	*Plasmopara umbelliferarum* (Casp.) J. Schrt. ex Wartenw.
Anice	*Pimpinella anisum* L.	*Plasmopara nivea* (Unger) Schröter (+), *Plasmopara umbelliferarum*
Finocchio	*Foeniculum vulgare* L.	*Plasmopara nivea* (+), *Plasmopara umbelliferarum*
Artemisie	*Artemisia* spp. L.	*Paraperonospora sulphurea* (Gäum.) Skalický
Elicriso	*Xerochrysum bracteatum* (Vent.) Tzvelev	*Bremia lactucae* Regel (+)
Cannabis	*Cannabis sativa* L.	*Pseudoperonospora cannabina* (G.H. Otth) Curzi
Luppolo	*Humulus lupulus* L.	*Pseudoperonospora humuli* (Miyabe & Takah.) G.W. Wilson, *Pseudoperonospora cubensis* (Berk. & M.A. Curtis) Rostovzev
Basilico	*Ocimum basilicum* L.	*Peronospora belbahrii* Thines (+)
Mente	*Mentha* spp. L.	*Peronospora stigmaticola* Raunk.
Salvie	*Salvia* spp. L.	*Peronospora lamii* A. Braun, *Peronospora swinglei* Ellis & Kellerm.
Erba cipollina	*Allium schoenoprasum* L.	*Peronospora destructor* (Berk.) Casp. ex Berk.
Papavero	*Papaver somniferum* L.	*Peronospora arborescens* (Berk.) de Bary (+), *Peronospora somniferi* Voglmayr
Grano saraceno	*Fagopyrum esculentum* Moench	*Peronospora ducometi* Siemaszko & Jank. (+)

ed è sufficiente un seme su 10.000 per causare gravi epidemie nelle coltivazioni di basilico. È noto che il patogeno è favorito da temperature ottimali di 20 °C e la sporulazione si verifica quando le piante infette vengono incubate per almeno 6 ore al buio in atmosfera satura di umidità a 12-27 °C e il periodo di latenza più breve è di 5 giorni a 25 °C sotto luce continua.

La ricerca di varietà di basilico resistenti al patogeno ha iniziato a dare i primi risultati e attualmente sono disponibili in commercio alcune cultivar tolleranti. Tutte le varietà di basilico sono, infatti, molto suscettibili. Livelli più bassi di malattia sono stati osservati in varietà di basilico a foglia rossa (*Ocimum basilicum* L. var. *purpurascens* Benth.) e in varietà aromatizzate al limone (*Ocimum* × *africanum* Lour.). Soltanto le varietà di *O. americanum* L. hanno mostrato sintomi e sporulazione ridotti quando inoculate con la peronospora.

Sebbene siano diversi gli agrofarmaci disponibili (azoxystrobin, pyraclostrobin, dimetomorf) per la lotta a questa malattia del basilico, il loro impiego deve considerare una durata media dei cicli di coltivazione di questa coltura compresa tra i 20 e 30 giorni. È stato evidenziato che applicazioni di fosfiti di potassio a partire dal vivaio, su giovani piante di basilico riducono la diffusione e la gravità delle infezioni da *P. belbahrii* a livelli comparabili a quelli ottenuti con azoxystrobin. Anche l'uso di ossido di calcio alternato ad agrofarmaci di sintesi o da solo ha fornito un positivo effetto di contenimento del patogeno, risultando una valida alternativa ai sali rameici impiegati in prossimità della raccolta. Certamente qualsiasi mezzo di difesa va considerato in combinazione con scelte tecniche e agronomiche adeguate rivolte soprattutto a ridurre la permanenza di umidità sul fogliame utilizzando ad esempio una ridotta densità di semina e impiegando l'irrigazione localizzata con manichetta. Inoltre, illuminazione notturna e la ventilazione sono tra le pratiche suggerite per prevenire e contenere la malattia in condizioni ambientali controllate.

18.2.4 Marciumi da *Botrytis* spp.

Botrytis cinerea Pers. è agente di necrosi fogliari diffuse su diverse specie officinali (Tab. 18.10).

Tabella 18.10 - Principali piante officinali ospiti di *Botrytis cinerea* Pers.

Ospite	Genere e specie	Botrite (+ se segnalato in Italia)
Coriandolo	*Coriandrum sativum* L.	*Botrytis cinerea*
Finocchio	*Foeniculum vulgare* L.	*Botrytis cinerea*
Calendula	*Calendula officinalis* L.	*Botrytis cinerea* (+)
Elicriso	*Xerochrysum bracteatum* (Vent.) Tzvelev	*Botrytis cinerea* (+)
Stevia	*Stevia rebaudiana* Bertoni	*Botrytis cinerea* (+)
Tagete	*Tagetes erecta* L.	*Botrytis cinerea*
Cannabis	*Cannabis sativa* L.	*Botrytis cinerea*
Echinacea	*Echinacea purpurea* (L.) Moench	*Botrytis cinerea* (+)
Basilico	*Ocimum basilicum* L.	*Botrytis cinerea* (+)
Lavanda	*Lavandula stoechas* L.	*Botrytis cinerea* (+)
Melissa	*Melissa officinalis* L.	*Botrytis cinerea* (+)
Menta	*Mentha* × *piperita* L.	*Botrytis cinerea* (+)
Maggiorana	*Origanum majorana* L.	*Botrytis cinerea* (+)
Salvia	*Salvia officinalis* L.	*Botrytis cinerea* (+)
Timi	*Thymus vulgaris* L., *T. serpyllum* L.	*Botrytis cinerea*
Lino	*Linum usitatissimum* L.	*Botrytis cinerea*
Passiflora	*Passiflora caerulea* L., *P. edulis* Sims	*Botrytis cinerea*
Grano Saraceno	*Fagopyrum esculentum* Moench	*Botrytis cinerea*

Può attaccare anche fiori, frutti e steli, causando la tipica muffa grigia. Tale patogeno produce abbondanti fruttificazioni in presenza di elevata umidità ed i conidi prodotti diffondono rapidamente la malattia. Le infezioni sono favorite da temperature di 15-20 °C e da periodi di bagnatura dei tessuti vegetali di almeno 12-15 ore. Il fungo sopravvive sui residui colturali sotto forma di micelio svernante o di sclerozi, per poi iniziare nuove infezioni nell'anno successivo. Se le temperature sono miti, il fungo può svilupparsi sui tessuti vegetali formando un micelio che diventa una continua fonte di inoculo. I conidi, organi di moltiplicazione, favoriscono la rapida diffusione del fungo.

Recente è l'osservazione in Italia su *Echinacea purpurea* (L.) Moench ed è un patogeno comune su *E. pallida* (Nutt.) Nutt. var. *angustifolia* in Nord America.

La prevenzione della muffa grigia si basa sulla riduzione dell'umidità relativa dell'ambiente mediante arieggiamento, su corretti sesti di impianto che garantiscano distanza adeguata tra le piante, su irrigazione localizzata e su concimazioni azotate equilibrate. È utile evitare che la vegetazione resti bagnata per tempi prolungati, per cui si sconsigliano le irrigazioni serali e trapianti in posizioni in ombra. Inoltre è utile eliminare e distruggere prontamente le foglie e gli steli infetti. Tra i fungicidi antibotritici, presentano un'azione efficace boscalid e fludioxonil.

18.2.5 Alternariosi

Le specie di *Alternaria* Nees causano principalmente necrosi fogliari, a volte circondate da aloni clorotici. Sopravvivono sotto forma di micelio o conidi sui residui colturali o sui semi. I funghi sono caratterizzati da conidi scuri settati ovoidali spesso terminanti con un becco. Possono causare gravi danni ai tessuti epigei delle piante e risultano particolarmente gravi in ambiente protetto. Le specie del genere *Alternaria* rappresentano una potenziale minaccia per diverse specie officinali (Tab. 18.11), in particolare per quelle appartenenti alla famiglia delle Lamiaceae. *A. alternata* (Fr.) Keissl. è stata osservata per la prima volta sul basilico in Italia nel 2010. Il patogeno provoca lesioni bruno-nere, che su foglie più vecchie sono circondate da un alone giallo, causando la progressiva defogliazione delle piante e, in rare occasioni, la morte delle piante. La malattia è stata osservata per la prima volta su piante di basilico coltivate in fuori suolo sulla tipologia Genovese gigante maggiormente coltivata per il consumo fresco e la produzione di pesto. Il patogeno è stato isolato da diversi lotti di semi commerciali, con un alto livello di contaminazione (dal 7,3% al 2,6% di semi non disinfettati e disinfettati), suggerendo quindi che i semi possono essere importanti nella sua disseminazione in diverse aree colturali. I problemi rappresentati dalla sua comparsa sono legati anche alla capacità di questa specie di produrre micotossine. Su menta piperita (*Mentha* x *piperita* L.), *A. alternata* causa macchie necrotiche inizialmente puntiformi a sviluppo circolare, con diametro variabile tra 1 e i 30 mm. Tali necrosi risultano prevalentemente localizzate sul fogliame più vecchio, in corrispondenza dei margini del lembo fogliare e nell'area prossima al picciolo. Le necrosi a contorno ben definito e di colore marrone scuro tendente al nero frequentemente sono contornate da un alone clorotico e, con l'aggravarsi degli attacchi, è frequente osservare una filloptosi progressiva. Tra le Asteraceae, è stata segnalata di recente la presenza di *A. alternata* su *Echinacea purpurea* (L.) Moench (Fig. 18.15).

In relazione alle misure di lotta, è consigliato adottare strategie di lotta agronomiche con la rimozione dei residui colturali, mentre l'attuazione

Figura 18.15 - Necrosi fogliari causate da *Alternaria alternata* su *Echinacea purpurea* (L.) Moench.

Tabella 18.11 - Principali piante officinali ospiti di *Alternaria* spp.		
Ospite	**Genere e specie**	**Alternariosi (+ se segnalato in Italia)**
Aloe	*Aloe vera* (L.) Burm.f.	*A alternata* (Fr.) Keissl.
Aneto	*Anethum graveolens* L.	*A. alternata*
Coriandolo	*Coriandrum sativum* L.	*A. dauci* (J.G. Kühn) J.W. Groves & Skolko
Cumino	*Cuminum cyminum* L.	*A. burnsii* Uppal, Patel & Kamat, *A. cumini* E.G. Simmons
Finocchio	*Foeniculum vulgare* L.	*A. alternata (+), A. petroselini* (Neerg.) E.G. Simmons (+)
Calendula	*Calendula officinalis* L.	*A. alternata, A. calendulae* Ondřej
Cardo mariano	*Silybum marianum* (L.) Gaertn.	*A. silybi* Gannibal
Piretro	*Tanacetum cinerariifolium* (Trevir.) Sch.Bip.	*A. infectoria* E.G. Simmons
Stevia	*Stevia rebaudiana* Bertoni	*A. alternata, A. steviae* Ishiba, T. Yokoy. & Tani
Tagete	*Tagetes erecta* L.	*A. alternata, A. tagetica* S.K. Shome & Mustafee, *A. zinniae* H. Pape
Cannabis	*Cannabis sativa* L.	*A. alternata*
Luppolo	*Humulus lupulus* L.	*A. alternata, A. humuli* E.G. Simmons
Echinacea	*Echinacea purpurea* (L.) Moench	*A. alternata (+)*
Basilico	*Ocimum basilicum* L.	*A. alternata (+), A. arborescens* E.G. Simmons (+)
Melissa	*Melissa officinalis* L.	*A. alternata*
Mente	*Mentha* spp. L.	*A. alternata (+)*
Origano	*Origanum vulgare* L.	*A. alternata (+)*
Rosmarino	*Salvia rosmarinus* Spenn.	*A. alternata*
Salvie	*Salvia* spp. L.	*A. alternata (+), A. arborescens (+)*
Erba cipollina	*Allium schoenoprasum* L.	*A. alternata*
Lino	*Linum usitatissimum* L.	*A. alternata, A. scorzonerae* (Aderh.) Loer.
Papavero	*Papaver somniferum* L.	*A. alternata, A. brassicae* (Berk.) Sacc., *A. papavericola* Woudenb. & Crous
Passiflora	*Passiflora* spp. L.	*A. alternata, A. passiflorae* J.H. Simmonds
Grano Saraceno	*Fagopyrum esculentum* Moench	*A. alternata*
Ruta	*Ruta graveolens* L.	*A. alternata*

di strategie di difesa da questo patogeno è complicata dalla scarsa disponibilità di agrofarmaci ammessi su colture officinali.

18.2.6 Altri patogeni fogliari di minore importanza

Diversi funghi appartenenti alle famiglie Mycosphaerellaceae, Leptosphaeriaceae e Dydimellaceae causano la comparsa di maculature e necrosi fogliari su molte specie officinali (Tab. 18.12). In particolare, i generi più importanti delle Mycosphaerellaceae sono: *Cercospora* Fresen. ex Fuckel, *Septoria* Sacc., *Passalora* Fr., *Fusoidiella* Videira & Crous, *Ramularia* Unger e *Sphaerulina* Sacc. I generi più rilevanti delle Dydimellaceae sono: *Ascochyta* Lib., *Didymella* Speg., *Phoma* Fr. e Boeremia Aveskamp, Gruyter & Verkley. Tutti questi generi sono caratterizzati dalla produzione di ascospore in aschi portati all'interno di pseudoteci.

Septoria spp. causa la comparsa di ampie necrosi fogliari, talora seguite da defogliazioni. *Ascochyta* spp. causa macchie tondeggianti, zonate, che spesso confluiscono causando vistosi ingiallimenti. *Phoma* spp. causa generalmente macchie di piccole dimensioni su entrambe le pagine del lembo fogliare, che poi

Tabella 18.12 - Patogeni fogliari di minore importanza su specie officinali.

Ospite	Genere e specie	Mycosphaerellaceae	Leptosphaeriaceae	Didymellaceae
Aneto	*Anethum graveolens* L.	*Fusoidiella anethi* (Pers.) Videira & Crous		
Anice	*Pimpinella anisum* L.	*Passalora malkoffii* (Bubák) U. Braun	*Plenodomus pimpinellae* (Lowen & Sivan.) Gruyter, Aveskamp & Verkley	
Coriandolo	*Coriandrum sativum* L.	*Cercospora apii* Fresen., *Passalora bupleuri* (Pass.) U. Braun, *Ramularia heraclei* (Oudem.) Sacc.		*Boeremia exigua* (Desm.) Aveskamp, Gruyter & Verkley
Finocchio	*Foeniculum vulgare* L.	*Fusoidiella anethi (+), Fusoidiella depressa* (Berk. & Broome) Videira & Crous		*Boeremia exigua*
Artemisia	*Artemisia vulgaris* L.	*Ragnhildiana ferruginea* (Fuckel) U. Braun, C. Nakash., Videira & Crous (+), *Septoria artemisiae* Davis	*Leptosphaeria artemisiae* (Fuckel) Auersw.	
Calendula	*Calendula arvensis* (Vaill.) L.	*Septoria calendulae* Bernaux (+)		
Cardo mariano	*Silybum marianum* (L.) Gaertn.	*Ramularia cynarae* Sacc., *Septoria silybi* Pass. (+)		
Piretro	*Tanacetum cinerariifolium* (Trevir.) Sch.Bip.			*Boeremia exigua, Didymella tanaceti* (R.G. Shivas, S.J. Pethybr. & S.J. Jones) T.L. Pearce, J.B. Scott, Crous, S.J. Pethybr. & F.S. Hay, *Stagonosporopsis tanaceti* Vaghefi, S.J. Pethybr., Crous & P.W.J. Taylor
Stevia	*Stevia rebaudiana* Bertoni	*Septoria steviae* Ishiba, T. Yokoy. & Tani		
Tagete	*Tagetes erecta* L.	*Cercospora tageticola* Ellis & Everh., *Cercospora tagetis-erectae* Thirum. & Govindu		
Borragine	*Borago officinalis* L.	*Cercospora agnostoica* Speg.		
Cannabis	*Cannabis sativa* L.	*Cercospora cannabis* Hara & Fukui, *Pseudocercospora cannabina* (Wakef.) Deighton, *Septoria cannabis* (Lasch) Sacc.		*Ascochyta prasadii* D.D. Shukla & V.N. Pathak, *Neodidymelliopsis cannabis* (G. Winter) Qian Chen & L. Cai

►

Ospite	Genere e specie	Mycosphaerellaceae	Leptosphaeriaceae	Didymellaceae
Luppolo	*Humulus lupulus* L.	*Septoria humuli* Westend.	*Leptosphaeria dumetorum* Niessl	*Ascochyta humuliphila* Melnik, *Boeremia exigua, Phoma herbarum* Westend.
Iperico	*Hypericum perforatum* L.	*Ramularia minutissima* (P. Syd.) U. Braun, *Sphaerulina hyperici* (Roberge ex Desm.) Verkley, Quaedvl. & Crous	*Leptosphaeria ocellata* Niessl	
Echinacea	*Echinacea purpurea* (L.) Moench			*Phoma herbarum (+)*
Basilico	*Ocimum basilicum* L.	*Pseudocercospora ocimicola* (Petr. & Cif.) Deighton, *Pseudocercospora ocimi-basilici* Crous, M.E. Palm & U. Braun		
Lavande	*Lavandula spp.* L.	*Septoria lavandulae* Desm.	*Leptosphaeria salvia* Pass.	*Phoma lavandulae* Gabotto
Melissa	*Melissa officinalis* L.	*Septoria melissae* Desm.		*Boeremia exigua*
Mente	*Mentha* spp. L.	*Cercospora menthicola* Tehon & E.Y. Daniels, *Ramularia lamii* Fuckel (+), *Septoria menthae* (Thüm.) Oudem.		*Boeremia exigua, Boeremia strasseri* (Moesz) Aveskamp, Gruyter & Verkley
Origano	*Origanum vulgare* L.	*Septoria origanicola* Allesch.		*Boeremia exigua*
Rosmarino	*Salvia rosmarinus* Spenn.			*Phoma multirostrata* (P.N. Mathur, S.K. Menon & Thirum.) Dorenb. & Boerema (+)
Salvie	*Salvia* spp. L.	*Cercospora salviicola* Tharp, *Ramularia lamii*	*Leptosphaeria salviae* (+)	*Boeremia exigua*
Liquirizia	*Glycyrrhiza glabra* L.	*Pseudocercospora cavarae* (Sacc. & D. Sacc.) Deighton (+)		
Lino	*Linum usitatissimum* L.	*Septoria linicola* (Speg.) Garass.		*Boeremia exigua*
Papavero	*Papaver somniferum* L.	*Cercospora papavericola* Chupp		
Passiflora	*Passiflora* spp. L.	*Septoria fructigena* Berk. & M.A. Curtis, *Septoria passiflorae* Syd.		
Grano Saraceno	*Fagopyrum esculentum* Moench	*Cercospora fagopyri* Nakata & S.Takim., *Ramularia fagopyri* Abramov		*Ascochyta fagopyri* Thüm. & P.C. Bolle (+)

Tabella 18.13 - Principali piante officinali ospiti di antracnosi.

Ospite	Genere e specie	Antracnosi
Calendula	*Calendula officinalis* L., *C. arvensis* (Vaill.) L.	*Colletotrichum carthami* (Fukui) Bedlan (+)
Piretro	*Tanacetum cinerariifolium* (Trevir.) Sch.Bip.	*Colletotrichum tanaceti* Barimani, S.J. Pethybr., Vaghefi, F.S. Hay & P.W.J. Taylor
Tagete	*Tagetes erecta* L.	*Colletotrichum truncatum* (Schwein.) Andrus & W.D. Moore
Iperico	*Hypericum perforatum* L.	*Colletotrichum gloeosporioides* (Penz.) Penz. & Sacc., *C. cigarro* (B.S. Weir & P.R. Johnst.) A. Cabral & P. Talhinhas
Basilico	*Ocimum basilicum* L.	*Colletotrichum gloeosporioides (+), C. ocimi* Damm (+)
Erba cipollina	*Allium schoenoprasum* L.	*Colletotrichum circinans* (Berk.) Voglino
Lino	*Linum usitatissimum* L.	*Colletotrichum lini* (Westerd.) Tochinai
Passiflora	*Passiflora* spp. L.	*Colletotrichum gloeosporioides, C. truncatum*

confluiscono interessando buona parte della superficie fogliare.
Su origano *Phoma multirostrata* (P.N. Mathur, S.K. Menon & Thirum.) Dorenb. & Boerema causa necrosi fogliari, inizialmente rotondeggianti, di pochi mm di diametro, che successivamente si estendono all'intera lamina fogliare che dissecca causando estese filloptosi. Gli attacchi ai giovani steli si manifestano sotto forma di aree nerastre che portano al disseccamento delle parti superiori alla parte di tessuto colpita. Tale patogeno può essere introdotto nelle coltivazioni utilizzando seme. *P. multirostrata* è agente di gravi necrosi su rosmarino (*Salvia rosmarinus* Spenn.). Per il contenimento di *P. multirostrata* è stata dimostrata la buona efficacia di trattamenti preventivi a base di idrossido di rame e di fosfito di potassio.
Le specie di *Colletotrichum* Corda causano invece antracnosi, malattie caratterizzate da macchie necrotiche circolari, spesso più scure al centro e depresse per il collasso dei tessuti sottostanti e circondate da un alone clorotico (Tab. 18.13). Le antracnosi si possono osservare su steli, nervature, piccioli e organi carnosi. *C. ocimi* Damm è causa di macchie nere su basilico.

18.3 Conclusioni

Una soluzione efficace per la gestione delle malattie delle colture officinali è rappresentata dall'impiego di varietà tolleranti o resistenti ai patogeni. Purtroppo, al momento pochi sono i programmi di miglioramento genetico intrapresi sulle colture officinali. Nel caso delle colture propagate per talea, la diffusione dei patogeni può essere a volte evitata mediante propagazione per seme o impiego di tecniche di coltura di tessuti *in vitro*. L'impiego di materiale di propagazione sano o opportunamente risanato rappresenta un'efficace strategia di prevenzione della diffusione di malattie.
La lotta chimica è sempre meno praticabile, dato che è registrato un numero limitato di fungicidi per le colture officinali. Inoltre, in futuro il numero di fungicidi impiegabili si ridurrà ulteriormente a causa della bassa priorità data dalle società agrochimiche alla registrazione di prodotti chimici per colture minori, nonché per le politiche europee che mirano ad una notevole riduzione della possibilità di impiego di agrofarmaci. Anche quando sono registrate sostanze chimiche efficaci, limitazioni al loro utilizzo derivano dalla presenza di residui nei prodotti vegetali raccolti. Spesso gli oli essenziali o gli estratti vegetali provenienti dalle colture officinali sono impiegati dall'industria degli aromi o farmaceutiche, per cui l'impiego di agrofarmaci è bandito a causa della richiesta di assenza di residui da parte dell'industria che utilizza le materie prime vegetali.
Sono utili opportune pratiche agronomiche, tra cui rotazioni colturali, gestione dell'umidità relati-

va, corretta gestione dell'irrigazione e della concimazione, disinfezione dei substrati e/o dei suoli. Le alternative alla lotta chimica includono mezzi fisici di difesa, lotta biologica mediante microrganismi antagonisti, ma anche uso di induttori di resistenza o sostanze naturali.
La sempre più ridotta disponibilità di mezzi chimici ha stimolato la ricerca di soluzioni alternative e, oggi, più di qualche anno fa, sono disponibili strategie interessanti. L'integrazione di misure di prevenzione, di diagnosi e di lotta, associata alla formazione degli agricoltori e dei tecnici costituisce un buon presupposto per ottenere un efficace contenimento dei patogeni delle colture officinali.

Bibliografia

COHEN Y., VAKNIN M., BEN-NAIM Y., RUBIN A.E. (2017) - Epidemiology of basil downy mildew. *Phytopathology* 107, 1149-1160.

DUDAI N., CHAIMOVITSH D., REUVENI R., RAVID V., LARKOV O., PUTIEVSKY E. (2002) - Breeding of sweet basil (*Ocimum basilicum*) resistant to Fusarium wilt caused by *Fusarium oxysporum* f. sp. *basilicum*. In: C.B. Johnson e C. Franz (a cura di), *Breeding Research of Aromatic and Medicinal Plants*, pp. 45-51, The Haworth Press Inc., New York.

GARIBALDI A., MINUTO G., BERTETTI D. GULLINO M.L. (2004) - Seed transmission of *Peronospora* of basil. *Journal of Plant Diseases and Protection* 111, 465-469.

GILARDI G., DEMARCHI S., GARIBALDI A., GULLINO M.L. (2013) - Management of downy mildew of sweet basil (*Ocimum basilicum*) caused by *Peronospora belbahrii* by means of resistance inducers, fungicides, biocontrol agents and natural products. *Phytoparasitica* 41, 59-72.

GULLINO M.L., KATAN J., GARIBALDI A. (2012) - "Fusarium wilt of sweet basil". In: M.L. Gullino, J. Katan, A. Garibaldi, (a cura di), *Fusarium wilt of greenhouse vegetable and ornamental crops*, pp. 185-190, APS Press, St. Paul, Stati Uniti.

SCHOLLER M., SCHMIDT A., SIAHAAN S.A.S., BRAUN U. (2016) - A taxonomic and phylogenetic study of the *Golovinomyces biocellatus* complex (Erysiphales, Ascomycota) using asexual state morphology and rDNA sequence data. *Mycological Progress* 15, 56. DOI: 10.1007/s11557-016-1197-5

SPADARO D., GULLINO M.L. (2005) - Improving the efficacy of biocontrol agents against soilborne pathogens. *Crop Protection* 24, 601-613.

SPADARO D., AGUSTÍ N., FRANCO ORTEGA S., HURTADO RUIZ M.A. (2020) - "Diagnostics and identification of diseases, insects and mites". In: Gullino M.L., Albajes R., Nicot P. (a cura di), *Integrated pest and disease management in greenhouse crops*, pp. 231-258, Springer, Dordrecht, Paesi Bassi.

WYENANDT C.A., SIMON J.E., PYNE R.M., HOMA K., MCGRATH M.T., ZHANG S., RAID R.N., MA L.J., WICK R., GUO L., MADEIRAS A. (2015) - Basil Downy Mildew (*Peronospora belbahrii*): discoveries and challenges relative to its control. *Phytopathology* 105, 885-94

Ringraziamenti

Gli Autori desiderano ringraziare il Prof. Angelo Garibaldi e la Prof.ssa Maria Lodovica Gullino per i preziosi suggerimenti e la revisione accurata del testo.

La necessità di riformare il settore delle piante officinali per andare incontro all'avanzamento delle tecnologie e ai mercati di riferimento ha portato alla nascita del Decreto Legislativo n. 75 del 21 maggio 2018, che regolamenta i processi di coltivazione e prima trasformazione.

19 La legislazione del settore

Alberto Manzo

L'esigenza di una legge di regolamentazione del settore, in particolare per quanto riguarda la coltivazione, era molto sentita tra gli operatori, che si trovavano a confrontarsi con una legge datata, per meglio dire obsoleta, non più rispondente alle nuove esigenze di una moderna agricoltura, ovvero la Legge 6 Gennaio 1931 n. 99 (G.U. n. 41 del 19 febbraio 1931). Il decreto legislativo n. 75 del 21 maggio 2018, "Testo Unico in materia di coltivazione, raccolta e prima trasformazione delle piante officinali", risponde alle richieste di aggiornamento del settore evidenziate dalle associazioni di categoria già dall'anno 2011 al Ministero delle Politiche Agricole.

19.1 Le premesse

Il Testo Unico in materia di coltivazione, raccolta e prima trasformazione delle piante officinali pubblicato nella G.U.R.I. n. 144 del 23 giugno 2018, si compone di 10 articoli, ed è stato predisposto in attuazione della delega di cui all'articolo 5 della Legge 28 luglio 2016, n. 154 (c.d. Collegato agricolo) il cui comma 1 statuisce che: «Al fine di procedere alla semplificazione e al riassetto della normativa vigente in materia di agricoltura, silvicoltura e filiere forestali, fatta salva la normativa prevista in materia di controlli sanitari, il Governo è delegato ad adottare, entro diciotto mesi dalla data di entrata in vigore della presente legge, uno o più decreti legislativi con i quali provvede a raccogliere in un codice agricolo ed in eventuali appositi testi unici tutte le norme vigenti in materia divise per settori omogenei e ad introdurre le modifiche necessarie alle predette finalità».

19.2 Definizioni e obiettivi

L'obiettivo principale del Ministero e anche del legislatore negli ultimi mesi di condivisione con le altre Istituzioni delle diverse fasi dell'iter normativo, è stato quello di adeguare la normativa in un'ottica di sviluppo del settore che è sempre stato considerato "di nicchia".

Il termine *piante officinali* deriva da una tradizione culturale e storica del nostro Paese e fa riferimento all' "officina" o "opificina", con il significato di "laboratorio", dove le piante venivano sottoposte alle varie lavorazioni (ad esempio: essiccazione, triturazione, macerazione, distillazione, estrazione dei principi attivi, ecc.) in modo da renderle utilizzabili ai diversi scopi. Da ciò deriva l'espressione "piante officinali", per indicare quelle piante che possono essere lavorate all'interno di un laboratorio.

Da un punto di vista agronomico, con "piante officinali" si identifica un insieme di specie vegetali molto eterogeneo e comprendente le piante medicinali, aromatiche e da profumo; nell'accezione generale sono compresi anche alghe, funghi e licheni. Ciò che caratterizza una pianta officinale sono le classi di principi attivi, chimicamente molto diversi fra loro, e viene definita "droga vegetale" la parte della pianta posta in commercio essiccata e sovente frammentata (ad esempio i fiori della camomilla, la radice dell'ortica, gli acheni secchi del finocchio, ecc.). La droga è quindi la parte della pianta più ricca in principi attivi che hanno una attività biologica sull'organismo umano e/o animale, secondo la definizione più volte riportata nei documenti della Organizzazione Mondiale della Sanità.

Le progressive esigenze del settore, a torto definito "di nicchia", e le evoluzioni del mondo agricolo dell'ultimo ventennio in un contesto ambientale di salvaguardia della biodiversità, di risparmio energetico, di ammodernamento delle strutture agricole e della meccanizzazione, hanno portato le diverse Regioni e Province Autonome ad operare, dal punto di vista legislativo, relativamente alla fase agricola e di prima trasformazione della filiera, in un contesto prettamente locale, cercando di non entrare in un vero e proprio *conflitto normativo* con la legge del 1931 e le successive modifiche ed integrazioni, rispondendo alle esigenze degli operatori agricoli e alle diverse peculiarità del territorio. In particolare la Legge n. 99/31 recante "Disposizioni sulla disciplina della coltivazione, della raccolta e del commercio delle piante officinali", individuava l'erborista come figura centrale dedita alla raccolta, soprattutto delle piante erbe officinali spontanee, poiché non esisteva ancora la figura del coltivatore di piante officinali come lo intendiamo oggi. E infatti il Testo Unico all'art. 1, comma 5 inquadra la coltivazione, raccolta e prima trasformazione delle piante officinali come attività agricola ai sensi dell'art. 2135 del Codice civile.

Nelle fasi successive alla raccolta relative alla trasformazione del prodotto, eseguita al di fuori dell'azienda agricola, il legislatore ha normato dettagliatamente le modalità di impiego dei prodotti ottenuti da piante caratterizzate da proprietà officinali, sia per l'impiego in alimentazione umana che animale.

19.3 I "Visti" del Testo Unico

Basta leggere le due pagine dei "Visti" che introducono il Testo Unico per rendersi conto che siamo di fronte a tutta un'altra impostazione normativa rispetto a quella della legge del 1931, conseguenza di un cambiamento epocale nell'approccio al settore.

In effetti, il nuovo testo di legge porta il comparto nel contesto di uno scenario internazionale, europeo in primo luogo, dove operano gli attori dell'industria alimentare e farmaceutica, si innesta la dinamica del biologico, si affrontano le sfide della sostenibilità e della difesa della biodiversità.

La lunga serie di "Visti" inseriti dal legislatore, che conferma la multidisciplinarietà della materia, lascia invece lo spazio ad un testo breve, essenziale nell'esposizione, ma in grado di agire da catalizzatore della produzione agricola officinale nel nostro Paese al fine di consolidarla.

In linea generale il provvedimento viene adottato previo parere della Conferenza Unificata, come previsto dalla legge delega e tale scelta rispetta le competenze legislative costituzionalmente definite poiché, nonostante la materia dell'attività agricola rientri tra le competenze residuali delle regioni, la giurisprudenza costituzionale ritiene, comunque, che possano sussistere alcuni aspetti che, pur legati a tale attività, incidono su materie di competenza esclusiva dello Stato o concorrente tra lo Stato o le Regioni.

È il caso delle disposizioni in materia di registro delle varietà delle specie di piante officinali di cui all'art. 6, materia tutelata a livello internazionale e comunitario che ha una forte valenza ambientale, riconducibile, quindi, alla lettera s) del secondo comma dell'articolo 117 della Costituzione. L'equiparazione dell'attività di raccolta delle piante officinali a quella agricola incide sulla nozione di imprenditore agricolo contenuta nell'articolo 2135 del Codice civile ed è, quindi, riconducibile, alla competenza statale, esclusiva di cui alla lettera l) che fa riferimento alla competenza esclusiva dello Stato in materia di ordinamento civile. Vengono, poi, istituiti degli organi tecnici come il Tavolo tecnico del settore e l'Osservatorio economico e di mercato (sempre all'interno del Tavolo stesso), che possono essere riconducibili alla materia dell'organizzazione amministrativa dello Stato di cui alla lettera g).

Il Testo Unico contiene anche all'art. 7 disposizioni relative all'istituzione di Marchi collettivi di identificazione delle piante officinali prodotte in Italia, finalizzati a certificare il rispetto di standard di qualità nella filiera delle piante officinali. Inoltre, esso costituisce una regola tecnica poiché reca disposizioni la cui osservanza è obbligatoria *de jure* ed è, pertanto, subordinata al rispetto delle disposizioni recate dalla direttiva n. 2015/1535 del 9 settembre 2015 del Parlamento Europeo e del Consiglio, che prevede una procedura d'informazione nel settore delle regolamentazioni tecniche e delle regole relative ai servizi della società dell'informazione.

19.4 Esame degli articoli di legge

L'articolo 1, ai commi 1 e 2, delimita l'ambito di applicazione del provvedimento che riguarda la coltivazione, la raccolta e la prima trasformazione delle piante officinali, e fornisce poi una definizione di piante officinali, intendendosi per tali le piante cosiddette medicinali, aromatiche e da profumo, nonché le alghe, i funghi macroscopici e i licheni destinati ai medesimi usi. Inoltre, su indicazione della Conferenza Unificata, si è provveduto ad integrare il citato comma 2 e quindi la definizione di piante officinali, chiarendo che «le stesse comprendono altresì alcune specie vegetali che in considerazione delle loro proprietà e delle loro caratteristiche funzionali possono essere impiegate, anche in seguito a trasformazione, nelle categorie di prodotti per le quali ciò è consentito dalla normativa di settore, previa verifica del rispetto dei requisiti di conformità richiesti». In tal modo si rende una definizione più esaustiva di "piante officinali" che nel tempo, dati i molteplici usi previsti, anche in campo alimentare, dalle varie normative di settore, garantisca la possibilità del loro impiego, previa verifica della sussistenza dei requisiti di conformità previsti dalle specifiche norme di riferimento. Si è provveduto, quindi, ad inserire nei visti del decreto tutti i riferimenti normativi propri del settore alimentare, dei prodotti cosmetici e dei prodotti fitosanitari.

Il testo, quindi, richiama evidentemente la categoria delle piante medicinali e aromatiche – identificate come MAP (*Medicinal and Aromatic Plants*) anche nel contesto agricolo europeo – ampliandola alle alghe, ai funghi macroscopici e ai licheni, che hanno le stesse destinazioni d'uso. Di seguito introduce anche un concetto nuovo, molto aperto e si può pensare subito a derivati vegetali che possono costituire ingredienti di integratori alimentari, oppure a principi funzionali o eccipienti che possono entrare nella formulazione di prodotti cosmetici. In realtà è un approccio condiviso con gli esperti del settore che permette di prevedere un ampliamento progressivo delle specie destinate ad un uso officinale, a seguito di nuove evidenze tecnico-applicative. Considerata quindi la definizione molto innovativa nella seconda parte del comma 2, il **comma 3** prevede, altresì, che con Decreto del Ministro delle Politiche Agricole Alimentari e Forestali, di concerto con il Ministro dell'Ambiente e della Tutela del Territorio e del Mare (ora Ministero della Transizione Ecologica) e con il Ministro della Salute, d'intesa con la Conferenza permanente per i rapporti tra lo Stato, le Regioni e le Province Autonome di Trento e di Bolzano, da adottare entro sei mesi dalla data di entrata in vigore del decreto, è definito l'elenco delle specie di piante officinali coltivate.

Il criterio dell'elenco non consiste nella ricerca teorica di tutte le specie potenzialmente officinali, ma l'individuazione di quelle oggetto di processi produttivi ai quali il decreto intende dare sostegno. Sono giunte informalmente delle preoccupazioni dalle associazioni dei produttori, così come dal settore del commercio delle materie prime erboristiche, che temono di vedere una limitazione alla propria libertà di operare. Così come si è attenti al lavoro che il Ministero della Salute sta svolgendo, di concerto con altri Paesi dell'UE, per identificare scientificamente ingredienti naturali ammessi nella formulazione di integratori alimentari botanici. È opportuno far presente che l'elenco previsto dal nuovo decreto sarà finalizzato solo all'applicazione della norma stessa, e non andrà ad interferire con altre azioni di carattere regolatorio.

Rispetto alle dinamiche di mercato, d'altro canto, obiettivo del decreto è proprio recepire le esigenze degli operatori e per questo non solo l'elenco verrà predisposto nell'ambito del Tavolo tecnico, ma anche la sua progressiva implementazione sarà sempre il risultato di un percorso condiviso nel tavolo stesso.

L'articolo in questione precisa, al **comma 4**, che il prodotto risultante dall'attività di coltivazione o di raccolta, come specificato in accoglimento delle osservazioni rese dalla Conferenza Unificata, delle singole specie può essere impiegato direttamente fresco per l'ottenimento degli oli essenziali o essere soggetto a operazioni di prima trasformazione. Tuttavia, in accoglimento delle osservazioni espresse nel parere reso dal Consiglio di Stato, si è precisato che le operazioni di prima trasformazione cui fa riferimento la norma sono quelle indispensabili alle esigenze produttive. Sempre in accoglimento dei rilievi espressi dal Consiglio di Stato, si è provveduto a specificare meglio l'ampiezza delle attività di prima trasformazione definita nel testo, sopprimendo l'avverbio "prevalentemente" e definendo in maniera più precisa l'insieme delle attività idonee ad integrarne il concetto. Pertanto, il **comma 4 definitivo** ha previsto ora che le operazioni di prima trasformazione indispensabili alle esigenze produttive comprendono l'attività di lavaggio, defoliazione, cernita, assortimento, mondatura, essiccazione, taglio e selezione, polverizzazione delle erbe secche e ottenimento di oli essenziali da piante fresche direttamente in azienda agricola, nel caso in cui quest'ultima attività necessiti di essere effettuata con piante e parti di piante fresche appena raccolte. È altresì inclusa nella fase di prima trasformazione indispensabile alle esigenze produttive qualsiasi attività volta a stabilizzare e conservare il prodotto destinato alle fasi successive della filiera. La necessità della prima trasformazione a ridosso della coltivazione è dovuta a tre ragioni fondamentali: deperibilità, conservazione e minima valorizzazione:

- *deperibilità del materiale*: le piante officinali una volta raccolte avendo un alto contenuto di acqua necessitano di un processo di stabilizzazione (es.: essiccazione) o prima trasformazione (in olio essenziale) che deve necessariamente avvenire entro poche ore dalla raccolta, pena la perdita delle sostanze caratterizzanti;
- *conservazione e stoccaggio*: le piante officinali prima di essere immesse sul mercato e acquistate dai vari soggetti utilizzatori, subiscono periodi variabili di conservazione, a seconda del ciclo produttivo. La conservazione deve avvenire in forme appropriate affinché il prodotto mantenga le sue caratteristiche. Ad esempio: taglio, selezione e cernita sono importanti per allontanare parti della pianta indesiderate, materiali estranei e polveri che deteriorerebbero il prodotto prima del suo impiego nella trasformazione successiva;
- *minima valorizzazione per l'accesso al mercato*: alcuni prodotti da erbe officinali non sono conosciuti se non nella loro forma trasformata. Dunque, non esistono nella forma nativa (pianta appena raccolta), ma esistono da sempre e sono presenti sul mercato in determinate forme: erbe essiccate o olio essenziale. La materia prima di origine ovvero la pianta, non ha mercato e pertanto la coltivazione se non connessa alla trasformazione non ha significato alcuno. Ad esempio, la lavanda non ha mercato come pianta fresca (se non in ambito vivaistico), ma solo come olio essenziale. Pertanto, la prima trasformazione come sopra descritta per le piante officinali va considerata come la minima valorizzazione per poter collocare il prodotto presso le aziende utilizzatrici/trasformatrici a valle dell'azienda agricola.

Si specifica, inoltre, ai **commi 5** e **6**, che la coltivazione, la raccolta e la prima trasformazione delle piante officinali, ad esclusione di quelle da cui si ricavano gli stupefacenti e le sostanze psicotrope, sono considerate, a tutti gli effetti, attività agricole. La precisazione è importante perché la Legge 6 gennaio 1931, n. 99, limita l'intervento sulle piante officinali a tre figure professionali: il raccoglitore, l'erborista e il farmacista. Tale circostanza ha posto il problema della inclusione dell'imprenditore agricolo, soprattutto dopo che l'articolo 2135 del Codice civile è stato modificato dal decreto legislativo n. 228 del 2001, ampliando la nozione di imprenditore agricolo e di attività connesse, certamente idonee a ricomprendere anche la lavorazione di piante officinali. Da qui la necessità di chiarire in maniera inequivoca che la coltivazione, la raccolta e la prima trasformazione delle piante officinali, ad esclusione di quelle da cui si ricavano gli stupefacenti e le sostanze psicotrope, sono considerate, a tutti gli effetti, attività agricole ai sensi dell'articolo 2135 del Codice civile.

Il **comma 7** definitivo, accogliendo le condizioni poste dalla Conferenza Unificata e le osservazioni rese dal Consiglio di Stato, precisa che sono escluse dall'ambito di applicazione del decreto la vendita al consumatore finale e le attività successive alla prima trasformazione, che rimangono disciplinate dalle specifiche normative di settore. Ciò al fine di tutelare la salute pubblica evitando la possibile vendita senza controllo al consumatore di piante che possono rappresentare un pericolo. Si è, inoltre, deciso di intervenire sempre sul comma 7, per accogliere le osservazioni rese dal Consiglio di Stato con riferimento all'articolo 8 del decreto e riguardanti i dubbi circa l'opportunità di abrogare, piuttosto che modificare, in sede di attuazione di una delega rilasciata dal "collegato agricolo", norme che esulano dalla materia riguardando piuttosto la "utilizzazione" e la "vendita" dei prodotti. Il Consiglio di Stato fa riferimento in particolare agli articoli 6 e 7 della Legge n. 99 del 1931 concernenti, rispettivamente, le modalità di rilascio del diploma di erborista e l'utilizzazione delle piante officinali da parte degli stessi erboristi. In accoglimento di quanto rilevato dal Consiglio di Stato, pertanto, e rinviando all'articolo 8 circa l'esclusione dell'abrogazione dell'articolo 6 della Legge n. 99 del 1931, si è deciso di definire le competenze dell'*erborista* come delineatesi nel tempo. Tanto detto, la norma al comma 7 ora prevede che: «*Sono altresì escluse le preparazioni estemporanee ad uso alimentare, conformi alla legislazione alimentare, che sono destinate al singolo cliente, vendute sfuse e non preconfezionate, e costituite da piante tal quali, da sole o in miscela, estratti secchi o liquidi di piante. Tali preparazioni sono consentite, oltre che ai farmacisti, a coloro che sono in possesso del titolo di erborista conseguito ai sensi della normativa vigente*». In questo modo, per salvaguardare la sicurezza alimentare, sono state escluse dall'ambito del decreto le preparazioni estemporanee ad uso alimentare vendute sfuse e non preconfezionate, le quali sono consentite, oltre che ai farmacisti, a coloro che sono in possesso del titolo di erborista. Ciò al fine di chiarire che la preparazione o vendita di tali preparazioni o miscele rientrano nella normativa alimentare e chi le effettua è considerato come un Operatore del Settore Aimentare (OSA) e soggetto quindi a tutta la normativa di settore. Quindi la legge non poteva e non intendeva in alcun modo entrare nel merito di attività successive alla fase agricola che sono oggetto di altre regolamentazioni, peraltro chiaramente espresse nelle premesse alla legge e richieste dalle altre Amministrazioni competenti nei vari passaggi consultivi.

Per quanto concerne, invece, i timori espressi sempre dal Consiglio di Stato circa la possibilità che l'abrogazione degli articoli 6 e 7 della Legge n. 99 del 1931 non determini l'eliminazione di "controlli" sulla utilizzazione e sulla vendita delle piante officinali, si rileva che la esclusione della vendita e delle attività successive alla prima trasformazione, quindi "l'utilizzazione", già costituisce una forma di garanzia per i controlli, in quanto chi deve utilizzare o vendere piante officinali, deve seguire la rispettiva normativa di settore.

Si è accolto infine il suggerimento contenuto nel parere del Consiglio di Stato di modificare l'intitolazione del corpo normativo in *Testo Unico in materia di coltivazione, raccolta e prima trasformazione delle piante officinali ai sensi dell'articolo 5 della legge 28 luglio 2016, n. 154*, sopprimendo pertanto il vecchio comma 6 del presente articolo divenuto, in conseguenza, superfluo.

Il comma 8, infine, è in relazione alla natura di testo unico del provvedimento normativo in esame. L'articolo in esame è riconducibile ai principi di organizzazione delle disposizioni per settori omogenei e di semplificazione del linguaggio normativo indicati dall'articolo 5, comma 2, lettera b), della Legge n. 154 del 2016.

L'**articolo 2**, rubricato *Coltivazione, raccolta e prima trasformazione*, dispone al **comma 1** che le piante officinali possono essere coltivate, raccolte e trasformate dall'imprenditore agricolo senza necessità di autorizzazione. Il **comma 2** chiarisce, inoltre, che la coltivazione e la raccolta delle piante officinali a scopo medicinale devono essere comunque effettuate in accordo alle Good Agricultural and Collection Practice (GACP) senza necessità di specifica autorizzazione; su indicazione del Consiglio di Stato si è precisato che il comma in esame riguarda, oltre che la coltivazione e la raccolta delle piante officinali a scopo medicinale, anche quella finalizzata alla produzione di sostanze attive vegetali; le GACP sono obbligatorie sia per la produzione di sostanze attive vegetali che per i medicinali, come previsto dal titolo IV del decreto legislativo 24 aprile 2006, n. 219. L'applicazione delle Good Agricultural and Collection Practice (GACP), elaborate dall'Organizzazione Mondiale della Sanità, serve a garantire buoni standards di qualità, sicurezza ed efficacia nella coltivazione e raccolta delle piante officinali a scopo medicinale. La previsione della loro applicazione, inoltre, adegua le disposizioni del decreto legislativo a quanto previsto dalle Good Manufacturing Practice (GMP) dell'Unione Europea, le quali richiamano le GAPC e sono obbligatorie sia per la produzione di sostanze attive vegetali che per i medicinali, come previsto dal titolo IV del decreto legislativo 24 aprile 2006, n. 219.

Al riguardo appare evidente come la coltivazione di specie officinali a scopo medicinale richiede una serie di competenze specifiche richiamate dall'applicazione delle GACP, pertanto la domanda di questa tipologia di derivato darà necessariamente luogo a una richiesta di formazione e aggiornamento da parte delle imprese agricole a cui dovranno prepararsi a rispondere le Amministrazioni del territorio e le strutture regionali di assistenza tecnica, attraverso gli strumenti previsti dal regolamento europeo richiamato nel testo.

Inoltre, sempre sul **comma 2** il Consiglio di Stato aveva rilevato l'opportunità di definire i principi fondamentali declinando distintamente le *practices* per la raccolta e per la coltivazione, che appare foriero di inutili appesantimenti. Invero, le GACP sono richiamate dall'allegato 7, punto 7 delle Good Manufacturing Practice (GMP) dell'Unione Europea che già delineano gli standard di qualità, sicurezza ed efficacia nella coltivazione e raccolta delle piante officinali a scopo medicale. Al riguardo, si segnala inoltre che il decreto legislativo n. 219 del 2006, pur citato dalla menzionata norma, non può essere assorbito nel presente Testo Unico, poiché concerne una materia diversa da quella regolata dal presente decreto, ovvero "Attuazione della direttiva 2001/83/CE e successive direttive di modifica, relativa ad un codice comunitario concernente i medicinali per uso umano, nonché della direttiva 2003/94/CE". Pertanto, si è ritenuto di non poter accogliere tale rilievo.

Il **comma 3** chiede alle Regioni di conformarsi ai principi fondamentali della materia nel rispetto della loro autonomia normativa e, in particolare, le disposizioni della legge sono applicabili nelle Regioni a statuto Speciale e nelle Province Autonome di Trento e di Bolzano compatibilmente con i rispettivi statuti e con le relative norme di attuazione. Le stesse, inoltre, disciplinano le modalità di formazione e di aggiornamento professionali dell'imprenditore agricolo sulle attività di coltivazione, raccolta e prima trasformazione delle piante officinali. L'articolo in esame è riconducibile al principio di revisione dei procedimenti amministrativi per facilitare l'avvio dell'attività economica in agricoltura ai sensi dall'articolo 5, comma 2, lettera e), della Legge n. 154 del 2016.

Veniamo quindi all'**articolo 3** probabilmente quello con l'approccio più innovativo, reso definitivo anche grazie alle osservazioni della Conferenza Unificata, che già dal titolo desta qualche dubbio ovvero *Prelievo, raccolta e prima trasformazione di piante officinali spontanee.*

In particolare, il **comma 1** rimette alle Regioni e alle Province Autonome di Trento e Bolzano – parte ambiente – il compito di disciplinare l'attività di *prelievo* delle specie di piante officinali che crescono spontaneamente sui rispettivi territori, in coerenza con le esigenze di conservazione della biodiversità locale. Il **comma 2** invece demanda al decreto di cui all'articolo 1, comma 3 – parte agricola – il compito di definire le modalità di *raccolta e di prima trasformazione* di piante officinali spontanee, nonché delle specie e delle varietà da conservazione o in via di estinzione di cui alla Legge 1° dicembre 2015, n. 194, sulla tutela e la valorizzazione della biodiversità di interesse agricolo e alimentare.

La tutela e la valorizzazione della biodiversità di specie di interesse agricolo e alimentare sono strettamente legate alla tutela del territorio, contribuendo a limitare i fenomeni di spopolamento e a preservare le aree naturali da fenomeni di erosione del patrimonio genetico quindi un patrimonio da difendere e ancora tutto da valorizzare visto che non sembra del tutto diffusa la consapevolezza del pubblico/fruitori del bene pubblico circa il valore che queste piante possono dare anche a fini di ricerca. Pertanto, nell'ottica delle leggi che regolamentano la tutela della biodiversità, si inserisce proprio l'articolo 3 che disciplina la raccolta delle piante spontanee destinate all'utilizzo officinale e medicinale. Le specie officinali, a differenza di quelle principalmente utilizzate per l'alimentazione, sono caratterizzate dalla maggiore presenza di principi attivi, ad effetto diretto o indiretto sull'organismo, spesso differenti in dipendenza dal clima, dal terreno e dal momento della raccolta oltre che, naturalmente, dalle caratteristiche genetiche delle piante. La disciplina della raccolta spontanea deve tenere conto di questo fattore, regolamentando la raccolta in modo da non depauperare le aree a questa destinate e di favorire una maggiore conoscenza delle stesse zone, delle piante e dell'ambiente in cui si sviluppano.

Nel merito pertanto l'articolo 3 distingue, con riferimento alle piante officinali spontanee, il prelievo dalla raccolta e prima trasformazione. In particolare, il **comma 1** fa riferimento al prelievo di cui al decreto del Presidente della Repubblica 8 settembre 1997, n. 357, che ha recepito la direttiva n. 92/43/CEE relativa alla conservazione degli habitat naturali e seminaturali nonché della flora e della fauna selvatiche. Deve precisarsi che alla luce della normativa sopra citata le Regioni e le Province Autonome di Trento e di Bolzano già disciplinano l'attività di prelievo delle specie di piante officinali che crescono spontaneamente sui rispettivi territori, coerentemente con le esigenze di conservazione della biodiversità locale. Il termine prelievo, che riguarda essenzialmente il settore ambientale, è riferito alla tutela e al monitoraggio sia delle specie faunistiche che delle specie vegetali nelle zone protette e negli habitat naturali.

Il **comma 2** mira invece a disciplinare la raccolta e la prima trasformazione delle piante spontanee/selvatiche ai sensi dell'articolo 12, comma 2, del Regolamento (CE) n. 834/2007 del Consiglio del 28 giugno 2007, relativo alla produzione biologica e all'etichettatura dei prodotti biologici e che abroga il regolamento (CEE) n. 2092/91. La norma citata in particolare recita: *«La raccolta di vegetali selvatici e delle loro parti, che crescono naturalmente nelle aree naturali, nelle foreste e nelle aree agricole, è considerata metodo di produzione biologico a condizione che: a) queste aree non abbiano subito trattamenti con prodotti diversi da quelli autorizzati per essere impiegati nella produzione biologica, ai sensi dell'*articolo 16 per un periodo di almeno tre anni precedente la raccolta; b) la raccolta non comprometta l'equilibrio dell'habitat naturale e la conservazione delle specie nella zona di raccolta». Si tratta di concetti attinenti essenzialmente al settore agricolo e non ambientale. In questo contesto si comprende l'opportunità, confermata anche dalla Conferenza Unificata, di uno specifico decreto interministeriale capace di armonizzare la disciplina delle attività di raccolta e prima trasformazione in regime biologico delle specie spontanee officinali nei territori diversi dagli habitat/riserve naturali e parchi nazionali e regionali, anche distinguendo la raccolta a fini professionali da quella per autoconsumo come osservato dal Consiglio di Stato nel proprio parere.

Il richiamo esplicito nel Testo Unico a questo regolamento comunitario permetterà ai raccoglitori di attribuire al loro prodotto erboristico una qualifica oggi molto apprezzata dal mercato.

Infine, sempre in riferimento al comma 2, si segnala che, in accoglimento delle osservazioni formulate dal Consiglio di Stato, il decreto interministeriale ivi citato non potrà introdurre innovazioni sostanziali o limitazioni non riconducibili alla normativa vigente. A tal fine, è stata sostituita la *locuzione «anche in riferimento al regolamento (CE) n. 834/2007»* con quella *«nel rispetto del regolamento (CE) n. 834/2007»*.

Per quanto concerne, infine, l'attività di raccolta spontanea di piante, alghe, funghi macroscopici e licheni cresciuti spontaneamente e destinati ad essere impiegati come ingredienti di un medicinale, il **comma 3** prevede che la stessa sia effettuata in accordo alle Good Agricultural and Collection Practice (GACP). L'articolo in esame è sempre riconducibile ai principi di organizzazione delle disposizioni per settori omogenei e di semplificazione del linguaggio normativo indicati dall'articolo 5, comma 2, lettera b), della Legge n. 154 del 2016.

L'**articolo 4**, stabilisce che, con decreto del Ministro delle Politiche Agricole Alimentari e Forestali, d'intesa con la Conferenza permanente per i rapporti tra lo Stato, le Regioni e le Province Autonome di Trento e di Bolzano, deve essere adottato il Piano di settore della filiera delle piante officinali che costituisce lo «strumento programmatico strategico diretto ad individuare gli interventi prioritari per migliorare le condizioni di produzione e di prima trasformazione delle piante officinali», al fine di incentivare lo sviluppo di una filiera integrata dal punto di vista ambientale, di definire forme di aggregazione professionale e interprofessionale capaci di creare condizioni di redditività per l'impresa agricola e di realizzare un coordinamento della ricerca nel settore.

La norma riprende l'esperienza positiva del Piano di settore quale documento di indirizzo approvato in Conferenza Stato Regioni il 10 aprile del 2014 con Atto n. 43/CSR e scaduto a dicembre del 2016. Il Piano comprendeva un allegato tecnico più ampio denominato "La filiera delle piante officinali", un glossario e il documento ISMEA *Piante officinali in Italia: un'istantanea della filiera e dei rapporti tra i diversi attori,* presentato in un workshop il 17 luglio 2013 presso il Ministero della

Salute, che ha fatto il punto sui dati del settore a livello internazionale e nazionale quantificandone la consistenza dal punto di vista strutturale ed economico.

L'**articolo 5** statuisce che con decreto del Ministro delle Politiche Agricole Alimentari e Forestali è istituito il Tavolo tecnico del settore delle piante officinali, peraltro già previsto dal decreto del Ministro delle Politiche Agricole Alimentari e Forestali 10 dicembre 2013, n. 15391. Ovviamente, in ossequio a tale norma, il Tavolo tecnico che costituisce l'organo consultivo e di monitoraggio in materia di piante officinali verrà aggiornato entro l'entrata in vigore della legge. Inoltre il "nuovo Tavolo" si rende necessario poiché, su indicazione della Conferenza Unificata, sono stati integrati i partecipanti al tavolo includendovi i rappresentanti dei collegi e degli ordini professionali, della Società botanica italiana, della Società di ortoflorofrutticoltura italiana e della Società italiana di fitochimica e delle scienze delle piante medicinali, alimentari e da profumo, mentre il rappresentante dell'Agenzia Italiana del Farmaco (AIFA) era già stato inserito su richiesta del Ministero della Salute nelle prime fasi di valutazione dello schema di legge. Inoltre, per coerenza con l'oggetto del decreto legislativo, si è inoltre ritenuto necessario escludere la partecipazione al Tavolo tecnico delle Unioni e Federazioni del commercio e della distribuzione delle piante officinali, in quanto associazioni che curano fasi successive rispetto a quelle di coltivazione, raccolta e prima trasformazione. La norma, è evidente, mira a valorizzare l'interlocuzione tra Istituzioni pubbliche ed operatori del settore che, in quanto portatori di interessi, è opportuno ascoltare al fine di meglio comprendere le rispettive esigenze e adottare conseguenti provvedimenti con esse coerenti. Nell'ambito del Tavolo tecnico del settore delle piante officinali, al comma 4, è costituito un *Osservatorio economico e di mercato* finalizzato a raccogliere e aggiornare le informazioni derivanti dal monitoraggio dei dati economici del settore. Anche questo comma è riconducibile ai principi di organizzazione delle disposizioni per settori omogenei e di introduzione di meccanismi, di tipo concordato, con le amministrazioni territoriali indicati dall'articolo 5, comma 2, lettere b) e f), della Legge n. 154 del 2016.

Altra novità e ulteriore strumento di qualificazione della produzione italiana sarà l'**articolo 6** che prevede con decreto del Ministro delle Politiche Agricole Alimentari e Forestali, d'intesa con la Conferenza Permanente per i rapporti tra lo Stato, le Regioni e le Province Autonome di Trento e di Bolzano, l'istituzione dei registri varietali delle specie di piante officinali, nei quali sono elencate le piante officinali ammesse alla commercializzazione e sono stabilite le modalità e le condizioni per la certificazione delle sementi. L'articolo in esame è riconducibile ai principi di riassetto della normativa vigente e di organizzazione delle disposizioni per settori omogenei indicati dall'articolo 5, comma 2, lettera b), della Legge n. 154 del 2016.

A riguardo è utile chiarire che il mercato erboristico oggi non fa distinzione di provenienza e varietà delle specie officinali mentre in futuro, sia gli utilizzatori che i produttori tenderanno progressivamente a caratterizzare le specie coltivate e i loro derivati. È così in tutti i settori, e a maggior ragione dovrà esserlo in un comparto che proprio nella variabilità e nel profilo fitochimico dei propri prodotti deve ricercare la qualità. In via informale traspare dalle Associazioni dei produttori una certa preoccupazione, e vedono in questo nuovo assetto normativo una rinuncia alla biodiversità delle loro coltivazioni. Al contrario, l'esperienza ci insegna che la registrazione di una varietà è una opportunità a loro disposizione proprio per valorizzare le loro essenze, secondo principi e procedimenti di identificazione e tutela delle risorse genetiche che stanno basando molti aspetti della produzione dei derivati naturali e appare chiaro come si sta avviando un processo che si svilupperà nel tempo, sul quale ci deve essere massima collaborazione nella filiera e con tutte le realtà locali interessate a differenziare le proprie produzioni sul mercato.

Ovvio che il seguente **articolo 7** relativo ai marchi collettivi di qualità delle piante officinali deve essere necessariamente letto, insieme al precedente articolo 6, nell'ottica di valorizzazione di un prodotto del territorio nell'ambito della regione creando dei distretti specifici. Tali marchi, finalizzati a certificare il rispetto di standard di qualità nella filiera delle piante officinali, sono istituiti dalle Regioni, anche d'intesa con il Ministero delle Politiche Agricole Alimentari e Forestali nel rispetto della normativa dell'Unione Europea. Come già ricordato in precedenza la Commissione UE ha dato l'assenso all'articolo 7 terminando la procedura di richiesta di *parere circostanziato* ai sensi dell'articolo 6, par. 2 della direttiva (UE) 2015/1535.

In realtà anche su questo argomento il Consiglio di Stato nel proprio parere ha osservato che il riferimento alla "filiera" richiederebbe un chiarimento definitorio in ordine alla inclusione o meno in essa anche delle fasi successive alla prima trasformazione, che non sono oggetto del decreto in esame. Sulla tematica, tuttavia, il Ministero ha ritenuto che il concetto di filiera, come richiamato dalla norma, non sia scindibile. I marchi di processo e prodotto delle piante officinali, ovvero i disciplinari di produzione che definiscono il sistema di gestione di qualità ed il miglioramento continuativo a garanzia della stessa, sono definiti puntualmente proprio per realizzare un prodotto che nella fase di trasformazione, e quindi negli step successivi della filiera, deve mantenere idonee caratteristiche di qualità derivate da una corretta produzione in campo a garanzia del consumatore. Pertanto, il riferimento alla filiera garantisce la tracciabilità del prodotto in tutte le sue fasi ed evidenzia solamente che il buon prodotto ultimato/finito deriva da un prodotto qualitativamente idoneo *ab origine*.

La norma fa riferimento a marchi collettivi pubblici, regionali o adottati d'intesa con le Regioni, ossia istituiti con normativa primaria o derivata, che dovrebbe in ogni caso rispettare, al momento dell'adozione delle relative disposizioni di implementazione, i criteri forniti dalla Commissione Europea tanto con riferimento alla politica della qualità, ai c.d. sistemi di certificazione volontaria (cfr. il c.d. "pacchetto qualità" del 2010), nonché alla comunicazione della Commissione Europea sulla promozione dei prodotti dell'agricoltura e della pesca in GUCE 1986, C 272 p. 2 ss. e relative linee guida aggiornate sul rispetto della libera circolazione delle merci ed il mercato interno. Pertanto, le valutazioni circa la compatibilità dell'iniziativa con il diritto UE andrebbero effettuate in sede di stesura con le Regioni della norma di implementazione in materia, avendo ben presente che, in ogni caso, non potrebbe trattarsi di un "marchio di qualità geografica", e che occorrerà rispettare anche i limiti della disciplina sugli aiuti di Stato. In base a quanto sopra esposto si ritiene secondario il profilo della tutela all'estero del marchio. Si conferma che il marchio non potrebbe in alcun modo diventare obbligatorio in funzione tanto dei limiti imposti dalla normativa dell'Unione quanto dalla stessa Costituzione italiana. La norma, inoltre, incentiva la diffusione e l'applicazione, nelle diverse fasi della filiera delle piante officinali, delle Good Agricultural and Collection Practice (GACP). L'offerta di un prodotto *made in Italy* caratterizzato da accertati standard di qualità consentirebbe alla materia prima vegetale nazionale di acquisire un valore aggiunto in termini di competitività sul mercato internazionale. Questo articolo di legge, quindi, persegue l'obiettivo di favorire la realizzazione di un "marchio" o "marchi" di certificazione delle erbe officinali italiane che, al pari di quanto accade per altri prodotti della filiera agroalimentare, permetta di meglio valorizzare e riconoscere il prodotto nazionale in ambiti internazionali. L'azione conseguente è quella di avviare la creazione di disciplinari per la definizione dei requisiti a marchio DOP, IGP e prodotti con requisiti di qualità. L'articolo in esame è riconducibile ai principi di riassetto della normativa vigente e di organizzazione delle disposizioni per settori omogenei indicati dall'articolo 5, comma 2, lettera b), della Legge n. 154 del 2016.

L'**articolo 8** richiama le sanzioni previste in altra norma che non potevano essere abrogate, a riguardo le Amministrazioni dovranno coordinarsi per emanare un testo di legge specifico in linea con la legge del 2018.

L'**articolo 9** reca la clausola di invarianza finanziaria.

Infine, l'**articolo 10** individua l'entrata in vigore del decreto e le disposizioni abrogate. In particolare, il **comma 1** differiva l'applicazione del decreto al perfezionamento della procedura di notifica alla Commissione Europea ai sensi della direttiva (UE) 2015/1535 del Parlamento Europeo e del Consiglio del 9 settembre 2015 come sopra detto, tuttavia tale differimento permetterà la predisposizione dei decreti attuativi previsti nei vari articoli.

Visto poi che la norma è attuativa dell'articolo 5, lettere a) della delega si è provveduto ad effettuare una ricognizione della pregressa normativa in materia di piante officinali individuando la normativa da abrogare. Con particolare rife-

rimento alla Legge n. 99 del 6 gennaio 1931, si era inizialmente determinato di abrogare anche l'articolo 6 che disciplina le modalità di rilascio del diploma di erborista. Detta norma appariva infatti obsoleta poiché il titolo ivi citato è stato sostituito inizialmente dal Diploma universitario in Tecniche Erboristiche, istituito con decreto ministeriale del 6 giugno 1995, che ha avuto il merito di associare alle conoscenze sulle tecniche di coltivazione quelle sulla chimica dei principi attivi naturali. Successivamente, con decreto ministeriale n. 509 del 1999, tutti i diplomi sono stati trasformati in laurea triennale, compresa quella in *Tecniche Erboristiche*, che attualmente viene classificata come Laurea Triennale Classe L-29. Di fatto l'attuale corso di studi ha aggiornato e riconfermato la preparazione e qualificazione tecnico-scientifica dell'erborista nella filiera delle piante officinali a garanzia della qualità e sicurezza, dalla coltivazione alla trasformazione della materia prima vegetale fino al prodotto finito in modo particolare quando tali prodotti siano destinati all'uso erboristico, salutistico, medicinale e cosmetico. Tuttavia, alla luce di quanto richiesto dalla Conferenza Unificata ed in considerazione di quanto rappresentato nel parere espresso dal Consiglio di Stato, si è deciso di escludere dall'abrogazione l'articolo 6 della Legge n. 99 del 1931.
Per ciò che concerne, invece, l'articolo 7 della medesima legge, si rimanda a quanto rappresentato all'articolo 1, comma 7. Poi sulla base di quanto rilevato in sede di Conferenza Unificata si è inoltre soppresso il riferimento alla Legge n. 1724 del 1940 che risulta già abrogata.
Sempre con riferimento all'articolo 10, il Consiglio di Stato nel proprio parere rileva che solo con riferimento al regio decreto n. 772 del 1932 si è previsto di differire l'abrogazione al momento dell'entrata in vigore del decreto di cui all'articolo 1, comma 3, e chiede pertanto di valutare l'opportunità di applicare lo stesso meccanismo a tutti gli altri provvedimenti di cui si intende disporre l'abrogazione. Al riguardo, tuttavia, si rappresenta che il differimento dell'effetto abrogativo ha una specifica ragion d'essere con riferimento al regio decreto n. 772 del 1932, che contiene un *Elenco delle piante dichiarate officinali*. Poiché tra i compiti del decreto interministeriale di cui all'articolo 1, comma 3, vi è proprio quello di definire «l'elenco delle specie di piante officinali coltivate ai fini del presente decreto», appare logica l'esigenza di un coordinamento. Tale esigenza, invece, non si ravvisa con riferimento agli altri provvedimenti elencati che, pertanto, debbono essere abrogati dal momento dell'entrata in vigore del decreto.

Breve commento

Al lettore attento ed esperto di questioni legislative non sarà sicuramente sfuggito che oltre all'articolo 9 in tutti gli articoli del Testo Unico si parla di attività da compiere senza *«nuovi o maggiori oneri a carico della finanza pubblica»*, quindi a fronte di un settore innovato e razionalizzato che avrebbe bisogno di risorse mirate per attivare azioni sul territorio volte a sviluppare la filiera ed aumentare le produzioni, si dovrà agire, se possibile, in sinergia tra Ministero e Regioni attivando quelle risorse e strumenti normativi presenti nei Piani di Sviluppo regionali. Quello che si può affermare, per esperienza diretta, è il grande interesse degli agricoltori per il settore ed il forte valore aggiunto per i territori anche svantaggiati e di montagna legato all'innovazione che nei prossimi anni attiverà una filiera circolare non solo delle risorse ma anche delle competenze.

19.5 Il Tavolo di filiera ed il Piano di settore delle piante officinali

Il Tavolo tecnico di filiera delle Piante Officinali è nato su sollecitazione al Ministero delle Associazioni di settore, quali: Federazione italiana produttori piante officinali (FIPPO), Associazione italiana fra trasformatori, importatori, esportatori, grossisti e rappresentanti di case estere di piante medicinali, aromatiche e da profumo (ASSOERBE) e Società italiana di scienze applicate alle piante officinali e ai prodotti per la salute (SISTE), nell'anno 2011 ed è stato istituito ai sensi del D.M. n. 15391 del 10 dicembre 2013. Nato proprio dall'esigenza di affrontare in maniera armonizzata le molteplici sfaccettature del settore delle piante officinali: dalla pianta (anche spontanea) al prodotto finito passando quindi per la trasformazione. In particolare si è ritenuto opportuno istituire presso il Ministero delle Politiche Agricole Alimentari e Forestali il Tavolo di filiera, con il coinvolgimento di soggetti diversi e necessariamente multidisciplinari, al fine di poter predisporre un *Piano di Settore per le piante officinali* a fronte di un significativo mercato nazionale di prodotti a base di sostanze vegetali e loro derivati.

Il Tavolo tecnico di filiera delle piante officinali, quindi, è divenuto l'organismo istituzionale, inserito nel Testo Unico all'art. 5, ove realizzare i processi di concertazione e coordinamento tra il Ministero delle Politiche Agricole, Alimentari e Forestali, il Ministero della Salute, il Ministero dell'Ambiente e della Tutela del Territorio e del Mare (ora Ministero della Transizione Ecologica), il Ministero dell'Economia e delle Finanze, l'Agenzia delle Dogane e dei Monopoli, il Ministero delle Sviluppo Economico, le Regioni, le Organizzazioni Professionali, le Organizzazioni dei Produttori, l'AGEA, l'ISMEA, gli Enti di ricerca del CREA e l'INEA (confluito nel CREA), del CNR, delle Università. Peraltro, il Tavolo nella nuova legge è stato integrato da esperti dell'Agenzia Italiana del Farmaco e delle Società di Ortoflorofrutticoltura italiana, di Botanica italiana, di Fitochimica e delle scienze delle piante medicinali, alimentari e da profumo. Come prevede l'art. 5 del Testo Unico è stato rinnovato con D.M. 17 gennaio 2019 prot. n. 492.

I quattro gruppi di lavoro ove erano state discusse le attività in corso a livello nazionale, l'analisi delle esigenze del settore, la pianificazione delle azioni, che hanno portato all'elaborazione del Piano di settore, ormai obsoleto, approvato in Conferenza Stato Regioni il 14 aprile 2014 ovvero *Legislazione – Politiche nazionali e comunitarie*, *Certificazione e Qualità*, *Ricerca e Sperimentazione* e *Osservatorio economico* istituiti con D.D. del 20 dicembre 2013, sono stati allora aggiornati, dopo l'istituzione del nuovo Tavolo tecnico sopracitato, nei seguenti 5 gruppi: 1. "Ricerca e formazione"; 2. "Elenco specie art. 1 e Registri Varietali"; 3. "Criteri Piante Spontanee"; 4. "Piano di settore" e 5. "Osservatorio Economico e Dati statistici" con il D.D. del 19 ottobre 2018 prot. n. 73436.

L'intento, infatti, è sempre quello di far incontrare e lavorare insieme gli attori del Tavolo, vista la complessità del settore, cercando di sviluppare la conoscenza e le potenzialità di una coltivazione più mirata e soprattutto programmata oltre che strettamente correlata al mercato nazionale ed internazionale, meglio di quanto non si sia fatto finora.

Questo settore è un segmento dell'agricoltura molto caratteristico, le cui radici culturali e produttive sono antichissime, che ha peculiarità specifiche sia sotto l'aspetto colturale che economico e sociale, ma anche esigenze pedoclimatiche diverse in funzione delle specie interessate, oltre ad una notevole variabilità delle tipologie produttive e, di conseguenza molteplici destinazioni finali con una domanda di mercato estremamente diversificata.

I lavori per la predisposizione del Piano di settore si sono svolti nella massima collaborazione fra le parti e – grazie alle diverse competenze dei singoli attori – sono state individuate soluzioni concrete alle problematiche che frenano lo sviluppo del settore delle piante officinali che, invece, presenta ottime potenzialità soprattutto nei territori di collina e montagna.

La componente universitaria con gli esperti di diverse discipline: agraria, medicina, chimica, farmacia ed economia, che ha attivamente presenziato e presieduto a tutti i lavori svolti, ha dato il proprio contributo fattivo di conoscenza scientifica nelle diverse aree tematiche coinvolte: agronomiche, botaniche, genetiche, fitochimiche, alimentari, farmaceutiche, mediche e socio-economiche. Il fine ultimo perseguito è stato quello di valorizzare quanti operano professionalmente in questo settore, nel rispetto di tutte le normative vigenti. In questo contesto, è ormai indifferibile un'opera di divulgazione capillare dei contenuti destinata ad una maggiore comprensione di concetti, principi, argomentazioni tecnico-scientifiche e aspetti normativi già ben argomentati nel Piano di Settore e nei suoi Allegati. È, infatti necessario creare un dialogo diretto e credibile fra ricercatori, operatori del settore, *mass media* e cittadini, per comunicare e divulgare i contenuti e le potenzialità del settore delle piante officinali al fine di individuare e possibilmente risolvere le problematiche che frenano l'operatività e lo sviluppo di questo settore.

Per giungere a realizzare ed approvare il Piano di settore il 20 aprile 2014 nell'ambito della Confe-

renza Permanente tra lo Stato, le Regioni e le Province Autonome, è stato necessario condividere l'allegato più importante ovvero quello dell'Osservatorio economico dal titolo *Piante officinali in Italia: un'istantanea della filiera e dei rapporti tra i diversi attori*
(http://www.ismea.it/flex/cm/pages/ServeBLOB.php/L/IT/IDPagina/8744) presentato nel luglio 2013 presso il Ministero della Salute, che ha dato i numeri del settore ovvero una mappatura ed una più precisa identificazione di quanto in termini qualitativi e quantitativi questo settore rappresenti nell'economia del nostro Paese, con l'obiettivo di difendere questo straordinario patrimonio, e di trovare le risorse atte a favorirne l'ulteriore sviluppo.
Con l'Osservatorio economico del settore delle piante officinali si sono resi disponibili i dati ufficiali aggiornati (l'ultimo censimento era datato 1999 ed era stato eseguito dal centro studi sulle piante officinali del Consiglio per la ricerca in agricoltura e l'analisi dell'economia agraria-CREA di Trento) e ciò ha portato alla individuazione dei rapporti tra i diversi attori che hanno contribuito a dare corpo a tale realtà.
Avere creato una piattaforma istituzionale di confronto aperta a tutti gli attori che operano nella filiera è un primo importante obiettivo, il contesto ottimale per risolvere i problemi che limitano la crescita, lo sviluppo e l'innovazione in questo settore, nel pieno rispetto delle specifiche competenze, delle diverse professionalità e delle norme vigenti. In particolare il Piano di settore è comprensivo di un ulteriore allegato tecnico più ampio denominato *La filiera delle piante officinali* a completamento delle tematiche trattate dagli esperti e frutto del lavoro dei gruppi tecnici nonché di un glossario del settore con i termini e le definizioni relative (https://www.politicheagricole.it/flex/cm/pages/ServeBLOB.php/L/IT/IDPagina/7562).
Gli esperti del Tavolo tecnico, aggiornato a seguito della pubblicazione del Testo Unico, oltre a dover rivedere il Piano di settore stesso presente all'art.4 e definito al comma 3 come lo "strumento programmatico strategico" hanno affrontato la predisposizione del decreto interministeriale previsto all'art. 1 comma 3 che riguarda l'"Elenco delle specie di piante officinali coltivate" e all'art. 3 comma 2 concernente i "Criteri di raccolta e prima trasformazione delle specie di piante officinali spontanee".
Il percorso amministrativo, negli ormai tre anni successivi alla pubblicazione della legge, ha visto un lavoro puntuale e di condivisione nell'ambito di 2 dei 5 Gruppi di lavoro specifici appositamente istituiti con D.D. n. 73436 del 19 ottobre 2018 che hanno portato da una parte ad una lista esaustiva di piante officinali coltivate (Capo I) condivisa con il Ministero della Salute, il Ministero della Transizione Ecologica (Ex Ministero dell'Ambiente e della Tutela del Territorio e del Mare) e le Regioni, che è allegata al decreto attuativo, la quale potrà essere periodicamente aggiornata (sempre con Decreto interministeriale, dall'altra alla stesura di un articolato innovativo (Capo II), condiviso con gli esperti regionali nell'ambito del tavolo tecnico delle piante officinali, il Ministero della Transizione Ecologica (Ex Ministero dell'Ambiente) e anche con il Ministero della Salute, nel quale vengono stabiliti i criteri fondamentali ai fini della disciplina della raccolta e della prima trasformazione delle piante spontanee/selvatiche ai sensi dell'articolo 12, comma 2, del Regolamento (CE) n. 834/2007 del Consiglio del 28 giugno 2007, relativo alla produzione biologica e all'etichettatura dei prodotti biologici e che abroga il regolamento (CEE) n. 2092/91 che, peraltro, verrà aggiornato dal 1° gennaio 2022 dal Regolamento (UE) 2018/848 del Parlamento Europeo e del Consiglio del 30 maggio 2018 e si applicherà quanto previsto all'Allegato II – Capo III – Parte I: Norme di produzione vegetale di cui al paragrafo 2.2. relativo alle "Norme relative alla raccolta di piante selvatiche".
Si precisa che tali criteri non riguardano la raccolta ed il prelievo delle piante officinali spontanee appartenenti alle specie protette ai sensi di specifiche disposizioni internazionali, dell'Unione Europea, nazionali e regionali o presenti all'interno delle aree protette di cui alla Legge 6 dicembre 1991 n. 394 e al D.P.R. 8 settembre 1997, n. 357, che sono escluse dal campo di applicazione e sono disciplinati dalla pertinente normativa di tutela ambientale ribadita nelle premesse alla legge.
Infine, il Capo III è relativo alle "Disposizioni finali" di cui all'art. 8 ove il Regio Decreto 26 maggio 1932, n. 772, che riportava una ormai obsoleta lista di piante officinali "spontanee" (all'epoca non

Scheda 19.1 - Le leggi regionali

Le leggi regionali, elencate di seguito, emanate da alcune regioni hanno trattato l'argomento aggiornando alcuni elementi specifici in funzione delle peculiarità territoriali, nel rispetto della normativa nazionale e della gerarchia delle fonti normative.

Regione Valle d'Aosta - Legge regionale 7 dicembre 2009, n. 45 (Disposizioni per la tutela e la conservazione della flora alpina. Abrogazione della Legge Regionale 31 marzo 1977, n. 17), Bollettino Ufficiale n. 1 del 5 gennaio 2010; Legge regionale 16 febbraio 2011, n. 2 Disciplina delle attività di coltivazione, raccolta, prima trasformazione, trasformazione e commercializzazione delle piante officinali.

Regione Piemonte - Legge regionale 22 gennaio 2019 n. 1 "Riordino delle norme in materia di agricoltura e sviluppo rurale. Quest'ultima, inoltre, tratta la materia agli articoli 46 (Piante officinali) e 47 (Raccolta di specie spontanee ad uso alimentare).

Regione Liguria - Legge regionale del 30 gennaio 1984, n. 9 (Norme per la protezione della flora spontanea), Bollettino Ufficiale del 15 febbraio 1984, n. 7. (Invariata).

Regione Friuli-Venezia Giulia - Deliberazione del Presidente della Giunta n. 0244 del 3 luglio 2001 (in corso di verifica).

Provincia Autonoma di Trento - Legge provinciale 28 marzo 2003, n. 4 (Sostegno dell'economia agricola, disciplina dell'agricoltura biologica e della contrassegnazione dei prodotti geneticamente modificati, art. 43 *ter*, che disciplina la coltivazione, la raccolta, la preparazione, la trasformazione, il confezionamento e il commercio di piante officinali coltivate in Trentino). Attuato con D.P.P. 24 settembre 2008 n. 41-148. Piante spontanee: (Decreto del Presidente della Provincia 26 ottobre 2009, n. 23-25/Leg. - Regolamento di attuazione del titolo IV, capo II (Tutela della flora, fauna, funghi e tartufi) della legge provinciale 23 maggio 2007 n. 11 (Legge provinciale sulle foreste e sulla protezione della natura) (b.u. 22 dicembre 2009, n. 52, suppl. n. 2).

Regione Toscana - Legge regionale 6 aprile 2000, n. 56 (Norme per la conservazione e la tutela degli habitat naturali e seminaturali, della flora e della fauna selvatiche - Modifiche alla legge regionale 23 gennaio 1998, n. 7, Modifiche alla legge regionale 11 aprile 1995, n. 49), Bollettino Ufficiale 17 aprile 2000, n. 17.

Regione Toscana - Legge regionale n. 23, 8 marzo 2000, BURT 17/03/2000 n. 10, emendata con avviso su BURT 17/04/2000 n. 17 - Capo III - Disposizioni in materia di piante officinali, trebbiatura e sgranatura meccanica, registrazione delle denominazioni di origine protetta e indicazioni geografiche protette, Art. 26 Piante officinali.

Regione Campania - Legge regionale n. 40 del 25 novembre 1994, (Tutela della flora endemica e rara), Bollettino Ufficiale del 29 novembre 1994, n. 58.

Regione Molise - Legge regionale 23 febbraio 1999, n. 9 (Norme per la tutela della flora in via di estinzione e di quella autoctona ed incentivi alla coltivazione delle piante del sottobosco e officinali. Ecologia.), G.U. n. 031 Serie Speciale n. 3 del 7 agosto 1999, Bollettino Ufficiale n. 004 del 1 marzo 1999.

Regione Sardegna - Legge regionale 7 giugno 1989, n. 31 (Norme per l'istituzione e la gestione dei parchi, delle riserve e dei monumenti naturali, nonché delle aree di particolare rilevanza naturalistica ed ambientale).

Regione Sicilia - Legge regionale 23 maggio 1994, n. 9 (Norme per l'esercizio delle attività professionali erboristiche), Bollettino Ufficiale del 25 maggio 1994, n. 25.

Regione Lombardia - Legge regionale 31 marzo 2008 - n. 10 Disposizioni per la tutela e la conservazione della piccola fauna, della flora e della vegetazione spontanea.

Provincia Autonoma di Bolzano - Decreto del Presidente della Provincia 13 febbraio 2013, n. 6 Coltivazione, raccolta, lavorazione e vendita di piante officinali, piante aromatiche e piante selvatiche - Pubblicato nel B.U. 26 febbraio 2013, n. 9.

si coltivavano ancora), è abrogato proprio dalla data di pubblicazione del decreto in oggetto come previsto dalla Legge 21 maggio 2018 n. 75.
L'iter di verifica tecnica del provvedimento allegato si è concluso positivamente a seguito dei pareri pervenuti dal Ministero della Salute con nota dell'Ufficio Legislativo prot. n. 2034 del 19 marzo 2021 e dal Ministero della Transizione Ecologica con nota dell'Ufficio Legislativo prot. n. 8976 del 3 maggio 2021 ed a seguito dei successivi pareri positivi formali pervenuti dagli uffici legislativi dei due dicasteri.
Nella seduta della Conferenza Stato-Regioni del 12 gennaio 2022 è stato approvato il testo del decreto interministeriale di applicazione degli articoli 1 e 3 della legge 75/2018. Tale testo seguirà l'iter burocratico ministeriale ai fini della sua pubblicazione.
Appare evidente che l'evoluzione dello scenario internazionale, la globalizzazione dei mercati, il progresso tecnologico e, quindi, il subentrare di nuove variabili hanno influenzato le dinamiche per quanto riguarda il mercato interno ed internazionale delle piante officinali e, di conseguenza, molte specie utilizzate dalle industrie a valle non sono tradizionalmente prodotte o potenzialmente producibili in Italia, con la necessità di dover ricorrere all'importazione che comporta una riduzione dell'interesse dei decisori nazionali per il settore.
Pertanto è fondamentale attivare al meglio con questo provvedimento la legge creando una filiera nazionale "consistente" e allo stesso tempo "di qualità", attraverso ecotipi locali "domesticati", ma da questo punto di vista il livello delle produzioni nazionali presenta elevati standard qualitativi, grazie ai quali le Istituzioni preposte, *in primis* il Ministero delle Politiche Agricole, Alimentari e Forestali e il Ministero della Salute, possano ampiamente collaborare con gli altri Stati membri principali produttori e trasformatori di piante officinali al fine di promuovere e portare il settore all'attenzione della Commissione Europea come per gli altri settori agricoli.
Non dimentichiamo che questo settore è alla base di più filiere: agricola-alimentare, farmaceutica e cosmetica, ed è in grado di esprimere valenze ambientali, salutistiche e socioculturali e conferire all'agricoltura quel ruolo multifunzionale che rappresenta uno dei cardini della Politica Agricola Comune.